Schriften zum Recht der Digitalisierung

Herausgegeben von

Florian Möslein, Sebastian Omlor und Martin Will

11

Wolfgang Hoffmann-Riem

Recht im Sog der digitalen Transformation

Herausforderungen

Mohr Siebeck

Wolfgang Hoffmann-Riem, geboren 1940; 1968 Promotion; 1974 Habilitation; 1974–2008 o. Professor für Öffentliches Recht und Verwaltungswissenschaften der Universität Hamburg; 1995–97 Justizsenator in Hamburg; 1999–2008 Richter des Bundesverfassungsgerichts; 2009/2010 Wissenschaftskolleg Berlin; seit 2011 Affiliate Professor für Recht und Innovation der Bucerius Law School in Hamburg.
orcid.org/0000-0003-1085-6673

ISBN 978-3-16-161199-5 / eISBN 978-3-16-161200-8
DOI 10.1628/978-3-16-161200-8

ISSN 2700-1288 / eISSN 2700-1296 (Schriften zum Recht der Digitalisierung)

Die Deutsche Nationalbibliothek verzeichnet diese Publikation in der Deutschen Nationalbibliographie; detaillierte bibliographische Daten sind über *http://dnb.dnb.de* abrufbar.

Das Buch wurde von Gulde Druck in Tübingen gesetzt, auf alterungsbeständiges Werkdruckpapier gedruckt und von der Buchbinderei Spinner in Ottersweier gebunden.

Printed in Germany.

Vorwort

Die Nutzung digitaler Techniken verändert gegenwärtig fast alle Lebensbereiche, verbunden mit erheblichen Chancen, aber auch Risiken. Treibende und prägende Kräfte im Prozess der digitalen Transformation waren und sind technologische und begleitende soziale Innovationen, der Aufbau und Einsatz wirtschaftlicher Macht, aber auch die Neugier und Gestaltungsfreude vieler Menschen. Das Recht war nicht Auslöser oder gar treibende Kraft des Transformationsprozesses, wurde aber von ihr umgehend betroffen, da die transformativen Entwicklungen viele unterschiedliche rechtlich geregelte Bereiche erfassten und veränderten. Dadurch musste das Recht unweigerlich inhaltlich auf die neue Lage eingestellt werden und den Auftrag erfüllen, auch den Möglichkeitsraum für den Einsatz digitaler Techniken und weitere Innovationen mitzuprägen. Insofern hatte es auch die Gelegenheit, Einfluss auf die Verwirklichung der Potenziale der Transformation zu nehmen. Auch war es als Instrumentarium zur Verringerung oder Abwehr von entstehenden Risiken gefordert.

In dieser Abhandlung geht es aus Anlass der Digitalisierung um Wechselwirkungen zwischen technologischem und sozialem Wandel und Recht sowie begleitend auch um den Wandel im Recht. Um die Entwicklung und Erscheinungen der digitalen Transformation in verschiedenen gesellschaftlichen Bereichen besser verstehen zu können, werden auch Besonderheiten der digitalen Technologien beschrieben und es werden die Möglichkeiten und Schwierigkeiten rechtlicher Einflussnahme auf ihren Einsatz analysiert.

Die behandelten Themen und mit ihnen verbundenen Probleme sind vielfältig. Zu ihnen gehört beispielsweise die Asymmetrie der Machtverteilung, etwa zwischen den als Quasimonopolen agierenden globalen IT-Unternehmen einerseits und den Staaten sowie den Nutzerinnen und Nutzern der digitalen Dienste andererseits. Behandelt werden die digitale Steuerung von Verhalten und Vorkehrungen gegen die interessengeleitete, häufig verdeckte Einflussnahme auf die Prägung von Werten und Erfahrungen. Analysiert werden Vorkehrungen zum Schutz von Interessen und Rechtsgütern in den je unterschiedlichen Feldern des Einsatzes algorithmischer Systeme und bei der Nutzung der unterschiedlichen digitalen Technologien, so der künstlichen Intelligenz.

Die digitale Transformation in der Gesellschaft hat Fragen nach der digitalen Transformation von Recht und Rechtswissenschaft aufgeworfen. Thema der Abhandlung ist daher auch der Einsatz digitaler Techniken im Recht selbst, in der Rechtsetzung, Rechtsberatung und Rechtsanwendung, ebenfalls in der Rechtwissenschaft und Rechtslehre. Es geht nicht nur um die Beeinflussung der Digitalisierung durch Recht, sondern auch um die Digitalisierung des Rechts und seiner Anwendung in unterschiedlichen Bereichen. Dabei wird auch verdeutlicht, dass die Einwirkung von Recht auf algorithmische Systeme vor erheblich größeren Schwierigkeiten steht als traditionelles Recht.

Die Notwendigkeit gezielter Einflussnahme auf die Entwicklung und insbesondere die Sicherung von Interessen- und Rechtsgüterschutz wird in jüngerer Zeit verstärkt gesehen, so auch durch die EU-Kommission. Gegenwärtig befinden sich neue, m.E. aber immer noch nicht ausreichende, Regelungsvorschläge im Verfahren der europäischen Rechtsetzung. Der deutsche Gesetzgeber ist ebenfalls um wirkungsvollere Regelungen bemüht. Zu sichern ist angesichts der erwartbaren Dauerwirkung vieler digital bedingter Änderungen auch intertemporaler, also zukunftsgerichteter Rechtsgüterschutz. Um dies und anderes durchzusetzen, kann nicht allein auf die Staatsorgane vertraut werden. Auch die Wirtschaftsunternehmen müssen in die Pflicht genommen werden. Wichtig sind ebenfalls gesicherte Möglichkeiten zivilgesellschaftlicher Teilhabe.

Dieses Buch ist auch, aber nicht nur an Juristinnen und Juristen adressiert, sondern ebenfalls an Informatik- und Sozialwissenschaftler/innen sowie an alle, die sich für das Verhältnis zwischen digitalem und dadurch befördertem sozialen Wandel, insbesondere für den dadurch angestoßenen Wandel im Recht, interessieren.

Mit Fragen der Digitalisierung und ihrer Bedeutung für das Recht habe ich mich in den vergangenen Jahren in mehreren Publikationen befasst, auf die ich in diesem Buch inhaltlich zurückgreife. Dabei bin ich bemüht, die dort behandelten Einzelfragen in einen Gesamtzusammenhang zu stellen und neuere Entwicklungen einzubeziehen.

Abschließend möchte ich allen herzlich danken, die mich durch wertvolle Anregungen und – hier insbesondere meinen studentischen Hilfskräften der Bucerius Law School – bei der Materialsuche und -auswertung unterstützt haben.

Hamburg im November 2021 Wolfgang Hoffmann-Riem

Inhaltsübersicht

Vorwort V
Inhaltsverzeichnis IX

§ 1 Die digitale Transformation als Ereignis von epochaler Bedeutung 1

§ 2 Zur Vorgehensweise bei der Behandlung des Themas 13

§ 3 Ein Blick über den juristischen Tellerrand 20

§ 4 Bausteine der Digitalisierung 32

§ 5 Zu den Unterschieden der Steuerung durch analog gestaltete Rechtsnormen und durch Regeln in Gestalt algorithmischer Systeme 47

§ 6 Grenzen der Standardisierbarkeit rechtserheblicher Faktoren, illustriert am Beispiel der Vielfalt verwendbaren Wissens 56

§ 7 Zu Vorgehensweisen bei der Softwareentwicklung 61

§ 8 Felder besonderer Aufmerksamkeit beim Umgang mit der digitalen Transformation 68

§ 9 Strukturell bedingte Schwierigkeiten der rechtlichen Ausgestaltung des Einsatzes algorithmischer Systeme 77

§ 10 Insbesondere: Vermachtungen im IT-Bereich 88

§ 11 Aufträge zur Gewährleistung des Schutzes individuell und kollektiv bedeutsamer Güter durch Recht 97

§ 12 Selbstregelung, Selbstregulierung und regulierte Selbstregulierung im digitalen Kontext 113

§ 13 Zur gegenwärtigen Dominanz nicht-hoheitlicher Regelung des Internets durch IT-Intermediäre 124

§ 14 Ausschließlichkeits- und Zugangsrechte im Hinblick auf Daten bzw. algorithmische Systeme 129

§ 15 Technosteuerungen von Verhalten als Anschauungsbeispiel für den Einsatz digitaler Techniken 137

§ 16 Vom Datenschutzrecht zur rechtlichen Ausgestaltung algorithmischer Systeme und ihres Einsatzes 145

§ 17 Zum rechtlichen Schutz bei dem Inverkehrbringen, der Inbetriebnahme und der Verwendung von Systemen der künstlichen Intelligenz 150

§ 18 Zur Gewährleistung rechtlichen Schutzes personenbezogener Daten 160

§ 19 Schutz durch die Verbesserung der Funktionsfähigkeit von Märkten 177

§ 20 Möglichkeiten für den rechtlichen Umgang mit den Herausforderungen der digitalen Transformation (Auswahl) 190

§ 21 Sektorspezifische Beispiele zur Gewährleistung des Schutzes von Interessen und Rechtsgütern beim Einsatz algorithmischer Systeme 218

§ 22 Legal Technology/Computational Law – Nutzung digitaler Techniken bei der Rechtsanwendung 244

§ 23 Zur Rezeption der digitalen Transformation auch des Rechts in der Praxis, der Wissenschaft und Lehre vom Recht und seiner Anwendung 268

§ 24 Anforderungen an den weiteren Umgang mit der digitalen Transformation im Bereich des Rechts (Auswahl) 274

§ 25 Rückblick und Ausblick 297

Literaturverzeichnis 305
Personenregister 339
Sachregister 341

Inhaltsverzeichnis

Vorwort V
Inhaltsübersicht VII

§ 1 Die digitale Transformation als Ereignis von epochaler Bedeutung 1

A. Digitale Transformation 1
B. Digitale Disruption 4
C. Die digitale Transformation als soziotechnische Transformation . . . 5
D. Digitalisierung als Innovation und als Innovationsermöglichung . . 6
E. Digitalisierung auch als Krisenhilfe – am Beispiel der Reaktion auf die Coronapandemie 8
I. Einsatz digitaler Technologien im medizinischen Bereich . . . 8
II. Ausbau digitaler Kommunikation 9
III. Anpassungen im Bildungsbereich 10
IV. Veränderungen im Handel 11
V. Zwischenfazit 12

§ 2 Zur Vorgehensweise bei der Behandlung des Themas 13

A. Inhaltliche Schwerpunkte 13
B. Konstruktivistischer Ansatz 15
C. Zielwerte bei der Gestaltung der digitalen Transformation 16
D. Wirkungs- bzw. Steuerungsperspektive/Governance 17
E. Transdisziplinäre Offenheit 18
F. Transnationale Offenheit 19

§ 3 Ein Blick über den juristischen Tellerrand 20

A. Historische Disruptionen und Transformationen 20
B. Erklärungsansätze für die Entstehung neuer kapitalistischer Strukturen im Zuge der Digitalisierung 22
I. Zum Ausforschungskapitalismus 22
II. Zur gewachsenen Bedeutung der Distributionskräfte 26

C. Mustererkennung als Kernelement einer Theorie der Gesellschaft . . 27
D. Social Scoring in China als Mittel zum Ausbau von wirtschaftlicher und politisch-totalitärer Macht 29

§ 4 Bausteine der Digitalisierung 32

A. Daten 32
I. Personenbezogene Daten 32
II. Nicht personenbezogene Daten 33
III. Kombination personenbezogener und nicht personenbezogener Daten 34
B. Algorithmen/algorithmische Systeme 35
C. Internet 37
D. Big Data/Big Algo 37
I. Zum Begriff und zu Anwendungsbeispielen 37
II. Big-Data-Analytik 38
E. Künstliche Intelligenz, insbesondere lernende Algorithmen 39
F. Digitale Plattformen 42
G. Roboter und Robotik 43
H. Cyberphysische Systeme, z.B. Industrie 4.0 44
I. Internet der Dinge (Internet of Things/IoT) 44
J. Blockchain 45

§ 5 Zu den Unterschieden der Steuerung durch analog gestaltete Rechtsnormen und durch Regeln in Gestalt algorithmischer Systeme 47

A. Zur Forderung nach der Standardisierung von Normen bzw. Begriffen im Interesse der digitalen Vollzugstauglichkeit 47
B. Rechtliche Regeln und deren Anwendung als soziale Konstrukte, insbesondere: zur Konkretisierungsbedürftigkeit von Recht 48
C. Digitalisierte Regeln und deren Anwendung als soziotechnische Konstrukte 52
D. Automatisierte Entscheidungssysteme 54
E. Zur Unterscheidung algorithmenbasierter, -getriebener und -determinierter Entscheidungen 55

§ 6 Grenzen der Standardisierbarkeit rechtserheblicher Faktoren, illustriert am Beispiel der Vielfalt verwendbaren Wissens . . 56

A. Begriffliche Vorbemerkung 56
B. Grenzen der Verfügbarkeit standardisierten/standardisierbaren Wissens 57

§ 7 Zu Vorgehensweisen bei der Softwareentwicklung 61

A. Anforderungen an die und Praxis der Softwareentwicklung 61
B. Insbesondere: Zum Zusammenwirken von Bund und Ländern beim Aufbau und Betrieb informationstechnischer Systeme infolge von Art. 91c GG 65

§ 8 Felder besonderer Aufmerksamkeit beim Umgang mit der digitalen Transformation 68

A. Zur wachsenden Verbindung der physischen und der virtuellen Welt 68
B. Entscheidungsarchitekturen – Regelungsstrukturen 70
C. Governance von und durch Algorithmen 72
D. Unterschiedlichkeit der Wirkungsebenen Output, Impact, Outcome 73

§ 9 Strukturell bedingte Schwierigkeiten der rechtlichen Ausgestaltung des Einsatzes algorithmischer Systeme 77

A. Zur Illustration: Besonderheit von digitalen Daten als wirtschaftliches Gut – am Beispiel des Vergleichs von Rohöl und Rohdaten 77
B. Entstofflichung/Dematerialisierung 79
C. Komplexität 80
D. Entgrenzungen 81
E. Transnationalität 83
F. Konvergenzen 83
G. Zukunftsoffenheit 83
H. Transparenzen/Intransparenzen 84
I. Erfassung von und Vertrauen auf Korrelationen, nicht auf Kausalitäten 84
J. Innovationsoffenheit und Innovationsverantwortung im Konflikt . . 86

§ 10 Insbesondere: Vermachtungen im IT-Bereich 88

A. Besonderheiten der IT-Ökonomie 88
   I. Netzwerkeffekte 89
   II. Konglomerateffekte 89
   III. Mehrseitigkeit der Märkte 90
   IV. Schaffung integrierter Märkte 91
B. Asymmetrische Tauschbeziehungen zwischen IT-Unternehmen und Nutzern der Dienste 91
C. Wirtschaftliche Macht als Basis gesellschaftlicher Macht und der Ruf nach dem Abbau der Machtasymmetrien 95

§ 11 Aufträge zur Gewährleistung des Schutzes individuell und kollektiv bedeutsamer Güter durch Recht 97

A. Gewährleistung des Individual- und des Gemeinwohls als Auftrag 97
B. Schutz insbesondere durch Grund- bzw. Freiheitsrechte 99
I. Vielfalt und Vielgestalt der Verbürgungen von Freiheitsrechten 100
II. Horizontalwirkung des Freiheitsschutzes und Auftrag zur Ausgestaltung der Möglichkeiten der Freiheitsausübung 101
1. Grundrechte als Abwehrrechte und als Schutzaufträge . . . 101
2. Zur Grundrechtsbindung Privater angesichts der digitalen Transformation 103
3. Grundrechtliche Innovationen mit besonderem Bezug auf die Digitalisierung 105
III. Zu weiteren Schutzbedarfen 108
C. Intertemporal geprägte Gewährleistungsaufträge 109
D. Insbesondere: Schutz der Funktionsfähigkeit des demokratischen und sozialen Rechtsstaats 111

§ 12 Selbstregelung, Selbstregulierung und regulierte Selbstregulierung im digitalen Kontext 113

A. Zu den hier verwendeten Begriffen 114
B. Beispiele 115
I. Private Selbstgestaltung/Selbstregelung 116
II. Gesellschaftliche Selbstregulierung 118
III. Hybride Regelung/Regulierung 119
IV. Selbstverpflichtungen zur Vermeidung hoheitlicher Sanktionen 120
V. Hoheitlich regulierte gesellschaftliche Selbstregulierung 121

§ 13 Zur gegenwärtigen Dominanz nicht-hoheitlicher Regelung des Internets durch IT-Intermediäre 124

A. IT-Plattformen als „private Gesetzgeber“ 124
B. Zur hoheitlichen Regulierung solcher Selbstregulierung 127

§ 14 Ausschließlichkeits- und Zugangsrechte im Hinblick auf Daten bzw. algorithmische Systeme 129

A. Ausschließlichkeitsrechte an Daten? 129
B. Urheber- und Patentrechtsschutz 131
C. Open Access/Open Data 133
D. Open Source 134
E. Zugangsrechte 135

§ 15 Technosteuerungen von Verhalten als Anschauungsbeispiel für den Einsatz digitaler Techniken 137

A. Verhaltenssteuerung durch Informationsintermediäre 137
B. Beeinflussung politischen Wahlverhaltens 141
C. Predictive Policing 142
D. Einsatz von Legal Technology 142
E. Verhaltensentlastung durch „autonomes Fahren“ 142
F. Technosteuerung durch Design 143

§ 16 Vom Datenschutzrecht zur rechtlichen Ausgestaltung algorithmischer Systeme und ihres Einsatzes 145

A. Zur anfänglichen Konzentration der Aufmerksamkeit auf den Schutz personenbezogener Daten 145
B. Verlagerung der Aufmerksamkeit insbesondere auf die Vielzahl der bei dem Einsatz algorithmischer Systeme betroffenen Interessen und Rechtsgüter 147
C. Wachsende Bedeutung der Sicherung der Funktionsfähigkeit der betroffenen Märkte, vor allem durch Schutz vor Vermachtung 148
D. Betroffenheit der gesamten Rechtsordnung 149

§ 17 Zum rechtlichen Schutz bei dem Inverkehrbringen, der Inbetriebnahme und der Verwendung von Systemen der künstlichen Intelligenz 150

A. Der Entwurf eines Vorschlags der EU-Kommission zur Harmonisierung von Vorschriften für künstliche Intelligenz (E-KI-VO) 151
   I. Erneut: Zur Definition von künstlicher Intelligenz 151
   II. Ziele des E-KI-VO 152
   III. Risikostufen 152
      1. Verbotene Praktiken 153
      2. Hochrisiko-KI-Systeme 153
      3. Bestimmte KI-Systeme, bei denen ein geringes Risiko angenommen wird 154
      4. KI-Systeme mit minimalen Risiken 155
      5. Innovationsförderung 155
      6. Aufsicht und Begleitung 155
      7. Keine besonderen Regelungen für riskante Forschung als solche 155
      8. Harmonisierung mit anderen Regelungen 156

B. Die Diskussion ist eröffnet . . . 156
C. Ein Sonderproblem: Schadsoftware als Mittel für Hacking und Erpressung („Angriff 4.O“) . . . 158

§ 18 Zur Gewährleistung rechtlichen Schutzes personenbezogener Daten . . . 160

A. Vorbemerkung zum Unterschied von Datenschutzrecht als Querschnittsrecht und als sektorspezifischem Regulierungsrecht . . 160
B. Zur Rechtmäßigkeit der Erhebung und Verarbeitung personenbezogener Daten . . . 162
C. Verarbeitung personenbezogener Daten aus Gründen öffentlichen Interesses . . . 165
D. Insbesondere: Zum Problem der Abbedingung der Anwendbarkeit von Datenschutzrecht durch Einwilligung . . . 166
I. Anforderungen an eine Einwilligung, insbesondere deren Freiwilligkeit . . . 166
II. Umgehung des Einwilligungserfordernisses durch Clusterbildung und -zuordnung . . . 171
III. Zur Kontrollierbarkeit der Rechtmäßigkeit einer geforderten Einwilligung . . . 171
IV. Möglichkeiten zum Ausbau des Schutzes der Nutzer, etwa durch eine spezifische AGB-Kontrolle und Zertifizierungsvorgaben 173
E. Schwierigkeiten der Durchsetzung datenschutzrechtlicher Grundprinzipien im Hinblick auf Big Data, KI und smarte Informationstechniken . . . 175

§ 19 Schutz durch die Verbesserung der Funktionsfähigkeit von Märkten . . . 177

A. Zum bisherigen Kartellrecht . . . 177
B. Das GWB-Digitalisierungsgesetz . . . 180
C. EU-Initiativen zu neuen Regeln für digitale Märkte und Dienste, insbesondere im Hinblick auf digitale Online-Plattformen . . . 184
I. Entwurf der Verordnung für digitale Märkte . . . 185
II. Entwurf der Verordnung über digitale Dienste . . . 187
III. Die EU-Verordnung zur Förderung von Fairness und Transparenz für gewerbliche Nutzer von Online-Vermittlungsdiensten . . . 188
D. Zwischenfazit . . . 189

§ 20 Möglichkeiten für den rechtlichen Umgang mit den Herausforderungen der digitalen Transformation (Auswahl) 190

A. Zur Diskussion um die Fortgeltung und Anpassung vorhandenen Rechts . . . 190
B. Chancen- und risikoadaptierte Vorgehensweisen . . . 194
C. Vorgehensweisen bei der Ausgestaltung algorithmischer Systeme . . 195
I. Systemschutz . . . 196
II. Systemischer Schutz . . . 196
III. Standards und technische Normen . . . 198
IV. Pro- und retrospektive Folgenabschätzungen . . . 199
V. Transparenz, insbes. Sicherung von Verantwortlichkeit, Kontrollierbarkeit und Revidierbarkeit . . . 200
1. Transparenz als Grundsatz . . . 200
2. Exkurs: Das Beispiel der Transparenzregeln in der DSGVO 201
3. Schutz von Geschäfts- und Amtsgeheimnissen . . . 203
4. Monitoring, Protokollierung, Dokumentation . . . 204
5. Schutz von Gemeinwohlbelangen im Bereich der Selbstregulierung . . . 205
VI. Qualitätssicherung durch Gütesiegel, Prüfzeichen, Best Practices, Benchmarking, Qualitätsmanagement u. ä. . . . 206
VII. Hoheitliche Regulierung . . . 206
VIII. Ausbau gerichtlichen Schutzes . . . 207
IX. Sicherung der Unabhängigkeit von meinungsbildenden Plattformen, darunter Suchmaschinen . . . 208
X. Institutionen hoheitlicher Aufsicht . . . 209
XI. Schutz gegenüber hoheitlichen Eingriffen, insbesondere Überwachung . . . 211
D. Verbund mit sonstigem Regulierungsrecht . . . 212
E. Vorkehrungen zur Verbesserung der Cybersicherheit . . . 213
F. Zur Notwendigkeit des Ausbaus transnationaler Kooperation und transnationalen Rechts . . . 216

§ 21 Sektorspezifische Beispiele zur Gewährleistung des Schutzes von Interessen und Rechtsgütern beim Einsatz algorithmischer Systeme . . . 218

A. Recht der polizeilichen Gefahrenabwehr und Strafverfolgung . . . 219
B. Digitalisierungsbezogene Veränderungen im Medienrecht . . . 222
C. Haftung . . . 225
I. Verschuldenshaftung . . . 226
II. Gefährdungshaftung . . . 228

III. Produkthaftung 229
IV. Zurechnung von Haftung durch Behandlung digitaler Systeme als Akteure im Rechtsverkehr 231
D. Gestaltung von Arbeitsverhältnissen 233
I. Veränderungen der Arbeitsorganisation und der Anforderungen insbesondere an die Arbeitnehmer 233
II. Herausforderungen für das Recht 237
E. Veränderungen am Kapitalmarkt – am Beispiel des Hochfrequenzhandels 240

§ 22 Legal Technology/Computational Law – Nutzung digitaler Techniken bei der Rechtsanwendung 244

A. Begriff, Anwendungsfelder, Vorteile und Risiken 244
B. Einsatz digitaler Plattformen in relativ einfach gelagerten Rechtsfällen 247
C. Nutzung digitaler Techniken zur Rechtsdurchsetzung in komplexen Entscheidungssituationen 249
D. Insbesondere: Zum Einsatz digitaler Algorithmen in der deutschen öffentlichen Verwaltung 253
I. Vorbemerkung 254
II. Insbesondere: Rechtliche Anforderungen an automatisierte Verwaltungsentscheidungen 255
III. Zum Problem des gerichtlichen Rechtsschutzes gegen automatisierte Verwaltungsentscheidungen 257
IV. Ergänzende Sicherungen der Richtigkeit automatisierter Verwaltungsentscheidungen 259
E. Zum Einsatz digitaler Technologien in der deutschen Gerichtsbarkeit 261
F. Ergänzende Vorkehrungen der EU-DSGVO 264
G. Anforderungen an einen automatisierten Entscheidungsvollzug . . . 266

§ 23 Zur Rezeption der digitalen Transformation auch des Rechts in der Praxis, der Wissenschaft und Lehre vom Recht und seiner Anwendung 268

A. Beobachtungen zur Reaktion auf das Recht der Digitalisierung und auf die Digitalisierung des Rechts 268
B. Insbesondere: Zu Reaktionen im Wissenschaftssystem 270
C. Insbesondere: Das Thema der Digitalisierung in der rechtswissenschaftlichen Lehre und in den Prüfungen 271
D. Der Einstieg in einen Computational Turn des Rechts 272

§ 24 Anforderungen an den weiteren Umgang mit der digitalen Transformation im Bereich des Rechts (Auswahl) 274

A. Grundsatz: Die digitale Transformation als Herausforderung, insbesondere als Chance 274
B. Schwierigkeiten der rechtlichen Gestaltung angesichts der Vielfalt, Vielschichtigkeit und Ungleichzeitigkeit der durch die digitale Transformation geprägten Strukturen, Ereignisse und Wirkungen . . 276
C. Zu Schwierigkeiten der Sicherung rechtsstaatlicher und demokratischer Legitimation 278
I. Legitimationsketten und -netzwerke 278
II. Vermeidung eines digitalen Neopositivismus 280
III. Abbau rechtsstaatlicher Defizite bei der Softwareentwicklung 281
IV. Sicherung wirksamen gerichtlichen Rechtsschutzes 282
D. Berücksichtigung der Vielfalt möglicher Folgen der digitalen Transformation 284
E. Abbau von Rechtsschutzdefiziten, die durch private Regelsetzung der IT-Wirtschaft bedingt sind 285
F. Intertemporaler Rechtsgüterschutz 287
G. Verstärkte Berücksichtigung der Trans- und Internationalität 289
H. Ergänzung rechtlicher Vorkehrungen durch außerrechtliche, insbesondere ethische Standards 290
I. Förderung von transformativen Digitalkompetenzen i. w. S. 292
J. Ausweitung von Trans- und Interdisziplinarität 293
K. Nutzung und Stärkung zivilgesellschaftlicher Teilhabe 294
L. Aufgreifen neuer Forschungsperspektiven 295

§ 25 Rückblick und Ausblick 297

A. Zum Ablauf dieser Untersuchung und zu den behandelten Themenfeldern 297
B. Ausblick 302

Literaturverzeichnis 305
Personenregister 339
Sachregister 341

§ 1 Die digitale Transformation als Ereignis von epochaler Bedeutung

Die durch die Digitalisierung geprägten Vorgehensweisen in der Produktion, bei Dienstleistungen, im Handeln staatlicher Institutionen, im privaten Leben, aber auch für kriminelle Aktivitäten u.a. verändern gegenwärtig in großer Schnelligkeit, Breite und Tiefe viele Bereiche der Wirtschaft, Kultur, Politik, öffentlicher und privater Kommunikation, ja vermutlich fast alle Lebensbereiche.[1] Die grundlegenden, vielfach bahnbrechenden, m.E. eine neue Epoche der technologischen und teilweise auch der sozialen Entwicklung einleitenden Umwälzungen sind Anlass dieser Abhandlung. Ihr Gegenstand ist allerdings fokussiert: Themen sind die Auswirkung der Digitalisierung auf die Entwicklung des Rechts und auf die Nutzung digitaler Techniken beim Umgang mit dem Recht, aber auch die Begleitung der Ausgestaltung der Digitalisierung durch Recht.

Die durch die Digitalisierung bedingten technischen und sozialen Veränderungen und die mit den dabei erfolgten Innovationen verbundenen Chancen und Risiken sind eine Herausforderung für das Recht. Ihr muss sich die Rechtsordnung im Sog der Erwartungen an eine am Individual- und Gemeinwohl orientierte Gestaltung der Entwicklung auch mithilfe des Rechts stellen.

A. Digitale Transformation

Der Begriff der Digitalisierung kennzeichnet zum einen eine grundlegende technologisch fundierte Innovation,[2] nämlich – pauschal gesprochen – die Entwicklung einer auf besondere Software und Hardware gegründeten Informationstechnik, die digital vermittelte Daten in neuartiger und höchst vielfältiger

---

[1] Eine Darstellung und Gegenüberstellung von Trends und Herausforderungen sowie der möglichen Chancen und erwartbaren Risiken haben die deutschen Bundesministerien für Wirtschaft und Energie, für Arbeit und Soziales sowie der Justiz und des Verbraucherschutzes in einer gemeinsamen Publikation vorgenommen: BMWi/BMAS/BMJV, Digitalpolitik (2017). S. im Übrigen statt vieler die Beiträge von e&i Elektrotechnik und Informationstechnik, Digitale Transformation (2017) sowie *Peuker*, Verfassungswandel durch Digitalisierung (2020), S. 12ff.

[2] Zum Begriff und zu den Erscheinungsformen von Innovation s. die Beiträge in: Blättel-Mink/Schulz-Schaeffer/Windeler (Hrsg.), Handbuch Innovationsforschung (2021).

Weise verarbeitet und zu neuen Produkten und Anwendungsmöglichkeiten führt. Stichworte zur Kennzeichnung von wichtigen Elementen dieser Entwicklung sind beispielsweise Algorithmen, Big Data, künstliche Intelligenz (KI), Internet, Blockchain, Robotik, Clouds u. a.

Der durch den Einsatz der neuen Technologien ausgelöste Änderungsprozess wird vielfach übergreifend mit dem Begriff der digitalen Transformation[3] gekennzeichnet. Dieser verweist nicht nur auf die neuen (digitalen) Technologien und deren Bedeutung für das Handeln von großen und kleinen Unternehmen, Privatpersonen und Hoheitsträgern, sondern auch auf dadurch ermöglichte grundlegende Veränderungen in den Institutionen der Gesellschaft und in den Verhaltensweisen und Einstellungen der Bürgerinnen und Bürger. Die Auswirkungen können daher sehr komplex sein und nicht alle sind durch die Ausgestaltung des Rechts unmittelbar und vielfach auch nur schwer mittelbar nachhaltig zu beeinflussen.

Die Veränderungen werden zu einem erheblichen Teil durch den Aufbau und die Nutzung der digitalen Technologien und Infrastrukturen durch große/global tätige mit erheblichen Machtpotentialen ausgestattete IT-Unternehmen beeinflusst. Tätig sind aber auch mittelgroße und kleinere Akteure, darunter Start-ups, aber auch Einzelpersonen, etwa solchen, die mit neuen Ideen ihr Leben gestalten oder mit ihrer Hilfe in Form neuer Geschäftsmodelle in Teilen des Marktes erfolgreich sein wollen.

Wichtige Akteure sind Betreiber von Suchmaschinen (wie Google/Alphabet) und von sozialen Netzwerken (wie Facebook [seit Ende 2021 Meta genannt], YouTube oder TikTok), Online-Händler (wie Amazon), Hard- und Softwareentwickler (wie Microsoft), die Anbieter neuer Kommunikationsdienste (etwa Instant Messaging, Streaming) oder Dienstleister mit neuartigen Angeboten (wie der Fahrdienstleister Uber oder der Vermittler von Wohn- bzw. Übernachtungsmöglichkeiten AirBnB), aber auch digitale Finanzdienstleister, etwa zur Durchführung des Zahlungsverkehrs (wie PayPal). Ferner werden Systeme für neuartige, digital vernetzte und automatisierte Produktionsprozesse in der Industrie eingesetzt („Industrie 4.0"). Typisch sind auch Veränderungen in alltäglichen Abläufen etwa im Smart Home oder im Arbeitsleben. Weitere Stichworte: Das Internet der Dinge, selbstfahrende Automobile, autonome Waffensysteme, Cloud Computing, neue Möglichkeiten medizinischer Diagnostik und Therapie, die Fortentwicklung der Gentechnik und der Nanotechnologie,

[3] Zur digitalen Transformation s. u. a. *Bounfour*, Futures (2016); *Schwab*, Industrielle Revolution (2016); *Cole*, Transformation (2017); *Keese*, Silicon (2017); die Beiträge in: Stengel/van Looy/Wallaschkowski (Hrsg.), Digitalzeitalter (2017); *Pfliegl/Seibt*, Digitale Transformation (2017); *Mayer-Schönberger/Ramge*, Das Digital (2017); *Rolf*, Weltmacht (2018); *Schneider*, Capitalism (2018); *Zuboff*, Überwachungskapitalismus (2018); ferner die Beiträge in: Kolany-Raiser/Heil/Orwat/Hoeren (Hrsg.), Big Data (2018) sowie in: Hill/Kugelmann/Martini (Hrsg.), Digitalisierung (2018). Aus einer philosophischen Perspektive: *Precht*, Jäger (2018); *Miebach*, Digitale Transformation (2020).

die digitale Steuerung existentieller Einrichtungen der Daseinsvorsorge (etwa in den Bereichen Energie und Verkehr), die Art der Überwachung öffentlicher Räume und des privaten Lebens, die Meteorologie oder das Onlinebanking. Zu erwähnen sind auch neue Formen der Spionage und Sabotage und ansteigend auch besondere Arten der Cyberkriminalität.

Nicht nur in privaten/privatwirtschaftlichen Bereichen, sondern auch bei der Erfüllung hoheitlich wahrgenommener Aufgaben werden digitale Algorithmen vermehrt eingesetzt. Dies ist seit langem im Bereich der Kriminalitätsbekämpfung und des Verfassungsschutzes der Fall. In jüngerer Zeit hat der Einsatz digitaler Technologien in der staatlichen Verwaltung erheblich zugenommen, so auch bei der Kommunikation zwischen Staat und Bürgern, etwa im sog. E-Government, aber auch bei Vorkehrungen zum Schutz der allgemeinen öffentlichen Sicherheit und Ordnung (Überwachung, Dokumentation). Digitale Technologien kommen auch in der Rechtspflege, insbesondere beim Handeln der Anwaltschaft (dort insbes. Legal Technology), aber auch in der Gerichtsbarkeit (E-Justice) und ebenso in der Rechtswissenschaft zum Einsatz und/oder sind Gegenstand rechtlicher Vorgehensweisen.

Dies ist nur ein Auszug der vielen Möglichkeiten. Hinzugefügt sei, dass sich parallel zu solchen Einsatzmöglichkeiten digitaler Techniken in den jeweils einschlägigen Wissenschaftsbereichen die Methoden sowie Aufmerksamkeiten der Wissenschaft ändern und neue Einsichten entstehen und weiterentwickelt werden.[4]

Die digitale Transformation eröffnet erhebliche Veränderungspotenziale und bewirkt Änderungen, etwa Beschleunigungen, bei der Erfüllung von Aufgaben und der Verfolgung von individuellen oder kollektiven Interessen. Sie ermöglicht neue, vielfach entlastende Arbeitsformen, Steigerungen der Effizienz und Effektivität in vielen Handlungsbereichen (insbesondere der Produktion und Distribution), veränderte Formen und Inhalte im Bildungswesen, neue Heilungsmöglichkeiten im Gesundheitsbereich, verbesserte Prognosen zukünftiger Entwicklungen usw. Verwiesen sei auch auf Möglichkeiten schneller Reaktion auf unvorhergesehene Probleme. Ein solcher Anlass war und ist weiterhin beispielsweise die Ende 2019 ausgebrochene, weltweit folgenreiche Coronapandemie (s. u. C).

Es gibt aber auch erhebliche Risiken, so die der unerwünschten Ausforschung und Überwachung, der Vermachtung und des Machtmissbrauchs, der Manipulation von Verhalten, Gefährdungen des Schutzes der Privatheit und des geistigen Eigentums, des Verlusts von Arbeitsplätzen, eventuell verbunden mit Risiken verstärkter Prekarisierung weiter Bevölkerungsgruppen. Verwiesen sei auch auf Möglichkeiten von Cyberangriffen auf lebenswichtige Einrichtungen

---

[4] Zur Auswirkung auf die Wissenschaft s. statt vieler *Wadephul*, Big Data (2018). S. auch u. § 23.

(etwa der Energieversorgung oder der Verkehrsinfrastruktur) und vieles anderes Unerwünschtes mehr. Hinzu treten allgemeine Risiken fehlender Beherrschbarkeit der Folgen und erhebliche Grenzen der Revidierbarkeit bei Fehlentwicklungen.

B. Digitale Disruption

Neben den Begriff der digitalen Transformation tritt in aktuellen Diskussionen der Begriff der digitalen Disruption.[5] Er wird gegenwärtig insbesondere auf den digitalisierungsbedingten Abbruch/Abriss bisher bestehender und zuvor vielfach bewährter Entwicklungspfade bezogen.[6] Er verweist dabei auf durch die Digitalisierung angestoßene radikale Veränderungen von Technologien, Märkten, Geschäftsmodellen, Produkten, Verhaltensweisen, Analysen und Analysemethoden, gesellschaftlichen Strukturen, Therapien u.a. Dass damit neue Chancen und Risiken verbunden sein können, ist offensichtlich und wird sich im weiteren Verlauf der Entwicklung voraussichtlich immer stärker zeigen.

Mit der Nutzung des Disruptionsbegriffs ist keine Aussage darüber verbunden, ob der Wandel positiv oder negativ zu bewerten ist.[7] Sein Gebrauch soll nur verdeutlichen, dass es nicht oder nicht vorrangig um ohnehin laufend beobachtbare inkrementelle und eher in einem kontinuierlichen Prozess sich entwickelnde Veränderungen geht, sondern um diskontinuierliche und insbesondere grundlegende Neuerungen, die Bestehendes umwälzen oder überflüssig machen und dadurch weitere Änderungen der Strukturen und Verhaltensweisen stimulieren oder gar provozieren.[8]

Aus rechtswissenschaftlicher Sicht sind nicht der Befund einer Disruption und sein Anlass als solche wichtig, wohl aber die dadurch angestoßenen Änderungen und deren Aufgreifen, Verhinderung oder Weiterentwicklung in der Rechtsordnung, gekoppelt mit der Frage, ob es aus rechtlicher Sicht Anlässe – Möglichkeiten und Notwendigkeiten – gibt, gestaltend auf die Entwicklung oder einzelne Folgen einzuwirken.

---

5 Zum Disruptionsbegriff s. statt vieler *Meyer*, Disruption (2017).

6 *Eifert*, Vorwort, in: Eifert (Hrsg.), Digitale Disruption (2020), S. 5.

7 S. auch *Schulz-Schaeffer*, Disruption und Innovationsforschung (2020).

8 Enger verwenden den Disruptionsbegriff *Christensen et al.*, Disruptive Innovation (2015) unter https://hbr.org/2015/12/what-is-disruptive-innovation, abgerufen am 07.10.2021. S.u. § 3 A.

C. Die digitale Transformation als soziotechnische Transformation

Kennzeichnend für die digitale Transformation sind das Zusammenspiel und wechselseitige Beeinflussen von technologischen Entwicklungen und Veränderungen in der Gesellschaft und dabei auch des Verhaltens der Gesellschaftsmitglieder. Es handelt sich nicht um gewöhnliche technologische Veränderungen bzw. Innovationen, sondern um die Nutzung einer viele unterschiedliche Anwendungen und Neugestaltungen ermöglichenden, prinzipiell alle Bereiche der gesellschaftlichen Entwicklung erfassenden innovativen Technologie. Die von ihr angestoßenen und immer weiter ausdifferenzierten Einsatzmöglichkeiten verändern die Strukturen in fast allen gesellschaftlichen Bereichen. Ihre Entwicklung, Fortentwicklung und Einsatzmöglichkeiten werden allerdings von Menschen gestaltet, sodass der transformative Effekt das Produkt eines Zusammenwirkens von Technik und menschlichen Entscheidungen ist. Dabei sind viele der ausgelösten Folgen derart grundlegend, dass es kaum oder nur schwer möglich erscheint, sie in Zukunft wieder zu beseitigen oder weitere Änderungen ohne Rücksicht auf die zuvor geschaffenen Strukturen vorzunehmen.

Ebenso wie bei der industriellen Revolution oder anderen grundlegenden Neuerungen mag es in der Zukunft weitere Änderungen geben; sie werden aber auf die von der digitalen Transformation beeinflussten neuen Strukturen und veränderten Verhaltensweisen aufbauen, soweit sie nicht zu verändern sind und verändert werden. Die digitale Transformation ist als ein fortlaufender Prozess zu verstehen, in dem zwar Einzelkorrekturen vorgenommen werden können. Die jetzt gewachsenen Strukturen dürften aber auf absehbare Zeit vielfach bestimmend bleiben. Dabei sind sie auch eine grundlegende Basis für die Möglichkeit zur Freiheitsverwirklichung durch die Bürgerinnen und Bürger und zur Funktionsweise von gesellschaftlichen Institutionen.

Insofern empfiehlt es sich, das Zusammenwirken von technologischen und sozialen Impulsen und Komponenten der Entwicklung auch begrifflich zum Ausdruck zu bringen. Hierfür scheint mir der Begriff der soziotechnischen Transformation sachgerecht zu sein. Ihn hat jüngst auch das Bundesverfassungsgericht in seiner bahnbrechenden Entscheidung zum Umgang mit dem Klimawandel und mit dessen Gefahren genutzt.[9] Auch hier sieht das Gericht das Zusammenspiel von menschlichem Verhalten und technologischen Neuerungen als bestimmend an.

Dabei hat es vor allem der Zeitdimension der Wirkungsweise dieser Transformation besonderes Gewicht beigelegt. Dies hat das Gericht veranlasst, im Hinblick auf die einschlägigen Grundrechte des Grundgesetzes auch von der Aufgabe intertemporaler Freiheitssicherungen zu sprechen. Es hat darauf verwiesen, dass infolge der soziotechnischen Transformation gegebenenfalls Frei-

[9] BVerfG, Beschluss vom 24.03.2021, EuGRZ 2021, 242, 260f., Rn. 121f.

heitsschutz in der Gegenwart auch mit dem Ziel der Ermöglichung des Erhalts und Ausbaus von Freiheit in der Zukunft vorzunehmen sei.

Mit dieser Bezugnahme auf die Klimaschutzentscheidung soll nicht suggeriert werden, als seien die digitale Transformation und die durch Klimawandel geprägte Transformation strukturell identisch. Bei beiden Konstellationen allerdings sind die durch die Veränderungen geschaffenen Potentiale und Risiken zu einem Großteil menschengemacht und in ihren Wirkungen stark durch die von Menschen geschaffenen Technologien geprägt. Dieses Verwobensein von menschlichen Entscheidungen bzw. menschlichem Verhalten und Technologie und die dadurch bedingten Auswirkungen in Gegenwart und Zukunft bedürfen besonderer darauf ausgerichteter regulativer Reaktionen – in der Klimaschutzentscheidung ging es insoweit vor allem um die Möglichkeit des Freiheitsgebrauchs zukünftiger Generationen. Auch die digitale Transformation hat intertemporale Auswirkungen auf die Möglichkeit der Nutzung von Freiheit und bedarf einer darauf bezogenen regulativen Antwort, um auch Freiheitsgebrauch und seine vielfaltigen Facetten in der Gegenwart und der Zukunft zu ermöglichen. Dabei besteht – wie noch zu zeigen sein wird – auch ein Verbund zwischen der Freiheitsvorsorge durch Klimaschutz und durch eine verantwortungsvolle Gestaltung der digitalen Transformation.

D. Digitalisierung als Innovation und als Innovationsermöglichung

Die Digitalisierung bewirkt signifikante, praktisch folgenreiche Neuerungen (so genannte Innovationen). Mit der Digitalisierung sind auch Möglichkeiten für weitere, noch gar nicht vorhersehbare – positiv oder negativ zu bewertende – Innovationen verbunden. Bei der rechtlichen Gestaltung sollte daher auch darauf geachtet werden, dass Potentiale für individuelle und/oder gesellschaftlich erwünschte Innovationen nicht verschüttet, aber Risiken möglichst vermieden werden. Bei Beachtung dieser beiden Dimensionen kann das auf die digitale Transformation bezogene Recht als Innovationsermöglichungsrecht verstanden und entsprechend gestaltet werden.[10]

Insofern ist besonders wichtig, dass es neben technologischen Innovationen in hohem Maße auch um gesellschaftliche (soziale) Innovationen geht.[11] Gemeint sind mit diesem Begriff neue Wege, Ziele in je unterschiedlichen Tätigkeitsfeldern zu erreichen, etwa neue Organisationsformen zu entdecken, neuartige Regulierungen zu nutzen, neue Lebensstile zu formen, oder allgemein, um durch die Veränderungen Probleme anders und (möglichst) besser zu lösen

---

[10] Zum Recht als Innovationsermöglichungsrecht s. *Hoffmann-Riem*, Innovation (2016), S. 33 ff.

[11] Zu dem Begriff der sozialen Innovationen s. *Zapf*, Innovationen (1989), S. 170 ff. S. ferner *Hoffmann-Riem*, Innovation (2016), S. 23 ff.; *Howaldt/Schwarz*, Soziale Innovation (2021).

als es frühere Praktiken konnten. Erfasst von diesem Begriff sind beispielsweise politische, kulturelle, gesellschaftliche und wirtschaftliche Innovationen, erkennbar etwa an veränderten Geschäftsmodellen, Organisationsformen, Werthaltungen oder zivilgesellschaftlichen Aktivitäten. Dies betrifft unter anderem die Auswirkungen der sozialen Netzwerke auf die Gestaltung von privater und öffentlicher Kommunikation, darüber hinaus auch des Arbeitslebens, des Bildungsbereichs u. a. Betroffen sind die individuellen und gesellschaftlichen Entfaltungsmöglichkeiten in fast allen Lebensbereichen, aber auch die Erfüllung staatlicher Aufgaben. Letztlich geht es um die wechselseitige Beeinflussung von technologischem, sozialem und rechtlichem Wandel.

Angesichts der schon jetzt beobachtbaren Schnelligkeit, Häufigkeit und Vielfältigkeit der Veränderungen der digitalen Technologien, ihrer Verwendungsmöglichkeiten und damit auch nachhaltiger Folgen in Gesellschaft, Wirtschaft und Staat unterstreicht der Verweis auf das disruptive Potential der digitalen Transformation die Notwendigkeit, die Entwicklung als Herausforderung zu verstehen. Bestehendes gerät in einen Sog zur Anpassung an die neue Lage. Dabei ist es wichtig, die Chancen der digitalen Transformation zu nutzen und Risiken zu vermeiden oder jedenfalls zu minimieren. Dieser Sog erfasst gegenwärtig auch das Recht.

Die Begleitung und gegebenenfalls Gestaltung des Geschehens ist eine wichtige Aufgabe staatlicher/hoheitlicher Organe, so auch in der Normgebung und -anwendung. Für die Ausgestaltung der digitalen Transformation ist daher neben anderem das Steuerungsmedium Recht bedeutsam, das bei Bedarf so umgestaltet werden sollte, dass es angesichts der Umwälzungen hilft, die positiv bewerteten Potentiale zu stärken und Risiken zu verringern. Wichtig ist aber auch die Akzeptanz im Umgang mit den Möglichkeiten der Digitalisierung, also insbesondere durch die professionell mit der Setzung und Recht befassten Personen. Hier gibt es einerseits Enthusiasmus, aber auch Skepsis und Widerstand.[12]

Zu klären ist bei der Erfüllung dieser Aufgabe auch, wieweit es infolge der digitalen Transformation veränderter oder gar grundsätzlich neuer Konzepte und Instrumente der rechtlichen Einflussnahme auf die Entwicklung gibt, darunter solche für die Art rechtlicher Regulierung, aber auch durch weitere Modi des Regierens im Zusammenspiel unterschiedlicher, also keineswegs nur rechtlicher Steuerungsmodi. Betroffen sind die so genannten Governancemodi.[13] Ein Beispiel für die Möglichkeit der Entwicklung neuer Governancemodi ist schon

---

[12] Zur Frage der Akzeptanz vgl. statt vieler die Darstellung in *Degen/Emmert*, Rechtsverkehr (2021), § 1 zu: „Hintergründe zur schwierigen Digitalisierung des Justizstandorts Deutschland".

[13] Governanceforschung befasst sich mit unterschiedlichen Modi des Regierens i.w.S., d.h. unter Ausweitung des Blicks über die Nutzung von Recht hinaus auch auf den Einsatz nichtrechtlicher Einflussfaktoren. Aus der reichhaltigen Literatur sei verwiesen auf *Schuppert*, Governance-Forschung (2005); Benz/Dose (Hrsg.), Governance (2010); *Schuppert*, Rechtsetzung (2011); *Hoffmann-Riem*, Governance-Perspektive (2011).

jetzt von großer Bedeutung: Neben die traditionell viel genutzten, auch auf die neue Lage abzustimmenden Governancemodi Markt, Hierarchie, Verhandlung und Netzwerk ist als neuartiger Governancemodus die algorithmisch basierte Steuerung von Verhalten und Strukturen hinzugetreten („Governance by Algorithm“, „Algorithmic Regulation“).[14] Governance ist nicht auf einen Numerus Clausus seiner Modi beschränkt.

E. Digitalisierung auch als Krisenhilfe – am Beispiel der Reaktion auf die Coronapandemie

Die schon erwähnte Coronapandemie sei als Anschauungsbeispiel für die Leistungspotentiale digitaler Techniken – hier zur Krisenbewältigung – genutzt. Die Coronakrise hat mitgeholfen, die Potentiale der Digitalisierung verstärkt ins kollektive Bewusstsein zu drängen. Die dabei gewonnenen Erfahrungen werden mit hoher Wahrscheinlichkeit zu fortwirkenden Transformationsfolgen hinsichtlich der Einsatzbereiche der digitalen Techniken führen, begleitet durch Veränderungen von Lebensgewohnheiten, Arbeitsweisen und Vorsorgemaßnahmen. Einzelne Folgen seien im Folgenden beispielhaft angesprochen. Mithilfe digitaler Technologien konnten die Pandemie selbst wie auch die durch sie verursachten Folgen in vielen Lebensbereichen abgemildert werden.[15] Die Langzeitfolgen und Wege zu ihrer Bewältigung sind allerdings zur Zeit nicht sicher zu bestimmen.

I. Einsatz digitaler Technologien im medizinischen Bereich

Schon bei der Analyse ihrer Verläufe und erst recht bei der Bewältigung der Probleme der Pandemie wurden und werden verstärkt digitale Technologien unter Einschluss lernender Systeme eingesetzt.[16] Dies betrifft zunächst insbesondere den Einsatz in der Epidemiologie und der Virologie, darunter die Analyse und Prognose des Ablaufs der Pandemie und Strategien zur Überwindung

---

[14] *Yeung*, Algorithmic Regulation (2017). Die Autorin definiert: „Algorithmic regulation refers to decision-making systems that regulate a domain of activity in order to manage risk or alter behaviour through continual computational generation of knowledge by systematically collecting data […] emitted directly from numerous dynamic components pertaining to the regulated environment in order to identify and, if necessary, automatically refine […] the system's operation to attain a pre-specified goal.“ S. ferner *Braun Binder*, Algorithmic Regulation (2018); *Musiani*, Governance (2013).

[15] Zu diesem Ergebnis kommt beispielsweise eine Studie des Digitalverbands Bitkom, die im März 2021 veröffentlicht wurde, vgl. Bitkom, Digitalisierungsschub (2021).

[16] So ist beispielsweise Machine Learning (s. u. § 4 D) im Umgang mit der Coronapandemie von vornherein eingesetzt worden, um Risikogruppen zu identifizieren, Diagnosen zu erstellen, Medikamente zu entwickeln, die Ausbreitung des Virus zu überwachen, Viren besser zu verstehen und die Herkunft des Virus festzustellen.

ihrer Folgen. Viel Aufwand und Geld wurden und werden unter Nutzung auch digitaler Techniken in die Erforschung und Entwicklung von Impfstoffen, Medikamenten, Behandlungsmethoden und Coronatests investiert.[17]

Neben solchen für die Eindämmung der Epidemie und den Umgang mit ihren Folgen wichtigen Tätigkeiten sind auch weniger spektakuläre Änderungen von Bedeutung. Insoweit erwähne ich die bereits angelaufenen Entwicklungen zum Ausbau der Telemedizin. Dazu zählen Video- und Telefonsprechstunden, die Digitalisierung von Verlaufskontrollen ebenso wie die Einführung von E-Rezepten. Sie alle erfuhren im Zuge der Coronapandemie einen deutlichen Schub.[18] Während im Februar 2020 lediglich 1.500 niedergelassene Ärzte an Portale für die bereits seit 2018 zulässigen Videosprechstunden angeschlossen waren, erhöhte sich ihre Zahl in nur drei Monaten auf etwa 100.000.[19] Auch trug der vermehrte Einsatz von Chatbots[20] dazu bei, den hohen Informationsbedarf der Bevölkerung leichter abzudecken.[21]

II. Ausbau digitaler Kommunikation

Anstöße zu transformativen Veränderungen werden auch die Erfahrungen mit der Nutzung digitaler Technologien und mit den gesellschaftlichen Begleitfolgen des Umgangs mit der Pandemie geben.[22] Während die Nutzungsrate von Messenger-Apps, Fernsehen und Social Media im privaten Gebrauch im Zuge der Coronapandemie deutlich anstieg,[23] setzten viele Unternehmen, angeregt

---

17 Eingesetzt wurden dabei auch europäische Hochleistungsrechenzentren, die insbesondere die Erforschung und Entwicklung von Impfstoffen, Behandlungen und Coronatests unterstützten. Vgl. dazu und vielen weiteren digitalen Lösungen betr. die Coronapandemie die Übersicht der Europäischen Kommission „Mit digitalen Lösungen die Coronakrise meistern“, https://ec.europa.eu/info/live-work-travel-eu/health/coronavirus-response/digital_de, aufgerufen am 25. 07.2021.

18 Vgl. Deutsches Ärzteblatt, https://www.aerzteblatt.de/nachrichten/110997/Telemedizin-Kraeftiger-Schub-fuer-Videosprechstunden, abgerufen am 04.10.2021.

19 *Debatin*, Leiter des Health Innovation Hubs des Bundesgesundheitsministeriums, im Interview mit der Deutschen Ärztezeitung, https://www.aerztezeitung.de/Podcasts/Pusht-die-Corona-Krise-die-Telemedizin-409613.html, abgerufen am 04.10.2021.

20 Ein Chatbot ist eine Anwendung, die Künstliche Intelligenz verwendet, um sich mit Menschen in natürlicher Sprache zu unterhalten, also den Eindruck zu erwecken, hier antworte ein Mensch. Benutzer können Fragen stellen, auf welche das System in natürlicher Sprache antwortet.

21 So griff die World Health Organization zur Informationsweitergabe auf den Einsatz von Chatbots zurück, https://www.who.int/news-room/feature-stories/detail/who-launches-a-chatbot-powered-facebook-messenger-to-combat-covid-19-misinformation, abgerufen am 04.10.2021; im Rahmen eines Pilotprojekts nutzten drei Gesundheitsministerien die Dienste eines KI-gestützten Telefonassistenten, dem sog. CoVBot, BT-Drs. 19/25540, S. 6.

22 83 % der Bundesbürger gaben in einer Studie des Digitalverbands Bitkom an, während der Pandemie in mindestens einem Lebensbereich von digitalen Technologien profitiert zu haben, https://www.bitkom.org/Presse/Presseinformation/Corona-sorgt-fuer-Digitalisierungs schub-in-deutschen-Haushalten, aufgerufen am 16.03.2021.

23 Statista, Auswirkungen des Coronavirus (2020), S. 66 ff.

auch durch staatliche Aufforderungen, insbesondere durch hoheitlich auferlegte Ausgangssperren auf die Verlagerung von Arbeit ins Homeoffice.[24] Online-Meetings wie Videokonferenzen, Webinare und andere Formen der elektronisch gestützten Zusammenarbeit an unterschiedlichen Örtlichkeiten tätiger Personen trugen dazu bei, den Geschäftsbetrieb trotz der Kontaktbeschränkungen möglichst weitgehend aufrechtzuerhalten. Studien zeigen, dass sich die erhöhte Flexibilität und die durch die digitale Transformation gesteigerte Autonomie der Arbeitnehmerinnen und Arbeitnehmer ebenso wie die Veränderungen in der Vereinbarkeit von Familie und Beruf durch das Homeoffice auf die Produktivität[25] und Zufriedenheit – auch Unzufriedenheit – der Arbeitnehmerinnen und Arbeitnehmer ausgewirkt hat.[26] Allerdings zeigen Studien auch Zusammenhänge zwischen der Arbeit im Homeoffice und einer erhöhten psychischen Belastung der betroffenen Arbeitnehmerinnen und Arbeitnehmer.[27] Gleichwohl lässt der deutliche Ausbau der digitalen Infrastrukturen einen nachhaltigen Bestand und weiteren Ausbau digitaler Arbeitsformate erwarten,[28] möglichst verbunden mit Konzepten auch zum angemessenen Umgang mit neuartigen Belastungen.

III. Anpassungen im Bildungsbereich

Ein weiteres Anschauungsfeldfeld für die Nutzung digitaler Techniken zur Krisenbewältigung ist der Bildungsbereich. Infolge teilweiser oder vollständiger Schulschließungen wurden Möglichkeiten des Homeschooling oder des hybriden Unterrichts (ein Teil der Schülerinnen und Schüler im Klassenzimmer, der andere Teil unter Einsatz des Computers zu Hause) genutzt. In Hochschulen wurde digitaler Fernunterricht angeboten und es wurden – digital überwacht – sogar extern Klausuren geschrieben.[29] Auch hier musste viel improvisiert werden, aber es wurden Erfahrungen mit neuen Möglichkeiten der Ausbildung unter Nutzung von Lernplattformen, Webinaren, virtuellen Diskussionen

---

[24] Während noch im Jahr 2017 lediglich 5 % der deutschen Arbeitnehmer regelmäßig und etwa 22 % gelegentlich von zu Hause aus gearbeitet hatten, womit Deutschland knapp hinter dem europäischen Durchschnitt lag, setzten im Zuge der Pandemiebewältigung 3 von 4 deutschen Unternehmen auf das Homeoffice, vgl. *Litsche/Sauer/Wohlrabe*, Konjunkturumfragen (2020), S. 59 f.; *Grunau et al.*, Homeoffice bietet Vorteile (2019), S. 6.

[25] In einem chinesischen Reisebüro konnte das (freiwillige) Angebot zur Arbeit im Homeoffice eine Produktivitätssteigerung der Angestellten von 22 % erwirken, *Bloom et al.*, Does Working from Home Work? (2015).

[26] Vgl. *Grunau et al.*, Homeoffice bietet Vorteile (2019), S. 8.

[27] *Ducki*, Digitale Transformationen (2019), S. 3 f.

[28] In diese Richtung deuten die Ergebnisse der Randstad-ifo-Personalleiterbefragung aus dem 2. Quartal 2020, S. 10 und die Ergebnisse einer Studie des Bitkom e.V., https://www.bitkom.org/Presse/Presseinformation/Corona-sorgt-fuer-Digitalisierungsschub-in-deutschen-Haushalten, abgerufen am 04.10.2021.

[29] S. dazu *Berghoff et al.*, Studium und Lehre in Zeiten der Corona-Pandemie (2021).

u. ä gewonnen und es wurde damit möglichst vermieden, dass kostbare Ausbildungszeiten ungenutzt bleiben mussten.

Auch wurden Potenziale erkennbar, die digitale Medien im Bereich der Lehre mit sich bringen können. Das selbstständige und selbstverantwortliche Lernen mit und durch Technologie stimulierte die Möglichkeit von und Anforderungen an neue Lernformen und ermöglichte ein verändertes Eingehen auf die Bedürfnisse der Schülerinnen und Schüler und Studierenden.[30] Ein Problem bestand allerdings darin, dass die digitalen Infrastrukturen, die für die effektive Nutzung des Homeschooling erforderlich sind, vielerorts nur in unzureichendem Maße vorhanden waren.

Angemerkt sei auch, dass den Potentialen, die das Homeschooling bot, auch Risiken gegenüberstanden, so die, dass die Bildungs- und Chancenungleichheit verschärft wurden.[31]

IV. Veränderungen im Handel

Ein anderes – durchaus ambivalentes – Beispielsfeld ist der Onlinehandel. Er ist u. a. ein Gewinner der aus Anlass der Coronaepidemie angeordneten Ausgangsbeschränkungen (Lockdowns) und Schließungen vieler Läden. Onlinehändler wie Amazon, aber auch Auslieferer wie das Versandunternehmen DHL prägten das Bild. Es ist nicht auszuschließen, sondern eher wahrscheinlich, dass viele Bürgerinnen und Bürger, die bisher in lokalen Geschäften einkauften, die Bequemlichkeit des Onlinehandels auch weiterhin nutzen werden und damit ein Teil des Einzelhandels nicht mehr gewinnbringend wird arbeiten können, verbunden mit der möglichen Folge der Verödung von Innenstädten und der (auch ökologischen) Belastungen durch Zunahme des Zulieferungsverkehrs. Die Folgen sind allerdings auch ambivalent. So ist nicht prinzipiell ausgeschlossen, dass die Steigerung kommerzieller Zulieferung aus ökologischer Sicht vorteilhaft sein kann, wenn und soweit dadurch die individuelle PKW-Nutzung deutlich zurückgehen sollte.

Auch solche und weitere Nebenfolgen bedürfen der Wahrnehmung und der Klärung, ob sie einfach hingenommen oder ob auf ihre weitere Entwicklung Einfluss genommen werden soll. Hier wie an anderen Stellen zeigt sich, dass technologisch ermöglichte Änderungen in Einzelbereichen auch erhebliche darüber hinausreichende Folgen haben können, sodass die Entwicklung auch unter gesamtgesellschaftlicher Perspektive kritisch begleitet werden sollte.

Die eben erwähnten Folgen für das wirtschaftliche Überleben kleinerer Geschäfte, die Auswirkungen auf die Gestaltung des innerstädtischen Lebens oder die Zunahme kommerzieller Zulieferdienste und parallel dazu die Veränderung

---

[30] *Huber et al.*, COVID-19 (2020), S. 79 f.

[31] *Huber et al.*, COVID-19 (2020), S. 107 f.; *Steinberg/Schmid*, Digitalisierung in der Krise (2020).

der Nutzung privater PKW für Einkäufe mögen im Vergleich zu sonstigen Folgen im Kontext der Gesamtentwicklung als marginal erscheinen. Ich habe sie hier aber insbesondere erwähnt, um den Blick bei der Gestaltung der digitalen Transformation nicht nur auf die direkt davon betroffenen Verhaltensweisen und auf übergreifende Strukturen zu beschränken. Auch je für sich gesehen können eher marginale Veränderungen im Prozess der digitalen Transformation bedeutsam sein und sind auf weitere Wirkungen hin zu analysieren und gegebenenfalls zu beeinflussen.

V. Zwischenfazit

Mithilfe digitaler Technologien konnten die Pandemie selbst wie auch die durch sie verursachten Folgen in vielen Lebensbereichen abgemildert werden.[32] Die Langzeitfolgen und Wege zu ihrer Bewältigung aber sind zur Zeit nicht sicher zu bestimmen. Auch steht die rechtliche Aufarbeitung vieler der durch die Sofortmaßnahmen aufgeworfenen Rechtsfragen noch aus.[33]

[32] Zu diesem Ergebnis kommt auch eine Studie des Digitalverbands Bitkom, https://www.bitkom.org/Presse/Presseinformation/Corona-sorgt-fuer-Digitalisierungsschub-in-deutschen-Haushalten, abgerufen am 04.10.2021.

[33] S. die Debatte dazu im Jahrbuch des öffentlichen Rechts, Debatte (2021), S. 439–762 sowie *Ladeur*, Covid 19-Pandemie (2021).

§ 2 Zur Vorgehensweise bei der Behandlung des Themas

A. Inhaltliche Schwerpunkte

Das Themenfeld der Digitalisierung und ihrer Auswirkungen ist zu breit und vielschichtig, als dass es in dieser Abhandlung umfassend analysiert werden könnte. Hier geht es in exemplarischer Weise um Auswirkungen der Digitalisierung auf die Rechtsordnung und umgekehrt. Themen sind Reaktionen im Feld der Setzung und Anwendung von Recht und der Begleitung durch Rechtswissenschaft. Bedeutsam können dabei auch Folgen sein, die über den Bereich des Rechtlichen hinausreichen.

Die Abhandlung gilt der digitalen Transformation als Prozess. Sie ist keine Untersuchung zur Bewältigung konkreter Rechtskonflikte oder zur Beantwortung einzelner Rechtsfragen, etwa zur Beurteilung der Rechtmäßigkeit oder Rechtswidrigkeit bestimmter umstrittener Maßnahmen. Vorrangig sind vielmehr die Beschreibung und Analyse der Entwicklung und Überlegungen zu Ansätzen für weitere Reaktionen im Umgang mit der digitalen Transformation, soweit dafür Recht bedeutsam sein kann. Die Herausarbeitung von Besonderheiten der digitalen Transformation soll zugleich als Hilfe zum besseren Verständnis des Problemfeldes und der Schwierigkeiten, aber auch der Möglichkeiten angemessener rechtlicher Reaktion auf die neue Lage dienen.

Es werden einzelne Möglichkeiten thematisiert, auf welche Weise (auch) mit Hilfe des Rechts versucht werden kann, die digitale Transformation zu gestalten, Wildwuchs möglichst zu unterbinden und Vorkehrungen zum Schutz individueller und kollektiver Interessen und damit verbundener Rechtsgüter zu treffen. Dies führt insbesondere zu der Frage, ob und wieweit die digitale Transformation Grundstrukturen von Recht und Rechtsanwendung oder auch die Rechtswissenschaft verändert hat und weiter verändern wird Wieweit zeichnen sich Ansätze für eine Transformation auch im Bereich des Rechts ab, die über punktuelle Rechtsänderungen hinausgehen, aber ebenfalls, wieweit transformative Entwicklungen ebenfalls in der Rechtswissenschaft zu beobachten sind.

Angesichts der Breite des Themenfeldes mussten Schwerpunktsetzungen erfolgen. Dies hat dazu geführt, dass ich manche Themen, die bisher im Zentrum vieler Diskurse und der höchstrichterlichen Rechtsprechung standen, zwar anspreche, aber nicht vertieft behandle.

Dazu gehört der Einsatz digitaler Techniken für hoheitliche Eingriffe in die informationelle Selbstbestimmung, in die Freiheit der Telekommunikation oder in den Schutz der Wohnung, durch staatliche Abhör- und Ausforschungsaktionen und die auf die Abwehr solcher staatlichen Eingriffe gerichteten Vorkehrungen. Dieses Problemfeld hat mich im Laufe meines wissenschaftlichen und politischen Lebens und insbesondere bei meiner Tätigkeit am Bundesverfassungsgericht, dort insbesondere als Berichterstatter für einschlägige Verfahren[1] sowie in der Rolle als Wissenschaftler in Publikationen – intensiv beschäftigt und ich halte es weiterhin für sehr wichtig. In dieser Abhandlung allerdings möchte ich ein anderes Schwergewicht setzen: Die Durchdringung fast aller gesellschaftlichen Bereiche durch die Digitalisierung und dadurch bedingt die Notwendigkeit einer Ausweitung des Blicks auf das Verhältnis Privater untereinander und dort insbesondere auf den Umgang mit dem Aufbau privater Macht in Händen weniger, insbesondere global agierender kommerzieller IT-Unternehmen. Ihre Macht nutzen sie vorrangig für eigene Unternehmensinteressen. Bisher gibt es m.E. keine hinreichend wirksamen Schutzvorkehrungen gegen die Art des Einsatzes und insbesondere den möglichen Missbrauch solcher Macht. Allerdings beginnt auf der Ebene der EU, aber auch der deutschen Staatsorgane ein Umdenken. Es gibt schon einzelne Neuregelungen und für weitere liegen Entwürfe vor (s.u. § 19). Insofern befinden wir uns auch in rechtlicher Hinsicht in einer Situation des Umbruchs. Es geht insbesondere um die auch rechtliche Bewältigung der Aufgabe eines Abbaus der im Zuge der digitalen Transformation entstandenen starken Asymmetrien der Machtverteilung und des Umgangs mit den dadurch bewirkten Risiken. Die starke Privatisierung von Macht erfordert es, den Staat oder besser: die internationale Staatengemeinschaft stärker als bisher als Gegengewicht und insofern als Machtträger mit neuen oder jedenfalls zum Teil neu konzipierten Machtmitteln auszustatten – ohne allerdings auf rechtsstaatliche Begrenzung und demokratische Mitwirkung zu verzichten.

Noch eine Anmerkung: Die Möglichkeiten und Folgen der Digitalisierung betreffen viele unterschiedliche Regelungsfelder. Dazu gehören auch die massiven Änderungen in der Produktion von Gütern sowie deren Distribution und damit verbundene Machtasymmetrien. Auf dieses Problemfeld werde ich – um mich nicht zu verzetteln – in dieser Untersuchung nicht vertiefend eingehen, verweise aber darauf, dass es auch hier eine Reihe von gesellschaftlich wichtigen, aber noch nicht gelösten Problemen gibt.

[1] Dazu zählen u.a. die Entscheidungen zum Großen Lauschangriff, BVerfGE 109, 279; zur Rasterfahndung, BVerfGE 115, 320; zur Online-Durchsuchung, BVerfGE 120, 274 und zur automatischen Kennzeichenerfassung, BVerfGE 120, 378.

B. Konstruktivistischer Ansatz

Prozesse des Zusammenspiels zwischen Disruption und Transformation haben schon früher zu Herausforderungen für die Wissenschaft bei der Suche nach theoretischen Erklärungen und angemessenen methodischen Vorgehensweisen geführt. Beispielhaft benannt seien aus jüngerer, wenn auch „vordigitaler" Zeit die Grundlagenarbeiten von *Thomas Kuhn* zur Bedeutung des Wechsels von Paradigmen – also der Aufgabe bisher leitender Denkrahmen – für Wandlungsprozesse.[2] Wichtig sind ebenfalls *Ludwik Flecks* Arbeiten zur Bedeutung von veränderten Denkstilen für neue Entdeckungen bzw. Entwicklungen.[3] Die digitale Transformation beeinflusst maßgebende Paradigmen und Denkstile und damit die genutzten Narrative. Von Bedeutung ist auch, wieweit durch Disruptionen Pfadabhängigkeiten durchbrochen und gegebenenfalls neue Pfadabhängigkeiten geschaffen werden.

Ferner erwähne ich den neueren Framingansatz.[4] Er fragt nach den (dominanten) Prinzipien von Wahrnehmungen und Deutungen in Diskursverläufen und der Auswirkung spezifischer Rahmungen auf die jeweiligen Sichtweisen. Die in aktuellen wissenschaftlichen und allgemeinen öffentlichen Diskussionen über den transformativen Charakter der Digitalisierung betonte Bedeutung der technologischen Komponenten, aber auch der gesellschaftlichen Folgen von digitaler Manipulation lassen sich als spezifische Rahmungen dieser Diskurse verstehen. Dies gilt auch für die Diskurse über die Rolle des Rechts und die Veränderung der Rechtsordnung in dem Prozess fortschreitender Digitalisierung.

Besonders wichtig für die hier erfolgenden Analysen ist die schon in den soeben geschilderten Vorgehensweisen angelegte, seit einiger Zeit aber in übergreifender Weise in weiten Teilen der Sozial-, Technik-, Wirtschafts- und Rechtswissenschaft vorherrschende konstruktivistische Sicht.[5] Konstruktivistische Vorgehensweisen gehen davon aus, dass die Erfassung von Realgeschehen/Wirklichkeit nicht das Entdecken einer objektiv vorliegenden Wirklichkeit ist, sondern das Ergebnis eines Prozesses der sozialen Konstruktion von Wirk-

---

[2] *Kuhn*, Revolutionen (1989).

[3] *Fleck*, Lehre vom Denkstil und Denkkollektiv (1935).

[4] Zu ihm s. *Reese*, The Framing Project (2007); *Bogner/Kastenhofer/Torgersen*, Transdisziplinarität (2010), S. 71 ff.; *Jecker*, Framing-Ansatz (2014); *Matthes*, Framing (2014); *Wehling*, Politisches Framing (2016), *Dahinden*, Framing (2018); *Oswald*, Strategisches Framing (2019). Als ein Beispiel für die Nutzung des Framing-Ansatzes in der Politikwissenschaft siehe etwa *Schneider*, Patentsystem (2010).

[5] S. statt vieler *Berger/Luckmann*, Wirklichkeit (1969); *Watzlawick*, Erfundene Wirklichkeit (1981); *von Foerster et al.*, Konstruktivismus (1992); *Halfmann*, Wissenschaft, Methode und Technik (2002), S. 227; *Pörksen*, Konstruktivismus (2014); *Martinsen*, Konstruktivistische Theorien (2014). Aus politikwissenschaftlicher Sicht s. etwa *Wendt*, Social Theory (1999). Aus juristischer Sicht s. *Lee*, Die Struktur der juristischen Entscheidung aus konstruktivistischer Sicht (2010); *Just/Latzer*, Governance (2016), S. 1 ff.; *Hoffmann-Riem*, Innovation (2016), S. 61 ff. und passim.

lichkeit. Aussagen über die Wirklichkeit werden nicht zuletzt vom eigenen Erleben, der Wirkungsmacht von Ideen, von Diskursen sowie von Erfahrungen, aber auch von den eigenen (grundsätzlich beschränkten) physischen Möglichkeiten der Wahrnehmung geprägt. Auch soweit Wissenschaftler sich um die Konstruktion von Wirklichkeit bemühen, sind beispielsweise deren konkrete Arbeitsbedingungen bedeutsam – wie die sog. „Studies of Work"[6] zeigen. Gleiches gilt für Praktiker, die ihren Vorgehensweisen Annahmen über Wirklichkeit zugrunde legen.

Allerdings gibt es in der Wissenschaft unterschiedliche konstruktivistische Perspektiven auf Wirklichkeit. Ich gehe von der Version des nicht-radikalen Konstruktivismus aus, bei der (anders als beim radikalen Konstruktivismus) jedenfalls das Bestehen einer objektiven Wirklichkeit nicht geleugnet wird. Sie kann allerdings nicht einfach „aufgefunden" werden. Sie für menschliches Handeln zu erfassen, erfordert einen Prozess der Wirklichkeitskonstruktion unter Anerkennung der Kontextabhängigkeit und Kontingenz dieses Vorgehens. Da dieser Prozess in konkrete gesellschaftliche, wirtschaftliche oder auch rechtliche und weitere Kontexte eingebunden ist, muss deren Einfluss auf die Wahrnehmung und Bewertung des sozial Konstruierten und etwaiger Annahmen über Kausalitäten anerkannt werden.

Die Bestimmungskraft unterschiedlicher Kontexte dürfte in Zeiten der digitalen Transformation besonders folgenreich sein, da Wirklichkeitskonstruktionen unter Nutzung von Algorithmen als technischen bzw. soziotechnischen Konstrukten unter anderen Kontextbedingungen erfolgen als die durch menschliche Beobachtung und Entscheidung (s. auch u. § 5).

C. Zielwerte bei der Gestaltung der digitalen Transformation

Gefordert sind Antworten auf viele Fragen, darunter auch Grundsatzfragen. Dazu gehört die Frage, ob und wieweit die in der nationalen und internationalen Rechts- und Gesellschaftsordnung bisher verankerten oder gar wichtige neue Zielwerte unter den veränderten Bedingungen optimal verwirklicht werden können. Solche Zielwerte können auf den Schutz individueller, aber auch kollektiver bzw. gesamtgesellschaftlicher Interessen bezogen sein. Zu bedeutsamen Zielvorgaben[7] gehören der Schutz der Menschenwürde und individueller Freiheit, die Wahrung rechtsstaatlicher Grundsätze, die Funktionsfähigkeit der demokratischen und sozialstaatlichen Ordnung, aber auch Fortschritte in der gesellschaftlichen, wirtschaftlichen und technologischen Entwicklung. Konkre-

---

[6] Dazu s. *Latour*, Science (2003); *Bergmann*, Studies of Work (2006).

[7] S. a. Datenethikkommission, Gutachten (2019), S. 13, 43 ff.; Enquete-Kommission, Künstliche Intelligenz (2020).

tere Ziele traditioneller Art sind beispielsweise: Persönlichkeitsschutz, Chancengerechtigkeit, Folgenverantwortung, Nachhaltigkeit, Sicherheit, Wohlstandssicherung, Schutz vor unbewusster, insbesondere manipulativer Steuerung sowie vor Diskriminierung und vor unzuträglicher Vermachtung.

Solche Ziele sind weiter relevant, bedürfen aber je nach den Kontextbedingungen einer spezifischen Konkretisierung. Deshalb muss auch gefragt werden, wie ihre Maßgeblichkeit auch angesichts veränderter Umstände in den jeweiligen Realbereichen gewährleistet werden kann. Eine zentrale Frage lautet daher: Wie lassen sich neben gesamtgesellschaftlichen und individuellen Potenzialen der Nutzung der digitalen Transformation auch angesichts der damit zugleich verbundenen Risiken solche Ziele verwirklichen? Aber auch: Bedingt die digitale Transformation Modifikationen ebenfalls in der Konkretisierung von Zielwerten und in der Fortentwicklung dieser Ziele? Darüber hinaus gehend darf auch gefragt werden: Stehen auch die traditionellen normativen Zielwerte unter Prüfungsvorbehalt?

D. Wirkungs- bzw. Steuerungsperspektive/Governance

Die Untersuchung ist nicht – wie häufig frühere rechtswissenschaftliche Ansätze – auf den Rechtsakt und die Anforderungen an dessen rechtliche Fehlerfreiheit konzentriert. Sie ist der in neueren Ansätzen, so in der „Neuen Verwaltungsrechtswissenschaft“,[8] üblichen Erweiterung des Blicks auf die Kontexte der Rechtsetzung und -anwendung und eine Fokussierung insbesondere auf die Wirkung von Recht in verschiedenen Wirkungsdimensionen verpflichtet (s.u. § 8 D). Denn es reicht nicht die Klärung. ob eine als maßgebend erkannte Norm fehlerfrei interpretiert und in dem Sinne angewandt worden ist, dass es nicht zur Beanstandung eines Rechtsaktes durch eine übergeordnete Instanz, etwa eine Aufsichtsbehörde oder ein Gericht, kommen kann. Auch das ist selbstverständlich wichtig. Entscheidend ist aber ebenfalls, ob die angewandte Norm so konzipiert ist, dass die beabsichtigten Ziele gefördert werden, also die erwünschten Wirkungen eintreten sowie unerwünschte vermieden werden können und werden. Das hat auch Folgen für die Rechtswissenschaft. Sie darf – wie ich in meinen Schriften immer wieder betont habe – nicht als nur normtextorientierte Interpretationswissenschaft verstanden werden, sondern muss umfassender als eine kontextbezogene, problemlösungsorientierte, auch Elemente der Rechtserzeugung umfassende, Handlungswissenschaft konzipiert werden.

Die Ausrichtung rechtlichen Handelns auf die Bewirkung erwünschter und die Vermeidung unerwünschter Wirkungen wird häufig, so auch in dieser Untersuchung, als rechtliche Steuerung bezeichnet. Deren Erfolg hängt nicht nur

[8] Zu ihr s. *Voßkuhle*, Neue Verwaltungsrechtswissenschaft (2022), Rn. 16ff., 48ff.

an dem Text einer Norm, sondern auch an den ihr zugrunde liegenden empirischen und normativen Prämissen und vor allem den Kontexten ihrer Anwendung. Dabei treten neben das Recht als Steuerungsmedien andere häufig entscheidungserhebliche Faktoren, wie das eingesetzte Personal, die handelnde Organisation, das eingesetzte Verfahren oder sonstige Rahmenbedingungen, wie etwa des Marktes als eines Governancemodus, der Verhalten in vielerlei Hinsicht strukturieren kann. Eine solche Weiterung öffnet den Blick für weitere Formen zur Lösung von Problemen, etwa auf den gezielten Einsatz von Informationen (wie Produktempfehlungen oder Zertifizierungen), die Schaffung monetärer Anreize (etwa durch Subventionen oder durch Erhebung von Abgaben), der Normsetzung und -anwendung vorangehende Folgenanalysen oder zum Wandel der Konfliktlösung (etwa unter Nutzung der sog. digitalen Dispute Resolution). Dabei ist zu berücksichtigen, dass die je einzelnen Normen vielfach mit anderen verknüpft sind und ihrer Wirkungskraft ferner von weiteren (außerjuridischen) Faktoren beeinflusst wird. Um zu kennzeichnen, dass Normen in ein institutionelles Gefüge mit je spezifischen Kontextfaktoren eingebettet sind und um auch die Komplexität solcher Faktoren begrifflich einzubeziehen, wird vielfach der Begriff der Regelungsstrukturen genutzt (s. u. § 8 B). Geläufiger ist es, (auch) hier den Governancebegriff zu nutzen, und zwar im Sinne des Managements von Interdependenzen. Darauf werde ich noch zurückkommen.

E. Transdisziplinäre Offenheit

Rechtliche Analysen eines komplexen Geschehens – wie hier das der digitalen Transformation – lassen sich sinnvollerweise nicht aus einer eingeengten disziplinären Perspektive vornehmen. Vielmehr bedarf es neben dem Rückgriff auf die eigenen disziplinären – bei mir die rechtswissenschaftlichen – Vorgehensweisen der Bereitschaft zur trans- und gegebenenfalls interdisziplinären Ausweitung des Blicks.[9]

Allerdings kann im Rahmen einer Untersuchung wie dieser nicht auf die Vielfalt der in den Technik- Sozial- und Wirtschaftswissenschaft, der Ethik u. a. verwendeten theoretischen Konzepte und Analyseansätze sowie Befunde eingegangen werden. Es wird aber versucht, die in anderen Wissenschaften geübten Sichtweisen und erarbeiteten Ergebnisse mit transdisziplinärer Neugier und interdisziplinärer Offenheit aufzugreifen und sie – sofern hilfreich – in die eigene Analyse und Argumentation zu integrieren.[10]

[9] Dazu s. aus meinen Arbeiten zur rechtswissenschaftlichen Innovationsforschung bspw. *Hoffmann-Riem*, Innovation (2016).

[10] Dazu allgemein *Hoffmann-Riem*, Außerjuridisches Wissen (2016).

F. Transnationale Offenheit

Die digitale Transformation ist kein national begrenzter Vorgang, sondern ein trans- und international bedeutsames Geschehen. Ungeachtet der Konzentration dieser Untersuchung auf die deutsche und die damit verbundene EU-rechtliche Entwicklung muss selbstverständlich vielfach auf Entwicklungen auch anderswo eingegangen werden (s. auch u. §§ 20, 24 G). Hier liegt in dieser Untersuchung allerdings kein eigenständig vertiefter Schwerpunkt.

§ 3 Ein Blick über den juristischen Tellerrand

Noch nicht durch Konzentration auf das Recht – wohl aber auf Entwicklungen mit rechtlichen Folgeproblemen – ist der jetzt folgende Abschnitt gekennzeichnet. In ihm werden zunächst beispielhaft ausgewählte historische Disruptionsprozesse und Ansätze zu deren Analyse aufgeführt. Anschließend werden ein aktueller wirtschaftswissenschaftlicher und zwei soziologisch ausgerichtete Ansätze zur Einordnung der aktuellen digitalen Transformation vorgestellt. Diese behandeln beispielhaft Erscheinungen der Digitalisierung, die für deren Verständnis wichtig sind und auch beim Einsatz von Recht berücksichtigt werden sollten.

Der Schlussteil dieses Kapitels (D) führt zu einem Blick auf China, das die Digitalisierung intensiv nutzt. Hervorgehoben werden insbesondere die durch das so genannte Social Scoring ausgebauten Möglichkeiten zur Verhaltenssteuerung und zur Stabilisierung der politischen und wirtschaftlichen Ordnung. Diese Stärkung des totalitären Herrschaftssystems im Innern dient zugleich als Grundstock zur wirtschaftlichen und politischen Expansion weltweit – eine zurzeit relativ erfolgreiche Strategie Chinas auf seinem Weg, zur Weltmacht Nr. 1 werden zu wollen.

A. Historische Disruptionen und Transformationen

Bevor ich mich den Erscheinungsformen und dem rechtlichen Umgang mit der digitalen Disruption und Transformation und dessen Ausgangsbedingungen zuwende, möchte ich daran erinnern, dass Disruptionen und Transformationen – etwa technische, wirtschaftliche oder kulturelle – die Menschheitsgeschichte seit jeher begleitet haben.

Beispielhaft erwähnt aus früheren Jahrhunderten seien die Erfindung des Buchdrucks oder die Industrialisierung, die jeweils durch technologische Innovationen angestoßen wurden und mit erheblichen wirtschaftlichen, soziokulturellen u. a. Umbrüchen verkoppelt waren. Die Bedeutung der aktuellen Digitalisierung wird in vielen Diskussionen durch die Annahme betont, dass sie diesen beiden Umwälzungen in der Nachhaltigkeit und Tiefe ihrer Wirkungen nicht nachstehen werde. Davon bin auch ich überzeugt.

Nicht nur technologisch fundierte Umwälzungen sind in der Menschheitsgeschichte bedeutsam geworden. Auch gedanklich-konzeptionelle Umbrüche – wie etwa die Veränderung des Weltbilds durch die Kopernikanische Wende – haben nachhaltig Wahrnehmungen, Werte, Weltbilder und darauf aufbauend Änderungen in Religion, Politik, Wirtschaft und im persönlichen Zusammenleben beeinflusst.

Erwähnt seien als Weiteres die Arbeiten von *Karl Marx*. Seine Analysen galten der seinerzeit schon erfolgenden Verdrängung alter Ordnungen – bei ihm des Feudalismus und der für diesen typischen Produktionsweise – und deren Transformation in eine neue, nämlich die kapitalistische, Ordnung. Die durch die Industrialisierung freigesetzten Produktivkräfte wurden bei Marx zum zentralen Ausgangspunkt fundamentaler Kritik an den Realverhältnissen, verbunden mit Forderungen nach radikalen Strukturveränderungen und nach einer neuen politischen Ordnung.[1]

Karl Polanyi hat in seiner Beschreibung der „Großen Transformation“[2] am Beispiel Englands Folgen der Ablösung der Agrarwirtschaft durch die industrielle Revolution beschrieben. Dies war ihm Anlass für die analytische Durchdringung des transformativen Prozesses der Durchsetzung eines selbstregulativen Marktes und der Kommerzialisierung von Land, Kapital und Arbeit sowie in der Folge der Verselbständigung der Wirtschaft gegenüber der Gesellschaft. Als zerstörerische Wirkung hat er die damit verbundene Transformation der natürlichen und menschlichen Substanz der Gesellschaft in Waren und die Durchsetzung des Utilitarismus angesehen.

Josef Schumpeter hat im Rahmen seiner Bemühungen um eine Theorie der Innovation[3] unter Rückgriff auf die (schon ältere) Metapher der schöpferischen Zerstörung[4] demgegenüber in einer kapitalistischen Ordnung besonders günstige Voraussetzungen für Innovationen – etwa technisch-ökonomisch fortschrittliche Innovationen – und für damit verbundene Möglichkeiten zur Steigerung des Wohlstands gesehen.

In jüngerer Zeit hat *Clayton Christensen* den Begriff der Disruption mit einer spezifischen – thematisch eingeengten – Blickrichtung, nämlich der auf marktverdrängende Prozesse, populär gemacht und insbesondere dabei in einem engeren Sinne als oben (§ 1 B) benutzt.[5] Er verwendet diesen Begriff nicht übergreifend für die Beschreibung von Anlässen und Folgen von bahnbrechenden, etwa technologischen, Innovationen. Sein Thema sind vorrangig marktbezoge-

---

[1] *Marx*, Kritik der politischen Ökonomie (1973).

[2] *Polanyi*, Transformation (2001). Zu den Ausführungen im Text s. insbesondere S. 35 ff.

[3] *Schumpeter*, Theorie der wirtschaftlichen Entwicklung (1989).

[4] Dazu s. *Schumpeter*, Socialism and Democracy (1942), S. 83. Näher dazu etwa *Reinert/Reinert*, Creative Destruction (2015); *Schulz-Schaeffer*, Disruption und Innovationsforschung (2020).

[5] *Christensen*, Innovator`s Dilemma (1997).

ne Prozesse, insbesondere solche, durch die ein Unternehmen mit geringen Ressourcen – etwa ein Start-up oder ein sonstiges kleines Unternehmen – es schafft, mit neuen erfolgreichen Produkten ein etabliertes Unternehmen vom Markt zu verdrängen[6] oder jedenfalls seine Marktstellung intensiv zu schmälern. Ein bekanntes Beispiel einer solchen Verdrängung ist die Insolvenz des Unternehmens Kodak, das den rechtzeitigen Einstieg in die Digitalisierung verpasst hatte.[7] In das Umfeld der Disruption ordnet *Christensen* es auch, wenn bisher erfolgreiche Unternehmen neuartige Leistungen anderer adaptieren und selbst zu erbringen suchen. Disruptiv in diesem Sinne ist nicht die Technologie als solche, sondern deren Nutzung für die Gewinnerzielung durch ein weiteres am Markt erfolgreiches Produkt oder durch sonstige Leistungen.

In diesen Bereich gehört beispielsweise das Geschäftsmodell des Fahrdienstvermittlers Uber, das zwar nicht den traditionellen Taximarkt beseitigt hat, aber durch seine Vermittlungsdienste zur Personenbeförderung eine erfolgreiche Alternative geschaffen hat.

Mir scheint es allerdings zu eng, den Digitalisierungsbegriff nur marktbezogen zu verwenden. Transformative Folgen in einem nicht auf Marktprozesse begrenzten Sinne haben beispielsweise digitale Technologien durch ihren Einsatz in der Medizin oder in der öffentlichen Verwaltung (dazu s. u. § 22 D). Gleiches gilt für grundlegende Veränderungen von Verhaltensweisen, etwa der Konsumgewohnheiten der Nutzer der Internetdienste, aber auch ihres Sozialverhaltens oder ihrer Wahrnehmung von Wirklichkeit u. ä.

B. Erklärungsansätze für die Entstehung neuer kapitalistischer Strukturen im Zuge der Digitalisierung

I. Zum Ausforschungskapitalismus

Bei der Beschreibung und Analyse von Folgen der Digitalisierung sowie der Suche nach Möglichkeiten zur Lösung auftauchender Probleme fällt durchgängig die hohe Bedeutung der wirtschaftlichen Grundlagen und Veränderungspotentiale auf. Die mit der Digitalisierung einhergehenden – häufig auf Disruptionen beruhenden – Potentiale werden in starkem Maße durch wirtschaftliches Handeln angetrieben und betreffen und verändern die Wirtschaftsordnung. Verbunden damit sind massive Einwirkungen auf die Entstehung und Verteilung nicht nur ökonomischer Macht, sondern durch sie vermittelt auch politischer und allgemein auch gesellschaftlicher Macht. Dazu gibt es eine Vielzahl

---

[6] Zu dem zugrunde gelegten Disruptionsverständnis s. *Christensen/Raynor/MacDonald*, Disruptive Innovation (2015) unter https://hbr.org/2015/12/what-is-disruptive-innovation, abgerufen am 07.10.2021.

[7] S. den Hinweise. etwa bei *Bues*, Digitalisierung von Kanzleien (2018), S. 19.

und Vielfalt von Analysen, von denen ich als Beispiel eine aktuelle anspreche, die ein auch aus meiner Sicht besonders wichtiges Teilelement der gegenwärtigen Entwicklung behandelt.

Ich nehme als Beispiel die vielbeachtete Untersuchung aktueller Entwicklungen durch die US-amerikanische Wirtschaftswissenschaftlerin *Shoshana Zuboff.* Sie hat für ihre Analyse einen provozierenden Begriff gewählt: Überwachungskapitalismus („Surveillance Capitalism“).[8] Diese Spielart des Kapitalismus schere aus der Geschichte des Marktkapitalismus aus.[9] Zentral ist ihre Annahme, dass die digitalen Informationstechnologien dazu taugen und eingesetzt werden, in großem Stil Verhaltensdaten der Nutzer und Nutzerinnen der Dienste – als Basis für Informationen[10] über deren Verhalten – zu erheben. Solche Informationen seien einerseits für die Erbringung und Verbesserung von Produkten und Dienstleistungen hilfreich und würden dafür auch eingesetzt. Sie dienten ebenfalls und vor allem zur Schaffung oder Verbesserung von eigenständig einsetzbaren wertvollen Produktionsmitteln. *Zuboff* nennt dieses Mehr einen Verhaltensüberschuss (Behavioral Surplus).[11] Gewonnen werde er insbesondere aus Informationen über das Online-Verhalten der Nutzer (Browsing, Suche, Social Media), indem potentiell jede Bewegung, jedes Gespräch, jeder Gesichtsausdruck, jeder Laut, jeder Text, jedes Bild, das der ubiquitären Extraktionsarchitektur zugänglich sei, festgehalten werden könne und werde es vielfach auch, um als Grundlage weiterer Aktivitäten genutzt zu werden.

Die Menschen, deren Verhaltensweisen erfasst und dokumentiert würden, seien eine kostenlose Quelle für den dadurch entstehenden Rohstoff, der zur Herstellung marktfähiger und häufig hoch lukrativer Produkte genutzt worden sei und werde. Die durch Überwachung diverser Vorgänge wachsenden Bestände von proprietärem Verhaltensüberschuss werden nach der Analyse von *Zuboff* insbesondere zu Vorhersageprodukten verarbeitet, die in schnellem Tempo in für Verhaltensvorhersagen konzipierten Märkten gehandelt und in zahlreichen Geschäftsfeldern eingerichtet werden (etwa für die Anfertigung von Persönlichkeitsprofilen, für Marketingstrategien, zum Verkauf an Dritte u. a.). Vorhersageprodukte können aber auch in der Politik verwertet werden.

Schon jetzt möchte ich auf einen im weiteren Verlauf dieser Abhandlung von mir mehrfach betonten Faktor hinweisen. Das von *Soshua Zuboff* beschriebene „wertvolle Produktionsmittel“ – der von ihr so genannte Verhaltensüberschuss – entsteht in einer Situation extrem asymmetrischer Macht zwischen den die Informationen erhebenden und auswertenden Unternehmen und den „Lieferanten“ der Informationen, also den Nutzerinnen und Nutzern der in Anspruch genommenen Dienste. Diese erhalten eine „Gegenleistung“ (etwa das

---

8 *Zuboff*, Überwachungskapitalismus (2018).

9 *Zuboff*, Überwachungskapitalismus (2018), S. 567.

10 Zur Unterscheidung der Begriffe Daten und Informationen s. u. § 4 A vor I.

11 *Zuboff*, Überwachungskapitalismus (2018), S. 85 ff.

Ergebnis einer Suchanfrage), die im Regelfall erheblich weniger wert ist als der durch die unternehmerische Nutzbarkeit ihrer Daten mögliche Mehrwert. Der „Verhaltensüberschuss", den die Unternehmen sich aneignen, dient zumindest bei den großen IT-Unternehmen als Grundlage für wirtschaftliche Erfolge einer Größenordnung, wie sie gegenwärtig in keinem anderen Wirtschaftsbereich möglich/üblich ist. Dies hängt nicht zuletzt mit den Besonderheiten der Netzwerkökonomie (s. u. § 10 A I) und den durch sie bedingten besonders günstigen Bedingungen für Wertschöpfungen mit der Möglichkeit der Schaffung globaler Quasi-Oligopole/-Monopole zusammen. Die erfolgreichen IT-Unternehmen gehören zu den wirtschaftlich wertvollsten Unternehmen der Welt und verfügen über immense Gewinnmargen und werden zugleich von der Abschöpfung von Gewinnen – etwa durch Steuererhebung u. ä. – weitgehend verschont.[12] Gegenwärtig bestehen Bemühungen, dies zu verändern.

Der Begriff „Surveillance/Überwachung" scheint mir allerdings für das von *Zuboff* beschriebene Vorgehen insofern nicht optimal, als dieser jedenfalls in Deutschland meist eng mit der Vorstellung der Überwachung einzelner Personen oder Abläufe als mögliche Grundlage für gegen diese gerichtete Maßnahmen eingesetzt wird. Zentral für *Zuboffs* Analyse ist nicht diese Vorgehensweise, sondern die weiträumige Ausforschung von Verhaltensweisen, die für eine Vielzahl von Zwecken ausgewertet werden können, die sich z. T. von den ausgeforschten Personen oder Umständen, bei denen die Daten konkret erfasst wurden, lösen oder jedenfalls lösen können. Insofern scheint mir der Begriff „Ausforschungskapitalismus" treffender.

Eingangs ihres Buches umschreibt *Shoshana Zuboff* die Facetten der Form des neuen Kapitalismus – gewissermaßen seine Transformation – unter anderem wie folgt:[13] „Erstens eine neue Marktform, die menschliche Erfahrung als kostenlosen Rohstoff für ihre versteckten kommerziellen Operationen der Extraktion, Vorhersage und des Verkaufs reklamiert; zweitens eine parasitäre ökonomische Logik, bei der die Produktion von Gütern und Dienstleistungen einer neuen globalen Architektur zur Verhaltensmodifikation untergeordnet ist; drittens eine aus der Art geschlagene Form des Kapitalismus, die sich durch eine Konzentration von Reichtum, Wissen und Macht auszeichnet, die in der Menschheitsgeschichte beispiellos ist; viertens Fundament und Rahmen einer Überwachungsökonomie […] ; sechstens der Ursprung einer neuen instrumentären Macht, die Anspruch auf die Herrschaft über die Gesellschaft erhebt und die Marktdemokratie vor bestürzende Herausforderungen stellt […]; achtens eine Enteignung kritischer Menschenrechte, die am besten als Putsch von oben zu verstehen ist – als Sturz der Volkssouveränität."

---

[12] Dazu und zu Alternativen s. statt vieler *Kokott*, Digitalsteuer (2019); *Bräuninger*, Digitalsteuer (2019).

[13] *Zuboff*, Überwachungskapitalismus (2018), S. 7.

Dies sind weitreichende Aussagen über die mögliche Entwicklung von Staat und Gesellschaft. Dabei handelt es sich nicht um den Versuch einer allgemeinen Theorie des Kapitalismus, sondern um die übergreifende Analyse der vielfältigen Folgen der im Zuge der Digitalisierung insbesondere durch die IT-Unternehmen eingesetzten neuen Geschäftsmodelle und ihrer gesellschaftlichen, wirtschaftlichen und politischen Folgen. *Zuboff* konzentriert sich zwar auf Fragen der so genannten Plattformökonomie. Die Deutung ihrer Analyse geht aber über die dabei behandelten Felder hinaus.

Shoshana Zuboff konstatiert in ihrem Beobachtungsfeld einen Umsturz – also eine besonders nachhaltige Disruption – bestehender Marktmechanismen und als Folge deutliche Asymmetrien im Bereich von Wissen und Macht, gekoppelt mit erheblichen Auswirkungen auf die Funktionsweise rechtsstaatlicher und demokratischer Strukturen.[14] Sie betont Einwirkungen auf Werte und Freiheiten und damit auch auf Möglichkeiten zur individuellen und kollektiven Gestaltung von Lebensverhältnissen. Ihre Analysen verstehen sich zugleich als ein Beitrag zu der Bedeutung von Technik und Technikeinsatz als Mittel zur Herausbildung von Macht und zur Entwicklung erheblicher Machtasymmetrien.

Dieser Befund kann und sollte auch als Aufforderung verstanden werden, nach Mitteln zum Abbau von Machtasymmetrien zu suchen – eine traditionelle Aufgabe des Rechts und der Rechtswissenschaft.[15]

Zuboffs Analyse stützt sich im Wesentlichen auf die Verhaltensweisen der Informationsintermediäre und die von ihnen ausgelösten Änderungen der Wirtschaftsordnung. Die Intensität der Machtballung und die Möglichkeiten der Einwirkung der großen IT-Unternehmen auf Einstellungen, Erfahrungen und Verhaltensweisen der Bürgerinnen und Bürger und auf die Funktionsweise demokratischer Prozesse sind hier durchgehend größer als in anderen Wertschöpfungssektoren.

Da die digitale Transformation aber fast alle Teile der Gesellschaft erfasst und auch Unternehmen in vielen anderen Bereichen digitale Technologien nutzen – etwa bei der industriellen Produktion, der Distribution von Gütern, der Einrichtung von Infrastrukturen, der publizistischen Betätigung von Medien usw. – kann auch in anderen Bereichen unter Nutzung der Möglichkeiten der Digitalisierung wirtschaftliche Macht erworben werden. Die entsprechenden Märkte sind allerdings nicht in gleicher Weise wie die IT-, insbesondere die Plattformmärkte durch Besonderheiten geprägt, die es besonders erleichtern, oligopolistische oder gar monopolistische Strukturen aufzubauen.

---

[14] Hierzu gibt es viele Beiträge, so z.B. *Ammann*. Wie Soziale Medien unsere Demokratie verändern (2021); *Jungherr/Rivero/Gayo-Avello*, Shaping Democracy (2020); *Kleiner*, Demokratie bedrohen (2020); *Kleiner*, Stramland (2020).

[15] Dazu s. – statt vieler – *Roßnagel*, Recht und Macht (2020), S. 222ff.

II. Zur gewachsenen Bedeutung der Distributionskräfte

Das Buch von *Zuboff ist* nur eine von mehreren jüngst erschienenen kapitalismuskritischen Analysen zur Digitalisierung. Andere Autoren arbeiten beispielsweise mit dem Schlagwort des „digitalen Kapitalismus" oder des „platform capitalism." [16] Hier werden manche Akzente auch anders gesetzt, aber die grundsätzliche Linie der Kritik ist auch hier ähnlich.

Ich greife eine dieser Publikationen heraus, die auf eine Erklärung dafür zielt, warum die Digitalisierung für die gegenwärtige Entwicklung des Kapitalismus so wichtig ist. Gemeint ist die Untersuchung „Digitalisierung als Distributionskraft" der Soziologin *Sabine Pfeiffer.*[17]

Nach ihrer Analyse fehlt es gegenwärtig nicht an vermarktbaren Produkten weltweit – hier gäbe es vielmehr einen Überschuss. Eine wichtige Ursache für wirtschaftlichen Erfolg sei insbesondere der gelingende Absatz, also die Realisierung von geschaffenen Werten auf dem Markt. Neben den vom *Marx* im Zentrum seiner Analyse stehenden, auf Wertgewinnung gerichteten Produktivkräften gewännen jetzt die auf die Werterealisierung gerichteten Distributivkräfte zentrale Bedeutung. Für die Distribution seien die Digitalisierung und digitale Geschäftsmodelle besonders erfolgversprechend: Die Digitalisierung werde intensiv genutzt, um sicher, schneller und möglichst auf Dauer bei der Werterealisierung auf dem Markt erfolgreich zu sein.

Sabine Pfeiffer beschreibt, wie die verschiedenen Entwicklungsstadien der Digitalisierung genutzt wurden. Anfänglich sei dies insbesondere geschehen, um die logistische Distribution stofflicher Waren kostengünstig zu organisieren durch niedrige Löhne, um in anderen Ländern die Endpreise gering zu halten und schnelle Absatzwege zu organisieren. In den 1990er-Jahren sei die Informatisierung aus hochtechnologischen Nischen zunehmend in die Arbeitsmärkte sowie in die Produktions- und Logistikprozesse eingedrungen. Die neu geschaffenen digitalen Vertriebsplattformen (insbesondere die von Amazon) brächten weltweit Anbieter und Käufer unabhängig von Ort und Zeit zusammen. Der Online-Handel erlaube die systematische Verringerung der Kosten einer an Offline-Ressourcen – wie Ladenflächen, Verkaufspersonal etc. – gebundenen Werterealisierung.

Ferner sei die datenbankbasierte Nutzung bisherigen Kaufverhaltens von Konsumierenden zu gezielter Werbung ausgebaut worden. Auch kämen Social-Media-basierte Konsumbedarfsdeckung und Beeinflussung von Kaufverhalten (über Influencing, viralem Marketing etc.) hinzu. Seit 2015 verstärkten autonome Technologien wie künstliche Intelligenz den Trend.

---

[16] Statt vieler: *Staab*, Digitaler Kapitalismus (2019); *Srnicek*, Capitalism (2016); *Langley/Leyshon*, Platform capitalism (2016).

[17] *Pfeiffer*, Digitalisierung als Distributivkraft (2021). Zu den folgenden Ausführungen insbes. S. 15 ff., 212 ff. und passim.

Besonders wichtig sei die Machine-Learning-basierte Nutzung von Daten des (individuellen oder kollektiven) Kaufverhaltens zur treffsicheren Prognose, wem wann und welches Produkt bzw. welche Dienstleistung besonders erfolgreich anzubieten ist. Die individuelle Werbung und personalisierte Kundenansprache durch Anbieter seien ein weiterer bedeutsamer Faktor. Wichtig sei auch die mögliche digitale Kontrolle der gesamten Wertschöpfungs- und Wertrealisierungprozesse über die Blockchain-Technologie und die Nutzung von KI zur situativ und personell gezielten dynamischen Preisgestaltung.

C. Mustererkennung als Kernelement einer Theorie der Gesellschaft

Einen anderen theoretischen Zugang zur Analyse der digitalen Disruption und Transformation hat der Soziologe *Armin Nassehi* gewählt.[18] Sein Erkenntnisinteresse zielt unter Verdeutlichung der Macht zur Mustererkennung auf die Formulierung einer übergreifenden soziologischen Theorie der Gesellschaft.[19] Er sieht in der Digitalisierung eine besonders ausgefeilte technische Lösung für ein Problem, das sich modernen Gesellschaften seit jeher stellt: Das Erkennen von bisher unsichtbaren Mustern, nach denen Akteure wie insbesondere Unternehmen, Staaten, Behörden, Verbände u. a. bei ihrem Handeln vorgehen.

Nassehi betont, dass die Digitalisierung Mustererkennungstechnologien mit transformativem Potential biete, das es erlaube, menschliche Verhaltensweisen in bisher nicht möglicher Vielfalt und Masse zu erkennen und auf dieser Basis zu beeinflussen. Individuelles Verhalten lasse sich zu gesellschaftlichen Mustern aufrunden, mit denen man digital sehe, was analog verborgen bleibe. Big Data und künstliche Intelligenz machten die Komplexität der Gesellschaft in neuartiger Weise transparent. Die jetzt leichter erkennbaren gesellschaftlichen Regelmäßigkeiten, Strukturen und Muster seien das Material, aus dem digitale Techniken ihr ökonomisches, politisches und wissenschaftliches Potential schöpften. Hinzugefügt sei, dass die Mustererkennung besonders wichtig für die von *Pfeiffer* betonte Stärkung der Distributionskräfte durch Digitalisierung ist.

Nassehi spricht anders als *Zuboff* nicht vom "Verhaltensüberschuss", sondern vom „Sinnüberschuss",[20] den die Technik liefere, ohne dass dieser mit den Praktiken der Nutzer der Digitalisierung zu tun habe.[21] Der Sinnüberschuss lege

---

[18] *Nassehi*, Theorie der Gesellschaft (2019).

[19] Zwar ist die Kritik (s. etwa *Vowe*, Besprechung [2020], S. 321 ff.) nachzuvollziehen, es fehlten Auseinandersetzungen mit anderen Gesellschaftstheorien. Zu Einblicken in die Reichweite der Digitalisierung und die neuen Fähigkeiten zur Erkennung von Mustern und ihrer auch machtpolitischen Bedeutung erscheint mir seine Analyse dennoch weiterführend zu sein.

[20] *Nassehi*, Theorie der Gesellschaft (2019), S. 264 ff.

[21] In terminologischer Hinsicht möchte ich anmerken, dass der Begriff Sinnüberschuss nicht an Daten als solche – die als kodierte Informationen isoliert keinen Sinn vermitteln –

Muster frei, die für unterschiedliche Anwendungen von Interesse sein könnten. Digitaltechnik sei eine Technik, die stets mehr bedeute, als sie vordergründig tue.

Eine der wesentlichen Änderungen gegenüber früher sei es nach *Nassehi*, dass es den Bürgerinnen und Bürgern weitgehend nicht (mehr) möglich sei, sich einer Erhebung ihrer Daten zu verweigern und dass die Digitalisierung unendliche Möglichkeiten zur Kombination und Rekombination von Daten schaffe, darunter auch unter Einbeziehung von nicht personenbezogenen Daten, und solchen Daten, die bei der Erhebung gar nicht zur Verknüpfung vorgesehen gewesen seien.[22]

Die damit verbundenen Veränderungen von Machtverhältnissen und die ergänzend zur Verfügbarkeit der Technologien bedeutsamen ökonomischen Steuerungsfaktoren und Auswirkungen auf die demokratische Ordnung sieht auch *Nassehi*, macht sie aber ebenso wie die mit der Digitalisierung verbundenen spezifischen Chancen, Risiken und sonstigen Disruptionspotentiale nicht eigenständig zum Thema. Er formuliert aber eine Grundlage zur analytischen Erfassung solcher Wirkungen und damit zugleich zu deren gesellschaftspolitischen Analyse und Bewertung. Die Herausarbeitung der allgemeinen Bedeutung von Mustererkennungen für die Gesellschaft – wie auch für die Funktionsweisen digitaler Techniken als solchen – und speziell für die durch die Digitalisierung bedingten Steigerungen der Möglichkeiten zur Erfassung von Mustern und zur gezielten Verarbeitung dieses Wissens schaffe eine Grundlage zur Analyse ihrer ökonomischen, politischen, kulturellen und wirtschaftlichen Nutzungen und ihres praktischen Einsatzes, darunter auch der Einwirkungen auf Machtverhältnisse. Hier lassen sich die Ausführungen von *Shoshana Zuboff* leicht anschließen.

Mustererkennung als Werkzeug der Datenanalyse lässt sich in der Wirtschaft, der Verwaltung, der Wissenschaft, der Gesundheit, ebenso durch die Polizei, das Militär, die Geheimdienste u. a. nutzen. Sie lässt sich als Mittel der Diagnose, Prognose und Erklärung, aber auch der Steuerung individuellen und kollektiven Verhaltens oder der Einflussnahme auf Infrastrukturen für unterschiedliche Ziele einsetzen, so zu der Steigerung ökonomischer Produktivität und damit des Wirtschaftswachstums, zu dem Erhalt und Ausbau von wirtschaftlicher und politischer Macht, dabei auch zur Veränderung oder gar Zerstörung demokratischer Entscheidungsprozesse und auf die Ausübung individueller Freiheiten.[23] Mustererkennung kann damit auch als eine Grundlage zur Erfassung unterschiedlicher Reaktionen auf die mit ihrer Hilfe ermöglichten Wir-

---

anknüpft, sondern an ihre Nutzung mittels einer Technik, die durch Verarbeitung von Daten und ihrer Kombination mit anderen in spezifischen Kontexten Informationen weiterer Art – etwa über Verhaltensmuster – vermittelt.

[22] Näher *Nassehi*, Theorie der Gesellschaft (2019), S. 143 f., 259 f., 285 f.

[23] Dazu s. auch die vergleichende Analyse der Ansätze von *Zuboff* und *Nassehi* durch *Rolf*, Deutungshoheit (2020).

kungen und damit auch – aber keineswegs nur – auf die Gestaltung des auf Digitalisierung bezogenen Rechts genutzt werden.

D. Social Scoring in China als Mittel zum Ausbau von wirtschaftlicher und politisch-totalitärer Macht

Es ist nicht im Einzelnen vorhersehbar, in welcher Weise die durch die digitale Transformation ermöglichten Techniken die Gesellschaft und staatliche Institutionen weiter verändern werden. Dass hier Potentiale bestehen, eine Sozialordnung massiv zu verändern, darunter auch Rechtsstaat und Demokratie im westlichen Sinne auszuschließen, zeigt der Blick auf China. Dort werden die neuen Technologien u.a. für ein ausgreifendes Social Engineering zum Zwecke der Steuerung der Wirtschafts- und Staatsordnung sowie des individuellen und gesellschaftlichen Verhaltens eingesetzt. Dies soll nicht nur zur Steigerung des wirtschaftlichen Erfolgs, sondern insbesondere zur Stabilisierung der totalitären Regierungsform beitragen. Die chinesische Regierung versteht ihr Modell als eine – überlegene – Alternative zu dem der westlichen Demokratien und ist bemüht, es in andere Staaten – bevorzugt in solche mit ohnehin schon totalitären Strukturen – zu exportieren.

Dies ist Teil der auch in anderen, insbesondere wirtschaftlichen Hinsichten, beobachtbaren chinesischen Strategie, den weltweiten Einfluss zu steigern.[24] Die so genannte Neue Seidenstraße ist ein Symbol dafür. Sie realisiert sich nicht nur durch den Auf- und Ausbau von Verkehrswegen, die Übernahme des Betriebs von Häfen, die großzügige Gewährung von Krediten an ärmere Staaten (mit der Folge starker Abhängigkeit wegen der Notwendigkeit der Kreditrückzahlung) oder die Nutzung der Coronaepidemie für die Versorgung von Entwicklungsländern mit Impfstoffen, sondern auch als Mittel propagandistischer Politik. Ein weiteres wichtiges Feld ist die schon relativ erfolgreiche Übernahme, Setzung und faktische Durchsetzung von technischen Standards, nicht nur, aber insbesondere auch für digitale Techniken.

Ein Mittel zur Durchsetzung des im Themenfeld dieser Abhandlung besonders interessierenden Social Scoring in China ist die möglichst lückenlose Erfassung von Daten, die in der Verwaltung und den Gerichten verfügbar sind, aber auch bei privaten Unternehmen (etwa den Kommunikationsintermediären, Webportalen, Internetmehrwertdiensten). Hinzu kommen Daten aus der staatlichen Überwachung der Bürger sowie Informationen durch Nachbarn und Mitarbeiter in den Betrieben sowie aus von staatlichen und anderen Stellen eingeforderten Selbsteinschätzungen der Betroffenen. Angestrebt wird eine um-

---

24 Zur chinesischen Gesamtstrategie s. *Hamilton/Ohlberg*, Die lautlose Eroberung (2020). S. ferner *Frankopan*, Neue Seidenstraße (2020).

fassende Verbunddatei solcher Daten. Diese kann und soll mithelfen, aus den Datensätzen gesellschaftliche Muster abzuleiten und die dabei erhobenen Regelmäßigkeiten, Typen, Pfadabhängigkeiten, Abweichungen u.a. zu erkennen und die Ergebnisse zu Steuerungszwecken zu nutzen.

Das für ganz China vorgesehene Social Scoring System/Social Credit System[25] ist zum einen ökonomisch motiviert, nämlich durch das Ziel, das Wirtschaftswachstum in China zu fördern, die Markteffizienz zu erhöhen, den Export auszudehnen und China so zur bedeutendsten Weltwirtschaft werden zu lassen. Den Unternehmen wird es ermöglicht, sich möglichst viele marktrelevante Daten zu verschaffen. Kommerziell orientierte Unternehmen – darunter vor allem, aber nicht nur marktbeherrschende IT-Unternehmen wie die der Alibaba-Gruppe (sie verfügt u.a. über diverse Handelsplattformen und das weit verbreitete Online-Bezahlsystem Alipay) oder die der Tencent Holding (u.a. Soziale Netzwerke, Nachrichtendienste, Online-Spiele) – arbeiten zugleich eng mit staatlichen Institutionen zusammen. Auch werden die Daten durch die kommunistische Partei ausgewertet und Ergebnisse werden für politisches Handeln eingesetzt.

Allerdings scheint der KP und staatlichen Institutionen zwischenzeitlich die Macht der marktbeherrschenden IT-Unternehmen eigenständig zum Problem geworden zu sein. So wird jedenfalls der Umstand gedeutet, dass ab 1. November 2021 in China ein Datenschutzgesetz gilt – in Teilen sogar an der EU-DSGVO orientiert –, das die Möglichkeiten der Datensammlung und -auswertung als Teil auch anderer Bemühungen um Einschränkung der Macht der großen IT-Konzerne begrenzt.[26] Dass zugleich Rechte der Bürger zum Schutz vor dem Zugriff von KP und staatlichen Institutionen auf Daten geschaffen oder auch nur gestärkt werden, scheint aber nicht Teil des Vorhabens zu sein.

Das Social Scoring System bleibt unverändert. Es zielt insbesondere unter Verwendung der Möglichkeiten der Mustererkennung – wie sie beispielweise *Armin Nassehi* herausgearbeitet hat – auch darauf, im Interesse staatlicher und gesellschaftlicher Stabilität das Sozialverhalten der Menschen an bestimmten Wertvorgaben auszurichten (benannt werden etwa Ehrlichkeit, Verlässlichkeit, Integrität, Sauberkeit, Rechtstreue, Verantwortlichkeit in der Familie etc.) und staatliche und gesellschaftliche Stabilität zu sichern. Instrumente dafür sind u.a. die Förderung von gesellschaftlicher Harmonie, die Unterdrückung möglicher Proteste und vor allem die Sicherung einer der kommunistischen Programmatik verpflichteten Wertebildung in der Bevölkerung. Für diese Zwecke wer-

---

[25] Hierzu *Chen/Cheung*, Transparent Self (2017), S. 356 ff.; *Creemers*, Social Credit System (2018) unter https://papers.ssrn.com/sol3/papers.cfm?abstract_id=3175792, abgerufen am 07.10.2021; *Dai*, Reputation State (2018) unter https://ssrn.com/abstract=3193577, abgerufen am 07.10.2021; *Kolany-Raiser/Radtke*, Ich sammele, also bin ich (2019). S. auch *Zuboff*, Überwachungskapitalismus (2018), S. 451 ff.

[26] Dazu s. *Dr. Datenschutz*, Datenschutzgesetz (2021).

den die Beachtung der erwähnten sozialen Normen sowie politisches Wohl- und Fehlverhalten systematisch beobachtet und registriert. Auch gibt es unter Bezugnahme auf die erworbenen oder verfehlten Social-Scoring-Punkte eine Vielfalt von ausdrücklich normierten Möglichkeiten positiver oder negativer Sanktionen unter Einschluss etwa von Entscheidungen darüber, ob die eigenen Kinder eine höhere Schule besuchen dürfen oder ob mit Negativpunkten versehenen Personen schnelle Verkehrsmittel offenstehen.

Nun ist gegenwärtig höchst unwahrscheinlich, dass ein ähnlich umfassendes Ausforschungs-, Überwachungs- und Sanktionssystem in funktionierenden rechtsstaatlichen Demokratien wie Deutschland eingerichtet wird oder absehbar geschaffen werden könnte. Technisch möglich wäre der Einsatz digitaler Technologien zu solchen Zwecken allerdings überall, wo die dafür erforderlichen Infrastrukturen und Bereitschaften bestehen. Sowohl die rechtlichen Vorkehrungen als auch die kulturellen Traditionen und Werthaltungen der Bevölkerung dürften gegenwärtig allerdings in funktionierenden westlichen Demokratien stark genug sein, um sich diesem Modell zu verweigern. Allerdings: Wären solche Überwachungssysteme schon in der Zeit des Nationalsozialismus verfügbar gewesen, wären sie vermutlich auch in Deutschland genutzt worden.

§ 4 Bausteine der Digitalisierung

Nach diesem Blick über den Tellerrand – oder besser: auf einen kleinen Ausschnitt außerhalb des juristischen Tellerrands – möchte ich zum weiteren Einstieg in die allgemeine Problemlage und zugleich als Grundlage auch der rechtsbezogenen Ausführungen zentrale Bausteine der digitalen Transformation und dafür wichtiger Begriffe benennen. Zugleich möchte ich verdeutlichen, dass zum Teil Perspektivenänderungen angezeigt sind.

A. Daten

Der Einsatz digitaler Techniken setzt die Verfügbarkeit von Daten in digitalisierter Form voraus. Als Daten[1] werden in der informationstheoretischen Literatur Zeichen oder Symbole für Mitteilungen verstanden, die formalisierbar und (beliebig) reproduzierbar sowie mithilfe dafür geeigneter technischer Medien leicht transportierbar sind. Daten kommt als solchen kein Sinngehalt zu. Sie können aber Träger von Informationen sein, und zwar von kodierter Information. Sinn wird ihnen zugeschrieben, wenn sie in einen Vorgang der Informationsmitteilung durch einen Absender und der Informationserzeugung durch den Empfänger eingehen, also Gegenstand von Kommunikation werden. Diese Kommunikation kann zwischen Menschen, aber auch zwischen Mensch und Maschine oder zwischen Maschinen stattfinden.

I. Personenbezogene Daten

Anzumerken ist allerdings, dass der Datenbegriff im sog. Datenschutzrecht als Recht des Persönlichkeitsschutzes enger definiert wird, nämlich inhaltsbezogen als Information bestimmter Art. So formuliert beispielsweise Art. 4. Nr. 1 EU-Datenschutzgrundverordnung (DSGVO) als „personenbezogene Daten" im Sinne dieser Verordnung „alle Informationen, die sich auf eine identifizierte oder identifizierbare natürliche Person […] beziehen; als identifizierbar wird eine natürliche Person angesehen, die direkt oder indirekt, insbesondere mittels Zuordnung zu einer Kennung wie einem Namen, zu einer Kennnummer, zu Standortdaten, zu einer Online-Kennung oder zu einem oder mehreren beson-

[1] Zum Folgenden vertiefend *Vesting*, Bedeutung (2022), Rn. 14 ff.

deren Merkmalen, die Ausdruck der physischen, physiologischen, genetischen, psychischen, wirtschaftlichen, kulturellen oder sozialen Identität dieser natürlichen Person sind, identifiziert werden kann." Auf den Umgang mit personenbezogen Daten wird im Folgenden verschiedentlich, insbes. in § 18, näher eingegangen werden.

II. Nicht personenbezogene Daten

Digitale Techniken sind allerdings nicht auf den Umgang mit personenbezogenen Daten begrenzt, sondern nutzen in immer größerem Umfang nicht personenbezogene Daten.[2] Dazu zählen u.a. Daten, die ursprünglich personenbezogen waren, diese Qualität aber z.B. durch wirksame Anonymisierung eingebüßt haben. Die Ausweitung der Leistungskraft der Techniken zur Reanonymisierung gibt allerdings Anlass, eine anfängliche Deanonymisierung allein nicht als hinreichend anzusehen, soweit Möglichkeiten der Deanonymisierung bestehen.[3] Jedenfalls muss der Begriff der Personenbezogenheit auch auf zunächst anonymisierte, aber deanonymisierbare oder später deanonymisierte Daten erstreckt werden. In manchen Bereichen – so bei der Forschung im Gesundheitswesen – kann allerdings die Erhaltung des Personenbezugs oder jedenfalls des betroffenen Anwendungsfeldes Voraussetzung der richtigen Bewertung der mit ihrer Hilfe gewonnenen Ergebnisse sein (s.u. § 18 D).

Für den rechtlichen Umgang mit nicht personenbezogenen Daten gibt es – anders als für personenbezogene Daten in Gestalt des Datenschutzrechts – keine die verschiedenen Bereiche übergreifenden Kodifikation(en).[4] Immerhin befinden sich in den auf die jeweiligen verschiedenen Bereiche bezogenen sektorspezifischen Regeln auch solche zum Umgang mit nicht personenbezogenen Daten. Gleiches gilt für durch Verarbeitung gewonnene neue Daten ohne Personenbezug (insbesondere Datenderivate), ebenso für die ihres vorherigen Personenbezugs entkleideten aggregierten Daten. Für manche Teile der Wirtschaft sind besonders wichtig industrielle Daten unter Einschluss von Maschinendaten,[5] etwa solche, die bei der Produktion von Gütern oder bei deren Vertrieb erhoben werden. Auch gibt es so genannte synthetische Daten,[6] das heißt den

[2] Zu ihnen – und zu mit ihnen verbundenen Zugangsfragen – s. statt vieler *Schweitzer*, Datenzugang (2019). Die selbstregulative Kraft des Marktes aber versagt – wie unter Verweis auf die Besonderheiten der IT-Ökonomie unter A und B dargelegt – gegenwärtig weitgehend auf den Plattformmärkten.

[3] Hierzu s. *Roßnagel*, Big Data (2013); *Boehme-Neßler*, Ende der Anonymität (2016), S. 421 f.

[4] Allerdings können nicht personenbezogene Daten von dem Schutz der Privatsphäre erfasst sein, so EuGH, Urteil vom 01.10.2019, EuGRZ 2019, 486, Rn. 69 f. S. aber auch BGH, Urteil vom 28.05.2020, NJW 2020, 2540, Rn. 61.

[5] Dazu s. statt vieler *Wiebe/Schur*, Spannungsverhältnis (2007); *Wiebe*, Protection of industrial data (2016), S. 878 ff.; *Sattler*, Maschinengenerierte Daten (2017).

[6] Dazu s. https://www.stiftung-nv.de/sites/default/files/synthetische_daten.pdf, abgerufen am 04.10.2021.

Ausgangsdatensätzen in ihren statistischen Informationen und Strukturen äquivalente Datensätze, deren Daten definitiv nicht auf die Ausgangswerte zurückgeführt werden können.

Zur Verarbeitung verfügbar können – ungeachtet auch eines Personenbezugs – ebenfalls so genannte offene (frei zugängliche) Daten (Open Data) sein.[7] Dazu können auch Daten aus dem Bereich der öffentlichen Verwaltung zählen,[8] insbesondere solche, die über die Inanspruchnahme der Möglichkeiten der Informationsfreiheitsgesetze[9] zugänglich werden. Zu erwähnen sind ferner von Privaten bereit gestellte offene Daten, die von mehreren geteilt werden und insbesondere über Märkte zum Data Sharing zugänglich sind.[10]

III. Kombination personenbezogener und nicht personenbezogener Daten

Daten unterschiedlicher Art können für je besondere Kombinationen und für unterschiedliche Zwecke genutzt werden. In den meisten Feldern der Anwendung digitaler Techniken in der Industrie, in der Forschung, im Handelsverkehr oder in Kapitalmärkten überwiegt die Nutzung nicht personenbezogener Daten die personenbezogener.

Gerade die durch Kombination verschiedener Daten gewonnenen Erkenntnisse sind eine wesentliche Grundlage von neuem Wissen und des auf dessen Verwendung aufbauenden wirtschaftlichen Erfolgs von Unternehmen, die digitale Techniken für Analysen, Prognosen, Beratungen, Produktionsentscheidungen, Geschäftsstrategien u.a. nutzen. Solches Wissen kann ebenfalls für staatliche Stellen wichtig sein.

Um die Bedeutung des Zusammenspiels von Daten unterschiedlicher Art zu veranschaulichen, soll auf das (noch sehr einfache) Beispiel der Erfassung und Verwertung von Daten bei der Nutzung eines modernen, mit informationstechnischen Systemen ausgestatteten Personenkraftfahrzeugs eingegangen werden.[11] Hier werden nicht personenbezogene Daten vielfach mit personenbezogenen kombiniert. Neuere Kfz-Modelle (insbesondere solche, die Selbstfahrfunktionen kennen) erheben verschiedene Datensätze – vom Zustand des Fahrzeugs selbst, über das Verhalten des Fahrers, seine körperliche Konstitution beim Fahren, Umweltbedingungen, in denen sich das Fahrzeug befindet, u. v. m. An diesen Daten können, auch wenn sie entweder von vorneherein keinen Personen-

---

[7] Dazu s.u. § 14 C.

[8] Als Beispiel s. die Übersicht in: Bertelsmann Stiftung, Musterkatalog (2020).

[9] Zu ihnen s. *Cranshaw*, Informationsfreiheitsgesetze (2021); *Kubicek*, Informationsfreiheitsgesetze (2006).

[10] Zu den Interessen an und Möglichkeiten für Data Sharing s. *Richter/Slowinski*, Data Sharing Economy (2019).

[11] Die Arten und Vielfalt von anfallenden Daten illustriert die – auf das zwecks automatisierten vernetze Kfz-Fahrens bezogene – bezogene Auflistung bei *Hornung*, Ökonomische Verwertung (2019). Zum rechtlichen Umgang mit und dem wirtschaftlichen Wert von Automobildaten s. *Hornung/Goeble,* Data Ownership (2015).

bezug aufweisen oder zumindest leicht anonymisierbar sind, verschiedene Akteure interessiert sein: Dazu zählen der Eigentümer bzw. Fahrer des Kfz selbst, etwa weil er oder sie die individuelle Sicherheit oder zumindest die des Wagens beurteilen können möchte. Aber auch der Anbieter des eingebauten Navigationssystems könnte ein Zugriffsinteresse haben, etwa, um mittels laufender Datenermittlung besonders günstige Fahrrouten oder Fahrinformationen über den eigenen Kundenstamm zu ermitteln. Gleiches gilt für Versicherungsgesellschaften, z.B., um besondere Versicherungsrisiken bewerten und entsprechende Vertragsmodelle gestalten zu können (z.B. „Pay As You Drive"-Modelle) oder um die Ursachen eines Verkehrsunfalls festzustellen mit dem Ziel der Prüfung, ob ein Versicherungsfall vorliegt. Auch staatliche Stellen können an diesen Daten interessiert sein, etwa um mit ihrer Hilfe den Straßenverkehr besonders effizient regulieren zu können, Erkenntnisse über das Transportverhalten und damit über den Bedarf an öffentlichem Nahverkehr zu erforschen, aber auch etwa zur effektiven Bekämpfung von Kriminalität und zur Unterstützung im Zollwesen. Diese verschiedenen Interessen – deren jeweilige Berechtigung hier nicht untersucht werden soll – sind nicht zwingend gleichgerichtet.

B. Algorithmen/algorithmische Systeme

Algorithmen sind Regeln zur Lösung von Problemen. Menschliche Gesellschaften kennen eine Vielzahl von Regeln,[12] gerichtet insbesondere auf die Möglichkeiten und Vorgehensweisen bei der Beeinflussung von Verhalten und auf die Einrichtung von Strukturen. In der gegenwärtigen Informations- und Wissensgesellschaft gewinnen neben rechtlichen und sozialen Regeln die in digitalen Algorithmen enthaltenen technischen Regeln und deren Übersetzung in Code[13] zunehmend an Bedeutung. Betroffen ist nicht nur die Steuerung individuellen menschlichen Verhaltens, sondern auch die Gestaltung der gesellschaftlichen Ordnung, die technologische, wirtschaftliche und soziale Entwicklung und vieles mehr.[14] Auf eine kurze Formel gebracht: "Algorithms have come to shape our daily lives and realities".[15]

---

[12] Zur Vielfalt der „World of Rules" s. etwa *Schuppert*, World of Rules (2016).

[13] „Code" bedeutet in der Informatik eine Regel, die eine eindeutige Zuordnung von Zeichen aus einem Zeichenvorrat zu den Zeichen aus einem anderen Zeichensatz ermöglicht. Codes dienen zur digitalen Umsetzung von Informationen zum Zwecke der Verbreitung. Der Begriff Code wird aber auch in anderem, auch weitergreifendem Sinne verwendet, s. etwa unten § 8 B unter Hinweis auf die Arbeiten von *Lawrence Lessig*.

[14] Dazu s. statt vieler *Ziewitz*, Governing Algorithms (2016); *Saurwein/Just/Latzer*, Governance of Algorithms (2016); *Latzer et al.*, Algorithmic Selection (2016). Zur Illustration der betroffenen Dimensionen s. etwa die Beiträge in: Himma/Tavani (Hrsg.), Handbook (2008); sowie in: van den Hoven/Vermaas/van de Poel (Hrsg.), Handbook of Ethics (2015).

[15] So *Latzer et al.*, Algorithmic Selection (2016), S. 395. In Tabelle 19.1 (S. 399) werden An-

Der Begriff Algorithmus ist alt. Mit ihm wird zunächst nur eine eindeutige Handlungsanweisung gekennzeichnet, die dafür eingesetzt wird, bestimmte Probleme in definierten Einzelschritten zu lösen.[16] Solche Vorgehensweisen nutzen Menschen in ihren alltäglichen Aktivitäten. Auch Maschinen werden seit langem durch Algorithmen technisch gesteuert. Unverzichtbar sind Algorithmen in fast allen gesellschaftlichen Bereichen, insbesondere aber für digitale Kommunikation und die Funktionsweise moderner Kommunikationsinfrastrukturen, darunter das Internet.

Für die Nutzung in Computern werden Algorithmen in einer maschinell verarbeitbaren, digitalen Sprache geschrieben und die jeweils gestellte Aufgabe wird weitgehend mithilfe vordefinierter Einzelschritte abgearbeitet. Kennzeichnend ist insofern die deterministische Struktur der Programmierung.

Meist – so auch bei den in diesem Buch behandelten Beispielen – sind die einzelnen Algorithmen je für sich betrachtet ohne besonderen Nutzen. Wichtig sind sie aber als Teile komplexer algorithmischer Systeme,[17] mit deren Hilfe unterschiedliche Daten kontextualisiert und verarbeitet werden. Algorithmische Systeme sind technische Systeme.

Insofern muss beachtet werden, dass algorithmische Systeme in je spezifischen Kontexten entwickelt und angewandt werden und damit höchst unterschiedlich sein können. Daher sind für ihre Tauglichkeit zur Lösung von Aufgaben/Problemen und für ihre Qualität (z.B. Diskriminierungsfreiheit, Fairness, Sicherheit u.a.) auch die Rahmenbedingungen ihrer Entstehung und ihrer Anwendung mitbestimmend (die so genannte „Governance of Algorithms"). Dazu gehören u.a. die vorgesehenen Verwendungszwecke und damit verkoppelte Interessen, die Verfügbarkeit schon vorhandener und daher verarbeitbarer Hard- und Software, die Leistungsfähigkeit und Professionalität der (ggf. aus unterschiedlichen Arbeitsbereichen und Unternehmen stammenden und zur Zusammenarbeit fähigen) Programmierer, die nutzbaren Infrastrukturen, die Qualität der Inputvariablen und vieles andere mehr.

An der Entwicklung, Implementierung, Bewertung oder Korrektur von algorithmischen Systemen als technischen Systemen sind notwendig Menschen beteiligt. Deshalb wird von soziotechnischen Systemen gesprochen. Sie isoliert als nur technische Instrumente zu betrachten und einzurichten, würde ihren Spezifika nicht gerecht.

---

wendungsmöglichkeiten von Algorithmen insbesondere im Bereich des Internets in Stichworten und knappen Erläuterungen aufgelistet. Wichtige Stichworte sind: Search Applications; Aggregation Applications; Observation/Surveillance Applications; Prognosis/Forecast Applications; Filtering Application; Recommendation Applications; Scoring Applications; Content Production Applications; Allocation Applications.

[16] Als allgemein verständliche Einführung in die Eigenschaften und Möglichkeiten von Algorithmen s. *Drösser*, Algorithmen (2016).

[17] Zu Charakteristika algorithmischer Systeme s. Datenethikkommission, Gutachten (2019), S. 159ff.

C. Internet

Das Internet – es sei hier nur kurz vorgestellt[18] – ist ein weltweiter Verbund von autonomen Rechnernetzwerken, das die Nutzung von Internetdiensten (wie WWW, E-Mail) ermöglicht. Grundsätzlich kann sich dabei jeder Rechner mit jedem anderen Rechner verbinden. Das Internet besteht insofern aus einer technologischen Infrastruktur der Vernetzung von Computernetzwerken unter Einsatz von Internetprotokollen (wie das TCP/IP-Protokoll bzw. die Gruppe von Netzwerkprotokollen). Es ermöglicht unter anderem digitales soziales Handeln und dabei seine Nutzung als soziale Infrastruktur, insbesondere für den Einsatz menschlichen Wissens und menschlicher Fähigkeiten zur Produktion und Reproduktion von Interaktion bzw. Kommunikation.

D. Big Data/Big Algo

I. Zum Begriff und zu Anwendungsbeispielen

Der Begriff Big Data[19] verweist auf die Art des Einsatzes digitaler Techniken, die unter Verwendung großer und vielfältiger Datenmengen sowie auf die diversen Möglichkeiten der Speicherung, Zusammenführung, Klassifizierung, Auswertung sowie Verarbeitung dieser Daten durch private und hoheitliche Stellen in je unterschiedlichen Kontexten. Big Data wird u. a. zur Steuerung von individuellem und kollektivem Verhalten eingesetzt, zur Erfassung von Entwicklungstrends, zur Ermöglichung neuer Arten der Produktion und Distribution sowie staatlicher Aufgabenerfüllung, aber auch für neue Formen von Illegalität, darunter der Cyber-Kriminalität.

Zur Kennzeichnung von Big Data werden häufig fünf Merkmale benannt: die fünf „Vs". Die Möglichkeiten des Zugriffs auf gewaltige Mengen von digitalen Daten („High Volume"), und zwar unterschiedlicher Art und Qualität, sowie verschiedene Möglichkeiten der Erhebung, Speicherung und des Zugriffs („High Variety"), ferner die hohe Geschwindigkeit ihrer Verarbeitung („High Velocity"). Möglich werden unter Nutzung insbesondere der künstlichen Intelligenz neue und höchst leistungsfähige Formen der Datenprozessierung, der Überprüfung ihrer Stimmigkeit und auch der Qualitätssicherung („Veracity"). Ferner sind Big Data Gegenstand und Basis neuer Geschäftsmodelle und für Möglichkeiten diverser Wertschöpfungen („Value").

---

[18] Zur Geschichte des Internet sowie den maßgebenden nationalen und internationalen Akteuren s. *Friedrich Ebert Stiftung*, Internet (2019; *Abbate*, Inventing (1999).

[19] Zu Big Data s. statt vieler Taeger (Hrsg.), Big Data (2014); Executive Office of the President, Seizing Opportunities (2014); *Mayer-Schönberger/Cukier*, Big Data (2013); Hoeren (Hrsg.), Phänomene (2019).

Anwendungsbeispiele für die Verwendung von Big Data – meist im Zusammenspiel mit Künstlicher Intelligenz – sind:[20] elektronische Kommunikation (etwa mit dem Smartphone); Interaktion und Kommunikation in Social Media; vernetzte Techniken (Smart Home, Smart Meter); Sprachassistenzsysteme wie Alexa von Amazon; Einsatz von Kredit- oder Kundenkarten; Smart Mobility; elektronische Überwachung; autonome Waffensysteme u. a.

Angesichts der vielen Möglichkeiten der Nutzung künstlicher Intelligenz im Zuge komplexer algorithmischer Systeme erscheint der Verweis auf „Data" als das bestimmende Element zur Verwendung der Big Data Technologien als zu eng. Deshalb wird er von manchen durch „Big Algo" ersetzt.[21] Dadurch soll insbesondere dem Umstand Rechnung getragen werden, dass die frühere Fixierung des Blicks auf Daten und Datenschutz zunehmend ersetzt wird durch den Blick auf die Vorgehensweise (Conduct) von/mit Algorithmen bzw. algorithmischen Systemen. Auch zur Kennzeichnung der Eigenschaften von Big Algo passen die fünf „Vs".

II. Big-Data-Analytik

Für die Datenauswertung und den Ausbau der Möglichkeiten der Datennutzung insbesondere unter Zuhilfenahme künstlicher Intelligenz (zu ihr s. sogleich D) ist die Big-Data-Analytik (häufig nur als englischsprachiger Begriff verwendet: Big Data Analytics) von besonderer Bedeutung. Insofern kommen für je unterschiedliche Zwecke unterschiedliche analytische Vorgehensweisen zum Einsatz:

Die deskriptive Analytik dient dazu, das Material für Zwecke der Auswertung zu sichten und aufzubereiten. Ein Beispielsfeld ist die Nutzung von Big Data für „Data Mining"[22] und für die Registrierung und Systematisierung der Daten (insbesondere Priorisierung, Klassifizierung und Filterung).

Die prädiktive Analytik[23] ist darauf gerichtet – noch weitgehend losgelöst von einem Verstehensprozess –, Indikatoren für einen möglichen Kausalzusammenhang zu identifizieren, allerdings (jedenfalls bisher) nur in Gestalt statistisch signifikanter Korrelationen;[24] auf dieser Basis sollen Ereignisse mit einer bestimmten Wahrscheinlichkeit vorhergesagt werden. Dadurch sollen Einsichten in das Verhalten von Menschen gewonnen und beispielsweise sich entwickelnde Trends und Verhaltensmuster erkannt werden, etwa um zukünftiges

---

[20] Eine differenziertere Aufzählung findet sich u. a. bei *Ebers*, Regulierung (2020), Rn. 9.

[21] So in *Koshiyana et al.*, Algorithm Auditing (2021), S. 2.

[22] Dazu s. statt vieler *Petersohn*, Data Mining (2005); *Hofstetter*, Big Data (2016), S. 88 f.; *Radlanski*, Einwilligung (2016), S. 25–28.

[23] Zum Problem prädiktiver Analytik s. statt vieler *Hermstrüwer*, Regulierung (2018); *Dreyer*, Predictive Analytics (2018); *Singelnstein*, Strafverfolgung (2018); *Rademacher*, Predictive Policing (2017).

[24] Näher dazu *Mayer-Schönberger/Cukier*, Big Data (2013).

Verhalten vorhersagen und darauf aufbauend, so in Gestalt des Automated Decision Making (ADM) (s. u. E), Entscheidungen treffen zu können. Die prädiktive Analytik kann beispielsweise zur Erfassung von Konsumentenpräferenzen und -wünschen („Predictive Consumer Interests") oder zum „Predictive Policing"[25] eingesetzt werden.

Die präskriptive Analytik zielt auf Handlungsempfehlungen, um das deskriptiv erfasste und das prädiktive Wissen zur Erreichung bestimmter Ziele einzusetzen, etwa zur personalisierten Selektion bei der Preisgestaltung oder für Strategien und Taktiken zwecks Beeinflussung von Einstellungen und Verhalten, dabei auch der Einwirkung auf die öffentliche Meinungsbildung sowie auf die Wahrnehmung und Unterstützung/Verhinderung bestimmter gesellschaftlicher Entwicklungen.

Die Big-Data-Analytik zielt auf die vor allem durch den Einsatz künstlicher Intelligenz ermöglichte Ausweitung und Nutzung des durch Daten aller Art generierbaren Wissens in einer Vielzahl von Anwendungsfeldern. Sie ermöglicht weit mehr als die im traditionellen Datenschutzrecht im Fokus stehende Erhebung, Speicherung und Verwendung von personenbezogenen Daten.

Big Data-Anwendungen ermöglichen einen enormen Wissenszuwachs, da nun auch unübersichtliche Datenbestände mit vergleichsweise geringerem Aufwand ausgelesen und eingeordnet werden können. Der Einsatz digitaler Techniken unter Nutzung von Big Data und KI kann große Fortschritte ermöglichen, aber auch Risiken für individuell und kollektiv bedeutsame Rechtsgüter begründen.

E. Künstliche Intelligenz, insbesondere lernende Algorithmen

Gegenwärtig werden die Rechenkapazitäten und Analysemöglichkeiten von Computern stark ausgebaut. Parallel dazu verändern sich die Einsatz- und Leistungsmöglichkeiten von algorithmischen Systemen in schneller Folge. Besonders prägend dafür ist die Fortentwicklung der sog. künstlichen Intelligenz (KI).[26] Gemeint sind – allgemein gesprochen – Methoden, die es Computern

---

[25] Dazu s. unter § 15 C.

[26] Zu ihr s. etwa *Alpaydin*, Machine Learning (2016); *Reichwald/Pfisterer*, Autonomie (2016), S. 210. Zur allgemein verständlichen Einführung in Probleme künstlicher Intelligenz s. *Russell/Norvig*, Künstliche Intelligenz (2012); *Ertel*, Grundkurs künstliche Intelligenz (2016); *Stiemerling*, Künstliche Intelligenz (2015); *Jakobs*, Vernetzte Gesellschaft (2016); Bitkom, Künstliche Intelligenz (2017); *Ashley*, Artificial Intelligence (2017); *Martini*, Blackbox Algorithmus (2019); Unabhängige Expertengruppe für künstliche Intelligenz, Ethik-Leitlinien (2019); *Lenzen*, Künstliche Intelligenz (2018); die Beiträge in: Unger/von Ungern-Sternberg (Hrsg.), Demokratie (2020); sowie in: Wischmeyer/Rademacher (Hrsg.), Artificial Intelligence (2020) und in: Ebers et al. (Hrsg.), Rechtshandbuch (2020). S. auch Bundesregierung, Strategie (2018) sowie u. § 17.

ermöglichen, solche komplexen Aufgaben zu bewältigen, die bei einer Lösung durch Menschen Intelligenz erfordern.[27] Es geht insbesondere darum, menschenähnliche Entscheidungsstrukturen digital abzubilden (zu simulieren). Dafür wird die Software insbesondere unter Nutzung sog. neuronaler Netze[28] so programmiert, dass die algorithmischen Systeme möglichst eigenständig Probleme bearbeiten und die eingesetzten Programme gegebenenfalls weiter entwickeln können.[29]

Künstliche, also technologisch konstruierte, Intelligenz geht nicht oder doch nicht ausschließlich nach einem definierten Muster und mit Hilfe vorgegebener Entscheidungsschritte vor, um Eingaben der Anwender zu verarbeiten. Sie werden meist mit Hilfe von Eingabemustern daraufhin trainiert, erwünschte Ausgabemuster anzulegen, um sie für Lernen nutzen zu können. Sie werden dann meist besonders getestet, ob sie zuverlässig arbeiten. Mit Hilfe von KI können die algorithmischen Systeme von ihnen wahrgenommene Entwicklungen für neue Entscheidungen verarbeiten.[30] Insbesondere können sie über fortgeschrittene Fähigkeiten verfügen, gelernte Muster auf neue Datensätze anzuwenden. Die mit KI arbeitenden maschinellen Lernsysteme („Machine Learning")[31] haben u. a. die Fähigkeit, Bilder zu bewerten (etwa zwecks Gesichtserkennung), Sprache zu entschlüsseln und in Texte oder Texte in eine andere Sprache zu übersetzen, Debatten zwischen mehreren Sprechern durchzuführen, Röntgenbilder auszuwerten u. ä. Auch können diese Lernsysteme Prognosen auf der Grundlage der Auswertung von komplexen Vorgängen der Vergangenheit erstellen. Besonders hoch entwickelte intelligente Systeme können Zusammenhänge, Strukturen und Architekturen so erfassen, dass sie in der Lage sind, sich neuen Erfahrungen und Problemsituationen anzupassen, indem sie ihre Entscheidungsregeln autonom, also unabhängig von der menschlichen Programmierung, verändern. Möglich ist es auch, dass die Programme sich unter Nutzung neuronaler Netze durch Schaffung neuer Vernetzungen zwischen den Neuronen selbständig fortentwickeln. Solche hoch entwickelten Systeme werden mit den Schlagworten des „Deep Learning"/"Reinforcement Learning" gekennzeichnet.[32] Sie sind Unterfälle des Machine Learning.

---

[27] Die High Level Expert Group on AI (HLEG AI), die im Auftrag der Europäischen Kommission arbeitet, hat in ihren 2019 veröffentlichten Leitlinien KI-Systeme erheblich differenzierter definiert. Deren Definition ist unten (§ 17 A) im Wortlaut wiedergegeben.

[28] Gemeint sind Netze aus künstlichen Neuronen, die natürlichen neuronalen Netzen nachgebildet werden.

[29] Hierzu s. auch Europäische Kommission, Weißbuch zur Künstlichen Intelligenz (2020).

[30] Nähere Erklärungen bei *Zech*, Risiken Digitaler Systeme (2020).

[31] Zum Machine Learning und dessen Anwendung beim juristischen Arbeiten: *Surden*, Machine Learning (2014), S. 87 ff.; *Alpaydin*, Machine Learning (2016); *Janiesch/Zschech/Herinrich,* Machine Learning (2021). Das Wort Maschine (machine) ist hier als Rechenregel oder Algorithmus zu verstehen.

[32] Zu ihm s. *Goodfellow/Bengio/Courville*, Deep Learning (2016); *Müller-Hengstenberg/Kirn*, (Software-)Agenten (2014), S. 307 ff.; *Martini,* Blackbox Algorithmus (2019), S. 23 f.

Die bisher für die Programmierung von Algorithmen und komplexer algorithmischer Systeme erforderlichen menschlichen Programmierungen werden während des Einsatzes lernender Systeme zunehmend unwichtiger mit der Folge, dass die Einzelschritte und deren Zusammenspiel sowie die dafür genutzte Logik für die Programmiererinnen und Programmierer oder gar für Dritte vielfach nicht mehr nachvollziehbar sind. *Andrew Tutt* formuliert zu solchen lernenden Systemen: „Even if we can fully describe what makes them work, the actual mechanisms by which they implement their solutions are likely to remain opaque: difficult to predict and sometimes difficult to explain. And as they become more complex and more autonomous, that difficulty will increase."[33] Der englische Begriff („opaque") ist zwischenzeitlich als „opak" in die deutsche Sprache transformiert worden und wird sogar substantivisch verwendet („Opazität").

Mit dem Hinweis auf die Opazität des Geschehens ist auch das Problem begrenzter menschlicher Beherrschbarkeit der selbstgesteuerten Weiterentwicklung von Programmen in Bezug genommen. Dies betrifft zum einen die Anwender. Aber auch für die Programmierinnen und Programmierer bestehen erhebliche Schwierigkeiten, nachzuvollziehen, zu durchschauen und erklären zu können, wie sich lernende algorithmische Systeme weiterentwickelt haben. Auch ist es häufig schwierig und manchmal sogar ausgeschlossen, die Vorgehensweise solcher Systeme zu rekonstruieren. Möglichkeiten der menschlichen Supervision oder gar der Gegensteuerung bei einzelnen Fehlentwicklungen oder bei Katastrophen werden dadurch erschwert oder entfallen sogar.

Es kann daher nicht überraschen, dass in neuerer Zeit nicht nur die positiven Potentiale künstlicher Intelligenz betont werden, sondern auch Risiken. Diskutiert wird über die Möglichkeit und die Notwendigkeit begrenzender regulativer Vorkehrungen für ihren Einsatz.[34] Es wird sogar in grundsätzlicher Art vor dem unbegrenzten bzw. unkontrollierten Einsatz von künstlicher Intelligenz gewarnt. Warnungen kommen auch von Akteuren, die im Laufe ihrer Lebensgeschichte die Entwicklung von künstlicher Intelligenz vorangetrieben und geschäftlich intensiv genutzt haben.[35] Verbreitet sind sogar dystopische Befürchtungen, die sich etwa auf die Entwicklung einer Superintelligenz (Artificial

---

[33] *Tutt,* An FDA for Algorithms (2017), S. 102.

[34] Auf solchen Problemen geltende Vorschriften zielt der Vorschlag der EU-Kommission für eine Verordnung „zur Festlegung harmonisierter Vorschriften für künstliche Intelligenz und zur Änderung bestimmter Rechtsakte der Union (Com/2021/2660). Auf ihn werde ich in § 17 eingehen.

[35] Erwähnt seien etwa der Mitbegründer von PayPal und Inhaber von Tesla, *Elon Musk*, der Begründer von Microsoft, *Bill Gates*, oder der Mitbegründer von Apple, *Steve Wozniak*. Nachweise bei *Scherer,* Regulating (2016), S. 355. Aufschlussreich ist, dass *Brad Smith*, der Präsident und Chief Legal Officer von Microsoft, die Schaffung einer internationale „Digital Geneva Convention" vorgeschlagen hat, die sich zwar vorrangig auf Cyberattacken und damit Cybersicherheit bezieht, aber notwendigerweise auch das KI-Thema nicht aussparen kann, siehe https://blogs.microsoft.com/on-the-issues/2017/02/14/need-digital-geneva-convention/, abgerufen am 04.10.2021.

General Intelligence) beziehen, die sich gegen die Menschen richten und eine „posthumane“ Zukunft einleiten könnte.[36] Ob und wieweit dieses Risiko besteht, ist allerdings auch umstritten.

Zur Illustration von Chancen, aber auch Risiken neuer Nutzungsmöglichkeiten von KI sei hier als eines der vielen Beispiele der mögliche Einsatz von „brain transplants and other neural devices“ erwähnt.[37] Bei ihm geht es um entsprechende symbiotische Konstellationen zwischen Mensch und Maschine unter Nutzung elektrischer Schnittstellen. Dies wirft eine Reihe noch ungelöster Fragen auf.[38] Die Thematisierung von Zukunftsrisiken erfolgt insoweit nicht nur mit dem auch ethisch ausgerichteten Blick auf Folgen für die menschliche Entwicklung und das Konzept und die Funktionsweise menschlicher Intelligenz. Befürchtet werden auch neue Formen der Cyberkriminalität, etwa durch Hacking von Herzschrittmachern oder anderen KI-gesteuerten „Implants“. Hierzu formulieren beispielsweise *Gasson* und *Koops*:

„The consequences of attacks on human implants can be far greater to human life and health than is the case with classic cybercrime. Moreover, as implant technology develops further, it becomes difficult to draw an exact border between body and technology, and attacks not only affect the confidentiality, integrity and availability of computers and computer data, but also affect the integrity of the human body itself. The combination of network technologies with human bodies may well constitute a new step change in the evolution of cybercrime, thus making attacks on humans through implants a new generation of cybercrime.“[39]

F. Digitale Plattformen

Besonders wichtig für die digitale Kommunikation unter Nutzung sog. sozialer Medien[40] sind digitale Plattformen. Dies sind „digitale, datenbasierte soziotechnische Infrastrukturen, über die Informationen ausgetauscht, Kommunikation strukturiert, Arbeit und Märkte organisiert, Dienstleistungen angeboten oder digitale und nicht digitale Produkte vertrieben werden.“[41] Sie wirken als Infor-

---

[36] So etwa *Bostrom*, Superintelligence (2013); *ders.*, Revolution (2016). S. auch *Tegmark*, Life 3.0 (2017); *Harari*, Homo Deus (2017); Auch *Stephen Hawking* formulierte beim Web Summit 2017 in Lissabon: „Künstliche Intelligenz wird entweder das Beste sein, was der Menschheit je wiederfahren ist – oder das Schlimmste.“

[37] Siehe etwa *Wu/Goodman*, Neural Implants (2013), S. 68–69.

[38] S. etwa *Ebers*, Regulierung (2020), Rn. 43.

[39] *Gasson/Koops*, Human Implants (2013), S. 248, 276.

[40] Zu sozialen Medien s. statt vieler *Schmidt*, Soziale Medien (2018); *ders.*, Innovation (2021).

[41] So *Dolata*, Plattform-Regulierung (2019), S. 88. S. zur Definition auch *Volmar*, Digitale Marktmacht (2019), S. 73 ff.

mationsintermediäre[42] und erleichtern den Nutzern u. a. das Auffinden, den Vergleich und die Bewertung von Informationen. Soziale Medien/Netzwerke eröffnen neue Möglichkeiten der Kommunikation; andere Plattformen bieten konkrete Inhalte wie Musik, Filme oder Nachrichten an; wieder andere Plattformen eröffnen neue Möglichkeiten zur Anbahnung und Abwicklung von Transaktionen zwischen Verbrauchern untereinander oder zwischen Verbrauchern und Unternehmen, aber auch Kontaktaufnahmen von Personen zum Kennenlernen oder Chatten bis hin zur Partnersuche. In vielfältiger Hinsicht bieten Plattformen Chancen für Interaktion und Partizipation.[43] Auf Plattformen und deren Bedeutung für die weitere Entwicklung wird noch mehrfach zurückzukommen sein.

G. Roboter und Robotik

Die immer verbreitetet eingesetzten modernen Roboter sind technische Apparaturen, die unter Nutzung von Informationstechnik, insbesondere auch von KI, sowie der Elektrotechnik mit der physischen Welt unter Nutzung von Sensoren und Aktoren interagieren. Sie können als Industrieroboter[44] (etwa für Fließbandarbeiten), als Serviceroboter (etwa zum Einsatz in der Medizin) oder als Assistenzroboter (etwa zur Pflege behinderter und älterer Personen) genutzt werden. Weitere Einsatzbereiche sind die als Bildungsroboter, aber auch als Unterhaltungs- und Gefühlroboter (etwa mit Funktionen vergleichbar denen eines Haustieres). Sie sind aber auch als Kampfroboter in kriegerischen Auseinandersetzungen einsetzbar.

Robotik ist die Technik, die sich mit der technischen Konstruktion sowie der Anwendung von Robotern, darunter insbesondere auch ihrer Sicherheit und Fortentwicklung, befasst. Zu ihr gehört auch die Beschäftigung mit den mit ihrem Einsatz verbundenen ethischen und rechtlichen Fragen.[45]

---

[42] Zur Entwicklung von Informationsintermediären, insbesondere den Veränderungen hinsichtlich Haftung und Verantwortung, s. *Schiff*, Informationsintermediäre (2021). S. ferner *Lüdemann*, Warum und wie reguliert man digitale Informationsintermediäre? (2021); *Jaeckel*, Macht der digitalen Plattformen (2020).

[43] So (abgekürzt) die Umschreibung von *Schweitzer/Fetzer/Peitz*, Digitale Plattformen (2016) unter https://ftp.zew.de/pub/zew-docs/dp/dp16042.pdf, abgerufen am 07.10.2021.

[44] Die VDI-Richtlinie 2860 definiert Industrieroboter wie folgt: „Industrieroboter sind universell einsetzbare Bewegungsautomaten mit mehreren Achsen, deren Bewegungen hinsichtlich Bewegungsfolge und-wege bzw. -winkel frei (das heißt ohne mechanischen bzw. menschlichen Eingriff) programmierbar und gegebenenfalls sensorgeführt sind. Sie sind mit Greifern, Werkzeugen oder anderen Fertigungsmitteln ausrüstbar und können Handhabungs- und/oder Fertigungsaufgaben ausführen."

[45] Zu den mit dem Robotereinsatz verbundenen Rechtsfragen s. die Beiträge in: *Ebers et al.*, Rechtshandbuch (2020).

H. Cyberphysische Systeme, z. B. Industrie 4.0

Der Begriff „cyberphysisches System“ bezeichnet den komplexen Verbund von Informations- und Softwaretechnik mit mobilen oder stationären elektronischen und mechanischen Teilen, die durch drahtgebundene oder drahtlose Kommunikationsnetze unter Nutzung geeigneter Infrastrukturen – insbesondere des Internets – autonom mit Rechnern bzw. mit Dritten kommunizieren können. Aufgrund der systemübergreifenden Kommunikationsfähigkeiten lassen sich komplexe Infrastrukturen steuern, regeln und kontrollieren, und dies auch in Echtzeit. Vielfach sind die Systeme in Cloud-Architekturen eingebunden. Angesichts der hohen Komplexität sind sie zum Teil verletzungsanfällig und nicht frei von Risiken als Objekt gezielter Manipulation.

Beispiele für cyberphysische Systeme sind der Betrieb von intelligenten Stromnetzen (Smart Grids) oder Verkehrsleitsystemen, Fahrerassistenzsysteme/autonomes Fahren, Frühwarnsysteme (etwa im Zuge der Umweltbeobachtung) oder der Einsatz in der Medizintechnik (E-Health). Zu den cyberphysischen Systemen gehört auch die unter dem Schlagwort „Industrie 4.0“ bezeichnete intelligente Vernetzung von Maschinen und Abläufen in der Industrie mithilfe von IT-Technologien.[46] Dies soll flexible Produktionen ermöglichen, gegebenenfalls unter Beteiligung der Hersteller bei der Entstehung und Konfiguration des Produkts. Die Logistik soll in Richtung auf ideale Lieferwege verbessert werden; Maschinen sollen selbständig mitteilen, wann neues Material benötigt wird und der Warenfluss soll optimiert werden. Auch geht es um ressourcenschonende Ausgestaltungen der Kreislaufwirtschaft, darunter die Möglichkeit, datengestützt den vollständigen Lebenszyklus von Produkten zu beobachten oder Wege zur Wiederverwendung von Materialien zu entdecken. Dabei entstehen im Bereich von Industrie 4.0 neue Geschäftsmodelle.

I. Internet der Dinge (Internet of Things/IoT)

Dieser Begriff verweist auf ein Beispiel der Vernetzung der digitalen/virtuellen Welt mit der physischen. Genutzt werden Informationstechnologien mit der Möglichkeit der Interaktion zwischen Menschen und digital gesteuerten Systemen. Sie sollen insbesondere der Unterstützung der Tätigkeit der Menschen dienen. Sie können allerdings auch den die Systemkomponenten bereitstellenden Unternehmen eine Vielzahl von Daten über Verhalten, Einstellungen und Bereitschaften von Personen vermitteln.

---

[46] Dazu s. Bundesministerium für Wirtschaft, Industrie 4.0 (2015), unter https://www.plattform-i40.de/IP/Navigation/DE/Industrie40/WasIndustrie40/was-ist-industrie-40.html, abgerufen am 14.10.2021; sowie statt vieler die Beiträge in: Sendler (Hrsg.), Industrie 4.0 (2013). S. auch *Hornung/Hofmann*, Industrie 4.0 (2017); *Hirsch-Kreinsen*, Industrie 4.0. (2021).

Das Internet der Dinge benötigt neben geeigneten Computern physische Objekte wie Sensoren und Aktoren. Beispiele für die Nutzung des Internets der Dinge sind sog. Wearables, beispielsweise Fitnesstracker, Blutdruckmesser, Smartwatches oder intelligente (etwa mit Kopfhörern ausgestattete) Brillen. Die Sensoren und Aktoren werden am Körper getragen und dafür z. B, mit Armbanduhren verbunden oder in Kleidungsstücke eingewoben. Möglich ist ebenfalls eine Interaktion über Kommunikationsnetze. In den Bereich des Internets der Dinge fallen auch Geräte im so genannten Smart Home (Anpassung des Energieverbrauchs, Wartung von Geräten, Möglichkeiten der externen Steuerung des zeitlichen Einsatzes von Haushaltsgeräten).

Die Nutzbarkeit geht über den bloßen Abruf und ggf. die Weiterleitung von Informationen hinaus. Sie erfasst auch die Aufbereitung der für die Nutzer oder Dritte erheblichen Daten sowie die interaktive Steuerung von untereinander vernetzten Geräten. Soweit cloudbasierte IoT-Plattformen genutzt werden, sollen sie den Aufbau und die Nutzung der virtuellen Komponenten unterstützen.

J. Blockchain

Der Begriff Blockchain[47] kennzeichnet eine besondere Transaktionstechnik.[48] Es handelt sich um eine dezentrale, auf einer Vielzahl von Systemteilnehmern als „Knotenbetreibern" verteilte Datenbank ohne einen zentralen Intermediär. Statt einer zentralen Stelle verfügen die Systemteilnehmer über eine aktuelle Kopie der kompletten Blockchain, die bei der Ausführung von Transaktionen jeweils über ein dezentrales Peer-to-Peer-Netzwerk aktualisiert wird. Daher ist die Blockchain ein permanentes fortgeschriebenes Register, in dem neue Datensätze zusammengefasst und angehängt (Blocks) und so zu einer Kette fortlaufender Transaktionen (Chain) verknüpft werden. Alle über Blockchain ausgeführten Transaktionen werden daher fortwährend gespeichert und sind nachvollziehbar. Nachträgliche Manipulationen oder der Austausch von Blöcken sollen unterbunden werden, indem die Blöcke miteinander durch aufwändige Berechnungen kryptographisch verknüpft sind und jeder neue Block einen Zeitstempel und Prüfzeichen (Hash) des vorherigen Blocks enthält.

Die Transaktionstechnik Blockchain ermöglicht auch im Bereich der Rechtsanwendung neue Instrumente,[49] etwa die (möglichst) vertrauenswürdige Spei-

---

[47] Die Beschreibung folgt *Berberich*, Smart Contracts (2020), Rn. 3. Zum Thema Blockchain s. auch *Riegerer*, Transparenz (2018); *Kuntz*, Konsens (2020); *Finck*, Blockchain (2018).

[48] Sie verwendet die so genannte Distributed Ledger Technology DLT. Zu ihr s. *Kurth*, KI und Kapitalmarktrecht (2020), Rn. 137–141.

[49] Eine Aufzählung bedeutender Blockchain-Technologien findet sich bei *Wagner*, Legal Tech (2020), S. 37. S. auch *Finck*, Blockchain (2018).

cherung rechtlich erheblicher Daten, den Einsatz von so genannten Smart Contracts,[50] die möglichst zuverlässige Sicherung der Vergütung von urheberrechtlich geschützten Leistungen, die Protokollierung von Transaktionen (etwa bezogen auf transnationale Wertschöpfungsketten u. a. mit dem Ziel der gerechten Bewertung einzelner Wertschöpfungsanteile),[51] die Einrichtung digitaler Register wie etwa Grundbücher und vieles mehr.[52] Auch wird die Blockchain-Technologie zur Schaffung von digitalen Währungen eingesetzt. Besonders bekannt ist die Kryptowährung Bitcoin.[53] Die Europäische Union ist bemüht, einen rechtlichen Rahmen für solche Kryptowährungen zu schaffen.[54] [55]

Ungeachtet vieler Vorteile der Blockchain-Technik ist darauf zu verweisen, dass ihre Anwendung extrem energieintensiv ist.[56] Ein relativ starker Energieverbrauch ist allerdings auch mit dem Einsatz anderer digitaler Technologien verbunden, etwa der Arbeit mit Clouds oder dem Streaming von Programmen. Dies sei hier als Merkposten angeführt, der bei der Art des weiteren Ausbaus der Digitalisierung Berücksichtigung finden sollte, aber m. E. bisher viel zu wenig thematisiert wird. Auch hier ist auf das Risiko zu verweisen, dass bei der Entwicklung neuer Verwendungsmöglichkeiten für digitale Technologien gesamtgesellschaftliche Nebenfolgen ausgeblendet werden.

---

[50] Zu ihnen s. Fries/Paal (Hrsg.), Smart Contracts (2019); *Braegelmann/Kaulartz*, Smart Contracts (2019).

[51] Vgl. dazu *Winterhalter/Niekler*, Digitale Dokumentation (2020).

[52] Ein anderes zurzeit in Planung befindliches Projekt ist die so genannte elektronische Brieftasche, ein Generalschlüssel für den Zugang zu einer Vielfalt von Daten bzw. Dateien, die es ermöglichen sollen, den Bürgern eine einheitliche digitale Identität zu geben, die auch (nicht nur) bei der Kommunikation mit staatlichen Stellen effizienzsteigernd wirken soll. Dazu s. etwa *Overmann*, Wettlauf (2021).

[53] Zu ihr s. *Spiegel*, Virtuelles Geld (2020); *Groß/Herz/Schiller*, Bitcoin (2020).

[54] Dazu s. die Website der Europäischen Kommission zum Verfahren 2020/0267 (COD).

[55] Ein Vorschlag für eine entsprechende Verordnung wurde im September 2020 von der Kommission unter dem Titel „Regulation of the European Parliament and of the Council on a pilot regime for market infrastructures based on distributed ledger technology“ vorgelegt, https://eur-lex.europa.eu/legal-content/EN/TXT/?uri=CELEX%3A52020PC0594, abgerufen am 04.10.2021.

[56] Dazu z. B. *Reetz*, Blockchain & das Klima (2019). S. auch die Angaben von *Pfeiffer*, Digitalisierung als Distributivkraft (2021), S. 277 f.

§ 5 Zu den Unterschieden der Steuerung durch analog gestaltete Rechtsnormen und durch Regeln in Gestalt algorithmischer Systeme

Um den durch die Digitalisierung ermöglichten Umbruch bei der Schaffung sowie beim Einsatz von Regeln[1] – etwa beim Erlass automatisierter Entscheidungen – besser einordnen zu können, soll hier als Grundlage auch für spätere Erörterungen der Unterschied zwischen dem Einsatz analog gestalteten, durch Menschen genutzten Rechts zwecks Anwendung auf einen konkreten Fall und dem Einsatz digitaler, in algorithmische Systeme eingeschriebener Entscheidungsregeln behandelt werden. Gegenstand der folgenden Überlegungen ist insbesondere die Vorgehensweise bei der Konkretisierung von Recht. Zuvor soll auf die Frage nach der Möglichkeit der Standardisierung von Rechtsbegriffen im Interesse der Erleichterung digitalisierter Rechtsetzung und -anwendung eingegangen werden,

A. Zur Forderung nach der Standardisierung von Normen bzw. Begriffen im Interesse der digitalen Vollzugstauglichkeit

Bei der Einführung des Begriffs der Algorithmen (s. o. § 4 B) wurde dargestellt, dass Algorithmen in einer maschinell verarbeitbaren, digitalen Sprache geschrieben sind, die ihre Aufgabe mithilfe vordefinierter Einzelschritte abarbeiten und insofern auf ein deterministisches Vorgehen hin ausgerichtet sind. Werden analoge Rechtsnormen in Algorithmen transferiert, muss dieser Ausgangsbedingung Rechnung getragen werden. Da Rechtsnormen in Sprache gefasst sind, die häufig nicht eindeutige Begriffe verwendet, muss die Programmierung darauf hinwirken, dass die Vorgaben gleichwohl eindeutig sind. Soweit die analoge Sprache diese Voraussetzung nicht erfüllt, bedarf die Norm einer Konkretisierung, an deren Ende eine eindeutige Programmierungsvorgabe verfügbar ist. Die insofern bestehenden Schwierigkeiten, häufig sogar die Unmöglichkeit, werden sogleich zum Thema.

---

[1] Analysen dazu erfolgen auch unter dem Begriff des „Computational Turn in Law", S. dazu *Peuker*, Verfassungswandel durch Digitalisierung (2020), S. 11 ff., 43 ff.

Zwar sei darauf verwiesen, dass die Probleme der Programmierung entfielen, wenn schon die analog gefasste Sprache so standardisiert wäre, dass sie keiner weiteren Interpretation bedürfte. Das ist möglich (etwa bei der Verwendung von Zahlen in Normen), bisher aber regelhaft nicht der Fall. Es kann daher nicht überraschen, dass aus Anlass der fortschreitenden Digitalisierung gefordert wird, die Rechtssprache zu verändern, das heißt, sie von vornherein in ein maschinenverträgliches Format zu verwandeln, also eine Computersprache zu gestalten, die standardisierte Begriffe verwendet. Zugleich wird gefordert, die Begriffe mit digitalen Datenquellen zu verknüpfen. Auf diese Forderungen und mögliche Wege ihrer Realisierung zielt beispielsweise eine Untersuchung des Kompetenzzentrums Öffentliche IT.[2]

Die Realisierbarkeit dieser Forderung spricht fast allen Einsichten zuwider, die in den letzten Jahrhunderten oder jedenfalls Jahrzehnten weltweit in Fachdiskussionen über die Eigenschaft von Sprache, die Besonderheit der Rechtssprache und die sprachlich vermittelte Leistungskraft einer Norm unter Berücksichtigung ihrer Fähigkeit zur Verarbeitung unterschiedlicher Anwendungskontexte und zur flexiblen Reaktion auf sich ändernde Realbedingungen usw. gefunden wurden. Ungeachtet mancher Nuancierungen dieser insbesondere an sprachwissenschaftlichen Einsichten orientierten Position wird eine durchgängige Standardisierbarkeit von Recht und Rechtsanwendung fast einhellig abgelehnt.

Statt diese Diskussion und die Einzelargumente hier zu referieren, verweise ich auf eine von *Margrit Seckelmann* verfasste, mich überzeugende negative Antwort auf den Vorschlag des Kompetenzzentrums.[3] Ich beschränke mich stattdessen auf eine Zusammenfassung meiner auch in früheren Publikationen entwickelten Position (s. u. B), die ich dieser Abhandlung auch im Weiteren zugrunde lege.

In § 6 habe ich beispielhaft und stichwortartig an einem Unterthema – der Bedeutung unterschiedlicher Arten von Wissen bei der Rechtsetzung und Rechtsanwendung – die Offenheit und Kontextabhängigkeit der auf die Verarbeitung von Wissen bezogenen Bausteine der Rechtsordnung in ihrer Unterschiedlichkeit dargestellt.

B. Rechtliche Regeln und deren Anwendung als soziale Konstrukte, insbesondere: zur Konkretisierungsbedürftigkeit von Recht

Traditionelle rechtliche Regeln enthalten in Worten formulierte, aber auch durch den Einsatz weiterer Entscheidungsfaktoren zu erschließende Vorgaben

[2] *Kar/Thopa/Hunt/Parrycek.*, Recht digital (2019).
[3] *Seckelmann*, Algorithmenkompatibles Verwaltungsrecht (2021).

betreffend gedurftes, ermöglichtes, gesolltes und untersagtes Verhalten[4] sowie mittelbar für die durch regelkonformes Verhalten ausgelösten Wirkungen. Unterschiedliche rechtliche Regeln – etwa Kompetenz- und Verfahrensvorgaben, aber auch materielle Orientierungen (etwa an den Freiheitsrechten) – gibt es einerseits für die Setzung von abstrakt-generellem Recht und andererseits für die Anwendung von schon geschaffenem Recht auf Einzelfälle, aber auch für die Überwachung der Regeleinhaltung und gegebenenfalls für die Sanktionierung von Regelverstößen. Derartige mit der Bindungskraft von Recht versehene Regeln waren lange Zeit und sind es vielfach weiterhin ausschließlich Produkte menschlichen Handelns, auch kollektiven menschlichen Handelns (so etwa bei der Gesetzgebung oder bei der Entscheidung von Kollegialorganen).

Die geschaffenen rechtlichen, in menschlicher Sprache gefassten Regeln sind vielfach nicht durch Eindeutigkeit, sondern durch die Interpretationsbedürftigkeit und -offenheit genutzter Begriffe gekennzeichnet.[5] Dies betrifft insbesondere die Nutzung unbestimmter Rechtsbegriffe (z.B. „zuverlässig“) und von Ermächtigungen zur Ermessensausübung, zur Vornahme von Prognosen sowie zur Planung zukünftiger Strukturen. Auch erfordern Normen häufig Abwägungen, etwa im Zuge der Anwendung des Verhältnismäßigkeitsgrundsatzes.

Eindeutigkeit entfällt ebenfalls bei final konfigurierten Normierungen, also solchen, die zwar Ziele und Zwecke, aber nicht oder nur begrenzt die zulässigen Mittel ihrer Verwirklichung festlegen. Gleiches gilt für Entscheidungen, bei denen die Wahl einer Rechtsfolge von jeweils unterschiedlich zu gewichtenden Risikolagen abhängt. Ein Beispiel sind Eingriffsschwellen im Recht der inneren Sicherheit, die je nach der Wertigkeit des betroffenen Rechtsguts unterschiedlich konkretisiert werden müssen oder können. Hier können in rechtlicher Hinsicht sogenannte „Je-desto“-Feststellungen erforderlich werden („Je gewichtiger das gefährdete Rechtsgut ist, desto geringer dürfen als Voraussetzung eines rechtmäßigen Eingriffs die Anforderungen an die Wahrscheinlichkeit einer bevorstehenden Schädigung sein.“).[6] Nicht eindeutig determiniert sind meist ebenfalls Entscheidungen in sogenannten Dilemmasituationen, also Situationen, in denen jedwede der alternativ verfügbaren Entscheidungen zu Schäden führt. Der Umgang mit solchen Situationen wird gegenwärtig etwa im Hinblick auf autonomes Fahren diskutiert.[7]

---

[4] Dazu s. statt vieler *Hoffmann-Riem*, Innovation (2016), S. 38f.

[5] S. etwa *Kuntz*, Auslegung und Rechtsfortbildung (2015); *Seckelmann*, Algorithmenkompatibles Verwaltungsrecht (2021) sowie meine knappe Darstellung in: *Hoffmann-Riem*, Innovation (2016), S. 80ff. m.w.Hinw. Zu den grundsätzlichen Unterschieden von menschlicher und maschineller Entscheidungsrationalität mit besonderem Blick auf die Kontrolle und Akzeptanz künstlicher Intelligenz s. *Klimczak et al.*, Entscheidungsrationalität (2021).

[6] Etwa BVerwGE 143, 74, Rn. 26.

[7] Vgl. z.B. *Weber*, Dilemmasituationen (2016); Bundesministerium für Verkehr und digitale Infrastruktur, Ethik-Kommission (2017) unter https://www.bmvi.de/SharedDocs/DE/

Möglichkeiten der Standardisierung treffen auch auf Grenzen, soweit Normen von den Entscheidern individuell zu verantwortende, auch unter Einsatz subjektiver Faktoren zu treffende Entscheidungen erfordern, etwa hinsichtlich der Bewertung der Verletzung von Sorgfaltspflichten und darauf bezogener Schuldmaßstäbe (etwa Fahrlässigkeit) oder im Strafrecht bei der Entscheidung über das angemessene Strafmaß oder über Prognosen des Rückfallrisikos bei Straftätern.[8] Gleiches gilt für die Annahme, eine der Rechtsanwendung zugrunde zu legende Tatsache sei „wahr“: Insoweit kommt es auf die Überzeugung der Entscheider an (s. z.B. § 108 Abs. 1 VwGO), also auf eine unzweifelhaft subjektiv zu treffende Entscheidung.

Normen können auch mehrere, je für sich deutungsbedürftige Begriffe kombinieren. Auch sind Normen implizit auf die Systematik und ggf. einschlägigen Inhalte der übrigen Rechtsordnung bezogen, so dass auch durch das Zusammenspiel unterschiedlicher Normen Deutungsspielräume bedingt sein können.

Die Deutung des Inhalts/Sinns von Normen wird beeinflusst von vorangegangener Praxis, beim Recht auch durch deren Systematisierung etwa in juristischen Kommentaren[9] oder in der Rechtsdogmatik.[10] Die Anwendung von Recht ist auch abhängig von den Kontexten des jeweiligen Handelns und damit auch von den Rollen, den Fähigkeiten und Motiven der Handelnden sowie von deren persönlichen oder institutionenbezogenen Erfahrungen, Wertungen und implizitem Wissen. Das Verfahren und/oder das Ergebnis der Deutung und Anwendung im konkreten Fall können gegebenenfalls angegriffen werden, etwa durch Einlegung von Rechtsmitteln, so dass der maßgebende Normgehalt in den weiteren Verfahren nach Maßgabe auch weiterer Regeln korrigiert werden kann.

Im Laufe der Zeit sind Normen häufig ihrem Inhalt nach auch bei unveränderter Formulierung änderbar – etwa durch veränderte Auslegung oder durch Rechtsfortbildung.[11] Damit kann gegebenenfalls flexibel auf neue Probleme oder veränderte Rahmenbedingungen – insbesondere veränderte empirische und präskriptive Prämissen der rechtlichen Regelung[12] – oder auch auf erkannte Irrtümer bei früherer Rechtskonkretisierung reagiert werden.

Publikationen/DG/bericht-der-ethik-kommission.pdf?_blob=publicationFile, abgerufen am 07.10.2021.

[8] In den USA werden in mehreren Bundesstaaten zur Feststellung des Rückfallrisikos von Straftätern Algorithmen herangezogen, allerdings in den letzten Jahren vermehrt auch aufgrund ihrer dürftigen und voreingenommenen Prognosen kritisiert, vgl. *Angwin et al.*, Machine Bias (2016); *Duwe/Roque*, Recidivism Risk (2017); *Ritter*, Recidivism Risk (2013).

[9] Zur praktischen Bedeutung der Kommentarliteratur s. *Wolf*, Entscheidungsroutinen (2016).

[10] Dazu s. statt vieler *Brohm*, Dogmatik (1972); Stürner (Hrsg.), Rechtsdogmatik (2010); *Schmidt-Aßmann*, Verwaltungsrechtliche Dogmatik (2013); *Bumke*, Überlegungen (2014); *ders.*, Rechtsdogmatik (2017).

[11] Zu Rechtsfortbildung allgemein s. Juristische Fakultät der Universität Heidelberg (Hrsg.), Rechtsfortbildung (1986); Bumke (Hrsg.), Richterrecht (2012); *Volkmann*, Rechtsfortbildung (2016).

[12] Zu solchen Prämissen s. *Hoffmann-Riem*, Innovation (2016), S. 523 ff., 527 ff. m. w. Hinw.

Derartige Akte der Interpretation von abstrakt-generellen Rechtsnormen und deren im jeweiligen Anwendungsfall erfolgende Konkretisierung[13] als Entscheidungsnormen[14] sowie deren Anwendung in konkreten Fällen sind soziale Konstrukte.[15] Die Entstehung dieser Konstrukte ist kein beliebiges Spiel mit Sprache, sondern ein auf eine bestimmte Situation und Problemlage ausgerichteter und in die spezifischen Regelungsstrukturen des Rechts – dabei meist auch in ein bestimmtes institutionelles Gefüge – eingebetteter sozialer Akt. Sie erfolgt durch bestimmte Akteure (so Rechtsanwälte, Verwaltungsbeamte, Richter, selbstverständlich auch Privatpersonen), die ihrerseits in bestimmten organisatorischen und kulturellen Kontexten handeln.

Es gibt allerdings auch Normen ohne Deutungsspielräume, z.B. wenn der Wortlaut eindeutig ist, etwa weil ein bestimmter Sinn allgemein akzeptiert ist. Soweit aber von der Interpretationsoffenheit einer Rechtsnorm auszugehen ist, kann die Rechtsanwendung nicht als eine durch eindeutige Vorgaben determinierte oder gar als eine allein den Prinzipien formaler Logik folgende Subsumtion verstanden werden.[16] Die Rechtsanwendung ist Produkt sozialer Interaktion, sei es unter Anwesenden, sei es jedenfalls in Auseinandersetzung mit von anderen geschaffenen Präjudizien, Systematisierungen und Deutungsvorschlägen. Zwar enthalten die Rechtsnormen auf Bindung ausgerichtete Vorgaben für das Verfahren und Ergebnis der Rechtsanwendung. Normen können aber nur im Rahmen der Bindungsfähigkeit solcher Vorgaben binden. Soweit diese begrenzt ist, hängt ihr Inhalt von Deutungen im Zuge der Rechtsanwendung ab, die wiederum kontextbezogen erfolgt.

Insofern wird auch hier wichtig, dass die Norminterpretation und -anwendung regelhaft nicht allein durch Rechtsbegriffe und Deutungsregeln geprägt sind, sondern von weiteren Entscheidungsfaktoren beeinflusst werden – insbesondere vermittelt über die Erfahrungen und Wertorientierungen des handelnden Personals, für die betroffene Organisation bestehende Kompetenzen, das genutzte Verfahren und die verfügbaren Ressourcen. Auf das Ergebnis der Deutung kann auch die Heranziehung externer Expertise oder das Handeln im Kontext bestimmter Governancemodi (wie Markt, Verhandlung, Netzwerk) einwirken. Besonders wichtig sind prozedurale Vorgaben,[17] beispielsweise Vorkehrungen für rechtliches Gehör und andere Formen der Beteiligung (Partizi-

[13] Zur Aufgabe der Konkretisierung beim Umgang mit Recht s. *Hesse*, Grundzüge des Verfassungsrechts (2013), Rn. 274 ff.

[14] Zum Begriff der Entscheidungsnorm s. *Müller/Christensen*, Methodik (2013), Rn. 14, Rn. 233.

[15] Dazu näher *Hoffmann-Riem*, Innovation (2016), S. 57 ff., 79 ff. und passim m. w. Hinw.

[16] S. dazu *Hoffmann-Riem*, Außerjuridisches Wissen (2016), S. 12 ff. m. w. Hinw. S. auch – statt vieler – *Bryde*, Richterrecht (2015), S. 129: Die Gesetzesbindung vollzieht sich nicht in einem logischen Syllogismus.

[17] Zur gewachsenen Bedeutung der Prozeduralisierung für Interessenschutz s. die Hinweise bei *Hoffmann-Riem*, Innovation (2016), S. 382 ff.

pation), ferner Vorgaben für die Begründung/Rechtfertigung von Entscheidungen der Regelsetzung, -auslegung und -anwendung. Auch die vorausschauende Rücksichtnahme auf die mögliche Einlegung von Rechtsmitteln kann die Entscheidung beeinflussen

Soweit der Einsatz solcher Faktoren wie Personal, Organisation, Verfahren und Ressourcen rechtlich legitimiert ist, dürfen auch die über sie vermittelten Orientierungen auf die Interpretation und Anwendung von Recht einwirken. Auf diese Weise können etwa kulturelle Prägungen, persönliche Erfahrungen, Organisationskulturen, aber auch die Intuition/das Judiz und implizites Wissen der Akteure entscheidungserheblich werden, vielfach auch die Nutzung von Heuristiken.[18]

Soweit die Begriffe und die durch Begriffe umschriebenen Normen interpretationsoffen sind, werden die kontextbezogene Sinndeutung und damit die Zurichtung der Norm auf den jeweiligen Einzelfall erforderlich. Dies führt dazu, dass der Umgang mit Recht häufig durch Kontingenz geprägt ist: Zwar ist normativ ein begrenzender Korridor für rechtlich vertretbare Entscheidungen festgelegt; die Wahl zwischen möglichen Optionen in diesem Korridor hängt aber von weiteren Orientierungen und Abklärungen ab. Die Ergebnisse könnten vielfach auch anders ausfallen, ohne dass dies Ausdruck von Fehlerhaftigkeit oder gar Beliebigkeit sein muss.

C. Digitalisierte Regeln und deren Anwendung als soziotechnische Konstrukte

Diese Feststellungen beziehen sich auf die Anwendung rechtlicher Regeln für Entscheidungen durch natürliche Personen. Eine veränderte Problemlage ist gegeben, soweit Entscheidungen bzw. Teilentscheidungen vorrangig oder ausschließlich digital durch algorithmische Systeme getroffen werden. Die Entwicklung eines digitalisierten, insbesondere eines deterministisch arbeitenden Softwareprogramms und dessen Anwendung auf einen konkreten Rechtsfall erfolgen unter völlig anderen Kontextbedingungen als die Schaffung einer analogen Rechtsnorm und deren Auslegung und Anwendung im Einzelfall durch menschliche Entscheider.[19]

Digitale Algorithmen bzw. algorithmische Systeme als technische Regeln bedienen sich – wie schon erwähnt (§ 4 B) – einer spezifischen technischen, nicht textförmigen Sprache. Der dafür verwendete sogenannte Binärcode stellt Informationen durch Sequenzen von zwei verschiedenen Symbolen dar, etwa 1 und

---

[18] Zum Vorstehenden s. meine knappe Darstellung in: *Hoffmann-Riem*, Innovation (2016), §§ 7 E, 8, 9.

[19] Vgl. *Hoffmann-Riem*, Innovation (2016), S. 97 f. S. auch *Binns*, Analogies and disanalogies between machine-driven and human-driven legal judgement (2020).

0, die sich durch elektronische oder optische Signale abbilden lassen. Die Eindeutigkeit dieser Symbole und die Beschreibung und Programmierung vordefinierter Einzelschritte sind Voraussetzungen ihrer Verwendung in Computern.

Algorithmen sind nicht soziale Konstrukte, sondern technische. Allerdings werden die Algorithmen selbst – zumindest im Ausgangspunkt – von Menschen geschaffen.[20] Sie sind insofern soziale, in bestimmten Kontexten erarbeitete Konstrukte,[21] die aber mit dem Ziel gebildet werden, als technische Konstrukte einsetzbar zu sein. Die bei der Schaffung der Algorithmen verfolgten Zecke und maßgebend gewordenen Werte und Erfahrungen der Vergangenheit sowie die daraus gezogenen Folgerungen sind nunmehr dekontextualisiert in die Technologie eingeschrieben.

Wegen der Kombination technischer und sozialer Teilleistungen sind algorithmische Systeme als soziotechnische Konstrukte zu verstehen.[22] Dies gilt auch für hochentwickelte Algorithmen, die anschließend an die Programmierung selbst „lernen" und sich darauf aufbauend eigenständig weiter programmieren können (s. o. § 4 D).

Der menschliche Faktor scheidet für die Lösung eines konkreten Problems mit Hilfe von algorithmischen Systemen nur bei vollständig determinierten Entscheidungen aus. Dies ist beispielsweise nicht der Fall, soweit noch Informationen benötigt werden, die nicht technisch generiert, sondern von Menschen/ Organisationen als „Input" bereitgestellt werden. Insofern kann im konkreten Anwendungsvorgang auch eine gewisse Rekontextualisierung erfolgen, nämlich eine Konzentration auf die Lösung eines konkreten Problems mit spezifischen Kontexten. Die Verarbeitung der Inputs unter Nutzung der Algorithmen ist dann wieder ein ausschließlich technischer Vorgang.

Für die Anwendung übernimmt der in der Informatik so genannte „Agent" die Herrschaft. Softwareagenten „agieren", wenn sie Informationen aus der Umgebung erhalten und Aktionen ausführen.[23] Als „intelligent" werden solche Agenten bezeichnet, die autonom und asynchron (unabhängig von einer Eingabe durch den Menschen) arbeiten; sie müssen mehrere Grundvoraussetzungen aufweisen, darunter im Rahmen ihrer Möglichkeiten die kontextsensitive Wahrnehmung ihrer Umgebung, einen Mechanismus für das Schlussfolgern, die Möglichkeit zu zielgerichtetem Handeln und die Fähigkeit zur Kommunikation bzw. Kooperation, sei es untereinander oder mit Menschen.[24] Sie können auch Teile von sog. Multiagentensystemen (MAS) sein. Die Agenten kön-

---

[20] Zur Softwareentwicklung s. § 7.

[21] *Latour*, Science (2003). Zum Konzept der sozialen Konstruktion von Technologien s. statt vieler *Dommering*, Regulating Technology (2006), S. 3 ff.

[22] Näher *Schulz/Dankert*, Governance by Things (2016), Abschnitt II. 3. B.

[23] S. statt vieler *Russell/Norvig*, Künstliche Intelligenz (2012), S. 14, 25.

[24] Als „rationaler" Agent gilt einer, „der sich so verhält, dass er das beste Ergebnis erzielt, oder, falls es Unsicherheiten gibt, das beste erwartete Ergebnis", so *Russell/Norvig*, Künstliche Intelligenz (2012), S. 25.

nen unterschiedlich komplex sein, zum Beispiel lernfähig oder adaptiv. Solche Agenten sind zwar von Menschen geschaffen, können sich aber gegebenenfalls von ihrem „menschlichen Patron" emanzipieren und eigenständige Wege der Problemlösung finden und sich an veränderte Umstände anpassen.[25] [26] Zu menschlichem bzw. sozialem Handeln und dem Einsatz der bei der Regelanwendung durch Menschen nutzbaren „weichen" Entscheidungsfaktoren – wie implizitem Wissen, Intuition/Judiz, Alltagstheorien oder auch Empathie – sind sie allerdings (jedenfalls bisher) nicht befähigt.[27] Auch scheidet eine kollektive, gruppendynamisch geprägte Beratung oder das menschliche Aushandeln von kooperativen Lösungen aus. Dies kann allenfalls simuliert werden.

Der Einsatz von Algorithmen kann den Vorteil haben, dass bei menschlichem Verhalten nie auszuschließende, individuell ergänzend, aber verdeckt genutzte (darunter ggf. auch rechtlich unzulässige) Kriterien und Motive ausscheiden. Sind rechtlich unzulässige (etwa geschlechtsdiskriminierende) Kriterien allerdings in die Software eingebaut, werden sie in allen Anwendungsfällen folgenreich.

D. Automatisierte Entscheidungssysteme

Besondere Aufmerksamkeit verdienen algorithmische Systeme, durch die voll- oder teilautomatisierte Entscheidungen getroffen werden. Automated Decision Making (ADM) ist Gegenstand nicht nur wissenschaftlicher Diskurse, sondern findet auch die gesteigerte Aufmerksamkeit von Unternehmen und staatlichen Verwaltungen sowie von Entscheidungsträgern in der Politik.[28] [29] Darauf wird

[25] So *Hildebrandt*, Smart Technologies (2016), S. 22f.

[26] Besonders entwickelte Agenten – die sogenannten Complete Agents – können sogar außerhalb von Computersystemen „überleben", s. *Hildebrandt*, Smart Technologies (2016), S. 27.

[27] Sollte es – daran wird unter dem Stichwort Web 3.0 gegenwärtig gearbeitet (s. etwa *Weinberger*, Too Big [2013]; Pelegrini/Blumauer [Hrsg.], Semantic Web (2006); *Bunz*, Revolution, [2012]) – zukünftig gelingen, Computer zur Deutung des Sinns von Informationen einzusetzen (also Algorithmen für menschliche Bedeutungszuschreibungen zu generieren), käme dies zwar menschlichem Handeln näher. Es hätte aber dennoch eine andere Qualität als die auf sozialer Interaktion beruhende und/oder auf sie gerichtete sozial eingebundene Sinndeutung und Entscheidungsbildung durch Menschen.

[28] S. dazu die Analyse und die Länderberichte in: Algorithm Watch/Bertelsmann-Stiftung, Automating Society (2020), unter https://automatingsociety.algorithmwatch.org, abgerufen am 04.10.2021, mit vielen Länderberichten; *Zweig*, Transparenz und Kontrolle (2018). Insbesondere zu den damit verbundenen Risiken des Einbaus von Diskriminierung/Bias *Sanchez-Monedero/Dencik*, Automated decision systems (2018).

[29] Zu den Risiken formuliert beispielsweise *Ebers*, Regulierung (2020), Rn. 1: „Algorithmische Entscheidungssysteme können die Persönlichkeitsentfaltung des Einzelnen und seine Meinungs- und Informationsfreiheit beeinträchtigen, zu Diskriminierungen sowie zu einer Monopolisierung von Wissen und Marktmacht führen und unsere Demokratie gefährden. KI-Systeme weisen zudem ein nicht zu unterschätzendes Missbrauchspotenzial auf."

noch zurückzukommen sein (s. insbes. § 22). Von besonderer Bedeutung sind Antworten auf die Fragen von Transparenz, Fairness und Diskriminierungsfreiheit, aber auch nach der rechtsstaatlich verträglichen Entwicklung für die Automatisierung geeigneter Software (s. u. § 7). Dieses Thema ist insbesondere für den Einsatz automatisierter Vorgehensweisen beim Umgang mit Recht wichtig. Darauf wird noch verschiedentlich einzugehen sein.

E. Zur Unterscheidung algorithmenbasierter, -getriebener und -determinierter Entscheidungen

Algorithmen können für Entscheidungen in unterschiedlicher Weise genutzt werden. Um unterschiedliche Typen zu kennzeichnen, hat die von der Bundesregierung eingesetzte Datenethikkommission drei m. E. hilfreiche (wenn auch noch sehr grobe) Begriffe vorgeschlagen: algorithmenbasierte, algorithmengetriebene und algorithmendeterminierte Entscheidungen.[30] Diese können auch zur Kennzeichnung unterschiedlicher Arten des Einwirkens von algorithmischen Systemen auf rechtliche Entscheidungen herangezogen werden:

- Wird der menschliche Entscheidungsfindungsprozess nicht durch Algorithmen ersetzt, stützt sich dieser aber auf algorithmisch berechnete (Teil-)Informationen, lässt sich von *algorithmenbasierten* Entscheidungen sprechen. Hier behält der Mensch Entscheidungsmöglichkeiten, wird aber durch die digitale Unterstützung entlastet, aber gegebenenfalls auch dazu verführt, andere wichtige Dimensionen auszublenden.
- Zu erwähnen sind ferner *algorithmengetriebene* Entscheidungen, nämlich menschliche Entscheidungen, die durch die Ergebnisse algorithmischer Systeme in einer solchen Weise vorgeprägt werden, dass diese die tatsächlichen Entscheidungsspielräume der Menschen zumindest faktisch einschränken, aber nicht ausschließen. Dennoch besteht ein erhebliches Risiko, dass die Vorprägung der Entscheidung eine intensivere Überprüfung auch dort nicht entstehen lässt, wo es noch weitere Entscheidungsspielräume gibt.

Soweit demgegenüber der menschliche Einfluss – und damit auch eine „menschlich gefilterte" Verantwortung – ausscheidet und stattdessen teil- oder vollautomatisiert vorgegangen wird, schlägt der Entwurf den Begriff der *algorithmendeterminierten* Entscheidung vor

[30] Datenethikkommission, Gutachten (2019), S. 161. Eine terminologisch zum Teil abweichende, aber ähnlich konzipierte Kategorienbildung bei *Mund,* Freiheit (2020), S. 187 ff.

§ 6 Grenzen der Standardisierbarkeit rechtserheblicher Faktoren, illustriert am Beispiel der Vielfalt verwendbaren Wissens

Die für die Digitalisierung erforderliche Standardisierung der in die Software eingebetteten Entscheidungsfaktoren ist keine triviale Aufgabe. Dies soll hier am Beispiel des für die Arbeit mit dem Recht wichtigen Wissens, oder besser: der verschiedenen Arten von Wissen, gezeigt werden.

A. Begriffliche Vorbemerkung

Rechtsetzung, -auslegung und -anwendung sind auf Wissen unterschiedlicher Art angewiesen.[1] Dessen Generierung, Speicherung, Aggregation und Verarbeitung kann sehr voraussetzungsvoll sein. Unter B möchte ich illustrieren, wie vielfältig die Arten des Wissens sind, das für die Arbeit mit Recht wichtig sein kann. Es ist nicht selbstverständlich, dass alles erforderliche Wissen in Algorithmen als technische Regeln übersetzt werden kann.

Den Begriff des für die Arbeit mit dem Recht wichtigen Wissens verwende ich dabei in einem weiten, Informationen aller Art umfassenden Sinne. Solches Wissen umfasst – als Wissen im engeren Sinne – allerdings auch wissenschaftlich fundierte Informationen über einen Bestand von Erkenntnissen, der in dem jeweiligen sozialen Kontext der Generierung, Aneignung und Verwendung von Informationen aufgrund der angewandten wissenschaftlichen Methoden, Deutungsmuster und Verwendungserfahrungen als intersubjektiv nachvollziehbar bzw. hinreichend bewährt angesehen wird. Bei der Arbeit mit dem Recht ist aber keineswegs nur wissenschaftlich fundiertes Wissen wichtig.[2] Auch Informationen anderer Art als wissenschaftliches Wissen sind verwendbar und regelmäßig unverzichtbar für den Umgang mit Recht. Dabei kann es sich etwa um auf eigener persönlicher Erfahrung beruhende Einsichten oder um eine unter Einsatz von Heuristik[3] (als Strategie einer Problemlösung) gewonnene Annah-

[1] Dazu s. statt vieler die Beiträge in: L. Münkler (Hrsg.), Dimensionen des Wissens (2019); Schuppert/Voßkuhle (Hrsg.), Wissen (2008).

[2] Dazu *Hoffmann-Riem*, Außerjuridisches Wissen (2016).

[3] Zur Heuristik s. *Kahnemann*, Schnelles Denken, langsames Denken (2014); *Gigerenzer*,

men handeln. Sie können relativ ungeordnet oder für spezifische Zwecke geordnet, verknüpft und systematisch bewertet sein, dies auch mit Hilfe der Nutzung digitaler Techniken. Aber auch die nicht systematisch ausgewerteten oder spezifisch geordneten Informationen über konkrete Vorfälle, Beobachtungen u.a. sind für den Umgang mit Recht wichtig, auch als Inputs für digitale Entscheidungsfindung.

Im Folgenden möchte ich unterschiedliche Dimensionen des Wissens herausarbeiten, die bei der Arbeit mit dem Recht, hier speziell der Anwendung von Recht als Basis von Entscheidungen in konkreten Fällen, wichtig sind. Dabei sollte bei allen Kategorien mitgedacht werden, dass auch die Art des Umgangs mit Nichtwissen für Entscheidungen wichtig ist.[4]

B. Grenzen der Verfügbarkeit standardisierten/ standardisierbaren Wissens

Die Generierung, Speicherung, Aggregation und Verarbeitung von Wissen kann sehr voraussetzungsvoll sein. Im Folgenden möchte ich illustrieren, wie vielfältig die Arten des Wissens sind, hier solche, die für die Arbeit mit dem Recht wichtig sein können. Dies geschieht vor dem Hintergrund der Notwendigkeit, auch in dieser Untersuchung häufiger zu fragen, ob und wieweit das für den Umgang mit Recht erforderliche Wissen in technische Regeln übersetzt werden kann.

Es folgt der Versuch einer Systematisierung der bei dem Umgang mit Recht wichtigen Wissensarten.

- *Textbezogenes Normwissen*: Wissen über Rechtsgrundlagen (insbesondere Normtexte, aber auch Präjudizien) und deren Bedeutung/Sinn;
- *Normbezogenes Meta-Wissen:* Wissen über die Methodik der Auslegung und Anwendung von Recht, über Rechtsdogmatik, Rechtstheorien oder über den Umgang mit Präjudizien;
- *Realbereichswissen*: Wissen über die technologische, ökonomische, politische, kulturelle, ökologische u.ä. Realität, die bei der Normsetzung prägend war und auf den Inhalt eingewirkt hat und Wissen darüber, ob und wie sie sich im Laufe der Zeit verändert hat. Ich nenne diesen normativ erheblichen

Heuristics (2006), S. 17ff. Zu ihrer Bedeutung im Recht s. auch *Hoffmann-Riem*, Innovation (2016), S. 307ff. Kritisch zum Einsatz von Heuristiken durch Richter *Risse,* Homo iuridicus (2018).

[4] Zu letzterem s. *Beck*, Weltrisikogesellschaft (2007), S. 21. Er meint sogar, das Reden von der Wissensgesellschaft sei euphorisch; es liege näher, von einer Nichtwissens-Gesellschaft zu sprechen; s.a. *Hoffmann-Riem,* Wissen als Risiko (2009); *Wehling*, Ambivalenz des Nicht-Gewussten (2013); *Grosche*, (Nicht-)Wissen (2019), S. 27ff.; *Broemel,* Wissensgenerierung (2019), S. 139, 142ff.

Realitätsausschnitt den Realbereich der Norm.[5] Dieser Realbereich ist – gegebenenfalls mit dem im Laufe der Zeit gewandeltem Gehalt – Bezugspunkt des Regelungsprogramms der Norm und insofern ihr Bestandteil; ein Wandel im Realbereich kann daher auch zur Veränderung des Normgehalts führen;[6]

- *Sachverhaltswissen*: Wissen über die bei der Anwendung von Recht im Einzelfall – etwa einem Rechtskonflikt – maßgebenden Tatsachen und zu dessen Erfassung; Wissen über den Umgang mit Beweismitteln sowie die Nutzung von Beweislastregeln;
- *Folgenwissen/Prognosewissen*: Wissen über verfügbare Entscheidungsformen und -inhalte (Output-Wissen); Wissen über normativ legitimierte Mikrofolgen des Entscheidens oder Nicht-Entscheidens für Betroffene (Impact-Wissen), aber auch Wissen über mögliche darüber hinaus reichende, normativ legitimierte oder nicht legitimierte Makrofolgen für die Gesellschaft (Outcome-Wissen)[7]. Bedeutsam ist auch Wissen über die Grundlagen der Folgeneinschätzung und über den Grad der Wahrscheinlichkeit des Eintritts solcher Folgen;
- *Kontextwissen*: Wissen über die konkreten Umstände und die gesellschaftlichen und politischen Zusammenhänge, in die der Umgang mit Recht im Anwendungsfall eingebettet ist und Wissen darüber, wieweit und wie sie auf die Rechtsverwirklichung einwirken können.
- *Entscheidungswissen*: Wissen über die Art der Erheblichkeit und Wirkungskraft der für die Herstellung der Entscheidung prägenden unterschiedlichen Faktoren, insbesondere in Gestalt von vier Unterfällen:
- *Unterfall Verfahrenswissen*: Wissen über prozedurale Vorgaben und Möglichkeiten sowie über möglichst erfolgversprechende (formelle, aber auch informelle) Vorgehensweisen;
- *Unterfall Organisationswissen*: Wissen über Kompetenzen und Strukturen der die Entscheidung treffenden oder an ihr nur mitwirkenden Organisation(en);
- *Unterfall Ressourcenwissen*: Wissen über verfügbare Ressourcen (insbesondere Zeit, Finanzen, Personal, Technologie) und die Art ihrer Einsatzbarkeit und Wirkungskraft;
- *Unterfall Kooperationswissen:* Wissen über Möglichkeiten oder Pflichten zur Kooperation mehrerer beim Umgang mit Recht, etwa über das Zusammenwirken hoheitlicher und privater Akteure (z.B. im Felde „regulierter Selbstregulierung“);

---

[5] Näher zu dieser Konzeption des Realbereichs s. *Hoffmann-Riem*, Innovation (2016), S. 113ff.

[6] S. etwa *Fateh-Moghadam*, Innovationsverantwortung (2019).

[7] Zu diesen Begriffen s.u. § 8 D.

- *Regulierungstechnisches Wissen/Steuerungswissen*: Wissen über verfügbare Steuerungsinstrumente und über die Möglichkeiten und Schwierigkeiten der Sicherung ihrer Bewirkungstauglichkeit;
- *Begründungswissen*: Wissen über die bei der Herstellung einer Entscheidung maßgebenden, möglichst rechtlich legitimierten Gründe und über die Notwendigkeit und Möglichkeit der Darstellung der Rechtfertigung der Entscheidung als rechtmäßig und sachrichtig;[8]
- *Implementationswissen*: Wissen über die Um- und Durchsetzung, insbesondere über die Chancen der Befolgung einer Entscheidung und über die Wirksamkeit von Sanktionen;
- *Lernwissen*: Verarbeitung der aus Anlass von Entscheidungen und kritischen Reflexionen gewonnenen Erfahrungen für zukünftiges Entscheiden, darunter auch Auswertungen etwa in Statistiken oder Dokumentationen in Datenbanken usw. („Wissensvorsorge").

Um Wissen einsetzen zu können, muss es den Wissensverwendern verfügbar sein. Es kann von ihnen selbst generiert oder durch kommunikative Vermittlung zugänglich gemacht und dann von ihnen angeeignet worden sein. Soweit es in digitaler Form verfügbar ist – etwa in Datenbanken – kann auch darauf zurückgegriffen werden. Soweit Entscheidungen durch algorithmische Systeme getroffen werden, ist Wissen verfügbar und nutzbar, soweit es schon in die digitalen Regeln eingeschrieben und nicht zwischenzeitlich überholt ist.

Soweit Wissen nur in analoger Form zugänglich ist, aber in eine digital getroffene Entscheidung einfließen soll, muss es in digitale Algorithmen übersetzt werden.

Soll Wissen verantwortungsvoll eingesetzt werden, müssen die Annahmen gegebenenfalls auf Richtigkeit und Verwendungstauglichkeit überprüft werden. Die Generierung, Aneignung, Aggregierung und Prüfung von Wissen sowie dessen Verwendung kann durch menschliches Handeln erfolgen, sich aber ergänzend und vielfach ersetzend digitaler Techniken bedienen. Digitale Techniken werden u.a. genutzt, um Wissen zu erheben, zu verarbeiten, zu systematisieren und neues Wissen zu generieren (Letzteres etwa durch Mustererkennung).

Im Zuge menschlichen Handelns können je spezifische Wissenskulturen, darunter auch spezifische Kulturen des Umgangs mit Nichtwissen, maßgebend werden. Derartige Kulturen sind auch im Bereich der Rechtswissenschaft und Rechtspraxis bedeutsam,[9] gegebenenfalls mit Unterschieden je nach den besonderen Berufsrollen der Akteure. Kulturen im Umgang mit Wissen können durch die Wertehaushalte der Beteiligten, vorherige Erfahrungen, die Sozialisa-

---

[8] Zum Unterschied von Rechtmäßigkeit und Sachrichtigkeit s. *Hoffmann-Riem*, Innovation (2016), S. 93ff.

[9] Zu prägenden Faktoren s. etwa *Kuntz*, Proprium der Rechtswissenschaft (2019), S. 274ff.

tion der handelnden Personen, soziale Praktiken, Deutungsmuster und vieles andere mehr geprägt sein. Verwendbar ist es aber nur, soweit es den Vorgaben (etwa der Diskriminierungsfreiheit) gerecht wird. Wichtig für den Umgang mit Recht sind auch die verfügbaren speziellen Handlungskompetenzen (Sachkompetenz, Methodenkompetenz, Sozialkompetenz, aber auch personenspezifische Kompetenzen, etwa die persönliche Einstellung, Werteorientierung und Motivation). Dies illustriert, dass rechtserhebliches Wissen vielfach nicht als schlicht Feststehendes abgerufen werden kann. Auch insofern bedarf es einer Konkretisierung des Rechts in je spezifischen Handlungskontexten.

Der auf die Konkretisierung von Rechtsnormen auch durch Verarbeitung unterschiedlicher Arten von Wissen bezogene Auftrag bezieht sich – oder bezog sich jedenfalls herkömmlich – auf menschliches Handeln. Allerdings ergeben sich Unterschiede, je nachdem ob Menschen allein oder zusammen mit anderen entscheiden, ob (menschengemachte) digitale algorithmische Systeme rechtliche Regeln implementieren oder ob Mensch und Maschine Entscheidungen in Kooperation treffen. Diese Unterschiede wirken sich auch darauf aus, ob und wieweit die jeweils für die Entscheidung wichtigen Arten von Wissen genutzt werden können und dürfen.

Beim Einsatz algorithmischer Systeme besteht ein großer Vorteil, soweit sie auf digitalisiert verfügbares Wissen zugreifen und es mit den vielfältigen Möglichkeiten der digitalen Selektion, Auswertung und Nutzung erfassen und einsetzen können. Dies kann (muss aber nicht) beispielsweise für Realbereichs- und Prognosewissen, aber auch für regulierungstechnisches Wissen oder Implementationswissen der Fall sein. Für andere Arten des Wissens kann es aber Grenzen seiner Digitalisierung geben. Dies bedarf jeweils der Prüfung.

§ 7 Zu Vorgehensweisen bei der Softwareentwicklung

Ich habe bisher von Algorithmen bzw. algorithmischen Systemen gesprochen und angedeutet, dass sie in Gestalt von Software als Regeln für digitale Entscheidungen genutzt werden. Diese Software bedarf zunächst der Entwicklung. Dies geschieht grundsätzlich unter Mitwirkung von Menschen. Mein Thema ist daher jetzt der Prozess der Entwicklung von praktisch einsetzbarer Software, also der nicht-physischen Komponenten eines computergestützten Systems. Die folgenden Ausführungen gelten nicht allgemein der Entwicklung digitaler Software für die je unterschiedlichen Felder der digitalen Transformation, sondern der Aufgabe, digitale Entscheidungsprogramme für den Einsatz in rechtserheblichen Handlungsfeldern verfügbar zu haben, insbesondere für automatisierte oder teilautomatisierte Entscheidungen. Ich beschreibe nicht etwa die Softwareentwicklung in Hochtechnologieclustern wie etwa Silicon Valley und anderen Kreativitätsökologien.[1]

Es geht im Folgenden um die „Governance of Algorithms", also um den Prozess, die Methoden und die Rahmenbedingungen der Softwareentwicklung, nicht um die Art und Weise der Anwendung von Algorithmen, etwa zur Einflussnahme auf Verhalten (die so genannte „Governance by Algorithms") (s.u. § 8 C).

A. Anforderungen an die und Praxis der Softwareentwicklung

Die Bereitstellung einer auf die Erfüllung bestimmter Aufgaben hin ausgerichteten Software ist regelmäßig in relativ komplexe Softwareentwicklungsprozesse eingebunden.[2] Solche Entwicklungsprozesse dienen der Herausarbeitung der Anforderungen, die durch das konkrete Problem bedingt sind, und der Möglichkeiten seiner Bewältigung.[3] Es geht um die möglichst genaue Erfassung der konkreten Aufgabe, die Konzeption der Softwarearchitektur, die dafür geeig-

---

[1] Zu ihnen s. etwa *Vesting*, Homo Digitalis (2021), S. 184 ff., 203 ff.

[2] Dazu s. *Pfeifer/Schmitt*, Qualitätsmanagement (2014).

[3] Illustrativ zu den dabei in Unternehmen möglichen unterschiedlichen Orientierungen *Johnson/Mitchell*, Innovation im analytischen Ökosystem (2021), https://www.bigdata-insider.de/innovation-im-analytischen-oekosystem-a-996291/?cmp=nl-274&uuid=42E805A4-28DB-4E87-8FA0-E532D862267C, abgerufen am 04.10.2021.

neten Methoden, die Entscheidung über den Lebenszyklus der Daten, die EDV-technische Realisierung durch Codierung, die Einfügung der Software in schon vorhandene Systeme, den praktischen Einsatz der Software (insbesondere Möglichkeiten eines effizienten Datenmanagements) und gegebenenfalls die Wartung sowie die Revision nach Erfahrungen im Test- oder Echtbetrieb. An solchen Aufgaben sind regelmäßig unterschiedliche Akteure und meist auch größere Teams beteiligt, darunter insbesondere spezifisch ausgebildete Softwareentwickler bzw. Programmierer. An der Softwareentwicklung wirken häufig auch dafür nicht professionell ausgebildete Personen mit, die ihre Qualifikation durch Praxis gewonnen haben.

Die Softwareentwicklung erfolgt üblicherweise nicht eigenständig durch die Unternehmen bzw. die staatlichen Institutionen, die sie anwenden wollen, sondern im Wesentlichen oder häufig gar ausschließlich durch spezialisierte externe Entwickler. Es gibt eine Vielzahl von privatwirtschaftlichen Unternehmen, von denen fertig produzierte Software (Standardsoftware oder branchenspezifische Software) erworben werden kann. Auch kann an Unternehmen der Auftrag zur Anpassung vorgefertigter Software an spezifische Bedürfnisse der Rechtsanwender erteilt werden, damit sie möglichst passgenau einsetzbar sind.[4]

Zu den weltweit tätigen Softwareanbietern gehören US-Unternehmen wie Microsoft, IBM Oracle u. a., aber auch europäische wie SAP (mit diesen Worten kennzeichnet das Unternehmen die „Systeme, Anwendungen, Produkte", die am Anfang seiner Entwicklung bestimmend waren und weiterhin sind) oder die „Software AG Deutschland", ebenso die britische Sage Group. Daneben gibt es eine Vielzahl auch mittelständischer oder kleinerer, zum Teil sehr spezialisierter Softwareentwickler. Zu erwähnen sind ferner Unternehmen, die für die Endnutzer Dienstleistungen im Zuge der Softwareanwendung erbringen (Anpassung von erworbener Software an die spezifischen Bedürfnisse eines Unternehmens, Durchführung von Tests, Fehlerkorrektur, Aktualisierung der Programme, Wartung u. a.).

Die Softwareentwicklung ist keineswegs ein rein technischer – oder gar ein neutraler – Akt,[5] sondern eine Maßnahme auch sozialer Gestaltung, für die Leistungsanforderungen ermittelt sowie Ziele und Wertungen verarbeitet werden. Sie kann sich an früheren Erfahrungen, eingetretenen Folgen oder neuen Konzepten orientieren und auf die spezifische Aufgabe ausgerichtet sein und dafür besondere Selektionen erfordern. Für viele Bereiche der Softwareentwicklung gibt es praktizierte Standards und technische Normierungen.

---

[4] Datenschutzrechtlich handelt es sich hierbei weitgehend um Auftragsverarbeitung, deren datenschutzrechtliche Anforderungen in der DSGVO näher umschrieben sind, s. Art. 4 Nr. 8, 24 ff. DSGVO.

[5] Dass Technologie niemals neutral ist, betonen beispielsweise *Koops*, Normative Technology (2008), S. 157; *Leenes*, Techno-Regulation (2012), S. 144.

Viele der auf die Entwicklung algorithmischer Systeme einwirkenden Faktoren sind nicht rechtsförmig und müssen es auch nicht sein. Mit der hier besonders untersuchten Softwareentwicklung für den Einsatz in rechtlichen Handlungsfeldern sind im Übrigen keineswegs immer oder gar nur Juristen befasst. Beteiligt sind insbesondere – regelmäßig – spezialisierte IT-Experten. Auch ist der Programmierungsvorgang – also das Verfahren – in der Regel nicht rechtlich geregelt: Insofern gibt es im Regelfall keine speziell auf die Entwicklung der Software oder den Erwerb von Software bei Dritten bezogenen gesetzlich fundierten Verfahrensvorgaben oder spezifische rechtlich vorgesehene Anforderungen. Dies ist ein Problem, das in der Rechtswissenschaft m. W. noch nicht hinreichend problematisiert und mit konstruktiven Vorschlägen bearbeitet worden ist.[6]

Nicht durch Recht, jedenfalls nicht durch speziell darauf ausgerichtetes hoheitliches Recht (eventuell aber durch vertraglich vereinbartes Recht), wird gesteuert, wie die Software entwickelt wird. Es ist nirgendwo in allgemein verbindlicher Weise – wohl aber häufig vertraglich in dem konkreten Auftrag an externe Entwickler – geregelt, welche Maximen und welche Kriterien die Entwickler zugrunde zu legen haben oder welche Selektivitäten sie einbauen sollen.[7] [8]

Allerdings sind bei der Softwareentwicklung selbstverständlich die rechtlichen Vorgaben zu beachten, die im Hinblick auf die mithilfe der Algorithmen zu lösenden Probleme allgemein bestehen, aber natürlich auch die für das konkrete Problemfeld speziell maßgebenden Vorschriften. Betroffen sind beispielsweise datenschutz- oder urheberrechtsbezogene Vorgaben.[9] Um Beachtung in automatisierten Entscheidungen zu finden, müssen sie in die für die Entscheidung vorgesehene Software – in deren Struktur und Einzelausgestaltung – integriert („eingebettet") werden. Allerdings ist die Vorgehensweise und dabei die Einhaltung der rechtlichen Vorgaben angesichts der regelhaft fehlenden Transparenz durch Dritte schwer zu kontrollieren.

Die vorstehenden Darlegungen beziehen sich nicht nur auf unternehmerisches Handeln, sondern grundsätzlich auch auf das Vorgehen, wenn staatliche Einrichtungen eigenständig Software entwickeln oder – wie es weitgehend üblich ist – schon produzierte Software einsetzen. Auch hierfür gibt es durchgängig keine besonderen rechtlichen Vorgaben. Dass z. T. ein Bedarf an näheren

[6] Zur Vertiefung und insbesondere zur Illustration der vielen – hier nicht näher behandelten – Einzelprobleme des Transfers von Normen in Algorithmen (dort im Bereich des Verwaltungshandelns) s. *Britz/Eifert*, Digitale Verwaltung (2022), Rn. 106 ff.

[7] Vgl. dazu die Fallstudien von *Kesan/Shah*, Deconstructing Code (2003/2004).

[8] So wird beispielsweise gefordert, hierfür eine besondere Ethik zu entwickeln – vgl. etwa mehrere Artikel in: Himma/Tavani (Hrsg.), Handbook (2008).

[9] Art. 25 EU-DSGVO betrifft beispielsweise die Aufgabe, datenschutzrechtliche Vorgaben auch durch Technikgestaltung und datenschutzfreundliche Voreinstellungen umzusetzen. Dazu s. *Hunzinger*, Datenschutz (2016).

Regelungen gesehen wird, zeigt für den Bereich der schon stark digitalisierten Steuerverwaltung das „Gesetz über die Koordinierung der Entwicklung und des Einsatzes neuer Software der Steuerverwaltung (KONSENS-Gesetz, KONSENS-G)" aus dem Jahre 2017. § 1 beschreibt seinen Anwendungsbereich wie folgt:

„(1) Zur erheblichen Verbesserung oder Erleichterung des gleichmäßigen Vollzugs der von den Ländern im Auftrag des Bundes verwalteten Steuern wirken Bund und Länder beim einheitlichen Einsatz von IT-Verfahren und Software sowie ihrer einheitlichen Entwicklung zusammen. Der Gegenstand sowie die Art und Weise des Zusammenwirkens werden durch dieses Gesetz geregelt. (2) Das Zusammenwirken nach Abs. 1 umfasst die Planung, Beschaffung, Entwicklung sowie den Einsatz, die Pflege und Wartung der einheitlichen IT-Verfahren und der einheitlichen Software."

Wollen staatliche Behörden für ihr digitales Handeln Software erwerben oder auf ihre spezifischen Aufgaben anpassen oder dafür speziell entwickeln lassen, ist das für ihr Handeln maßgebende Recht zu nutzen. So ist das Vergaberecht zu beachten – mit der Folge, dass grundsätzlich Ausschreibungen erforderlich werden und daher die Kostengünstigkeit des Angebots neben seiner Tauglichkeit für die spezifische Aufgabe einen zentralen Auswahlgesichtspunkt darstellt. Da viele staatliche Verwaltungen sowie die Gerichte nur begrenzt über eigene IT-Experten verfügen, sind sie weitgehend darauf angewiesen, darauf zu vertrauen, dass die angebotenen softwarebezogenen Fremdleistungen angemessen sind. Allerdings wächst das eigene Know-how in Behörden und der Justiz gegenwärtig relativ schnell.

Nach allem ist gleichwohl nicht gesichert, dass bei der Softwareentwicklung und -anwendung alle für staatlichen Stellen geltenden Vorgaben berücksichtigt wurden. Es ist auch von den Anwendern wegen des Black-Box-Charakters vieler algorithmischer Systeme nicht leicht überprüfbar, wo gegebenenfalls rechtliche Defizite bestehen. Dies gilt erst recht, wenn – wie es häufig geschieht – Programme erworben werden, die für unterschiedliche, darunter auch staatsunabhängige, Zwecke konzipiert worden sind. Werden fremd erstellte Programme im Laufe der Zeit einem Upgrade oder sonstigen Änderungen unterzogen oder handelt es sich um lernende Systeme, können sich Verbesserungen, aber auch neue Defizite ergeben, sodass es grundsätzlich erforderlich ist, dass die das Programm anwendende staatliche Stelle die weitere Vereinbarkeit mit den Vorgaben für den Einsatz dieser Software überprüft oder überprüfen lässt. Gleiches gilt selbstverständlich für den Umgang mit Software in Unternehmen.

Sowohl für die Klärung, ob die entwickelte Software für die beabsichtigten Zwecke geeignet ist als auch für die Klärung, ob sie dies im Laufe der Anwendung bleibt, ist das Algorithm Auditing[10] wichtig. Dabei sind zu klären:

---

[10] Näher dazu *Koshiyana et al.*, Algorithm-Auditing (2021), insbes. S. 8ff.

- ob das algorithmische System wie erwartet arbeitet (korrekt, sicher, zuverlässig) und im Laufe der Anwendung auch weiter dieser Anforderung gerecht wird;
- ob es sichert, dass die Ergebnisse bzw. getroffenen Entscheidungen verstehbar bzw. erklärbar sind;
- dass Diskriminierungen bzw. unfaire Behandlungsweisen ausgeschlossen sind;
- dass die Anforderungen an die Verwertung von Daten eingehalten werden (Schutz informationeller Selbstbestimmung, Zweckbindung, Datenminimierung, Datensicherheit).

Letztlich geht es darum, die mit dem Einsatz algorithmischer Systeme erwarteten Leistungen zu erreichen und dabei die Beachtung auch von „weichen" Anforderungen (wie Verantwortungsklarheit, Transparenz, Fairness, Diskriminierungsfreiheit, Verlässlichkeit, Sicherheit u.a.) von Anfang an, aber auch im Laufe des Anwendungszeitraums zu sichern. Das ist schon allgemein keine triviale Aufgabe. Sie erfordert die Fähigkeit zur Beachtung gegebenenfalls sehr komplexer rechtlicher Anforderungen. Diese ergeben sich nicht allein aus Normtexten, sondern aus weiteren Steuerungsfaktoren der Rechtsanwendung (s. § 5 A und passim).

B. Insbesondere: Zum Zusammenwirken von Bund und Ländern beim Aufbau und Betrieb informationstechnischer Systeme infolge von Art. 91c GG

Es gibt besondere Institutionen zur Unterstützung der Digitalisierung, insbesondere bei der Entwicklung des E-Government und damit auch bei den Entwicklung und dem Austausch von Software.[11] Der Bund und die Länder haben durch den im Jahre 2020 geschlossenen IT-Staatvertrag[12] auf der Grundlage des nach Maßgabe von und zur Umsetzung des Art. 91c GG (der Ermächtigung und Verpflichtung zum Aufbau und zum Betrieb informationstechnischer Systeme in Gestalt einer Mischverwaltung durch Bund und Länder) eine Anstalt des öffentlichen Rechts – die FITKO (Föderale IT-Kooperation) – gegründet. Diese soll den IT-Planungsrat[13] bei der Digitalisierung der Verwaltung und der

[11] Zu dieser und anderen Formen der Kooperation zwischen Bund und Ländern, aber auch mit EU-Institutionen s. *Britz/Eifert*, Digitale Verwaltung (2022), Rn. 148ff., 159ff., 167ff.

[12] Der IT-Staatsvertrag wurde 2010 ursprünglich als „Grundlage für ein neues System der Bund-Länder-IT-Koordinierung" geschlossen. Zum 01.10.2019 ist der „Erste Staatsvertrag zur Änderung des Vertrages über die Errichtung des IT-Planungsrats und über die Grundlagen der Zusammenarbeit beim Einsatz der Informationstechnologie in den Verwaltungen von Bund und Ländern" in Kraft getreten.

[13] Zu ihm s. *Lühr*, IT-Planungsrat (2020); *Britz/Eifert*, Digitale Verwaltung (2022), Rn. 169ff.

Entwicklung föderaler IT-Strukturen und dafür geeigneter Standards unterstützen. Zur Aufgabe der FITKO gehört insbesondere die auch operative Steuerung von Projekten. Ziel ist die Unterstützung der Verwaltungsdigitalisierung auf der Ebene des Bundes und der Länder, insbesondere durch Entwicklung von Standardsoftware und der Mitwirkung an spezifisch gestalteter Software. Zu erwähnen ist ferner die Koordinierungsstelle für IT-Standards (KoSIT), die den Planungsrat ebenfalls bei dessen Aufgaben unterstützt. Sie soll insbesondere fachunabhängige und fachübergreifende IT-Interoperabilitätsstandards und IT-Sicherheitsstandards für die Steuerung von Bund-Länder-übergreifenden E-Government-Projekten entwickeln.

Hervorzuheben sind auch hoheitlich geschaffene Informations- und Kommunikationsdienstleister, wie beispielsweise die durch einen Staatsvertrag norddeutscher Länder geschaffene Anstalt des öffentlichen Rechts „Dataport".[14] Ausgangspunkt ist der zwischen Schleswig-Holstein und Hamburg geschlossene Dataport-Staatsvertrag, dem zwischenzeitlich weitere Bundesländer beigetreten sind. Dataport betreibt nicht nur Rechenzentren und Informationsinfrastrukturen, sondern bietet für die öffentliche Verwaltung neben der Entwicklung von Standards auch die Installation von Software und die Wartung der Hardware für die jeweiligen Arbeitsplätze an. Auch überprüft Dataport die Tauglichkeit fremdproduzierter Software für die betroffene öffentliche Verwaltung. Dabei arbeitet Dataport zunehmend unter Nutzung von so genannter freier Software.[15]

Einrichtungen wie die eben erwähnten sind Ausdruck des Bemühens der staatlichen Seite, die Digitalisierung möglichst eigenständig und zugleich effizient und effektiv durchzuführen.[16] Ziel ist es, die eigenen Digitalkompetenzen auszubauen und dadurch auch weniger von externen Unternehmern abhängig zu sein. Es geht um das Anliegen, digital kommunikations- und handlungsfähig zu sein und insbesondere einem Kontrollverlust bei der Nutzung von Algorithmen und digitaler Kommunikation durch staatliche Instanzen und in der Kommunikation zwischen Bürgern sowie Hoheitsträgern vorzubeugen. Ziel ist es auch, angesichts der Herausforderungen der digitalen Transformation die Maß-

---

[14] Dazu s. *Bizer*, Digitale Souveränität (2019), S. 19ff.

[15] Zu ihr s. Free Software Foundation Europe, die eine Definition der „Freien Software" basierend auf vier Freiheiten (Verwenden, Verstehen, Verbreiten, Verbessern) entwickelt hat, unter https://fsfe.org/freesoftware/, abgerufen am 22.07.2021.

[16] Für dieses Vorhaben wird von *Bizer* als Ziel das der „digitalen Souveränität" benannt. S. *Bizer*, Digitale Souveränität (2019), insbes. S. 19ff. Angemerkt sei hier, dass der Begriff der digitalen Souveränität auch in anderen Kontexten genutzt wird, so von den Organen der Europäischen Union und von anderen europäischen Staaten als Kennzeichnung der Aufgabe, eine leistungsfähige Digitalwirtschaft der EU aufzubauen und auch international unabhängig zu sein, insbesondere im Verhältnis zu den USA und China. Zu unterschiedlichen Dimensionen der Verwendung des Begriffs der digitalen Souveränität s. *Peuker*, Verfassungswandel (2020), S. 192ff.

geblichkeit rechtlicher Vorgaben, insbesondere verfassungsrechtlicher Prinzipien wie denen des Rechtsstaats und der Demokratie, zu wahren, aber auch zur Gewährleistung der Funktionsfähigkeit gesellschaftlich wichtiger Infrastrukturen und der IT-Sicherheit beizutragen.

§ 8 Felder besonderer Aufmerksamkeit beim Umgang mit der digitalen Transformation

Im Folgenden gehe ich auf besondere Rahmenbedingungen ein, die die gegenwärtigen Einsatzmöglichkeiten digitaler Techniken prägen und Schwierigkeiten rechtlicher Gestaltung bedingen können. Die Darstellung ist wiederum auf eine Auswahl begrenzt.

A. Zur wachsenden Verbindung der physischen und der virtuellen Welt

Nicht nur der Umgang mit Daten, sondern die Wirkungsweise algorithmischer Systeme allgemein sind keineswegs auf die virtuelle Ebene beschränkt. Die neuen Technologien durchdringen vielmehr vermehrt den physischen Raum der Gesellschaft. Die Digitalisierung erlaubt technisch – ggf. begrenzt durch rechtliche Restriktionen – die Ausforschung der netzgebundenen digitalen Kommunikation und damit auch die Überwachung privater und öffentlicher Räume im Online-Leben. Erwähnt seien insoweit Techniken der Videoüberwachung, der Gesichtserkennung, der Ausdrucksanalyse und der Bewegungsdeutung – die vielfach unter Nutzung der Technik der Mustererkennung erfolgen. Digitalen Zugang zum Online-Verhalten ermöglicht auch das Internet der Dinge,[1] etwa bei der Abwicklung alltäglicher Vorgänge beim Einsatz von Apps als Alltagshelfern, bei der Nutzung „smarter" Gebrauchsgegenstände oder bei der Steuerung wirtschaftlicher Abläufe, so bei der algorithmengesteuerten Distribution von Gütern. Ein anderes Beispielfeld ist die Entwicklung und Anwendung cyberphysischer Systeme für die Produktion (Stichwort „Industrie 4.0) (s.o. § 4 G). Die zunehmende digitalisierte Verbindung zwischen Personen, Prozessen, Daten und Dingen ist sogar Anlass geworden, vom „Internet of Everything" zu sprechen – ein Begriff, der eine Umgebung beschreiben soll, in der alles mit allem kommuniziert. Die Allgegenwart einer digitalisierten Umwelt, die für die Menschen mit- und vorausdenkt, wird auch als „Umgebungsintelligenz" (Ambient Intelligence) bezeichnet.[2]

---

[1] Zu ihm s. statt vieler die Beiträge in: Taeger (Hrsg.), Internet der Dinge (2015).

[2] Zum Vorstehenden s. statt vieler *Hofstetter*, Demokratie (2016), S. 28 ff.

Digitalisierte Kommunikation ist gegenwärtig daher weit mehr als ein Medium des Kommunikationsaustauschs. Sie kann eine quasi omnipräsente Basisinfrastruktur schaffen, die für höchst vielfältige Zwecke eingesetzt werden kann und wird. Unzählige Aspekte des täglichen Lebens werden in computerisierte Daten verwandelt, darunter Suchanfragen an Suchmaschinen, Kommunikationen in sozialen Netzwerken, durch Videoaufzeichnung erfasste Verhaltensweisen im Raum, Telefongespräche durch Aufzeichnung und gegebenenfalls die Weitergabe von Daten usw. Zur Kennzeichnung dieser Verwandlung von Verhalten in Daten und der Verwendung solcher Daten zur Einwirkung auf Verhalten wird auch der Begriff der Datafizierung genutzt.

Auch auf der Verbindung des kollektiven virtuellen Raums mit dem physischen Raum beruhen Bemühungen um die Schaffung einer so erweiterten Realität im Internet – genannt Metaversum oder Metaverse – vorangetrieben insbesondere von Facebook, das im Jahr 2021 sogar seinen Namen in „Meta" geändert hat.

Um insbesondere die Verwobenheit von Interaktionen online und offline sprachlich zu fassen, macht der Begriff „Onlife" Karriere.[3] Mit ihm wird verdeutlicht, dass unser Leben vielfach weder on- noch offline ist, sondern dass sich eine neue Art von Welt – die On*life*-Welt – zu bilden beginnt. In ihr können Computersysteme die Menschen von Entscheidungsnotwendigkeiten weitgehend freistellen, also menschliche Entscheidungen ersetzen. Solche Entscheidungsentlastungen werden von vielen als große Chance auf einen Gewinn an Lebensqualität beurteilt, aber von anderen auch kritisiert, insbesondere soweit die Betroffenen keine Gelegenheit zur willentlichen Intervention haben. *Mireille Hildebrandt* spricht in diesem Zusammenhang von „Pre-emptive Computing Systems".[4] Das mit dem Einsatz solcher Technologien verbundene Unterlaufen bewusster Reflexion bewirke, dass – so *Hildebrandt* – der Mensch in der On*life*-Welt vielfach und vermehrt zum „Digital Unconscious",[5] zum

---

[3] Dazu s. *Floridi*, 4th Revolution (2015), S. 87 ff., 129 ff.; *Hildebrandt*, Smart Technologies (2016), S. 41 ff., 77 ff., 263. *Hildebrandt* definiert die On*life* World als: „The hybrid life world composed of and constituted by combination of software and hardware that determine information flows and the capability to perceive and cognise one's environment which is run by means of an information and communication infrastructure (ICI) capable of pre-emptive computing, based on its tapping into the digital unconscious of big data space." Den von ihr vielfach genutzten Begriff „Digital Unconscious" definiert sie wie folgt: „The largely invisible big data space on which the on*life* world and its ICI of pre-emptive computing depend, where inferences are thrown and applied, largely beyond the ambit of conscious reflexion" (S. 261), s. auch S. 65 ff.

[4] Zur Definition s. *Hildebrandt*, Smart Technologies, S. 263. Gemeint sind insbesondere computerisierte Systeme, die Verhalten, insbesondere in Gestalt von Verhaltensmustern, erfassen, darauf aufbauend Verhaltensmöglichkeiten im Vorwege einschätzen und gleichzeitig Anstöße dafür zu geben, dass die Erwartung entsprechenden Verhaltens auch eingelöst wird.

[5] Zu dieser Definition s. *Hildebrandt*, Smart Technologies, S. 261, 263. S. ferner die Beispiele der S. 65 ff. (wie z. B. Enhanced Targeting, Attention Management).

Objekt unbewusster Steuerung, werde. Damit drohe ein Grundprinzip moderner Gesellschaften, die Autonomie im Handeln, (weiter) zu erodieren. Autonomie ist zwar rechtlich garantiert (im Grundgesetz etwa in Art. 2 Abs. 1); ihre Ausübung kann aber faktisch durch technisch fundierte, als solche nicht oder nur schwer erkennbare Fremdsteuerungen unterlaufen werden.

Es gibt auch andere Formen der Verknüpfung von virtueller und analoger Welt unter Nutzung insbesondere von KI. Ein einfaches Beispiel sind Serviceroboter, also von Computern gesteuerte Maschinen, die z. B. bei der Pflege älterer oder kranker Menschen eingesetzt werden, um das menschliche Pflegepersonal zu entlasten. Hinzu kommen Anwendungen, bei denen Mensch und Maschine mit Hilfe neuroelektrischer Schnittstellen in gewisser Weise miteinander verschmelzen.[6] Ein Beispielsfeld ist die Unterstützung der menschlichen Handlungsmöglichkeiten durch Einsatz digital gesteuerter Instrumente, etwa maschinelle Prothesen. Ein weiteres – besonders umstrittenes – Einsatzfeld besteht darin, dass mit Hilfe digitaler Techniken die kognitiven, mentalen oder physischen Fähigkeiten von Menschen beeinflusst und insbesondere erweitert werden, etwa durch Nutzung von sog. Brain Computer Interface Technology (BCI-Enhancement).[7] Solche Maßnahmen können einerseits der Ermöglichung eines Zustands nahe körperlicher Gesundheit dienen, aber auch der Veränderung der Persönlichkeit von Menschen. Hier stellen sich neben rechtlichen Fragen vor allem ethisch-moralische. Dass es insoweit Kontroversen gibt, wurde schon oben (§ 4 D) erwähnt.

B. Entscheidungsarchitekturen – Regelungsstrukturen

Einen wichtigen Anstoß für die Diskussion zur Bedeutung von Algorithmen bei der Steuerung von Verhalten und deren Verhältnis zu rechtlicher Regulierung hat *Lawrence Lessig*[8] – angeregt durch Vorarbeiten insbesondere von *Joel Reidenberg*[9] – mit seinem 1999 erschienenen Buch „Code and Other Laws of Cyberspace" gegeben. Er verwendet den Begriff Code in einem weiten Sinne, begrenzt ihn insbesondere nicht – wie es andere häufig tun[10] – auf die Computersoft- und -hardware oder auf spezifische technische Regelsysteme.[11] Er be-

---

[6] Hierzu s. *Arasser*, Körper 2.0 (2013); *Kersten*, Menschen und Maschinen (2015); *Ebers*, Regulierung (2020), Rn. 42 f.

[7] Dazu s. *Ebers*, Regulierung (2020), Rn. 43.

[8] S. *Lessig*, Code (1999/2001); *ders.*, Code. Version 2.0 (2006); s. statt vieler auch die Beiträge in: Dommering/Asscher (Hrsg.), Coding (2006); *Boehme-Neßler*, Unscharfes Recht (2008), S. 639; *Hildebrandt*, Smart Technologies (2016).

[9] *Reidenberg*, Lex informatica (1998), S. 555, 568.

[10] So etwa *Dommering*, Regulating Technology (2006).

[11] Erst recht geht es nicht um Erscheinungen wie sie durch die Begriffe Programmcode oder Quellcode gekennzeichnet sind, s. *Dankert*, Normative Technologie (2015), S. 52.

zieht ihn – und benutzt insoweit im Englischen eine Schreibweise mit großem „C" – auf die durch die Hard- und Software und ihr Zusammenspiel gestaltete Entscheidungsarchitektur des Internets.[12] Dadurch wird der Blick über isoliert betrachtete Algorithmen hinaus auf die Kontexte ihrer Entstehung und ihres Einsatzes – gewissermaßen ihres ganzheitlichen Kontextes – ausgeweitet.[13] Verdeutlicht wird die Bezogenheit der Algorithmen nicht nur auf das Zusammenspiel von Soft- und Hardware, sondern auch auf ihre Verarbeitung in externen Clouds und grundsätzlich ihr Angewiesensein auf komplexe Infrastrukturen und weitere Funktionsvoraussetzungen der Informations- und Kommunikationstechnologie. Dazu gehören auch Protokolle und Standards, mit deren Hilfe Daten auf den Netzknoten verarbeitet und über das Netz weitergeleitet werden. Darauf, dass eine solche ganzheitliche Betrachtung sinnvoll ist, wird noch zurückzukommen sein (s. u. § 24 D).

Die Ausweitung des Blicks erlaubt es, auch die je unterschiedlichen Rollen von Akteuren gezielt zu thematisieren, etwa von solchen, die Algorithmen programmieren, Computernetze entwerfen, deren Infrastrukturen errichten, Geschäftsmodelle entwickeln und Dienste anbieten, aber auch die der Nutzer der Dienste. Die Akteure sind ihrerseits in spezifische Handlungskontexte eingebunden, etwa in die des ökonomischen Marktes, in Netzwerke von weiteren Akteuren, in Mehrebenenverbünde und je unterschiedliche Rahmenvorgaben usw.

Der Blick auf die Gesamtheit der die Entwicklung und den Einsatz von algorithmischen Systemen prägenden Faktoren und die Anerkennung ihrer Wirkung auf die Steuerung von Verhalten legt eine Parallele zu dem in der deutschsprachigen rechtswissenschaftlichen, insbesondere der öffentlich-rechtlich ausgerichteten, Literatur genutzten Begriff der Regelungsstrukturen (s. o. § 8 B) nahe. Dieser Begriff ist nicht speziell auf den Einsatz algorithmischer Systeme bezogen, sondern verweist allgemein auf das vielfältige Ensemble der zur Lösung von Problemen mit Hilfe des Rechts bereitgestellten Entscheidungsfaktoren, so neben den meist noch in Textform gefassten Rechtsnormen, deren Bezugnahme auf die übrige Rechtsordnung und vor allem auf weitere Faktoren, die Entscheidungen beeinflussen (können). Dazu zählen formelle und informelle Verfahren, Organisationen, Personal und Ressourcen und ihre jeweiligen Kontexte und unterschiedlichen Wirkungsebenen. Derartige Einzelelemente bilden in ihrem Zusammenspiel die Architektur des für rechtliche Regelung – Rechtsetzung wie Rechtsanwendung – verfügbaren sozialen Raums. In einem spezifischen sozialen Raum erfolgt auch der Einsatz digitaler Techniken. Soweit dafür rechtliche Vorgaben verfügbar sind bzw. eingesetzt werden, sind viele –

---

[12] *Lessig*, Code. Version 2.0 (2006), S. 5. S. auch *Dommering*, Regulating Technology (2006). Vertiefend und differenzierend *Ziewitz*, Governing algorithms (2016).

[13] Eingehender zur Architektur des Internets s. *van Schewick*, Internet Architecture (2016), S. 288 ff. S. auch, S. 62 ff.

keineswegs alle – der soeben zur Kennzeichnung der Regelungsstrukturen erwähnten Entscheidungsfaktoren maßgeblich, allerdings zum Teil auch andere oder anders einsetzbare als bei analog getroffenen Entscheidungen.

Anders formuliert: Rechtliche Regeln – in Textform oder digital gefasste – sollten nicht isoliert betrachtet werden; sie sind jeweils Teil eines Ensembles verschiedener Faktoren, die ihre Einsetzbarkeit und Funktionalität – nicht nur bei der Verhaltenssteuerung – mitbestimmen und deren Wirkungsweisen von den Umfeldbedingungen beeinflusst werden.

C. Governance von und durch Algorithmen

Für die digitale Transformation und die maßgebenden Entscheidungsarchitekturen sind auch die verfügbaren oder neu entstehende Governancemodi von Bedeutung. Der schon mehrfach erwähnte Governancebegriff (§ 1 D a. E.) zielt auf Formen und Mechanismen – das Wie – gesellschaftlicher, ökonomischer, politischer, aber auch technologischer Koordination und Steuerung. Neben die „Governancemodi" Markt, Wettbewerb, Hierarchie, Verhandlung, Netzwerk, Vertrag ist die digitale Steuerung als neuer Governancemodus getreten.

Die Governanceforschung fragt insbesondere: Wie tragen die Modi und ihre konkrete Ausgestaltung zur Erreichung gesellschaftlich erwünschter Ziele und zur Vermeidung unerwünschter Wirkungen bei und/oder wie sollten sie dafür eingesetzt werden?

Erneut sei erwähnt, dass, soweit algorithmische Systeme für die Lösung von Problemen, für die Klärung bei Streitigkeiten, bei der Steuerung von Verhalten u. a. eingesetzt werden, von *Governance by Algorithms* gesprochen wird .[14] Die automatisierte algorithmische Selektion und Steuerung wird als besonderer Governancemodus verstanden, der die „üblichen" („alten") Governancemodi ergänzt. Besonders wichtig für seinen Einsatz ist die Klärung, ob durch Governance by Algorithms Chancen bestehen, dass die Entscheidungsfaktoren und Rahmenbedingungen es ermöglichen, eine vergleichbare oder sogar bessere Qualität der Entscheidung zu erreichen als bei der Nutzung der traditionellen Entscheidungsstrukturen und der in ihnen maßgebenden Steuerungsfaktoren (s. o. B). Auch bedarf es der Klärung, ob es möglich ist, andere, möglichst funktionale Äquivalente der Qualitätsgewährleistung zu nutzen.

Von diesem Governancetyp wurde oben die *„Governance of Algorithms"* unterschieden:[15] Insofern wird aus der Governanceperspektive gefragt, wie Algorithmen verschiedener Art zustande kommen, also insbesondere, welche Fak-

[14] Die in § 7 behandelte Form der Softwareentwicklung gehört in die Kategorie der „Governance of Algorithms". S. *Saurwein/Just/Latzer*, Governance (2015), S. 36; *Just/Latzer*, Governance (2016); *Schulz/Dankert*, Governance By Things (2016).

[15] *Saurwein/Just/Latzer*, Governance (2015), S. 36.

toren es ermöglichen, eine Qualität der Algorithmen zu erreichen, die ihren Einsatz rechtfertigt oder der gar vorzugswürdig gegenüber der Nutzung nichtdigitaler Techniken ist. Ist es mit Hilfe der entwickelten Algorithmen möglich, solche Faktoren bei ihrem Einsatz zu berücksichtigen, die traditionell zur rechtstaatlichen und demokratischen Qualität der zu treffenden Entscheidung beitragen oder ist dies sogar auf andere Weise besser leistbar?

Luciano Floridi[16] umschreibt Digital Governance beider Perspektiven übergreifend wie folgt: "Digital Governance is the practice of establishing and implementing policies, procedures and standards for the proper development, use and management of the infosphere. It is also a matter of convention and good coordination, sometimes neither moral nor immoral, neither legal nor illegal. For example, through digital governance, a government agency or a company may (i) determine and control processes and methods used by data stewards and data custodians in order to improve the data quality, reliability, access, security and availability of its services; and (ii) devise effective procedures for decision-making and for the identification of accountabilities with respect to data-related processes."

Governance bzw. die auf bestimmte Qualitätsmaßstäbe (wie Transparenz, Effektivität, Verantwortungsbewusstsein) verweisende "Good Governance"[17] benötigt Maßstäbe für den Einsatz der jeweiligen Governacemodi. Beispiele für solche Maßstäbe finden sich in dem Bericht einer von der European Commission eingesetzten Gruppe:[18] (a) Human Dignity; (b) Autonomy; (c) Responsibility; (d) Justice, Equity, and Solidarity; (f) Rule of Law and Accountability; (h) Data Protection and Privacy; (i) Sustainability. Die durch diese Gruppe erfolgte Einordnung solcher Maßstäbe vorrangig in das Feld von Ethik ändert nichts daran, dass sie weitgehend auch rechtliche Relevanz haben.

D. Unterschiedlichkeit der Wirkungsebenen Output, Impact, Outcome[19]

Für die Verwirklichung von Individual- und Gemeinwohl sind die mit der digitalen Transformation in den je verschiedenen gesellschaftlichen Bereichen verbundenen Wirkungen besonders wichtig.

---

[16] *Floridi*, Governance of the Digital (2018) unter https://royalsocietypublishing.org/doi/10.1098/rsta.2018.0081, abgerufen am 07.10.2021.

[17] Zu diesem Begriff und den durch ihn angesprochenen Qualitätsmaßstäben s. *Voßkuhle*, Neue Verwaltungsrechtswissenschaft (2022), Rn. 68 m. w. Hinw.

[18] European Group on Ethics in Science and new Technologies, Statement (2018), S. 16ff.

[19] Zu diesen Wirkungsdimensionen s. *Nullmeier*, Input (2010), S. 357ff.; *Franzius*, Wirkungsfaktoren (2022), Rn. 60ff. Eine alternative Terminologie zur Kennzeichnung der drei Wirkungsdimensionen findet sich bei *Hoffmann-Riem/Bäcker*, Handlungsformen (2022),

Der Einsatz digitaler Technologien entfaltet nicht nur für den Adressaten einer bestimmten Maßnahme Wirkungen, sondern vielfach auch für Dritte, aber neben solchen Mikrowirkungen ebenso Folgen für die Funktionsfähigkeit gesellschaftlicher Teilsysteme (Makrowirkungen). Bei der Frage nach Wirkungen darf der Blick daher nicht auf die mit digitalen Techniken direkt getroffenen Entscheidungen (etwa ein Verwaltungsakt) oder erbrachten Leistungen (eine Subventionsgewährung) – als *Output* – und damit auf die Mikrowirkung verengt werden. Wichtig können auch die durch den Einsatz algorithmischer Systeme verursachten Wirkungen auf deren Adressaten (die Nutzung der Subvention durch ihn zur Erreichung der beabsichtigten Ziele) oder auf betroffene Dritte sein (etwa der Wettbewerbsnachteil für einen Konkurrenten, der keine Subvention erhalten hat) – (*Impact* als Mikrowirkungen). Ferner kann es angezeigt sein, darüber hinausreichende, auch grundsätzliche, ggf. längerfristige Wirkungen in den betroffenen gesellschaftlichen Bereichen oder in der Gesellschaft insgesamt (etwa Auswirkungen auf die öffentliche Meinungsbildung) zu erfassen (*Outcome* als Makrowirkung) und zu klären, wieweit sie akzeptiert werden oder durch begleitende Maßnahmen korrigiert oder gefördert werden sollen. Dabei können auch Recht und Regulierung bedeutsam sein.

Derartige Folgen aus dem Bereich der Nutzung der Digitalisierung sollen jetzt anhand einzelner Beobachtungen beispielhaft dargestellt werden.

Social Media wie Suchmaschinen können zur Erlangung bestimmter Outputs (hier: Suchergebnisse) genutzt werden. Der Einsatz von Social Media ist aber auch mit erheblichen Möglichkeiten zur Beeinflussung von Lebensstilen, Erfahrungen, kulturellen Orientierungen, Aufmerksamkeiten und Wertvorstellungen der Bürgerinnen und Bürger verknüpft. Dies kann Auswirkungen im Privat- und im Arbeitsleben sowie im Bildungssystem haben, aber auch für die Funktionsweise der demokratischen Ordnung. Die digitale Transformation verändert die Art und Inhalte der individuellen und kollektiven Meinungsbildung und damit auch die Möglichkeit zur Herausbildung bzw. zur Einengung der Pluralität von Sichtweisen. Sie eröffnet oder versperrt neue Wege zu kollektiver Interessendurchsetzung oder zur Sicherung der innovativen Kraft von Heterogenität.

Gesellschaftspolitisch folgenreich können bestimmte mithilfe der Digitalisierung ermöglichte Veränderungen von Geschäftsabwicklungen sein. Ein Beispiel ist die im E-Commerce zunehmend genutzte dynamische Preisgestaltung für Produkte, die auf die durch Datenauswertung ermittelte Wertschätzung oder Dringlichkeit des Erwerbs einer Ware durch potentielle Kunden abgestimmt wird. Derartige Handlungsweisen haben zwar zunächst nur Auswirkungen auf die je individuell durch den festgesetzten Preis Betroffenen, entfal-

Rn. 17: Bewirkungen ersten, zweiten und dritten Grades. Der Begriff Bewirkung wird genutzt, wenn es um die gezielte Herbeiführung von Wirkungen/Folgen geht.

ten aber darüber hinaus Wirkungen für die Funktionsweise des Preismechanismus auf Märkten.[20]

Das so genannte Microtargeting[21] als Form digitalen, auf bestimmte Zielgruppen abgestimmten Marketings kann je nach Anwendungsbereich für das Konsumverhalten, aber auch für Wahl- und Abstimmungsverhalten und in der Folge für die Bildung politischer Mehrheiten bedeutsam sein.[22]

Zu beachten sind auch spezifische (Fern-)Wirkungen in je unterschiedlichen gesellschaftlichen Teilbereichen. So kann die zur Effizienzsteigerung und Kostenersparnis in Produktionsprozessen eingesetzte Robotik den Arbeitsmarkt und insbesondere die Arbeitsbedingungen massiv verändern. Die neuartigen Vertriebswege für die über eine Plattform wie Amazon erwerbbaren Güter verändern auch andere Märkte, beispielsweise die des Einzelhandels. Damit verbunden verringern sie gegebenenfalls auch die innerstädtische Verfügbarkeit von Geschäften und Dienstleistern und damit die Art des sozialen Miteinander. Die Wohnungsvermittlung durch AirBnB hat Einfluss auf die Verfügbarkeit von Mietwohnungen für Dauerzwecke oder auf die Höhe von Mietpreisen, aber ebenfalls Auswirkungen auf das Hotelgewerbe.

Die algorithmische Steuerung und gegebenenfalls Manipulation des Geschehens an Finanzmärkten (dazu s. auch u. § 21 E) kann zu unvorhersehbaren Entwicklungen, etwa Kursstürzen oder -sprüngen, führen und die Konjunktur nachhaltig beeinflussen.

Der Einsatz digitaler Techniken im Schul- und Hochschulbereich kann Schwerpunkte der Aus- und Fortbildung und didaktische Konzepte verändern, aber auch die Bildungschancen für Bevölkerungsgruppen erhöhen oder verringern. Hier – aber auch in anderen Feldern – besteht das Risiko der Förderung einer Fragmentierung oder gar einer die Chancengleichheit gefährdenden Spaltung der Gesellschaft („Digital Divide").[23]

Einzelne Regelungen des Datenschutzrechts ermöglichen eine sonst untersagte Erhebung und Verarbeitung von Daten, wenn dies dem Schutz lebenswichtiger Interessen einer Person dient (Art. 6 I d; Art. 9 I c DSGVO) oder zu Zwecken des Gesundheitswesens erfolgt (Art. 9 Abs. I a DSGVO). Hier und an anderen Stellen werden Ebenen von Impact oder gar des Outcome in das Regelungsfeld einbezogen.

Gleiches lässt sich am Entwurf der EU-Verordnung zur Festlegung harmonisierter Vorschriften für künstliche Intelligenz und zur Änderung bestimmter

---

20 Dies verweist auf die Wirkungsebenen Impact und Outcome, s. o. § 8 D.

21 Zur Definition und zu Anwendungsbeispielen s. *Queck/Oppelt*, Microtargeting (2018) unter https://www.marconomy.de/microtargeting-definition-einsatz-und-beispiele-a-739666, abgerufen am 07.10.2021.

22 S. *Hornung*, Erosion (2018), S. 92 f.; *Dankert*, Verfälschung (2018), S. 158–160; *Söbbing*, Beeinflussung der politischen Willensbildung (2018).

23 Zu diesem Risiko s. *Armhold*, Digital Divide (2003); *Langer*, Analyse (2012); Klafki/Würkert/Winter (Hrsg.), Digitalisierung (2017), S. 1, 16 ff. (zu unterschiedlichen „Divides").

Rechtsakte der Union (E-KI-VO) (zu ihm s.u. § 17 A) feststellen. Von diesem Entwurf werden als verbotene Praktiken (Titel II Nr. 5) nicht der Einsatz von bestimmten Instrumenten als solche erfasst, sondern nur, wenn dadurch bestimmte Folgen beabsichtigt sind, so die unterschwellige Beeinflussung einer Person, um ihr Verhalten so zu steuern, dass ihr ein physischer oder psychischer Schaden zugefügt wird oder dass dadurch bei einer anderen Person ein physischer oder psychischer Schaden entsteht. In solchen Fällen wird die Frage nach der Zulässigkeit eines Verbots von erwartbaren Folgen abhängig gemacht. Auch die Regelungen für Hochrisiko-Systeme (s.o. § 17 A III 2) knüpfen vielfach nicht an die Verwendung der Instrumente als solche an, sondern an die Risiken der Verwirklichung von Folgen auf den Ebenen Impact und Outcome durch deren Einsatz.

Soweit Folgen bedeutsam sein können, ist zu prüfen, ob dafür Recht eingesetzt werden kann und soll oder ob nichtrechtliche Mittel verfügbar sind und eingesetzt werden sollen. Mögliche Maßnahmen können auf der Ebene des rechtlichen Schutzes vor der digital fundierten Steuerung von Verhaltensweisen oder vor der einseitigen Beeinflussung der öffentlichen Meinungsbildung erfolgen. Für bestimmte Instrumente digital ermöglichten Verhaltensweisen können zum Schutz der Betroffenen Vorgaben erlassen werden. So kann evt. das Microtargeting für bestimmte Zwecke oder es können bestimmte manipulative Vorgehensweisen am Kapitalmarkt verboten werden. Reaktionen können aber auch auf anderen Ebenen ansetzen, im Bildungsbereich etwa durch besondere Förderung der bisher mangels Verfügbarkeit nicht mit dem Computer vertrauten Schülerinnen und Schüler, z.B. durch Bereitstellung eines Laptops zur Nutzung zuhause.

Die Vielfalt der Wirkungsebenen stimuliert die Möglichkeit, nach geeigneten Wegen zur Erreichung positiv oder zur Vermeidung negativ bewerteter Folgen zu suchen. Auch stellt sich die Frage, wieweit die drei Ebenen rechtlich als unverbundene behandelt werden und wieweit jeweils ebenenspezifische Regelungen genutzt werden. Ist der Einsatz digitaler Instrumente mit sozialen Innovationen verbunden, liegt es nahe, dem Verbund der Ebenen stärkere Bedeutung beizumessen als sonst bei dem Umgang mit Recht.

§ 9 Strukturell bedingte Schwierigkeiten der rechtlichen Ausgestaltung des Einsatzes algorithmischer Systeme

Diese Untersuchung thematisiert Möglichkeiten und Notwendigkeiten der rechtlichen Ausgestaltung algorithmischer Systeme. Recht ist allerdings nur eines von mehreren möglichen Mitteln zur Einflussnahme auf die Entwicklung, in einem freiheitlichen Rechtsstaat, aber ein wichtiges. Soll es erfolgreich eingesetzt werden, müssen Besonderheiten des Regelungsfeldes beachtet werden.[1] Im Folgenden werden beispielhaft einzelne mir besonders wichtig erscheinende, mit der Digitalisierung strukturell verbundene Besonderheiten aufgeführt, insbesondere solche, die zu Schwierigkeiten erfolgreicher rechtlicher Regulierung führen können bzw. die auf Notwendigkeiten der Anpassung oder gar Transformation des Rechts verweisen.

A. Zur Illustration: Besonderheit von digitalen Daten als wirtschaftliches Gut – am Beispiel des Vergleichs von Rohöl und Rohdaten

Ich beginne mit einer Illustration der Besonderheit von digitalen Daten als Rohstoff im Vergleich zu Rohöl (Erdöl), einem für die Entwicklung der Moderne besonders wichtigen Rohstoff. Durch diesen schon häufig von anderen vorgenommenen Vergleich soll auf die Vielfalt, aber auch Unterschiedlichkeit der Nutzungsmöglichkeiten und Qualitäten von Rohstoffen – hier von Öl und Daten – angespielt werden. Zugleich wird auf die von der Verfügbarkeit dieser „Rohstoffe“ ausgehenden massiven technologischen, ökonomischen, politischen, gesellschaftlichen u.ä. Möglichkeiten verwiesen und damit meist verknüpft auf Veränderungen in verschiedenen gesellschaftlichen Bereichen. Der

[1] Ich muss immer wieder betonen, dass diese Untersuchung sich nur mit einer Auswahl von Problemen befasst. So gehe ich auf Fragen der Veränderungen in der industriellen Produktion nur gelegentlich ein. Dass sich dort weitere Sonderprobleme stellen, zeigt beispielsweise der Beitrag von *Lukas*, Haftungsfragen autonomer Produktionsnetzwerke (2021), zu deren Kennzeichnung der Autor etwa als Stichworte nennt: Die Virtualisierung industrieller Wertschöpfung; von der Automatisierung zur Autonomik, Schwierigkeiten der Zurechnung/Haftung bei multiplen Kausalitäten; Probleme der Steuerung spezifischer Netzwerkrisiken u.a.

Vergleich mit Rohöl gibt zugleich erste Hinweise auf die insbesondere von der Internetökonomie entwickelten Erklärungsansätze für Vermachtungen im IT-Bereich (s. näher unten §§ 10, 19).

Die folgenden sechs Thesen betonen vor allem die Unterschiede zwischen Rohöl und digitalen Daten.

- Anders als Erdöl können Daten in Sekundenschnelle produziert werden und der Vorrat an digitalen Daten ist in der Informationsgesellschaft grundsätzlich nicht begrenzt. Insbesondere wird bei der Datenverarbeitung nicht auf einen „Schatz" zurückgegriffen, der in unendlicher Vorzeit gebildet worden ist und dessen Nutzbarkeit endlich ist. Vielmehr wird der Vorrat an Daten täglich weltweit erweitert – und zwar durch jene, die die Vorteile der Digitalisierung nutzen und dabei neue Daten unterschiedlicher Art produzieren, aber auch dadurch, dass Daten in unterschiedlichen Zusammenhängen und zur Generierung weiterer Daten (auch von Datenderivaten) genutzt werden.
- Daten verbergen sich nicht in tiefen Schichten von Gestein und bedürfen keiner komplizierten oder gar gefahrträchtigen Bohrungen. Sie gibt es praktisch überall und sie lassen sich technisch erfassen und speichern. Weltweit gibt es eine Vielzahl kleiner und großer „Tanks" für Daten – vom einzelnen Computer über die Datenbanken diverser Unternehmen und staatlicher Instanzen bis hin zu den Großrechnern der Cloudanbieter. Die meisten Tanks dieser Art werden von Tag zu Tag voller und der Wert auch vieler der schon vorhandenen Datenschätze kann sich durch Nachfüllen und durch neue Methoden der Auswertung steigern. Gleiches gilt für den Wert der nachgefüllten Daten im Kontext der schon vorhandenen.
- Rohdaten müssen wie Rohöl verarbeitet werden, um nutzbar zu sein. Überall gibt es kleine, aber auch große „Raffinerien" für Daten oder besser für die Verarbeitung von Daten durch Einbeziehung in algorithmische Systeme. Besonders wichtig ist die Nutzung durch mächtige, nämlich globale Player wie Google, Facebook, Microsoft oder Amazon sowie spezieller Daten-Cloud-Unternehmen, aber auch durch staatliche Instanzen wie die US-amerikanischen National Security Agency (NSA) oder andere Geheimdienste. Die Verarbeitung zu algorithmischen Systemen und die Nutzung weiteren Wissens, das Macht vermittelt, findet sich nicht nur in ökonomischen Märkten, sondern zumindest potentiell in fast allen Bereichen gesellschaftlichen Handelns.
- So wie beim Rohöl durch Veredelung höherwertige Produkte entstehen können, so ermöglichen neuartige Techniken, etwa der Einsatz hochentwickelter Formen der künstlichen Intelligenz, neuartige „veredelte" Produkte mit Mehrwert. Dabei können dieselben Daten – anders als Öl – unterschiedlichen „Veredelungen" in unterschiedlichen algorithmischen Systemen zugeführt werden. Auch das „veredelte" Produkt kann als Rohstoff für weitere datenbezogene „Veredelungen" genutzt werden.

- Die Nutzung von Daten – ihre legale oder illegale Erhebung oder ihre Verarbeitung durch staatliche Geheimdienste oder private Dritte usw. – bedeutet anders als bei Öl nicht ihren Verbrauch (sog. Nichtrivalität im Konsum). Durch Verarbeitung kann der Wert der Datenschätze sogar steigen und sie können zu vielen weiteren Zwecken genutzt werden. Im Laufe der Zeit können Daten allerdings ihre Aktualität bzw. Nutzbarkeit verlieren, gegebenenfalls in Zukunft im Kontext anderer Verwendungen aber doch erneut wichtig werden.
- Digitale Daten sind infolge ihrer Entstofflichung (s.u. B) anders als Öl für menschlichen Augen nicht sichtbar. Der Fluss und die Nutzung der Daten sind daher nicht oder nur mit besonderem technischen Aufwand für Dritte erkennbar und deshalb nur schwer einer rechtlichen Regelung und Kontrolle der Einhaltung rechtlicher Vorgaben zugänglich. Ähnlich unsichtbar kann auch der aus der Verarbeitung und Nutzung zu gewinnende Mehrwert sein. Dies erleichtert es den Unternehmen beispielsweise, diesen Mehrwert und gegebenenfalls damit erzielte Gewinne zu verheimlichen, etwa vor Steuerbehörden.

B. Entstofflichung/Dematerialisierung

In den nun folgenden Abschnitten beschreibe ich einige mir besonders wichtige Erschwernisse bei der rechtlichen Ausgestaltung des Einsatzes algorithmischer Systeme.

Daten sind – wie auch der soeben erfolgte Vergleich mit Rohöl illustriert hat – anders als Dinge, die in der Rechtsordnung dem Sacheigentum zugeordnet werden können – keine physisch greifbaren Gegenstände. Sie sind für menschliche Augen nicht sichtbar. Sie lassen sich gleichwohl speichern und für diverse Zwecke verwenden. Gleiches gilt, wenn sie in Software bzw. komplexe algorithmische Systeme integriert sind.

Für die digitale Transformation ist kennzeichnend, dass eine Vielzahl physischer Produkte durch Transfer ihrer Leistungsmöglichkeit in Daten in ihrer materiellen Substanz entstofflicht wird.[2] So werden beispielsweise physische Eintrittstickets oder Bordkarten durch Codes auf dem Smartphone ersetzt. An der Supermarktkasse wird die Rechnung bargeldlos mit Hilfe eines Funkchips beglichen. Analoge Träger von Musik und Texten oder Bildern (wie Schallplatten, Filme oder Fotos) werden durch entsprechende Online-Angebote kompensiert usw.

Die Entstofflichung beeinflusst auch die Art der Gewinnung von praktischem oder wirtschaftlichem Mehrwert durch Datenverarbeitung und -ver-

---

[2] Zu den Beispielen vgl. *Rolf*, Weltmacht (2018), S. 35 ff.

wendung unter Nutzung von häufig nicht leicht durchschaubaren Geschäftsmodellen.

Grundsätzlich ist die Entstofflichung eine wichtige Ursache der weitgehend bestehenden Intransparenz des Umgangs mit Daten (s. u. H) sowie der dadurch bedingten Schwierigkeiten der Kontrollierbarkeit und gegebenenfalls Revidierbarkeit von Datenverwendungen. Zu erwähnen ist auch die Unsichtbarkeit der durch Algorithmen geschaffenen Strukturen, die auf das Vorgehen bei Entscheidungen einwirken. Hinzu kommt die Einkapselung von Werten, Interessen und Strategien in Standardeinstellungen für digitale Anwendungen. Auch sie sind unsichtbar und nur schwer kontrollierbar. Ich verweise hier statt vieler auf die Ausführungen von *Zuboff* über die Methoden des Ausforschungskapitalismus (§ 3 B I).

Eine Folge der Entstofflichung ist die erleichterte Möglichkeit zum Einsatz sog. Dark Patterns Designs.[3] Gemeint ist die Schaffung von Benutzungsumgebungen, durch die gezielt versucht wird, auf die Willensbildung von Nutzern in einer für sie möglichst nicht durchschaubaren Weise mit dem Ziel einzuwirken, sie zu einem bestimmten Verhalten (etwa Kaufverhalten) zu bewegen. Beispiele sind Voreinstellungen von Eingabemöglichkeiten oder Navigationsführungen.

C. Komplexität[4]

Neben relativ einfachen Algorithmen werden lernfähige algorithmische Systeme und deren Verwendung zu diversen Zwecken immer verbreiteter. Damit verbunden ist eine Steigerung der Komplexität des Umgangs mit Algorithmen und der zu bewältigenden Aufgaben, der dafür erforderlichen Informationen und vor allem der Verarbeitungsvorgänge. Auch der Schub an neuen Informationstechnologien und Nutzungsmöglichkeiten (unter Einschluss von solchen zwischenzeitlich als Alltagsgegenständen genutzten Systemen wie Smartphones, Tablets, Suchmaschinen, Datenbanken, Robotern, Blockchain u. a.) erhöht die Komplexität des Umgangs mit den Möglichkeiten der digitalen Transformation. Diese wird auch durch die zunehmende Vernetzung verschiedener Systeme und ihrer Hard- und Softwarekomponenten größer, nicht nur, aber mit gesteigerter Problematik bei globaler Vernetzung und damit der Datenverarbeitung in fern gelegenen Regionen und in verschiedenen Clouds (näher dazu gleich D). Ferner nimmt die Schnelligkeit der Rechenvorgänge zu. Erwähnt sei nur die Leistungsfähigkeit der in der Entwicklung befindlichen, besonders anspruchsvollen

[3] Dazu und zu der dadurch bedingten Herausforderung für das Recht s. *Weinzierl*, Dark Patterns (2020).
[4] Zum Folgenden s. etwa *Ebers*, Regulierung (2020), § 3 Rn. 10 ff.

und leistungsfähigen Quantencomputer, nämlich solcher Prozessoren, deren Funktion auf den Gesetzen der Quantenmechanik beruht.[5]

Die Komplexität steigt ferner mit der Zahl und gegebenenfalls Unterschiedlichkeit der beteiligten Akteure. Dies erschwert die Zuteilung bzw. Zurechnung von Verantwortung und damit beispielsweise die Durchsetzung von Haftung. Auch ist bei einem Funktionsausfall von Institutionen oder Infrastrukturen nicht leicht feststellbar, ob dafür die Hardware, die Software, die Art der Dienstleistung oder die zur Verarbeitung eingegebenen Informationen ursächlich waren.

Diese durch die Technik und die Vielfalt der Verwendungsmöglichkeiten verbundene Komplexität wirkt sich als Komplexität auch der Möglichkeiten zur Sicherung von Chancen und zum Schutz vor Risiken, etwa durch den Einsatz technischer, infrastruktureller, aber auch rechtlicher Vorkehrungen, aus.

D. Entgrenzungen

Die digitalen Technologien und die für ihre Nutzung verfügbaren Infrastrukturen sowie die über sie abgewickelten Dienste werden zum Teil in räumlich begrenzter (etwa regionaler oder nationaler) Weise eingesetzt, [6] vielfach aber auch in transnational und global vernetzter Form (weit gefächerte Interkonnektivität).[7] Dies gilt auch für viele der mit digitalisierter Technik erbrachten Dienste. Die Nutzung digitaler Techniken erlaubt es auch, Leistungen an unterschiedlichen Örtlichkeiten zu erbringen und auf verschiedene Weisen vernetzt zu arbeiten.

Erscheinungen der Entgrenzung können zu erheblichen offenen Flanken im Rechtsschutz führen, soweit – wie üblich – das Recht an Grenzsetzungen anknüpft, etwa regional (sei es national oder etwa EU-weit) oder soweit es gegenständlich begrenzt ist. Verfügbar ist grundsätzlich zwar auch transnational oder global geltendes Recht, wie etwa Völkerrecht.[8] Dessen räumlicher Anwendungsbereich mag weit sein. Völkerrecht ist aber gegenständlich nur auf einzelne Sektoren – beispielsweise das Welthandelsrecht und Einzelfragen des Urheberrechts – bezogen[9] und in der Verbindlichkeit und Sanktionierbarkeit sehr

---

[5] Zu ihnen s. *Homeister*, Quantum Computing (2018).

[6] Zu Erscheinungsformen der Entterritorialisierung sowie auch möglicher Reterritorialisierung und der damit (insbesondere im öffentlichen Recht) verbundenen Probleme s. *Cornils*, Entterritorialisierung (2017); zum Befund von Entgrenzungen s. auch – statt vieler – *Vesting*, Digitale Entgrenzung (2017).

[7] Statt vieler *Ebers*, Regulierung (2020), Rn. 11 ff.

[8] Beispiele für Regelungen zu Big Data und KI im Bereich des Völkerrechts finden sich etwa bei *Ebers*, Regulierung (2020); *Burri*, Künstliche Intelligenz (2018).

[9] S. dazu statt vieler *Drexl*, Regulierung (2016).

begrenzt. Völkerrecht ist im vorliegend behandelten Regelungsfeld daher zur Zeit relativ funktionsarm.

Manche IT-Unternehmen versuchen, durch eine darauf ausgerichtete Wahl des Unternehmenssitzes in einem EU-Staat mit schwacher Regulierung – wie etwa beim Datenschutz: Irland – oder durch Aufsplitterung des Firmensitzes, aber auch durch Verlagerung von Tätigkeitsschwerpunkten auf andere Unternehmensteile eines Konzerns folgenreicher Regulierung auszuweichen. Darüber hinaus versuchen manche Unternehmen bzw. deren Verbände auch, Regulierung möglichst zu verhindern oder auf sie gestaltend einzuwirken sowie sie zu entschärfen.[10]

Auf den Bereich der EU oder einzelne Mitgliedstaaten begrenzte rechtliche Regulierungen können ggf. aber auch gegenüber transnational oder global tätigen IT-Unternehmen genutzt werden. Ein Beispiel ist Art. 3 DSGVO, der die räumliche Anwendbarkeit der DSGVO daran anknüpft, ob die Verarbeitung personenbezogener Daten „im Rahmen der Tätigkeiten einer Niederlassung eines Verantwortlichen oder eines Auftragsverarbeiters in der Union erfolgt, unabhängig davon, ob die Verarbeitung in der Union stattfindet".[11] [12] Es ist sinnvoll und es wurde auch schon davon Gebrauch gemacht, diesen Grundsatz (das sogenannte Marktortprinzip) zur Bestimmung der Maßgeblichkeit von EU- oder nationalem Recht über Datenschutz hinaus zu normieren. Weitere Vorkehrungen sind von der EU-Kommission geplant.[13]

Ein wichtiges Feld der Sicherung der Anwendbarkeit des EU- oder nationalen Rechts gilt der Zahlung von Steuern.[14] Die Entgrenzungen erleichtern es den Unternehmen bisher, der Steuererhebung auszuweichen, etwa durch Sitznahme in sog. Steueroasen oder durch Gewinntransfer in andere Unternehmen eines Konzerns. Die EU ist gegenwärtig um Gegenmaßnahmen bemüht.[15]

---

[10] Dazu s. etwa *Nemitz/Pfeffer*, Prinzip Mensch (2020), S. 172 ff.

[11] Näher dazu Simitis et al. (Hrsg.), Datenschutzrecht (2019). Mit der durch die DSGVO erfolgten Erweiterung des räumlichen Anwendungsbereichs europäischen Datenschutzrechts (Art. 3 DSGVO) sind Verbesserungen erfolgt. Eine entsprechende Ausweitung hatte der EuGH schon in der Google- Entscheidung (EuGH, Urteil vom 13.05.2014, EuGRZ 2014, 320 ff.) vorgenommen.

[12] Allerdings sichert diese Regelung allein noch nicht die erfolgreiche Durchsetzung ihres Anliegens. So hat der sächsische Datenschutzbeauftragte in seinem Tätigkeitsbericht für 2019 auf S. 109 darauf hingewiesen, dass seine Dienststelle Schwierigkeiten mit der Umsetzung gegenüber Unternehmen hat, die allein im EU-Ausland ansässig sind, wenn sie gegen die DSGVO verstoßen. Diese Schwierigkeiten bestehen insbesondere, wenn die Verantwortlichen keinen Vertreter nach Art. 27 DSGVO benannt haben. Hier müsste gegebenenfalls ein Amtshilfeverfahren und ein Vorgehen auf dem diplomatischen Wege über die Außenvertretung der Bundesrepublik eingeleitet werden. Dazu sähe er aber keine Möglichkeit.

[13] Zu Plänen für neue Regelungen s. u. § 19 C.

[14] Hierzu s. statt vieler *Marquardt*, Ertragsbesteuerung (2020), S. 192 ff., 332 ff. m. w. Hinw. S. ferner *Kokott*, Digitalsteuer (2019); *Bräuninger*, Digitalsteuer (2019).

[15] So haben sich das EU-Parlament und die Vertreter der Mitgliedstaaten zur Verbesserung der der Steuertransparenz im Juni 2021 auf eine Richtlinie verständigt, die eine Pflicht von

E. Transnationalität

Im Zuge der digitalen Transformation gibt es vielfältige die nationalen Grenzen überschreitende Entwicklungen und Aktivitäten. Handeln unter den Bedingungen von Transnationalität fordert den Umgang mit national/regional unterschiedlichen Erfahrungen, Entwicklungsständen, Kulturen und Denkgewohnheiten, aber auch ökonomisch und technologisch verschiedenen Strukturen und insbesondere diversen politischen Systemen. Rechtliche Lösungen zum Umgang mit den Voraussetzungen und Folgen der digitalen Transformation bedürfen darauf abgestimmter Formen der Kooperation, der wechselseitigen Rücksichtnahme und Unterstützung. Missverständnisse, aber auch grundsätzliche Dissense erschweren Lösungen.

F. Konvergenzen

Zu berücksichtigen sind neben Entgrenzungen vielfältige Konvergenzen,[16] die es erschweren können, den richtigen Anknüpfungspunkt für regulative Interventionen zu finden. So verschwimmt im IT-Bereich die Bedeutsamkeit von Grenzen zwischen Hardware, Software und Orgware, zwischen Anbietern und Nachfragern sowie zwischen Dienstleistungen und ihrem Transport unter Nutzung der IT-Infrastrukturen. Private und öffentliche Kommunikation werden verstärkt miteinander verwoben. Herkömmliche Vorstellungen über Privatheit und Öffentlichkeit erodieren, die Notwendigkeit von spezifischem Privatheitsschutz wird sogar zum Teil – so durch Anhängerinnen und Anhänger der sog. Post-privacy-Bewegung – bezweifelt.[17]

G. Zukunftsoffenheit

Regulative Ausgestaltungen werden auch dadurch erschwert, dass die technologische Entwicklung, insbesondere bei KI, in einem rasanten Tempo verläuft und nur schwer in den weiteren Abläufen und damit verbundenen Problemen, insbesondere den gesellschaftlichen Folgen i. w S., vorhersehbar ist. Das Ziel,

---

Konzernen mit Sitz in der EU oder in einem auf der sog. schwarzen Liste der Steueroasen vorsieht, öffentlich länderbezogen über konsolidierte Umsätze pro Geschäftsjahr Bericht zu erstatten, die sich auf mindestens 750 Millionen Euro belaufen. Die endgültige Zustimmung von Parlament und Ministerrat steht allerdings noch aus. Zum Inhalt des Vorschlags und zur Kritik daran s. Netzwerk Steuergerechtigkeit, https://www.netzwerk-steuergerechtigkeit.de/eu-macht-erste-schritte-fuer-mehr-steuertransparenz/, abgerufen 03.10.2021.

[16] Zu ihnen s. statt vieler (am Beispiel des Internets) *Pille*, Meinungsmacht (2016), S. 55–58.

[17] Dazu s. statt vieler *Heller*, Post-privacy (2011). Kritisch zu einer solchen Position *Schaar*, Privatsphäre (2007). Differenzierend: *Klar*, Privatsphäre (2013); *Boehme-Neßler*, Zwei Welten (2015), S. 24–27. Zur Problematik s. auch die Beiträge in: Hill/Schliesky (Hrsg.), Privatheit (2014).

wünschenswerte Innovationen zu ermöglichen oder gar zu stimulieren, gerät verstärkt in Konflikt mit dem weiteren Ziel, damit verbundene Risiken zu vermeiden. Dies kann vermehrt prospektive und retrospektive Folgenabschätzungen nicht nur des Technikeinsatzes selber, sondern auch weiterer Konsequenzen erfordern. Umso mehr sollte im Rahmen des Möglichen für die Revidierbarkeit innovativer Prozesse und Ergebnisse für den Fall gesorgt werden, dass unerwünschte Folgen eintreten oder die erwünschten sich noch nicht genügend entfalten können.

H. Transparenzen/Intransparenzen

Das in dieser Untersuchung mehrfach als besonders wichtig herausgestellte Sicherung von Transparenz bzw. das Problem begrenzter Transparenz oder gar das der Intransparenz der Vorgehensweise beim Einsatz algorithmischer Systeme wirkt sich insbesondere hinsichtlich der Verantwortlichkeit, Kontrollierbarkeit und Revidierbarkeit aus und hat daher erheblichen Anteil an der Entwicklung der Machtverhältnisse im Zuge der digitalen Transformation. Nähere Ausführungen dazu folgen später (§ 20 C V). Andererseits ermöglichen digitale Techniken verbesserte Einblicke in Strukturen und Entwicklungen sowie Erklärungen bestimmter Vorgänge, also auch erhebliche Verbesserungen von Transparenz.

I. Erfassung von und Vertrauen auf Korrelationen, nicht auf Kausalitäten

Für einen Großteil rechtlich erheblicher Fragen sind bisher Kausalfeststellungen wichtig, etwa zur Klärung von Verantwortlichkeit und daran angeknüpfte Haftung. Die Feststellung von Kausalzusammenhängen ist schon für Menschen schwierig, jedenfalls bei komplexen Sachverhalten und nicht leicht zugänglichen oder gar unbekannten Faktoren der Entwicklung eines Geschehens. Auch bei der Rechtsanwendung kann vielfach nicht von gesicherten Kausalzusammenhängen ausgegangen werden, sondern es muss dann unter Unsicherheit entschieden werden. Deshalb hat die Rechtsordnung auch besondere Formen der Entscheidungserleichterung entwickelt. Rechtsanwendern ist es ggf. gestattet, Entscheidungen auf der Basis von bloßen Erfahrungswerten und daraus abgeleiteten Annahmen über die Wahrscheinlichkeit von vergangenen Abläufen oder über Prognosen für zukünftige Entscheidungsverläufe zu treffen, auch wenn keine befriedigenden kausalen Erklärungsmodelle existieren.[18] Von hoher

[18] So *Wischmeyer*, Regierungs- und Verwaltungshandeln (2020), Rn. 47; *Rademacher*, Predictive Policing (2017), S. 388 ff.

Bedeutung sind insbes. die Regeln über die Zuteilung der formellen und materiellen Beweislast[19] oder die Ermächtigung zur Entscheidung nach persönlicher (etwa richterlicher) Überzeugung betr. die Kausalität· Grundsätzlich aber gilt als Ziel, Kausalzusammenhänge möglichst aufzuklären und Verantwortlichkeiten mit Kausalitätsannahmen zu untermauern.

Da algorithmische Systeme nicht in der Lage sind, Kausalzusammenhänge zu erfassen, arbeiten sie stattdessen mit Korrelationen[20] unter Verarbeitung erkannter Muster[21] und von Annahmen über statistische Signifikanz.[22] Tauchen mehrere Eigenschaften vielfach miteinander auf, korrelieren sie also in diesem Sinne, ist damit allerdings nicht festgestellt, dass die eine Eigenschaft die andere bedingt – also ein Kausalzusammenhang besteht. So kann es sich um eine Scheinkorrelation handeln.[23]

Problematisch kann es sein, wenn Aussagen über das schon erfolgte oder zu erwartende Verhalten von Personen auf der Grundlage von Korrelationen ermittelten Gruppenwahrscheinlichkeiten getroffen werden. Ein Beispiel dafür ist das so genannte Scoring, bei dem einer bestimmten Person eine Eigenschaft (etwa Kreditunwürdigkeit) zugeschrieben wird, nicht etwa weil dies im Hinblick auf diese Person tatsächlich festgestellt worden ist, sondern weil sie einer Gruppe angehört, bei deren Mitgliedern diese Eigenschaft auf der Basis von Korrelationen angenommen wird.

Die Unterschiedlichkeit von Kausalität und Korrelation schließt allerdings nicht grundsätzlich aus, in der Rechtsanwendung auf Korrelationen zu vertrauen. Auf Korrelationen beruhende Feststellungen und Prognosen können in ihrer Aussagekraft kausalbasierten Annahmen von Menschen über Gegebenheiten und zukünftige Entwicklungen überlegen sein. Dies insbesondere dank der Möglichkeit, durch den Einsatz algorithmischer Systeme, insbes. von KI, mehr und vielfältigere Informationen verarbeiten zu können als Menschen – und dies auch regelmäßig schneller. Für das Rechtssystem ist es dennoch eine Herausforderung, von dem bisherigen Kausalitätsparadigma Abstand zu nehmen und auf die von (häufig intransparenten) algorithmischen Systemen erarbeiteten strukturell andersartigen Korrelationen zu vertrauen.

---

[19] Zu diesen Rechtsfiguren s. statt vieler *Baumgärtel/Laumen/Prütting*, Beweislast (2019).

[20] S. dazu *Mayer-Schönberger/Cukier*, Big Data (2013), S. 14f., 163.

[21] Zur Bedeutung der Mustererfassung s. o. § 3 C.

[22] S. etwa *Ebers*, Regulierung (2020), Rn. 16ff.

[23] Zum Risiko von Scheinkorrelationen *Ebers*, Regulierung (2020), Rn. 20 m. w. Nachw. in Fn. 43.

J. Innovationsoffenheit und Innovationsverantwortung im Konflikt

Digitale Techniken und deren Einsatz zur Lösung von Problemen und die damit ausgelöste digitale Transformation sind angestoßen und begleitet von einer Vielzahl und Vielfalt von Innovationen höchst unterschiedlicher Dimensionen. Ausgangspunkt von Innovationen im Bereich der Digitalisierung sind die technologischen Innovationen, die bei ihrer Anwendung in verschiedenen gesellschaftlichen Bereichen zu erheblichen sozialen Innovationen führen oder doch führen (können). Mit dem Begriff der sozialen Innovationen sollen – wie schon erwähnt (s. o. § 1 D a. E) – insbesondere gesellschaftliche, kulturelle, politische, aber auch rechtliche Innovationen erfasst werden, etwa veränderte Geschäftsmodelle, Organisationsformen, Werthaltungen, Lebensweisen, neue rechtliche Instrumente und Regulierungsmodi, aber auch grundlegende Änderungen in den sozialen Verhältnissen.

Der Möglichkeitsraum für Innovationen wird durch technische und kulturelle Rahmenbedingungen und dabei auch durch Recht beeinflusst. Insbesondere in einem Rechtsstaat stellt die Sicherung von Freiheit eine wichtige Grundlage für die Entstehung von Innovationen dar, einmal als Ausprägung einer liberalen Gesellschaftsordnung, aber auch als Impuls zur Nutzung von Kreativität und Experimentierfreudigkeit der Menschen. Das Recht ist insofern eine wichtige Voraussetzung für die Sicherung von Innnovationsoffenheit,[24] das heißt, für die Ermöglichung und gegebenenfalls Stimulierung, aber auch Tolerierung von Innovationen und damit für die Nutzung der mit Innovationen verbundenen Potenziale. Die Europäische Union, aber auch deren Mitgliedsstaaten wie Deutschland verstehen sich als Innovationsgemeinschaften und verfolgen aktiv das Ziel der Innovationsförderung. Gleiches gilt für viele internationale Organisationen wie etwa die Welthandelsorganisation, die Weltbank oder die OECD.

Insofern muss aber auch berücksichtigt werden, dass mit Innovationen Risiken für Lebensperspektiven, Rechtsgüter und Interessen unterschiedlicher Art verbunden sein können. In einem sozialen Rechtsstaat sind nicht Innovationen als solche – egal welcher Art und welcher Wirkung für Dritte – erstrebenswert. Anzustreben ist vielmehr eine Qualität von Innovationen, die neben Potentialen für Besserungen auch Vorkehrungen gegen Risiken enthalten. Dabei geht es nicht nur um den Schutz materieller Güter, sondern auch um den „postmaterieller“ Werte wie Freiheit, Gesundheit, Umweltschutz, Bildung, Nichtdiskriminierung.

Aus rechtlicher Sicht ist erstrebenswert die Sicherung normativ erwünschter Innovationen unter Vermeidung von normativ unerwünschten Innovationsfolgen. Für die Beachtung beider Dimensionen steht der Begriff der Innovations-

---

[24] *Hoffmann-Riem*, Innovation (2016), S. 29; *ders.*, Innovationsoffenheit (2006), S. 255 ff.

verantwortung.[25] Staatliche Innovationspolitik sollte um beide Pole – Innovationsoffenheit wie Innovationsverantwortung – bemüht sein. Es liegt im Übrigen auch im Interesse privater Innovatoren und der Anwender von Innovationen bei der angemessenen Justierung von Chancen und Risiken mitzuwirken, dies auch als Grundlage für die Akzeptanz von Neuerungen in der Gesellschaft.

[25] *Hoffmann-Riem*, Innovation (2016), S. 30; *ders.*, Innovationsoffenheit (2006), S. 255 ff.

§ 10 Insbesondere: Vermachtungen im IT-Bereich

A. Besonderheiten der IT-Ökonomie

Eine besondere Hürde für eine erfolgreiche Ausgestaltung der rechtlichen Rahmenbedingungen der Digitalisierung stellen die in diesem Bereich bestehenden Vermachtungen und damit verbundene Machtasymmetrien dar (s. schon o. § 3 B). Dies kann ich hier allerdings angesichts der Vielfalt der betroffenen Strukturen nicht differenziert für unterschiedliche Sektoren der Digitalisierung darstellen. Ich gehe stattdessen am Beispiel der IT-Ökonomie – oder genauer der Plattformökonomie – auf Erklärungsansätze ein, auf die im Folgenden mehrfach zurückgegriffen wird.

Die Digitalisierung hat erheblichen Einfluss auf den ökonomischen Wettbewerb, etwa aus Anlass der Entwicklung neuer Produkte, der Optimierung von Produktionsprozessen, der auf Kundeninteressen abgestimmten (personalisierten) Preisgestaltung[1] oder des Aufbaus neuartiger Lieferketten sowie auf den Online-Handel (E-Commerce).[2] Zugleich aber entstehen neue Möglichkeiten zur Schaffung von Macht bis hin zur Oligopolisierung und Monopolisierung einzelner Märkte oder zur Kartellbildung und zu marktmissbräuchlichen Verhaltensweisen.[3] Insbesondere die grenzüberschreitenden Möglichkeiten digitaler Techniken und digitaler Dienste haben den Aufbau von Machtpositionen verstärkt, nicht nur, aber besonders intensiv in den Handlungsfeldern der IT-Pattformen. Spitzenreiter der mächtigsten Unternehmen/Konzerne der Welt (mit vielfach schnellen Gewinnexplosionen) sind Apple, Amazon, Microsoft, Google/Alphabet, Facebook, Samsung.[4], [5] Diese und andere haben es ge-

---

[1] Beispielsweise werden Algorithmen zur Preisbeobachtung, für Preisempfehlungen, für Preissetzungen und zur Berechnung personalisierter Preise eingesetzt, s. dazu *König*, Wettbewerbsrecht (2020), S. 546 f.

[2] Zu eingehenden Analysen – wenn auch nicht mehr in jeder Hinsicht aktuell – s. Monopolkommission, Digitale Märkte (2015).

[3] S. statt vieler.; *Schweitzer et al.*, Modernisierung der Missbrauchsaufsicht (2018); *Crémer et al.*, Competition policy (2019); *Dolata*, Plattform-Regulierung (2019); *König*, Wettbewerbsrecht (2020), S. 544 ff.

[4] S. die Auflistung von Focus Money Online v. 20.10.2012. S. ferner die Angaben bei *Dolata*, Plattform-Regulierung (2019), S. 189.

[5] Es gibt aber weitere machtstarke Akteure, seit einigen Jahren etwa die insbesondere auf elektronischen Handel spezialisierte chinesische Alibaba-Group.

schafft, in wichtigen Teilmärkten globale Quasi-Monopole zu bilden und weitere Marktsegmente – auch crossmedial – zu besetzen.[6]

Erklärungen für die Konzentration von Marktmacht im IT-Bereich finden sich insbesondere in Analysen zur Internetökonomie bzw. Plattformökonomie.[7] Die in der Wirtschaftswissenschaft herausgearbeiteten Besonderheiten in den Marktstrukturen betreffen insbesondere vier Themenfelder.

I. Netzwerkeffekte

Gegenstände der hier erfassten ökonomischen Betätigung sind sogenannte Informationsgüter. Mit ihnen sind Netzwerkeffekte verbunden.[8] Für diese Güter ist typisch, dass selbst bei hohen Fixkosten ihrer Erstellung die Durchschnittskosten der Informationserzeugung und -vervielfältigung unendlich fallen, da bei der zusätzlichen Verarbeitung nur geringe variable Kosten entstehen und die Güter sich beim Konsum nicht oder weitgehend nicht verbrauchen, also weiter genutzt werden können. Erfolgt die Nutzung von Netzwerkgütern über Kommunikationsnetze ist ferner von Bedeutung, dass diese Güter für die Konsumenten und vor allem für die Unternehmen einen umso höheren Nutzen haben, je größer die Zahl derjenigen ist, die bereits mit dem Netz verbunden sind und es nutzen. Hier spricht man von den direkten Netzeffekten, die erfolgreichen Unternehmen exponentielle Wertsteigerungen ermöglichen. Hinzu können indirekte Netzeffekte treten, die nicht durch unmittelbare Kommunikationsbeziehungen entstehen, sondern durch die Einschaltung Dritter – etwa Unternehmen der Werbewirtschaft –, die bei steigenden Konsumentenzahlen ebenfalls erhebliche Vorteile aus der Nutzung von Daten – etwa für Werbezwecke – ziehen können. Netzgüter ermöglichen sogenannte Skalenvorteile.

II. Konglomerateffekte

Erfolgreiche Unternehmen haben – dies ist der zweite Aspekt – bei hohen Gewinnen die Möglichkeit, unter Rückgriff auf diese in benachbarte oder weiter entfernte – nicht notwendig auf den IT-Bereich begrenzte – Tätigkeitsbereiche vorzudringen und auf diese Weise die Marktposition wechselseitig zu verstärken (Konglomerateffekte). Die Kombination verschiedener Produkte und Dienste kann deren Wert für die Nutzer erhöhen, sie kann aber auch zu Markt-

---

6 Zu den jeweils zugrunde liegenden Geschäftsmodellen s. *Nemitz/Pfeffer*, Prinzip Mensch (2020), S. 53 ff.

7 Hierzu s. Peters, Internet-Ökonomie (2010); *Clement/Schreiber/Bossauer/Parkusch*, Internet-Ökonomie (2019).; *Zuboff*, Überwachungskapitalismus (2018); *Volmar*, Digitale Marktmacht (2019), S. 73 ff., 85 ff., 139 ff., 124 ff.; *Podszun*, Regulierung von Online-Plattformen (2020), S. 10 ff., 40 ff.

8 Zu ihnen s. statt vieler Engert, Regelungen (2013), m. w. Hinw. auf wirtschaftswissenschaftliche Literatur und Problemen rechtlicher Regulierung. Mit besonderem Bezug auf die Plattformökonomie: *Podszun*, Regulierung von Online-Plattformen (2020), S. 10 ff.

verschließungen führen mit der Folge, dass Wettbewerb unterbunden wird. Dies lässt sich insbesondere an den Erweiterungsstrategien der globalen IT-Unternehmen ablesen, die ihre Marktmacht durch Bündelung und Diversifizierung ausbauen (sog. Hebelung von Marktmacht) oder sich neue Märkte erschließen. [9]

Zusätzlich gibt es Ansätze, in Märkten Fuß zu fassen, in denen es nicht nur gute Gewinnchancen gibt, sondern in deren Rahmen weitere Funktionen der Einflussnahme wahrgenommen werden können. Die Schaffung der Kryptowährung Diem durch Facebook[10] deutet beispielsweise auf das Vorhaben, auch das Geschehen am Finanzmarkt zu beeinflussen.

III. Mehrseitigkeit der Märkte

Ein dritter wichtiger Effekt ist die Mehrseitigkeit der Märkte,[11] nämlich die Möglichkeit der Verknüpfung der Tätigkeiten unterschiedlicher Akteure mit unterschiedlichen Betätigungsfeldern. So können Plattformbetreiber, Konsumenten, Werbetreibende und Content-Provider in aufeinander bezogenen unterschiedlichen Betätigungsfeldern tätig werden und es gibt Möglichkeiten, ökonomische Austauschbeziehungen in asymmetrischer Weise auszubilden.

Dies lässt sich beispielsweise an dem Dreiecksverhältnis zwischen einer Suchmaschine, den Nutzern und den Werbetreibenden beobachten. Im Bereich des Internets hat es sich eingebürgert, dass viele Leistungen scheinbar unentgeltlich erbracht werden, das heißt ohne eine in Geld ausgedrückte Gegenleistung der Nutzer. Diese erbringen gegenüber dem Suchmaschinenbetreiber allerdings durchaus Gegenleistungen, und zwar schon dadurch, dass sie den digital vermittelten Inhalten von Angeboten – darunter der darin enthaltenen Werbung – Aufmerksamkeit zuwenden. Diese wird vielfach zugleich auf diverse weitere Inhalte gelenkt, sodass den auf der Plattform werbetreibenden Unternehmen Werbungschancen eingeräumt werden. Dafür leisten die Werbeunternehmen ein Entgelt an das IT-Unternehmen. Vor allem aber eröffnen die Nutzer den Unternehmen die Möglichkeit, die beim Kommunikationsvorgang anfallenden Daten (insbesondere Verbindungsdaten und Inhaltsdaten), gegebenenfalls auch die in den Kommunikationsinhalten auffindbaren weiteren Informationen, zu erheben, zu speichern und nicht nur für die Optimierung des eigenen Angebots, sondern auch für andere Zwecke zu verwerten. Darüber hinaus erlangen und erhalten sie vielfach auch die Einwilligung der Nutzer, dass sie die Daten an mit

---

[9] Dazu s. etwa *Rolf/Sagawe*, Spinnennetze (2015).

[10] Dazu s. Diem Association, White Paper (2020) unter https://www.diem.com/en-us/white-paper/#whats-next, abgerufen am 07.10.2021. Die EU-Kommission plant, Kryptowährungen streng zu regulieren, insbes. im Interesse des Verbraucherschutzes, aber auch zur Bekämpfung von Geldwäsche und der Terrorismusfinanzierung.

[11] Allgemein dazu s. *Reiss/Günther*, Mehrseitige Märkte (2010); *Cennamo/Santaló*, Platform Competition (2013).

ihnen verbundene Unternehmen oder an Dritte – meist gegen ein Entgelt – zur Verarbeitung weitergeben können. Die Daten können dann mit anderen dem jeweiligen Unternehmen verfügbaren Daten kombiniert und für weitere Zwecke genutzt werden.[12]

Möglichkeiten der Erlangung von Daten bestehen beispielsweise aus Anlass der Nutzung von Suchmaschinen, aber auch der sozialen Medien allgemein. Daten werden auch verfügbar, wenn Nutzer sich in Medien wie Instagram oder TikTok selbstdarstellen oder über Facebook mit anderen Personen „Likes" austauschen.

Unter Nutzung der beschriebenen ökonomischen Besonderheiten können Machtpositionen gefestigt und mit Hilfe der hohen Gewinne immer weiter ausgebaut werden, so dass Chancen einer Korrektur über Marktkräfte kaum bestehen. Zum Ausbau von Macht trägt auch der Aufkauf innovativer und zukunftsweisender Startups sowie von Unternehmen aus anderen Wirtschaftsbereichen mit anderen Produkten bei. Die dadurch bedingte Machtakkumulation ist bisher nicht durch hinreichend wirksame Maßnahmen der hoheitlichen Fusionskontrolle – etwa durch eine deutliche Erweiterung der Aufgreiftatbestände – eingeschränkt worden.

IV. Schaffung integrierter Märkte

Verwiesen sei auch auf die Vernetzung und Schaffung integrierter Märkte. Dabei werden beispielsweise durch die Erschließung „smarter" Techniken Effizienzen möglich, etwa durch die Vernetzung von Energieversorgung, Haushaltsgeräten, Licht und Heizung. Auch Lieferketten, also die Integration einer Vielzahl von Lieferbeziehungen in einem Netzwerk, ermöglichen Effizienzsteigerungen mit ökonomischen Effekten.[13]

B. Asymmetrische Tauschbeziehungen zwischen IT-Unternehmen und Nutzern der Dienste

Sämtliche der soeben geschilderten Besonderheiten sind den Unternehmen der Plattformökonomie zugutegekommen und von ihnen strategisch genutzt worden.[14] Im Folgenden soll ein spezifischer Aspekt des Verhältnisses der Unternehmen zu den Nutzern ihrer Dienste angesprochen werden.

Die bei der Inanspruchnahme von Leistungen der IT-Plattformen durch Private anfallenden, von den Unternehmen anschließend wirtschaftlich verwerte-

[12] Zu den vielfältigen Möglichkeiten und den dadurch Machtsteigerungen s. *Zuboff*, Überwachungskapitalismus (2018).

[13] Zum Vorstehenden *Podszun*, Regulierung von Online-Plattformen (20D20), S. 16f.

[14] Dazu s. aus der reichhaltigen Literatur etwa *Nemitz/Pfeffer*, Prinzip Mensch (2020), S. 69ff.

ten Verbindungs- und Inhalts- sowie anderen Daten sind eine wichtige Basis der Unternehmen.[15] [16] Für die Ermöglichung der Verwertung der bei der Inanspruchnahme der von den Unternehmen angebotenen Leistungen – etwa der Antwort auf eine Suchanfrage – anfallenden Daten werden die Nutzer durch die Unternehmen nicht finanziell entgolten. Immerhin können sie die von ihnen angestrebten Dienste entgeltfrei nutzen.[17] Dafür erbringen sie – wie erwähnt – eine Gegenleistung, nämlich die Einwilligung in die Ausforschung von Daten (sofern die DSGVO eine solche Einwilligung erfordert). Die Verarbeitung kann durch das Unternehmen selbst erfolgen und – wie ebenfalls schon erwähnt – auch in dem Weiterverkauf der Daten an Dritte, etwa an Unternehmen der Werbewirtschaft, bestehen, die sie weiterverarbeiten.

Der Austausch von Leistung und Gegenleistung erfolgt, ohne dass der private Nutzer konkrete Informationen über die Kosten der von dem Unternehmen an ihn erbrachten Leistung – etwa die Kosten der Erstellung einer Antwort auf eine Suchanfrage – sowie über die ermöglichte Wertschöpfung bei der Datenverwertung durch das Unternehmen hat. Der Nutzer verfügt ungeachtet der Transparenzvorgaben und Informationspflichten der DSGVO (insbesondere Art. 12 ff.) regelmäßig nicht einmal über konkrete und aussagefähige Informationen über die vorgesehenen Datenverwertungen, so dass keine Basis zur Einschätzung des Werts besteht. Insbesondere sind die jeweiligen Werte nicht in Gestalt von Preisen abgebildet und es besteht auch kein anderer Vergleichsmaßstab als Basis der Bewertung von Leistung und Gegenleistung.

Zuzugeben ist, dass die Angabe eines Preises für die Datenfreigabe höchst schwierig ist.[18] Daten haben für sich betrachtet keinen ökonomisch leicht messbaren oder gar einheitlichen Wert. Ihr Wert hängt ab von den mit ihrer Hilfe transportierten Informationen, den Kontexten ihrer Nutzung, den vom Daten verarbeitendem Unternehmen erbrachten Eigenleistungen sowie den Möglichkeiten zur Verwertung der digitalen Produkte (etwa als Vorhersageprodukte) am Markt.

Diese Besonderheiten erschweren es, den Wert der von den Nutzern bereitgestellten Leistungen in ähnlicher Weise wie sonst in Märkten als Maßstab einer

[15] Angaben zur ökonomischen Stärke dieser Unternehmen bei *Dolata*, Plattform-Regulierung (2019), S. 189.

[16] Zur Verstärkung von so genannten Spiraleffekten der Datennutzung durch eine erfolgreiche Plattform s. *Podszun*, Regulierung von Online-Plattformen (2020), F 14.

[17] Zu Alternativen dieser für die Nutzer keineswegs vorteilhaften Konstruktion vgl. *Jöns*, Daten als Handelsware (2016), S. 41 ff.; *Hacker/Petkova*, Big Data (2017), S. 16 ff. Zu den umstrittenen Fragen gehört auch die nach Folgen einer Umwandlung von personenbezogenen Daten in Handelsware.

[18] Instruktiv der (im Rahmen einer auf Steuerrecht bezogenen Untersuchung erfolgende) Versuch von *Winterhalter/Niekler*, Trilemma (2020), S. 277, eine Aufteilungsmethode unter Differenzierung der Anteile von Daten, algorithmischen Systemen u. ä. zu entwickeln. Zur Bestimmung des Werts von Daten im Rahmen privatrechtlicher, datenbezogener Ansprüche s. *Nissen*, Wert von Daten (2021).

gerechten Zuordnung einzusetzen. Die Verfügbarkeit eines Maßstabs – meist in Gestalt von Preisen und damit mit der Möglichkeit eines Preisvergleichs – ist andererseits typisch für die Funktionsweise von Märkten. Nach der in den Wirtschaftswissenschaften entwickelten Preistheorien haben Preise eine wesentliche Orientierungsfunktion und bilden die Grundlage für weitere Funktionen der Sicherung der Leistungsfähigkeit und der wettbewerblichen Selbststeuerung von Märkten. Genannt werden üblicherweise als Funktionen von Preisen: Ihre Koordinationsfunktion, Verteilungsfunktion, Signalfunktion sowie Lenkungs- und Allokationsfunktionen.[19] Auf die Wirkkraft solcher Funktionen wird bei der Behandlung der Nutzerdaten als Gegenleistung verzichtet. Wäre bei der Entwicklung der Internetökonomie anders vorgegangen und der Preismechanismus in der Beziehung zwischen den Unternehmen und den Nutzern als Marktregulator eingesetzt worden, hätte sich die Internetwirtschaft mit hoher Wahrscheinlichkeit anders, nämlich ohne eine Vermachtung in dem jetzt bestehenden Ausmaß entwickelt.

Zurück zur aktuellen Lage: Die Nutzer der Dienste der IT-Intermediäre können zwar ungefähr einschätzen, was ihnen persönlich die vom Unternehmen gewährte Leistung (ökonomisch, emotional oder in anderer Hinsicht) wert ist. Sie haben allerdings Schwierigkeiten, den Wert ihrer Leistung für die Marktgegenseite zu erkennen. Deshalb haben sie kaum eine Chance, diese Leistung und die Gegenleistung des IT-Unternehmens realistisch gegeneinander abzuwägen und auf dieser Grundlage eine informierte Entscheidung über die Erteilung der Einwilligung zu treffen[20] oder bei einem Missverhältnis einen Ausgleich – etwa durch ein Entgelt oder eine andere Option[21] – zu fordern.

Allerdings haben die EU durch die „Richtlinie über bestimmte vertragsrechtliche Aspekte der Bereitstellung digitaler Inhalte und digitaler Dienstleistungen“[22] und Deutschland durch das Gesetz zur Umsetzung dieser Richtlinie[23] die Stellung der Nutzer als Verbraucher gestärkt. Verbraucherschutzrechtliche Regeln „für die Bereitstellung digitaler Inhalte und digitaler Dienstleistungen (digitale Produkte)“ wurden in das BGB eingebaut, s. insbes. §§ 312 Abs. 1, 327 ff.[24] Digitale Inhalte sind beispielsweise Computerprogramme, Videospiele oder Audiodaten. Zu den digitalen Dienstleistungen zählen beispielsweise Stre-

---

[19] S. statt vieler *Lenk*, Preistheorie (2017), S. 103.

[20] Zur Kritik an dieser Situation und zu Alternativen s. *Snower*, Interview (2020).

[21] S. dazu etwa *Jöns*, Daten als Handelsware (2016), S. 75.

[22] Richtlinie (EU) 2019/770 des Europäischen Parlaments und des Rates v. 20.5.2019 über bestimmte vertragsrechtliche Aspekte der Bereitstellung digitaler Inhalte und digitaler Dienstleistungen, ABl. Nr. L 136, S. 1 ff.

[23] Gesetz zur Umsetzung der Richtlinie über bestimmte vertragsrechtliche Aspekte der Bereitstellung digitaler Inhalte und digitaler Dienstleistungen vom 25.06.2021, BGBl. 2021 I, S. 2123.

[24] Zu dem Inhalt des Gesetzentwurfs und der Interpretation seiner Regeln s. *Spindler*, Digitale Inhalte (2021). S. zum Thema auch *Staudenmayer*, Digitales Privatrecht (2019).

amingdienste, Cloudcomputing. Infolge der Neuregelung tritt das Verbraucherschutzrecht des BGB – als mit Rücksicht auf die Digitalisierung zum Teil neu gestaltetes Schutzrecht – zu dem Datenschutzrecht hinzu.

Die Neuregelung bedingt u.a. verstärkte Aufklärungs- und Informationsplichten der Anbieter der Leistungen über die Art der genutzten Daten und die Zwecke, für die sie verwendet werden. Erfasst werden Verbraucherverträge, bei denen der Verbraucher für digitale Inhalte bzw. Dienstleistungen dem Unternehmen gegenüber zur Zahlung eines Preises verpflichtet ist, aber auch Fälle, in denen der Verbraucher dem Unternehmen personenbezogene Daten bereitstellt oder sich hierzu verpflichtet. Hinzugefügt wird: „Dies gilt nicht, wenn der Unternehmer die vom Verbraucher bereitgestellten personenbezogenen Daten ausschließlich verarbeitet, um seine Leistungspflicht oder an ihn gestellte rechtliche Anforderungen zu erfüllen, und sie zu keinem anderen Zweck verarbeitet" (§ 312a Abs. 1a BGB) Nicht umfasst sind daher beispielsweise Daten wie die Internetadresse oder Angaben über Rechnungsdaten für steuerliche Zwecke. Gesetzlich werden die Daten im Übrigen wie ein Entgelt für die Erbringung der Leistung des Unternehmens behandelt. Wieweit die Novellierung des BGB die Stellung der Nutzer nachhaltig verbessern wird, bleibt abzuwarten. Hilfen zur Einschätzung des Werts der erbrachten Leistung sind jedenfalls eben so wenig vorgesehen wie spezifische Vorteile für den Nutzer aus der Qualifizierung der Datenfreigabe als Entgelt.

Soweit Nutzer verlangen wollten, als Gegenleistung für die Bereitstellung ihrer Daten anteilig an dem vollen wirtschaftlichen Nutzen teilzuhaben, den das IT-Unternehmen erreicht, wäre dies allerdings regelhaft nicht gerechtfertigt. Die Bereitstellung der personenbezogenen Daten bewirkt nämlich meist nur einen vergleichsweise begrenzten Anteil an der möglichen Wertschöpfung des Unternehmens. Die Gewinne der IT-Unternehmen beruhen regelmäßig auch auf anderen Umständen. Dazu gehören die zusätzliche Verarbeitung von Daten auch anderer Nutzer oder solcher aus gänzlich anderen Quellen sowie der Einsatz der vom Unternehmen für das von ihm betriebenen Geschäftsmodell genutzten Technologien und aus früheren Verarbeitungen gewonnene Informationen (etwa Vorhersagedaten). An der Wertschöpfung können daher viele andere Faktoren als die Datenbereitstellung durch einen spezifischen Nutzer einer Leistung einen Anteil haben.

Anders als der Nutzer verfügt das Unternehmen allerdings regelmäßig über Möglichkeiten, den durch die Verwertung der Daten für eigene Zwecke oder durch Verkauf der Daten eingeräumten wirtschaftlichen Wert zu ermessen.

C. Wirtschaftliche Macht als Basis gesellschaftlicher Macht und der Ruf nach dem Abbau der Machtasymmetrien

Die durch die digitale Transformation und die besonderen Bedingungen der IT-Märkte ermöglichte Macht privater Konzerne/Unternehmen wird in der Politik, in öffentlichen Diskursen und in der Wissenschaft als problematisch wahrgenommen. Sie ist ja nicht nur wirtschaftliche Macht, sondern zugleich eine Macht insbesondere über und durch Informationen und damit auch zur Beeinflussung der Erfahrungen, der Werte und des Verhaltens der Individuen mit erheblichen Auswirkungen auf die Funktionsweisen gesellschaftlicher und staatlicher Institutionen.[25]

Während der Staat zunehmend transparenter geworden ist, befinden sich die den privaten Unternehmen verfügbaren Machtmittel – in Gestalt der großen Datenschätze, der zu ihrer Auswertung und ihrem Einsatz eingesetzten digitalen Technologien sowie der vielfältigen und vielfach miteinander verknüpften Handlungsfelder und Akteure – eher in einem Arkanbereich.[26]

Den gestiegenen Machtgewinnen von privaten Unternehmen stehen Hoheitsträger gegenüber, die einen Teil ihrer Macht im Laufe der Geschichte an die Gesellschaft abgegeben haben. Dies ist auch eine Folge der in Deutschland und vielen anderen Staaten erfolgten Etablierung demokratischer Ordnungen und des Ausbaus rechtsstaatlicher Bindungen und diverser Möglichkeiten zur Wahrnehmung demokratischer Mitwirkungsrechte. Es folgt aber auch daraus, dass früher staatlich wahrgenommene Aufgaben privatisiert wurden.

Rechtsstaatliche Demokratien sind nicht gehindert, sondern aufgrund ihrer Gewährleistungsverantwortung (s.u. § 11) verpflichtet, für eine rechtliche Einhegung von Macht zu sorgen, soweit durch Machteinsatz Individual- und/oder Gemeinwohl gefährdet werden. Dabei ist im vorliegenden Zusammenhang von Bedeutung, dass es sich im Kern um Marktmacht handelt. Die Wertschätzung des Marktes als Governancemodus beruht insbesondere auf der Annahme, dass die Mechanismen von Angebot und Nachfrage – insbesondere durch die Wirkungsweise von Preisen – selbstregulative Kräfte der Machtmäßigung freisetzen. Das aber ist – wie unter B gezeigt – in dem hier behandelten Bereich nicht der Fall. Hinzu kommen die sonstigen Besonderheiten der IT-Ökonomie (s.o. A, B). Eine Folge ist, dass die selbstregulativen Kräfte des Marktes auf den Plattformmärkten weitgehend versagen.

Strukturell bedingte Hindernisse der selbstregulativen Begrenzung von Macht sind grundsätzlich ein Anlass für die Rechtfertigung hoheitlicher Inter-

---

[25] Zu solchen Erscheinungen s. aus der reichhaltigen Literatur statt vieler *Zuboff*, Überwachungskapitialismus (2018); *Rolf*, Weltmacht (2018); *Volmar*, Digitale Marktmacht (2019), insbes. S. 224 ff.; *Stark/Stegmann*, Threat to Democracy? (2010).

[26] Plastisch zu der Entstehung von Arkanbereichen *Barczak*, Digitalordnung (2010), S. 997 ff.

vention durch Schaffung eines regulativen Rahmens, insbesondere in Gestalt von gesetzlichen Vorgaben, hier solchen zur Einhegung der Macht und zur Verhinderung ihrer missbräuchlichen Nutzung.[27] Daran aber hat es bei der Entstehung und Entwicklung der IT-Märkte weitgehend gefehlt. Dies hat es den jetzt machtstarken IT-Unternehmen ermöglicht, binnen relativ kurzer Zeit ihre Macht weiter auszubauen. Vergleichbare Entwicklungen gibt es in keinem anderen Bereich.

Immerhin sind die EU und die Mitgliedsstaaten gegenwärtig bemüht, sich dem Problem stärker zu stellen. Darauf wird zurückzukommen sein (s. u. § 19). Dass dieses Umdenken so spät erfolgt, ist allerdings ein großes Hindernis bei der Erreichung des erstrebten Erfolgs.

[27] S. – statt vieler – mit einer Fülle von Anregungen: *Cornils*, Designing Platform Governance (2020).

§ 11 Aufträge zur Gewährleistung des Schutzes individuell und kollektiv bedeutsamer Güter durch Recht

A. Gewährleistung des Individual- und des Gemeinwohls als Auftrag

Die Ausführungen in diesem Buch betreffen – wie schon mehrfach betont – sowohl Aktivitäten zur Verwirklichung der Potentiale/Chancen der Digitalisierung als auch Aktivitäten zur Vermeidung und Minimierung von Risiken oder Reaktionen auf schon verwirklichte Risiken. Auf beides Einfluss zu nehmen ist von dem an nationale (hier deutsche) Staatsorgane, aber auch an Organe der EU gerichteten Auftrag zur Gewährleistung des Gemeinwohls, insbesondere des Schutzes individuell und kollektiv bedeutsamer Güter auch durch Recht, erfasst.

Die Wahrnehmung eines solchen Gewährleistungsauftrags betrifft grundsätzlich alle Bereiche des Rechts. Seine Wahrnehmung ist besonders schwer in Feldern, in denen der Staat nicht selbst Aufgaben wahrnimmt, sondern weitgehend auf gesellschaftliche Selbstregulierung vertraut, aber zu sichern hat, dass diese nicht einseitig – etwa nur zur Durchsetzung von Unternehmensinteressen – wahrgenommen wird.

Ein historisches Beispiel für eine Aufgabenstellung der Gewährleistung sind die Folgen der aufgrund von Deregulierungsforderungen der EU Ende des vorigen Jahrhunderts erfolgten Entlassung des deutschen Post- und Fernmeldewesens aus staatlicher Regie (Privatisierung). Dies wurde begleitet durch einen ausdrücklichen Gewährleistungsauftrag an den Staat in Art. 87f GG: Danach „gewährleistet" der Staat weiterhin die flächendeckend angemessene und ausreichende Versorgung mit Post und Telekommunikation. Dieser Auftrag wurde im neuen Telekommunikationsrecht und weiteren Gesetzen aufgegriffen.[1] Er wurde allerdings zwischenzeitlich nicht umfassend auf Folgen der Digitalisierung erweitert, nicht einmal auf solche, die eine flächendeckende Versorgung bundesweit sichern, auch nicht auf die Sicherung der bestmöglichen Qualität der Versorgungsnetze.

Die Aufgabe der Gewährleistung von Gemein- und Individualwohl ist allerdings nicht auf einen ausdrücklich als solchen in der Verfassung formulierten

[1] Dazu s. *Eifert*, Grundversorgung (1998).

Auftrag angewiesen. Er folgt aus einer Gesamtschau der verfassungsrechtlichen Vorgaben, insbesondere den Staatszielbestimmungen und Grundrechtsnormen.

Die in der Rechtswissenschaft – insbesondere in der Wissenschaft vom öffentlichen Recht – geführte Diskussion um einen auf die Gewährleistungsaufgabe ausgerichteten Staat wird dort unter Nutzung des Begriffs des Gewährleistungsstaats geführt.[2] Dies soll verdeutlichen, dass dem Staat eine Gewährleistungsverantwortung zugeschrieben wird.[3] Gewährleistungsaufträge treffen auch die EU, die insofern auch als Gewährleistungsunion verstanden werden sollte.

Der seinerzeit bei der Änderung des Art. 87f GG als Fernmeldewesen bezeichnete Ausschnitt des jetzt Telekommunikation genannten Bereichs betrifft nur einen kleinen Teil des durch die Digitalisierung gekennzeichneten Betätigungsfeldes. In den meisten anderen der durch die Entwicklung der Computertechnik und der Digitalisierung geprägten Handlungsfelder betätigen sich ebenfalls in erster Linie private Akteure in privatwirtschaftlichen Handlungsformen. Vor allem Akteure, die transnational oder global erbrachte Leistungen erbringen, arbeiten weitgehend frei von hoheitlicher Regulierung, also nach eigengesetzten Regeln, Verfahren und Strategien (s. u. § 13). Sie können sich dabei auf die im nationalen Recht, im EU-Recht und zum Teil im Völkerrecht verankerten Freiheitsrechte, wie etwa die Berufs- und Eigentumsfreiheit, berufen. Allerdings enthalten die Normen über Freiheitsrechte auch Möglichkeiten zu Beschränkungen als Mittel zum Schutz von gegenläufigen Interessen bzw. Rechtsgütern. Hier kommt auch die hoheitliche Gewährleistungsverantwortung ins Spiel.

Der hoheitliche Gewährleistungsauftrag bedarf der Umsetzung in den jeweils betroffenen Sektoren der Rechtsordnung, so in der Zivilrechtsordnung, im Arbeitsrecht, im Wirtschaftsrecht, im Informations- und Kommunikationsrecht, im Immaterialgüterrecht (insbes. Urheber- und Patentrecht) usw. Hauptansatzpunkte der Wahrnehmung der Gewährleistungsaufgabe sind die Schaffung von Strukturen, Verfahren und inhaltlichen Vorgaben etc. insbesondere zur „vorsorgenden" und begleitenden Sicherung der Funktionsfähigkeit des jeweils betroffenen Bereichs und des Schutzes der Interessen der Allgemeinheit und der einzelnen Bürgerinnen und Bürger in Gegenwart und Zukunft.

Soweit Defizite des Rechtsgüterschutzes bestehen oder zu befürchten sind, trifft den Gewährleistungsstaat gegebenenfalls eine Auffangverantwortung[4] zur Abfederung unerwünschter Folgen der Entwicklung in eigener Regie – darunter auch von Digitalisierungsfolgen. Die Auffangverantwortung kann sich

---

[2] Dazu s. *Schuppert, G.*, Der Gewährleistungsstaat (2005); *Hoffmann-Riem*, Innovation (2016), S. 20 ff., 545 ff. m. w. Nachw.

[3] Zur ihr s. *Schulze-Fielitz*, Grundmodi (2012), S. 823 ff., 896 ff.; *Schuppert*, Ensuring State (2003); *Ruge*, Gewährleistungsverantwortung (2004); *Franzius*, Gewährleistung (2009).

[4] Zu ihr s. *Hoffmann-Riem*, Innovation (2016), S. 21.

beispielsweise als Aufgabe zur Abpufferung von negativen Folgen konkretisieren, die durch neue Technologien bei sogenannten Modernisierungsverlierern entstehen (etwa denjenigen, die aufgrund der Technologisierung ihren Arbeitsplatz verlieren oder gar das Schicksal der Prekarisierung erleiden) oder als Aufgabe zur Bewältigung spezifischer Risiken, die durch die Digitalisierung im Bereich der öffentlichen Meinungsbildung entstehen. Die Auffangverantwortung kann gegebenenfalls auch durch staatliche Eigenwahrnehmung von Aufgaben – etwa die Einrichtung von Infrastrukturen – erfüllt werden. Der Staat kann auch Vorbild bei der Gestaltung der Digitalisierung sein – etwa bei der Ausgestaltung des E-Government – und dadurch Anregungen für eine verantwortungsvolle Nutzung digitaler Instrumente auch in anderen Bereichen geben. Gleiches gilt etwa bei der Vergabe öffentlicher Aufträge, die an gemeinwohlsichernde Bedingungen auch im Hinblick auf den Beitrag zum Ausbau der Digitalisierung geknüpft werden können.

B. Schutz insbesondere durch Grund- bzw. Freiheitsrechte

Rechtliche Vorgaben für die Wahrnehmung der Gewährleistungsaufgabe bilden auch im Hinblick auf die Digitalisierung die Grund- bzw. Freiheitsrechte und übergreifende Prinzipien wie die der Demokratie sowie der Rechts- und Sozialstaatlichkeit. Der grundrechtliche Schutz individueller Freiheiten ist zugleich ein wichtiges Element der Funktionsfähigkeit des demokratischen und sozialen Rechtsstaats.[5]

Die folgenden zunächst grundsätzlichen Ausführungen gelten Vorkehrungen zur Gewährleistung von Freiheit, insbesondere im Zusammenhang mit Änderungen, die durch die Digitalisierung angestoßen wurden oder jedenfalls auch für sie wichtig sind. Betroffen sind nicht nur, aber insbesondere Kommunikationsfreiheiten in einem weiten Sinne. Die Freiheit der Teilhabe an den durch die digitale Transformation ausgeweiteten Möglichkeiten der Entfaltung durch Kommunikation ist eine Freiheit der Entfaltung durch andere und mit anderen, insofern eine Freiheit auf Gegenseitigkeit.[6]

Die folgenden Ausführungen gelten nur einem Ausschnitt der durch die Digitalisierung betroffen Grund- und Freiheitsrechte. An diesem Ausschnitt kann und soll gezeigt werden, wie der Schutzgehalt von Grundrechten auf eine neue (transformative) Situation, hier durch die Digitalisierung bedingt, eingestellt werden kann bzw. wie das Bundesverfassungsgericht (BVerfG) dabei vorgegangen ist.

---

[5] Dazu s. *Seibert*, Democratic Values (2021).

[6] Grundlegend zu einem solchen Konzept von Freiheitsrechten *Suhr*, Entfaltung des Menschen (1976).

I. Vielfalt und Vielgestalt der Verbürgungen von Freiheitsrechten

Freiheitsrechte sind insbesondere in nationalen Verfassungen – so in Deutschland im Grund-gesetz –, aber auch in der EU-Grundrechtecharta und der Europäischen Menschenrechtskonvention sowie in völkerrechtlichen Abkommen wie den UN-Menschenrechtspakten normiert. Sie beziehen sich auf jede Form der Freiheitsverwirklichung, also auch auf die mithilfe digitaler Techniken, etwa die Generierung, Analyse und Nutzung von Daten und ihre Verarbeitung in algorithmischen Systemen. Dies betrifft auch Big Data/Big Algo.

Es bedarf keiner besonderen rechtlichen Anordnung, dass die in der jeweiligen nationalen Verfassung und in den europäischen Grundrechtsverbürgungen zugleich enthaltenen Ermächtigungen zu Beschränkungen der Freiheit (Schrankenvorbehalte) ebenfalls im Bereich digitaler Kommunikation genutzt werden können und gegebenenfalls müssen, um negativ Betroffene zu schützen oder allgemeiner: um Risiken abzuwehren, die mit der digitalen Transformation verbunden sind. Allerdings muss auch gefragt werden, ob und wieweit die Schutzbereiche der Freiheitsrechte sowie die Beschränkungsvorbehalte und deren Nutzung etwa in Gesetzen den neuen Möglichkeiten der Digitalisierung gerecht werden oder im Interesse ihrer Wirkungstauglichkeit der Modifikation bedürfen.

Bei der Anwendung vorhandener Normen oder deren Modifikation erweist es sich im Grundsatz als hilfreich, dass Normen unter Einschluss von Grundrechtsnormen, gerade wenn sie auf eine lange Tradition zurückblicken, im Laufe der Zeit dynamisch mit dem Ziel ausgelegt werden, dass ihre normativen Prämissen auch angesichts veränderter Realitäten bedeutsam bleiben.[7] Dafür ist zu prüfen, wieweit die den Normen zugrunde liegenden Prämissen angesichts von Veränderungen – hier des technischen, sozialen oder ökonomischen Umfeldes – weiterhin maßgebend sind und wieweit Prämissenänderungen zu Anpassungen des Rechtsschutzes führen können oder gar müssen.[8] Es ist aber keineswegs gesichert, dass solche Möglichkeiten der Rechtsordnung zur flexiblen Reaktion auf neue Entwicklungen auch den fundamentalen Umbrüchen gewachsen sind, wie sie durch die digitale Transformation gegenwärtig bewirkt werden. Ist dies nicht der Fall, besteht Bedarf zur Änderung bestehender Normen.

---

[7] S. BVerfGE 49, 89, 137; Beschluss vom 24.03.2021, EuGRZ 2021, 242 sowie etwa *Eisenberger*, Innovation (2016); *Hoffmann-Riem*, Innovation (2016), S. 80ff.

[8] Zur Bedeutung empirischer und normativer Prämissen und zum Umgang mit ihren Änderungen s. etwa *Hoffmann-Riem*, Innovation (2016), S. 108–130 und passim.

II. Horizontalwirkung des Freiheitsschutzes und Auftrag zur Ausgestaltung der Möglichkeiten der Freiheitsausübung

1. Grundrechte als Abwehrrechte und als Schutzaufträge

Grundrechte sind in der historischen Entwicklung in erster Linie als subjektive Abwehrrechte der Grundrechtsträger gegen Eingriffe des Staates konzipiert worden. Dies gilt auch für die Entwicklung des Grundrechts auf informationelle Selbstbestimmung. Angesichts der Vielfalt und Komplexität der Dimensionen digitalen Verhaltens geht es um informationelle Selbstentfaltung i. w. S. Die Ausrichtung der Grundrechte auf die Eingriffsabwehr ist selbstverständlich weiterhin auch für den Schutz beim Einsatz algorithmischer Systeme wichtig. Zu beantworten ist aber ebenfalls die nicht nur, jedoch besonders im Bereich digital geprägter Handlungsfelder wichtige Frage, ob Grundrechte auch in der Beziehung Privater untereinander bedeutsam und auf welche Weise sie dort wirksam sind.

Diese Frage ist im hier behandelten Themenfeld insbesondere erheblich, soweit die in Digitalisierungsbereichen tätigen Privatunternehmen Einfluss auf die Freiheitsräume anderer Privater und die tatsächlichen Voraussetzungen für Freiheitsgebrauch ausüben können und dies auch tun. Einige Akteure (so die großen Informationsintermediäre) verfügen über erhebliche Macht (auch) zur Einwirkung auf Grundrechte Anderer, etwa durch Ausforschung und Überwachung sowie Steuerung menschlichen Verhaltens. Die von manchen Akteuren der Digitalwirtschaft – insbesondere den großen IT-Plattformen – durch Ausforschung von digitalen Kommunikationsvorgängen gewonnenen Datenbestände sind zurzeit praktisch erheblich größer und vielfältiger und intensiver auswertbar als die Datenbestände, die Hoheitsträgern bei Beachtung der Anforderungen von Rechtsstaatlichkeit zugänglich sind.

Für die Realisierung von Freiheit ist die Erstreckung grundrechtlichen Schutzes in die Beziehungen Privater untereinander[9] zugunsten der durch privaten Machtgebrauch in ihrer Freiheit eventuell beschränkten Dritten ähnlich wichtig wie der Grundrechtschutz gegenüber dem Staat. Aus rechtlicher Sicht wird daher die folgende seit Langem in der deutschen Rechtswissenschaft nachhaltig behandelte und von der Rechtsprechung vertiefte Frage bedeutsam: Inwieweit enthalten die Freiheitsrechte neben ihrem subjektiv-rechtlichen Gehalt zum Schutz Einzelner vor staatlichen Eingriffen auch objektiv-rechtliche Aufträge

---

[9] Zur Reichweite der Grundrechtsbindung Privater vergleiche die – allerdings in anderen Kontexten getroffene – Formulierung in Entscheidungen des Bundesverfassungsgerichts: „Private (können) im Wege der mittelbaren Drittwirkung von Grundrechten freilich unbeschadet ihrer eigenen Grundrechte auch ähnlich oder auch genauso weit wie der Staat durch die Grundrechte in Pflicht genommen werden, insbesondere, wenn sie in tatsächlicher Hinsicht in eine vergleichbare Pflichten- oder Garantenstellung hineinwachsen wie traditionell der Staat“, BVerfGE 128, 226 (248).

an Träger von Hoheitsgewalt zur Gewährleistung des spezifischen Freiheitsschutzes in der Horizontalwirkung der Beziehungen zwischen Privaten untereinander.[10]

Diese Frage wird im deutschen Verfassungsrecht seit vielen Jahrzehnten im Hinblick auf verschiedene Rechtsbereiche gestellt und grundsätzlich positiv beantwortet: Grundrechtsnormen können neben ihrer Funktion als Abwehrrechte gegen den Staat objektiv-rechtlich fundierte Aufträge an den Staat zur näheren Ausgestaltung der Möglichkeit des Freiheitsgebrauchs und zum Freiheitsschutz auch gegenüber Gefährdungen durch Private enthalten (sog. Dritt- oder Horizontalwirkung der Grundrechte).[11]

Die Aktivierung der objektiv-rechtlichen Grundrechtsfunktionen gegenüber Beeinträchtigungen durch Private erfolgt nicht unter direkter Anwendung der Grundrechte im Verhältnis Privater untereinander. Sie bedarf zunächst entsprechender rechtlicher Ausgestaltungen. Daher wird von „mittelbarer" Grundrechtswirkung gesprochen. Zur Vermittlung der grundrechtlichen Wertvorgaben in das Privatrecht stehen dem Gesetzgeber nicht nur Ge- und Verbote offen, sondern – ebenso wie beim Schutz vor staatlichen Eingriffen – auch Regelungen über Organisation und Verfahren. Im Digitalisierungsbereich kommen auch Anforderungen an eine freiheitsfördernde Technikgestaltung in Betracht (Freiheitsschutz, etwa Autonomieschutz, durch Design) (s. dazu unten § 20 C II).

Die Aufträge bzw. Ermächtigungen zur Sicherung der Dritt- bzw. Horizontalwirkung von Grundrechten im Verhältnis Privater untereinander richten sich an alle Träger von Hoheitsgewalt im Rahmen ihrer jeweiligen Aufgabenfelder. Für die Art und das Ausmaß der Aktivierung dieser Horizontalwirkung spielen eine maßgebende Rolle: das Ungleichgewicht zwischen sich gegenüberstehenden Parteien, die gesellschaftliche Bedeutung bestimmter Leistungen oder die soziale Mächtigkeit einer Seite.[12] Die Diskussion über die Reichweite der Grundrechtsbindung Privater und die Kriterien zur Differenzierung zwischen verschiedenen privaten Akteuren ist in den letzten Jahren in Bewegung geraten, auch und in der jüngeren Zeit verstärkt im Hinblick auf die Machtverhältnisse in den durch Digitalisierung geprägten Bereichen.[13]

---

[10] S. *Hoffmann-Riem*, Innovation (2016), S. 538–542, 679–683 m. w. Hinw.

[11] Grundlegend für diese Konzeption ist die Entscheidung des Bundesverfassungsgerichts, BVerfGE 7, 198, 203 ff.

[12] Vgl. BVerfGE 148, 267, 280, Rn. 33 unter Verweis auf BVerGE 89, 214, 232 ff.; 128, 226, 249 f.; 152, 152, 185, Rn. 77.

[13] Zur darauf bezogenen Diskussion in der Rechtswissenschaft s. beispielsweise *Hellgardt*, Drittwirkung (2018), S. 901 ff.; *Jobst*, Grundrechtsbindung Privater (2020), S. 11 ff.; *Barczak*, Digitalordnung (2020), S. 1003 ff.; *Stahn*, Öffnung (2020), S. 524, 537; *Neuner*, Drittwirkung (2020), S. 1851 ff.; *S. Jobst*, Grundrechtsbindung (2020), S. 11 ff.

2. Zur Grundrechtsbindung Privater angesichts der digitalen Transformation

Zur Bedeutung der Grundrechtsbindung Privater hat das BVerfG Ende 2019 speziell im Hinblick auf den Umgang mit Daten im IT-Bereich folgendermaßen formuliert: „Auch für das Verhältnis zwischen Privaten gewinnen die Auswirkungen der technischen Möglichkeiten der Datenverarbeitung immer mehr an Bedeutung. In allen Lebensbereichen werden zunehmend für die Allgemeinheit grundlegende Dienstleistungen auf der Grundlage umfänglicher personenbezogener Datensammlungen und Maßnahmen der Datenverarbeitung von privaten, oftmals marktmächtigen Unternehmen erbracht, die maßgeblich über die öffentliche Meinungsbildung, die Zuteilung und Versagung von Chancen, die Teilhabe am sozialen Leben oder auch elementare Verrichtungen des täglichen Lebens entscheiden. Die einzelne Person kommt kaum umhin, in großem Umfang personenbezogene Daten gegenüber Unternehmen preiszugeben, wenn sie nicht von diesen grundlegenden Dienstleistungen ausgeschlossen sein will. Angesichts der Manipulierbarkeit, Reproduzierbarkeit und zeitlich wie örtlich praktisch unbegrenzten Verbreitungsmöglichkeit der Daten sowie ihrer unvorhersehbaren Rekombinierbarkeit in intransparenten Verarbeitungsprozessen mittels nicht nachvollziehbarer Algorithmen können die Einzelnen hierdurch in weitreichende Abhängigkeiten geraten oder ausweglosen Vertragsbedingungen ausgesetzt sein. Diese Entwicklungen können damit tiefgreifende Gefährdungen der Persönlichkeitsentfaltung begründen. Das Recht auf informationelle Selbstbestimmung soll diesen entgegenwirken."[14]

An der aktuellen verfassungsgerichtlichen Rechtsprechung fällt auf, dass vom Gericht auch erwogen wird, die Drittwirkung von Grundrechten im Verhältnis zwischen Privaten unter zusätzlicher Heranziehung des Gleichheitssatzes (Art. 3 I GG) jedenfalls im Hinblick auf machtvolle Akteure im Bereich digitaler Kommunikation verstärkt zu konkretisieren. Dies gilt insbesondere, „wenn private Unternehmen in eine staatsähnlich dominante Position rücken oder etwa die Bereitstellung schon der Rahmenbedingungen öffentlicher Kommunikation selbst übernehmen". In solchen Fällen „kann die Grundrechtsbindung Privater einer Grundrechtsbindung des Staates im Ergebnis vielmehr nahe- oder auch gleichkommen".[15] Entsprechende ausdrückliche Überlegungen finden sich unter Bezug auf Betreiber sozialer Netzwerke im Internet auch in einem Beschluss der 2. Kammer des Ersten Senats.[16] Das Gericht verweist auf die Maßgeblichkeit der mittelbaren Drittwirkung von Grundrechten, fügt aber hinzu, dass sich „jedenfalls in spezifischen Konstellationen auch gleichheitsrechtliche Anforderungen

---

[14] BVerfGE 152, 152, Rn. 85, 189 f.

[15] BVerfGE 152, 152, Rn. 88 unter Verweis auf BVerfGE 128, 226, 249 f.

[16] BVerfG, Beschluss vom 22.05.2019, NJW 2019, 1935, Rn. 15 unter Verweis auf BVerfGE 148, 267, 283 f. In der Anmerkung der NJW-Redaktion wird auf mehrere Kommentierungen dieser Entscheidung verwiesen.

für das Verhältnis zwischen Privaten ergeben." Das dürfte nicht so zu verstehen sein, dass in einem solchen Fall sogar eine direkte Grundrechtsbindung anzunehmen wäre, wohl aber eine „intensivierte mittelbare Drittwirkung".[17] Das Gericht merkte aber relativierend an, ob und gegebenenfalls welche rechtlichen Forderungen sich insoweit auch für Betreiber sozialer Netzwerke im Internet" (konkret ging es um Facebook) – etwa in Abhängigkeit vom Grad deren marktbeherrschender Stellung, der Ausrichtung der Plattform, des Grads der Angewiesenheit auf eben jene Plattform und den betroffenen Interessen der Plattformbetreiber und sonstiger Dritter – ergeben, sei allerdings in der Rechtsprechung noch nicht abschließend geklärt. Schon das ausdrückliche Aufwerfen dieser Frage deutet darauf hin, dass hier in Zukunft mit weiteren Überlegungen und ggf. mit zusätzlichen Folgerungen in Richtung einer intensivierten Grundrechtsbindung solcher Unternehmen wie Facebook zu rechnen ist. Dabei signalisiert die Bezugnahme auf den Gleichheitssatz, dass es dem Gericht auch um eine Reaktion auf die Asymmetrie der Machtverteilung geht.

Eine Klärung im Sinne einer abschließenden Antwort wird allerdings nicht so ausfallen, dass nunmehr soziale Netzwerke und andere unter Nutzung digitaler Techniken tätige Unternehmen der direkten Grundrechtsbindung ausgesetzt sind. Eine solche Konstruktion hätte gravierende Folgen für die gesamte Rechtsordnung, ohne verfassungsrechtlich erforderlich zu sein. Maßgebend für die Art der mittelbaren Grundrechtswirkung dürfte zum einen sein, über welche Machtposition die Unternehmen verfügen und zum anderen, wie sie diese – etwa in marktbeherrschender Stellung – ausüben. Entscheidend sind insbesondere die Ausgestaltungen der jeweiligen Geschäftsmodelle. Ein Intermediär, der in neutraler Weise und ohne inhaltliche oder personenbezogene Selektion Informationen Dritter verbreitet, ist aus grundrechtlicher Perspektive anders zu beurteilen als ein Plattformbetreiber, der die über die Plattform verbreiteten Informationen nach Art und Inhalt selegiert oder die Möglichkeiten digitaler Steuerung zur Verhaltensbeeinflussung, zur Manipulation der Nutzer oder – etwa bei Verkaufsplattformen – zur Bevorzugung eigener Leistungen gegenüber denen von Dritten einsetzt.[18] Dabei ist auch von Bedeutung, ob dies in einer Situation geschieht, in der den Nutzern aufgrund der dominanten Position dieser Plattform vergleichbare, aber auf solche Steuerung verzichtende Alternativen nicht verfügbar sind.

Die bisherigen Ausführungen des BVerfG sind auf IT-Intermediäre bezogen. Es ist naheliegend, dass sie in der Zukunft auch auf andere Machtträger in der „digitalen Welt" erstreckt werden.

Bedeutsam für die Reichweite von rechtlich fundiertem Freiheitsschutz ist auch, dass sich objektiv-rechtliche Gehalte von Grund- und Menschenrechten und Ansätze auch für deren Horizontalwirkung nicht nur in den deutschen

[17] So *Tschorr*, Soziale Netzwerke (2021), S. 206.

[18] S. dazu *Seyderhelm*, Verpflichtung zum vorübergehenden Entsperren (2019), S. 962ff.

Grundrechtsnormen finden lassen, sondern zunehmend – wenn auch meist schwächer – ebenfalls in ausländischen Rechtsordnungen,[19] im Bereich der EU-Grundrechtecharta sowie teilweise im Vertrag über die Arbeitsweise der Europäischen Union (AEUV) sowie in der Europäischen Menschenrechtskonvention.[20] Sie sind aber auch in einzelnen völkerrechtlichen Abkommen anerkannt.[21]

Möglichkeiten zum erweiterten Schutz individueller und kollektiver Rechtsgüter gibt es bei der Interpretation und Anwendung von Verfassungsnormen, darunter insbesondere von Grundrechtsnormen. So kann auf gesellschaftliche Änderungen und damit verbundene Freiheitsgefährdungen innovativ reagiert werden. Das hat auch das Bundesverfassungsgericht bei der Auslegung und Anwendung einzelner Grundrechte getan.[22] So hat es die Garantie der allgemeinen Handlungsfreiheit (Art. 2 Abs. 1 GG) schon vor längerer Zeit nicht nur im Sinne der Garantie der freien Entfaltung der Persönlichkeit gedeutet, sondern zusätzlich als ein selbstständiges Grundrecht, das verbliebene Lücken füllt: Es ist immer dann heranzuziehen, wenn ein bestimmter Lebensbereich nicht durch eines der besonders verbürgten Grundrechte erfasst ist.[23] Der Gedanke der allgemeinen Handlungsfreiheit ist in der Vergangenheit auch auf das Datenschutzrecht bezogen worden – seine Maßgeblichkeit muss im Zuge der Digitalisierung nicht dabei stehenbleiben, sondern kann auch den Schutz anderer Rechtsgüter betreffen.

3. Grundrechtliche Innovationen mit besonderem Bezug auf die Digitalisierung

Am Anfang der Fortentwicklung von Grundrechtsschutz beim Einsatz digitaler Techniken durch das BVerfG stand die Anerkennung des auf Art. 1 Abs. 1 und Art. 2 Abs. 1 gestützten „Grundrechts auf informationelle Selbstbestimmung".[24] Von diesem Grundrecht ist insbesondere die Befugnis des Einzelnen erfasst, grundsätzlich selbst über die Preisgabe und Verwendung seiner persönlichen Daten zu bestimmen.[25] Diese Grundrechtsverbürgung wurde die Grundlage der näheren Ausgestaltung des modernen Datenschutzrechts in Deutsch-

---

19 Hier sei nur auf das Beispiel Österreich verwiesen, siehe etwa *Heißl*, Grundrechtskollisionen (2017), S. 34–38 und passim.

20 S. dazu statt vieler *Jarass*, Unionsgrundrechte (2017), S. 310 ff.

21 S. dazu *Marauhn*, Sicherung (2015); *De Gruyter/Fischer-Lescano*, Internetverfassung (2014); *Schliesky/Hoffmann/Luch/Borchers*, Schutzpflichten (2014); *Marsch*, Datenschutzgrundrechte (2018). S. auch EuGH, Urteil vom 12.12.1974, NJW 1975, 1093; EuGH, Urteil vom 11.12.2007, EuGRZ 2008, 50, Rn. 57 ff.

22 Zu Grundrechtsinnovationen s. *Hornung*, Grundrechtsinnovationen (2015); *Hoffmann-Riem*, Innovation (2016), §§ 34, 35.

23 Vgl. BVerfGE 6, 32, 37.

24 Vgl. BVerfGE 65, 1.

25 Vgl. BVerfGE 65, 1, 41 ff.

land, insbesondere auch in Reaktion auf neue technologische Entwicklungen.[26] Sie hat zugleich auf die Entwicklung in anderen Rechtsordnungen ausgestrahlt, darunter auch auf das Recht der EU und die Ausgestaltungen in der EU-Grundrechtecharta (insbes. deren Art. 8).

Da sich allerdings herausstellte, dass mit diesem Grundrecht immer noch Schutzlücken verblieben, hat das Bundesverfassungsgericht im Jahre 2008 aus Anlass der Überprüfung eines Gesetzes zur Ermöglichung von staatlichen Online-Durchsuchungen bzw. der Quellen-Telekommunikationsüberwachung – diese verbunden mit dem Risiko der Verbringung von Viren (sog. Malware) in Computer zum Zwecke ihrer Ausspähung und gegebenenfalls Manipulation – eine neue Grundrechtskonkretisierung formuliert. Diese hat es als „Grundrecht auf Gewährleistung der Vertraulichkeit und Integrität informationstechnischer Systeme" bezeichnet.[27] Häufig wird hier abgekürzt vom IT-Grundrecht (manchmal auch, m. E. aber inhaltlich zu eng, vom Computergrundrecht) gesprochen.

Das Gericht war davon ausgegangen, dass durch die neuen Technologien die empirischen Prämissen des tradierten Grundrechtsschutzes verändert worden waren und das vorrangig am Schutz vor Eingriffen in konkret-individuelle Persönlichkeitsschutzgüter ausgerichtete Grundrecht auf informationelle Selbstbestimmung in der Folge nicht mehr hinreichend war. Bei der Nutzung neuer, komplexer werdender und die Analysemöglichkeiten erweiternder informationstechnischer Systeme muss der Freiheitsschutz nach Auffassung des BVerfG auch auf der Systemebene greifen und dabei unabhängig von konkreten Einzeleingriffen in die Kommunikation insbesondere auf die Gewährleistung der Integrität und Vertraulichkeit informationstechnischer Systeme selbst erstreckt werden. Auf diese Weise soll die technische und die soziale Funktionsfähigkeit von informationstechnischen Systemen als Voraussetzung ihrer autonomen Nutzung für unterschiedliche Zwecke gesichert werden. Im Jahre 2016 hat das Gericht ergänzend in einer Entscheidung über die Verfassungswidrigkeit von Teilen des Gesetzes über das Bundeskriminalamt[28] festgestellt, dass zu den geschützten informations-technischen Systemen nicht nur von den Betroffenen eigengenutzte Computer zählen, sondern auch die durch Vernetzung mit fremden Computern arbeitenden informationstechnischen Systeme, etwa bei der Nutzung von Clouds.[29] Dabei hat es ausdrücklich betont, dass Daten, die auf externen Servern in einem berechtigten Vertrauen auf Vertraulichkeit ausgela-

[26] Zum Wechselspiel zwischen technologischen Veränderungen und grundrechtlichen Reaktionen s. *Hoffmann-Riem*, Innovation (2016), § 35.

[27] BVerfGE 120, 274, 313; 141, 220, 264 f.; 303 ff. Aus der reichhaltigen Literatur zu diesem Grundrecht s. statt vieler *Wehage*, Gewährleistung der Vertraulichkeit (2013); *Hauser*, IT-Grundrecht (2015); *Taraz*, Gewährleistung der Vertraulichkeit (2016); *Peuker*, Verfassungswandel (2020).

[28] BVerfGE 141, 220, 303 ff.

[29] BVerfGE 141, 220, 304.

gert sind, vom Schutz erfasst sind. Dies ist eine deutliche Reaktion auf Gefährdungen, die auf die erweiterten Einsatzmöglichkeiten und Vernetzungen digitaler Techniken zurückzuführen sind.

Es ist nicht unwahrscheinlich, dass das Gericht diesen Grundgedanken auch in weiteren Bereichen der Digitalisierung nutzen wird.

Die erwähnten Grundrechtsverbürgungen sind nicht frei vom Gericht erfundene Garantien, sondern Konkretisierungen und zugleich den Sinn des überkommenen Grundrechtsschutzes auch angesichts neuer technologischer Möglichkeiten wahrende Weiterentwicklungen der Freiheitsverbürgungen, die im Grundsatz schon in Art. 1 und 2 GG enthalten sind. Wie diese Grundrechtsnormen auch enthält das aus ihnen abgeleitete Grundrecht auf Gewährleistung der Vertraulichkeit und Integrität informationstechnischer Systeme sowohl subjektiv-rechtliche als auch objektiv-rechtliche Schutzdimensionen.[30]

Diese Schutzdimension hat das Gericht in einer Entscheidung vom 8. Juni 2021[31] (unter dem Stichwort „IT-Sicherheitslücken") näher dahingehend konkretisiert, dass den Staat eine Pflicht trifft, dazu beizutragen, dass die Integrität und Vertraulichkeit informationstechnischer Systeme gegen Angriffe durch Dritte geschützt wird.[32] Dieser Schutzauftrag verdichtet sich hinsichtlich dieses Grundrechts ebenso wie hinsichtlich des Schutzes des Fernmeldegeheimnisses (Art. 10 Abs. 1 GG) zu einer konkreten grundrechtlichen Schutzverpflichtung, wenn dem Staat Sicherheitslücken bekannt sind, die den Herstellern und Nutzern unbekannt sind.

Eine solche Situation kann auch entstehen, wenn der Staat aufgrund einer entsprechenden Norm (im Entscheidungsfall ging es um § 54 des Polizeigesetzes von Baden-Württemberg) als Ausnahmefall zu Zwecken der Abwehr besonders gravierender Gefahren zu einer Quellen-TKÜ gesetzlich ermächtigt ist, also letztlich auch zur Ausnutzung der Schutzlücke. Aber auch dann umfasst der allgemeine Schutzauftrag eine grundrechtliche Schutzpflicht zugunsten Dritter, ausgelöst durch das hohe Gefährdungs- und Schädigungspotential von Sicherheitslücken, die zur Infiltration durch Schadstoffviren genutzt werden können.

Schutzbedarf besteht insbesondere infolge der fehlenden Möglichkeit der Nutzer informationstechnischer Systeme, sich selbst zu schützen.[33] Dabei verweist das BVerfG auch darauf, dass die Umstellung ehemals analoger Vorgänge auf digitale Prozesse und die immer breitere mobile Nutzung informationstechnischer Systeme die Abhängigkeit der Einzelnen von Informationstechnologie verstärkt haben. Das Gericht betont, dass die Einzelnen von ihren grundrechtlichen Freiheiten ohne die Nutzung informationstechnischer Systeme immer

---

30 S. BVerfGE 152, 152, Rn. 85–88; *Hoffmann-Riem*, Innovation (2016), S. 575 f.

31 BVerfG, Beschluss vom 08.06.2021, BeckRS 2021, 19234, Rn. 25 ff.

32 A.a.O., Rn. 33.

33 A.a.O., Rn. 35.

weniger Gebrauch machen können und sich deshalb den Gefahren der Ausspähung vielfach nicht dadurch entziehen können, dass sie auf die Nutzung digitaler Kommunikationsmittel verzichten.[34] Umso wichtiger ist die Beachtung der staatlichen Schutzpflicht.

Das Gericht schließt es allerdings – wie erwähnt – nicht vollständig aus, dass informationstechnische Systeme zum Zwecke der Abwehr besonders schwerer Gefahren, insbesondere der von Gefahren des internationalen Terrorismus, unter Nutzung von Sicherheitslücken infiltriert werden.[35] Wie auch die anderen hier einschlägigen Grundrechte unterliegen das Grundrecht auf Integrität und Vertraulichkeit informationstechnischer Systeme ebenso wie die Telekommunikationsfreiheit Schranken. Ihr Einsatz erfordert allerdings in dem hier behandelten Ausnahmefall besonders hohe Rechtfertigungsanforderungen, die vom Gesetzgeber selbst geregelt sein müssen.

Verwiesen wird auch auf das über die Offenbarung persönlichkeitsrelevanter Informationen weit hinausgehende Schädigungspotential von Sicherheitslücken, etwa in betrieblichem Bereich und im Handel. Dritte könnten über Sicherheitslücken in das informationstechnische System eindringen und es manipulieren. Auch sei mit der Infiltration durch Dritte eine besondere Erpressungsgefahr verbunden.[36]

III. Zu weiteren Schutzbedarfen

Grundsätzlich stellt sich die Frage, ob es angesichts der mit der digitalen Transformation verbundenen technischen, sozialen und wirtschaftlicher Veränderungen weiterer Schutzvorkehrungen bedarf. Beispielsweise ist auf die vielen Möglichkeiten zur Verschmelzung der physischen und virtuellen Welt („Onlife") und zur (den Betroffenen häufig) unbewussten Steuerung von Verhalten zu verweisen, die neue und ggf. verstärkte Schutzbedarfe auslösen können.

Jedenfalls wird auch in der Zukunft zu fragen sein, ob und wieweit technische und soziale Veränderungen einerseits zu neuen, grundsätzlich förderungswürdigen Nutzungsmöglichkeiten führen, aber auch zu neuen Risiken, die mit den herkömmlichen rechtlichen Instrumenten des Freiheitsschutzes selbst bei dynamischer Auslegung der Grundrechte nicht oder nicht mehr angemessen bewältigt werden können.

Dabei kann grundrechtlicher Schutz auch aus anderen Normen als Art. 2 Abs. 1 und Art. 1 Abs. 1 abgeleitet werden, so auch im Hinblick auf nicht personenbezogene Daten etwa aus der Kommunikationsfreiheit oder der Berufs- und Eigentumsfreiheit. Im Gewährleistungsstaat kommen ergänzend die Staatszielbestimmungen als normative Orientierungen hinzu, insbesondere das Demo-

---

[34] A.a.O., Rn. 33.

[35] BVerfG, Beschluss vom 08.06.2021, BeckRS 2021, 19234, Rn. 41 ff.

[36] A.a.O., Rn. 37. S. auch u. § 17 C.

kratie-, Rechtsstaats- und Sozialstaatsprinzip (Art. 20 GG). Diese enthalten ihrerseits Aufträge zur Gewährleistung der Funktionsfähigkeit der verfassungsmäßigen Ordnung im Interesse des Schutzes kollektiver und individueller Rechtsgüter.

Wichtig erscheint insbesondere ein über den tradierten Grundrechtsschutz hinausreichender Schutz kollektiver Freiheitsräume und ein das Vorhandensein von Machtasymmetrien einkalkulierender Schutz der Grundrechtsträger, darunter weiterhin Autonomieschutz. Insofern kann es einen Bedarf für weitere innovative Entscheidungen über die erwähnten des BVerfG hinaus auch in Zukunft geben.

C. Intertemporal geprägte Gewährleistungsaufträge

In seiner im Jahre 2021 gefällten Entscheidung zum intertemporal geprägten Grundrechtsschutz hat das BVerfG das Erfordernis bejaht, den Schutz von Freiheit gegebenenfalls schon gegenwärtig auf die Notwendigkeit der Erhaltung oder Schaffung von Voraussetzungen für den Freiheitsschutz auch zukünftiger Generationen auszurichten.[37] Dabei hat das BVerfG zwar maßgebend auf die auf den Umweltschutz bezogene besondere Gewährleistungsaufgabe das Art. 20a GG abgestellt. Zugleich hat es aber auch Ausführungen zur Reichweite verfassungsrechtlicher Schutzpflichten[38] – dies auch bezogen auf ihre grenzüberschreitende Bedeutung –, zum Umgang mit der Ungewissheit zukünftiger Entwicklungen und zu Anforderungen an die Implementierung von Innovationen mit Auswirkungen auf nahezu sämtliche Wirtschaftsabläufe und Praktiken der Lebensführung[39] getroffen. Dabei hat es die schon gegenwärtig beobachtbare und nach allen Prognosen ohne angemessene Gegenmaßnahmen sich verschärfende Umweltkrise begrifflich in den Kontext einer soziotechnischen Transformation geordnet,[40] die Möglichkeiten der Freiheitsausübung auch zukünftiger Generationen[41] verbauen kann.

Den Begriff der soziotechnischen Transformation habe ich oben (§ 1 C) auch zur Kennzeichnung der digitalen Transformation genutzt. Beide Handlungsfelder sind stark durch den Ausbau neuer Techniken und deren Nutzung zur Gestaltung von Lebensbereichen, verbunden mit Chancen und Risiken auch für die Zukunft, geprägt. Zur Sicherung von Freiheit und der Nutzung der Mög-

---

37 BVerfG, Beschluss vom 24.03.2021, NJW 2021, 1723, Rn. 143 ff., 182 ff.

38 Dazu insbes. Rn. 120, 127, 142, 146.

39 So in Rn. 121.

40 Rn. 121 f. unter Verweis auf das Umweltgutachten des Sachverständigenrats für Umweltfragen (2020), S. 51 ff.

41 In Rn. 122 unter Verweis auf frühere Gerichtsentscheidungen, die es der Sache nach als durch subjektive Rechte gestützte Gestaltungsaufträge zur intertemporalen Freiheitssicherung deutet.

lichkeiten eines demokratischen Rechts- und Sozialstaats auch in der Zukunft und schon gegenwärtig sind Gestaltungen erforderlich oder können es sein, die auf die weitere Technikentwicklung und -nutzung einwirken und schon jetzt einer regulatorischen Umhegung und insbesondere der Vorsorge gegenüber Gefährdungen zukünftiger Freiheitsausübung bedürfen.

Diese Parallele soll nicht indizieren, dass die Gestaltungsaufträge und deren rechtliche Fundierung in beiden Transformationsfeldern identisch sind. So fehlt für den Umgang mit Folgen der Digitalisierung eine Spezialnorm wie Art. 20a GG[42], der das Gericht subjektiv- und objektivrechtliche Funktionen zumisst. Die von der Digitalisierung betroffenen Risiken und Chancen betreffen aber ebenfalls freiheitssichernde Normen mit subjektiv- und objektiv-rechtlichen Schutzfunktionen, so die zum Schutz der allgemeinen Entfaltungsfreiheit, der Kommunikationsfreiheiten, der Berufs- und Eigentumsfreiheit u.a. Der mit ihnen – und tendenziell ebenso mit vergleichbaren Verbürgungen im Europarecht – verbundene Gewährleistungsauftrag ist im Kontext der digitalen Transformation gegenwärtig insbesondere – wenn auch nicht ausschließlich – angesichts des Befundes erheblicher Machtasymmetrien und privat-kommerzieller Selbstgestaltung und -regelung besonders bedeutsam. Allerdings fehlt zur Zeit in den durch monopolähnliche Strukturen geprägten Märkten, insbesondere den Plattformmärkten, eine die Gestaltung der digitalen Transformation ermöglichende hoheitliche Regelungsmacht (s.u. § 13). Dies bedingt ein erhebliches Risiko schon in der Gegenwart mit Auswirkungen auch in der Zukunft.

Die Dritt- bzw. Horizontalwirkung der Grundrechte sowie die verfassungsrechtlichen Prinzipien der Rechts- und Sozialstaatlichkeit und der Demokratie sind gleichwohl eine wichtige verfassungsrechtliche Grundlage zur Wahrnehmung des Auftrags zur Gewährleistung von individuellem Schutz und zur Einrichtung von freiheitssichernden Strukturen in der Gegenwart und der absehbaren Zukunft. Auch hier wird das Konzept des dynamischen Grundrechtsschutzes bedeutsam.[43] Da nicht zu erwarten ist, dass die im Zuge der laufenden digitalen Transformation erfolgenden soziotechnischen Innovationen und damit verbundenen Veränderungen der Lebensbedingungen folgenlos sind und sein werden, sind nachhaltige Vorkehrungen auch intertemporaler Freiheitssicherungen verfassungsrechtlich legitimiert, wenn nicht geboten.

---

[42] Sie lautet u.a.: „Der Staat schützt auch in Verantwortung für die künftigen Generationen die natürlichen Lebensgrundlagen […] im Rahmen der verfassungsmäßigen Ordnung […]"

[43] Zu ihm s. BVerfGE 49, 89, 137 sowie Leitsatz 5 der BVerfG, Beschluss vom 24.03.2021, NJW 2021, 1723.

D. Insbesondere: Schutz der Funktionsfähigkeit des demokratischen und sozialen Rechtsstaats

Da die Gewährleistung von individuellen Freiheitsrechten im Kontext der Rechts- und Sozialstaatlichkeit und der Funktionsfähigkeit der Demokratie steht, gehören zu seiner Wahrnehmung speziell im Hinblick auf die digitale Transformation beispielsweise die Vorsorge zur Erhaltung von Meinungsvielfalt und der Möglichkeiten partizipativer Teilhabe an gesellschaftlich relevanten Entscheidungen. Auch ein nicht nur die Existenz, sondern die Diversität von Entfaltungschancen in allen Lebensbereichen sichernder Sozialstaat ist angesichts der durch die Digitalisierung mitbedingten Machtasymmetrien und der Risiken einer verstärkten Fragmentierung der Gesellschaft[44] und möglicherweise zunehmender Prekarisierung[45] eine wichtige Voraussetzung gelingender digitaler Transformation. Angesichts der bisher bevorzugten Ausgestaltung von Recht und der Instrumente der Rechtsdurchsetzung als Individualrechtsschutz gerät vielfach aus dem Blick, dass Individualrechtsschutz in einem sozialen Rechtsstaat durch Schrankenvorbehalte zugunsten des Schutzes anderer, auch kollektiver Interessen beschränkt und beschränkbar ist.[46] Ferner wird häufig vernachlässigt, dass liberale Demokratien auf der Annahme beruhen, dass gelingender Individualrechtsschutz eine gute und unabdingbare – wenn auch nicht die einzige – Grundlage für das gelingende Funktionieren gesellschaftlicher und staatlicher Institutionen i. w. S. ist, darunter auch solcher, die reale Voraussetzungen der Wahrnehmung von Freiheitsrechten schaffen. Für die Realisierung dieses Grundsatzes hat die digitale Transformation gegenwärtig überragende Bedeutung. Insoweit sei nur darauf verwiesen, dass aktuell auch intensiv diskutiert wird, ob und wieweit die Demokratie insbesondere durch soziale Medien in ihrer Funktionsfähigkeit gefährdet ist und wie letztere besser gesichert werden kann.[47]

Die im europäischen Recht und die in der deutschen Verfassung enthaltenen Verbürgungen haben auch im Hinblick auf die Digitalisierung schon manche Ausgestaltung in der Rechtsordnung erfahren. Ein Beispiel unter mehreren ist

---

[44] Zu diesem Risiko s. *Vesting*, Staatstheorie (2018), Rn. 282 ff. S. auch *Spiecker genannt Döhmann/Magen*, Kontexte der Demokratie (2018), S. 9 ff., 67 ff.

[45] Zu diesem Risiko s. *Engel/Fürchtenkötter/Ibrahim*, Digitale Prekarisierung (2018).

[46] Dass Grundrechte neben ihrer individualrechtlichen Bedeutung auch Phänomene kollektiver Ordnung sind und deshalb das Gesellschaftliche an der Grundrechtstheorie, -dogmatik und -anwendung bedeutsam ist, betonen etwa die Beiträge in: Vesting/Korioth/Augsberg (Hrsg.), Kollektive Ordnung (2014).

[47] Aus diesen Diskussionen vgl. statt vieler Leopoldina/acatech/Union der deutschen Akademien der Wissenschaften, Digitalisierung und Demokratie (2021); *Pille*, Meinungsmacht (2016); *Nemitz/Pfeffer*, Prinzip Mensch (2020), S. 184 ff.; *Schmed./Braam/Mischke*, Gegen Meinungsmacht (2020); *Ingold*, Meinungsmacht des Netzes (2020); *Borucky/Michael/Marschall*, Die digitalisierte Demokratie (2020).

das Datenschutzrecht. Dazu gehört u. a. die seit Mai 2018 im EU-Bereich geltende DSGVO sowie das im Jahre 2017 neu gefasste, ab demselben Zeitpunkt wie die DSGVO geltende Bundesdatenschutzgesetz – BDSG (neu).[48] Hinzu tritt (bisher) die E-Privacy-Richtlinie der EU,[49] die durch die gegenwärtig in der EU-internen Abstimmung befindliche E-Privacy-Verordnung abgelöst werden soll.[50]

Angesichts der großen Bandbreite der durch die Digitalisierung erfassten Regelungsfelder wird es zukünftig besonders wichtig sein, dem Gewährleistungsauftrag auch in den vielen sektorspezifischen Bereichen der Anwendung algorithmischer Systeme nachzukommen. Den Besonderheiten der Voraussetzungen und Folgen des Einsatzes von Big Data, KI und insbesondere von automatisierten Vorgängen und Entscheidungen tragen viele der zur Zeit geltenden Normen nur begrenzt Rechnung. Es bleibt eine noch zu bewältigende Aufgabe, die Rechtsordnung unter Beachtung des Gewährleistungsauftrags umfassend auf die transformativen Potentiale und damit auch die innovativen Möglichkeiten der Digitalisierung abzustimmen.

---

[48] Die DSGVO und das BDSG (neu) sind inhaltlich im Zusammenhang zu behandeln. Dies dürfte nicht zuletzt wegen der Kompliziertheit der Konstruktionen und vieler detailreicher und abwägungsoffener Vorgaben sowie vieler Öffnungsklauseln zu erheblichen praktischen Schwierigkeiten im zukünftigen Datenschutz führen. Zu Letzterem s. etwa *Roßnagel*, Gesetzgebung (2017), S. 277.

[49] Richtlinie Richtlinie 2009/136/EG vom 25.11.2009 zur Änderung der Richtlinie 2002/22/EG über den Universaldienst und Nutzerrechte bei elektronischen Kommunikationsnetzen und -diensten, der Richtlinie 2002/58/EG über die Verarbeitung personenbezogener Daten und den Schutz der Privatsphäre in der elektronischen Kommunikation und der Verordnung (EG) Nr. 2006/2004 über die Zusammenarbeit im Verbraucherschutz.

[50] Diese Verordnung wird allerdings nicht alle Bereiche des Datenschutzes erfassen. Sie ist als Sonderregelung auf das Handeln der Anbieter von elektronischen Kommunikationsdiensten bezogen und betrifft daher Kommunikationsvorgänge wie Telefonate, Internetzugang, Instant-Messaging-Dienste, E-Mails, Internet-Telefonie oder Personal Messaging. Auch sie ist – wie die anderen datenschutzrechtlichen Regeln – auf den Schutz personenbezogener Daten ausgerichtet und damit gegenständlich begrenzt.

§ 12 Selbstregelung, Selbstregulierung und regulierte Selbstregulierung im digitalen Kontext

Die bisherigen Ausführungen könnten den Eindruck vermittelt haben, dass die Rechtsordnung immer noch von einem strikten Gegenüber zwischen staatlichen und privaten Akteuren und entsprechenden Handlungsformen ausgeht. Das wäre eine Täuschung. Die Beziehungen, insbesondere die Art des Zusammenwirkens, sind erheblich vielfältiger. Dies betrifft auch und besonders stark die durch Digitalisierung geprägten Handlungsfelder und hat Auswirkungen auf die Gestaltung des Rechts.

Die digitale Transformation trifft auf eine schon vor ihr in vielen Teilen der Rechtsordnung eingeleitete Neujustierung des Verhältnisses von privat gesetzten Regeln und hoheitlichem Recht. Diese Neujustierung hat durch die Digitalisierung erhebliche Weiterungen erfahren. Auf die in den durch Digitalisierung geprägten Bereichen verfügbaren und genutzten Arten selbstgestaltenden, selbstregelnden, selbstregulierten und hoheitlich regulierten Handelns sowie auf die Arten des Zusammenspiels von privat verantwortetem und hoheitlichem Recht gehen die folgenden Ausführungen ein.

Wer sich mit der rechtlichen Ausgestaltung des weiten Feldes des Einsatzes digitaler Techniken und digital basierter Entscheidungen oder Geschäftsmodelle befasst, stößt auf unterschiedliche Arten individuell-privater, gesellschaftlicher und hoheitlicher Einwirkungen. Am Anfang der folgenden Ausführungen steht deshalb der Versuch zur Systematisierung in dem Bemühen, eine möglichst nachvollziehbare Begrifflichkeit für die Unterschiedlichkeit der Handlungsformen zu nutzen. Ich beginne mit dem Versuch, einige mir wichtige Begriffe voneinander zu unterscheiden (A). Später (B) werde ich darauf zurückkommen und auf den IT-Bereich bezogene Beispiele aus der Praxis anführen. Abschließend beschreibe ich am Beispiel der Plattformregulierung die Dominanz nichthoheitlicher Regulierung, die zu einer Entstaatlichung vieler Tätigkeitsfelder, insbesondere der global gestalteten, geführt haben, mit nur geringen oder begrenzt erfolgreichen hoheitlichen Einwirkungsmöglichkeiten. (C).

A. Zu den hier verwendeten Begriffen

Unter *Selbstgestaltung* verstehe ich individuell oder gemeinschaftlich vorgenommene Maßnahmen zur Verwirklichung von Zielen durch eigenes Verhalten. Produkte der Selbstgestaltung im IT-Bereich sind etwa die von einzelnen Bürgerinnen und Bürgern verbreiteten Mails oder Blogs oder die ggf. kollaborativ erfolgende Erarbeitung von Software, aber auch die von den Unternehmen entwickelten und umgesetzten Geschäftsmodelle.

Für solche Aktivitäten gibt es zum Teil von den Betroffenen selbst entwickelte Verhaltensregeln, etwa eigen gesetzte moralische oder ethische Selbstverpflichtungen oder Regeln etwa für die Verbreitung von Blogs oder für eine kollaborativ erarbeitete Software, über die Art des Zusammenwirkens Mehrerer, besonders auch für die Nutzung der von den Unternehmen entwickelten Geschäftsmodelle. Für diesen Typ von Regeln benutze ich den Begriff der *Selbstregelung*. Beispiele sind Codes of Conduct (Verhaltenskodizes). Selbstregelungen können auch durch Einrichtungen oder Organisationen – etwa Verbände – geschaffen werden, um die Interessen der Mitglieder zu vertreten oder gemeinwohlorientierte Aufgaben wahrzunehmen.

Soweit gesellschaftliche Regelsetzung nicht nur das Verhalten der an der Regelsetzung selbst Beteiligten beeinflusst, sondern wenn auch andere Personen die Regeln für sich anerkennen und die Regeln insofern generell wirken, verwende ich den Begriff der *gesellschaftlichen Selbstregulierung*. Diejenigen, die solche Regeln – etwa technische Standards oder Verhaltensmuster – beachten wollen, können sich rechtlich, etwa durch Vertrag, dazu verpflichten. Die Betroffenen können die Regeln auch rechtlich unverbindlich halten, aber ihre Beachtung wechselseitig erwarten und die Nichtbeachtung kann gegebenenfalls sozial sanktioniert werden, etwa durch Abbruch von Geschäftsbeziehungen oder durch Reputationsverlust der Regelverletzer.

Der Begriff „Regulierung“[1] wird in der Rechtswissenschaft allerdings meist nur für hoheitliche Interventionen in gesellschaftliche Prozesse genutzt, durch die mit einer spezifischen Zielrichtung in genereller Weise Vorgaben für Verhalten aufgestellt oder Strukturen für die Lösung bestimmter Probleme geschaffen oder funktionsfähig gehalten werden. Ich halte es für vertretbar, ihn ebenfalls für gesellschaftliche Regelwerke zu benutzen, wenn die Regeln darauf gerichtet sind, auch von Akteuren beachtet zu werden, die an ihrer Formulierung nicht beteiligt waren.

Erfolgt eine Regulierung im Zusammenwirken hoheitlicher und privater Akteure ist dies eine *hybride Regulierung*. Gesprochen wird auch von Koregulierung.

---

[1] Zum Begriff hoheitlicher Regulierung vgl. *Eifert*, Regulierungsstrategien (2022), § 19 Rn. 10, 16 ff.

Von *hoheitlich regulierter gesellschaftlicher Selbstregulierung (bzw. Selbstregelung)* – kurz: von *regulierter Selbstregulierung*[2] – spreche ich, wenn Hoheitsträger für die Lösung von Problemen auf die in (relativer) Autonomie erbrachten Ordnungsleistungen der Mitglieder der Gesellschaft vertrauen, aber regulativ darauf hinwirken, dass dabei (auch) Gemeinwohlzwecke beachtet oder gezielt verfolgt werden. Das auf die rechtliche Einhegung der Selbstregulierung/-regelung gerichtete hoheitliche Hinwirken kann auf höchst unterschiedliche Weise geschehen, etwa in Gestalt von Verhaltensvorgaben oder -anreizen, durch Einrichtung von Strukturen – etwa korporativer Art – oder durch die Ermöglichung und Unterstützung von gesellschaftlichen Funktionssystemen wie dem Markt.

B. Beispiele[3]

Wie erwähnt sind Selbstgestaltung, Selbstregelung und Selbstregulierung die vorherrschenden Arten der Ausgestaltung der IT-Infrastrukturen und der Abwicklung und Nutzung digitaler Dienste, aber weitgehend auch in anderen Bereich der Nutzung der durch Digitalisierung geschaffenen Möglichkeiten. Diese grundsätzlich begrüßenswerten Strukturen haben allerdings auch negativ zu bewertende Folgen bewirkt, insbes. die Asymmetrie in der Machtverteilung im IT-Bereich.

Die Befassung mit der historischen Entwicklung des Internets ergibt, dass das Internet in seiner Anfangsphase von vielen als neues Medium freier Entfaltung begrüßt wurde und die Akteure in hohem Maße auf weitgehend autonome Selbstgestaltung und Selbstregulierung vertraut haben.[4] Zwar hat das Internet in der Phase seiner Entstehung hoheitliche Geburtshelferdienste insbesondere durch das amerikanische Militär und amerikanische Hochschulen erfahren und es gibt auch weiterhin Kooperationen mit staatlichen Stellen bei der Entwicklung des Internets. Bestimmend für die weitere Entwicklung ist aber die Kommerzialisierung der Infrastrukturen des Internets und der meisten über sie abgewickelten Dienste sowie vieler anderer durch die Digitalisierung geprägten

---

[2] Zum Begriff und Konzept regulierter Selbstregulierung, aber auch zu unterschiedlichen Gestaltungen und Begriffsverwendungen s. *Voßkuhle*, Regulierte Selbstregulierung (2001), S. 197 ff. S. ferner *Eifert*, Regulierungsstrategien (2022), Rn. 52 f., 144 ff. Aus historischer Perspektive s. die Beiträge in: Collin et al. (Hrsg.), Regulierte Selbstregulierung (2014).

[3] Als Einführung in Fragen der Selbstregulierung und ihrer hoheitlichen oder gesellschaftlichen Regulierung s. *Eifert*, Regulierungsstrategien (2012), Rn. 52 ff., 144 ff. – jeweils m. w. Hinw.; *Schulz/Held*, Regulierte Selbstregulierung (2002); *Latzer et al.*, Selbst- und Ko-Regulierung (2002). Zur Selbstregulierung speziell beim Datenschutz s. etwa *Bizer*, Selbstregulierung (2001); *Abel*, Selbstregulierung (2003); *Schröder*, Selbstregulierung (2012).

[4] Zur Geschichte des Internets s. statt vieler *Abbate*, Inventing (1999); *Hafner/Lyon*, Geschichte (2000). Kritisch rekonstruierend *Schrape*, Reconstruction (2019), S. 31 ff.

Handlungsfelder. Dadurch wurden viele der in der Anfangsphase des Internets beobachtbaren spontanen Aktionen und Interaktionen und experimentierenden und auch überraschenden Entwicklungen weitgehend erstickt oder doch in ein kommerzielles Umfeld eingepfercht – mit erheblichen Veränderungsfolgen. Prägend für die Entwicklung ist insbesondere die Vermachtung vieler Bereiche, die zu erheblichen Asymmetrien bei der Verwirklichung von Interessen unter Nutzung von Möglichkeiten der Selbstgestaltung und Selbstregelung geführt hat (s. etwa u. § 13). Gleichzeitig gibt es eine Vielzahl von normativen (nicht notwendig rechtlichen) Vorgaben für die Entwicklung und Ausgestaltung des Internets. *Matthias Kettemann* [5]spricht sogar von einer normativen Ordnung des Internets, bezogen auf die Vielfältigkeit des Vorhandenseins und Zusammenwirkens von Soft Law und Hard Law. Auf diese sehr detailreiche und informative Untersuchung sei hier pauschal verwiesen.

I. Private Selbstgestaltung/Selbstregelung

Allerdings gibt es weiterhin Möglichkeiten der Selbstgestaltung und Selbstregelung – wenn auch z. T. rechtlich eingehegt. Diese Möglichkeiten sind auch verfassungsrechtlich geschützt: In Rechtsstaaten, wie der Bundesrepublik Deutschland, ist die Rechtsmacht zur autonomen Gestaltung des eigenen Handelns durch Einzelne und Gruppen ein tragendes Element der Verfassung.[6]

Eigenverantwortung haben die Unternehmen dementsprechend für die Gestaltung von Geschäftsmodellen im Internetbereich. Da es keine global wirksamen hoheitlichen Regelungsstrukturen für die Dienste im Internet gibt, sind die Möglichkeiten der Unternehmen zur autonomen Gestaltung besonders groß. Dort, wo die Unternehmen ihren Geschäftssitz oder eine Niederlassung haben oder ihre Geschäfte abwickeln, können sie allerdings an die jeweils maßgebende nationale Rechtsordnung gebunden sein, für den Bereich der EU auch an die Europäischen Verträge und ergänzende Verordnungen und Richtlinien.[7]

In den Autonomiebereich fällt insbesondere die Entwicklung der eigenen Geschäftsmodelle und dabei auch die Gestaltung der Beziehungen zu den Nutzern von Diensten. Dies geschieht zum Teil durch als Selbstbindung formulierte, aber rechtlich gegenüber den Nutzern nicht verbindliche Verhaltensgrundsätze.[8] Besonders wichtig sind aber die von den Unternehmen aufgestellten Allgemeinen Geschäftsbedingungen (s. etwa u. § 18 D).

---

[5] *Kettemann*, Normative Order (2020).

[6] Die Grundrechte der allgemeinen Handlungsfreiheit oder der Berufs- und Eigentumsfreiheit, aber auch der Meinungs- und Medienfreiheit (Art. 2, 12, 14 und 5 GG) sind im deutschen Recht Konkretisierungen des Autonomiegrundsatzes und damit der Rechtsmacht zur Selbstgestaltung.

[7] Zur Rechtsbindung s. EuGH, Urteil vom 13.05.2014, EuGRZ 2014, 320 ff. S. ferner Art. 3 Abs. 2, 3 der EU-Datenschutzgrundverordnung.

[8] Beispiele sind die im Jahre 2018 veröffentlichten „Responsible AI Practices“ von Google

Autonomie prägt auch die technische Ausgestaltung und Steuerung der Infrastrukturen und Dienste. Dies gilt insbesondere für die Entwicklung der Algorithmen und weitgehend auch die des in die Architektur und Normungen des Internet eingeschriebenen „Code".[9] Algorithmen, also technische Regeln, steuern ebenfalls die über das Internet abgewickelten Dienste. Die darauf gerichteten algorithmischen Systeme werden von den Unternehmen in eigener Verantwortung oder in Kooperation mit anderen entwickelt oder erworben und eigenbestimmt eingesetzt. Allerdings müssen bei ihrer Entwicklung und ihrem Einsatz rechtliche Vorgaben – wie etwa die des Datenschutzrechts – beachtet werden.

Das Internet gewährt nicht nur den Anbietern von Leistungen, sondern auch den individuellen Nutzern erhebliche Möglichkeiten der Selbstgestaltung,[10] beispielsweise bei der Nutzung des Internets zur Kommunikation oder von digitalen Instrumenten bei sonstigen privaten oder geschäftlichen Betätigungen. In einer spezifisch gesteigerten Weise erfolgt Selbstgestaltung in Bereichen von Open Source[11] – hier wird insbesondere der Quellcode offen gelegt – und Open Content[12] – hier ist die Nutzung und Weiterverbreitung urheberrechtlich erlaubt (s. auch u. § 14 C, D). Möglichkeiten zur Selbstgestaltung sind auch mit Open Innovation[13] verknüpft: Gemeint ist die Öffnung von Innovationsprozessen zur Mitarbeit und Nutzung der Ergebnisse. Möglich wird die Kollaboration mehrerer und dabei eine Form kollektiver Selbstgestaltung, eingerahmt durch Formen der Selbstregelung der Verhaltensweisen. Das Ergebnis kollaborativer Entwicklungen kann rechtlich mithilfe der sogenannten Copyleft-Klausel[14] als Leistung derart abgesichert werden, dass letztere nicht durch Einzelne zur kommerziellen Verwertung nutzbar ist. Die Copyleft-Klausel nutzt das Instrumentarium des staatlichen Urheberrechtsschutzes, verkehrt aber seine übliche Schutzrichtung, indem die an sich durch das Urheberrecht geschützte proprietäre Nutzung für die kollaborativ geschaffenen Werke selbstregulativ ausgeschlossen wird.

Eine weitere Form privater Selbstregelung mit allgemeiner Wirkung sind technische Standards, die von einem Unternehmen oder kollaborativ von meh-

---

(https://ai.google/education/responsible-ai-practices, abgerufen am 04.10.2021) und die „neun Leitlinien der Telekom zum Einsatz von künstlicher Intelligenz" (https://www.telekom.com/de/konzern/digitale-verantwortung/details/ki-leitlinien-der-telekom-523904, abgerufen am 04.10.2021).

[9] Zu ihm s. *Lessig*, Code Version 2.0 (2006). Zu seiner Auswirkung auf Regulierung und Verhaltenssteuerung kritisch *Hildebrandt*, Smart Technologies (2016) m. w. Hinw.

[10] Speziell zur Art der Selbstregulierung beim Persönlichkeitsschutz s. *Dilling*, Persönlichkeitsschutz (2013).

[11] S. *Hartmann/Jansen*, Open Content (2008); *Jaeger/Metzger*, Open Source Software (2020). S. auch u. § 14 D.

[12] Ein Beispiel ist das Internetlexikon Wikipedia.

[13] Dazu s. *Chesbrough/Vanhaverbeke/West*, Open Innovation (2011).

[14] Zu ihr s. *Jaeger/Metzger*, Open Source Software (2020), S. 23 ff.

reren entwickelt werden und in einem bestimmten Geschäftsfeld auch von anderen genutzt werden, ohne allein dadurch aber rechtlich verbindlich zu werden.[15] Sie können sich auf Hard- wie auf Software beziehen. Setzen Standards sich faktisch allgemein durch, wirken sie funktional wie Standards, die förmlich (privat oder hoheitlich) gesetzt werden. Die Standardentwicklung in Gestalt der faktischen Durchsetzung bestimmter Parameter am Markt führt zu deren faktischen Verbindlichkeit.

Werden gesellschaftlich gebildete Standards im hoheitlich gesetzten Recht als maßgebend anerkannt – etwa für Haftungsfragen – oder rechtlich für verbindlich erklärt, erfolgt durch diesen Transfer zugleich eine Transformation in den Bereich des hoheitlich gesetzten Rechts.

II. Gesellschaftliche Selbstregulierung

Beispiele für in gesellschaftlicher Verantwortung geschaffene Regeln für gesellschaftliches, autonomes Verhalten sind etwa informelle Regeln des Anstands. Hierzu gehörte die in der Anfangszeit des Internets maßgebende Netiquette[16] als Set von Verhaltensregeln für die Internetnutzung. Zur Unterstützung der Wirkungskraft dieser Handlungsform gesellschaftlicher Eigenregulierung wurden Strategien des „Naming and Shaming“ genutzt, also die kollektive, wenn auch weitgehend nur informell abgestimmte Ächtung eines von der Community nicht gebilligten Verhaltens.

In den Bereich formeller gesellschaftlicher Regulierung privaten Verhaltens fallen Codes of Conduct, wenn sie von Verbänden entwickelt werden, die ihrerseits deren Beachtung durch die Verbandsmitglieder erwarten und gegebenenfalls die Nichtbeachtung sanktionieren. Ein Beispiel ist der Kodex für Anbieter nutzungsbasierter Online-Werbung des „Deutschen Datenschutzrats Online-Werbung“,[17] der freiwilligen Selbstkontrolleinrichtung der digitalen Werbewirtschaft. Ein anderes Beispiel ist die Selbstverpflichtung von Telemedien, die journalistisch-redaktionell gestaltete Angebote verbreiten, diese nach anerkannten journalistischen Grundsätzen zu gestalten (§ 19 Abs. 1 Medienstaatsvertrag. MStV). Erkennen sie den vom deutschen Presserat beschlossenen Pressekodex und dessen Beschwerdeordnung an bzw. lassen sie die Einhaltung der Vorgaben des § 19 Abs. 1 MStV von einer anerkannten Einrichtung der Freiwilligen Selbstkontrolle überprüfen und befolgen sie von diesen Einrichtungen ergriffenen Maßnahmen, entfällt die Möglichkeit, dass die sonst zuständige Landesmedienanstalt Sanktionen nach § 109 Abs. 1 MStV verhängt.

---

[15] Zu Standards – ihrer Bedeutung – s. *Brunsson/Jacobsson*, Standardization (2000), S. 10; *Schuppert*, Rechtsetzung (2011), S. 201.

[16] Dazu s. die Netiquette-Guidelines von 1995, www.ietf.org/rfc/rfc1855.txt, abgerufen am 04.10.2021.

[17] Zu ihr s. die Kodizes des Deutschen Datenschutzrats Online-Werbung (DDOW), https://www.ddow.de/grundlagen/, abgerufen am 04.10.2021.

Durch Verbände können auch technische Standards als gesellschaftliche Regulierung gesellschaftlicher Selbstregulierung entwickelt werden, wie etwa IT-Sicherheitsstandards. Sie werden zumindest als Empfehlungen angeboten, können aber auch rechtliche Folgen haben, etwa für die Beurteilung von Fahrlässigkeit bei der Produktion von Gütern.

Solche im gesellschaftlichen Bereich geschaffenen Regeln haben häufig nicht nur für die Mitgliedsunternehmen der Verbände Bedeutung, sondern können mittelbar auch Wirkungen für Dritte entfalten. Ein Beispiel ist das internationale Robots-Exclusion-Standardprotokoll (REP).[18] Es betrifft die Möglichkeit der Betreiber von Websites, diese oder Teile davon gegenüber den Web-Crawlern (Robots) zu sperren. So werden Suchmaschinen daran gehindert, diese Inhalte zugänglich zu machen. Obwohl Informationsanbieter regelmäßig daran interessiert sind, dass ihre Internetangebote über Suchmaschinen aufgefunden werden können, kann es auch in ihrem Interesse liegen, dies auszuschließen oder die eigene Leistung von anderen Unternehmen nur gegen Entgelt nutzen zu lassen. Das durch ein Expertengremium erarbeitete, selbstregulativ geschaffene REP, dem sich verschiedene Internetunternehmen einschließlich Google und Facebook angeschlossen haben, betrifft die Zugänglichkeit fremder Angebote für Web-Crawler.

III. Hybride Regelung/Regulierung

Eine Regelung/Regulierung gilt als hybrid, wenn sie gesellschaftlich selbstregulativ zustande kommt, aber staatliche Stellen bei der Entwicklung der Regeln und/oder bei der Bestimmung ihrer Relevanz mitwirken. Hier wird auch der Begriff der Koregulierung genutzt. Ich nenne einzelne Beispiele:

Hybrid gestaltet ist die Entwicklung des Datenschutzkodex der deutschen Versicherungsunternehmen, der gemeinsam von dem Gesamtverband der Deutschen Versicherungswirtschaft und den deutschen Datenschutzbehörden sowie der Verbraucherzentrale Bundesverband (vzbv) erarbeitet worden ist.[19]

Eine Vorkehrung für hybride Regulierung findet sich im deutschen IT-Sicherheitsgesetz. Dieses reagiert auf Gefahren, die mit den Stichworten Cybercrime und Cybersabotage gekennzeichnet sind. Die betroffenen Unternehmen sind zur Schaffung geeigneter technischer und organisatorischer Vorkehrungen für die Sicherheit in der Informationstechnik sog. Kritischer Infrastrukturen und zur Vermeidung von Störungen verpflichtet. Sie sowie ihre Branchenverbände können Vorschläge für Sicherheitsstandards erarbeiten. Das Bundesamt

---

[18] Zum REP s. *Conrad/Schubert*, Code (2018); wie auch *Höppner*, Suchmaschinen (2012), S. 631 f., 636 ff.

[19] Datenschutzkodex des Gesamtverbandes der Deutschen Versicherungswirtschaft (GDV), dem die Versicherungsunternehmen freiwillig beitreten können. Unter https://www.gdv.de/de/ueber-uns/unsere-services/daten-schutz-ko-dex---code-of-conduct---15544, abgerufen am 04.10.2021.

für Sicherheit in der Informationstechnik überprüft die Eignung solcher Standards zur Erfüllung der Sicherheitsanforderungen und stellt bei erfolgreicher Prüfung ihre Eignung fest.

Auf dem Zusammenwirken staatlicher und nichtstaatlicher Akteure (Unternehmen, NGOs, technische Communities und Wissenschaftler) beruht die Erarbeitung des insbesondere von der brasilianischen Regierung unterstützten, im NETmundial-Multistakeholder-Statement vom 24. April 2014 enthaltenen Regelwerks, das zum einen „Internet Governance Principles" und zum anderen eine „Roadmap for the future evolution of the Internet Governance Ecosystem" enthält.[20] Hier wurden in einem mehr oder minder partizipatorischen Prozess entwickelte Prinzipien aufgestellt, und zwar in Gestalt von Human Rights and Shared Values, aber auch von Forderungen nach kultureller und sprachlicher Diversität, Sicherheit, Stabilität und Resilienz des Internets sowie seiner offenen Architektur. Ziel war es, Innovation und Kreativität zu schützen. Die „Roadmap" enthält Anregungen zur Umsetzung solcher Prinzipien. Rechtliche Verbindlichkeit besteht nicht. Mögliche Sanktionen für die Missachtung der Prinzipien oder die Nichtbeteiligung an Prozessen ihrer Verwirklichung sind das „Naming and Shaming".[21]

IV. Selbstverpflichtungen zur Vermeidung hoheitlicher Sanktionen

Eine spezifische Kombination von hoheitlicher Einwirkung und der Einflussnahme auf deren Umsetzung findet sich im Bereich zwar rechtlich freiwilliger, aber hoheitlich angestoßener Selbstverpflichtungen.[22] Im IT-Bereich gibt es solche Selbstverpflichtungen beispielsweise in Reaktion auf Beanstandungen der Kartellaufsicht.[23] Ausgangspunkt sind die von Kartellbehörden gegen Internetunternehmen eingeleiteten Kartellverfahren.

Solche Verfahren sind in der Vergangenheit häufig durch Selbstverpflichtungen der Unternehmen beendet worden. Das betroffene Unternehmen konnte dadurch Auflagen oder Verbote sowie Geldbußen vermeiden; als Voraussetzung musste es sich aber zu gewissen Änderungen seiner Praxis oder auch zu finanziellen Leistungen verpflichten. Der Vorteil war ein wechselseitiger. Der Hoheitsträger war von häufig schwierigen Nachweisproblemen und den Belas-

---

[20] Näher dazu *Kleinwächter*, NETmundial (2014) unter https://circleid.com/posts/20140510_pingo_net_mundial_adopts_principles_on_internet_governance/, abgerufen am 04.10.2021.

[21] Dazu s. *Kleinwächter*, NETmundial (2014) unter https://circleid.com/posts/20140510_pingo_net_mundial_adopts_principles_on_internet_governance/, abgerufen am 07.10.2021, S. 5 ff.

[22] Allgemein zu Selbstverpflichtungen s. statt vieler *Eifert*, Regulierungsstrategien (2022), Rn. 73 ff.

[23] Eine Auflistung früherer kartellrechtlicher Verfahren findet sich in: *Monopolkommission*, Hauptgutachten (2014), S. 66 f.; s. auch *Hopf*, Missbrauch (2014), S. 3 f.; *Daly*, Dominating Search (2014), S. 86 ff.; weitere Hinweise auf solche Verfahren *Brenner*, Regulierung (2014), S. 671 ff.

tungen eines möglichen anschließenden gerichtlichen Verfahrens befreit, das betroffene Unternehmen konnte seine eigenen Interessen durch Mitwirkung an der Formulierung der Selbstverpflichtungserklärung im Zweifel besser durchsetzen als bei einer einseitigen hoheitlichen Maßnahme. Auch konnte die als Sanktion gedachte Zahlungsverpflichtung möglicherweise geringer gehalten werden als bei der Verhängung einer Geldbuße zu erwarten gewesen wäre.

Andererseits könnte die Aussicht auf Möglichkeiten der Beendigung eines Beanstandungsverfahrens durch Selbstverpflichtung die Unternehmen motivieren, ihre Marktmacht möglichst weitgehend auszureizen und dabei Beanstandungsverfahren ohne Risiko starker Sanktionierung in Kauf zu nehmen. Der behördliche Verzicht auf den vollen Einsatz ihrer hoheitlichen Gewalt könnte in der Folge zu erheblichen Implementationsdefiziten führen.

V. Hoheitlich regulierte gesellschaftliche Selbstregulierung

Hoheitsträger können regulativ auf die Art und Weise der gesellschaftlichen Selbstregulierung Einfluss nehmen und so Anliegen der Gemeinwohlbindung im Hinblick auf die private Aufgabenerfüllung umsetzen. Dies kann gegebenenfalls auch in Gestalt von rechtlich unverbindlichem Soft Law geschehen. Ein Beispiel sind die IT-Grundschutzkataloge des deutschen Bundesamtes für Sicherheit in der Informationstechnik.[24] Sie sind rechtlich nicht verbindlich. Sie können aber als Grundlage einer Zertifizierung genutzt werden, durch die indiziert wird, dass das Unternehmen geeignete Maßnahmen zur Absicherung seiner IT-Systeme gegen IT-Sicherheitsbedrohungen ergriffen hat.

Auch die EU-Datenschutzgrundverordnung sieht Möglichkeiten hoheitlicher Regulierung von Selbstregulierung vor.[25] Sie ermuntert beispielsweise dazu, dass Verbände und andere Vereinigungen Verhaltensregeln ausarbeiten, die eine ordnungsgemäße und wirksame Anwendung der Verordnung erleichtern.[26] Art. 40 Abs. 2 der Verordnung führt ausdrücklich eine Vielzahl von Themenbereichen auf, für die Präzisierungen erfolgen können. Die Präzisierungsanregungen sind als regulative Orientierungen für die Verhaltensregeln gedacht, zu deren Erlass die Verbände oder Vereinigungen allerdings nicht verpflichtet sind. Ebenso sind sie nicht verpflichtet, von der weiteren in Abs. 5 vorgesehenen Möglichkeit Gebrauch zu machen, den Entwurf der Aufsichtsbehörde vorzulegen, die aber – wenn dies geschieht – in einer Stellungnahme darlegt,

---

[24] Dazu s. die Homepage des Bundesamts für Sicherheit in der Informationstechnik (BSI): www.bsi.bund.de/DE/Themen/ITGrundschutz/ITGrundschutzKataloge/itgrundschutzkataloge_node.html.

[25] Zur EU-DSGVO *Kühling/Martini*, Datenschutz-Grundverordnung (2016); kritisch in Bezug auf die ‚unvollkommenen' Elemente regulierter Selbstregulierung der DSGVO *Veil*, Datenschutz-Grundverordnung (2018), S. 695; zur regulierten Selbstregulierung im Bereich von Geodaten *Martini*, Do it yourself (2016).

[26] S. Nr. 77, 98 der Erwägungsgründe.

ob die Verhaltensregeln mit der Verordnung vereinbar sind. Sind dafür ausreichende Garantien vorhanden, wird der Entwurf der Verhaltensregeln von der Behörde genehmigt (Abs. 5). Anschließend gelten unterschiedliche Verfahren je nachdem, ob der Entwurf Verarbeitungstätigkeiten nur in einem oder in mehreren Mitgliedstaaten betrifft (Abs. 6–8). Sind die Prüfungen positiv, kommt es am Ende des Verfahrens zu einer amtlichen Veröffentlichung (Abs. 6, 11). Für in mehreren Mitgliedstaaten geltende Verhaltensregeln kann die EU-Kommission sogar im Wege von Durchführungsrechtsakten beschließen, dass sie allgemeine Gültigkeit in der EU besitzen (Abs. 9). Art. 41 der Verordnung sieht für die Überwachung der Einhaltung der Verfahrensregeln Möglichkeiten der Akkreditierung geeigneter Stellen vor. Angestrebt werden auch datenschutzspezifische Zertifizierungsverfahren sowie Datenschutzsiegel und -prüfzeichen (Art. 42).[27]

Eine besondere Art hoheitlicher Regulierung von gesellschaftlicher Selbstregulierung kann gelegentlich auch die Gerichtsbarkeit nutzen. Ein Beispiel ist die Google-Entscheidung des EuGH,[28] in der dieses Gericht der Google Inc. auferlegt hat, Vorkehrungen zum Schutz des sogenannten Rechts auf Vergessen(werden) beim Betrieb seiner Suchmaschine zu treffen. Google wurde unter Anwendung der (seinerzeit noch geltenden) EU-Datenschutzrichtlinie 95/46 verpflichtet, unter bestimmten Voraussetzungen den Link zu einer als unrichtig oder überholt beanstandeten Information in dem europäischen Angebot seiner Suchmaschine zu löschen und damit den Zugang zu der betroffenen Information (die als solche allerdings nicht gelöscht wird) zu erschweren. Diese (auch in anderen Zusammenhängen genutzte) Konstruktion – insbesondere die vorrangig beim IT-Unternehmen liegende Macht zur Entscheidung darüber, welche Information der Öffentlichkeit zugänglich bleibt – ist allerdings insbesondere unter Hinweis auf den Schutz der Meinungsfreiheit problematisch.

Diese betrifft auch die in Nutzungsbedingungen – etwa von Facebook – vorgesehene Möglichkeit, Nutzerbeiträge bei Verstößen gegen die sog. Gemeinschaftsstandards des Netzwerks (etwa Hassrede, Falschnachrichten) zu löschen und Konten zu sperren. Diese Rechtsmacht hat der Bundesgerichtshof allerdings grundsätzlich anerkannt, aber unter Anwendung von § 307 Abs. 1, Satz 1 (Schutz von Treu und Glauben in AGB-Regelungen) nur unter der Voraussetzung, dass der Nutzer über die Entfernung seines Beitrags zumindest nachträglich und über eine beabsichtigte Sperrung seines Nutzerkontos vorab informiert und ihm der Grund dafür mitgeteilt sowie eine Möglichkeit zur Gegenäuße-

[27] Zur Einschätzung solcher Instrumente – allerdings noch auf der Grundlage des ursprünglichen Vorschlags der EU-Kommission zur Datenschutzgrundverordnung – *Hornung/Hartl*, Marktanreize (2014).

[28] EuGH, Urteil vom 13.05.2014, EuGRZ 2014, 320. In Art. 17 EU Datenschutz-Grundverordnung sind jetzt ausdrückliche Regeln zum „Recht auf Vergessenwerden" enthalten.

rung mit anschließender Neubescheidung eingeräumt wird.[29] Durch diese Konkretisierung soll der Konflikt zwischen der Selbstgestaltungsmacht des Netzwerks (als Ausübung der Berufsfreiheit) und der des Nutzers (als Ausübung der Meinungsfreiheit) nach dem Grundsatz praktischer Konkordanz bewältigt werden.

Dem gleichen Problem gilt das deutsche Netzwerkdurchsetzungsgesetz.[30] Es ist der Versuch des Gesetzgebers, eine Lösung für den Konflikt zwischen dem Recht der Meinungsäußerung über das Internet und dem Schutz des in seinen Rechten, insbesondere dem Persönlichkeitsrecht, durch die Äußerung Betroffenen zu ermöglichen. Zwischenzeitlich hat die EU-Kommission ihrerseits in ihrem Vorschlag zum Erlass des Single Services Act[31] eine im Grundsatz vergleichbare Konstruktion vorgesehen.

Eine andere Art der hoheitlichen Regulierung von gesellschaftlicher Selbstregulierung sind hoheitliche Vorkehrungen zur Sicherung der Funktionsfähigkeit selbstregulativer Strukturen, wie insbesondere der des Marktes. Hier geht es um die Ermöglichung oder den Erhalt von Wettbewerb. Die Funktionsfähigkeit des Marktes soll in der Weise gesichert werden, dass die verschiedenen Interessen der Marktteilnehmer durch deren autonomes Handeln bestmöglich befriedigt und zugleich Gemeinwohlziele verwirklicht werden. Darauf ist insbesondere das Kartellrecht gerichtet (zu ihm s. § 19 A).

---

[29] BGH, Urteil vom 29.07.2021 – III ZR 179/20 und III ZR 192/20.

[30] Zu ihm s. u. § 21 B sowie *Guggenberger*, Netzwerkdurchsetzungsgesetz (2017); *Löber/Roßnagel*, Netzwerkdurchsetzungsgesetz (2018). Zur späteren Novellierung s. *Kalbhenn/Hemmert-Halswick*, Änderung des NetzDG (2020).

[31] Zu ihm s. u. § 19 C II.

§ 13 Zur gegenwärtigen Dominanz nicht-hoheitlicher Regelung des Internets durch IT-Intermediäre

Die in § 12 erfolgte Typisierung und die angegebenen Beispiele dürfen nicht dahingehend verstanden werden, als seien die durch Digitalisierung gekennzeichneten Handlungsbereiche durch die Gleichheit der Chancen zur Selbstverwirklichung aller Beteiligten (im Zuge von autonomer Selbstgestaltung, -regelung und -regulierung) geprägt. Dagegen sprechen die starke Vermachtung in vielen der durch Digitalisierung geprägten Bereiche und insbesondere die Dominanz global tätiger, quasi-monopolistischer Unternehmen bzw. Konzerne in der Plattformökonomie. Die Nutzung von Formen der Selbstgestaltung, -regelung und -regulierung durch sie prägt die Gestaltung der von ihnen erbrachten Dienste, und zwar vorrangig ausgerichtet an den Unternehmensinteressen und sekundär– soweit dafür nützlich – an den Interessen der Bürgerinnen und Bürger.

A. IT-Plattformen als „private Gesetzgeber"

Es ist bisher nicht gelungen, durch hoheitliche Regulierung der Selbstregulierung die erheblichen Machtasymmetrien, insbesondere in den Tätigkeitsfeldern der globalen IT-Akteure, aufzubrechen oder auch nur durch hoheitliche Regulierung der Selbstregulierung umfassend für einen fairen Interessenausgleich zu sorgen und dabei auch kollektiv wichtige Rechtsgüter hinreichend zu schützen. Es ist auch zu bezweifeln, dass die von den Unternehmen selbst geschaffenen Regeln auch nur ansatzweise darauf zielen, im Interesse aller Betroffenen ein Schutzniveau zu erreichen, auf das rechtsstaatliche Anforderungen hinsichtlich hoheitlicher oder hoheitlich regulierter Selbstregulierung zielen müssten. Auch fehlen wirksame hoheitliche Vorgaben zur Sicherung von Transparenz und Kontrolle und damit auch zur Abwehr von Beeinträchtigungen der autonomen Meinungsbildung der Bürgerinnen und Bürger und der Funktionsfähigkeit demokratischer Entscheidungsprozesse.

Besonders nachhaltig sind die Gefährdungen in den Handlungsfeldern der IT-Intermediäre, insbesondere der Plattformen. Zur Illustration der gegenwärtigen Lage zitiere ich im Folgenden Ausschnitte aus zwei wissenschaftlichen Arbeiten, deren Beobachtungen mit meinen weitestgehend übereinstimmen.

Ich beginne mit einer Analyse des Soziologen *Ulrich Dolata* zur Plattform-Regulierung.[1]

Er bezeichnet die führenden Internetkonzerne Apple, Amazon, Google, Facebook und Microsoft als strukturbildende, regelsetzende und handlungskoordinierende Kernakteure im heutigen Web. Ihre wesentlichen Regelungsbereiche seien zum einen die privatwirtschaftliche Organisierung und Regulierung von Märkten, auf denen sie selbst die Marktprozesse koordinierten und die Wettbewerbsbedingungen festlegten. Zugleich würden sie sehr weitreichende soziale Ordnungs- und Regulierungsfunktionen im Internet übernehmen. Dies wird – nicht nur von ihm[2] – als Kuratierung sozialer Verhältnisse und sozialen Verhaltens bezeichnet. Im Übrigen schüfen die Unternehmen die Grundlagen für eine privatwirtschaftlich verfasste Gesellschaftlichkeit im Web.

Nicht nur der Großteil der wirtschaftlichen Aktivitäten, sondern auch weite Teile des privaten Austauschs und der netzbasierten Öffentlichkeit fänden daher heute in privatwirtschaftlich organisierten und gestalteten Räumen und innerhalb eines darauf ausgerichteten technischen und sozioökonomischen Ordnungsrahmens statt. Die hier dominierenden Plattformen charakterisiert *Dolata* als digitale, datenbasierte und algorithmisch strukturierende soziotechnische Infrastrukturen, über die Informationen ausgetauscht, Kommunikation strukturiert, Arbeit und Märkte organisiert, ein breites Spektrum an Dienstleistungen angeboten oder digitale und nicht digitale Produkte vertrieben werden.

Die Organisierung von Märkten und die Beeinflussung von sozialen Zusammenhängen seien die wesentlichen Merkmale, die das Neue und Disruptive privatwirtschaftlicher Plattformen ausmachten und sie als zentrale Regulierungsinstanzen auswiesen. Die Regulierung dieser von den Unternehmen organisierten Märkte erfolge über umfangreiche soziotechnische Regelwerke, nämlich Markt- und Wettbewerbsregeln, Koordinations-, Kontroll- und Verwertungsmechanismen, die einerseits in Geschäfts- und Nutzungsbedingungen, Partnerprogrammen oder Entwicklungsrichtlinien fixiert seien und andererseits von den Plattformbetreibern in technische Programme und Anweisungen übersetzt würden.[3] Die Umsetzung der Marktregeln sowie die konkrete Koordination und Abwicklung aller Marktprozesse erfolge algorithmisch gesteuert und daher weitgehend automatisiert.

Die Plattformbetreiber agierten nicht als neutrale Intermediäre, sondern als regel- und akzentsetzende Akteure, die sich selbst mit weitreichenden Befugnissen und Eingriffsmöglichkeiten ausstatteten. Auch die technischen Infra-

---

[1] *Dolata,* Plattform-Regulierung (2019), S. 79 ff., dort jeweils mit Hinweisen auf weitere Literatur.

[2] Dieser Terminologie nutzt beispielsweise auch die Stellungnahme Leopoldina et al., Digitalisierung und Demokratie (2021), S. 15 ff., 46 ff.

[3] Zu der Vielfalt und dem Zusammenwirken solcher Regulierungsmechanismen s. *Kettemann,* Normative Order (2020)

strukturen, die die Plattformbetreiber bereitstellen, seien keine neutralen Architekturen, über die lediglich Verbindungen geschaffen würden, sondern bildeten durch die in sie eingeschriebenen Regeln die eigentlich handlungsorientierende und prozessstrukturierende institutionelle Grundlage dieser Märkte, an der sich Anbieter, Konsumenten und Nutzer – darunter auch staatliche Akteure – auszurichten hätten, wenn sie mitspielen wollen.

Während hoheitliche Regeln in demokratischen Gesellschaften grundsätzlich in öffentlichen Diskursen und politischer Auseinandersetzung Gestalt annähmen und der demokratischen Legitimation bedürften, seien die von den führenden IT-Unternehmen geschaffenen Regelungen ex ante kaum öffentlich verhandel- oder gestaltbar und auch bei einer Einschreibung in technische Regeln nicht demokratisch legitimiert und allenfalls begrenzt kontrollierbar.[4]

Die jetzt folgenden Zitate stammen von der Rechtswissenschaftlerin *Heike Schweitzer* aus einem Aufsatz mit dem Titel: Digitale Plattformen als private Gesetzgeber – ein Perspektivenwechsel für die europäische „Plattform-Regulierung."[5] Dabei knüpft sie an einen Vorschlag der EU-Kommission zur Plattformregulierung an, auf den ich später (§ 19 C III) noch eingehen werde. Zur gegenwärtigen Situation formuliert sie, dass die Informationsmitteilungs- und Matchingfunktionen digitaler Plattformen untrennbar mit der Einrichtung von Institutionen und Regeln verknüpft seien, nach denen die Plattformnutzer auf der Plattform miteinander agierten. Digitale Plattformen handelten so zu sagen als „private Gesetzgeber" für die von ihnen geschaffenen Marktplätze. Sie setzten Marktordnungs- bzw. Marktverhaltensregeln fest – und häufig darüber hinaus auch Regeln, die das Verhältnis zwischen Dritten ausgestalten sollen.[6] Die Gesetzgebungsfunktion von Plattformen lasse sich zum einen nicht mit Hilfe eines engen Regelbegriffs bestimmen, der nur die beschriebenen Plattform-AGB erfasse. Ein erheblicher Teil der Interaktionsregeln einer Plattform sei vielmehr in die Plattformarchitektur bzw. das Plattformdesign eingegossen. In den Blick zu nehmen seien die formellen und informellen Regeln der Interaktion mitsamt ihrer Anreiz- und Steuerungswirkungen. Dazu gehörten auch die plattformeigenen Bewertungssysteme, die Einbindung plattformeigener und externer Bezahlsysteme und die Streitschlichtungsstellen.[7] Digitale Plattformen würden auch Regeln für die Transaktionen setzen, die über die Plattformen abgewickelt würden. So enthielten die AGB von Ebay Regeln zum Vertragsschluss zwischen den auf Ebay tätigen Akteuren; AirBnB reguliere die über die Plattform abgeschlossenen Mietverträge, einschließlich der Bedingungen der Stornierung, und Uber setze die Regeln für die über die Plattform abgeschlos-

---

[4] Zur Problematik demokratischer Legitimation und insbesondere der möglichen Gefährdung der Demokratie s. – statt vieler – *Stark/Stegmann*, Threat to Democracy (2020).

[5] *Schweitzer*, Private Gesetzgeber (2019).

[6] *Schweitzer*, Private Gesetzgeber (2019), S. 3.

[7] *Schweitzer*, Private Gesetzgeber (2019), S. 4.

senen Transportverträge.[8] *Heike Schweitzer* betont als Konsequenz insbesondere die Notwendigkeit der hoheitlichen Setzung allgemeiner Verhaltensregeln für die Plattformen, insbesondere von Maßstäben für „private Gesetzgebung" betreffend Infrastrukturen mit herausgehobener sozialer, politischer oder wirtschaftlicher Bedeutung, für deren Nutzung aus Sicht des Einzelnen keine hinreichenden Ausweichmöglichkeiten beständen.[9]

In § 12 habe ich dargestellt, dass Selbstgestaltung, Selbstregelung und Selbstregulierung von privatem und privatwirtschaftlichem Verhalten in Rechtsstaaten grundsätzlich sinnvolle Formen des Freiheitsschutzes unter Einschluss der Ausübung wirtschaftlicher Entfaltungsfreiheit sind. In den Ausführungen zur staatlichen Gewährleistungsverantwortung (s. o. § 11) habe ich aber auch auf die Notwendigkeit verwiesen, die Ausnutzung von Machtasymmetrien oder gar den Missbrauch von Macht gegebenenfalls durch Recht zu verhindern, und dabei auf die Horizontalwirkungen von Grundrechten hingewiesen, deren Bedeutung das BVerfG auch mit Blick auf die IT-Intermediäre jüngst neue Aufmerksamkeit gewidmet hat.

Insofern wird es allerdings nicht ausreichen, allein in wirtschaftsrechtlichen Kategorien zu regeln. Daher ist es zu begrüßen, dass in Deutschland in Gestalt des Medienstaatsvertrages begonnen wurde, in weiterer Ausgestaltung des Medienrechts Regeln auch für Plattformen (und andere digitale Dienste) zu schaffen, die in Fortführung früherer Mediengesetzgebung auch die rechtsstaatliche und demokratische Funktion von Regulierung zu nutzen versuchen (dazu näher u. § 21 B). Ebenso zu begrüßen sind die Pläne der EU-Kommission, das Feld des Regelungsbedürftigen unter anderem in Gestalt des Single Markets Act und des Single Services Act auszuweiten (s. u. § 19 C I, II).

B. Zur hoheitlichen Regulierung solcher Selbstregulierung

Es muss allerdings hinzugefügt werden: Die weitgehende Regulierungsmacht der IT-Unternehmen – als Form gesellschaftlicher Selbstregulierung – erfolgt schon bisher nicht in einem Raum, der vollständig frei von hoheitlicher Regulierung war und weiterhin ist. In den Bereich begrenzter hoheitlicher Regulierung der Selbstregulierung fallen etwa die EU-Datenschutzgrundverordnung sowie ergänzende nationale Datenschutzregeln, ebenso das Urheberrecht. Zu erwähnen sind ferner das Wirtschaftsrecht, insbesondere Kartellrecht und das Recht zum Schutz vor unlauterem Wettbewerb sowie sektorspezifisches Recht. Unten wird darauf hingewiesen, dass der deutsche Gesetzgeber – so durch das

---

[8] *Schweitzer,* Private Gesetzgeber (2019), S. 6.

[9] *Schweitzer,* Private Gesetzgeber (2019), S. 5. Dazu s. a. Leopoldina et al., Digitalisierung und Demokratie (2021), Fn. 2.

GWB-Digitalisierungsgesetz – die bisherige unzureichende kartellrechtliche Regelung zu verstärken sucht (s.u. § 19 B). Gleiches gilt für die EU-Kommission, da sie den Erlass einer Verordnung für digitale Märkte und einer für digitale Dienste mit besonderer Ausrichtung auf die Tätigkeit digitaler Online-Plattformen vorschlägt (s.u. § 19 C II). Die Geltungskraft solcher Normierungen ist aber auf das Anwendungsfeld des jeweiligen nationalen bzw. des EU-Rechts begrenzt. Insofern ist zu begrüßen, dass sowohl die DSGVO als auch die geplanten Verordnungen über digitale Märkte und Dienste ausdrücklich vorsehen, dass die Erbringung von Diensten in den betroffenen Märkten an die EU-Normen gebunden ist, ungeachtet der Frage, wo das jeweilige Unternehmen seinen Sitz hat.

Zu betonen ist aber auch, dass die geplanten Neuregelungen keineswegs auf alle m.E. regelungsbedürftigen Themenfelder bezogen sind und auch nicht alle wichtigen Dimensionen erfassen. Die Macht insbesondere der Plattformunternehmen zielt darauf, die Kommodifizierung der Daten und die Kommerzialisierung weiter Lebensbereiche zu forcieren, die eigene Marktmacht zu steigern und nachhaltig auf die gesellschaftliche Wertebildung und die öffentliche Meinung einzuwirken und dabei Transparenz über das eigene Geschäftsgebaren und damit auch die externe Kontrollierbarkeit möglichst weitgehend zu verhindern:[10]

Die transformativen Auswirkungen der von *Dolata* und *Schweitzer* beschriebenen regelsetzenden und regeldurchsetzenden Funktionen der IT-Intermediäre auf die Rechtsordnung legen es nahe, gegenwärtig weitgehend von „Governance without Government" zu sprechen. Die auf die Gesellschaft bezogene Einflussmacht zumindest der großen IT-Unternehmen übersteigt dabei in mehreren Dimensionen die von demokratischen Staaten, ohne aber wirkungsvoller demokratischer Mitwirkung oder gar Kontrolle unterworfen oder durchgängig auf rechtsstaatliche Grundsätze verpflichtet zu sein.

[10] S. dazu *Pille*, Meinungsmacht (2019).

§ 14 Ausschließlichkeits- und Zugangsrechte im Hinblick auf Daten bzw. algorithmische Systeme

Zu dem in § 13 behandelten Problem der Machtverteilung im Bereich digitaler Anwendungen gehört in einem weiteren Sinne auch die Frage, wieweit es Rechte auf Zugang zu Daten bzw. algorithmischen Systemen und zu deren Verwendung im jeweils eigenen Interesse gibt. Umgekehrt lautet die Frage: Wieweit gibt es Ausschließlichkeitsrechte an Daten bzw. an algorithmischen Systemen und den mit ihrer Hilfe geschaffenen Produkten bzw. ermöglichten Verhaltensweisen Dieses Problem sind im Hinblick auf personenbezogene Daten zu einem großen Teil im Datenschutzrecht geregelt, auf dessen spezielle Vorgehensweisen nicht hier, sondern erst später – in §§ 16, 18 – eingegangen wird.

Einschlägig für Fragen nach dem Zugang zu Daten bzw. den mit ihrer Hilfe erlangbaren Informationen ist auch das „Gesetz zum Schutz von Geschäftsgeheimnissen (GeschGehG)", das u. a. vor dem unbefugten Zugang zu elektronischen Daten schützt, die der rechtmäßigen Kontrolle des Inhabers des Geschäftsgeheimnisses unterliegen (§ 4 Abs. 1 Nr. 1). Hierauf sei nur pauschal verwiesen.

A. Ausschließlichkeitsrechte an Daten?

Daten mit oder ohne Personenbezug sind auf vielfältige Weise in den Bereichen des Einsatzes digitaler Technologien nutzbar und werden gegenwärtig für Wirtschaft, Technologie, Politik u. a. immer bedeutsamer. Zentral für die Nutzung ihrer Potentiale ist die Einbindung digitaler Technik in Prozesse der Erfüllung spezifischer Aufgaben, bei denen Daten als Träger kodierter Informationen für die Erfüllung der je spezifischen Aufgaben wichtig sind und in algorithmische Systeme integriert werden. Vorausgesetzt ist, dass die Anwender digitaler Techniken Zugang zu Daten und gegebenenfalls zu der sie verwendenden Software haben oder – anders formuliert – wieweit ein Zugang für Dritte ausgeschlossen oder ermöglicht wird. Diese Fragen stellen sich in vielen Bereichen, so etwa in dem Gentechnikrecht, Gesundheitsrecht, Lebensmittelrecht, Kapitalmarktrecht, Energierecht, Chemikalienrecht u. a.[1] Auf die mit diesen

---

[1] Zu den insoweit auftauchenden Fragen s. die Beiträge in: Ebers et al. (Hrsg.), Rechts-

sehr unterschiedlichen und jeweils mit Sonderproblemen der rechtlichen Behandlung konfrontierten Handlungsfelder sei hier nur verwiesen. Vielmehr soll in übergreifender Weise gefragt werden, ob und wieweit es an den dafür eingesetzten Daten und den für ihren Einsatz genutzten digitalen Technologien Ausschluss- bzw. Zugangsrechte gibt oder mit welcher Begründung deren Einführung gefordert wird.[2] [3]

In den Diskussionen um Ausschließlichkeitsrechte wird beispielsweise in rechtspolitischer Hinsicht gefragt, ob solche Rechte ausgehend vom sachenrechtlichen Eigentumsbegriff entwickelt werden können oder sollten.[4] Besonderes Gewicht nimmt in diesen Diskussionen die ökonomische Dimension von Zugangsrechten ein. So wird einerseits auf die Möglichkeit der Ausweitung individuell und gesellschaftlich wichtiger Tätigkeiten durch andere Akteure verwiesen. Andererseits wird befürchtet, dass eine ausschließliche, insbesondere eigentumsähnliche Zuordnung zu einer Monopolisierung von Datenbeständen bei den jeweiligen Eigentümern führen und damit eher Einschränkungen der Nutzbarkeit bewirken würde. Auch in diesen Zusammenhang gehört die weitere Frage, ob ein Ausschließlichkeitsrecht eher innovationsfördernd oder -hindernd wäre.[5] Betont wird in den einschlägigen Diskursen auch, dass die Zuordnung von Daten zu bestimmten Personen nicht einfach zu klären ist, soweit – wie häufig – das zu schützende algorithmische System von mehreren Personen erstellt bzw. bearbeitet oder verändert wurde.[6]

Angesichts verbleibender Schutzlücken behilft die Praxis sich zum Teil mit eigenständig geschaffenen Schutzmechanismen. So lässt sich ein gewisser Schutz

---

handbuch (2020); *Martini*, Blackbox Algorithmus (2019); *Krönke*, Digitalwirtschaftsrecht (2021).

[2] Zu diesem Problemfeld s. statt vieler *Fezer*, Immaterialgüterrecht (2017). Zu Diskussionen, in denen auch weitere Schutzvorkehrungen erwogen werden s. *Fries/Scheufen*, Märkte (2019); *Riehm*, Rechte an Daten (2019), S. 718 f.; *Schur*, Lizensierung von Daten (2020). *Hoeren*, Datenbesitz (2019) spricht sich für den Schutz von Datenbesitz – nicht Dateneigentum – aus. Deutlich gegen Eigentumsrechte an Daten: *Determann*, Eigentumsrechte (2018) sowie die Arbeitsgruppe „Digitaler Neustart", Bericht vom 15. Mai (2017), unter https://www.justiz.nrw.de/JM/schwerpunkte/digitaler_neustart/zt_bericht_arbeitsgruppe/bericht_ag_dig_neustart.pdf, abgerufen am 04.10.2021; *Ebers*, Regulierung (2020), Rn. 94.

[3] Zu der entsprechenden Diskussion um Ausschließlichkeitsrechte für personenbezogene Daten s. etwa *Ebers*, Regulierung (2020), Rn. 91, 94 (im Ergebnis m. E. zu Recht ablehnend). S. ferner *Richter/Hilty*, Die Hydra des Dateneigentums (2018); *Raue*, Die Rechte des Sacheigentümers (2019), S. 2425 ff. Dem Ausschließlichkeitsrecht gegenüber offener: *Hoeren*, Dateneigentum (2013), S. 486 ff.; *Amstutz*, Dateneigentum (2018), S. 438 ff.

[4] Zu verschiedenen Ansätzen s. *Determann*, Eigentumsrechte (2018), S. 505 ff. m. w. Nachw. Angesichts der Entstofflichung (s. o. § 6 B) von Daten wäre es schwer, eine dem Sacheigentum vergleichbare Konstruktion zu bilden.

[5] S. dazu Simitis/Hornung/Spiecker genannt Döhmann (Hrsg.), Datenschutzrecht (2019), Einleitung, Rn. 27 mit Nachw. in den Fn. 61, 62, Rn. 311 mit Nachw. in Fn. 712 – auch unter Hinweis auf kritische Stimmen; *Haller*, Digitale Inhalte (2019); Grimm et al. (Hrsg.), Digitale Ethik (2019).

[6] S. hierzu *Specht*, Daten (2016), S. 289 ff., 295.

vertraglich erzielen, dies freilich nur *inter partes*, nicht *inter omnes*.[7] Zum anderen kommen technische Sicherungen zum Einsatz. An diesen zunächst rein tatsächlichen Schutz knüpft die Rechtsordnung gelegentlich an, wenn auch wiederum nur bereichsspezifisch: So kann etwa das Überwinden technischer Schutzmaßnahmen zivil- und strafrechtliche Folgen auslösen.[8]

B. Urheber- und Patentrechtsschutz

Ein wichtiger Ansatzpunkt für die Zuteilung von Ausschließlichkeits- und Zugangsrechten ist das Immaterialgüterrecht, insbesondere das Urheber- und Patentrecht. Insofern wird auch versucht, seine Regelungen durch veränderte Auslegung auch auf digitale Werke, Schöpfungen u.ä. auszuweiten. Es ist auch schon zu einigen speziell auf die Digitalisierung bezogenen Neuregelungen gekommen.[9]

Auf das sehr differenzierte Problemfeld kann hier nur begrenzt eingegangen werden. Ausgangspunkt ist die Feststellung, dass das Patentrecht und das Urheberrecht keinen Schutz für Daten als solche vermitteln: Daten (als Rohdaten) sind je für sich nicht urheberrechtsfähig oder patentierbar.[10]

Urheberrechtsschutz wird für Werke als persönliche geistige Schöpfungen gewährt (§ 2 Abs. 2 UrhG). Schutz besteht daher nur für von natürlichen Personen geschaffene Gegenstände. Der Schutz bezieht sich auf die Form und den Ausdruck, nicht auf die dahinter liegende Idee. In seiner Reichweite zielt er neben dem Schutz des Persönlichkeitsrechts auf die wirtschaftliche Nutzung des Werks.[11]

Da Urheberrechtsschutz nur für Werke als persönliche geistige Schöpfungen gewährt wird, ist beispielsweise eine Begründung des Schutzes von Datensätzen, die durch algorithmische Systeme erzeugt wurden, im Regelfall nicht möglich: Eine unmittelbare Anknüpfung an menschliche Attribute fehlt bei einem automatisierten Ersteller. Algorithmisch oder technisch erzeugte Datensätze fallen daher nicht in den Schutzbereich. Schutz wird aber gewährt, wenn der Datensatz sich in einer urheberrechtlich geschützten Datenbank[12] oder auf einem eigentumsrechtlich geschützten Datenträger[13] befindet.

---

7 S. dazu etwa *Specht*, Daten (2016), S. 295 f.

8 S. dazu *Kuschel*, Digitalisierung (2020), S. 111.

9 Zur Information über digitalisierungsbedingte Änderungen, auch für Nachweise aus der Literatur und Rechtsprechung, sei auf den sehr instruktiven Beitrag von *Kuschel*, Digitalisierung (2020), verwiesen. Die Autorin führt dabei allerdings auch aus, dass noch erheblicher Bedarf für weitere Reaktionen auf die Digitalisierung besteht.

10 S. statt vieler *Heinze/Wendorf*, KI und Urheberrecht (2020), Rn. 6; *Ebers*, Regulierung (2020), Rn. 93; *Pils/Rektorschek*, Industrie (2020), Rn. 78.

11 Zum Vorstehenden s. *Kuschel*, Digitalisierung (2020), S. 97 m. w. Nachw.

12 S. dazu etwa *Wiebe*, Schutz von Maschinendaten (2017), S. 338 ff.

13 S. etwa *Specht*, Daten (2016), S. 291 f.

Patentschutz setzt eine „erfinderische Tätigkeit" auf einem Gebiet der Technik voraus, deren Ergebnis, die Erfindung, neu ist, eine gewisse „Erfindungshöhe" erreicht, gewerblich einsetzbar und angemeldet ist (§§ 1 Abs. 1, 3–5, 34 PatG). Erzeugt ein algorithmisches System, das mit KI arbeitet, ein solches Produkt, wird es als solches nicht als Patent anerkannt. Nach § 4 Abs. 1 PatG entfällt die Patentfähigkeit allerdings nur, soweit Schutz für den Gegenstand der Erfindung begehrt wird. Computerprogramme sind zwar für sich allein nicht patentierbar, wohl aber computerimplementierte Erfindungen.[14]

Bei der Frage nach dem Schutz von künstlicher Intelligenz ist zu differenzieren. Da nach § 1 Abs. 3 Nr. 1 PatG mathematische Methoden als solche nicht patentierbar sind, können die den KI-Systemen zugrunde liegenden mathematischen Modelle nicht geschützt werden. Schutz ist aber möglich, soweit die konkrete Anwendung von Algorithmen und mathematischen Modellen technischen Gehalt hat.

Patentschutz hat für die Allgemeinheit u. a. den Vorteil, dass – da Patente bei der Anmeldung offenzulegen sind – die Algorithmen und vom Patent erfasste Annahmen für Dritte zugänglich werden können und damit auch eine Chance besteht, Fehler oder andere Schwächen aufzudecken.[15]

Sowohl das Patent- als auch das Urheberrechtsschutzgesetz haben – wie schon eingangs angedeutet – begrenzt auf die digitale Transformation durch einzelne Neuregelungen reagiert. Beispielsweise werden Computerprogramme nach § 69a UrhG jetzt als Sprachwerke geschützt. Auch sind mit Rücksicht auf neue digitale Nutzungsmöglichkeiten Sonderregeln zur Konkretisierung der Schranken des immaterialgüterrechtlichen Schutzes normiert worden. Beispielhaft erwähnt seien die urheberrechtliche Erlaubnis vorübergehender Vervielfältigungen (§ 44a UrhG) sowie die Norm zur Spezifizierung der Text- und Datamining-Schranke in §§ 44b und 60d UrhG.

Ergänzend ist insbesondere auf das im Jahre 2021 in Kraft getretene Gesetz zur Anpassung des Urheberrechts an die Erfordernisse des digitalen Binnenmarktes hinzuweisen. Dieses regelt urheberrechtliche Verantwortlichkeiten von Plattformen, insbesondere, soweit die Nutzer Inhalte hochladen können. Besonders bedeutsam erscheint hier, dass die Intermediäre (Host-Provider, Access-Provider, Suchmaschinen) über die Figur der Störerhaftung ersatzpflichtig gemacht werden können. Dies hat zwar den Vorteil, dass diese (viel) leichter erreichbar sind als die unmittelbar Handelnden. Allerdings kann durch diese Haftungskonstruktion ein Anreiz für die Intermediäre geschaffen werden, im Interesse der Vermeidung von Haftung mehr Inhalte zu sperren als eher weniger. Dies kann die Verfügbarkeit von Inhalten und damit die Meinungsfreiheit beschränken. Es kann auch zu innovationshemmenden Effekten führen.

---

14 *Kuschel*, Digitalisierung (2020), S. 99 m. w. Nachw.

15 So *Kuschel*, Digitalisierung (2020), S. 114.

Den vielen Facetten der Digitalisierung und deren Dynamik tragen gegenwärtig weder das Patent- noch das Urheberrecht schon in einer zukunftsfähigen Weise Rechnung.[16] Fortbestehender Novellierungsbedarf ist nicht auszuschließen.

C. Open Access/Open Data

Unter dem Stichwort des Open Access verbirgt sich das Bemühen, ein Recht auf Zugang insbesondere zu wissenschaftlichen Informationen, vor allem solchen, die mit digitalen Technologien erarbeitet wurden, zu bekommen. Betroffen von dieser Forderung sind insbesondere Informationen, die auf öffentlich geförderter Arbeit beruhen und gerade deshalb unentgeltlich und digital zugänglich gemacht werden sollten.[17]

Verwiesen sei hier auf eine besonders weitgehende – so nicht umgesetzte – Forderung. Sie zielt darauf, Forschungsliteratur im Internet verfügbar zu machen, „die es jedem Nutzer erlaube(n) soll, die Volltexte dieser Artikel zu lesen, herunterzuladen, zu kopieren, zu verteilen, zu drucken, zu durchsuchen oder mit ihnen zu verlinken, sie für die Indexierung zu crawlen, sie als Daten an Software weiterzugeben oder sie für jeden anderen rechtmäßigen Zweck zu nutzen, ohne andere finanzielle, rechtliche oder technische Barrieren als die, die untrennbar mit dem Zugang zum Internet selbst verbunden sind".[18] Zu solchen Forderungen gehört auch das Zugänglichmachen wissenschaftlicher Primär- und Metadaten sowie von Quelltexten.[19]

Manche wissenschaftlichen Verlage – wie beispielsweise die Verlage Mohr Siebeck, Springer und Nomos – veröffentlichen Monographien, Handbücher und Zeitschriften zum Teil unter Open-Access-Bedingungen.[20] Dies ist auch für das vorliegende Buch der Fall.

Die vermehrte Bereitstellung offener Daten sieht – angestoßen durch eine Initiative der EU[21] – das deutsche Datennutzungsgesetz vor. Ausgangspunkt sol-

[16] Zur Information über digitalisierungsbedingte Änderungen sowie für Nachweise aus Literatur und Rechtsprechung sei erneut auf den Betrag von *Kuschel*, Digitalisierung (2020), S. 98ff. verwiesen.

[17] Bundesministerium für Bildung und Forschung, Open Access – Ursprung und Entwicklung, https://www.bildung-forschung.digital/de/openaccess-ursprung-und-entwicklung-2681.html, abgerufen am 29.07.2021. Der Entwurf der Europäischen Kommission für eine Data Governance Verordnung vom 25. 11 2020 – COM (2020) 767 final – enthält Regeln zur Bereitstellung und Nutzung von Daten des öffentlichen Sektors.

[18] So die besonders weit gehende Budapest Open Access Initiative, BOAI 15, https://www.budapestopenaccessinitiative.org/boai15-1, abgerufen am 04.10.2021.

[19] *Merten/Storer*, Investigations (1973), S. 267ff.

[20] Zu den Motiven, Rahmenbedingungen und Konditionen, letztere am Beispiel des Nomos-Verlages, s. *Rux*, Open Access (2019).

[21] S. die Richtlinie (EU) 2019/1024 des Europäischen Parlaments und des Rates vom

cher Maßnahmen ist nicht zuletzt die Einschätzung, dass die öffentliche Verfügbarkeit von öffentlich finanzierten Daten ein wesentlicher Beitrag für den Erfolg datenbasierter Schlüsseltechnologien wie der künstlichen Intelligenz sein kann. Sie gilt als eine potentielle Grundlage für Mehrwertdienste. Auch wird davon ausgegangen, dass offene Daten sich positiv auf die bürgerschaftliche Teilhabe und das Wirken der Zivilgesellschaft auswirken und damit auch das Vertrauen in staatliches Handeln befördern sowie Innovationen ermöglichen. Voraussetzungen dafür sind nicht nur die rechtliche Möglichkeit offener Daten, sondern auch die Steigerung von Standardisierung und Interoperabilität.

In dem Datennutzungsgesetz (DNG) wird nicht nur der Zugang zu Daten öffentlicher Stellen, sondern auch zu öffentlich finanzierten Forschungsdaten erleichtert. Als offenes Format wird ein Datenformat bezeichnet, das nichtproprietär und plattformunabhängig ist und der Öffentlichkeit ohne Einschränkungen, die der Nutzung von Daten hinderlich wären, zugängig gemacht wird (§ 3 Abs. 1 Nr. 6 DNG). Grundsatz – mit Ausnahmen – ist auch die Unentgeltlichkeit der Nutzung von Daten (§ 10 DNG).

Eine eigene Regelung kennt jetzt auch das E-Government-Gesetz. 12a Abs. 1, Satz 1 lautet: „Die Behörden des Bundes mit Ausnahme der Selbstverwaltungskörperschaften stellen unbearbeitete maschinenlesbare Daten, die sie zur Erfüllung ihrer öffentlich-rechtlichen Aufgaben erhoben haben oder durch Dritte in ihrem Auftrag haben erheben lassen, zum Datenabruf über öffentlich zugängliche Netze bereit. Ein Anspruch auf Bereitstellung dieser Daten wird hierdurch nicht begründet. Satz 1 gilt nicht für natürliche Personen und juristische Personen des Privatrechts, denen hoheitliche Aufgaben zur selbständigen Wahrnehmung übertragen wurden."

D. Open Source

Ein weiteres Objekt der Forderung nach freiem Zugang gilt der Software. Hier gibt es eine Reihe von Initiativen, so beispielsweise die Open Source Initiative (OAI), die mehrere Grundsätze aufgestellt hat.[22] Um als open source gelten zu können, soll danach u. a. eine uneingeschränkte Lesbarkeit der Software-Codes gewährleistet sein, die Lizenz darf keine Restriktionen beim Weitervertrieb und der Weiterverarbeitung des Codes auferlegen usw. Open Source kann aber

---

20.06.2019 über offene Daten und die Weiterverwendung von Informationen des öffentlichen Sektors. Zum Ziel der möglichst weitgehnden Offenheit von Daten siehe auch die Mitteilung der Europäischen Kommission über eine „Europäische Datenstrategie" vom 19. 02.2020 – COM (2020) 66 final.

[22] Open Source Initiative, Open Source Definition, https://opensource.org/osd, abgerufen am 19.07.2021.

auch unter einschränkende Lizenzierungsbedingungen gestellt werden, deren Missachtung Haftung auslösen soll.

Open Source darf nicht mit so genannter freier Software verwechselt werden, bei der den Nutzern die Freiheit eingeräumt wird, die Software auszuführen, zu untersuchen und zu ändern und Kopien mit oder ohne Änderungen weiterzuverbreiten.[23] Auch sei zur Vermeidung von Missverständnissen darauf hingewiesen, dass der Begriff Open Source nicht auch die Kostenlosigkeit von Software betrifft.

Open Source hat sich schon in wesentlichen Bereichen etabliert. So hat Netscape schon im Jahre 1998 seinen Quellcode öffentlich zugänglich gemacht. Zu verweisen ist auch darauf, dass jedes Android-Smartphone Open Source enthält, ebenso das freie Betriebssystem GNU/Linux, das in vielen Computern eingesetzt wird. Auch Mozilla Firefox und Thunderbird haben ihren Quellcode öffentlich gemacht und damit Transparenz ermöglicht.

Eine Besonderheit von Open Source ist, dass sie durch das Recht auf freie Weiterverarbeitung einen Pool für Innovation darstellen kann, sodass die Kreativität der Community oder anderer an der Weiterentwicklung der digitalen Techniken Interessierter genutzt werden kann.

E. Zugangsrechte

Das Gegenstück zu Ausschließlichkeitsrechten sind Rechte auf Zugang Dritter zu Daten. Wie schon erwähnt, wird insofern der Zugang zu personenbezogenen Daten in § 18 behandelt werden. Im Hinblick auf den Zugang zu nicht personenbezogenen Daten (zu ihnen s. o, § 4 A II) geht es nicht nur um die unter C behandelte Zugänglichkeit staatlich verfügbarer Daten (beispielsweise auch über die Informationsfreiheitsgesetze), sondern auch um die zu Maschinen- bzw. Industriedaten und zu Daten, die von Privaten erhoben, verarbeitet oder erworben wurden. Ein solches allgemeines Recht besteht bisher nicht, könnte aber gesetzlich – unter verfassungsgemäßer Abwägung der betroffenen Rechtsgüter und damit sektorspezifisch differenzierend – eingeführt werden.

Zugangsrechte können nicht zuletzt in Anbetracht von Monopolisierungen oder Oligopolisierungen als Gegengewicht gegen Machtträger bedeutsam sein.[24] Ohne (ggf. auch entgeltliche) Zugangsrechte zu Daten und Berechtigungen zu ihrer Nutzung können Innovationen sowie die Entwicklung neuer Geschäftsmodelle und alternativer Dienste erschwert oder unmöglich werden.

---

[23] *Stallman*, Warum „Open Source" das Ziel Freie Software verfehlt (2020), https://www.gnu.org/philosophy/open-source-misses-the-point, abgerufen am 04.10.2021.

[24] Zur Diskussion dazu s. auch *Denga*, Gemengelage (2018); *Fries/Scheufen*, Märkte (2019), und – auch aus ökonomischer Sicht – *Kerber*, Non-Personal Data (2016); *Schweitzer*, Datenzugang (2019); *Ebers*, Regulierung (2020), Rn. 91 ff.

Außerdem stellen auch Maschinendaten und andere nicht personenbezogene Datensätze wichtige Teilelemente sozialer Realität dar, an deren Zugänglichkeit ein auch verfassungsrechtlich legitimierbares Interesse der Allgemeinheit bestehen kann.

Zur Rechtfertigung solcher Öffnungen wird darauf verwiesen, dass gesellschaftlich relevante Daten heute meist nicht allein Produkt eines einzelnen „Datenproduzenten" sind. Sie bauen regelmäßig auf den vielfältigen durch die digitale Transformation geschaffenen Möglichkeiten auf, und zwar auf Vorleistungen in Gestalt verfügbarer Hardware, nutzbarer Infrastrukturen, in der Wissenschaft und Praxis erarbeiteten Knowhows und verfügbarer Dienstleistungen anderer. Dies kann es rechtfertigen, dass der Gesetzgeber im Hinblick auf Ziele wie die der Sicherung der Funktionsfähigkeit von Wettbewerb, der Förderung von Innovationen oder der Verfolgung besonderer Gemeinwohlzwecke (z.B. medizinische Forschung) gewisse Zugangs- und Nutzungsrechte eröffnet. Eine weitere Problematik ist mit der Frage verbunden, wieweit es unter gesetzlicher Ausgestaltung der allgemeinen Zugänglichkeit im Hinblick auf die Informationsfreiheit des Art. 5 Abs. 1 Satz 1 GG besondere Zugangsrechte zu bestimmten Arten von Wissen gibt oder geben sollte.[25]

Bedeutsam unter Zugangsaspekten sind auch faktische Möglichkeiten/Sicherungen der Interoperabilität von Software und Netzen und weitere Voraussetzungen für die Nutzung von Gelegenheiten mehrerer zur Zusammenarbeit, dies auch als Mittel der Innovationsermöglichung. Dies bedarf nicht zwingend rechtlicher Regelung, kann durch sie aber erleichtert werden.

---

[25] Dazu s. *Wiebe/Schur*, Spannungsverhältnis (2007), S. 467 ff.; *Schweitzer/Peitz*, Datenmärkte (2018), S. 279 ff.

§ 15 Technosteuerungen von Verhalten als Anschauungsbeispiel für den Einsatz digitaler Techniken

Die bisherigen Ausführungen betreffen einige allgemein wichtige Fragen zum Verständnis der digitalen Transformation, insbesondere ihrer Rahmenbedingungen, ihrer Folgen und möglicher rechtlicher Reaktionen. Die von der digitalen Transformation betroffenen gesellschaftlichen Bereiche und entsprechenden Rechtsgebiete sind sehr vielfältig. Sie können in dieser Monographie nicht umfassend, sondern nur exemplarisch behandelt werden. Dies soll im Folgenden anhand eines in der Wissenschaft, insbesondere auch der Rechtwissenschaft, sowie der allgemeinen Öffentlichkeit vielfach thematisierten Beispielsfeldes geschehen: der digitalen Steuerung von Verhalten, die zugleich die digitale Einwirkung auf menschliche Erfahrungen, auf die Vermittlung von Werten und vieles andere mehr ermöglicht. An diesen Befund knüpfen auch viele rechtliche Folgerungen an, auf die in diesem Buch mehrfach verwiesen wird. Betroffen ist allerdings nur ein Beispielsfeld unter mehreren. Die späteren Überlegungen zur Reaktion der Rechtsordnung auf die digitale Transformation sind daher nicht auf diesen Bereich begrenzt.

A. Verhaltenssteuerung durch Informationsintermediäre

Werden algorithmische Systeme zur Beeinflussung von Verhalten eingesetzt, wird zum Teil der Begriff Technoregulierung (bzw. Regulating Technologies/ Technoregulation) genutzt.[1] Ich ziehe den (weiteren) Begriff der „Technosteuerung“ vor, da in den für meine Arbeiten wichtigen rechtswissenschaftlichen Kontexten der Regulierungsbegriff meist nicht für die Steuerung von Verhalten verwendet wird. Dass die hier gemeinte Technosteuerung eine starke normative Komponente hat, wird zum Teil dadurch zum Ausdruck gebracht, dass von „normativer Technologie“ gesprochen wird.[2]

---

[1] Vgl. etwa die Beiträge in: Brownsword/Yeung (Hrsg.), Regulating Technologies (2008) sowie *Leenes*, Techno-Regulation (2012), S. 146 ff.

[2] Vgl. *Koops*, Normative Technology (2008), S. 157 ff.; *Leenes*, Techno-Regulation (2012), S. 150 ff.; *Dankert*, Normative Technologie (2015). Die Begriffe werden allerdings keineswegs

Die verhaltensbezogene Technosteuerung[3] – darunter die Selektion und Steuerung des Informationszugangs insbesondere durch die Informationsintermediäre – so durch Suchmaschinen oder soziale Kommunikationsplattformen – gehört in das Tätigkeitsfeld, das *Ulrich Dolata* unter dem Stichwort Kuratierung sozialer Verhältnisse und sozialen Verhaltens behandelt hat (s. o. § 13 A).

Auch traditionelle Medien filtern Informationen und beeinflussen das gesellschaftliche Informationsniveau sowie Wertvorstellungen und Verhaltensweisen der Menschen.[4] Die Möglichkeiten digitaler Technosteuerung gehen aber quantitativ und qualitativ erheblich über die tradierten Formen medialer Beeinflussung hinaus.

Hier seien nur einzelne Beispiele digitaler Technosteuerung benannt. Dazu gehören die Steuerung des „Newsfeed"[5] bei Kommunikationsplattformen unter Verwendung von Ranking-Algorithmen und die Filterung und Positionierung möglicher Suchergebnisse. Ein anderes Beispiel ist der Einsatz der Auto-Complete-Funktion[6] in Suchmaschinen in einer für die Nutzer häufig nicht hinreichend erkennbaren Weise. Um Technosteuerung handelt es sich auch, wenn grundsätzlich vorhandene Optionen durch Festlegung des für das weitere Verhalten verfügbaren Korridors auf eine einzige oder auf wenige Handlungsmöglichkeiten – so auch durch Voreinstellungen/"Defaults" – reduziert werden. Ebenfalls gibt es Einflussnahmen in der Weise, dass Verhaltensoptionen – etwa beim Online-Kauf eines bestimmten Produkts – durch algorithmische Filterung zwar nicht ausgeschlossen werden, aber die Möglichkeit begrenzt wird, alle verfügbaren Optionen zu erkennen, sich einer indirekten Steuerung zu entziehen oder zumindest zwischen allen eröffneten Optionen für Verhalten eigenbestimmt zu wählen.

Ein besonders verbreitetes Beispiel ist die personenbezogene Filterung von Informationszugängen. Ausgangspunkt dafür ist häufig die Erstellung von Benutzerprofilen („Profiling"). Nach Art. 4 Nr. 4 der EU-Datenschutzgrundver-

---

einheitlich eingesetzt. Um den Fehleindruck zu vermeiden, das Attribut „normativ" beziehe sich nur auf Technologien zur Umsetzung rechtsnormativer Zwecke, wäre es vorzugswürdig, stattdessen den breiteren, auch sozialnormative Vorgaben erfassenden Begriff der „präskriptiven Technologie" zu nutzen. Zum vergleichenden Zugriff auf normative Elemente in Rechtsnormen und technischen Artefakten s. *Oermann/Ziebarth*, Interpreting code (2015); *Stark/Stegmann*, Threat to Democracy (2020).

[3] S. dazu statt vieler *Drösser*, Algorithmen (2016); *Balaž/Predavec*, Captology (2017); *Mengden*, Aufmerksamkeitsregulierung (2018); *Wanderwitz*, Persuasive Technology (2019).

[4] Hier sei allgemein auf die Medienforschung, etwa zum Agenda Setting und zu Gatekeepern, verwiesen, s. dazu statt vieler *Beck*, Kommunikationswissenschaft (2017); *Bonfadelli/Friemel*, Medienwirkungsforschung (2017); *Rössler*, Agenda Setting (1997). S. auch *Schulz/Held*, Suchmaschinen (2005).

[5] Als Newsfeed wird eine Technik zur Internet-Veröffentlichung von Nachrichten-Seiten, Foren oder Blogs in standardisierten Formaten bezeichnet.

[6] Zu ihr s. statt vieler *Kastl*, Algorithmen (2014), S. 205 ff.

ordnung bezeichnet Profiling „jede Art der automatisierten Verarbeitung personenbezogener Daten, die darin besteht, dass diese personenbezogenen Daten verwendet werden, um bestimmte persönliche Aspekte, die sich auf eine natürliche Person beziehen, zu bewerten, insbesondere um Aspekte bezüglich Arbeitsleistung, wirtschaftliche Lage, Gesundheit, persönliche Vorlieben, Interessen, Zuverlässigkeit, Verhalten, Aufenthaltsort oder Ortswechsel dieser natürlichen Person zu analysieren oder vorherzusagen."

Zur Profilbildung werden mithilfe von Algorithmen Informationen über früheres Verhalten gezielt ausgewertet, die etwa bei der Suche der Nutzer sozialer Dienste nach bestimmten Sachverhalten, beim Anklicken von Links auf Kommunikationsplattformen u. Ä. anfallen, um aus solchen Aktionen wiederum mit Hilfe von Algorithmen Werthaltungen, Einstellungen, sexuelle Orientierungen oder spezifische Lebenssituationen u. Ä. zu ermitteln. Das Vorgehen kann auch dazu dienen, die betroffene Person mit dem Ziel der Clusterbildung einer Gruppe von Personen mit ähnlichen durch Mustererkennung entwickelten Charakteristika zuzuordnen.[7] Zugrunde liegen dabei Feststellungen über Korrelationen, nicht etwa über Kausalitäten.

Die algorithmisch gesteuerte Bedarfserkennung, -generierung und -deckung wird insbesondere genutzt, um Interessen, Wünsche u.a. von Nutzergruppen – als Anwendungsfeld des Data Clustering – zu erkennen und vorherzusagen (etwa: „Predictive Consumer Intentions/Interests")[8] und darauf aufbauend beispielsweise Nutzer – konkret: die den spezifischen Nutzergruppen zugeordneten Personen – gezielt mit Wirtschaftswerbung, Wahlpropaganda oder anderen Informationen zu bedienen und bemerkte oder unbewusste Verhaltensanreize (auch durch sog. „Nudges"[9]) zu geben. Auch werden die algorithmisch ermittelten Annahmen teilweise zum „Dynamic Pricing"[10] genutzt, nämlich zur Anpassung der Preise der – etwa im E-Commerce – angebotenen Güter oder einer Flugbuchung je nach den durch Datenauswertung vermuteten Zahlungsbereitschaften von bestimmten Personen oder solchen, die durch Clusterbildung einem bestimmten Typ von Personen zugeordnet worden sind.

Der Informationsfilterung liegt auf Seiten der Unternehmen häufig die Annahme zugrunde, dass viele oder gar die meisten Nutzer eine gewisse Tendenz haben oder es jedenfalls tolerieren, in einem bestimmten Kommunikations-

---

[7] Solche analytischen Vorgehensweisen – die etwa unter Nutzung solcher Faktoren wie Alter, Geschlecht, Familienstand, Beruf, Wohnort und ähnlichem erfolgen – und die Zuordnung zu einem so gebildeten Cluster gefährden die Selbstbestimmung der Betroffenen, die so behandelt werden, als seien personenbezogene Daten bei ihnen erhoben worden. Zur Problematik s. *Roßnagel/Nebel*, Selbstbestimmung (2015); *Roßnagel*, Selbstbestimmung (2016).

[8] Dazu s. *Šehić/Regers/Hense*, Internet of Things (2015), S. 393 ff.; *Hofstetter*, Demokratie (2016), S. 393 f. und passim.

[9] Hierzu (als „Anschubser") s. allgemein *Thaler/Sunstein*, Nudge (2017).

[10] Dazu s. dazu *König*, Wettbewerbsrecht (2020), S. 546 f.

milieu, in einer Art kommunikativer Komfortzone, zu bleiben, in der ihre Erfahrungen und Einstellungen eher bestärkt als in Frage gestellt werden. *Eli Pariser*[11] hat dafür den Begriff „Filter Bubble“ geprägt. Angenommen wird dabei, dass die Unternehmen dies dadurch bestärkten, dass sie den Nutzern möglichst nur solche Informationen anzeigen, die ausweislich ihres früheren Nutzerverhaltens mit ihren bisherigen Ansichten übereinstimmen. Andere sprechen von Echokammern, in denen sich manche Menschen vorrangig nur noch mit Gleichgesinnten austauschten.[12] Das Entscheidungsverhalten beim Aufnehmen und mittelbar beim Verarbeiten von Informationen – dort etwa ergänzt um gezielte Werbebotschaften – wird von IT-Unternehmen gezielt beeinflusst („paternalisiert“), um etwa auf konkrete Nutzungs- und Kaufentscheidungen einzuwirken. Darüber hinaus können auch die Entwicklung von Wertvorstellungen, die Entfaltung von Emotionen, die Verarbeitung von Erfahrungen und Vorlieben bis hin zur Abgewöhnung von Neugier auf Unerwartetes beeinflusst werden.[13] Wieweit dies erfolgreich ist, dürfte auch davon abhängen, ob und wieweit die Nutzer sich aus unterschiedlichen Quellen, einschließlich der „face to face“-Kommunikation oder traditioneller Medien, informieren und dadurch informationelle Gegengewichte bestehen. Im Einzelnen bleibt noch erheblicher Forschungsbedarf.

Es ist auch keinesfalls ausgeschlossen, dass durch Informationsfilterung und personalisierte Selektion gesamtgesellschaftliche Wirkungen erzeugt werden (können), wie die Bereitschaft zur Erhaltung oder Änderung des Status quo, die gesellschaftliche Fragmentierung, die Verstärkung von Meinungsströmungen, die Selbstbekräftigung sozialer Randgruppen, auch die Ausweitung sogenannter digitaler Kluften.[14] Zu verweisen ist auch auf Möglichkeiten, solche Informationsfilterung zu Zwecken der Manipulation von Einstellungen und Verhaltensweisen einzusetzen.[15] [16]

---

[11] *Pariser*, Filter Bubble (2011). S. statt vieler auch *Flaxmann/Goel/Rao*, Filter Bubbles (2016).

[12] Zu solchen Einschätzungen s. etwa *Ebers*, Regulierung (2020), Rn. 112.

[13] Ausführlicher zum Suchmaschinen-Bias durch Personalisierung: *Jürgens/Stark/Magin*, Filter Bubble (2014), S. 97, 109. S. auch übergreifend *Pille*, Meinungsmacht (2016).

[14] Dazu s. die Nachweise bei *Jürgens/Stark/Magin*, Filter Bubble (2014), S. 97, 109 sowie *Büchi/Just/Latzer*, Modeling (2015). Illustrativ *Zielcke*, Entwirklichung (2016).

[15] Vgl. *Dankert*, Normative Technologie (2015), S. 70 m. Fn. 123–125.

[16] Eine besondere Relevanz erhalten solche Möglichkeiten in Diktaturen: Die Digitalisierung kann in vielerlei Hinsicht dafür eingesetzt werden, Diktaturen zu stabilisieren (etwa in China), aber auch zu destabilisieren (Beispiel: Arabischer Frühling).

B. Beeinflussung politischen Wahlverhaltens

Die Möglichkeiten digital gesteuerter Beeinflussung lassen sich auch zur Einwirkung auf politisches Wahl-/Abstimmungsverhalten nutzen.[17] Hier sei nur ein Beispiel angeführt: der Einsatz von Bots im Jahre 2016 in der Kampagne über das Referendum zum Austritt des Vereinigten Königreichs aus der EU („Brexit").[18]

Als Bots bzw. Social Bots[19] werden – wie schon erwähnt – computergesteuerte technische „Akteure" in sozialen Netzwerken bezeichnet, die bestimmte, sich wiederholende Aufgaben automatisch und ohne Notwendigkeit der Interaktion mit menschlichen Kommunikatoren erfüllen. In der Internetkommunikation können sie sich wie menschliche Nutzer gerieren und beispielsweise Kontaktanfragen verschicken oder Kommunikationen anderer fortwährend durch provokante oder gezielt falsche Beiträge („fake news") destruieren (sogenanntes „Trollen"). Auch können sie automatisch Posts anderer teilen und dadurch die Reichweite der Botschaften vergrößern und den Anschein breiter Zustimmung erwecken. Sie lassen sich in politischen Handlungsarenen – aber auch anderweitig, etwa als Werbe-Bots – nutzen. Sie können Verhaltensweisen stimulieren, wie sie *Elisabeth Noelle-Neumann* für die traditionelle politische Kommunikation mit dem Bild der Schweigespirale gekennzeichnet hat.[20] Gegenüber den Rezipienten wird eine Meinung als Mehrheitsmeinung ausgegeben, mit der (auch von der Theorie der Schweigespirale angenommenen) Folge, dass andere sich gehemmt sehen können, dem Mainstream nicht zu folgen oder jedenfalls ihre Gegenmeinung nicht zu äußern, sie also verschweigen.

Kurz: Soweit Bots Desinformationen verbreiten, Mehrheitsmeinungen im Netz vortäuschen oder auf andere Weise mithelfen, die individuelle und öffentliche Meinungsbildung zu manipulieren,[21] besteht Regelungsbedarf. Ein Gegengewicht sind – neben Manipulations- und Diskriminierungsverboten – auch Pflichten zur Markierung von Social Bots, so dass sie als solche erkennt werden können.[22]

---

[17] Beispiele sind die Nutzung sozialer Netzwerke in den amerikanischen Wahlkämpfen 2008 und 2012 von Präsident Obama sowie 2016 und 2020 durch die Präsidentschaftskandidaten, insbesondere Trump. S. statt vieler *Hurtz*, Meinungsmacher (2016). S. auch *Richter*, Wahl (2013), m. w. Hinw. in Fn. 3. Für das sog. Targeting von bestimmten Wählergruppen – etwa Unentschiedene – ist insbesondere die sog. *Ocean-Methode* von *Cambridge Analytics* bedeutsam. Zu deren Einsatz im Wahlkampf s. den Bericht in: https://www.dasmagazin.ch/2016/12/03/ich-habe-nur-gezeigt-dass-es-die-bombe-gibt/, abgerufen am 29.07.2021.

[18] Zum Folgenden s. *Howard/Kollany*, Computational Propaganda (2016), S. 6 ff.

[19] Näher zu den Einsatzmöglichkeiten und Problemen s. *Dankert/Dreyer*, Social Bots (2017); *Dankert*, Verfälschung (2018); *Iben*, Meinungsroboter (2020), S. 155 ff.; *Laude*, Automatisierte Meinungsbildung (2021) (i. E.).

[20] *Noelle-Neumann*, Schweigespirale (1980).

[21] Zum gebotenen staatlichen Schutz öffentlicher Meinungsbildung gegen solche Mittel s. *Iben*, Meinungsroboter (2020), S. 155 ff.

[22] § 18 Abs. 3 des Medienstaatsvertrages 2020 enthält für Anbieter von Telemedien in sozi-

C. Predictive Policing

Die prädiktive Auswertung von Daten (s. o. § 4 C II) ist eine Grundlage des sog. „Predictive Policing".[23] Gemeint ist die Auswertung von personenbezogenen Daten oder öffentlich verfügbaren Statistiken, Opferprofilen u. a. mit dem Ziel, die Wahrscheinlichkeit von Straftaten an bestimmten Orten, bei bestimmten Gelegenheiten oder durch bestimmte Tätergruppen zu erkennen.[24] Soweit dies der Straftatenverhütung durch Abschreckung dient, handelt es sich um eine mittelbare Steuerung des Verhaltens potentieller Straftäter. Soweit die analytischen und prognostischen Befunde als Grundlage der Taktik und Strategie kriminalpolizeilicher Arbeit dienen, beeinflussen die Ergebnisse mittelbar auch das Verhalten von Hoheitsträgern, etwa die Einsatzplanung und -durchführung.

D. Einsatz von Legal Technology

Algorithmen können ebenfalls als Mittel rechtlicher Entscheidung eingesetzt werden, und zwar auch als Steuerung des Entscheidungsverhaltens. Die darauf gerichteten Bemühungen und Diskussionen erfolgen unter den begrifflichen Dächern von Legal Analytics, Legal Technology oder Legal Tech. Darauf wird unten (§ 22) näher zurückzukommen sein.

E. Verhaltensentlastung durch „autonomes Fahren"

Ein vieldiskutiertes Beispiel der Technosteuerung ermöglicht das in der Entwicklung und Erprobung befindliche automatisierte Kraftfahrzeug. Soweit dieses vollautomatisch am Straßenverkehr teilnehmen und den Fahrer gänzlich entlasten soll, wird menschliches Verhalten durch Technik ersetzt. Zurzeit sind – außerhalb von Tests – allerdings nur Modelle im Einsatz, bei deren Nutzung lediglich eine Teilautomatisierung des Fahrens erfolgt, oder das Kfz zwar

alen Netzwerken eine entsprechende Verpflichtung. Auch der Entwurf der EU-Kommission einer KI-VO (s. u. § 17 A) sieht dieses Instrument vor.

[23] Dazu s. etwa den vom Landeskriminalamt Niedersachsen veröffentlichten Bericht von *Gluba*, Predictive Policing (2014), mit ausführlichen Literaturhinweisen; *Radlanski*, Einwilligung (2016), S. 27 ff.; *Legnaro/Kretschmann*, Polizieren (2015); *Hofmann*, Predictive Policing (2020); *Wischmeyer*, Predictive Policing (2020), S. 193 ff.; *Singelnstein*, Predictive Policing, S. 1 ff.; zur Diskussion in den Vereinigten Staaten etwa *Joh*, Big Data (2014), S. 35; *Ferguson*, Predictive Policing,(2017), S. 1115; *Richardson u. a.*, Dirty Data, Bad Predictions (2019), S. 192; *Wischmeyer*, Predictive Policing (2020); *Sommer*, Predictive Policing (2020); *Kuhlmann/Trute*, Predictive Policing (2021).

[24] Zur automatisierten Strafverfolgung und der prädikativen Auswertung vgl. statt vieler *Meinecke*, Automatisierte Strafverfolgung (2014), S. 193 f.

vollautomatisiert ist, bei seiner Nutzung aber gleichwohl vom Fahrer erwartet wird, die Bewegungen des Kfz und die Umgebung zu beobachten und in Problemsituationen einzugreifen – also weiterhin die Fahrerverantwortung zu tragen. Dass dabei viele Fragen, insbesondere Haftungsfragen, noch offen oder jedenfalls die bisherigen Antworten umstritten sind, sei nur erwähnt.[25]

Zu einem besonderen Problem führt die Frage, ob und wieweit es möglich ist, die vom Kfz geforderten Aktionen vorab so zu determinieren, dass Lösungen für alle möglichen – auch überraschende – Konfliktsituationen digital vorgegeben werden. Besonders schwer ist die Programmierung der Reaktion des autonomen Autos in Dilemmasituationen.[26] Ein Standardbeispiel ist eine Verkehrssituation, in der ein Unfall nicht vermieden werden kann, egal welche Variante gewählt wird – etwa das Vermeiden der Kollision des Kfz mit einem älteren Radfahrer durch Ausweichen in eine Gruppe Jugendlicher oder umgekehrt. Für eine solche Entscheidung gibt das Recht keine Lösung vor. Ein menschlicher Fahrer müsste hier situativ eine Lösung finden, notfalls unter Verletzung von Recht, aber möglichst mit dem Ziel der Vermeidung schwererer Schäden. Hier werden nicht zuletzt schwierige philosophische, moralische und ethische Fragen aufgeworfen.[27] Das Recht ermöglicht bei der Bewältigung solcher Dilemmasituationen durch menschliche Entscheidung gewisse „weiche" Lösungen, etwa unter Einordnung des Verhaltens in der Situation zwar als rechtswidrig, aber nicht als schuldhaft.

Aber ist es vertretbar, das Treffen der Dilemmaentscheidung durch Wahl einer der Alternativen in einem Algorithmus vorzuprogrammieren? Sollen algorithmische Systeme über Leben oder Tod entscheiden dürfen und nach welchen Kriterien?[28] Darf oder soll der Gesetzgeber hier Lösungen für das „Verhalten" der Algorithmen vorzeichnen und wie könnten sie aussehen?

F. Technosteuerung durch Design

Vom Recht ermöglichte oder unabhängig davon eingesetzte Typen der Technosteuerung sind der Rechts- und Interessenschutz – nicht nur Datenschutz – durch Technikgestaltung (Beispiel: „Privacy by Design")[29] oder der Einsatz von

---

[25] S. dazu statt vieler *Lutz*, Autonome Fahrzeuge (2015); *Jänich/Schrader/Reck*, Autonomes Fahren (2015), S. 315 ff. Generell zur Haftung bei der Vernetzung autonomer Systeme s. *Pieper*, Vernetzung (2016); *Zech*, Verantwortung und Haftung (2020).

[26] Dazu s. *Weber*, Dilemmasituationen (2016).

[27] Der Bundesminister für Verkehr und digitale Infrastruktur hat Ende 2016 eine Ethik-Kommission unter dem Vorsitz von Di Fabio zum automatisierten Fahren eingesetzt, die Leitlinien für die Programmierung automatisierter Fahrsysteme entwickeln soll.

[28] Hier drängt sich eine gewisse Parallelität zur Argumentation in BVerfGE 115, 118, 151 ff. auf.

[29] S. etwa Art. 25 EU-Datenschutzgrundverordnung. Generell zu Design-Based Regula-

Privacy Enhancing Technologies (PETs).[30] Ein weiteres Beispiel, hier insbesondere eingesetzt zur Unterstützung der Maßgeblichkeit von Recht, ist das Digital Rights Management (DRM).[31] Urheberrechtsschutz[32] – beispielsweise für die Inhalte einer DVD – wird dabei gegebenenfalls durch technische Sperren des Überspielens/Kopierens unmittelbar durchgesetzt.[33]

Technosteuerung ist auch als freiwillige Maßnahme vorstellbar, die den Betroffenen helfen soll, rechtliche Regeln durch technische Vorkehrungen zu beachten. Ein Beispiel ist die elektronische Abriegelung des Fahrens eines Kfz beim Überschreiten der absoluten Fahrgeschwindigkeit, ein anderes sind Alkoholzündschlosssperren.[34]

Die Möglichkeiten zur Nutzung von Technik zur Steuerung von Verhalten bzw. zur Ersetzung eines Steuerungsaktes – und insbesondere die Technosteuerung durch Design – dürften in der Zukunft immer bedeutsamer werden. In Zeiten, in denen effektiver Interessenschutz durch individuellen Rechtsschutz schon mangels Durchschaubarkeit der Gefährdungen zunehmend schwerer zu praktizieren ist, kann Schutz durch Design eine wichtige Kompensationsfunktion erfüllen. Es darf aber auch nicht übersehen werden, dass Technosteuerung auch für normativ unerwünschte Zwecke eingesetzt werden kann.

---

tions *Dix*, Konzepte (2003), *Yeung*, Design-based Regulation (2011); *Roßnagel*, Recht und Macht (2020), S. 227 ff.

[30] Dazu s. Federrath (Hrsg.), Design Issues (2001); *Flöter/Steinhorst*, Privacy Enhancing Technologies (2006); *Koops et al.*, Self-Regulation (2006).

[31] Dazu s. *Leenes*, Techno-Regulation (2012); *Meyer*, DRM-Schutz (2014). Zur Rechtslage in Deutschland s. statt vieler *Müller-Hengstenberg/Kirn*, (Software-)Agenten (2014).

[32] Zu verweisen ist aber auch auf das Risiko, dass der digitale Schutz der Differenziertheit von rechtlichen Regeln nicht zwingend Rechnung trägt, etwa wenn DRM die Nutzung eines urheberrechtlich geschützten Werks stärker einschränkt als im Urheberrecht vorgesehen.

[33] Weitere Beispiele bei *Koops*, Normative Technology (2008), S. 157.

[34] Zu diesen und weiteren Beispielen s. *Kuhlmann*, Legal Tech (2016), S. 1046 f.

§ 16 Vom Datenschutzrecht zur rechtlichen Ausgestaltung algorithmischer Systeme und ihres Einsatzes

A. Zur anfänglichen Konzentration der Aufmerksamkeit auf den Schutz personenbezogener Daten

Die öffentliche Diskussion, aber auch die Aufmerksamkeit insbesondere der Rechtswissenschaft beim verstärkten Aufkommen digitaler Techniken und Nutzungen, konzentrierte sich in den letzten Jahrzehnten des vorigen Jahrhunderts nicht nur in Deutschland[1] zunächst weitgehend auf das Thema Datenschutz – als Schutz vor der Erhebung, Auswertung und Verwendung personenbezogener Daten durch Recht. Dabei standen zunächst Sorgen über den Ausbau staatlicher Überwachung, später auch über den privatwirtschaftlichen Ge- und gegebenenfalls Missbrauch von personenbezogenen Daten im Vordergrund.

In Deutschland wurde eine in den 1980er-Jahren ausgetragene Auseinandersetzung über entsprechende Risiken weichenstellend. Sie galt der Durchführung einer staatlich angeordneten Volkszählung, in der personenbezogene Daten anonymisiert für statistische Zwecke erhoben und mittels Computer verarbeitet werden sollten. Inhaltlich ging es um die Erfassung des Namens, der Anschrift, der Art des Lebensunterhalts und des Berufs der an der Volkszählung Beteiligten. Dies war im Vergleich zu den heutigen Einsatzmöglichkeiten von Computern zur Datenerfassung eine relativ harmlose Angelegenheit.

Die Volkszählung sollte im Jahre 1983 durchgeführt werden, also in der zeitlichen Nähe des symbolträchtigen Jahres 1984, der Jahreszahl, die als Titel des berühmten Buches von George Orwell „Big Brother" – über ein System staatlicher Überwachung und Repression – diente. Die Diskussion über die Volkszählung rüttelte einen Teil der Öffentlichkeit, darunter auch viele Studierende, auf und brachte das Thema möglicher Risiken des Computereinsatzes für die Gesellschaft nachhaltig auf die öffentliche Agenda, allerdings seinerzeit begrenzt auf Gefahren für Private durch den Staat.

Aufgrund mehrerer Verfassungsbeschwerden wurde das Bundesverfassungsgericht befasst, das in seiner Entscheidung erstmalig ein Grundrecht auf informationelle Selbstbestimmung anerkannte, das es unter Anknüpfung an Vorar-

[1] Zum Datenschutz in verschiedenen ausländischen Rechtsordnungen s. die Beiträge in: Vicente/de Vasconcelos (Hrsg.), Data Protection (2020).

beiten in der Literatur innovativ aus den Garantien der Menschenwürde (Art. 1 Abs. 1 GG) und des Persönlichkeitsrechts (Art. 2 Abs. 1 GG) ableitete.[2] Die Entscheidung hat die Entwicklung des Datenschutzrechts in Deutschland[3] und anderen Teilen Europas maßgebend beeinflusst. Das Thema des Schutzes personenbezogener Daten findet heute weltweit Aufmerksamkeit. Im Jahre 2018 ist für den Geltungsbereich der Europäischen Union die Datenschutz-Grundverordnung (DSGVO) in Kraft getreten, die die wesentlichen Grundsätze des Datenschutzes EU-weit und verbindlich vereinheitlicht.[4] Darüber hinaus gibt es eine Reihe weiterer EU-Datenschutzregeln. Datenschutz ist auch ein wichtiges Thema in vielen Staaten außerhalb der EU. In Deutschland gibt es bundesweit geltendes Datenschutzrecht, aber auch eigenständige Datenschutzgesetze der Bundesländer. Hinzu treten spezielle Datenschutzregeln im sektorspezifischen Recht.

Die ursprüngliche Konzentration auf den Schutz von Daten oder besser auf den Schutz der mit Hilfe personenbezogener Daten gewonnenen Informationen über das Verhalten, die Eigenschaften oder andere Charakteristika einer Person[5] gegenüber der Erhebung, Auswertung und Verwendung bewirkte eine gewisse Einseitigkeit des Schutzkonzepts.[6] Denn das Datenschutzrecht nahm andere vom Einsatz algorithmischer Systeme betroffene Schutzgüter nicht eigenständig unter Rückgriff auf deren Wert und deren Schutzbedürftigkeit in den Blick. Sie wurden allerdings zum Teil mittelbar zum Thema bei der Spezifizierung der Anforderungen an die Rechtmäßigkeit der Datenverarbeitung bzw. an die Beachtung des Datenschutzrechts (Art. 6 DSGVO).

Anders formuliert: Das traditionelle Datenschutzrecht hatte einen spezifischen (engen) Anwendungsbereich, den Autonomieschutz hinsichtlich personenbezogener Daten. Es war kein Recht zur Entfaltung der verschiedenen durch die Digitalisierung betroffenen Freiheitsrechte. Auch schuf es keine rechtliche Regelung zur Ausgestaltung algorithmischer Systeme allgemein unter Berücksichtigung der ggf. verschiedenen betroffenen Interessen (Sicherung von Chancen der Digitalisierung und des Schutzes vor Gefährdungen betroffe-

---

[2] BVerfGE 65, 1.

[3] Vor dem Volkszählungsurteil gab es allerdings schon Datenschutzgesetze, weltweit als erstes das hessische Datenschutzgesetz, das am 13.10.1970 in Kraft getreten ist.

[4] Verordnung (EU) 2016/679 des Europäischen Parlaments und des Rates vom 27.04.2016 zum Schutz natürlicher Personen bei der Verarbeitung personenbezogener Daten, zum freien Datenverkehr und zur Aufhebung der Richtlinie 95/46/EG (Datenschutz-Grundverordnung), ABl. L 119 vom 09.05.2016, S. 1 ff. In der Folge ist das deutsche Bundesdatenschutzgesetz neu gefasst worden – BDSG (neu), s. Bundesgesetzblatt (BGBl.) I (2017), Nr. 44, S. 2092.

[5] Art. 4 Nr. 4 der EU-DSGVO führt beispielsweise (dort allein im Hinblick auf Profiling) folgende betroffene Aspekte auf: Arbeitsleistung, wirtschaftliche Lage, Gesundheit, persönliche Vorlieben, Interessen, Zuverlässigkeit, Verhalten, Aufenthaltsort und Ortswechsel auf.

[6] *Bull*, Netzpolitik (2013), S. 131 kritisiert wegen dieser Einseitigkeit auch die Benennung des Grundrechts als Recht auf „informationelle Selbstbestimmung".

ner Rechtsgüter). Auch war es kein Recht zur Ausgestaltung einer spezifischen digitalen Technologie, wie etwa der KI.

B. Verlagerung der Aufmerksamkeit insbesondere auf die Vielzahl der bei dem Einsatz algorithmischer Systeme betroffenen Interessen und Rechtsgüter

Infolge der Vielfalt und Breite der durch die digitale Transformation geschaffenen Möglichkeitsräume und Risikofelder und ggf. der Notwendigkeit der rechtlichen Ausgestaltung des Einsatzes algorithmischer, insbesondere komplexer algorithmischer Systeme, muss die Sichtweise nachhaltig ausgeweitet werden. Die Digitalisierung in Staat und Gesellschaft eröffnet Möglichkeitsräume und Risikofelder, die weit über das traditionelle Datenschutzrecht hinaus reichen. Insofern ist auch zu berücksichtigen, dass digitale Techniken in großer – und zunehmender – Zahl und Vielfalt mit nicht personenbezogenen Daten arbeiten, häufig kombiniert mit der Nutzung personenbezogener Daten. Für den Umgang mit und den Schutz von nicht personenbezogenen Daten enthält – bzw. benötigt – die Rechtsordnung jedenfalls zum Teil ebenfalls rechtliche Regeln.

Vor allem ist zu berücksichtigen, dass die mit der digitalen Transformation verbundenen Chancen und Risiken sich auf ein Bündel unterschiedlicher, zum Teil miteinander kompatibler, häufig aber auch miteinander kollidierender Interessen und Rechtsgüter beziehen können. Dementsprechend muss das die Ausgestaltung algorithmischer Systeme betreffende Recht u.a. die Funktionsfähigkeit solcher Systeme unterstützen, die möglichen Auswirkungen auf betroffene Rechtsgüter einkalkulieren und Wege zum Rechtsgüterschutz offenhalten, Diskriminierungen unterbinden,[7] problematischen Machtbündelungen und -asymmetrien entgegenwirken, positiv bewertete Innovationen ermöglichen und fördern usw. Dabei muss dieses Recht um Flexibilität auch dahin gehend bemüht sein, dass algorithmische Systeme in ihren unterschiedlichen Anwendungsbereichen sinnvoll eingesetzt werden können – sei es im Bildungsbereich, bei medizinischer Forschung, Diagnose und Therapie, beim Aufbau und der Nutzung von Infrastrukturen (etwa für den Verkehr, die Kommunikation oder die Versorgung) u.a.

Anders ausgedrückt: Die rechtliche Reaktion auf die Digitalisierung muss heute übergreifend auf das Recht der Verwendung algorithmischer Systeme und deren Folgen in den je spezifischen Sektoren und gesellschaftlichen Bereichen[8] bezogen sein. Dazu gehört natürlich auch der Autonomieschutz in den weiten Feldern der Freiheitsentfaltung unter Einschluss des Schutzes informationeller

[7] S. dazu statt vieler *Tischbirek*, Discrimination (2020)

[8] Anschaulich dazu die in Ebers et al. (Hrsg.), Rechtshandbuch (2020) enthaltenen Beiträge.

Selbstbestimmung in seiner Dimension als Datenschutzrecht. Aber auch andere Freiheitsrechte sind betroffen. Insofern ist es auch stimmig, wenn nicht mehr nur von informationeller Selbstbestimmung, sondern umfassender von dem Ziel „informationeller Freiheitsgestaltung" gesprochen wird.[9] Auch das scheint mir noch zu eng. Es sollte keine Begrenzung der Freiheitsentfaltung mithilfe dieser Techniken auf informationelles Handeln geben.

Wichtig ist die Aufgabe, beim Einsatz algorithmischer Systeme deren Vielfalt und die Mehrdimensionalität der möglichen Tätigkeitsfelder und damit der von der digitalen Transformation betroffenen Rechtsgüter und rechtlicher Regelungsbereiche im Blick zu haben. Dabei sind auch die Wichtigkeit der Folgenebenen Impact und Outcome (s. o. § 8 D) von der Rechtsordnung anzuerkennen. Insofern muss geklärt werden, ob und wieweit rechtliche Vorkehrungen auch unter Berücksichtigung oder gar speziell in Bezug auf sie angezeigt sind.

Algorithmische Systeme dienen in den von der Digitalisierung betroffenen Bereichen der Erledigung der dort in großer Vielfalt anfallenden Aufgaben – darunter zur Analyse von Zuständen und Problemen, zur Lösung von Konflikten, zur Entwicklung und Verwirklichung neuer oder veränderter Vorgehensweisen bei der Konzeption und dem Einsatz von Geschäftsmodellen, bei der Gestaltung und dem Betrieb von Infrastrukturen usw., aber auch in der Produktion, im Verkehr, im persönlichen Bereich etc. Insofern verändert die digital bezogene soziotechnische Transformation die gesellschaftliche Realität in verschiedenen Dimensionen. In den betroffenen Bereichen geht es auch keineswegs nur um den Schutz individueller Rechtsgüter. Betroffen sind ebenfalls kollektiv bedeutsame Rechtsgüter, darunter die Funktionsfähigkeit von Demokratie, Rechtsstaat und Sozialstaat, aber auch der Erhalt einer lebenswerten Umwelt, die Ermöglichung eines funktionsfähigen Bildungssystems, die Sicherheit von lebenswichtigen Infrastrukturen usw. Mit Blick auf die verschiedenen betroffenen Schutzgüter ist nach der Notwendigkeit und der Sinnhaftigkeit rechtlicher Einwirkung zu fragen und ggf. zur Umhegung, Gestaltung und Förderung von Möglichkeiten beizutragen, aber weiterhin auch Begrenzungen mit dem Ziel des Schutzes gefährdeter Interessen und Rechtsgüter vorzusehen.

C. Wachsende Bedeutung der Sicherung der Funktionsfähigkeit der betroffenen Märkte, vor allem durch Schutz vor Vermachtung

In den Abschnitten zur Vermachtung des IT-Bereichs (§§ 10, 13) wurde auf die Bedeutung des Governancefaktors Markt und auf die mit den Besonderheiten in der IT-Wirtschaft verbundenen Probleme der Vermachtung und des Miss-

[9] So etwa *Deutscher Ethikrat*, Big Data und Gesundheit (2018) – mit dem Untertitel: „Datensouveränität als informationelle Freiheitsgestaltung".

brauchs marktbeherrschender Macht verwiesen. Damit geraten auch wirtschaftsrechtliche Fragen in den Fokus der Bemühungen um eine Ausgestaltung der digitalen Transformation. Dieses Thema ist Gegenstand insbesondere von § 19.

D. Betroffenheit der gesamten Rechtsordnung

In rechtlicher Hinsicht kann grundsätzlich die gesamte Rechtsordnung von der Digitalisierung betroffen sein mit der Folge, dass auch nicht speziell auf die Digitalisierung bezogene Rechtsnormen anwendbar sein können und dabei ggf. entsprechend neu ausgelegt werden müssen.

Die digitale Transformation hat sich zunächst auf der Basis überkommener Strukturen entwickelt, darunter auch der bisherigen Ordnung von Staat, Wirtschaft und Gesellschaft. Sie fand und findet eine im Laufe der historischen Entwicklung ausgebaute Rechtsordnung vor: so das jeweilige nationale öffentliche Recht, Zivilrecht und Strafrecht einschließlich der vielen Sondergebiete wie z. B. Medizinrecht oder Finanzmarktrecht. Angesichts der Globalisierung der Entwicklungen sind auch das Europarecht, das transnationale Recht und das Völkerrecht betroffen. Bei deren Anwendung ist vor allem die Interessenvielfalt der je unterschiedlichen Multistakeholder[10] einzukalkulieren.

Es geht um mehr als nur die bloße Fortschreibung bisherigen Rechts. Gefragt sind auch neue, auf den Einsatz algorithmischer Systeme und damit auf neue mit der Digitalisierung verbundene Möglichkeiten und Risiken abzustimmende rechtliche Instrumente und Strategien. Dies erfordert zunächst die Berücksichtigung der Anforderungen und Folgen der Digitalisierung in den jeweiligen Rechtsbereichen. Dabei ergeben sich Besonderheiten gegenüber tradierter Regulierung, die zu Schwierigkeiten, ggf. auch Erleichterungen angemessener Regulierung führen können. Auf Beispiele zum rechtlichen Umgang mit den Möglichkeiten und Folgen der Digitalisierung wird im weiteren Verlauf dieser Abhandlung eingegangen.

Die Bandbreite der Gestaltung und Umgestaltung der Rechtsordnung infolge der Digitalisierung strahlt insbesondere auf den schon in § 11 behandelten Auftrag von Staat und EU zur Gewährleistung der Möglichkeiten zur Freiheitsverwirklichung und der Funktionsfähigkeit der gesellschaftlichen und staatlichen Institutionen aus.

---

[10] Reichhaltiges Anschauungsmaterial zu deren Wirken bei *Kettemann*, Normative Order (2020).

§ 17 Zum rechtlichen Schutz bei dem Inverkehrbringen, der Inbetriebnahme und der Verwendung von Systemen der künstlichen Intelligenz

Der im vorangegangenen Abschnitt angesprochene Regelungsbedarf ist auf die Ausgestaltung algorithmischer Systeme bezogen, ohne besonderen Bezug auf die jeweils eingesetzte digitale Technik. Es gibt aber auch Regeln, die auf Möglichkeiten und Gefährdungen bestimmter Arten digitaler Techniken und ihres Einsatzes bezogen sind. Im Folgenden wird diese Frage für den Bereich des Einsatzes von KI behandelt. Regelungen dazu finden sich sektorspezifisch in einschlägigen Teilrechtsordnungen. Ausführungen zu der Vielfalt der Bereiche, in denen künstliche Intelligenz – und Robotik – intensiv genutzt werden, enthält beispielsweise das von *Ebers et al.* herausgegebene Handbuch[1] mit Texten u.a. über den Einsatz dieser Techniken im Medizinrecht, Kapitalmarktrecht, Strafrecht oder dem Recht der IT-Plattformen.

Zunehmend wird aber ein Bedarf für sektorübergreifende Regelungen gesehen, die auf die von künstlicher Intelligenz und damit verbunden von Big Data ausgehenden Gefährdungen oder gar Rechtsgüterverletzungen reagieren und damit den Gewährleistungsaufgaben der Institutionen der EU und der Einzelstaaten im Hinblick auf den Einsatz dieser Techniken Rechnung tragen. Es sollten aber auch die positiv bewerteten Aspekte der Potentiale von künstlicher Intelligenz im Blick bleiben, also nicht nur Risikopotentiale. Insofern geht es auch um Regeln zur Förderung von Innovationen, beispielsweise durch Subventionen oder die Schaffung von Experimentalspielräumen[2] unter gleichzeitiger Vorsorge für Rahmenbedingungen zur Sicherung der Innovationsverantwortung.[3]

Auf solche Ziele ist der – weltweit erstmalige – Vorschlag der EU-Kommission für eine EU-Verordnung zur „Festlegung harmonisierter Vorschriften für künstliche Intelligenz und zur Änderung bestimmter Rechtsakte der Union" –

---

[1] Ebers et al. (Hrsg.), Rechtshandbuch (2020).

[2] S. dazu beispielsweise – im Hinblick auf Innovationszonen und Praxislabore am Beispiel des Einsatzes von KI in der Arbeitswelt – *Uffmann*, Digitalisierung der Arbeitswelt (2016), S. 981 ff. S. ferner u. A III 2.

[3] Zu Aktivitäten der EU vor Veröffentlichung des E-KI-VO s. *Hacker*, Künstliche Intelligenz (2020), der in diesem Beitrag auch eigene Vorschläge zur Regelung von KI formuliert.

im Folgenden: „E-KI-VO" – gerichtet.[4] Dieser Vorschlag enthält neben detaillierten Regelungsvorschlägen reichhaltiges Anschauungsmaterial zur Vielfalt und Breite des Einsatzes von KI und für die damit verbundenen Gefährdungen. Angesichts der über ihn vermittelten reichhaltigen Einblicke in dieses Feld soll er hier als Anschauungsmaterial für Probleme, aber auch für Lösungsmöglichkeiten beim Einsatz der KI dienen.[5]

A. Der Entwurf eines Vorschlags der EU-Kommission zur Harmonisierung von Vorschriften für künstliche Intelligenz (E-KI-VO)

I. Erneut: Zur Definition von künstlicher Intelligenz

KI ist oben (§ 4 D) relativ pauschal definiert worden. Eine erheblich differenzierte Definition hat die High Level Expert Group on AI (HLEG AI) in ihren im Auftrag der Europäischen Kommission erarbeiteten Leitlinien vorgenommen.[6] Solche Systeme sind danach

> „von Menschen entwickelte Softwaresysteme (und gegebenenfalls auch Hardwaresysteme), die in Bezug auf ein komplexes Ziel auf physischer oder digitaler Ebene handeln, indem sie ihre Umgebung durch Datenerfassung wahrnehmen, die strukturierten und unstrukturierten Daten sammeln, interpretieren, Schlussfolgerungen daraus ziehen oder die aus diesen Daten abgeleiteten Informationen verarbeiten und über das bestmögliche Handeln zur Erreichung des vorgegebenen Ziels entscheiden. KI-Systeme können entweder symbolische Regeln verwenden oder ein numerisches Modell erlernen und sind auch in der Lage, die Auswirkungen ihrer früheren Handlungen auf die Umgebung zu analysieren und ihr Verhalten entsprechend anzupassen".

Der Entwurf der E-KI-VO beschreibt in Art. 2 den Anwendungsbereich der Verordnung ohne Definition der KI und benutzt stattdessen den Begriff eines „Systems der künstlichen Intelligenz (KI-System)". Dieser wird in Art. 3 Nr. 1 definiert als „eine Software, die mit einer oder mehreren der in Anhang I aufgeführten Techniken und Konzepte entwickelt worden ist und im Hinblick auf eine Reihe von Zielen, die von Menschen festgelegt werden, Ergebnisse wie Inhalte, Vorhersagen, Empfehlungen oder Entscheidungen hervorbringen kann, die das Umfeld beeinflussen, mit dem sie interagieren." In Anhang 1 des Ent-

[4] Vorschlag eines Rechtsrahmens für künstliche Intelligenz vom 21.04.2021 – COM/2021/206 final.

[5] Der Vorschlag der E-KI-VO wird durch einen weiteren Vorschlag vom 21.04.2021 einer Verordnung über Maschinenprodikte – COM (2021) 202 – ergänzt. Als Maschinenprodukte werden Verbraucherprodukte und Produkte für den gewerblichen Gebrauch eingeordnet, etwa Roboter, Rasenmäher, 3D-Drucker, Baumaschinen oder industrielle Produktionslinien.

[6] Hochrangige Expertengruppe für künstliche Intelligenz, Ethik-Leitlinien (2018), S. 6.

wurfs werden die Konzepte der künstlichen Intelligenz im Sinne des Art. 3 in der hier verwendeten deutschsprachigen Fassung wie folgt umschrieben:

„(a) Konzepte des maschinellen Lernens, mit beaufsichtigtem, unbeaufsichtigtem und bestärkendem Lernen unter Verwendung einer breiten Palette von Methoden, einschließlich des tiefen Lernens (Deep Learning);

(b) Logik- und wissensgestützte Konzepte, einschließlich Wissenspräsentation, induktiver (logischer) Programmierung, Wissensgrundlagen, Inferenz- und Deduktionsmaschinen, (symbolische) Schlussfolgerungs- und Expertensysteme;

(c) statistische Ansätze, Bayessche Schätz-, Such- und Optimierungsmethoden."

Es handelt sich um eine relativ breite Definition, die eine schon gegenwärtig nützliche und für die Zukunft vielversprechend bewährte Technologie umfasst, die mit besonderen Gefährlichkeitspotentialen verbunden sein kann.

Die E-KI-VO soll nach ihrem Art. 1 „harmonisierte Vorschriften für das Inverkehrbringen, die Inbetriebnahme und die Verwendung von Systemen der künstlichen Intelligenz" schaffen. Im Vordergrund steht die Risikoabwehr. Ihr dienen Verbote als besonders gefährlich eingestufter Praktiken sowie regulative Vorgaben für andere gefahrenträchtige Bereiche.

II. Ziele des E-KI-VO

Mit dem Vorschlag für eine KI-VO werden folgende Ziele angestrebt:

- „Es muss gewährleistet sein, dass die auf dem Unionsmarkt in Verkehr gebrachten und verwendeten KI-Systeme sicher sind und die bestehenden Grundrechte und die Werte der Union wahren.
- Zur Förderung von Investitionen in KI und innovativen KI muss Rechtssicherheit gewährleistet sein.
- Governance und die wirksame Durchsetzung des geltenden Rechts zur Wahrung der Grundrechte sowie die Sicherung der Anforderungen an KI-Systeme müssen bestärkt werden.
- Die Entwicklung eines Binnenmarkts für rechtskonforme, sichere und vertrauenswürdige KI-Anwendungen muss erleichtert werden und es gilt, eine Marktfragmentierung zu verhindern."

III. Risikostufen

Die Verordnung soll zwischen verschiedenen Risikostufen je nach dem Risikopotential differenzieren. Differenziert wird in dem E-KI-VO danach, ob bestimmte Risiken völlig unannehmbar sind und deshalb verboten werden. Demgegenüber werden für zwar hinnehmbare, aber doch hohe Risiken – die näher umschrieben werden – strenge Vorgaben geschaffen (Hochrisiko-KI-Systeme). Drittens gibt es für KI-Systeme mit zwar ernstzunehmenden, aber doch geringen Risiken weitere Regeln. Alle sonstigen Risiken („minimale Risiken") sollen regelungsfrei bleiben.

1. Verbotene Praktiken

In Titel II, Art. 5, werden verbotene Praktiken näher beschrieben. Dazu gehören u. a. das Inverkehrbringen, die Inbetriebnahme und die Verwendung eines KI-Systems,

> „(a) das Techniken der unterschwelligen Beeinflussung außerhalb des Bewusstseins einer Person einsetzt, um das Verhalten einer Person in einer Weise wesentlich zu beeinflussen, die dieser Person oder einer anderen Person einen physischen oder psychischen Schaden zufügt oder zufügen kann;
>
> (b) das eine Schwäche oder Schutzbedürftigkeit einer bestimmten Gruppe von Personen aufgrund ihres Alters oder ihrer körperlichen oder geistigen Behinderung ausnutzt, um das Verhalten einer dieser Gruppe angehörigen Person in einer Weise wesentlich zu beeinflussen, die dieser Person oder einer anderen Person einen physischen oder psychischen Schaden zufügen kann;
>
> (c) durch Behörden oder in deren Auftrag zur Bewertung oder Klassifizierung der Vertrauenswürdigkeit natürlicher Personen über einen bestimmten Zeitraum auf der Grundlage ihres sozialen Verhaltens oder bekannter oder vorhergesagter persönlicher Eigenschaften oder Persönlichkeitsmerkmale, bei denen die soziale Bewertung zu bestimmten, näher gekennzeichneten Schlechterstellungen oder Benachteiligungen führt."[7]

Verboten wird ebenso die „Verwendung biometrischer Echtzeit-Fernidentifizierungssysteme in öffentlich zugänglichen Räumen zu Strafverfolgungszwecken"; Ausnahmen werden für den Einsatz im Kontext besonders gravierender Gefahrensituationen näher spezifiziert.

2. Hochrisiko-KI-Systeme

Hochrisikosysteme werden zwar nicht verboten, aber in Titel III mit sehr eingehenden Regelungen versehen. Hierzu werden in Art. 6 Abs. 1 zunächst produktbezogene Umschreibungen solcher Systeme gegeben und in Abs. 2 wird auf Anhang III des Entwurfs der Verordnung verwiesen, in dem bestimmte KI-Systeme aufgeführt und als hochriskant beschrieben werden. Darunter fallen u. a. die biometrische Identifizierung und Kategorisierung natürlicher Personen, die Verwaltung und der Betrieb kritischer Infrastrukturen im Bereich der Verwaltung und im Betrieb des Straßenverkehrs sowie in der Wasser-, Gas-, Wärme- und Stromversorgung, aber auch der Einsatz bestimmter KI-Systeme im Bereich der beruflichen und schulischen Bildung, der Einstellung und Auswahl natürlicher Personen sowie bei Entscheidungen über Beförderungen und Kündigungen von Arbeitsverhältnissen. Betroffen sind auch die Zugänglichkeit und

---

[7] Gemeint sind damit Praktiken des Social Scoring, wie sie etwa in China genutzt werden (s. o. § 3 D).

Inanspruchnahme grundlegender privater öffentlicher Dienste und Leistungen sowie Maßnahmen der Strafverfolgung (darunter die oben in § 15 C erwähnte Vorgehensweise des Analytic Predictive Policing). Betroffen ist auch der Einsatz von Lügendetektoren und ähnlicher Instrumente für die Ermittlung des emotionalen Zustands einer Person im Kontext von Migration, Asyl und Grenzkontrolle, dort auch zur Ermittlung und zur Bewertung von Risiken irregulärer Einwanderung sowie der Überprüfung der Echtheit von Reisedokumenten u. a. Auch KI-Systeme, die bestimmungsgemäß Justizbehörden bei der Ermittlung und Auslegung von Sachverhalten und Rechtsvorschriften und bei der Anwendung des Rechts auf konkrete Sachverhalte unterstützen sollen, werden in diese Kategorie eingeordnet. Letzteres könnte Bedeutung insbesondere im Kontext von Legal Tech (s. u. § 22) erhalten.

Umfasst werden von den Hochrisiko-KI-Systemen unter anderem der Einsatz von KI-Techniken im Hinblick auf kritische Infrastrukturen (etwa im Verkehr), in denen das Leben oder die Gesundheit der Bürger gefährdet werden können; ferner Beeinträchtigungen des Zugangs von Personen zur Bildung und zum Berufsleben. Weiter angeführt werden im Anhang III des E-KI- VO die Nutzung von Software zur Auswertung von Lebensläufen für Einstellungsverfahren, aber auch für wichtige private und öffentliche Dienstleistungen, beispielsweise zur Bewertung der Kreditwürdigkeit.

Solche KI-Systeme müssen vor ihrem Einsatz besondere Anforderungen erfüllen. Dazu gehören die Einrichtung eines Risikomanagementsystems, das u. a. pro- und retrospektive Folgenabschätzungen sichern soll (Art. 9), die Entwicklung von Trainings-, Validierungs- und Testdatensätzen für lernende Systeme (Art. 10), technische Dokumentationen und Aufzeichnungen (Art. 11f). Auch müssen die Anforderungen so konzipiert werden, dass sie von natürlichen Personen wirksam beaufsichtigt werden können, unter Nutzung einer Mensch-Maschine-Schnittstelle (Art. 14). Schließlich werden Anforderungen an die Genauigkeit, Robustheit und Cybersicherheit aufgestellt (Art. 15). Um dies und weiteres zu sichern, werden den Anbietern und Nutzern besondere Pflichten auferlegt (Kap. 3), darunter die Einrichtung eines Qualitätsmanagementsystems (Art. 17), die Erstellung einer technischen Dokumentation (Art. 18) und eine Konformitätsbewertung vor dem Inverkehrbringen oder der Inbetriebnahme (Art. 19).

3. Bestimmte KI-Systeme, bei denen ein geringes Risiko angenommen wird

Eine weitere Gruppe von Regelungen soll geringeren Risiken gelten, auf die insbesondere mit Transparenzpflichten reagiert wird (Titel IV). So müssen beispielsweise Anbieter sicherstellen, dass KI-Systeme, die für die Interaktion mit natürlichen Personen bestimmt sind, so konzipiert und entwickelt werden, dass natürlichen Personen mitgeteilt wird, wenn sie es mit einem KI-System zu tun haben, es sei denn, dies sei aufgrund der Umstände und des Kontexts der Nutzung offensichtlich (Art. 52). Dies betrifft u. a. den Einsatz von Social Bots (s. o. § 15 B).

4. KI-Systeme mit minimalen Risiken

Sonstige von KI-Systemen ausgehende Risiken werden als minimal eingestuft mit der Folge, dass ein Bedarf für spezielle Regeln in der E-KI-VO nicht gesehen wird. Beispiele wären KI-gestützte Videospiele oder Spamfilter. Es gelten dann nur in sonstigen Rechtsvorschriften auf entsprechende Verwendungen bezogene Regeln.

5. Innovationsförderung

Der Entwurf enthält ferner besondere Vorschriften zur Innovationsförderung (Titel V), so die Einrichtung von KI-Reallaboren, die eine kontrollierte Umgebung schaffen sollen, um die Entwicklung, Erprobung und Validierung innovativer KI-Systeme vor dem Inverkehrbringen oder ihrer Inbetriebnahme nach einem bestimmten Plan zu erleichtern. In ihnen soll auch die Weiterverarbeitung personenbezogener Daten zur Förderung erheblicher öffentlicher Interessen möglich sein, die zur Entwicklung bestimmter KI-Systeme im öffentlichen Interesse dienen (Art. 54 f.).

6. Aufsicht und Begleitung

Die Beaufsichtigung der Regeleinhaltung soll nationalen Marktüberwachungsbehörden obliegen. Hinzu tritt ein „Europäischer Ausschuss für künstliche Intelligenz“, der die Umsetzung begleiten und die Ausarbeitung von Normen auf dem Gebiet der KI vorantreiben soll. Auch spricht sich der Entwurf für freiwillige Verhaltenskodizes für KI-Anwendungen aus, die kein hohes Risiko darstellen.

7. Keine besonderen Regelungen für riskante Forschung als solche

In einer Hinsicht enthält sich der Entwurf besonderer Regelung, nämlich für die Erforschung von künstlicher Intelligenz und den damit eventuell verbundenen Risiken nicht vorhergesehener und gegebenenfalls irreversibler Entwicklungen, wie sie in den oben (§ 4 D) geschilderten Warnungen oder gar dystopischen Befürchtungen thematisiert wurden. Mit der Forschung verbundene Probleme sind nach dem Konzept nur dadurch betroffen, dass die Verordnung Vorschriften für das Inverkehrbringen, die Inbetriebnahme und die Verwendung von KI-Systemen vorsieht und die auf die Entwicklung und den Einsatz solcher Systeme bezogene Forschung dadurch sowie durch die Ermöglichung von Reallaboren mittelbar in Bezug nimmt.

8. Harmonisierung mit anderen Regelungen

Die EU-Kommission nimmt auch in den Blick, dass es eine Vielfalt und Vielzahl von Bedürfnissen zur Harmonisierung der Verordnung mit anderen Verordnungen und Richtlinien, auch mit der DSGVO, geben wird. Anhang II enthält eine Liste von einschlägigen Harmonisierungsvorschriften der Union.

B. Die Diskussion ist eröffnet

Der insgesamt 156 Seiten umfassende Vorschlag der EU-VO-KI kann durch diese knappe Übersicht selbstverständlich nicht in seiner Breite und Tiefe wiedergegeben werden. Dies gilt auch für die vielen näher umschreibenden Maßnahmen bzw. Rechte und Pflichten von Personen und Institutionen, die für die jeweiligen Risikostufen sehr detailliert aufgeführt werden.

Die hier erfolgte Auswahl wichtiger Regelungsinhalte, deren Entwicklung ausführliche Konsultationen und Vorarbeiten vorangegangen waren, dürfte aber schon verdeutlichen, dass ein breiter Regelungsbedarf gesehen wird. Dabei ist die EU-Kommission bemüht, ungeachtet der vorgesehenen Regeln Spielräume für Innovationen zu bewahren oder zu eröffnen, und sie verzichtet zum Teil – so insbesondere für den Bereich „minimaler Risiken" – sogar gänzlich auf Regeln. Hier, aber auch in den Risikobereichen, will sie Wege zur Selbstregulierung (etwa in Form von Kodizes) unterstützen, jedenfalls nicht verbauen. Durch die in Aussicht gestellten Förderungen – insbesondere Förderung durch Investitionen – sollen zudem Anreize geschaffen werden, Entwicklungen in einer erwünschten Richtung voranzutreiben.

Es wird sicherlich noch viele Auseinandersetzungen um den Entwurf – auch als Kritik an der Unübersichtlichkeit und Detailliertheit seiner Regelungen und an den zu stark genutzten Verweisungstechniken – und erhebliche Bemühungen um Veränderungen geben. So sind viele Interventionen von Verbänden und interessierten Unternehmen sowie Vertretern politischer Parteien und sonstiger Organisationen zu erwarten. Es ist zu hoffen und wohl auch zu erwarten, dass es ebenso eine intensive wissenschaftliche Diskussion über die Vorschläge geben wird.

Eine kritische Analyse der Vorschläge – die sehr ausführlich ausfallen müsste – kann hier nicht geleistet werden. Als ein Beispiel für erste Hinweise auf nicht gelöste Einzelprobleme zitiere ich aus einem Beitrag von *J. Schultze-Melling*,[8] der Fragen im Verhältnis zu Datenschutzregelungen (ein wichtiges, aber begrenztes Problemfeld) aufgreift. Er hat folgende Fragen aufgeworfen: Wie verhält sich das Datensparsamkeitsgebot der DSGVO zum Datenhunger des KI-gestützten maschinellen Lernens? Wie kann man als Anwender einer

[8] *Schulze-Melling*, Regulation der KI (2021).

KI-Lösung die Betroffenen der Anforderungen des Art. 12 DSGVO entsprechend angemessen transparent und leicht verständlich informieren? Was bedeuten konkret datenschutzfreundliche Voreinstellungen i.S.d. Art. 25 DSGVO bei einer KI? Kann man als Betroffener wirksam eine Einwilligung dahingehend erklären, dass eine KI mit den eigenen personenbezogenen Daten arbeiten darf, wenn diese Verarbeitung nur für die KI selbst transparent ist? Wie stellt sich das Recht auf Vergessenwerden dar, wenn personenbezogene Daten als essentieller, aber nicht mehr isolierbarer Bestandteil in die automatisierten Abwägungsprozesse einer KI eingeflossen sind?

Als ein Beispiel für eine problemübergreifende und vertiefte und z.T. Zustimmung äußernde, aber vor allem mit viel Kritik versehene Analyse verweise ich auf einen Beitrag von *M. Veale und F. Z. Borgesius,*[9] Kritisiert werden neben vielen Detailregelungen und deren Patchworkcharakter die Unbestimmtheit vieler Begriffe und der Beschreibungen von Anwendungsbereichen, der Verzicht auf wirkungsvolle Rechtsschutzmöglichkeiten für Nutzer und zivilgesellschaftliche Akteure,[10] aber auch das Ziel der Vollharmonisierung, das die Mitgliedsstaaten der EU am Erlass strengerer Regelungen hindert. Ein Gesamtfazit lautet, dass der Entwurf eher zu einer Deregulierung beitragen werde als zur Errichtung regulativer Barrieren. Als weitere Kritiker beanstanden *H. Ebert und I. Spiecker gen. Döhmann*[11] u.a. eine zu starke Rücksichtnahme auf wirtschaftliche Interessen, darunter beispielsweise durch die Möglichkeiten der Konformitätsbewertung ohne externe Kontrolle. Ebenfalls wird kritisiert, dass es keine Rechte für diejenigen gibt, die von KI beurteilt und gesteuert werden. Im Hinblick auf erfolgreiche Rechtsdurchsetzung fehlten Aussagen über Beweislastvorkehrungen, pauschalierte Schadenssummen und Kausalitätserleichterungen. Auch wird kritisiert, dass Emotionserkennungssysteme von Privaten nicht unter die Kategorie des hohen Risikos fallen.

Bei der weiteren Diskussion[12] wird zu berücksichtigen sein, dass der Entwurf – wie es häufig bei Neuregelungen der Fall ist – an schon erprobte Konzepte angelehnt ist, in diesem Fall insbesondere an das Produkthaftungsrecht, das Verbraucherschutzrecht und das Recht zur Begrenzung und Kontrolle von Überwachungsmaßnahmen. Dies ist nicht im Grundsatz zu beanstanden, solange es nicht dazu führt, dass neuartige Erscheinungsformen von KI nicht angemessen erfasst werden oder dass die bisher geschaffenen Vorkehrungen zur Kontrolle und Sanktionierung rechtswidrigen Einsatzes nicht ausreichen. So ist

[9] *Veale/Borgesius,* Demystifying the Draft (2021).

[10] Dies wird verschiedentlich stark kritisiert, s. etwa auch *Bombard/Merkle,* Europäische KI-Verordnung (2021), S. 283. Der Beitrag ist auch im Übrigen instruktiv.

[11] *Ebert/Spiecker gen. Döhmann*, KI-Regulierung (2021). Mehr als Bestandsschilderung denn als Kritik sei auf den Beitrag von *Geminn*, Regulierung künstlicher Intelligenz (2021) zu ordnen.

[12] S. statt vieler *Spindler,* Vorschlag der EU-Kommission (2021).

es nicht unproblematisch, Anleihen an dem vorrangig an Sachgütern ausgerichtete Produkthaftungsrecht zum Umgang mit Risiken und Folgen der Haftung bei entstofflichten Gütern (zur Entstofflichung s.o. § 9 B) zu nehmen.

Mit einer schnellen Verabschiedung der KI-Verordnung oder gar einer unveränderten Fassung ist nicht zu rechnen. Der vorgelegte Vorschlag einer übergreifenden Regelung von Systemen künstlicher Intelligenz wird allerdings mit hoher Wahrscheinlichkeit zur verstärkten Wahrnehmung von Problemen und zu erweiterten Diskussionen über die Entwicklung der digitalen Transformation führen. Es ist im Übrigen nicht auszuschließen, dass der Entwurf sich angesichts der rasanten Entwicklung von KI schon relativ schnell als nicht ausreichend erweist und neuen Regelungsbedarfen gegenüber steht, die eventuell neuartige Regelungskonzepte erfordern, deren Entwicklung nicht einfach sein dürfte.

C. Ein Sonderproblem: Schadsoftware als Mittel für Hacking und Erpressung („Angriff 4.O")

Abschließend zu diesem Abschnitt möchte ich exkursartig auf eine spezifische Problematik der Nutzung von KI-Instrumenten verweisen, nämlich die Möglichkeit, durch das „Kapern" informationstechnischer Systeme erhebliche Schäden zu bewirken. Ich meine das auch vom BVerfG[13] erwähnte Problem (s.o. § 11 B II), dass KI-Instrumente Hackern viele, immer neue Möglichkeiten für rechtswidrige Eingriffe ermöglichen. Hinzugefügt werden muss aber, dass KI auch besondere Möglichkeiten des Erkennens und Bekämpfens solcher Angriffe (also „Dual Use-Potentiale") enthält.

Ein Beispielsfeld ist der Einsatz von Spähsoftware („Spyware") – wie „Pegasus".[14] Diese ermöglicht – wie im Jahre 2021 bekannt wurde [15] – die Fernüberwachung von Smartphones. Diese Möglichkeit ist auch durch staatliche Überwachungsbehörden genutzt worden, darunter auch, allerdings nicht nur, solchen, die dazu gesetzlich ermächtigt sind. Genutzt werden Sicherheitslücken in der Software, die z.T. auf ausdrücklichen Wunsch der Nutzer der Software eingebaut oder nach deren Erkennen bewusst belassen wurden. Die KI-gestützte Spyware ist im großen Stil von verschiedenen (staatlichen wie privaten) Einrichtungen auch zur rechtswidrigen Ausspähung insbesondere von hohen Politikern, Menschenrechtsaktivisten und Journalisten eingesetzt worden. Der israelische Hersteller der Überwachungstechnologie – die NSO-Group – berief

[13] BVerfG, Beschluss vom 08.06.2021, BeckRS 2021, 19234, Rn. 36f.

[14] Zu ihr sowie dazu, dass sie auch vom deutschen Bundeskriminalamt eingesetzt wird, s. *Klaas*, Spyware (2021).

[15] S. die Berichte dazu in der Süddeutschen Zeitung vom 20.07.2021, Nr. 164, S. 9–11 sowie vom 21.07.2021, Nr. 165, S. 1, 8f.

sich zu seiner Entlastung darauf, dass das Unternehmen den Erwerbern der Software illegale Nutzungen untersage und bei Bekanntwerden sanktioniere. Sehr wirkungsvoll scheint dies nicht gewesen zu sein.

Besonders gravierend ist das Problem, wenn durch das „Kapern" informationstechnischer Systeme Folgen für weite Teile der Gesellschaft eintreten können, etwa durch die Lahmlegung der Versorgung mit Energie oder Wasser oder die Unterbrechung wichtiger Lieferketten[16], auch solcher, die für die industrielle Produktion genutzt werden. Gegenwärtig sind vor allem Fälle bekannt geworden, in denen dieses Mittel eingesetzt wurde, um hohe Lösegelder für die „Entschlüsselung" der schädlichen Software einzufordern (die vielfach auch gezahlt wurden).

Es benötigt nicht viel Phantasie, um sich vorzustellen, dass mit dem Einsatz hochentwickelter KI-Software auch nicht-monetäre Ziele verfolgt werden können, etwa die Blockierung militärisch wichtiger Infrastrukturen und der Funktionsfähigkeit von Waffensystemen.

[16] Ein Beispiel ist der im Jahre 2021 erfolgte Supply-Chain-Angriff auf die Software des Dienstleisters Kaseya, vermutlich erfolgt durch die Hackergruppe REvil.

§ 18 Zur Gewährleistung rechtlichen Schutzes personenbezogener Daten

Die im vorigen Abschnitt beschriebenen Vorschläge zur Regulierung einer für die digitale Transformation besonders wichtigen, aber mit spezifischen Risiken verbundenen, Technologie verfolgen – wie erwähnt – einen anderen Regelungsansatz als das Datenschutzrecht.

Das Datenschutzrecht tritt angesichts der Vielfalt der mit den neuen Technologien entstehenden Regelungsfelder in Teilen der wissenschaftlichen und öffentlichen Diskussion in seiner Bedeutung zwar zurück, bleibt aber gleichwohl wichtig. Dies auch deshalb, weil die beim Einsatz von KI sowie anderer neuer digitaler Technologien auch mögliche Gefährdungen des Persönlichkeitsschutzes zu verarbeiten sind. Dem Datenschutzrecht gilt daher dieser Abschnitt.

Es ist für die weitere rechtliche Entwicklung der digitalen Transformation auch deshalb wichtig, weil die im Datenschutzrecht entwickelten Vorgehensweisen und Instrumente auch in anderen Regelungsbereichen als dem Datenschutz zum Vorbild genommen wurden und dies weiter geschieht.

In diesem Abschnitt soll der Blick darauf gerichtet werden, welches Schutzkonzept das Datenschutzrecht verfolgt und wieweit es durch die digitale Transformation unter Änderungsdruck steht. Zunächst aber soll der Unterschied zwischen Datenschutzrecht als ein verschiedene Sektoren des Rechts übergreifendes Querschnittsrecht und dem als aufgaben- und sektorspezifischem Recht zur Regelung bestimmter algorithmischer Systeme thematisiert werden.

A. Vorbemerkung zum Unterschied von Datenschutzrecht als Querschnittsrecht und als sektorspezifischem Regulierungsrecht

Schon bei der Beschreibung des Einsatzes algorithmischer Systeme zur Technosteuerung von Verhalten (§ 15) dürfte erkennbar geworden sein, dass die rechtlich zu bearbeitenden Folgeprobleme der Digitalisierung keineswegs auf den Schutz der informationellen Selbstbestimmung, etwa bei der Erhebung und Verarbeitung von Daten, begrenzt sind, sondern auch weitere Rechtsgüter betroffen sein können.

Werden Daten beispielsweise als Grundlage der Beobachtung des Verhaltens von polizeirechtlichen Störern/Gefährdern oder der Einhaltung von Geschwindigkeitsbegrenzungen im Straßenverkehr mit dem Ziel der Verbesserung der Verkehrssicherheit erhoben, wird deutlich, dass Ziel der Datenerhebung und -verarbeitung nicht die Einwirkung auf die informationelle Selbstbestimmung ist, sondern dass der Eingriff, der diese beeinträchtigen kann, nicht das Ziel, sondern ein Mittel ist, um spezifische Ziele zu erreichen – hier: polizeiliche Gefahrenabwehr, Verkehrssicherheit u.ä. Ähnlich liegt es, wenn Daten bei Gelegenheit einer Tätigkeit erhoben werden, die ein eigenständiges Schutzziel anderer Art verfolgt. Beispiele sind Maßnahmen zur Modernisierung der industriellen Produktion, zur Erleichterung der Lebensführung im Smart Home oder zur Förderung der Sicherheit von wichtigen Infrastrukturen. Hier können diverse Anlässe bestehen, die Art und den Einsatz der auf unterschiedliche Weisen genutzten algorithmischer Systeme zu solchen Zwecken speziell zu regeln und dabei eine aufgaben- und sektorspezifische Optimierung beim Schutz betroffener Interessen und Rechtsgüter anzustreben. Insoweit können die sektorspezifischen Regeln des Einsatzes digitaler Techniken vom Datenschutzrecht als Querschnittsrecht weitgehend abgelöst sein.

Soweit Datenschutz eigenständig in einem sektorspezifischen Recht geregelt ist (dazu s. beispielhaft § 21 A – zum Polizeirecht), ist es sinnvoll, die Kompatibilität solcher bereichsspezifischer Regeln mit dem nicht daneben anwendbaren oder ggf. zusätzlich anwendbaren allgemeinen Datenschutzrecht zu sichern, um kontraproduktive Effekte zu vermeiden.

Kurz: Auf der Ebene der Verwendung algorithmischer Systeme als Mittel zu Erfüllung der in den jeweiligen Sektoren der Rechtsordnung anfallenden Aufgaben ist eine reiche Palette auch solcher rechtlichen Probleme zu bewältigen, die nicht vom allgemeinen Datenschutzrecht i.e.S. erfasst sind, aber Berührung zu ihm haben können. Besonders anspruchsvoll sind Regeln zur Vorsorge vor den mit der Nutzung von KI, Big Data, Blockchain oder anderen komplexen Einsatzmöglichkeiten algorithmischer Systeme verbundenen sektorspezifischen Risiken und für den Umgang mit ihnen.

Viele bisherige rechtsbezogene Analysen und Diskussionen zur Digitalisierung hatten ihr Schwergewicht allerdings im Bereich des traditionellen Datenschutzes. Das hat nicht nur historische Gründe, sondern lässt sich auch dadurch rechtfertigen, dass es in Gestalt des Datenschutzrechts relativ differenziert ausgestaltete Normierungen gibt. Die EU-DSGVO ist nur eine der datenschutzrelevanten EU-Vorgaben.[1] An datenschutzrechtlichen Sonderregelungen fehlt es allerdings in manchen – nicht allen – Bereichen der Verwendung algorithmi-

---

[1] Der Grundsatz des Datenschutzes ist u.a. auch in Art. 16 des Vertrags über die Arbeitsweise der Europäischen Union sowie in Art. 8 der EU-Grundrechtecharta – sowie weiteren Rechtsquellen – enthalten.

scher Systeme für spezifische Zwecke. Durch den Ausbau der Digitalisierung sind aber neue Schutzbedarfe entstanden, die gegebenenfalls neue Ausgestaltungen des Rechts erfordern, und zwar mit Blick auf sektorspezifische Besonderheiten. In diesem Sinne wird gegenwärtig insbesondere an der sektorspezifischen rechtlichen Ausgestaltung besonders risikorelevanter Bereiche – beispielsweise des algorithmischen Handels mit Finanzinstrumenten, der Humangenetik, der Nanotechnologie u. a.[2] – gearbeitet.[3]

B. Zur Rechtmäßigkeit der Erhebung und Verarbeitung personenbezogener Daten

Das Datenschutzrecht ist angesichts der großen Reichweite der digitalen Transformation weiterhin als eigenes, insbesondere als sektorübergreifendes Recht wichtig. Möglichkeiten der Datenerhebung und anschließenden Verarbeitung durch private und staatliche Stellen und daraus resultierende Regulierungs- und insbesondere Schutzanlässe gibt es viele. Während das Datenschutzrecht in der Anfangszeit der Digitalisierung vorrangig auf Schutz vor der Erfassung von Daten und deren Nutzung auf die betroffene Person bezogen war,[4] ist der Regelungsbedarf durch die infolge der digitalen Transformation entstandenen vielfältigen neuen Möglichkeiten der Datenerhebung und -verwertung zwischenzeitlich weit darüber hinaus gegangen. Dass Daten einmal zu Produktivkräften für weitreichende und extrem profitable zum Teil global ausgestaltete Geschäftsmodelle werden würden, die eine Vielzahl von Rechtsgütern betreffen können, hat sich erst im Laufe der Entwicklung herausgebildet. Datenschutzrecht bleibt als Recht zum Schutz informationeller Selbstbestimmung gleichwohl wichtig, sollte aber nicht nur als Recht zur Abwehr von Eingriffen konzipiert sein, sondern auch mit dem Blick auf die Nutzung der Möglichkeiten der Digitalisierung zur Verwirklichung von Interessen unterschiedlicher Art und damit zur Freiheitsentfaltung.

Zur Illustration von Schutzbedarfen der Bürgerinnen und Bürger bei der Internetnutzung verweise ich auf drei die Bürgerinnen und Bürger betreffende und sie ggf. belastende, aber in Vielem auch vorteilhafte Vorgehensweisen von Unternehmen: Tracking, Profiling und Targeting. Online-Tracking ist die elektronische Beobachtung (Aufzeichnung und Auswertung) des digitalen Verhal-

[2] S. statt vieler *Martini*, Blackbox Algorithmus (2019), S. 113 ff. sowie die Beiträge in: Ebers et al. (Hrsg.), Rechtshandbuch (2020).

[3] Anschauungsmaterial für den rechtlichen Umgang insbes. mit KI und Robotik finden sich in den Beiträgen in dem Rechtshandbuch von Ebers et al. (Hrsg.), Rechtshandbuch (2020).

[4] Dabei bezog sich das weltweit erste Datenschutzrecht, das Datenschutzgesetz von Hessen aus dem Jahr 1970, sogar nur auf den Schutz dieser Personen vor staatlicher Datenerhebung und -verwertung.

tens einer Person. Quellen für Tracking sind Kommunikationsinhalte, aber auch Metadaten (etwa das Hypertext Transfer Protocol [HTTP] oder IP-Adressen). Tracking[5] wird insbesondere als Vorbereitung des Profiling eingesetzt, aber auch für Targeting. Eine Definition des Begriffs Profiling (Art. 4 Nr. 4 DSGVO) ist schon oben wiedergegeben gegeben worden (§ 15 A).[6] Der Begriff Targeting bezieht sich auf eine insbesondere zu Zwecken der Informationssteuerung auf Zielgruppen ausgerichtete Ansprache, etwa eine „maßgeschneiderte" Werbebotschaft.[7] Diese Ansprache kann durch das datenerhebende Unternehmen selbst erfolgen oder durch ein anderes Unternehmen, das die Daten zur eigenen Verwendung erworben hat.[8] In der Folge der Auswertung der Daten können auch personenbezogene Filterungen der weiteren an die Nutzerinnen und Nutzer gegebenen Informationen eröffnet und dadurch ebenfalls Möglichkeiten zur Einflussnahme auf ihre persönlichen Verhaltensweisen, darunter auch zur Wahrnehmung von Chancen, aber auch zur Manipulation, u. ä. geschaffen werden.

Regelungsgegenstand des Datenschutzrechts ist insbesondere die „Verarbeitung" (Art. 4 Nr. 2 DSGVO), also insbesondere die Erhebung, Speicherung und sonstige Nutzung, von personenbezogenen Daten. Insofern gilt für Dritte grundsätzlich ein Verbot mit Erlaubnisvorbehalt. Das Verbot wird u. a. durchbrochen, wenn einer der Ausnahmetatbestände von Art. 6 Abs. 1 DSGVO gegeben ist, darunter auch der einer Einwilligung durch die Betroffenen. Ein weiteres Öffnungstor für die Rechtmäßigkeit der Verarbeitung ist es, wenn dies für die Erfüllung eines Vertrages, dessen Vertragspartei die betroffene Person ist, oder zur Durchführung vorvertraglicher Maßnahmen erforderlich ist, die auf Anfrage der betroffenen Personen erfolgen (Art. 6 Abs. 1b DSGVO).

Für die Verarbeitung personenbezogener Daten speziell durch eine öffentliche Stelle ist in Deutschland Voraussetzung, dass dies für die Erfüllung der in der Zuständigkeit des Verantwortlichen liegenden Aufgabe oder in Ausübung öffentlicher Gewalt, die dem Verantwortlichen übertragen wurde, erforderlich ist (§ 3 BDSG [neu]). In Grenzen kommt bei der Datenerhebung durch öffent-

---

5 Art. 8 des Entwurfs der e-Privacy-Verordnung sieht vor, dem Tracking über Cookies dadurch Grenzen zu setzen, dass auch insoweit ein Verbot mit Erlaubnisvorbehalt gilt und für eine Einwilligung die Opt-in-Lösung vorgeschrieben wird.

6 Sie sei hier wiederholt: Profiling ist „jede Art der automatisierten Verarbeitung personenbezogener Daten, die darin besteht, dass diese personenbezogenen Daten verwendet werden, um bestimmte persönliche Aspekte, die sich auf eine natürliche Person beziehen, zu bewerten, insbesondere um Aspekte bezüglich Arbeitsleitung, wirtschaftliche Lage, Gesundheit, persönliche Vorlieben, Interessen, Zuverlässigkeit, Verhalten, Aufenthaltsort oder Ortswechsel dieser natürlichen Person zu analysieren oder vorherzusagen."

7 Näher *Klever*, Behavioural Targeting (2009).

8 Eine Liste von Daten, die Facebook für Zwecke zielgruppengerechter Werbung gesammelt hat, ist zusammengestellt worden von *Tischbein*, 98 Daten (2016) unter https://netzpolitik.org/2016/98-daten-die-facebook-ueber-dich-weiss-und-nutzt-um-werbung-auf-dich-zuzuschneiden/, abgerufen am 07.10.2021. Diese Liste ist unten (Fn. 28) abgedruckt.

liche Stellen auch die Einwilligung als Rechtmäßigkeitsvoraussetzung zum Einsatz.[9]

Art. 9 DSGVO enthält Sonderregeln für die Verarbeitung besonderer Kategorien personenbezogener Daten. So enthält Abs. 1 ein differenzierendes Verbot, bezogen auf Daten, aus denen die rassische oder ethnische Herkunft oder politische Meinungen, religiöse oder weltanschauliche Überzeugungen oder die Gewerkschaftszugehörigkeit hervorgehen, sowie die Verarbeitung von genetischen Daten, biometrischen Daten zur eindeutigen Identifizierung einer natürlichen Person, Gesundheitsdaten oder Daten zum Sexualleben oder zu der sexuellen Orientierung einer natürlichen Person. Davon wiederum gibt es Ausnahmen, die in Abs. 2 aufgeführt sind. Das nationale Recht kann weitere Differenzierungen vorsehen, s. etwa §§ 22–28 BDSG (neu).

Die Regelungen der DSGVO gelten selbstverständlich auch für den Umgang mit personenbezogenen Daten im Kontext von Big Data. Big-Data-Analytik erfasst häufig allerdings auch Daten, bei denen ein Personenbezug nicht oder nicht mehr gegeben ist bzw. nicht hergestellt wird. Insoweit gelten die allgemeinen datenschutzrechtlichen Regelungen nicht.[10]

Angesichts der Bedeutung des Merkmals „personenbezogen" für die Reichweite des Datenschutzrechts ist es problematisch, dass der Personenbezug stets schon durch Anonymisierung von Daten entfallen soll.[11] Es wurde schon erwähnt, dass die gegenwärtig erfolgende Ausweitung der Leistungskraft der digitalen Techniken zur Deanonymisierung Anlass gibt, eine anfängliche Anonymisierung allein nicht als hinreichend anzusehen, soweit Möglichkeiten der Deanonymisierung bestehen, erst recht, wenn davon Gebrauch gemacht werden soll oder wird.[12] Zu fordern ist daher eine Erstreckung des Begriffs der Personenbezogenheit auch auf zunächst anonymisierte, aber deanonymisierbare oder später deanonymisierte Daten.

---

[9] S. dazu für Deutschland – bezogen auf die Datenverarbeitung bei Polizei und Justiz – *Schwichtenberg*, Kleine Schwester (2016).

[10] Zur leichteren Zugänglichkeit von nicht personenbezogenen Datenbeständen und damit auch zur Förderung von Big-Data-Anwendungen im digitalen Binnenmarkt (nicht aber etwa zum Schutz vor Eingriffen durch Big-Data-Anwendungen) ist die EU-Verordnung (EU) 2018/1807 über einen Rahmen für den freien Verkehr nicht personenbezogener Daten in der Europäischen Union erlassen worden (s. u. Fn. 38). Diese Regelung dient dem freien Warenverkehr, ist insofern nicht als Datenschutzrecht konzipiert.

[11] Näher dazu *Glas*, Schweiz (2017), S. 11–117; *Hermstrüwer*, Regulierung (2018), S. 104 mit Fn. 12.

[12] Zu dieser Problematik vgl. *Roßnagel*, Bit Data (2013); *Boehme-Neßler*, Ende der Anonymität (2016), S. 421 f.

C. Verarbeitung personenbezogener Daten aus Gründen öffentlichen Interesses

Das Datenschutzrecht kennt Ausnahmen vom Persönlichkeitsschutz, um spezifische öffentliche Interessen wahrnehmen zu können. Einschlägig ist insbes. Art. 6 Abs. 1 DSGVO. Nach Art. 6 Abs. 1 lit. e DSGVO ist die Verarbeitung personenbezogener Daten grundsätzlich rechtmäßig, wenn sie für die Wahrnehmung einer Aufgabe erforderlich ist, die (1.) im öffentlichen Interesse liegt oder (2.) in Ausübung öffentlicher Gewalt erfolgt. Erwägungsgrund Nr. 45 nennt als Beispiele für öffentliche Interessen insbesondere gesundheitliche Zwecke, wie die Sicherung der öffentlichen Gesundheit, die soziale Sicherheit oder die Verwaltung von Leistungen der Gesundheitsfürsorge.[13] Das öffentliche Interesse erstreckt sich auch auf die Verarbeitung personenbezogener Daten, die für die Verwaltung und das Funktionieren von Behörden und öffentlichen Stellen erforderlich ist.[14]

Die grundrechtlichen Anforderungen an die Rechtmäßigkeit einer Verarbeitung werden in Art. 6 Abs. 3 DSGVO festgesetzt. Danach bedarf eine Verarbeitung nach Abs. 1 lit. e einer zusätzlichen Rechtsgrundlage, die im Unionsrecht oder im Recht der Mitgliedstaaten festgelegt wird. Nicht entscheidend für die Rechtmäßigkeit der Verarbeitung ist, ob die konkrete Aufgabe von einem Träger hoheitlicher Gewalt oder einem privatrechtlichen Subjekt wahrgenommen wird. Erforderlich ist jedoch, dass die Aufgabe dem Verantwortlichen übertragen wurde.[15] Verarbeitet werden dürfen z. T. auch besonders sensible Daten (wie genetische oder biometrische Daten oder Daten zur rassischen oder ethnischen Herkunft), die sonst nach Art. 9 DSGVO nur ausnahmsweise verarbeitet werden dürfen (s. o. B).[16]

Bei der Entscheidung, solche Daten zu verarbeiten, spielen neben Fragen der rechtlichen Zulässigkeit auch Fragen ethischer Vertretbarkeit eine wichtige Rolle. Für den Umgang mit personenbezogenen Daten für Zwecke medizinischer Forschung hat der deutsche Ethikrat eine ausführliche Stellungnahme erarbeitet, die dieses Ziel näher konkretisiert.[17]

---

[13] Zum Problem des Gesundheitsschutzes s. Kinggreen/Kühling (Hrsg.), Gesundheitsdatenschutzrecht (2015); *Augsberg/von Ulmenstein*, Gesundheitsrecht (2018).

[14] Erwägungsgrund Nr. 27 der Verordnung (EG) Nr. 45/2001 des Europäischen Parlaments und des Rats v. 18.12.2000 zum Schutz natürlicher Personen bei der Verarbeitung personenbezogener Daten durch die Organe und Einrichtungen der Gemeinschaft und zum freien Datenverkehr.

[15] *Schulz*, in: Gola DS-GVO (2018), Art. 6 Rn. 51.

[16] Zur Frage der Rechtmäßigkeit der Verarbeitung sensibler Daten von Arbeitnehmern zwecks Überprüfung ihrer Arbeitsfähigkeit hat das Bundesarbeitsgericht im September 2021 einen Beschluss zur Vorlage an den EuGH gefasst, s. den *Bericht Dr. Datenschutz* https://www.dr-datenschutz.de/eugh-soll-fragen-zur-verarbeitung-sensibler-daten-klaeren/, abgerufen am 04.10.2021.

[17] Deutscher Ethikrat, Big Data und Gesundheit (2017).

D. Insbesondere: Zum Problem der Abbedingung der Anwendbarkeit von Datenschutzrecht durch Einwilligung

I. Anforderungen an eine Einwilligung, insbesondere deren Freiwilligkeit

Abgesehen von Sonderregelungen ist die Einwilligung des Betroffenen in die Datenverarbeitung die wohl praktisch wichtigste Voraussetzung der in den Art. 5–11 DSGVO näher aufgeführten Anforderungen an die Rechtmäßigkeit der Erhebung, Verarbeitung und Speicherung von Daten.

Als Einwilligung definiert Art. 4 Nr. 11 der DSGVO „jede freiwillig für den bestimmten Fall, in informierter Weise und unmissverständlich abgegebene Willensbekundung in Form einer Erklärung oder einer sonstigen eindeutigen bestätigenden Handlung, mit der die betroffene Person zu verstehen gibt, dass sie mit der Verarbeitung der sie betreffenden personenbezogenen Daten einverstanden ist". Eine solche Einwilligung[18] kann als isolierte Maßnahme erfolgen, wird aber vielfach im Zuge der Zustimmung zu den von den Unternehmen einseitig aufgestellten Allgemeinen Geschäftsbedingungen (AGB) verlangt.

Zur Freiwilligkeit formuliert Art. 7 Abs. 4 DSGVO:

> „Bei der Beurteilung, ob die Einwilligung freiwillig erteilt wurde, muss dem Umstand in größtmöglichem Umfang Rechnung getragen werden, ob unter anderem die Erfüllung eines Vertrages, einschließlich der Erbringung einer Dienstleistung, von der Einwilligung zu einer Verarbeitung von personenbezogenen Daten abhängig ist, die für die Erfüllung eines Vertrags nicht erforderlich sind."

Die Erwägungsgründe zur DSGVO thematisieren einige Konkretisierungen des Einwilligungserfordernisses. So heißt es in Satz 3 von Nr. 42 der Erwägungsgründe:

Nr. 43 der Erwägungsgründe fügt hinzu:

> „Um sicherzustellen, dass die Einwilligung freiwillig erfolgt ist, sollte diese in besonderen Fällen, wenn zwischen der betroffenen Person und dem Verantwortlichen ein klares Ungleichgewicht besteht, […] und es deshalb in Anbetracht aller Umstände in dem speziellen Fall unwahrscheinlich ist, dass die Einwilligung freiwillig gegeben wurde, keine gültige Rechtsgrundlage liefern. Die Einwilligung gilt nicht als freiwillig erteilt, wenn zu verschiedenen Verarbeitungsvorgängen von personenbezogenen Daten nicht gesondert eine Einwilligung erteilt werden kann, obwohl dies im Einzelfall angebracht ist, oder wenn die Erfüllung eines Vertrags, einschließlich der Erbringung einer Dienstleistung, von der Einwilligung abhängig ist, obwohl diese Einwilligung für die Erfüllung nicht erforderlich ist."

Der 32. Erwägungsgrund konkretisiert die Anforderungen an die Form der Einwilligung. Es reicht nicht – wie vom EuGH und BGH zwischenzeitlich

---

[18] Zu Voraussetzungen einer rechtlich wirksamen Einwilligung s. Art. 4 Nr. 11 DSGVO. Näher zur Rechtmäßigkeit s. statt vieler *Kühling/Buchner* in: Kühling/Buchner (Hrsg.), Datenschutz-Grundverordnung (2020), Kommentierung zu Art. 7, Rn. 20ff.

klargestellt worden ist[19] –, wenn der Zugriff auf die Daten mittels der auf dem Computer gespeicherten Cookies[20] durch ein voreingestelltes Ankreuzkästchen erlaubt wird, das der Nutzer zur Verweigerung seiner Einwilligung abwählen muss (Opt-out-Variante); vielmehr muss die Einwilligung positiv erteilt werden (Opt-in-Variante). [21] In den gerichtlichen Entscheidungen ging es um die Rechtmäßigkeit einer Einwilligung, deren rechtliche Bewertung sich allerdings nicht direkt nach der DSGVO richtete. Vom BGH wurde aber ausdrücklich festgestellt, dass der Begriff der von ihm bewerteten Einwilligung – auch die Anforderung an deren Freiwilligkeit – den gleichen Voraussetzungen unterliegt, wie sie die DSGVO vorsieht.

Besonders schwer zu beurteilen ist die gebotene Freiwilligkeit der Einwilligung. Dies ist insbesondere in Fällen schwierig, in denen eine Einwilligung als Gegenleistung für die gewünschte Leistung des Nutzers von allen am Markt befindlichen Anbietern, die diese Leistung in vergleichbarer Qualität erbringen, verlangt wird; hier entfällt praktisch die Möglichkeit, die Einwilligung zu verweigern und dennoch die erwünschte Leistung zu erhalten.

Soweit bestimmte Dienste für die Nutzer aus gewichtigen beruflichen und persönlichen Gründen – etwa für das Handeln in der immer mehr durch Digitalisierung geprägten Arbeitswelt (auch bei der Arbeit im Home-Office) oder in Behörden praktisch unverzichtbar sind und es keine Konkurrenzangebote vergleichbarer Qualität ohne ein solches Einwilligungserfordernis gibt, ist es für den Einzelnen keine praktizierbare Option, die Einwilligung nicht zu erteilen. Die Annahme der Freiwilligkeit ihrer Abgabe wird daher zur Fiktion.

---

[19] S. EuGH, Urteil vom 01.10.2019, EuGRZ 2019, 486, 492f. sowie BGH, Urteil vom 28.05.2020, NJW 2020, 2540, Rn. 39–65. In Leitzsatz 1 der BGH-Entscheidung heißt es konkretisierend: „Eine wirksame Einwilligung (es ging um telefonische Werbung und eine Liste von Unternehmen, an die die Daten weitergeleitet werden sollten) [...] liegt nicht vor, wenn der Verbraucher bei der Erklärung der Einwilligung mit einem aufwändigen Verfahren der Abwahl von in einer Liste aufgeführten Partnerunternehmen konfrontiert wird, das ihn dazu veranlassen kann, von der Ausübung dieser Wahl Abstand zu nehmen und stattdessen dem Unternehmer die Wahl der Werbepartner zu überlassen. Weiß der Verbraucher mangels Kenntnisnahme vom Inhalt der Liste und ohne Ausübung des Wahlrechts nicht, welche Produkte oder Dienstleistungen welcher Unternehmer die Einwilligung erfasst, liegt keine Einwilligung für den konkreten Fall vor."

[20] Cookies sind „Textdateien, die der Anbieter einer Internetseite auf dem Computer des Benutzers speichert und beim erneuten Aufrufen der Webseite wieder abrufen kann, um die Navigation im Internet oder Transaktionen zu erleichtern oder Informationen über das Nutzerverhalten abzurufen", s. BGH, Beschluss vom 05.10.2017, GRUR 2018, 96, Rn. 15.

[21] Der EuGH hat in seiner oben erwähnten Cookie-Entscheidung bei Rn. 71 im Hinblick auf die Reichweite der (früheren) e-Privacy-Richtlinie ausgeführt, dass diese auf Art. 8 Abs. 1 EMRK und Art. 8 EU-Grundrechtecharta bezogene Norm den Anwendungsbereich insoweit weiter als Art. 7 DSGVO bewirkt, als sie nicht nur personenbezogene Daten betrifft, sondern auch nicht personenbezogene, soweit sie im Bereich der Privatsphäre betreffen.

Ein vergleichbares Dilemma hat auch das BVerfG in der oben (§ 11 B II) teilweise im Wortlaut wiedergegebenen Entscheidung[22] gesehen, die wegen ihrer Bedeutung für den weiteren rechtlichen Umgang mit Begleitumständen der Digitalisierung hier wiederholt werden soll:

„In allen Lebensbereichen werden zunehmend für die Allgemeinheit grundlegende Dienstleistungen auf der Grundlage umfänglicher personenbezogener Datensammlungen und Maßnahmen der Datenverarbeitung von privaten, oftmals marktmächtigen Unternehmen erbracht, die maßgeblich über die öffentliche Meinungsbildung, die Zuteilung und Versagung von Chancen, die Teilhabe am sozialen Leben oder auch elementare Verrichtungen des täglichen Lebens entscheiden. Die einzelne Person kommt kaum umhin, in großem Umfang personenbezogene Daten gegenüber Unternehmen preiszugeben, wenn sie nicht von diesen grundlegenden Dienstleistungen ausgeschlossen sein will. Angesichts der Manipulierbarkeit, Reproduzierbarkeit und zeitlich wie örtlich praktisch unbegrenzten Verbreitungsmöglichkeit der Daten sowie ihrer unvorhersehbaren Rekombinierbarkeit in intransparenten Verarbeitungsprozessen mittels nicht nachvollziehbarer Algorithmen können die Einzelnen hierdurch in weitreichende Abhängigkeiten geraten oder ausweglosen Vertragsbedingungen ausgesetzt sein."

Zwar ging es bei dieser Entscheidung nicht direkt um die Voraussetzungen der Wirksamkeit einer Einwilligung der Nutzer. Die vom Gericht betonte Abhängigkeit des Einzelnen von „ausweglosen Vertragsbedingungen" ist aber auch ein wichtiges Element für die Prüfung der Voraussetzungen der Freiwilligkeit der Einwilligung oder besser: der Feststellung des Fehlens von Freiwilligkeit (s. dazu auch Erwägungsgrund Nr. 42).

Wichtig für die Wirksamkeit einer Einwilligung ist auch, ob die Erhebung und Verarbeitung der Daten durch den Anbieter einen inhaltlichen Bezug zu der beabsichtigten Nutzung haben. Ist dies nicht der Fall, ist dieser Umstand – wie schon erwähnt – gemäß Art. 7 Abs. 4 DSGVO ein Anhaltspunkt dafür, dass die Einwilligung nicht freiwillig erteilt wurde. Nr. 43 der Erwägungsgründe bestätigt dies. Es wäre stimmig, wenn dies im Sinne eines Koppelungsverbots verstanden würde. Das aber ist umstritten, da die Norm in dem betroffenen Umstand nur einen „Anhaltspunkt" sieht.[23]

Im Interesse des Autonomieschutzes liegt es, die rechtlichen Anforderungen der DSGVO in dem Sinne – also ggf. restriktiv – zu interpretieren, dass hinreichende Anforderungen bei der Sicherung der Freiwilligkeit der Einwilligung und der Erkennbarkeit ihrer Reichweite bestehen müssen. Allerdings sind die

---

[22] S. BVerfGE 152, 152, 189f., Rn. 85; s.a. Beschluss vom 06.11.2019, NJW 2020, 300, Rn. 85.

[23] Insbesondere gibt es keinen Konsens dahin gehend, dass die Vorschriften der DSGVO im Sinne eines Koppelungsverbots zu verstehen sind. Zur Frage des Verständnisses der Regelung als Koppelungsverbot s. *Kühling/Buchner* in Kühling/Buchner (Hrsg.), Datenschutz-Grundverordnung (2020), Rn. 52f. zu Art. 7; Wolff/Brink (Hrsg.), Datenschutzrecht (2018), Rn. 40ff. zu DS-GVO Art. 7 Abs. 4; Paal/Pauly (Hrsg.), Datenschutzgrundverordnung (2021), Rn. 18ff. zu Art. 7; *Dammann*, EU-Datenschutzgrundverordnung (2016), S. 307ff., 311.

Vorgaben der Verordnung wenig präzise und dürften auch in der Zukunft Anlass für erhebliche Kontroversen geben. So ist nicht eindeutig geklärt, woran die Erforderlichkeit der Verarbeitung von personenbezogenen Daten zur Erfüllung eines Vertrages gemessen wird. Soweit die Unternehmen die Freigabe zur Erhebung, Verarbeitung und Speicherung personenbezogener Daten durch die AGB zur Gegenleistung für die Einräumung des Rechts zur Nutzung eines Dienstes machen, kann dies für sich allein nicht für die Feststellung ausreichen, dass diese Einwilligung für die Erfüllung des Vertrags erforderlich ist (s. dazu Erwägungsgrund Nr. 43). Die Einwilligung in die Datenverarbeitung ist ja nicht erforderlich, um diese Dienste als solche anzubieten oder nutzen zu können. Die Unternehmen könnten allerdings darauf verweisen, dass sie die Datenverarbeitung implizit oder ausdrücklich selbst zum Gegenstand des Vertrages – nämlich als eine Art Gegenleistung – gemacht hätten. Diese Sichtweise würde das Ziel vereiteln, die Reichweite der Einwilligung rechtlich zu begrenzen. Insbesondere kann ein solches Argument nicht anerkannt werden, wenn im Verhältnis zwischen dem Unternehmer und dem Nutzer – wie regelmäßig in Beziehung auf große IT-Unternehmen – ein Machtungleichgewicht besteht.

Die IT-Unternehmen fordern vielfach eine Einwilligung auch zur Nutzung weiterer Daten, zum Teil sogar zum Abgreifen sämtlicher im informationstechnischen System der Nutzerinnen und Nutzer verfügbaren Daten und Bilder. Das ist m. E. rechtswidrig. Ferner wird vielfach nicht danach unterschieden, ob die Einwilligung faktisch auch zur Preisgabe von personenbezogenen Daten Dritter, etwa der Kommunikationspartner, führen kann, also von Daten, über die der Einwilligende kein Verfügungsrecht hat.[24] Das Problem der Auswirkung einer Einwilligung auf den Zugang zu Daten Dritter verschärft sich angesichts neuer Interaktionsmöglichkeiten, etwa im Smart Home oder bei der Nutzung von Sprachassistenzsystemen wie „Alexa". Hier ist nicht ausgeschlossen, dass Daten aller in einer Wohnung befindlichen Personen erhoben werden, auch soweit diese selbst keine Einwilligung erteilt haben. Eine solche Einwilligung kann auch nicht implizit darin gesehen werden, dass sie eventuell wissen, dass ein Sprachassistenzsystem in der Wohnung genutzt wird.

Dies ist alles höchst problematisch. Insofern ist zu begrüßen, dass das deutsche Bundeskartellamt in einem Verfahren gegen Facebook angesichts der überragenden Marktmacht dieses Unternehmens und des weitgehenden Fehlens einer für die Nutzer der Dienste von Facebook gleichwertigen Alternative zu der Überzeugung gekommen ist, dass die im Datenschutzrecht geforderte Freiwilligkeit der Einwilligung vielfach – so in dem konkreten Fall – nicht gegeben ist. Darauf aufbauend hat es einen Verstoß gegen das in § 19 Abs. 1 des Gesetzes gegen Wettbewerbsbeschränkungen enthaltene kartellrechtliche Missbrauchs-

---

[24] Hier wäre insbes. Art. 14 DSGVO zu beachten.

verbot bejaht.[25] Facebook setze die mit Hilfe dieser Daten geschaffenen Nutzerprofile insbesondere ein, um Werbeplätze auf seiner Plattform besser zu vermarkten. Das Kartellamt hat Facebook daher verboten, die betreffenden Teile seiner Nutzungsbedingungen weiter zu verwenden. Diese Entscheidung wurde gerichtlich angegriffen. In letzter Instanz hat der Bundesgerichtshof[26] entschieden, er habe keine ernsthaften Zweifel an der marktbeherrschenden Stellung von Facebook und an deren missbräuchlicher Ausnutzung. Er betont insbesondere, dass die Nutzer keine Wahlmöglichkeit hätten, ob sie die mit einem potentiell unbeschränkten Zugriff auf Charakteristika auch ihrer „Off-Facebook"-Internetnutzung durch Facebook verbunden ist, oder ob sie sich nur mit einer Personalisierung einverstanden erklären wollen, die auf den Daten beruht, die sie auf facebook.com selbst preisgeben. Ferner wird ausgeführt, dass die fehlende Wahlmöglichkeit der Facebook-Nutzer deren persönliche Autonomie und die Wahrung ihres – auch durch die DSGVO geschützten – Rechts auf informationelle Selbstbestimmung beeinträchtige.

In einem kurzen Exkurs sei angemerkt, dass das Ausmaß der Verwertung von Daten durch Facebook schon häufig Anlass für Kritik gewesen ist. Ein viel diskutiertes Beispiel ist der im Frühjahr 2018 aufgedeckte sogenannte Datenskandal von Facebook. Er betrifft die ohne Einwilligung der Betroffenen erfolgte Weitergabe von Daten von über 87 Millionen Nutzern von Facebook an die Firma Cambridge Analytica. Diese mit Hilfe einer Umfrage-App gewonnenen Daten wurden aller Wahrscheinlichkeit nach zur Unterstützung des Wahlkampfes von US-Präsident Trump genutzt. Die Daten betrafen nicht allein die der Nutzer konkreter Facebook-Dienstleistungen, sondern größtenteils auch Daten von Personen, mit denen diese Nutzer kommuniziert hatten, etwa den so genannten Facebook-Freunden, deren Daten durch Versendung von „Likes" übermittelt wurden.[27] [28]

---

[25] Bundeskartellamt, B6-22/16, Rn. 164, WuW 2019, 277.

[26] BGHZ 226, 67. Die im Text erfolgende Kurzdarstellung der BGH-Argumentation beruht auf der Presseerklärung Nr. 080/2020, abgedruckt in § 19, Fn. 7

[27] Facebook hat diese Daten auch nicht gelöscht, als der Datenmissbrauch durch Cambridge Analytica bekannt wurde. Das Unternehmen hat sich vielmehr mit dem nicht eingelösten Versprechen begnügt, Cambridge Analytica werde die Daten löschen. Nach zwischenzeitlichen Äußerungen von Facebook soll die Praxis der Weitergabe solcher Daten eingestellt worden sein.

[28] Dass Facebook über solche Datenbestände verfügt, liegt nicht zuletzt daran, dass das Unternehmen eine immense Anzahl inhaltlich sehr verschiedener und insbesondere oft überaus „persönlicher" Daten ermittelt und systematisch analysiert. Zur Illustration möge eine Aufzählung von Daten dienen, die Facebook zur Generierung zielgruppengerechter Werbung ermittelt hatte. Zu ihr s. *Tischbein,* 98 Daten (2017) unter https://netzpolitik.org/2016/98-daten-die-facebook-ueber-dich-weiss-und-nutzt-um-werbung-auf-dich-zuzuschneiden/, abgerufen am 07.10.2021.

II. Umgehung des Einwilligungserfordernisses durch Clusterbildung und -zuordnung

Weichenstellend für die Anwendbarkeit des Datenschutzrechts ist die Bestimmung des Begriffs personenbezogener Daten. Als solche gelten – wie schon mehrfach erwähnt – Daten, die sich auf eine identifizierte oder identifizierbare natürliche Person beziehen. Die Identifizierbarkeit wird in Art. 4 Nr. 1 der DS-GVO anhand bestimmter (enger) Kriterien definiert.

In funktionaler Hinsicht kommen Daten den personenbezogenen nahe, die nicht bei der von der Anwendung einer digitalisierten Maßnahme betroffenen konkreten Person erhoben wurden, sondern bei anderen Personen, die aber genutzt werden, um – insofern insbesondere unter Einsatz der Technik der Mustererkennung – Personen zu erfassen, die unter Wahrscheinlichkeitsaspekten über ähnliche Eigenschaften wie die anderen Personen verfügen. Die betroffene Person wird dabei einer unter Nutzung statistischer Verfahren insbesondere mit Hilfe der Big-Data-Analytik gebildeten Personengruppe (einem Cluster[29]) zugeordnet und ihr werden allein wegen dieser Zuordnung unter Wahrscheinlichkeitsaspekten weitere Eigenschaften – so im Zuge des Profiling – zugeschrieben. Diese können etwa Fragen der Finanzkraft, der Kaufbereitschaft, aber auch der Gesundheit, der sexuellen Orientierung und vieles andere mehr umfassen. Ein typisches Verwendungsfeld ist das Scoring, nämlich „die Verwendung eines Wahrscheinlichkeitswerts über ein bestimmtes zukünftiges Verhalten einer natürlichen Person zum Zweck der Entscheidung über die Begründung, Durchführung oder Beendigung eines Vertragsverhältnisses mit dieser Person" § 31 BDSG (neu).[30] Scoring wird beispielsweise zur Beurteilung der Kreditwürdigkeit einer Person genutzt.

Durch die Zuordnung bestimmter Eigenschaften und darauf aufbauende Maßnahmen können aktuell oder potentiell belastende Folgen für die diesem Cluster zugeordneten Personen ausgelöst werden.[31] Wären Daten über solche Eigenschaften bei den von den Maßnahmen betroffenen Personen selbst erhoben worden, hätten die Vorschriften über Datenerhebung und -verarbeitung – etwa über das Einwilligungserfordernis – beachtet werden müssen. Die Clustertechnik erlaubt die Umgehung solcher Schutznormen. Effektiver Persönlichkeitsschutz erfordert daher funktional vergleichbare Schutzvorkehrungen.

III. Zur Kontrollierbarkeit der Rechtmäßigkeit einer geforderten Einwilligung

Die Wirksamkeit des Einwilligungserfordernisses als Voraussetzung der Rechtmäßigkeit der Datenverarbeitung und des Schutzes der Nutzer setzt voraus,

---

[29] Zur Clusterbildung s. *Wierzchoń/Kłopotek*, Cluster Analysis (2018).

[30] § 31 BDSG (neu) enthält weitere Anforderungen an die Zulässigkeit des Scoring.

[31] Dazu *Christl/Spiekermann*, Networks of Control (2016), S. 143.

dass es hinreichende Möglichkeiten zur Kontrolle der Einhaltung der Vorgaben gibt. Die Rechtsordnungen normieren zwar nähere Anforderungen allgemein an AGB (s. in Deutschland etwa §§ 305 ff. BGB)[32] und enthalten vielfach auch rechtliche Möglichkeiten einer AGB-Kontrolle. Solche Normen sind aber regelmäßig nicht auf die Besonderheiten des Einsatzes von AGB im Rahmen IT-spezifischer Geschäftsmodelle oder speziell auf den Einsatz von Big Data und KI abgestimmt, erst recht nicht auf Sonderprobleme der Erstellung und Nutzung von AGB durch Unternehmen, die über ein globales Quasi-Monopol verfügen.

Die typischerweise im IT-Bereich eingesetzten AGB ermöglichen den Nutzerinnen und Nutzern vielfach zwar gewisse, aber doch meist nur marginale Eingrenzungen der Reichweite der Einwilligung. Durch die Entscheidungen von EuGH und BGH zur Opt-In-Variante[33] wurde diese Möglichkeit verbessert. Allerdings sind die Voraussetzungen für die Eingrenzung der Datennutzung von manchen Unternehmen schwer verständlich formuliert und dürften manche Nutzer überfordern. In einem kritischen Kommentar zur Praxis wird sie wie folgt umschrieben: „Seitenlange Ausführungen zum Datenschutz, voller Juristendeutsch und totlangweilig – das ist nicht nur die gefühlte Realität vieler Leserinnen und Leser von Datenschutzerklärungen, sondern die Wahrheit. Kein Wunder, dass sie kaum jemand liest: In all ihrer Fülle sind sie aufgebläht, intransparent und aus Datenschutzsicht kontraproduktiv."[34]

Auch ist die Nutzung von Möglichkeiten der Eingrenzung zum Teil technisch aufwändig konstruiert.[35] Auch versuchen die Unternehmen häufig, die Einwilligung in die Datenerhebung sehr viel einfacher zu gestalten als deren Ablehnung, eine von Datenschützern stark kritisierte Praxis. Sie führt allem Anschein nach dazu, dass Nutzer häufig die voreingestellte einfache Variante – Zulassung weiträumiger Datenerhebung und -auswertung – wählen.

Soweit die Erhebung und Verwertung der Daten für die Erbringung und Verbesserung der von den Nutzern in Anspruch genommenen Dienste erforderlich ist, bleibt gegen das Einwilligungserfordernis nichts einzuwenden. Ebenso wenig ist es zu beanstanden, dass von den Unternehmen durch eine Weiterverwertung der Daten – etwa für Werbung in eigenen Medien – ein Erlös erzielt wird,

---

[32] Als ein Beispiel der Anwendung dieser Normen auf die Überprüfung der Rechtmäßigkeit der Einwilligung und in die Datenverarbeitung s. BGH, Urteil vom 28.05.2020, NJW 2020, 2540, Rn. 23 ff., 41 ff.

[33] S. EuGH, Urteil vom 01.10.2019, EuGRZ 2019, 486, 492 f. sowie BGH, Urteil vom 28.05.2020, NJW 2020, 2540, Rn. 39–65.

[34] https://www.dr-datenschutz.de/ein-plaedoyer-gegen-die-datenschutzerklaerung/, abgerufen am 04.10.2021. Mit Wirkung vom 1. Dezember 2021 gilt nach § 26 Telekommunikation-Telemedien-Datenschutz-Gesetz eine Neuregelung für Webseitenbetreiber, App-Anbieter und Telekommunikationsunternehmen, die zur Entlastung der Nutzer von Endeinrichtungen bei der Nutzung beim Umgang mit Cookie-Bannern führen soll. Diese dürfte allerdings nach Einschätzung von Experten nur begrenzt entlastend wirken.

[35] S. dazu die Beanstandungen in BGH, Urteil vom 28.05.2020, NJW 2020, 2540, Rn. 32, 36, 37.

jedenfalls soweit dieser zur Finanzierung des von den Nutzern angeforderten Dienstes angemessen ist. Ob und wieweit dies der Fall ist, können die Nutzer mangels Einblicke in die Kalkulationen allerdings praktisch nicht beurteilen.

Um die Stellung der Nutzer zu verbessern, enthält ein vom Europäischen Parlament verfasster Bericht[36] zur Änderung der von der EU-Kommission vorgelegten Vorschläge zur geplanten E-Privacy-Verordnung eine m. E. sinnvolle Anregung: In der Anmerkung zu Art. 9 – der geplanten Vorschrift über die Einwilligung in die Datenverarbeitung – formuliert das EU-Parlament im Änderungsvorschlag Nr. 35 im Hinblick auf die Einwilligung in eine Datenverarbeitung durch technische Einstellungen betreffend die Software, die den Zugang zum Internet ermöglicht:

> „Erfordert der Zugang zu einem Dienst die Verarbeitung von Daten, die für die Bereitstellung dieses Dienstes nicht unbedingt erforderlich sind, und hat der Endnutzer in diese Verarbeitung nicht eingewilligt, so müssen dem Endnutzer andere faire und angemessene Optionen für den Zugang zu dem Dienst eingeräumt werden."

Sollte das Europaparlament sich mit dieser Anregung durchsetzen und würde sie auch im Gegenstandsbereich der DSGVO umgesetzt, könnte die gegenwärtig einer Marktwirtschaft widersprechende Konstruktion entfallen, dass die Einräumung des Rechts zur Ausforschung und Verwertung sowie Weitergabe von Daten für weitere Zwecke ohne Berücksichtigung des Wertes der ausgetauschten Leistungen erfolgt. Insoweit komme ich auf meine Ausführungen darüber zurück, dass gegenwärtig eine Art Tauschwirtschaft mit extrem asymmetrischer Tauschmacht der Beteiligten besteht (s. o. § 10 B): Der Nutzer erhält das Recht zur Nutzung der Dienste des Unternehmens, das Unternehmen das Recht zur Ausforschung der bei der Inanspruchnahme anfallenden Daten und ggf. nach Maßgabe der Einwilligung auch zur Erfassung weiterer Daten und zu deren Eigenverwertung sowie zur entgeltlichen Weitergabe der Daten an Dritte. Wünschenswert wäre es, wenn der Nutzer stattdessen verlangen könnte, eine „andere faire und angemessene Option für den Zugang zu dem Dienst" eingeräumt zu erhalten. Dies könnte gegebenenfalls auch in Gestalt einer Zahlung durch den Nutzer oder einer anderen Leistung geschehen. Wichtig wäre allerdings, dass über die Fairness und Angemessenheit der alternativen Option nicht das Unternehmen abschließend entscheidet, sondern dass es insoweit Überprüfungsmöglichkeiten gibt. In Betracht kommt eine Pflicht zur Zertifizierung der entsprechenden AGB durch eine unabhängige Stelle, der gegenüber die Unternehmen Kalkulationsgrundlagen offenlegen müssen.

[36] Nr. A8 – 0324 2017.

IV. Möglichkeiten zum Ausbau des Schutzes der Nutzer, etwa durch eine spezifische AGB-Kontrolle und Zertifizierungsvorgaben

Die Einwilligung der betroffenen Nutzer in die Erfassung und Verwertung ihrer personenbezogenen Daten ist – wie ausgeführt – eine besonders wichtige Voraussetzung der Rechtmäßigkeit der Datenverarbeitung (Art. 6 Abs. 1 lit. a DSGVO). Auch der Entwurf der E-Privacy-Verordnung bestimmt die Einwilligung zum wichtigen Kriterium der Rechtmäßigkeit der Datenverarbeitung.

Da die Reichweite solcher Einwilligungen von den Unternehmen in Gestalt der von ihnen einseitig gesetzten Allgemeinen Geschäftsbedingungen festgelegt wird, wäre ein tauglicher Ansatz für die Sicherung der Schutzanforderungen eine auf den IT-Bereich speziell abgestimmte AGB-Kontrolle.[37] [38] Inhaltliches Ziel wäre zumindest für besonders folgenreiche AGB die Formulierung rechtlicher Vorgaben über deren Zustandekommen und über unzulässige Inhalte. Auch müsste überprüft werden, ob die jeweiligen AGB übersichtlich und leicht verständlich sind (vergleiche entsprechende Anforderungen an die Einwilligung in Art. 7 Abs. 2 DSGVO) sowie inhaltlich alle erheblichen Schutzbedarfe berücksichtigen. Gefordert werden müsste auch, auf die beabsichtigten Verwendungen von Big Data und KI und die Anforderungen an ihre Zulässigkeit einzugehen. Zu konkretisieren wären ferner Schutzvorkehrungen bei der Weitergabe der Daten für andere Verwendungen und an andere Akteure.[39] Auszuweiten und in den Anforderungen zu konkretisieren wäre auch das Recht der Betroffenen auf Datenübertragbarkeit (s. a. Art. 20 DSGVO) und Interoperationalität.

Ein mögliches Mittel zur AGB-Kontrolle wäre eine Zertifizierung jedenfalls der gesellschaftlich besonders wichtigen AGB durch öffentlich anerkannte (akkreditierte) Stellen oder spezielle behördliche Einrichtungen. Die Unternehmen müssten verpflichtet werden, der zertifizierenden Stelle die zur Erfüllung ihrer Aufgabe notwendigen Informationen zugänglich zu machen. Im Zuge der Zertifizierung müsste ex ante geprüft werden, ob die AGB den rechtlichen Anforderungen genügen. Sinnvoll wäre ebenfalls die spätere Überprüfung, ob sich die zertifizierten AGBs auch bewährt haben oder als Ergebnis des Monitoring Änderungsbedarf besteht. Die Zertifizierung könnte als Pflicht oder als bloße Möglichkeit – ggf. verbunden mit Anreizsystemen – ausgestaltet werden. Es müsste auch für Sanktionen für den Fall vorgesorgt sein, dass Unternehmen auf eine als verpflichtend normierte Zertifizierung verzichten.

---

[37] Zum Verhältnis von AGB-Recht und DSGVO s. *Wendehorst/von Westphalen*, AGB-Recht (2016), S. 3745 ff. – mit kritischen Anmerkungen und Lösungsanregungen.

[38] In dem Vorschlag der EU-Kommission zum Single Services Act (s. o. § 19 C II) ist eine Sonderregelung für AGB enthalten (Art. 3 ff.).

[39] Zum Problem der Weitergabe von Daten ins Ausland s. – bezogen auf den EU-US-Privacyshield – s. EuGH, Urteil vom 16.07.2020, EuGRZ 2020, 431 ff.

E. Schwierigkeiten der Durchsetzung datenschutzrechtlicher Grundprinzipien im Hinblick auf Big Data, KI und smarte Informationstechniken

Im Datenschutzrecht sind bestimmte Prinzipien für die Erhebung und Verwendung von personenbezogenen Daten normiert, so die der Datensparsamkeit bzw. Datenminimierung, der Zweckbindung sowie auch der Erforderlichkeit (s. Art. 5 Abs. 1 DSGVO). Ihre Implementierung und insbesondere Kontrolle fallen allerdings schon in den traditionellen Datenschutzbereichen schwer, nicht zuletzt bedingt durch die schon mehrfach erwähnte Intransparenz (s. o. § 9 H), aber auch durch die vielfältigen Entgrenzungen im IT-Feld (s. o. § 9 D).

Diese Prinzipien sind nicht im Hinblick auf die Besonderheiten von Big Data, KI und smarten Informationstechniken entwickelt worden. Ob sie dafür unvermindert taugen, ist umstritten. Zumindest können sie ein Hindernis sein: Die Ausgangsdaten sollen ja meist für diverse Zwecke eingesetzt werden können, die keineswegs immer von vornherein feststehen. Im Zeitpunkt der Datenerfassung sind die zukünftige Bedeutung und Verwendung der Daten nicht nur noch unbekannt, sondern auch kaum vorhersehbar. In der Folge bleibt die Forderung nach der Zweckbestimmtheit [40] praktisch folgenlos.[41] Big-Data-Analytik und KI sind im Übrigen grundsätzlich umso erfolgreicher, je mehr Daten unterschiedlicher Art und Herkunft verfügbar sind, die auf unterschiedliche Weise ausgewertet und deren Ergebnisse in unterschiedlichen Kontexten verwendet werden können. Das steht im Widerspruch zu dem Grundsatz der Datenminimierung. Es kann daher nicht verwundern, dass die Maßgeblichkeit datenschutzrechtlicher Prinzipien in diesen Bereichen von betroffenen Unternehmen als hinderlich und innovationshemmend kritisiert wird.

Dies allein rechtfertigt es jedoch nicht, auf die Geltungskraft von Schutzprinzipien zu verzichten. Denn der Verzicht würde einseitig die Interessenverfolgung der Datenverarbeiter begünstigen und könnte zur Verhinderung von Möglichkeiten der Abwehr von Gefährdungen des Rechtsschutzes Betroffener in für diese häufig unübersehbaren Bereichen führen. Insofern gibt es ein grundsätzliches Konfliktpotential, für dessen Bewältigung das bisherige Recht – auch die DSGVO und in Deutschland das BDSG (neu) – keine darauf abgestimmten Lösungen anbietet.

Angesichts der schon mehrfach erwähnten, im EU-Recht und im nationalen Verfassungsrecht enthaltenen Gewährleistungs- und Schutzaufträge sind gesetzlich abgesicherte Schutzziele und -instrumente im IT-Bereich unverzicht-

---

[40] Zu diesem Problem s. etwa *v. Grafenstein*, Purpose Limitation (2018).

[41] Näher zu diesen und weiteren Problemen s. die Beiträge von *Hornung*, Erosion (2018) und *Hermstrüwer*, Regulierung (2018). S. auch Europäischer Datenschutzbeauftragter (Hrsg.), Bewältigung (2015) unter https://edps.europa.eu/sites/edp/files/publication/15-11-19_big_data_de.pdf, abgerufen am 07.10.2021.

bar. Ohne Ersatz durch Vorgaben, die funktional einen mit dem des Datenschutzrechts vergleichbaren Rechtsschutz sichern, ist es nicht gerechtfertigt, die Geltung der erwähnten Datenschutzprinzipien im Hinblick auf bestimmte Anwendungen auszuschließen. Hier bedarf es vielmehr weiterer Ansätze zur Schaffung eines Ausgleichs der Interessen, dies insbesondere unter Berücksichtigung des Verhältnismäßigkeitsgrundsatzes.

Da der Verhältnismäßigkeitsgrundsatz allerdings nicht einseitig auf den Schutz der Interessen nachteilig von bestimmten Maßnahmen Betroffener zielt, sondern einen Ausgleich von unterschiedlichen Interessen, gegebenenfalls im Zuge einer Güterabwägung bzw. der Herstellung praktischer Konkordanz, schaffen soll, bestehen auch im Bereich der Big-Data-, der KI- und smarten Anwendungen Möglichkeiten, den verschiedenen Interessen Rechnung zu tragen. Dies bedarf gegebenenfalls einer Differenzierung bei der Bestimmung der inhaltlichen Konzeption und der Geltungsreichweite freiheitsschützender Prinzipien.

Um Anknüpfungspunkte zur Beachtung von Prinzipien wie denen der Erforderlichkeit und Zweckbindung zu finden, kann es sich z. B. empfehlen oder gar unvermeidbar sein, insbesondere im Bereich von Big Data für bestimmte Auswertungen vorzusehen, dass nur Daten genutzt werden dürfen, für die vor ihrer Verwendung oder Weitergabe verpflichtend Markierungen und Zweckbindungen erfolgen sowie Löschungs- oder Sperrfristen vorgesehen werden. Für die Weitergabe und -verwertung der Daten können Dokumentationspflichten geschaffen werden. Solche Pflichten müssten auch auf die durch die Anwendungen neu generierten Daten erstreckt werden.

Angesichts der innovativen Möglichkeiten, die mit der weiteren Entwicklung der Digitalisierung verbunden sind, ist es eine lohnende Aufgabe, neuartige Möglichkeiten für die Realisierung solcher Vorgaben zu entwickeln, gegebenenfalls unterstützt durch hoheitliche Vorgaben des „Innovation Forcing“: Gelingt es den Unternehmern nicht, die rechtlich erwarteten innovativen Lösungen auch zum Schutz Dritter zu entwickeln, müssen sie von den betroffenen Nutzungen absehen.

§ 19 Schutz durch die Verbesserung der Funktionsfähigkeit von Märkten

Ein anderer Ansatzpunkt zur Gewährleistung des Schutzes von Interessen und Rechtsgütern ist der Rückgriff auf das Prinzip Wettbewerb durch Sicherung der Funktionsfähigkeit des Governancemodus Markt.

In den durch die digitale Transformation besonders betroffenen Märkten wird deren Entwicklung stark durch die Nutzung und Förderung der neuen Technologien geprägt, deren Wirkungsweise – insbesondere die Modi ihrer Entfaltung und ihres Wechselspiels mit anderen Governancemodi – auch auf die konkrete Entwicklung der Märkte Einfluss nimmt.

Angesichts der Bedeutung der Entwicklung wirtschaftlicher Märkte für die Art und Weise der digitalen Transformation stellen sich Fragen nach der Leistungsfähigkeit von Marktregulierungsrecht, insbesondere Kartellrecht,[1] als einem wichtigen Teil von Wirtschaftsrecht. Ein anderer wichtiger Teil des Wirtschaftsrechts ist das Recht zum Schutz vor unlauterem Wettbewerb, auf das ich hier allerdings nicht näher eingehe.[2]

A. Zum bisherigen Kartellrecht

Zentrale Bedeutung für die Sicherung der Funktionsfähigkeit von Märkten hat gegenwärtig das Kartellrecht. In einer marktwirtschaftlich orientierten Ordnung ist die Sicherung der Funktionsfähigkeit von Märkten – und damit auch der Verhinderung von Machtasymmetrien oder des Missbrauchs von Marktmacht – ein schon mehrfach erwähntes eigenständiges Ziel, das dazu dienen soll, mit Hilfe von Wettbewerb individuelle und kollektive Interessen zu schützen. Die folgenden Ausführungen gelten der Frage, ob und wieweit das Kartellrecht hinreichend darauf eingestellt ist, Gefährdungen zu begegnen, die durch die digitale Transformation entstanden oder verstärkt worden sind.

---

[1] Allgemein zum Kartellrecht s. *Emmerich/Lange*, Kartellrecht (2021) und *Lettl*, Kartellrecht (2021). Zu (begrenzten) Möglichkeiten des gegenwärtigen Kartellrechts. s. etwa *Höppner*, Medienkartellrecht (2016); *König*, Wettbewerbsrecht (2020); *Podszun*, Regulierung von Online-Plattformen (2020).

[2] Verwiesen sei aber darauf, dass der unten (§ 19 C II) behandelte Entwurf eines Single Services Act der Sache nach auch auf Mittel gegen unlauteren Wettbewerb zielt.

Die durch EU-Recht und nationales Recht geprägte Kartellrechtsordnung ist grundsätzlich als Machtbegrenzungsrecht auch im IT-Bereich einsetzbar, insbesondere zur Verhinderung wettbewerbsbeschränkender Vereinbarungen (s. Art. 101f AEUV; §§ 1 ff. GWB) oder sonstiger wettbewerbsbeschränkender Verhaltensweisen (s. §§ 18 ff. GWB). Kartellrecht ist allerdings ein auf sämtliche Typen von Märkten bezogenes, bisher nur begrenzt speziell auf IT-Märkte ausgerichtetes Recht. Auch ist es in seiner Reichweite eingeschränkt. Insbesondere kann es nicht globale Vermachtungen und damit ggf. verbundenen Missbrauch von Marktmacht verhindern, denn es gibt kein global einsetzbares Kartellrecht. Das nationale sowie EU-weite Kartellrecht kann zwar auf wettbewerbsbeschränkende Maßnahmen globaler Akteure im EU- bzw. im Nationalbereich reagieren, ist dabei aber nur begrenzt wirkungsvoll.

Immerhin ist das Kartellrecht von der EU-Kommission und dem deutschen Bundeskartellamt in mehreren Verfahren gegen IT-Unternehmen genutzt worden.[3] Soweit es nicht zu einvernehmlichen Lösungen kam, sind Bußgeldbescheide festgesetzt worden.

Ein besonderes Problem sind neben missbräuchlichen Ausnutzungen der Marktmacht durch große IT-Unternehmen die Aufkäufe von bzw. Fusionen insbesondere mit Start-ups oder innovativen mittelständischen Unternehmen. Solche Aktionen liegen außerhalb der Reichweite des Einsatzes deutschen Kartellrechts, wenn – wie bisher regelmäßig bei den üblichen Aufkäufen von Start-ups – die für die Fusionskontrolle erheblichen Aufgreifkriterien (s. § 35 GWB)[4] nicht erreicht werden. Auch verfügen international bzw. global agierende Unternehmen über Möglichkeiten, regional begrenzten kartellrechtlichen Verboten auszuweichen.

Durch die 9. Novelle vom 1. Juni 2017 zum Gesetz gegen Wettbewerbsbeschränkungen (GWB) ist in Deutschland (auch) mit dem Blick auf Folgen der Digitalisierung der Schutz vor dem Missbrauch von Marktmacht verbessert und die Vorgaben für Fusionskontrollen sind modifiziert worden. § 18 Abs. 2a, 3 GWB sieht seitdem vor, dass der Annahme eines Marktes im Sinne des Kartellrechts die Unentgeltlichkeit der Erbringung einer Leistung nicht entgegensteht.[5] Die Neuregelung ist zwar nicht explizit, aber der Sache nach eine Norm, die speziell auf die oben (§ 10 A III) geschilderte, mit der Mehrseitigkeit

---

[3] So sind beispielsweise gegen Google im Zuge der Missbrauchsaufsicht 2017 in drei Verfahren Geldbußen von insgesamt 8,25 Mrd. EUR verhängt worden, s. dazu den Bericht der EU-Kommission über Wettbewerbspolitik 2019, COM (2020), 302 final. Das Europäische Gericht (EuG) hat in der Entscheidung vom 10. November 2021 (T-612/17) eine der von der EU-Kommission verhängten Geldbußen für rechtskräftig erklärt.

[4] Anfang 2021 wurden die Aufgreifkriterien verändert, s. u. B II.

[5] Die Frage, ob es sich i. S. des Wettbewerbsrechts um einen Markt handelt, soweit in einer Beziehung eine Leistung unentgeltlich gewährt wird, ist ein seit Langem streitiges Thema, zu dem es nicht nur viel Literatur, sondern auch Gerichtsentscheidungen gibt. Dazu s. näher *Volmar*, Digitale Marktmacht (2019), S. 86 ff.

von IT-Märkten verbundene Besonderheit zielt: die (scheinbare) Gegenleistungsfreiheit der Nutzung von Diensten bei den meisten Plattformen und Internetangeboten.[6] Angemerkt sei, dass diese gesetzliche Einordnung als Markt nur dazu dient, rechtstechnisch die Anwendbarkeit der Normen über die Fusionskontrolle auszuweiten. Inhaltlich werden daran keine weiteren Folgen geknüpft, sodass insbesondere der oben (§ 10 B) beschriebene Verzicht auf die Nutzung der Wirkungsweise von Preisen zur Sicherung der Leistungsfähigkeit des Governancemodus Markt nicht korrigiert wird.

Die Kartellrechtsnovelle 2017 enthält allerdings Ansätze zur Verbesserung der Kartellrechtskontrolle, führt aber noch nicht zur Schaffung eines auf die Besonderheiten der IT-Märkte ausgerichteten Kartellrechts. Das Bewusstsein, dass die Besonderheiten dieses Marktes stärker als bisher berücksichtigt werden sollten, nimmt allerdings zu. So sind das Bundeskartellamt und der Bundesgerichtshof in jüngerer Zeit mutiger geworden, Verhaltensweisen marktbeherrschender IT-Unternehmen als Kartellrechtsverstöße einzuordnen.[7] Diese Entscheidungen sind auch im Hinblick auf den vorliegenden Kontext einschlägig, sodass es gerechtfertigt ist, sie erneut anzusprechen. Die Entscheidungen sind auch insofern von Interesse, als in ihnen Wettbewerbsrecht marktbezogen in einer Weise eingesetzt wurde, die mittelbar auch den Datenschutz ausweitete.

Das Bundeskartellamt und der Bundesgerichtshof haben in dieser auf Facebook bezogenen Streitigkeit entschieden, dass die Nutzungsbedingungen von Facebook gegen das Verbot der missbräuchlichen Ausnutzung einer marktbeherrschenden Stellung (§ 19 Abs. 1 GWB) verstoßen, soweit private Nutzer die Dienste nur in Anspruch nehmen können, wenn sie in eine Nutzung nicht nur

---

[6] Dass Nutzer von Diensten durch Bereitstellung ihrer personenbezogenen Daten eine Leistung erbringen, ist auch in dem „Gesetz zur Umsetzung der Richtlinie über bestimmte vertragsrechtliche Aspekte der Bereitstellung digitaler Inhalte und digitaler Dienstleistungen“ aus dem Jahre 2021 anerkannt (s. insbes. § 312 Abs. 1 BGB).

[7] S. Bundeskartellamt, B 6-22116; WuW 2019, 277; BGHZ 226, 67. Instruktiv für die Ausgangsproblematik ist die Presseerklärung Nr. 080/2020 des Bundesgerichtshofs (Beck-Link 2016668) zu der Entscheidung des Bundesgerichtshofs: „Das Netzwerk wird durch Online-Werbung finanziert. Hierzu kann zum einen Werbung auf Facebook-Seiten platziert werden. Mit verschiedenen von Facebook bereitgestellten Programmierschnittstellen („Facebook Business Tools“) können Unternehmen zum anderen eigene Internetseiten oder Anwendungen für Mobilgeräte (Apps) in vielfältiger Form mit Facebook-Seiten verbinden. So können Facebook-Nutzer über Plugins ihr Interesse an diesen Seiten oder bestimmten Inhalten bekunden (‚Gefällt-mir-Button‘ oder ‚Teilen-Button‘) oder Kommentare abgeben und sich über ein ‚Facebook-Login‘ auf Interseiten Dritter mit ihren bei Facebook registrierten Nutzerdaten einwählen. Über von Facebook angebotene Mess- und Analysefunktionen und -programme kann der Erfolg der Werbung eines Unternehmens gemessen und analysiert werden. Dabei wird nicht nur das Verhalten der privaten Nutzer auf Facebook-Seiten erfasst, sondern über entsprechende Schnittstellen (Facebook Pixel) auch der Aufruf von Drittseiten, ohne dass der Nutzer hierfür aktiv werden muss. Über die analytischen und statistischen Funktionen von ‚Facebook Analytics‘ erhalten Unternehmen aggregierte Daten darüber, wie Facebook-Nutzer über verschiedene Geräte, Plattformen und Internetseiten hinweg mit den von ihnen angebotenen Diensten interagieren.“

solcher personenbezogenen Daten einwilligen, die aus dieser Nutzungsbeziehung stammen. Die geforderte Einwilligung umfasste vielmehr auch die Auswertung und Verarbeitung von Daten, die Facebook aus der Nutzung anderer konzerneigener Dienste wie Instagram und WhatsApp sowie aus sonstigen Internetaktivitäten der Nutzer außerhalb von Facebook zur Verfügung stehen. Ermöglicht wurde durch die Einwilligung im Übrigen nicht nur die Verwertung der Daten zu eigenen Zwecken, sondern auch deren Verkauf an Dritte. Dies betraf nicht nur Daten über das Verhalten der privaten Nutzer auf Facebook-Seiten. Ermöglicht wurde auch der über entsprechende Schnittstellen erfolgende Aufruf von Drittseiten, ohne dass die Nutzer hierfür aktiv wurden. Mit Hilfe von „Facebook Analytics" erhielten neben Facebook selbst auch andere Unternehmen aggregierte Daten darüber, wie Facebook-Nutzer über verschiedene Geräte, Plattformen und Internetseiten hinweg mit den ihnen angebotenen Diensten interagierten.

Der Missbrauch der Marktstellung wurde darin gesehen, dass die Nutzungsbedingungen den privaten Facebook-Nutzern keine Wahlmöglichkeit ließen, ob sie das Netzwerk mit einer intensiveren Personalisierung der Nutzungserlebnisse verwenden wollten, die mit einem potentiell unbeschränkten Zugriff auf charakteristische Daten auch ihrer „Off-Facebook"-Internetnutzung durch Facebook verbunden ist oder ob sie sich nur mit einer Personalisierung einverstanden erklären wollten, für die Daten verwendet werden, die sie auf Facebook selbst preisgeben

Die Maßnahmen des Bundeskartellamts und des Bundesgerichtshofs sind Schritte zur Eingrenzung der Macht von Facebook bei der Erlangung und Verwertung des „Verhaltensüberschusses", den *Shoshana Zuboff* näher analysiert hat (s. o. § 3 B I). An den grundsätzlichen Ausgangsbedingungen für den Aufbau von Marktmacht und für Anreize zu deren Missbrauch ändern sie allerdings nichts.

B. Das GWB-Digitalisierungsgesetz

Inzwischen ist die Einsicht in die nur begrenzte Wirksamkeit des Kartellrechts gegenüber der Marktmacht der Digitalwirtschaft auf Seiten politischer Handlungsträger weiter gewachsen. Ein Beleg ist das Anfang 2021 erlassene GWB-Digitalisierungsgesetz,[8] das insbesondere die Macht der großen Digitalkonzerne

[8] Gesetz zur Änderung des Gesetzes gegen Wettbewerbsbeschränkungen für ein fokussiertes, proaktives und digitales Wettbewerbsrecht 4.0 und anderer wettbewerblicher Bestimmungen (GWB-Digitalisierungsgesetz v. 28.01.2021), BGBl I, 2. Zu ihm s. *Paal/Kumkar,* 10. GWB-Novelle (2021). Zu dem Entwurf dieser Novelle s. *von Wallenberg*, Digitalisierung der Wirtschaft (2020), S. 238 ff.; *Grünwald,* GWB-Novelle und Digital Markets Act (2020), S. 822 ff.; *Schubert,* Digitalwirtschaft (2021).

einhegen soll. Die Neuregelungen zielen u.a. auf eine stärkere Differenzierung der Fusionskontrolle, dies auch unter Neubestimmung der Schwellenwerte (§ 35 GWB). Die Vorschriften sollen ferner mit Bezug auf Digitalmärkte eine Modernisierung der Missbrauchsaufsicht bewirken. Erstmalig wird die Rechtsmacht des Bundeskartellamts geschaffen, formell festzustellen, dass einem Unternehmen, das als Vermittler auf mehrseitigen Märkten tätig ist, eine überragende marktübergreifende Bedeutung für den Wettbewerb zukommt. Für diese Feststellung sind insbesondere zu berücksichtigen: die marktbeherrschende Stellung des Unternehmens auf einem oder mehreren Märkten, seine Finanzkraft, sein Zugang zu sonstigen Ressourcen, seine vertikale Integration und seine Tätigkeit auf in sonstiger Weise miteinander verbundenen Märkten, ferner sein Zugang zu wettbewerbsrelevanten Daten sowie die Bedeutung seiner Tätigkeit für den Zugang Dritter zu Beschaffungs- und Absatzmärkten und sein damit verbundener Einfluss auf die Geschäftstätigkeit Dritter (§ 19a Abs. 1 GWB).

Die Norm zielt insbesondere auf die beherrschende Stellung von Unternehmen auf einzelnen Plattform- bzw. Netzwerkmärkten, die aufgrund der erwähnten Indikatoren einen erheblichen Einfluss auf die Geschäftstätigkeit Dritter nehmen bzw. die eigene Geschäftstätigkeit in weitere Märkte und Sektoren ausweiten können. Wird eine solche Marktstellung festgestellt, kann das Bundeskartellamt nach § 19a Abs. II GWB den betroffenen Unternehmen untersagen:

„1. Beim Vermitteln des Zugangs zu Beschaffungs- und Absatzmärkten die eigenen Angebote gegenüber denen von Wettbewerbern bevorzugt zu behandeln, insbesondere a) die eigenen Angebote bei der Darstellung zu bevorzugen; b) ausschließlich eigene Angebote auf Geräten vorzuinstallieren oder in anderer Weise in Angebote des Unternehmens zu integrieren;

2. Maßnahmen zu ergreifen, die andere Unternehmen in ihrer Geschäftstätigkeit auf Beschaffungs- oder Absatzmärkten behindern, wenn die Tätigkeit des Unternehmens für den Zugang zu diesen Märkten Bedeutung hat, insbesondere a) Maßnahmen zu ergreifen, die zu einer ausschließlichen Vorinstallation oder Integration von Angeboten des Unternehmens führen; b) andere Unternehmen daran zu hindern oder es ihnen zu erschweren, ihre eigenen Angebote zu bewerben oder Abnehmer auch über andere als die von dem Unternehmen bereitgestellten oder vermittelten Zugänge zu erreichen;

3. Wettbewerber auf einem Markt, auf dem das Unternehmen seine Stellung, auch ohne marktbeherrschend zu sein, schnell ausbauen kann, unmittelbar oder mittelbar zu behindern, insbesondere a) die Nutzung eines Angebots des Unternehmens mit einer dafür nicht erforderlichen automatischen Nutzung eines weiteren Angebots des Unternehmens zu verbinden, ohne dem Nutzer des Angebots ausreichende Wahlmöglichkeiten hinsichtlich des Umstands und der Art und Weise der Nutzung des anderen Angebots einzuräumen; b) die Nutzung eines Angebots des Unternehmens von der Nutzung eines anderen Angebots des Unternehmens abhängig zu machen;

4. Durch die Verarbeitung wettbewerbsrelevanter Daten, die das Unternehmen gesammelt hat, Marktzutrittsschranken zu errichten oder spürbar zu erhöhen, oder andere Unternehmen in sonstiger Weise zu behindern, oder Geschäftsbedingungen zu fordern,

die eine solche Verarbeitung zulassen, insbesondere a) die Nutzung von Diensten davon abhängig zu machen, dass Nutzer der Verarbeitung von Daten aus anderen Diensten des Unternehmens oder eines Drittanbieters zustimmen, ohne den Nutzern eine ausreichende Wahlmöglichkeit hinsichtlich des Umstands, des Zwecks und der Art und Weise der Verarbeitung einzuräumen; b) von anderen Unternehmen erhaltene wettbewerbsrelevante Daten zu anderen als für die Erbringung der eigenen Dienste gegenüber diesen Unternehmen erforderlichen Zwecken zu verarbeiten, ohne diesen Unternehmen eine ausreichende Wahlmöglichkeit hinsichtlich des Umstands, des Zwecks und der Art und Weise der Verarbeitung einzuräumen;

5. die Interoperabilität von Produkten oder Leistungen oder die Portabilität von Daten zu verweigern oder zu erschweren und damit den Wettbewerb zu behindern"

In Nr. 4 wird gezielt die Wettbewerbsrelevanz des Zugangs zu Daten und ihrer Tauglichkeit zur Datenübertragung und zur Verknüpfung von Produkten oder Leistungen zum Anlass für die Möglichkeit zur Missbrauchsaufsicht genommen. Dabei wird insbesondere darauf hingewirkt, dass Leistung und Gegenleistung dadurch in einem angemessenen Verhältnis stehen können, dass eine ausreichende Wahlmöglichkeit hinsichtlich des Umstands, des Zwecks und der Art und Weise der Datenverarbeitung eingeräumt wird. Insofern geht es nicht um traditionellen Datenschutz, sondern um die Verkehrsfähigkeit von Daten als wirtschaftlich relevanten Gütern.

Die in Nr. 5 vorgesehene Sicherung von Interoperabilität von Produkten oder Leistungen beruht auf der Annahme, dass deren Fehlen in Netzwerk- und Plattformindustrien häufig die Grundlage für das Entstehen von stark bindenden Netzwerkeffekten (Lock-In-Effekten) ist, die eine hohe Wechselhürde zu Lasten von Wettbewerbern darstellen können. Die Sicherung der Portabilität (auch Nr. 5) soll die Nutzung konkurrierender Angebote durch Wechsel zu einem Wettbewerber ermöglichen. Solche Ziele sind anschlussfähig an die datenschutzrechtlichen Diskussionen über Vorteile des möglichst unkomplizierten Zusammenwirkens unterschiedlicher algorithmischer Systeme, der Interoperabilität, und der möglichst leichten Datenübertragbarkeit, der Portabilität (dazu s. Art. 20 DSGVO).[9]

Das Bundeskartellamt hat schon wenige Monate nach Inkrafttreten des GWB-Digitalisierungsgesetzes Verfahren gegen Facebook, Amazon, Google und Apple eingeleitet, in denen insbesondere geprüft werden soll, ob diese Unternehmen eine „überragende marktübergreifende Bedeutung für den Wettbewerb" haben.[10]

---

[9] Stiftung Datenschutz (Hrsg.), Datenübertragbarkeit (2017); *Elfering*, Data Portability (2019).

[10] S. dazu den Bericht in LTO- Legal Tribune Online v. 05.07.2021, https://www.lto.de/recht/kanzleien-unternehmen/k/bundeskartellamt-gafa-google-apple-facebook-amazon-wettbewerb-eu-kommission/?utm_medi um=email &utm_source=WKDE_LEG_NSL_LTO_Daily_EM&utm_campaign=wkde_leg_mp_lto_daily_ab13. 05.2019&u tm_source_system=Eloqua&utm_econtactid=CWOLT000008779617, abgerufen am 04.10.2021.

Ein Exkurs: Die Probleme der Marktbeherrschung und damit die Verbindung eines freien Wettbewerbs werden in jüngerer Zeit auch anderswo, so in den USA, gesehen. So haben die amerikanische Federal Trade Commission (FTC), zusätzlich auch mehrere Bundesstaaten, Klage gegen Facebook mit dem Ziel erhoben, seine Marktmacht zu begrenzen, darunter u. a. die Übernahme des Chatdienstes WhatsApp und des Fotodienstes Instagram rückgängig zu machen.[11] Vorgeworfen wird dem Unternehmen, die Monopolstellung auf dem relevanten Markt der „personal social networking"-Dienstleistung zu missbrauchen. Als Ausdruck des Mottos: „It is better to buy than compete", das insbesondere auch durch den Facebook-Gründer Mark Zuckerberg firmenintern verbreitet wird (vgl. Rn. 72 der Klageschrift), hat Facebook in mehreren Fällen versucht, Wettbewerbsbedrohungen frühzeitig zu erkennen und zu bewerten, um sie zu neutralisieren, bevor konkurrierende Unternehmen die Chance haben, sich voll zu entfalten (Rn. 74). In der Auswertung von firmeninternen E-Mails erkennt die FTC auch die Übernahmen von Instagram (ab Rn. 78 ff.) und WhatsApp (ab Rn. 107 ff.) als primär durch das Risiko der wachsenden Wettbewerbsfähigkeit dieser Anbieter motiviert. Aber auch durch weitere Maßnahmen, wie die Implementierung von wettbewerbsfeindlichen Geschäftsbedingungen in Verträgen mit Drittanbietern, die auf der Facebook-Plattform Apps anbieten, sei der Wettbewerb auf dem Markt der „personal social networking"-Dienstleistung nachhaltig geschädigt worden (Rn. 138 ff.). Hinzu kommt der Vorwurf, dass das Unternehmen Konkurrenten ausschaltete, indem es zunächst den Zugang zu seinen Daten und sei-

[11] Antrag vom 09.12.2020 an den US District Court of Columbia, abrufbar unter https://www.ftc.gov/enforcement/cases-proceedings/191-0134/facebook-inc-ftc-v, abgerufen am 04.10.2021. Beantragt wird: „The FTC requests that this Court, as authorized by Section 13(b) of the FTC Act, 15 U.S.C. § 53(b), and pursuant to its own equitable powers, enter final judgment against Facebook, declaring, ordering, and adjudging: A. that Facebook's course of conduct, as alleged herein, violates Section 2 of the Sherman Act and thus constitutes an unfair method of competition in violation of Section 5(a) of the FTC Act, 15 U.S.C. § 45(a); B. divestiture of assets, divestiture or reconstruction of businesses (including, but not limited to, Instagram and/or WhatsApp), and such other relief sufficient to restore the competition that would exist absent the conduct alleged in the Complaint, including, to the extent reasonably necessary, the provision of ongoing support or services from Facebook to one or more viable and independent business(es); C. any other equitable relief necessary to restore competition and remedy the harm to competition caused by Facebook's anticompetitive conduct described above; D. a prior notice and prior approval obligation for future mergers and acquisitions; 51 E. that Facebook is permanently enjoined from imposing anticompetitive conditions on access to APIs and data; F. that Facebook is permanently enjoined from engaging in the unlawful conduct described herein; G. that Facebook is permanently enjoined from engaging in similar or related conduct in the future; H. a requirement to file periodic compliance reports with the FTC, and to submit to such reporting and monitoring obligations as may be reasonable and appropriate; and I. I. any other equitable relief, including, but not limited to, divestiture or restructuring, as the Court finds necessary to redress and prevent recurrence of Facebook's violations of law, as alleged herein." Die Erwiderung der Facebook Group ist abrufbar unter https://about.fb.com/news/2020/12/lawsuits-filed-by-the-ftc-and-state-attorneys-general-are-revisionist-history/, abgerufen am 04.10.2021.

ner Plattform gewährte und dann solchen Konkurrenten, die es als Bedrohung ansah, den Zugang entzog.

Es muss allerdings angefügt werden, dass diese Klagen vom US-Bundesgericht für den District of Columbia zurückgewiesen worden sind. Der Federal Trade Commission wurde aber die Möglichkeit eingeräumt, ihre Klage durch weitere Ausführungen zu untermauern, insbesondere hinsichtlich der – vom Gericht noch nicht als erwiesen angesehenen – Monopolstellung von Facebook.[12] Ende des Exkurses.

Sowohl die Novellierung des GWB als auch die FTC-Aktion gegen Facebook halten sich im Rahmen der wirtschaftsrechtlichen Zielsetzungen von Kartellrecht – können sich aber mittelbar auch auf den Machteinsatz von IT-Intermediären in anderen (etwa gesellschaftspolitischen) Hinsichten auswirken. Das Kartellrecht ist allerdings nicht als Instrument speziell zur Begrenzung sonstiger (etwa politischer, kultureller, sozialer u. a.) Macht konzipiert. Es zielt auch nicht auf den Schutz von speziell bei der Nutzung algorithmischer Systeme und dem Umgang mit Nutzerdaten gefährdeten Zielen, wie etwa die Sicherung von Manipulationsfreiheit und allgemeiner Zugangschancengerechtigkeit, die Verhinderung von personenbezogenen Diskriminierungen oder die Gewährleistung einer plural ausgerichteten öffentlichen Meinungsbildung.

Anders formuliert: Die Reaktion der Rechtsordnung auf die Digitalisierung muss erheblich weiter ansetzen als es die Nutzung der wirtschaftsrechtlichen Möglichkeiten des Kartellrechts erlaubt. Allerdings kann ein funktionsfähiger Markt mittelbar zur Verwirklichung auch weiterer gesellschaftlich wichtiger Ziele beitragen.

C. EU-Initiativen zu neuen Regeln für digitale Märkte und Dienste, insbesondere im Hinblick auf digitale Online-Plattformen

Zwischenzeitlich ist auch die EU-Kommission tätig geworden, um das Regelwerk über digitale Dienste und Märkte auszubauen. Dabei zielt sie – ebenso wie der GWB-Gesetzgeber und die US-FTC – insbesondere auf die Einhegung des Einflusses der marktmächtigen Plattformbetreiber in ihrer Rolle als Gatekeeper der für die Nutzer verfügbaren, von ihnen kuratierten Dienste . Es geht aber auch um Maßnahmen, durch die Einfluss auf die Art der auf Plattformen angebotenen Leistungen genommen werden kann, z. B. durch Pflichten zur Entfernung illegaler Inhalte, die von Dritten eingestellt wurden.

Die EU-Kommission hat insbesondere im Jahre 2020 umfangreiche Konsultationen bei Interessenträgern und Sachverständigen durchgeführt, mehr als

[12] Federal Trade Commission v. Facebook Inc., Serial Action No. 20-3590 (JED) vom 28.06.2021.

3.000 Antworten aus dem Bereich der digitalen Wirtschaft erhalten und ausgewertet und auf dieser Grundlage eine „Datenstrategie" formuliert [13] und mehrere Regelwerke entworfen, über die der Rat und das Parlament entscheiden sollen. Dabei handelt es sich zum einen um den Entwurf einer Data Governance Verordnung,[14] die insbesondere auf die Nutzbarkeit von Daten des öffentlichen Sektors durch datenaltruistische Organisationen zielt. Hinzu kommen der Entwurf einer Verordnung über digitale Märkte und der Entwurf einer Verordnung über digitale Dienste (s. I und II). Zu verweisen ist ferner auf den schon in § 17 A behandelten Entwurf eines Vorschlags zur Harmonisierung von Vorschriften für künstliche Intelligenz sowie auf die unten (III) vorgestellte EU-Verordnung zur Förderung von Fairness und Transparenz für gewerbliche Nutzer von Online-Vermittlungsdiensten.

Die in den beiden folgenden Abschnitten behandelten Entwürfe zur Regulierung von digitalen Märkten und Diensten zielen explizit auf die Verbesserung des Grundrechtsschutzes und vor allem des Verbraucherschutzes im Internet, auf die Förderung der Funktionsfähigkeit digitaler Märkte auch als Mittel zur Förderung von Innovation, Wachstum und Wettbewerbsfähigkeit im gesamten Binnenmarkt sowie auf Vorkehrungen zur Eindämmung der Marktmacht von großen Online-Plattformen sowie auf die Verhinderung marktmissbräuchlichen Verhaltens. Ihrem Gegenstand nach sind sie – insbesondere der Entwurf der Verordnung über digitale Dienste – zugleich auch Vorkehrungen zum Schutz vor unlauterem Wettbewerb.

I. Entwurf der Verordnung für digitale Märkte

Die Regelung im Hinblick auf digitale Märkte[15] geht insbesondere davon aus, dass die IT-Plattformen als digitale „Torwächter" („Gatekeeper") im Binnenmarkt fungierten: Sie seien ein wichtiges Zugangstor, über das gewerbliche Nutzer ihre Kunden erreichten und dabei könnten die Plattformunternehmen als mächtige private Akteure die Regeln hierfür selbst bestimmen, ja sogar ganze Plattformökosysteme kontrollieren.[16] Sie sind in der Regel grenzüberschreitend und oft weltweit tätig und wenden ihre Geschäftsmodelle weltweit an. Wenn solche Unternehmen zudem unlautere Geschäftspraktiken anwendeten, könnten sie darüber Dienste anderer gewerblicher Nutzer und Wettbewerber ausbremsen und daran hindern, die Verbraucher zu erreichen. Dies sei beispiels

---

[13] Mitteilung der Europäischen Kommission über eine „Europäische Datenstrategie" vom 19.02.2020 – COM (2020) 66 final.

[14] Entwurf der Data-Governance-Verordnung vom 25.11.2020 COM (2020) 767 final

[15] S. den am 15.12.2020 veröffentlichten Entwurf des Digital Markets Act, COM (2020) 824 final.

[16] Zu der Rolle von Plattformbetreibern bei der Koordinierung von Marktprozessen, der Festlegung von Wettbewerbsbedingungen und der technisch vermittelten Strukturierung sozialer Verhältnisse und sozialen Verhaltens s. *Dolata*, Plattform-Regulierung (2019), S. 179ff.

weise der Fall, wenn es infolge solcher Praktiken zu einer unlauteren Nutzung von Daten der auf den Plattformen tätigen Unternehmen und dazu komme, dass die Nutzer an einen bestimmten Dienst gebunden seien und nur eingeschränkte Möglichkeiten hätten, zu einem anderen Dienst zu wechseln. Gesichert werden soll dadurch insbesondere die Bestreitbarkeit von Märkten.

In einer Presseerklärung der EU-Kommission[17] werden die wichtigsten Punkte des Gesetzes über digitale Märkte zusammengefasst: Das Gesetz wird

- „nur für die großen Anbieter der zentralen Plattformdienste gelten, die für unlautere Praktiken am anfälligsten sind, z. B. Suchmaschinen, soziale Netzwerke oder Online-Vermittlungsdienste, soweit sie den objektiven gesetzlichen Kriterien für eine Einstufung als Torwächter entsprechen;
- quantitative Schwellenwerte als Grundlagen für die Ermittlung mutmaßlicher Torwächter festlegen. Die Kommission wird zudem befugt sein, Unternehmen nach einer Marktuntersuchung als Torwächter einzustufen;
- eine Reihe eindeutig unlauterer Praktiken verbieten, z. B. dürfen die Nutzer nicht daran gehindert werden, eine vorinstallierte Software oder App zu deinstallieren;
- Torwächter zur proaktiven Ergreifung bestimmter Maßnahmen verpflichten, z. B. gezielte Vorkehrungen, damit Software Dritter ordnungsgemäß funktioniert und mit ihren eigenen Diensten zusammenwirken kann;
- Sanktionen für Verstöße vorsehen, darunter mögliche Geldbußen in Höhe von bis zu zehn Prozent des weltweiten Umsatzes eines Torwächters, um die Wirksamkeit der neuen Vorschriften zu gewährleisten. Im Wiederholungsfall können diese Sanktionen auch die Verpflichtung umfassen, strukturelle Maßnahmen zu ergreifen, die sich sogar auf die Veräußerung bestimmter Geschäftsbereiche erstrecken können, wenn es keine andere ebenso wirksame Alternative gibt, um die Einhaltung der Vorschriften sicherzustellen;
- der Kommission die Möglichkeit geben, gezielte Marktuntersuchungen durchzuführen, um zu beurteilen, ob neue Torwächterpraktiken und -dienste aufgenommen werden müssen, damit die neuen Torwächter-Bestimmungen mit der raschen Entwicklung der digitalen Märkte Schritt halten."

Auf die vorgesehenen Einzelregelungen soll hier nicht näher eingegangen werden. Beispielhaft sei nur erwähnt, dass der Entwurf in Art. 6 u. a. Vorkehrungen gegen ein Ranking vorsieht, bei dem der Gatekeeper sich oder mit ihm verbundene Unternehmen bevorzugt. Ebenso richtet die geplante Regelung sich gegen hohe Wechselhürden; ferner soll sie die Datenportabilität und den erleichterten Datenzugang sichern, und zwar anders als in der DSGVO auch im Hinblick auf nicht

---

[17] Die folgenden Ausführungen zu 1. und 2. beruhen auf der deutschen Fassung der Pressemitteilung vom 15.12.2020 (dort ohne Seitennummerierung), https://ec.europa.eu/commission/presscorner/detail/de/ip_20_2347, abgerufen am 04.10.2021

personenbezogene Daten. Ferner werden die Torwächter mit besonderen Informationspflichten belastet, so auch schon im Hinblick auf beabsichtigte Fusionen, selbst wenn diese die Schwellenwerte der Fusionskontrolle nicht erreichen.[18]

II. Entwurf der Verordnung über digitale Dienste

Während die geplante Verordnung über digitale Märkte ihren Schwerpunkt auf die Bekämpfung wirtschaftlicher Ungleichgewichte und unlauterer Geschäftspraktiken legt, zielt die Verordnung über digitale Dienste[19] insbesondere auf eine strengere Beaufsichtigung von Online-Plattformen, auf Fragen ihrer Haftung für Inhalte Dritter sowie auf die Sicherheit der Nutzer. Der Entwurf entwickelt die Prinzipien aus der E-Commerce-Richtlinie[20] fort und soll weitere Regeln, insbesondere prozeduraler Art, enthalten. In den Darlegungen der Kommission zum Entwurf der Verordnung wird betont, dass Online-Plattformen einerseits große Vorteile für die Verbraucher und für die Innovation brächten; sie würden den grenzüberschreitenden Handel innerhalb und außerhalb der Union erleichtern und vielfältige neue Geschäftsmöglichkeiten für europäische Unternehmen und Händler eröffnen. Andererseits könnten sie auch als Mittel für die Verbreitung illegaler Inhalte, den Verkauf illegaler Waren oder die Erbringung illegaler Dienstleistungen über das Internet genutzt werden. Einige große Dienste seien praktisch zu quasi-öffentlichen Räumen für den Informationsaustausch und den Online-Handel geworden. Sie seien dadurch systemrelevant geworden und schüfen besondere Risiken für die Rechte der Nutzer, den freien Informationsfluss und die öffentliche Beteiligung.

Auch für diese geplante Regelung ist in der schon erwähnten Presseerklärung eine Übersicht über die wesentlichen Inhalte erstellt worden. Die Regelung ziele danach auf neue EU-weit harmonisierte Verpflichtungen für digitale Dienste, die nach der Größe und den Auswirkungen dieser Dienste abgestuft sind:

- „Vorschriften für die Entfernung illegaler Waren, Dienstleistungen oder Inhalte aus dem Internet;
- Schutzvorkehrungen für Nutzer, deren Inhalte von Plattformen irrtümlicherweise gelöscht werden;
- neue Pflichten für sehr große Plattformen, die risikobasierte Maßnahmen ergreifen müssen, um den Missbrauch ihrer Systeme zu verhindern;
- weitreichende Transparenzmaßnahmen, auch in Bezug auf Onlinewerbung und die Algorithmen, mit denen den Nutzern Inhalte empfohlen werden;

---

18 Insoweit sei statt vieler verwiesen auf *Seip/Berberich*, Digital Markets Act (2021), S. 44 ff.

19 Entwurf des Digital Services Act, COM (2020) 825 final. S. dazu *Janal*, Digital Services Act (2021).

20 Richtlinie 2000/31/EG des Europäischen Parlaments und des Rates vom 08.06.2000 über bestimmte rechtliche Aspekte der Dienste der Informationsgesellschaft, insbesondere des elektronischen Geschäftsverkehrs im Binnenmarkt.

- neue Befugnisse zur Untersuchung der Funktionsweise der Plattformen, dazu werden Forscher Zugang zu wichtigen Plattformdaten erhalten;
- neue Vorschriften für die Nachverfolgbarkeit gewerblicher Nutzer auf Online-Marktplätzen, um Verkäufer illegaler Waren oder Dienstleistungen leichter aufspüren zu können;
- ein innovativer Kooperationsprozess zwischen den Behörden, um eine wirksame Durchsetzung im gesamten Binnenmarkt zu gewährleisten."

Hinzu kommt, dass Plattformen, die mehr als zehn Prozent der EU-Bevölkerung (45 Mio. Nutzer) erreichen, als systemrelevant eingestuft werden und deshalb nicht nur besonderen Verpflichtungen in Bezug auf das Management ihrer eigenen Risiken, sondern auch einer neuen Aufsichtsstruktur unterliegen sollen. Hierzu ist ein Gremium nationaler Koordinatoren für digitale Dienste vorgesehen. Auch soll die Kommission besondere Befugnisse bei der Beaufsichtigung sehr großer Plattformen erhalten, einschließlich der Möglichkeit, diese direkt zu sanktionieren.

Über die Ziele und die Einzelheiten der geplanten Verordnung[21] wird es sicherlich weiterhin heftige Kontroversen[22] geben und es ist nicht zu erwarten, dass Rat und Parlament die Vorschläge unverändert übernehmen. Die Kommission wird allerdings nach ihren eigenen Aussagen intensiv auf die Umsetzung der Ziele drängen und hat sich selbst dadurch politisch unter Druck gesetzt, dass sie das gegenwärtige Jahrzehnt zu einem Jahrzehnt für das digitale Europa nutzen will.

Die Regeln sollen im Interesse der Einheitlichkeit der Vorgaben in den Mitgliedsstaaten als Verordnung ergehen, also unmittelbar gelten, um einerseits den Binnenmarkt zu vervollkommnen, aber sicherlich auch mit der weiteren Überlegung, dass durch einheitliche Regeln für die transnational oder global tätigen IT-Unternehmen aus Nicht-EU-Ländern ein Anreiz geschaffen wird, dass diese sich aufgrund der großen europäischen Wirtschaftskraft veranlasst sehen, ihre Unternehmenspolitik auf diese Vorgaben einzustellen und dies möglicherweise nicht nur im Hinblick auf ihr Handeln im EU-Markt.

III. Die EU-Verordnung zur Förderung von Fairness und Transparenz für gewerbliche Nutzer von Online-Vermittlungsdiensten

Hingewiesen sei auch auf die schon Mitte 2019 erlassene EU-Verordnung zur Förderung von Fairness und Transparenz für gewerbliche Nutzer von Online-Vermittlungsdiensten[23] Sie enthält Pflichten für die Betreiber von Online-Vermittlungsdiensten (wie AirBnB oder Booking.com) und insbesondere für Be-

---

[21] Insoweit sei beispielsweise verwiesen auf *Seip/Berberich*, Digital Markets Act (2021), S. 44 ff., 46.; *Eisenreich*, Digital Services Act (2021).

[22] Dazu *Kleinberger*, Kampf um Kontrolle (2021).

[23] Verordnung (EU) 2019/1150 des Europäischen Parlaments und des Rates vom 20.06.2019.

treiber von Suchmaschinen. Die in der Verordnung verankerten Pflichten bestehen unabhängig vom Niederlassungsort oder dem Sitz und auch unabhängig vom ansonsten anzuwendenden Recht. Sie richten sich nach dem Betätigungsort. Betroffen sind so genannte P2B-Plattformen – also die Ebene „Platform-to-Business". Die Verordnung regelt die Beziehungen gewerblicher Nutzer von Online-Vermittlungsdiensten und Nutzer mit Unternehmenswebsites. Sie verbietet Fälle unfairen Handelns, etwa bei Suchanfragen bevorzugt auf Serviceleistungen zu verweisen, die der Suchmaschinenbetreiber oder ein mit ihm verbundenes Unternehmen erbringen. Die Verordnung enthält Vorschriften unter anderem für den Erlass von Allgemeinen Geschäftsbedingungen (Art. 3), zur Offenlegung der Parameter, die das „Ranking" von Website- bzw. von Suchergebnissen beeinflussen (Art. 5), sowie zur Offenlegung differenzierender Behandlung gewerblicher Nutzer (Art. 7), eine Pflicht zur Errichtung eines Beschwerdemanagements (Art. 11) und zur Bestimmung von privaten Mediatoren, die zur Schlichtung von Streitigkeiten eingeschaltet werden können (Art. 12, 13).

Schon diese – nur auswahlhafte – Aufzählung verdeutlicht, dass die Plattformregulierung auf verschiedenen Ebenen ansetzt. Sie will insbesondere Transparenz herstellen und unfaire Geschäftspraktiken verhindern. Es handelt sich um Wesentlichen um Vorkehrungen zur hoheitlichen Regulierung von Selbstregelung bzw. Selbstregulierungen, die von den Unternehmen für ihre Geschäftstätigkeit vorgesehen sind.

D. Zwischenfazit

An den Neuregelungen bzw. den geplanten Normen wird erkennbar, dass der rechtliche Zugriff auf das Handeln von Digitalunternehmen zunehmend differenzierter wird. Dabei wird das Wirtschaftsrecht i. w. S. bedeutsamer, auch als sektorspezifisches, speziell auf den Digitalisierungsbereich ausgerichtetes Regulierungsrecht. Dieses enthält bisher allerdings nur relativ „kleinteilige geschäfts- und technikbezogene Einzelvorgaben"[24] Eine umfassende Regulierung der IT-Märkte gibt es nicht. Umso wichtiger ist es, dass die verschiedenen vorhandenen Normensysteme in kohärenter Weise nutzbar sind und genutzt werden und dass bei ihrer Anwendung der je spezifischen Multipolarität und -dimensionalität von Zielen, Interessen, Akteuren und Instrumenten Rechnung getragen wird.

Die Aktivitäten der EU-Kommission verdeutlichen im Übrigen, dass der traditionelle Datenschutz – für den das EU-Recht ja schon Vorgaben enthält – nicht das alleinige und erst recht nicht mehr das vorrangige Ziel der Reaktion der EU auf die digitale Transformation ist.

---

[24] So *Seip/Berberich*, Digital Markets Act (2021), S. 44, 47.

§ 20 Möglichkeiten für den rechtlichen Umgang mit den Herausforderungen der digitalen Transformation (Auswahl)

In den vorangegangenen §§ 17–19 sind ausgewählte Themenfelder aus dem Bereich des rechtlichen Umgangs mit der digitalen Transformation behandelt worden. Da die digitale Transformation aber eine Vielzahl und Vielfalt anderer Gegenstandsbereiche, Instrumente und Chancen sowie Risiken beeinflusst, sind viele weitere und unterschiedliche Teile der Rechtsordnung von ihr betroffen, auch solche, die nicht speziell auf die Digitalisierung eingehen.[1] Bisheriges Recht kann zwar grundsätzlich weiter angewandt, muss aber ggf. modifiziert bzw. um neue Regelungstypen ergänzt werden.

Auf mögliche Regelungstypen geht dieser Abschnitt ein.

A. Zur Diskussion um die Fortgeltung und Anpassung vorhandenen Rechts

Die mit der digitalen Disruption und Transformation verbundenen Chancen und Risiken bedürfen in demokratischen Rechtsstaaten der rechtlichen Umhegung.

Infolge der Durchdringung fast aller Lebensbereiche durch die Digitalisierung ist allerdings nicht zu erwarten, dass es durchgängig Lösungsansätze gibt, die für alle Bereiche in gleicher Weise taugen. Für ein Regulierungskonzept des „One size fits all" ist im Hinblick auf die Vielfältigkeit des Einsatzes algorithmischer Systeme daher kein Raum. Aufgaben- bzw. sektorspezifisches Recht ist vielfach unverzichtbar.

Darüber, ob und wieweit bestehendes Recht ausreicht oder Änderungsbedarf besteht, wird viel diskutiert. Als ein Beispiel solcher Klärungsversuche sei hier auf die Verhandlungen des 71. Deutschen Juristentages 2016 verwiesen. So hat die Abteilung Zivilrecht unter dem Thema „Digitale Wirtschaft – analoges Recht: Braucht das BGB ein Update?" einen wesentlichen Teil des bürgerlichen Rechts auf den Prüfstand gestellt.[2] Die Abteilung Arbeits- und Sozialrecht hat

---

[1] Auf die Frage, ob dieses digitalisierungsbedingten Änderungen die Einordnung als „Computational Turn" rechtfertigen, gehe ich in § 23 D ein.

[2] Gutachten dazu von *Faust*, Digitale Wirtschaft (2016); s. ferner die während des Juristen-

als Thema gewählt: „Digitalisierung der Arbeitswelt – Herausforderungen und Regelungsbedarf".[3] In den Gutachten, Referaten und Diskussionsbeiträgen des Juristentages wurde zwar vielfach versucht, die bestehenden Regeln so auszulegen, dass sie möglichst bestehen bleiben können und gegebenenfalls durch veränderte Auslegung auch neuen Anforderungen gerecht werden. Es sind aber begrenzt auch Vorschläge für Veränderungen formuliert worden. Weitere Beispiele für Klärungsversuche findet sich in den Gutachten des 73. Deutschen Juristentages 2020, und zwar in der Abteilung Zivilrecht: „Entscheidungen digitaler autonomer Systeme: Empfehlen sich Regelungen zu Verantwortung und Haftung?"[4] und in der Abteilung Wirtschaftsrecht: „Empfiehlt sich eine stärkere Regulierung von Online-Plattformen und anderer Digitalunternehmen?"[5]

Anregungen für regulative Neuansätze finden sich auch in anderen – aus spezifischen Blickwinkeln erstellten – Dokumenten. Erwähnt sei beispielhaft das Gutachten des deutschen Sachverständigenrats für Verbraucherfragen: „Verbraucherrecht 2.0".[6] Ferner sei auf das Sondergutachten der Monopolkommission zu den durch digitale Märkte bedingten Herausforderungen verwiesen.[7] Auch hat die nationale Akademie der Wissenschaften „Leopoldina" eine Stellungnahme mit regulativen Anregungen erarbeitet.[8] Instruktiv sind ferner das von der Datenethikkommission im Jahre 2019 erarbeitete Gutachten[9] sowie der Schlussbericht der vom Bundestag eingerichteten Enquete-Kommission Künstliche Intelligenz[10] und das von der Europäischen Kommission veröffentlichte Weißbuch zur Künstlichen Intelligenz[11] sowie der darauf aufbauende, mit vielen, auch neuen, Instrumenten versehene Entwurf der KI-VO (s.o. § 15)

Anregungen können ebenfalls vorhandenen Teilrechtsordnungen entnommen werden. Dazu gehören auch nationales (deutsches oder auch ausländisches) und europäisches Datenschutzrecht – ungeachtet dessen, dass sie im Anwendungsbereich und in der Wirkungstiefe nur beschränkte Ansätze enthalten.

---

tages gehaltenen Referate von *Bartsch*, *Hummelmeier* und *Obergfell*, Sitzungsberichte (2016). S. auch den Beitrag von *Hoeren*, Big Data (2018). S. aus der Literatur auch – statt vieler – *Dix*, Daten als Bezahlung (2017).

[3] Gutachten dazu von *Krause*, Arbeitswelt (2016); s. ferner die während des Juristentages gehaltenen Referate von *Seifert*, *Thüsing*, *Barth* und *Kremer*, Sitzungsberichte (2016).

[4] Gutachten A von *Zech*, Verantwortung und Haftung (2020), das die in dieser Untersuchung nicht näher behandelte Problematik der Haftung für physische Schäden als Folge des Einsatzes digitaler Techniken zum Thema hat.

[5] Gutachten F von *Podszun*, Regulierung von Online-Plattformen (2020).

[6] Sachverständigenrat für Verbraucherfragen, Verbraucherrecht 2.0 (2016) unter https://www.svr-verbraucherfragen.de/wp-content/uploads/Gutachten_SVRV-.pdf, abgerufen am 07.10.2021.

[7] Monopolkommission, Digitale Märkte (2015).

[8] Leopoldina Nationale Akademie der Wissenschaften/acatech/Union der deutschen Akademien der Wissenschaften (Hrsg.), Stellungnahme (2018).

[9] Datenethikkommission, Gutachten (2019).

[10] Enquete-Kommission, Künstliche Intelligenz (2020).

[11] Europäische Kommission, Weißbuch zur Künstlichen Intelligenz (2020), S. 65.

Gleichwohl können die gesetzlichen Instrumente auch als Pool für Anregungen für den Schutz sonstiger Rechtsgüter und Interessen nutzbar sein. Zu den auf ihre Tauglichkeit auch in anderen Bereichen zu überprüfenden Ansätzen gehören beispielsweise die Regeln über Verantwortlichkeit und Transparenz, über Informationsrechte und -pflichten, über Möglichkeiten der Zertifizierung algorithmischer Systeme etwa durch akkreditierte Stellen, sowie die Aufgabe zum Monitoring. Ferner können die Regeln über Aufsichtsbehörden und deren Befugnisse daraufhin besehen werden, wieweit sie als Muster taugen – oder als abschreckreckendes Gegenbeispiel mangelnder Effektivität.

Hinsichtlich der Aufgabe zur Anpassung der Rechtsordnung an die fortschreitende Digitalisierung und insbesondere den Einsatz von Big-Data-Analytik, KI und Robotik sei auch betont: Es besteht grundsätzlich kein Einwand dagegen, technikoffen bzw. -neutral ausgerichtete Normen dahin gehend zu verstehen, dass sie auch digitale Kommunikation, die Nutzung digitaler Infrastrukturen, den Einsatz von Big Data und künstlicher Intelligenz oder von Instrumenten digitaler Verhaltenssteuerung u. ä erfassen können. Zu klären bleibt aber, ob diese Normen ausreichen.

Dies bedarf der Prüfung im jeweiligen Anwendungsbereich. Jedenfalls gibt es keinen prinzipiellen Grund, für die Offline-Welt gestaltete normative Vorgaben unter Online-Bedingungen von vornherein zu verwerfen. Das kann beispielsweise bedeuten: Was offline verboten ist, ist auch online grundsätzlich nicht erlaubt.

Die Verfügbarkeit digitaler Techniken erweitert das Anwendungsfeld rechtlicher Vorgaben auf vorhandene Normen, soweit dies mit den veränderten empirischen und normativen Prämissen vereinbar ist.[12] Es bedarf insbesondere der Prüfung, ob die Digitalisierung die Maßgeblichkeit der hergebrachten normativen und empirischen Prämissen bestehender Normen mit der Folge in Frage gestellt hat, dass deren Anwendung auf die betroffenen algorithmischen Systeme dem Sinn der jeweiligen Norm widerspricht[13] oder Bedenken gegen ihre Eignung zur Problemlösung bestehen. Die Anlässe zur Überprüfung vorhandenen oder zur Schaffung neuen Rechts sind keineswegs auf die technologischen Aspekte der digitalen Transformation begrenzt.

Infolge des soziotechnischen Charakters der aktuellen Transformation ändern sich beispielsweise auch die soziale Ordnung und die Bedingungen für das individuelle und gesellschaftliche Leben.[14]

---

[12] Zu methodischen Fragen des Umgangs mit Prämissenänderungen s. *Hoffmann-Riem*, Innovation (2016), S. 108 ff.

[13] So zeigt *Martini*, Blackbox Algorithmus (2019), S. 230 ff., 235, am Beispiel des Allgemeinen Gleichbehandlungsgesetzes (AGG), dass es trotz seiner technologieneutralen Konzeption nicht systematisch alle sensiblen Konstellationen erfasst, in denen algorithmische Entscheidungsmuster eine Diskriminierung auslösen oder begünstigen.

[14] Grundlegend dazu – auch unter Einordnung in die historische Entwicklung – *Stalder*, Kultur (2019).

Eines von mehreren Problemen sei besonders hervorgehoben, nämlich die Förderung von Suchtverhalten bei den Nutzern. Manche Anbieter, insbesondere die großen IT-Unternehmen, setzen auch Suchtverhalten fördernde Techniken ein, um die Nutzerbindung zu verstärken.[15] Insofern war es ein bemerkenswertes Signal, als Ende 2017 mehrere frühere hohe Funktionsträger von Facebook sich kritisch zu den Facebookstrategien einschließlich der Methoden der Nutzerbindung äußerten; die Selbstkritik betraf auch die Ausnutzung „der Verletzlichkeit der menschlichen Psyche" und führte zum Ausdruck der Sorge, das Vorgehen habe mitgeholfen, „das gesellschaftliche Gefüge auseinanderzureißen." [16] Im Oktober 2021 hat eine ehemalige Mitarbeiterin von Facebook, *Frances Haugen*, als Whistleblower die Vorwürfe mit internen Dokumenten belegt sowie bei einer Anhörung im US Senat untermauert.[17] Fragen des Suchtverhaltens werden auch anderswo als Problem empfunden.[18]

In vielen Bereichen des Einsatzes algorithmischer Systeme besteht Anlass zur Prüfung, ob solche und andere Folgen hingenommen werden sollen und ob Recht als Korrektiv eingesetzt werden kann und soll. Wenn ja, wären überkommene Normen ausdrücklich an die neue Lage anzupassen oder völlig neue Normen zu schaffen – so zur Erleichterung von weiteren Innovationen, zur Sicherung der mit der Digitalisierung verbundenen Chancen, zur Vorsorge vor Risiken, zur Vermeidung von Dysfunktionalitäten oder zur Abwehr von schädlichen Wirkungen.

Es gibt aber auch andere Themenfelder, in denen nach der Notwendigkeit angepasster rechtlicher Regeln zu fragen ist. Davon betroffen ist die zurzeit nicht nur in Deutschland mit Nachdruck vorangetriebene – in dieser Abhandlung allerdings nicht eigenständig analysierte – Entwicklung cyberphysischer Systeme in den Bereichen Produktion und Distribution.[19]

Die Forderung nach neuen rechtlichen Regeln wird ferner durch Formen der Vernetzung – etwa im Smart Home[20] – sowie durch neue Möglichkeiten der Mobilität erhoben. Betroffen sind etwa die Nutzung von Smartphones, das Cloud-Computing oder automatisch bzw. autonom fahrende Automobile bis hin zu automatischen Waffensystemen. Probleme entstehen nicht zuletzt dar-

---

[15] Näher dazu *Nemitz/Pfeffer*, Prinzip Mensch (2020). S. 226 ff.

[16] S. dazu *Kreye*, Facebooks Schöpfer (2017) unter http://www.sueddeutsche.de/digital/soziale-medien-wenn-facebooks-schoepfer-vor-facebook-warnen-1.3793266, abgerufen am 07.10.2021.

[17] S. dazu:https://www.wsj.com/articles/who-is-frances-haugen-facebook-whistleblower-11633409993, abgerufen 6.10.2021.

[18] S. dazu die Beiträge von *Wanderwitz*, Überzeugungstechnologien (2020), unter Hinw. auf eine Aktivität des britischen Unterhauses, sowie *Wanderwitz*, Persuasive Technology (2019), unter Hinw. auf Aktivitäten im amerikanischen Bundesstaat Missouri. S. auch *Nemitz/Peffer*, Prinzip Mensch (2020), S. 226 ff.

[19] Zu den damit – insbesondere, aber nicht nur im Bereich des Datenschutzes – verbundenen Regelungsnotwendigkeiten s. *Hornung/Hofmann*, Industrie 4.0 (2017).

[20] Dazu statt vieler *Skistems*, Smart Homes (2016); *Arnetsbichler*, Smart-Home (2020).

aus, dass durch diese Möglichkeiten Lebensverhältnisse nachhaltig verändert werden können. Auch gibt es besonders sensible Anwendungsfelder,[21] beispielsweise in der medizinischen Diagnostik und Therapie, in denen erhebliche Chancen der Verbesserung des Gesundheitswesens genutzt werden, aber auch neue Risiken entstehen können.[22] Besonderer Aufmerksamkeit verdienen auch die Vorkehrungen für Cybersicherheit (s. u. E), die angesichts von neuen durch digitale Techniken ausgehenden Gefährdungen kontinuierlicher Überprüfung bedarf.

B. Chancen- und risikoadaptierte Vorgehensweisen

Wie schon mehrfach betont, wird im Kontext der digitalen Transformation immer wieder darauf verwiesen, dass mit ihr Chancen wie Risiken verbunden sind. Rechtliche Regulierung ist daher meist darauf gerichtet, beiden Aspekten Rechnung zu tragen, auch wenn es deutliche Unterschiede gibt, je nachdem, ob die Chancen oder die Risiken im Vordergrund stehen.

Mario Martini hat in seiner Monographie zur Regulierung künstlicher Intelligenz gefordert, Algorithmenregulierung müsse als Technologierecht konzipiert werden – mit besonderem Gewicht auf der Risikoregulierung.[23]

Risikominimierung, daneben aber auch Chancenermöglichung bei gleichzeitiger Vermeidung einer Überregulierung, die den Möglichkeitsraum für Innovationen in unzuträglicher Weise einengen würde, ist in der Tat ein wichtiges Ziel. Insofern lohnt es sich auch, in anderen risikoaffinen Rechtsbereichen nach Vorbildern für Regulierungsstrategien und -instrumenten zu suchen. So verweist *Mario Martini* „als Vergleichsfolien“ auf das Recht der Nanotechnologie, das der Humangenetik, das Arzneimittelrecht, das Umweltrecht sowie auf Regelungen zum Hochfrequenz- und algorithmischen Handel mit Finanzinstrumenten.[24]

Christoph Krönke hat in seiner Habilitationsschrift durchgängig besonders stark betont, dass es verkürzt sei, vorrangig auf Risiken einzugehen, ohne auch die Voraussetzungen für die Verwirklichung der immensen Chancen der Digitalisierung zu sehen oder zu schaffen.[25] Dieses Vorgehen kann als chancen- und

---

[21] S. Erwägungsgrund 51 der DSGVO.

[22] S. dazu statt vieler. *Tschider,* Medical Device Artificial Intelligence (2021) unter https://digitalcommons.law.byu.edu/lawreview/vol46/iss6/7, abgerufen am 07.10.2021. Zum Einsatz von Big Data im Gesundheitswesen s. *Wiegerling*, Gesundheitswesen (2018), S. 28–47. S. auch die Beiträge in: Stiftung Datenschutz, Big Data und E-Health (2017); *Landrock/Gadatsch*, Big Data (2018).

[23] *Martini*, Blackbox Algorithmus (2019), S. 27 ff., 113 ff., 337 ff. und passim.

[24] *Martini*, Blackbox Algorithmus (2019), S. 117 ff.

[25] *Krönke,* Digitalwirtschaftsrecht (2020).

risikoadaptierter Ansatz bezeichnet werden.[26] *Krönke* hat mit diesem Ansatz Folgen der Digitalisierung im Bereich des öffentlichen Digitalwirtschaftsrechts analysiert, so im Gewerberecht, Produktsicherheitsrecht, Finanzmarktrecht, Energiewirtschaftsrecht und weiteren Bereichen.[27]

Ferner verweise ich erneut auf die Beiträge in dem von *Martin Ebers et al.* herausgegebenen Rechtshandbuch,[28] die viele unterschiedliche Rechtsgebiete mit dem Ziel behandeln, die jeweils spezifischen Möglichkeiten des Einsatzes von KI und Robotik aufzuzeigen, vorhandene rechtliche Regelungen zu beschreiben und ggf. Änderungsbedarfe zu thematisieren. In der Literatur finden sich auch weitere einschlägige Analysen und Anregungen.[29]

Anmerken möchte ich aber schon jetzt, dass das vor allem in früheren Diskussionen im Zentrum stehende Ziel der Risikoabwehr mir angesichts der Vielfalt der von der digitalen Transformation ausgehenden gesellschaftlichen Veränderungen und der Vielfalt der davon betroffenen Interessen zu eng erscheint. Mir liegt an der Feststellung, dass es um die Ausgestaltung des Einsatzes algorithmischer Systeme bei der Gewährleistung des Schutzes individueller und kollektiver Interessen bzw. Rechtsgüter geht – darunter auch durch Schaffung von Voraussetzung der Möglichkeit, geschäftliche Fortentwicklungen nicht nur in technischer Hinsicht voranzutreiben. Im Hinblick auf die digitale Transformation sind dabei von besonderer Bedeutung die Auswirkungen auf die Lebensverhältnisse allgemein und dabei insbesondere die durch die Art und Weise sozialer Innovationen beeinflussten.[30]

C. Vorgehensweisen bei der Ausgestaltung algorithmischer Systeme

Je wichtiger digitale Technologien und auf sie abgestimmte Geschäftsmodelle und Handlungsweisen sowie Infrastrukturen für die Verwirklichung des Individual- und Gemeinwohls sind, desto stärker muss die Gewährleistungsaufgabe des Staates bzw. der Europäischen Union aktiviert werden (s. o. § 11). Dabei

---

[26] So auch *Krönke*, Digitalwirtschaftsrecht (2021), S. 435 ff.

[27] *Krönke*, Digitalwirtschaftsrecht (2020), Teil 2.

[28] Ebers et al. (Hrsg.), Rechtshandbuch (2020).

[29] S. etwa *Koops*, Normative Technology (2008), S. 167 ff.; *Martini*, Big Data (2014); *Crawford/Schultz*, Big Data (2014); *Saurwein/Just/Latzer*, Governance of Algorithms (2015); s. ferner die Beiträge von *Schrader*, *Klein*, *Telle* und *Kalouta* in: Taeger (Hrsg.), Smart World (2016); Council of Europe, Draft (2016); *Pille*, Meinungsmacht (2016); *di Fabio*, Grundrechtsgeltung (2016), zusammenfassend S. 93–95. S. auch das Gutachten des Sachverständigenrats für Verbraucherfragen, Verbraucherrecht 2.0 (2016) unter https://www.svr-verbraucherfragen.de/wp-content/uploads/Gutachten_SVRV-.pdf, abgerufen am 07.10.2021; *Andersson et al.*, Innovation (2017). S. ferner die Beiträge in Teil II in: Hoffmann-Riem (Hrsg.), Big Data (2018).

[30] Weitere Anregungen finden sich beispielsweise bei *Martini*, Blackbox Algorithmus (2019), insbes, Teil D.

lohnt die Prüfung, auf welche Weisen es möglich ist und sinnvoll sein kann, den Einsatz algorithmischer Systeme in einer auf die unterschiedlichen Bereiche abgestimmten spezifischen Weise rechtlich zu umhegen, etwa durch Ermöglichung von prospektiven und retrospektiven Folgenabschätzungen, durch angemessene Transparenz, durch Qualitätssicherung usw. Anreize können auch dadurch geschaffen werden, dass Start-ups gefördert werden, die neue Ansätze verfolgen. Auch ist daran zu denken, rechtlich Experimentierräume zu ermöglichen, in denen zeitlich begrenzt von strengen Regulierungen Abstand genommen wird, um neue Gestaltungsmöglichkeiten ausprobieren zu können (Regulatory Sandboxes; Reallabore).

I. Systemschutz

Wichtig ist die Sorge für den Schutz der individual- und gemeinwohlorientierten Funktionsfähigkeit algorithmischer Systeme und der verfügbaren Infrastrukturen in den jeweiligen Handlungsfeldern. Die vom Bundesverfassungsgericht betonte Gewährleistung der Integrität und Vertraulichkeit informationstechnischer Systeme verweist beispielhaft auf die Notwendigkeit eines solchen Systemschutzes (s. o. § 11 B). Verfassungsrechtliche Gebote, Orientierungen oder zumindest Möglichkeiten für Vorkehrungen zur Sicherung der Funktionsfähigkeit informationstechnischer Systeme können auch aus weiteren Grundrechten (etwa Art. 3, 5, 6, 10, 13, 14 GG u. a) sowie ergänzend aus den Staatszielbestimmungen sowie aus der EU-Grundrechtecharta und den Wert- und Zielvorgaben, aber auch den Prinzipien des EUV und AEUV sowie der EMRK folgen.

Systemschutz ist im IT-Bereich auch deshalb besonders wichtig, weil Einzelne als Nutzer auf die Ausgestaltung des Systems fast keinen Einfluss nehmen können und sich, wo sie Gefährdungen gar nicht mehr erkennen, individuell auch nicht wehren können. Im Übrigen kann der Schutz wichtiger gesellschaftlicher Bereiche keineswegs gelingen, wenn die Aktivierung von Schutzvorkehrungen ausschließlich auf die Initiative und den Erfolg individueller und damit punktueller Handlungen angewiesen ist. Hier besteht eine wichtige gesamtgesellschaftliche Aufgabe, die mit Hilfe des Rechts auch gesamtgesellschaftlich bewältigt werden sollte. Anreize oder Pflichten zur Schaffung von Systemschutz können ein wichtiger Ansatzpunkt dafür sein.

II. Systemischer Schutz

Systemschutz darf nicht mit systemischem Schutz[31] verwechselt werden. Letzterer nutzt die jeweilige Technologie, um in das technische System selbst Vorkehrungen einzubauen, die Schutzinteressen Betroffener eigenständig wah-

---

[31] *Hildebrandt*, Saved by Design (2017); *Baumgarten/Gausling*, Technikgestaltung (2017).

ren.[32] Wichtig ist – in proaktiver Richtung – die Schaffung von zum Schutz geeigneter Entscheidungsarchitekturen. Hier geht es insbesondere um Schutz durch Technikgestaltung („Protection by Design"),[33] und durch – möglichst nutzerfreundliche – Voreinstellungen („Protection by Default"). Solch systemischer Schutz wird schon seit längerem als Mittel des Datenschutzes eingesetzt, taugt aber auch zur Wahrung des Schutzes anderer Interessen bei der Nutzung algorithmischer Systeme. Technikgestaltung ist auch ein Mittel zur Gewährleistung von Sicherheit[34] („Security by Design"). Diskutiert wird auch, wieweit die Wirksamkeit nicht nur rechtlicher, sondern ergänzend ethischer Grundprinzipien durch Technikgestaltung gesichert oder zumindest gefördert werden kann („Ethics by Design").[35]

Art. 25 und 32 DSGVO sowie § 67 BDSG (neu) schaffen im Hinblick auf den Schutz personenbezogener Daten Ansätze für systemischen Schutz[36] Insoweit fehlen aber Anknüpfungspunkte für systemischen Schutz speziell im Hinblick auf lernfähige Standardeinstellungen.[37] Möglichkeiten dafür oder gar Pflichten zu ihrer Nutzung sollte es nicht nur für personenbezogene, sondern auch für nicht personenbezogene algorithmische Systeme geben.

Systemische Vorkehrungen können auch dazu beitragen, den Autonomieschutz der Nutzerinnen und Nutzer in die Zukunft zu erstrecken. Ein Mittel dazu wäre eine Verpflichtung der Datenverwerter, den Nutzerinnen und Nutzern standardisierte programmatische Schnittstellen zum weiteren Zugriff auf die und zur Verwaltung eigener Daten oder zur Kontrolle der Rechtmäßigkeit des Umgangs Dritter mit Daten zu ermöglichen.

Zu den systemischen Schutzvorkehrungen kann es auch gehören, die globale Vernetzung zu reduzieren und beispielsweise für besonders sensible Vorgänge dezentrale und in sich geschlossene Netze und Clouds für algorithmische Systeme einzurichten und in der Nutzbarkeit entsprechend zu beschränken. Dabei kann sich vor allem für besonders verletzungsanfällige Bereiche eine Lokalbindung der Datenspeicherung, -auswertung und -verwendung empfehlen. Zu berücksichtigen – aber auch kritisch zu hinterfragen – ist allerdings, dass die EU Lokalisierungsgeboten mit Rücksicht auf die Leistungsfähigkeit des EU-Binnenmarkts jedenfalls für nicht personenbezogene Daten weitgehend ablehnend gegenübersteht.[38] Andererseits fordert die EU den Ausbau der „digitalen Sou-

---

32 *Spiecker genannt Döhmann*, Zukunft (2016).

33 *Yeung*, Understanding (2008). Dazu s. a. Kühling/Buchner (Hrsg.), Datenschutz-Grundverordnung (2020), Rn. 14 ff., 24 ff. zu Art. 25.

34 *Wischmeyer*, Informationssicherheitsrecht (2017); *Leisterer*, Internetsicherheit (2018).

35 *Winfield/Jirotka*, Ethical Governance (2018); European Group on Ethics in Science and New Technologies, Statement (2018).

36 Zum Konzept sowie Gestaltungsmöglichkeiten s. ENISA, Privacy by design (2015).

37 Dazu s. *Hermstrüwer*, Regulierung (2018), S. 114 mit Fn. 49.

38 So sieht die Verordnung (EU) 2018/1807 des Europäischen Parlaments und des Rates (vom 14. Nov. 2018) über einen Rahmen für den freien Verkehr nicht personenbezogener Da-

veränität" insbesondere im Verhältnis zu den USA und China und zwar auch im Sinne der Stärkung der Unabhängigkeit der europäischen Digitalwirtschaft.

Auch beim Schutz durch Technik sollte berücksichtigt werden, dass eine von den Unternehmen allein durchgeführte, nicht auch durch Dritte beeinflusste oder jedenfalls kontrollierte,[39] vielfach „opake" Technikgestaltung („dark design") für Erstere eine Versuchung darstellen könnte, effektiven Interessen- und Rechtsgüterschutz anderer eher zu unterlaufen als zu fördern. Erforderlich sind daher Vorkehrungen zur Überprüfung der Berücksichtigung berechtigter Interessen anderer und der Fairness des Interessenausgleichs, etwa durch Zertifizierung sensibler systemischer Vorkehrungen durch akkreditierte Stellen.

III. Standards und technische Normen

Angesichts der vielfältigen Vernetzungen der IT-Wirtschaft und der genutzten Technologien gibt es einen großen Bedarf an Standardisierungen bzw. an der Schaffung technischer Normen.[40] Diese können etwa zur Sicherung von Interoperabilität dienen, komplementäre Schnittstellen ermöglichen oder das Zusammenspiel von Hardware und Software möglichst unkompliziert machen oder Abklärungen über die Anforderungen an die Cybersicherheit vornehmen. Wichtig ist aber auch hier die Vorsorge dafür, dass sie auf die verschiedenen betroffenen Interessen Rücksicht nehmen.

Solche Standards entwickeln sich gegenwärtig insbesondere in der Weise, dass sie von besonders einflussreichen oder innovativen Unternehmen geschaffen und von weiteren Unternehmen als de facto Standards übernommen werden. Dadurch und auf andere Weise können sie sich auf dem Markt durchsetzen und als Marktstandards immer verbreiteter werden. Es besteht aber das Risiko, dass die Setzung durch besonders erfolgreiche Unternehmen zu stark an deren Interessen orientiert sein könnte.

Standards können auch auf Empfehlungen bzw. Vorgaben der für bestimmte Unternehmen zuständigen Verbände beruhen. Dies erhöht die Chance auf Fairness gegenüber allen Unternehmen.

Standards können auch rechtlich erheblich werden, so etwa bei ihrer Nutzung als Hilfe bei der Auslegung unbestimmter Rechtsbegriffe, z.B. bei der Klärung der Fahrlässigkeit der Entstehung von Schäden durch Produkte.

---

ten in der Europäischen Union Begrenzungen der Möglichkeit von Geboten zur lokalen/regionalen Speicherung von Daten vor. S. auch die Mitteilung der Kommission an das europäische Parlament und den Rat vom 29.05.2019, COM (2019) 250 final über „Leitlinien zur Verordnung über einen Rahmen für den freien Verkehr nicht personenbezogener Daten in der Europäischen Union".

[39] Zu Möglichkeiten der Erweiterung des Kreises beteiligter Akteure bis hin zu einem „partizipativen Design" bei der Technikgestaltung s. *Ochs/Richter/Uhlmann*, Technikgestaltung (2016).

[40] S. statt vieler *Pils/Rektorschek*, Industrie (2020), Rn. 82ff.

Denkbar und in vielen Bereichen empfehlenswert ist die staatliche Mitwirkung an der Entstehung von Standards oder jedenfalls die Prüfung und Anerkennung von Standards als ausgewogenes Mittel zur Berücksichtigung unterschiedlicher Interessen. Dies kann Anlass sein, sie – insbesondere nach einer Zertifizierung – auch rechtlich maßgeblich werden zu lassen.[41]

IV. Pro- und retrospektive Folgenabschätzungen

Angesichts der Möglichkeit von Rechtsgutgefährdungen durch die Nutzung algorithmischer Systeme, aber auch hinsichtlich der Chancen innovativer Nutzungen sind Folgenabschätzungen[42] wichtig. Beispiele für dieses Instrument kennt das Datenschutzrecht in Art. 35 DSGVO sowie für das von der DSGVO nicht erfasste Aufgabenfeld der §§ 45, 67 BDSG (neu). Gemeint ist hier eine präventive Abschätzung der bei der Verwendung neuer Techniken zu erwartenden Folgen für den Schutz personenbezogener Daten (Datenschutz-Folgenabschätzung).[43] Zu ihrer Vornahme sind die Verantwortlichen (im Sinne des Art. 4 Nr. 7 DSGVO) verpflichtet, also diejenigen, die über die Zwecke und Mittel der Verarbeitung von personenbezogenen Daten entscheiden, nicht etwa die hoheitlichen Aufsichtsinstanzen.[44]

Folgenabschätzungen können prospektiv, begleitend oder retrospektiv vorgesehen werden. Dringend erforderlich erscheint die Eröffnung der Möglichkeit – ggf. auch die Pflicht – zur Folgenabschätzung bei der Nutzung intelligenter digitaler Systeme, insbesondere der Technologien mit Potentialen zur Gefährdung Dritter, aber auch beim Aufbau und der Nutzung systemsensibler Infrastrukturen. Insofern ist es zu begrüßen, dass Art. 47 E-KI-VO Pflichten zu Folgenabschätzungen im Rahmen von Konformitätsbewertungen vorsieht (dazu s. Art. 43 mit Ausnahmen gemäß Art. 47).

Angesichts der begrenzten Vorhersehbarkeit der mit der Entwicklung und dem Einsatz algorithmischen Systeme verbundenen Probleme und Chancen erfolgen Prognosen unter Unsicherheit. Dem muss auch verfahrensmäßig Rech-

---

[41] Vergleichbar der Nutzung des sog. New Approach im Produktsicherheitsrecht. Zu ihm s. *Pils/Rektorschek*, Industrie (2020), Rn. 82 ff.

[42] Insbes. zur Gesetzesfolgenabschätzung s. Bundesministerium des Innern, Gesetzesfolgenabschätzung (2000); *Böhret/Konzendorf*, Handbuch (2001); Hensel et al. (Hrsg.), Gesetzesfolgenabschätzung (2010); *Sicko*, Gesetzesfolgenabschätzung (2011), S. 199 ff.; *Lund*, Gesetzesfolgenabschätzung (2011), S. 87 ff.; *Reimer*, Parlamentsgesetz (2012), Rn. 110; *Wrase*, Rechtswirkungsforschung (2019), S. 127, 128 ff. Zu Folgenabschätzungen allgemein s. *Notbohm*, Folgenabschätzungskontrolle (2019).

[43] Dazu s. *Karg*, Kommentierung zu Art. 35 DSGVO, in: Simitis et al. (Hrsg.), Datenschutzrecht, 2019 mit Literaturangaben S. 849; *Martini*, Blackbox Algorithmus (2019), S. 207 ff.; *Nägele/Petrlic/Schemme*, Datenschutz-Folgenabschätzung, DuD 2020, S. 719; *v. Grafenstein*, Folgenabschätzung, DuD 2020, S. 172.

[44] Die inhaltlichen Gegenstände der Folgenabschätzung und Bewertungsansätze sind in Art. 35 DSGVO sowie §§ 45, 67 BDSG (neu) aufgeführt. Sie bedürfen m. E. der Erweiterung. Anregungen dazu bei *Martini*, Blackbox Algorithmus (2019), S. 209 ff.

nung getragen werden, etwa durch Vorgaben zu einer Auditierung und zum Monitoring. Wichtig sind ferner Dokumentationspflichten und Vorkehrungen über die Zugangsberechtigung zu dem Dokumentierten, aber auch Festlegungen über die zu dokumentierenden Daten (Metadaten, Trainingsdaten bei lernenden Systemen) und die angelegten Qualitätsmaßstäbe und Bewertungskriterien. Darüber hinaus empfiehlt es sich, Vorkehrungen einer permanenten Folgenbewertung einzurichten, da die künftigen technischen Entwicklungen sowie sozialen Verwendungsmöglichkeiten der Digitalisierung keineswegs absehbar sind und daher laufender Beobachtung und Auswertung bedürfen. Diese sind ein wichtiges Hilfsmittel der Vorsorgeregulierung. Dabei kann es sich evtl. empfehlen, eine Phasenregulierung vorzusehen.

Folgenabschätzungen in Risikobereichen dürfen nicht den für den Algorithmeneinsatz Verantwortlichen allein überlassen bleiben (so aber Art. 35 DSGVO, wenn auch gekoppelt mit der Aufforderung, den Rat des Datenschutzbeauftragten einzuholen, Art. 35 Abs. 2 DSGVO). In relevanten Risikobereichen bedürfen die Art des Vorgehens und die Ergebnisse unabhängiger Kontrolle, sei es durch akkreditierte Stellen oder Behörden. Hinzu sollten Vorgaben zur Offenlegung der zur Folgenabschätzung eingesetzten Methoden und der wesentlichen Ergebnisse gegenüber den von der Softwareanwendung Betroffenen, eventuell auch der allgemeinen Öffentlichkeit oder besonderen Institutionen (wie Beiräten), treten, allerdings nur unter Wahrung berechtigter Geheimhaltungsinteressen.

V. Transparenz, insbes. Sicherung von Verantwortlichkeit, Kontrollierbarkeit und Revidierbarkeit

1. Transparenz als Grundsatz

Die digitale Transformation hat neue Räume und Methoden zur Bewältigung von Aufgaben geschaffen. Die dabei genutzten Vorgehensweisen und die erarbeiteten Ergebnisse sind aber nur begrenzt den Betroffenen oder der Öffentlichkeit zugänglich. Ein Stichwort dazu ist der Verweis auf den Black Box Charakter vieler algorithmischer Systeme, insbesondere beim Einsatz von KI.[45] Dadurch wird die Nachvollziehbarkeit der Vorgehensweisen der Nutzung algorithmischer Systeme weitgehend ausgeschlossen und es werden die Chancen effektiver Außenkontrolle – etwa zur Aufdeckung einseitiger Selektivitäten oder zur Sicherung der Zurechenbarkeit und Verantwortlichkeit (Accountability) und ggf. zur Korrektur bei Fehlentwicklungen – verringert oder gar unterbunden.[46]

---

[45] S. etwa *Ebers*, Regulierung (2020), Rn. 25 ff. unter Verweis auf unterschiedliche Ebenen und Zielrichtungen der Sicherung von Transparenz.

[46] Zum Verhältnis dieser Möglichkeiten s. statt vieler *Wischmeyer*, Regulierung (2018); *ders.*, Transparency (2020), S. 79 ff.

Transparenzerfordernisse beziehen sich auf die Kenntnis der Faktoren, die zum Verständnis der Funktionsweise digitaler Instrumente wichtig sind. Diese können beispielsweise das technische Design und Kriterien und Konzepte algorithmischer Systeme betreffen. Etwa: Nach welchen Maximen erfolgte die Programmierung, welche Kriterien wurden zugrunde gelegt oder gar, welche Informationen werden als Input eingegeben, wenn die algorithmischen Systeme zur Selektion und Steuerung in konkreten Fällen eingesetzt werden? Ein berechtigtes Informationsinteresse kann sich auch auf das genutzte technologische Design und die jeweils eingesetzten algorithmischen Systeme, ggf. unter Einschluss der Vorkehrungen zum „Trainieren" lernender Systeme, beziehen. Diese Aussage bedeutet nicht, dass Transparenz überall erforderlich oder auch nur sinnvoll ist. Es gibt auch berechtigte Interessen der Geheimhaltung. Wichtig ist aber, dass gegenläufige Interessen wahrgenommen werden und nach einer Optimierung zwischen Geheimhaltung und Transparenz gesucht wird.

2. *Exkurs: Das Beispiel der Transparenzregeln in der DSGVO*

Etwas näher sei auf Transparenzregeln im Datenschutzrecht eingegangen, dies einerseits mit dem Ziel, mögliche Anregungen für andere Felder zu gewinnen, aber auch dem weiteren, auf Defizite der dort schon vorgesehenen Transparenzregeln hinzuweisen.

Die DSGVO hat die Möglichkeiten, Informationen über die Verarbeitung personenbezogener Daten zu bekommen, gegenüber den früheren Regelungen verbessert. Abschnitt 2 der DSGVO und §§ 32 ff. BDSG (neu)[47] sehen gewisse, zum Teil sehr detaillierte Pflichten der Datenverwender zur Information von (individuell) betroffenen Personen und Auskunftsrechte für diese vor.[48] Das betrifft die Erhebung und Verarbeitung – auch die Verarbeitung zu anderen Zwecken als bei der Erhebung vorgesehen – und die Übermittlung.[49] Erfasst sind allerdings nur Informationen über gezielt gewonnene personenbezogene Daten, nicht aber über alle bei der Nutzung von Informationstechnologien oder durch Big-Data-Analytik anfallenden und verwendeten oder durch sie neu generierten Daten. Auch die den unabhängigen Datenschutzbehörden (dazu s. Kapitel VI der DSGVO) eingeräumten Überwachungsaufgaben und -befugnisse einschließlich von Auskunftsrechten (Art. 57–58) sind auf personenbezogenen Datenschutz begrenzt.

Die DSGVO beschreibt Grundpflichten der Unternehmen zwar relativ detailliert, belässt aber erhebliche Auslegungsspielräume und ist besonders zu-

---

[47] S. auch §§ 55 ff. BDSG (neu) – in Umsetzung der Richtlinie (EU) 2016/680.

[48] Zu den Grenzen der praktischen Wirksamkeit solcher Informationen s. *Hermstrüwer*, Regulierung (2018).

[49] Art. 13–15 DSGVO i. V. m. Rn. 60 ff. der Erwägungsgründe. Für Einzelheiten sei verwiesen auf die Kommentierungen in Kühling/Buchner (Hrsg.), Datenschutz-Grundverordnung (2020) sowie in Paal/Pauly (Hrsg.), Datenschutzgrundverordnung (2021).

rückhaltend im Hinblick auf die Befriedigung des Interesses der Nutzer zu erfahren, wofür die Daten genau verwendet werden. So sind nach Art. 14 DSGVO Empfänger oder Kategorien von Empfängern der personenbezogenen Daten nur „gegebenenfalls" anzugeben. Die Einschränkung „gegebenenfalls" betrifft auch die Absichten der Verantwortlichen, personenbezogene Daten an einen Empfänger in einem Drittland oder an eine internationale Organisation zu übermitteln (Art. 14 Abs. 1f). An diesen und weiteren Regelungen wird erneut deutlich, dass das gegenwärtig geltende Datenschutzrecht sich vorrangig der Datenerhebung zuwendet, aber nur begrenzt den Möglichkeiten zur Nutzung algorithmischer Systeme auf der Verwendungsebene.

Einzelne rechtliche Regeln zur Verbesserung von Transparenz enthält die DSGVO – allerdings nur partiell und selbstverständlich (ihrem Gegenstand entsprechend) nur beim Schutz personenbezogener Daten.[50] Immerhin sehen Art. 13 Abs. 2f, 14 Abs. 2g DSGVO – für einen Teilbereich, nämlich eine automatisierte Entscheidungsfindung einschließlich Profiling (allerdings mit dem Zusatz „zumindest in diesen Fällen")[51] – als Teil des Auskunftsrechts an die betroffenen Personen gerichtete „aussagekräftige Informationen über die involvierte Logik vor,[52] ferner über die Tragweite und die angestrebten Wirkungen einer derartigen Verarbeitung". Was mit der „involvierten Logik" konkret gemeint ist, bleibt klärungsbedürftig. In der Literatur wird sie z. B. im Sinne der „Methoden und Kriterien" umschrieben,[53] ohne dies aber näher zu spezifizieren. In der DSGVO fehlen weitere Konkretisierungen, beispielsweise hinsichtlich der Kategorien von Daten und der Gestaltung algorithmischer Systeme, die für besondere Anwendungen wie Scoring verwendet werden dürfen. Zu berücksichtigen sind ferner Besonderheiten lernender Algorithmen und dabei werden Antworten auf die Frage zu finden sein, wieweit zur Offenlegung der „involvierten Logik" auch die Vorgehensweise in den Trainingsprogrammen gehören, die in lernende algorithmische Systeme eingebettet sind.

Zur Konkretisierung der Verantwortlichkeit könnten Beschränkungen der Datennutzung beitragen. So könnte für das Scoring zur Prüfung der Kreditwürdigkeit eine Beschränkung der Prüfkriterien auf die bisherige Kreditgeschichte der betroffenen Person verlangt werden. Für Profiling im Hinblick auf Bewerbungsverfahren könnte die Angabe der dafür einsetzbaren Kriterien vor-

---

[50] Im Hinblick auf Transparenzvorkehrungen für die Datenverarbeitung selbst s. die Erwägungsgründe Nr. 39 und 58 der DSGVO.

[51] Dies deutet darauf hin, dass die Regelung nur einen Mindeststandard beschreibt. Zu der Frage, ob auch Scoring erfasst ist, s. *Taeger*, Scoring (2016), S. 75.

[52] In der Literatur wird vielfach die Meinung vertreten, dass nur die Grundannahmen der Algorithmuslogik mitgeteilt werden müssen, nicht etwa die Algorithmen selbst; s. statt vieler *Paal/Hennemann*, in: Paal/Pauly (Hrsg.), Datenschutzgrundverordnung (2021), Rn. 31 zu Art. 13.

[53] So *Bäcker*, in: Kühling/Buchner (Hrsg.), Datenschutz-Grundverordnung (2020), Rn. 27 zu Art. 15.

gesehen werden. Auch könnte – in Anlehnung an das Recht auf Vergessenwerden – für Fristen bei der Verwendung bestimmter Daten gesorgt werden.

Auch anderes ist klärungsbedürftig, so, wieweit die bisher rechtlich begründeten Informationspflichten und Auskunftsrechte sowie Überwachungsmöglichkeiten in den Bereich der Big-Data-Anwendungen hineinwirken. Bisher jedenfalls ist den Betroffenen von Big-Data-Anwendungen – etwa bei der Nutzung prädikativer Techniken – regelmäßig nicht bekannt, welche Daten die Unternehmen konkret nutzen, welche sie wie mit anderen Daten verknüpfen und damit weiteren Nutzungsmöglichkeiten zuführen oder welche Daten sie in andere Geschäftsbereiche des Konzerns, an fremde Unternehmen zu deren Big-Data-Nutzung oder an Datenbroker weitergeben. Hier sei allerdings erwähnt, dass die EU-Kommission in dem geplanten Digital Services Act Verbesserungen vorsehen will (s.o. § 19 C II).

Soweit Informationsrechte der Nutzer und Informationspflichten der Unternehmen bestehen, ist deren praktische Realisierung nicht nur aufwändig, sondern der Umgang mit den Ergebnissen ist schwierig. Kommen Unternehmen den Informationspflichten eingehend nach, so werden die Nutzer häufig mit einer Vielzahl von Ausführungen überschüttet, die im Übrigen meist viele Kürzel und weithin unbekannte Begriffe enthalten, so dass aussagekräftige Informationen praktisch nur durch Experten gewonnen werden können. Infolge der vom EuGH und vom Bundesgerichtshof für Einwilligungen vorgesehene Opt-in-Konstruktion sind die Unternehmen zum Teil dazu übergegangen, sehr differenzierte, wenn auch weiterhin meist recht allgemeine und manchmal sehr geschwätzig formulierte Alternativen für die Reichweite einer Einwilligung aufzuführen[54] – meinem ersten Eindruck nach aber häufig mit der Folge, dass eine Reihe von Nutzern lieber pauschal eine Einwilligung erteilen als sich durch diese verschiedenen Alternativen „durchzukämpfen" und auszuwählen.

3. Schutz von Geschäfts- und Amtsgeheimnissen

Gegen eine Pflicht zur Offenlegung von Algorithmen, digitalen Architekturen u.a. wird allerdings insbesondere der Schutz von Geschäftsgeheimnissen vorgebracht. Einen solchen Schutz hat der Bundesgerichtshof in einer Entscheidung zum Scoring durch die SCHUFA grundsätzlich anerkannt.[55] Zu berücksichtigen ist jedoch, dass der Schutz von geschäftlichen Geheimnissen kein Selbstzweck ist, sondern der Abstimmung auch mit dem Schutz der Interessen ande-

---

[54] S. dazu z.B. https://www.dr-datenschutz.de/ein-plaedoyer-gegen-die-datenschutzerklaerung/, abgerufen am 04.10.2021.

[55] BGHZ 200, 38. Hier wurde die zur Prüfung der Kreditwürdigkeit einer Person eingesetzte Score-Formel als Geschäftsgeheimnis behandelt und zwar unter Berufung auf den entsprechenden Willen des Gesetzgebers, aber auch den der Verfasser der EG-Datenschutzrichtlinie (Erwägungsgrund 41). Zweifelhaft ist allerdings, ob diese Entscheidung den Vorgaben von Kap. III DSGVO gerecht wird.

rer Betroffener als der Unternehmen und damit diverser Rechtsgüter bedarf.[56] Hier besteht Anlass zu Differenzierungen, die gegebenenfalls vom Gesetzgeber vorgenommen werden müssen. Gleiches gilt für den Umgang mit Amtsgeheimnissen.

Die Sicherung hinreichender, aber verantwortungsvoll gehandhabter Transparenz ist beim Einsatz algorithmischer Systeme nicht nur für Datenschutz, sondern auch für den Schutz anderer rechtlich fundierter Interessen vielfach unverzichtbar. Dabei sollte Transparenz kein Selbstzweck sein, wohl aber als Grundlage der Möglichkeit des Erkennens von Risiken und Chancen sowie der Nachvollziehbarkeit und Kontrollierbarkeit und gegebenenfalls Revidierbarkeit nutzbar sein.

Allerdings sind auch Risiken der Offenlegung zu berücksichtigen, etwa die Nutzung des Wissens über den Code des algorithmischen Systems für strategisches Vorgehen Dritter mit dem Ziel, das algorithmische System zu unterlaufen oder zu manipulieren. Eine allgemeine Pflicht zur Offenlegung des technologischen Designs und der eingesetzten algorithmischen Systeme würde zu tief in die Autonomie der Unternehmen eingreifen und deren berechtigtes Interesse insbesondere daran beeinträchtigen, dass die Algorithmen Konkurrenten nicht zugänglich werden, damit sie diese nicht als Trittbrettfahrer nutzen können.

Gerechtfertigt ist aber die Ermöglichung von ggf. begrenzter Transparenz und Kontrolle, soweit anderenfalls Rechtsschutz versagen müsste. Offenlegungspflichten können insbesondere für die Durchführung von Zertifizierungsverfahren oder die Wahrnehmung von Gerichtsschutz wichtig sein. Gegenläufigen Interessen an der Geheimhaltung gegenüber Dritten kann durch Schaffung eines darauf abgestimmten Verfahrens – etwa eines In-Camera-Verfahrens (dazu s. VIII) – Rechnung getragen werden.

4. Monitoring, Protokollierung, Dokumentation

Transparenz ist allerdings nicht nur für den Umgang mit den Daten selbst wichtig, sondern vor allem im Hinblick auf die Verwendung des insbesondere mithilfe von Big Data und KI generierbaren und generierten Wissens in freiheitssensiblen Anwendungsfeldern. Daher sind auch Vorkehrungen zur Zertifizierung der Verwendungsmöglichkeit in noch zu bestimmenden sensiblen gesellschaftlichen Bereichen durch dafür akkreditierte Stellen zu schaffen. Insoweit müsste die in Art. 42, 43 DSGVO für den Schutz personenbezogener Daten vorgesehene Konstruktion gegenständlich auf Gefährdungen anderer Schutzgüter ausgeweitet werden.

Rechtliche Vorgaben sollten ferner durch Verfahren des Monitoring der Einhaltung der Vorgaben ergänzt werden (als Mittel laufender Kontrolle und hin-

---

[56] Einschlägig ist u. a. das Gesetz zum Schutz von Geschäftsgeheimnissen (GeschGehG) aus dem Jahre 2019.

reichender Transparenz). Um Kontrollen effektiv durchführen zu können, sind auch hier Pflichten zur Protokollierung/Dokumentation bestimmter Verwendungsweisen in Betracht zu ziehen.

5. Schutz von Gemeinwohlbelangen im Bereich der Selbstregulierung

Die bisher angesprochenen und weitere Schutzvorkehrungen können nicht nur durch hoheitliche Maßnahmen, sondern auch im Zuge von Selbstregelungen oder Selbstregulierungen der Unternehmen oder Ko-Regulierungen zwischen einerseits hoheitlichen und andererseits privaten (insbesondere privatwirtschaftlichen) Akteuren vorgenommen werden (s.o. § 12). Es gibt bisher allerdings nur begrenzt Ansätze für wirksamen Rechtsgüterschutz Dritter oder für den Schutz von Gemeinwohlbelangen durch Selbstregulierungen/-regelungen der IT-Wirtschaft.[57]

Einseitig aufgestellte unverbindliche Grundsätze gewähren ebenso wie einseitig von Unternehmen aufgestellte Verhaltensrichtlinien nur sehr begrenzten Schutz ihrer Einhaltung. Insofern könnte – um ein Beispiel zu nennen – die im Kapitalanlagenrecht entwickelte Figur der Prospekthaftung[58] Anregungen für eine Möglichkeit zur Stärkung der Beachtlichkeit der von den Unternehmen veröffentlichten Maximen des eigenen Handelns (wie sie etwa in Facebooks – durchaus auch umstrittenen – Community Standards formuliert sind) geben.

Ein weiteres, schon praktiziertes, Schutzelement können Maßgaben für Verhaltensregeln (Codes of Conduct) sein.[59] Soweit sie allein von Verbänden oder allein im Zusammenwirken einzelner Unternehmen entstehen, besteht das Risiko, dass sie inhaltlich einseitig interessenselektiv ausgestaltet werden. Zum Zwecke der Gegensteuerung können – als Form regulierter Selbstregulierung – gesetzlich oder durch internationale Abkommen inhaltliche und prozedurale Vorgaben zur Sicherung der Berücksichtigung der unterschiedlichen betroffenen Interessen vorgesehen werden. Auch kann bei der Entwicklung von Codes of Conduct und ähnlichen Selbstregulierungen eine – gegebenenfalls obligatorische – Mitwirkung von Vertreterinnen und Vertretern der Zivilgesellschaft, die Nutzerinteressen verfolgen, sinnvoll sein. Solchen Vertreterinnen und Vertretern könnten auch Mitwirkungsmöglichkeiten bei der Kontrolle der Einhaltung von Selbstverpflichtungen der Unternehmen eingeräumt werden.

---

[57] Zur Problemlage s. auch *Martini*, Blackbox Algorithmus (2019), S. 320 ff.

[58] Zur Prospekthaftung vgl. statt vieler *Leuering*, Prospekthaftung (2012).

[59] Hierzu s. *Martini*, Blackbox Algorithmus (2019), S. 324 ff. Dabei schlägt er vor, nach dem Muster des Corporate-Governance-Kodex einen „Algorithmic Responsibility Codex" zu erlassen (S. 328 ff.).

VI. Qualitätssicherung durch Gütesiegel, Prüfzeichen, Best Practices, Benchmarking, Qualitätsmanagement u. ä.

Insbesondere (aber nicht nur) auf freiwilliger Basis – möglichst abgestimmt mit gesetzlichen Vorgaben – könnten auch Gütesiegel und Prüfzeichen für den Einsatz bestimmter algorithmischer Systeme vorgesehen werden, gegebenenfalls verbunden mit der Möglichkeit der Zertifizierung bzw. Auditierung.[60]

In das Feld der Selbstregulierung fällt auch die Schaffung von Vorkehrungen zur Erfassung von Best Practices und/oder zur Entwicklung von Benchmarking-Systemen und darauf gegebenenfalls aufbauenden Standards (etwa Standards für Protokolle und Schnittstellen, aber auch für die Technikgestaltung und das Trainieren lernender Systeme).[61] Entsprechende Mittel der Qualitätssicherung sind auch im Hinblick auf die Beachtung von Schutzgütern Dritter, aber ebenfalls von Interessen der Allgemeinheit sinnvoll. Auch hier empfehlen sich Koregulierungen.

VII. Hoheitliche Regulierung

Ergänzend zu dem sonst vorrangig auf Selbst- und Koregulierung vertrauenden Recht kann es angezeigt sein, hoheitliches Regulierungsrecht einzusetzen, und zwar nicht nur als Mittel regulierter Selbstregulierung, sondern auch als ein ausschließlich hoheitlich eingerichtetes Instrument.

Eine hoheitliche Verantwortungsübernahme liegt insbesondere beim Einsatz algorithmischer Systeme mit Schädigungs- oder Missbrauchspotential nahe. Die Datenethikkommission hat versucht, im Zuge ihres risikoadaptierten Regulierungsansatzes fünf (allerdings nicht sehr präzise umschriebene) Kritikalitäts-Stufen zu bezeichnen und auf sie bezogene Regulierungsanregungen zu formulieren:[62] Auch die im E-KI-VO vorgesehenen unterschiedlichen Regelungen für unterschiedliche Gefahrenpotentiale (s. o. § 17 A III) folgen dem Prinzip der Differenzierung nach Risikostufen.

Imperative (mit Verboten, Befehl und Zwang arbeitende) Instrumente sind in manchen Bereichen unverzichtbar (etwa zur Gefahrenvorsorge und -abwehr). In auf Innovationen ausgerichteten, insbesondere Kreativität und Kooperationsbereitschaft der Akteure erfordernden, Bereichen ist von ihnen im Zweifel eher abzuraten. Vielmehr sollte möglichst für Anreize, etwa zur besseren Technikgestaltung, zur Zugangseröffnung und zur Folgenabschätzung, gesorgt werden. Anzustreben ist ein auf den jeweiligen Problembereich zugeschnittenes,

---

[60] Dazu s. *Martini*, Blackbox Algorithmus (2019), S. 323 f.

[61] Zur Problematik der Einbettung von Open-Source-Software in technische Normen bzw. entsprechende Standards s. *Aßmus/Keppeler/Amann*, (Open Source-) Software (2017).

[62] Datenethikkommission, Gutachten (2019), S. 173 ff.

dessen Kontextbedingungen beachtendes und möglichst im Hinblick auf die Ausgangs- und Entwicklungsbedingungen responsives und lernfähiges Recht.[63]

VIII. Ausbau gerichtlichen Schutzes

Vorzuhalten sind auch Möglichkeiten effektiver gerichtlicher Kontrolle. Diese lässt sich übrigens auch dort verwirklichen, wo es gerechtfertigt ist, Geschäftsgeheimnisse von Unternehmen oder Amtsgeheimnisse von Hoheitsträgern anzuerkennen. Insoweit muss Gerichtsschutz für die vom Einsatz der Algorithmen nachteilig Betroffenen nicht notwendig entfallen, sondern kann durch Einführung des In-Camera-Verfahrens vor Gericht[64] ermöglicht werden: Die Unternehmen werden dabei gegenüber dem Gericht zur Offenlegung auch von sensiblen, insbesondere freiheitsgefährdend einsetzbaren, Algorithmen verpflichtet – gegebenenfalls nur der ihnen zugrunde liegenden Maximen und Kriterien, der als Input genutzten Informationen und bei lernenden Systemen der genutzten Trainingsregeln, gegebenenfalls auch der Art des Einsatzes der Big-Data-Analytik. Geheimhaltungsbedürftige Angaben sollten nicht öffentlich zugänglich sein und auch den Prozessparteien nicht oder nur begrenzt zugänglich werden, wohl aber dem mit den Problemen befassten Gericht, das gegebenenfalls eine Prüfung durch unabhängige Experten veranlassen kann.

Gerichtsschutz ist in Deutschland in erster Linie auf die Aktivitäten Einzelner angewiesen, die sich in ihren individuellen Rechtsgütern beeinträchtigt sehen (vgl. Art. 19 IV GG). Angesichts der digitalen Durchdringung aller gesellschaftlichen Bereiche durch die Digitalisierung und vor allem angesichts der vielen Entgrenzungen und Vernetzungen ist ein auf eine Aktivität der in ihren individuellen Interessen betroffenen Personen angewiesener Rechtsschutz nicht mehr ausreichend. Zwar vermag auch ein Einzelner (ausnahmsweise) bei dem Bemühen Erfolg haben, eine ihn betreffende angenommene Rechtsverletzung als Vehikel zu nutzen, um bestimmte Regelwerke grundsätzlich überprüfen zu lassen. Die erfolgreichen von *Maximilian Schrems* beim EuGH angestrebten Verfahren[65] sind Beispiele dafür. Dies aber sind Ausnahmefälle. Die Rechtmäßigkeit des Einsatzes der durch Digitalisierung geprägten Techniken, Geschäftsmodelle und konkreten Vorgehensweisen lässt sich so nur punktuell und zufällig sichern. Geboten sind daher auch Möglichkeiten kollektiv ausgerichteter Rechtsdurchsetzung.

---

[63] S. zu diesem Regelungstyp allgemein die Beiträge in: Bizer/Führ/Hüttig (Hrsg.), Responsive Regulierung (2002). S. auch den „Klassiker" *Nonet/Selznick*, Law and Society (1978).

[64] Ein gesetzliches Beispiel für die Zulassung eines solchen Verfahrens ist § 99 der Verwaltungsgerichtsordnung.

[65] S. EuGH, Urteil vom 6.10.2015 (Rs. C-362/14), EuGRZ 2015, S. 562 ff. zu Safe Harbor; EuGH, Urteil v. 16.07.2020, EuGRZ 2020, S. 431 ff. zum Privacy Shield.

Ein Weg ist die Ausweitung des Einsatzes einer Verbandsklage[66], die in Art. 80 DSGVO im Hinblick auf Rechtsschutz nach Art. 77–79, 82 DSGVO sowie in § 2 Abs. 2 Nr. 11 i. V. m. § 3 Abs. 1 des deutschen Unterlassungsklagengesetzes (UKlaG) vorgesehen ist.[67] Sie könnte zu einer Algorithmen-Verbandsklage ausgebaut werden, dies auch zur Erstreckung der gerichtlichen Kontrolle auf den Einsatz künstlicher Intelligenz. Die Festlegung der Reichweite und der Prüfungsmaßstäbe dürfte allerdings erhebliche Probleme aufwerfen.

Gerichtlicher Rechtsschutz kann auch durch Sammelklagen verbessert werden, deren Ermöglichung von der Europäischen Kommission empfohlen wird.[68] In Deutschland ist dies in Gestalt einer – allerdings nur für einen engen Anwendungsbereich vorgesehenen – Musterfeststellungsklage möglich geworden.[69]

Ferner können Möglichkeiten außergerichtlicher Streitbeilegungsverfahren unter Einschluss der Online Dispute Resolution[70] verstärkt genutzt und durch hoheitliches Recht gefördert werden. Derartige Verfahren sollten zur Sicherung fairer Interessenberücksichtigung regulativ umhegt werden.

IX. Sicherung der Unabhängigkeit von meinungsbildenden Plattformen, darunter Suchmaschinen

Denkbar sind auch weitere Regelungen zum Umgang mit spezifischen Problemen. Ein auf die Funktionsweise öffentlicher Meinungsbildung ausgerichtetes Beispiel von Schutzvorkehrungen ist der – bisher nicht umgesetzte – Vorschlag des Europaparlaments zur Entflechtung zwischen Suchmaschinen und anderen kommerziellen Dienstleistungen.[71] Durch solche Vorkehrungen können Risiken des Missbrauchs der Selektionsmacht von Suchmaschinen beim Zugang der Nutzerinnen und Nutzer zu Informationen[72] reduziert werden, darunter auch

[66] Eine entsprechende Richtline „über Verbandsklagen zum Schutz der Kollektivinteressen der Verbraucher und zur Aufhebung der Richtlinie 2009/22/EG“ ist im November 2020 in Kraft getreten; s. auch *Axtmann/Staudigel*, Verbandsklage (2020), S. 80 ff.

[67] Dazu s. *Spindler*, Verbandsklagen (2016); *Halfmeier*, Datenschutzverbandsklage (2016).

[68] Empfehlung 2013/396/EU vom 11.06.2013 für „Gemeinsame Grundsätze für kollektive Unterlassungs- und Schadensersatzverfahren bei Verletzung von durch Unionsrecht garantierten Rechten“ (ABl. L 201 vom 26.7.2013, 60). ausgesprochen und die Umsetzung dieser Empfehlung wurde später nochmals bekräftigt (Rats-Dok. 6043/18; Kom-Dok. COM (2018) 40, final).

[69] Gesetz zur Einführung einer zivilprozessualen Musterfeststellungsklage vom 12.07.2018 (BGBl. I S. 115). Zur Diskussion darüber s. *Kilian*, Musterfeststellungsklage (2018); *Mekat/Nordholtz*, Musterfeststellungsklage (2019).

[70] Zu schon bestehenden Verfahren der Online Dispute Resolution s. die Hinweise bei Hartung/Bues/Halbleib (Hrsg.), Legal Tech (2018), S. 215–225; *Leeb*, Legal Technology (2019), S. 31 ff.

[71] Europäisches Parlament, Entschließung zur Stärkung der Verbraucherrechte (2014), B8-0286/2014, Nr. 15–18.

[72] Solche Vorwürfe sind beispielsweise gegen Google erhoben worden. Hier sei auch da-

Risiken einseitig an den eigenen oder den Interessen anderer Dienstleister oder sonstiger Dritter ausgerichteter Einflussnahmen auf das Suchverhalten der Nutzer.

Eine weitere Möglichkeit wäre die Vorsorge für eine leistungsfähige, nicht kommerzielle (etwa öffentlich-rechtliche) Suchmaschine oder die Unterstützung der Entstehung besonderer Plattformen mit Vorgaben zur Sicherung inhaltlicher Unabhängigkeit und möglichst von Pluralität. Zu nennen sind auch die im Medienstaatsvertrag enthaltenen Vorkehrungen zur differenzierenden Regulierung der verschiedenen Arten von Diensten (s. u. § 21 B).

X. Institutionen hoheitlicher Aufsicht

Ergänzend ist für effektive hoheitliche Aufsicht der Einhaltung der rechtlichen Vorgaben zur Ausgestaltung des Einsatzes algorithmischer Systeme zu sorgen.[73] Dafür reichen die bisher eingerichteten Institutionen, etwa die Datenschutzbeauftragten, jedenfalls insoweit nicht, als es um mehr als den ihnen obliegenden Schutz personenbezogener Daten geht. Hier wäre ein neues Konzept solcher Ämter erforderlich.

In der öffentlichen Diskussion gibt es verschiedene Vorschläge zur Übertragung neuer Befugnisse auf bestehende Einrichtungen mit sektorspezifischen Sachkompetenzen oder zur Schaffung neuer Institutionen.[74]

Zu den Vorschlägen gehört die Ausweitung der Befugnisse der bisher für Datenschutz zuständigen Stellen oder die Einrichtung einer besonderen „Digitalagentur". Angeregt wird auch – ausgerichtet am Vorbild der Stiftung Warentest – eine Stiftung Datentest. Vorgeschlagen wurde auch der Ausbau der Aufgaben des Bundeskartellamtes über die Wettbewerbssicherung hinaus auf die Überwachung digitaler Dienstleistungen.[75] Dabei soll es über die Wahrneh-

---

rauf verwiesen, dass der Vorschlag für einen Single Services Act auf dieses Problem eingehen will, s. die Website der Europäischen Kommission unter https://ec.europa.eu/info/strategy/priorities-2019-2024/europe-fit-digital-age/digital-services-act-ensuring-safe-and-accountable-online-environment, abgerufen am 04.10.2021.

[73] S. statt vieler Datenethikkommission, Gutachten (2019), S. 198 ff.

[74] Zu solchen Vorschlägen gehört auch die Schaffung eines Digitalministers auf Bundes- und Länderebene. S. etwa *Djeffal*, Digitalministerium (2017). Skeptisch dazu *Denkhaus*, E-Government (2019), Rn. 69. Seit Anfang 2018 ist im deutschen Kanzleramt eine Staatsministerin für Digitalisierung (Dorothee Bär) tätig. Ihre Aufgabe besteht vor allem in der Beschleunigung der Digitalisierung, weniger in der Sicherung der in dieser Untersuchung behandelten Schutzbedarfe. Auch auf Länderebene gibt es Digitalminister, beispielsweise im Land Nordrhein-Westfalen.

[75] In diesem Sinne: Sachverständigenrat für Verbraucherfragen, Verbraucherrecht 2.0 (2016) unter https://www.svr-verbraucherfragen.de/wp-content/uploads/Gutachten_SVRV-.pdf, abgerufen am 07.10.2021, S. 69–77. Dort auch Hinweise auf ausländische Vorbilder, S. 71–74. Ich habe allerdings Zweifel, ob die auf Wettbewerbsschutz spezialisierte Kartellbehörde angesichts ihrer personellen Zusammensetzung und gewachsenen Behördenkultur optimal geeignet wäre, für Schutz auch insoweit zu sorgen, als er nicht mit Marktmacht begrenzenden

mung von Überwachungskompetenzen hinaus tätig werden können, etwa zur Finanzierung von Forschungen Dritter oder anderer Tätigkeiten zur Erweiterung der Expertise über Risiken im Zusammenhang mit digitalen Dienstleistungen und zur Entwicklung von tauglichen Ansätzen des Schutzes und der Risikovorsorge. Ob das Kartellamt mit seiner auf die Wettbewerbssicherung ausgerichteten und darauf bezogenen Perspektive und Regelungsphilosophie die richtige Instanz sein würde, um den vielfältigen durch die Digitalisierung betroffenen Interessen und Regelungsanlässen gerecht zu werden, ist aber durchaus zweifelhaft.

Der Vorschlag der EU-Kommission für eine KI-VO sieht nationale Überwachungsbehörden vor (Art. 59). Ergänzend ist eine „Europäischer Ausschuss für künstliche Intelligenz“ vorgesehen (Art. 56 f)

Erwähnt seien hier zwei in der amerikanischen Literatur entwickelte Vorstellungen. Ein Vorschlag zielt darauf, eine spezielle, der relativ machtvollen Federal Drug Administration nachgebildete, Agentur einzurichten, und zwar insbesondere für die (Vor-)Kontrolle von Algorithmen mit Gefährdungspotentialen; auch sei sie mit einer angemessenen Sanktionsgewalt auszustatten. Diese Behörde sollte neben der Wahrnehmung von Überwachungsaufgaben auch an der Identifizierung bzw. Entwicklung von Standards (Performance Standards, Design Standards, Liability Standards) beteiligt werden.

Ein anderer, speziell auf den Einsatz von künstlicher Intelligenz ausgerichteter US-amerikanischer Vorschlag zielt auf die Schaffung eines besonderen Gesetzes, nämlich eines „Artificial Intelligence Development Act (AIDA)“. Dessen Normen[76] sollen neben inhaltlichen Vorgaben vorsehen, dass eine Agentur geschaffen wird, deren Aufgabe insbesondere in der Zertifizierung der Sicherheit von Systemen künstlicher Intelligenz besteht. Ihre Sanktionsgewalt muss allerdings nicht notwendig darin bestehen, bei Unterlassen der Zertifizierung den Einsatz solcher Systeme zu verhindern. Es kann – insbesondere unter Verarbeitung verhaltensökonomischer Einsichten – sinnvoller sein, differenzierende Reaktionsmöglichkeiten vorzusehen und insbesondere Anreize zur Nutzung solcher Möglichkeiten zu schaffen. So könnte die Nutzung des Zertifizierungsverfahrens durch ein Unternehmen dazu führen, dass dessen Haftung begrenzt oder – bei Nichtnutzung – verschärft wird.[77]

Die Notwendigkeit tauglicher Überwachungsstrukturen sei hier nur betont. Möglichkeiten zur kompetenziellen und organisatorischen Umsetzung im fö-

---

Konzepten erreichbar ist. Zu begrüßen ist allerdings, dass das deutsche Bundeskartellamt schon im Rahmen seiner bisherigen Kompetenzen prüft, ob Facebook unter Nutzung seines überragenden Zugangs zu wettbewerbsrelevanten Daten Marktmacht in Gestalt eines Konditionsmissbrauchs eingesetzt hat. S. dazu die vom Bundeskartellamt veröffentlichten „Hintergrundinformationen zum Facebook-Verfahren des Bundeskartellamts vom 19.12.2017.

[76] S. dazu *Tutt*, An FDA for Algorithms (2017).

[77] Näher dazu *Scherer*, Regulating (2016), S. 393–398.

deral konzipierten System Deutschlands sowie deren Verankerung auch im europäischen Mehrebenensystem müssten eigenständig ausgelotet werden. In jedem Fall lohnt die Prüfung, ob angesichts der Entgrenzungen und Vernetzungen sowie der Vielfalt der (keineswegs nur auf Datenschutz oder Wettbewerbssicherung begrenzten) Ziele hoheitlicher Aufsicht Anlass besteht, die Überwachung angesichts der Vielfalt und Verwobenheit betroffener Interessen und Rechtsgüter zu zentrieren und einer unabhängigen, auf die Wahrung der unterschiedlichen Interessen institutionell und personenbezogen ausgerichteten, mit Sanktionsmöglichkeiten ausgestatteten noch einzurichtenden Instanz zu übertragen.

XI. Schutz gegenüber hoheitlichen Eingriffen, insbesondere Überwachung

Oben (§ 2 A) habe ich dargelegt, dass und warum ich in diesem Buch nicht näher auf den Schutz gegenüber hoheitlicher Überwachung eingehe, mit der ich mich früher viel beschäftigt habe. Dies bedeutet keineswegs, dass ich den Schutz gegenüber den spezifischen Möglichkeiten der Erhebung, Analyse und der Nutzung algorithmischer Systeme durch Hoheitsträger nicht für wichtig halte. Zu berücksichtigen ist allerdings auch, dass die Digitalisierung neue Gefährdungen gebracht hat, die in den Bereich der dem Staat aufgegebenen Gewährleistung der Sicherheit, auch hinsichtlich neuer Formen der Kriminalität, fallen, deren Bekämpfung besondere Schwierigkeiten aufwirft.[78] Hier muss für wirkungsvolle, ggf. auch neue, rechtsstaatliche Anforderungen einhaltende Möglichkeiten der Gefahrenvorsorge und -abwehr sowie Strafverfolgung bei gleichzeitiger Wahrung der Freiheitsrechte gesorgt sein.[79]

Auf Regelungen im Polizei- und Ordnungsrecht bin ich schon in § 21 A eingegangen. Ein aktuell viel diskutiertes Beispielsfeld für besonderen rechtsstaatlichen Schutzbedarf ist der Einsatz von Big Data und KI im Bereich des Predictive/Algorithmic Policing (siehe oben § 15 C).

Relevant für die digitale Transformation ist auch die rechtliche Gestaltung der Überwachungsbefugnisse solcher Einrichtungen wie des Bundeskriminalamts, des Bundesnachrichtendienstes und der Verfassungsschutzämter.[80] Regelungsbedürftig sind der Aufbau von staatlichen Datenbanken und deren Vernetzung, darunter auch die Nutzung des Schengener Informationssystems (SIS).[81] Rechtsstaatlich sensibel ist die Einräumung von Zugriffsmöglichkeiten staatlicher Behörden auf Daten privater Personen oder Unternehmen. Zur Gefahrenabwehr und Strafverfolgung sind solche Möglichkeiten allerdings viel-

[78] Vgl. *Joerden*, Big Data (2018), S. 173–183; *Singelnstein*, Strafverfolgung (2018).

[79] Auf dieses in der Literatur von vielen, auch von mir, intensiv bearbeitete Problemfeld gehe ich in dieser Abhandlung nicht näher ein. S. statt vieler *Kipker*, Staatliche Sicherheit (2016).

[80] Dazu vgl. statt vieler *Bäcker*, Kriminalpräventionsrecht (2015).

[81] Zu ihm s. *Grieshaber-Heib*, Schengener Informationssystem (2020), S. 238 ff.

fach unverzichtbar, im Einzelnen aber auch umstritten.[82] Es kann sogar angezeigt sein, manche der früher von der Rechtsprechung des BVerfG vorgesehenen Vorgaben zur Begrenzung des Einsatzes digitaler Techniken bei der Gefahrenabwehr und Strafverfolgung daraufhin zu überprüfen, ob sie angesichts der durch die Digitalisierung gesteigerten und vielfältiger gewordenen Möglichkeiten privater Personen oder Institutionen zur Gefährdung oder Verletzung von Rechtsgütern der Bürger noch in allen Einzelheiten sachgerecht sind. Die vom Bundesverfassungsgericht immer wieder erhobene Forderung, bei hoheitlicher Überwachung Anforderungen der Rechtsstaatlichkeit zu beachten, darf selbstverständlich nicht aufgegeben oder abgeschwächt werden. Was insoweit gefordert ist, wird aber auch von Veränderungen der Gefährdungslagen beeinflusst, in denen staatlicher Schutz gefordert ist.

Rechtsstaatliche Bindungen gelten nicht nur für ein Handeln im nationalen Hoheitsbereich, sondern betreffen auch grundrechtsbezogene Eingriffe durch nationale Hoheitsträger außerhalb des nationalen Bereichs. Hierzu hat das BVerfG eine Grundsatzentscheidung zum Thema der strategischen Auslandsüberwachung durch den Bundesnachrichtendienst gefällt und dabei auch grundsätzliche Ausführungen über die Grundrechtsbindung deutscher Behörden gegenüber Ausländern im Ausland getroffen; ferner hat es eine gerichtsähnliche Kontrolle der Kooperation des BND mit ausländischen Geheimdiensten gefordert.[83] Aber auch in der Gegenrichtung besteht Schutzbedarf.[84] So ist gesetzlich bzw. durch trans- oder internationale Abkommen zu sichern, dass entsprechende Eingriffe fremder Hoheitsträger im nationalen bzw. im EU-weiten Bereich nur unter den gleichen oder gar strengeren Restriktionen ermöglicht werden wie Grundrechtseingriffe von Hoheitsträgern in Deutschland.

D. Verbund mit sonstigem Regulierungsrecht

Der Einsatz algorithmischer Systeme führt zu höchst unterschiedlichen Chancen und Risiken, je nachdem, wo, wie und für welche Zwecke er erfolgt und wie weit verschiedene Rechtsgebiete betroffen sind. Insofern besteht ein großer Bedarf zur Klärung, wie unterschiedliche Bereiche regulativen Rechts so aufein-

[82] Dass um die rechtsstaatlichen Grenzen solcher Maßnahmen gestritten wird, ist Ausdruck einer lebendigen rechtsstaatlichen Demokratie. Ein Anlass für die Auslösung entsprechender Kontroversen ist z. B. die vom Rat der EU am 14.12.2020 beschlossenen Entschließung zur Verschlüsselung: „Draft Council Resolution on Encryption – Security through encryption and security despite encryption" (12863/20). S. auch *Spyra/Buchanan,* Encryption (2016), http://www.iidi.napier.ac.uk/binary/dl/file/publicationid/13387024, abgerufen am 04.10.2021.

[83] Dazu s. BVerfGE 154, 152, Rn. 88 ff.; BVerfG, Beschluss vom 24.03.2021, NJW 2021, 1723, Rn. 175; *Benz,* BND-Urteil, JuWissBlog Nr. 77/2020 v. 29.05.2020.

[84] S. *Neubert,* Ausländische Geheimdienste (2015).

ander abgestimmt werden können, dass sie nicht zu kontraproduktiven Widersprüchlichkeiten oder Blockaden führen, sondern möglichst wechselseitig optimierend eingesetzt werden.

In vielen Einsatzfeldern algorithmischer Systeme sind Normen aus unterschiedliche Rechtsbereichen zu berücksichtigen, etwa im Gesundheitswesen (Telemedizin, Einsatz von Nanotechnologie u. a.), bei dem Betrieb von (gegebenenfalls existenzwichtigen) Infrastrukturen (etwa für die Energieversorgung), bei der Lenkung von Verkehrsströmen, im Bereich der Logistik, in der industriellen Produktion, bei Maßnahmen zur Sicherung der Nachhaltigkeit des Verbrauchs von Ressourcen, im häuslichen Bereich (Smart Home u. a.), im Bildungssystem oder bei der Erfüllung militärischer Aufgaben.[85]

Stets besteht die Notwendigkeit, der Verschiedenheit sowie der Multipolarität und -dimensionalität der in den jeweiligen Aufgabenfeldern maßgebenden Ziele, Interessen, Akteure und Instrumente Rechnung zu tragen. Dabei ist ein abgestimmtes Zusammenspiel von Datenschutzrecht und Wettbewerbsrecht mit aufgaben- bzw. sektorspezifischem Regulierungsrecht (wie Verkehrsrecht, Energierecht, Medizinrecht, Finanzmarktrecht u. a.) sinnvoll und vielfach auch geboten.

Regulative Vorkehrungen können und sollten neben Interessen schützenden Vorgaben inhaltlicher Art Zuständigkeiten und Verfahren betreffen; sie sollten Möglichkeiten öffentlicher Kontrolle vorsehen und die Voraussetzungen gerichtlichen Schutzes und hoheitlicher Aufsicht näher ausgestalten.

Regelungen für den Einsatz algorithmischer Systeme zu konzipieren, einzurichten und zu implementieren, ist angesichts der begrenzten Vorhersehbarkeit der weiteren Entwicklung der Digitalisierung und ihrer Folgeprobleme schwer, aber letztlich eine ähnliche Herausforderung, wie sie in anderen Feldern des Einsatzes von Recht zur Einwirkung auf Innovationsprozesse bestand und besteht.[86]

E. Vorkehrungen zur Verbesserung der Cybersicherheit

Die Entwicklung der Digitalisierung und insbesondere der Einsatz von Big Data und KI benötigen auch Vorkehrungen gegenüber Gefährdungen der Cybersicherheit.[87] Betroffen von solchen Risiken sind nicht nur Privatpersonen und Unternehmen, sondern auch und in besonderem Maße staatliche Stellen und vor allem Infrastrukturen.

---

[85] Zu letzterem s. *Stellpflug*, *Kriegseinsatz* (2020).

[86] Näher dazu *Hoffmann-Riem*, Innovation (2016).

[87] Zu ihr *Beucher/Utzerath*, Cybersicherheit (2013); *Wischmeyer*, Informationssicherheit (2017); *Samsel*, Risiken (2017).

Zu sichern und möglichst laufend zu kontrollieren ist die Funktionsfähigkeit informationstechnischer Systeme. Besonderer Aufmerksamkeit bedürfen sogenannte kritische Infrastrukturen (wie Krankenhäuser, Energie- und Wasserversorger sowie Verkehrssysteme). Risiken können schon darin begründet sein, dass die eingesetzte Hard- und/oder Software-Sicherheitslücken enthält.[88]

Bei der Sorge um Cybersicherheit handelt es sich angesichts der vielen Vernetzungen nicht nur um eine nationale, sondern darüber hinaus auch und insbesondere um eine trans- und internationale Aufgabe. Gegenständlich geht es um die Schaffung von technischen und sozialen Vorkehrungen, die auch einer rechtlichen Einhegung bzw. Ausgestaltung – unter Einschluss von Verpflichtungen – bedürfen.

Besondere Gefährdungen sind mit sog. Cyberattacken verbunden, nämlich mit gezielten Angriffen auf Computernetzwerke, die für wichtige – etwa für die Versorgung benötigte – Infrastrukturen bedeutsam sind (s. schon o. Art. 17 C). Eine andere Dimension gefährdeter Cybersicherheit ist angesprochen, wenn staatliche oder private Stellen Cyberattacken organisieren, um Desinformation zu betreiben oder auf Entscheidungsprozesse (etwa politische Wahlen) manipulierend einzuwirken.[89]

Cyberattacken erfolgen vielfach unter Nutzung von Big Data und künstlicher Intelligenz. Die Einsetzbarkeit von Big Data und künstlicher Intelligenz ist allerdings zweiseitig: Sie bieten auch einen Ansatzpunkt zur Verbesserung der IT-Sicherheit („Dual use“). So erlaubt Big-Data-Analytik schnelle, vielfach in Echtzeit erfolgende Vorkehrungen, um einen Angriff auf IT-Systeme oder einzelne Kommunikationsvorgänge zu erkennen, zu bekämpfen und mögliche Schäden zu begrenzen. Big-Data-Analytik ist insbesondere in der Lage, Aktivitätsmuster, die eine Gefahr für das informationstechnische System darstellen, zu erfassen und bei der Wahrnehmung ungewöhnlicher Aktivitäten schnelle Reaktionen zu ermöglichen.

In der Rechtsordnung gibt es zunehmend Ansätze mit dem Ziel, die Cybersicherheit zu verbessern. So hat die EU, da der grenzüberschreitende Waren-, Dienstleistungs- und Personenverkehr von Cyberangriffen betroffen sein kann, den Mitgliedstaaten in Gestalt einer Richtlinie[90] besondere Pflichten in diesem

[88] Solche Sicherheitslücken finden sich immer wieder in der Software. Wie die im Januar 2018 bekannt gewordene Sicherheitslücke in den milliardenfach genutzten Prozessoren des Oligopolisten Intel (aber auch in einigen von Konkurrenten, so AMD) zeigt, kann auch die Hardware Mängel enthalten, hier sogar solche, die nicht einfach durch Software-Updates korrigiert werden können. Dazu s. die Berichte in der Süddeutschen Zeitung vom 05. bis zum 07.01.2018, Nr. 4, S. 1, 27.

[89] Um dies zu erschweren, hat Brad Smith, der Präsident und Chief Legal Officer von Microsoft, eine internationale „Digital Geneva Convention“ vorgeschlagen, s. https://blogs.microsoft.com/on-the-issues/2017/02/14/need-digital-geneva-convention/, abgerufen am 04.10.2021.

[90] Richtlinie (EU) 2016/1148 des Europäischen Parlaments und des Rates vom 06.07.2016

Bereich auferlegt. Inhaltlich ist dabei der Mix unterschiedlicher Vorkehrungen bemerkenswert. Nach Art. 1 der Richtlinie sollen verschiedene Maßnahmen ergriffen werden, um ein hohes gemeinsames Sicherheitsniveau von Netz- und Informationssystemen in der Union zu erreichen. Hierfür werden insbesondere vorgesehen:

- die Pflicht für alle Mitgliedstaaten, eine nationale Strategie für die Sicherheit von Netz- und Informationssystemen festzulegen;
- die Bildung einer Kooperationsgruppe, um die strategische Zusammenarbeit und den Informationsaustausch zwischen den Mitgliedstaaten zu unterstützen und zu erleichtern und Vertrauen zwischen ihnen aufzubauen;
- die Schaffung eines Netzwerks von Computer-Notfallteams, um zum Aufbau von Vertrauen zwischen den Mitgliedstaaten beizutragen und eine rasche und wirksame operative Zusammenarbeit zu fördern;
- Sicherheitsanforderungen und Meldepflichten für die Betreiber wesentlicher Dienste und für Anbieter digitaler Dienste und schließlich
- die Pflicht der Mitgliedstaaten, nationale zuständige Behörden, zentrale Anlaufstellen und Computer-Notfallteams mit Aufgaben im Zusammenhang mit der Sicherheit von Netz- und Informationssystemen zu benennen.

Der Umsetzung der Richtlinie dient das „Gesetz über das Bundesamt für Sicherheit in der Informationstechnik" (BSI-Gesetz).[91] Dieses Gesetz soll den Anwendern erleichtern,[92] Schritte zur Absicherung von Netzen und Daten zu ergreifen, ein Managementsystem zur Informationssicherheit aufzubauen und besonders sensible Daten besser zu schützen.[93]

Hervorzuheben ist, dass diese Rechtsgrundlagen auch besondere Regeln für die Betreiber „wesentlicher Dienste" vorsehen, d. h. für öffentliche oder private Einrichtungen, die einen IT-Dienst bereitstellen, der für die Aufrechterhaltung kritischer gesellschaftlicher und/oder wirtschaftlicher Tätigkeiten unerlässlich ist und durch einen Sicherheitsvorfall ersichtlich gestört würde. Dies betrifft

---

über Maßnahmen zur Gewährleistung eines hohen gemeinsamen Sicherheitsniveaus von Netz- und Informationssystemen in der Union.

[91] Dieses aus dem Jahre 2009 stammende Gesetz ist durch Art. 12 des Gesetzes vom 23.06.2021 aktualisiert worden. Zur Entwurfsfassung dieses „IT-Sicherheitsgesetztes 2.0" s. *Stroscher*, IT Sicherheitsgesetz 2.0 (2021).

[92] Das Bundesamt für Sicherheit – die Cyber-Sicherheitsbehörde des Bundes – hat in einem jährlich aktualisierten IT-Grundschutz-Kompendium standardisierte Anforderungen an den Umgang mit erkennbaren Gefährdungen erarbeitet; Bundesamt für Sicherheit in der Informationstechnik, IT-Grundschutz-Kompendium (Edition 2021), Fassung vom 01.02.2021, abrufbar unter https://www.bsi.bund.de/SharedDocs/Downloads/DE/BSI/Grundschutz/Kompendium/IT_Grundschutz_Kompendium_Edition2021.html?nn=128568, abgerufen am 04.10.2021.

[93] Zum IT-Sicherheitsrecht speziell im Hinblick auf KI und Robotik s. die Beiträge in: Ebers/Steinrötter (Hrsg.), IT-Sicherheitsrecht (2021). s. ferner Hornung/Schallbruch (Hrsg.), IT-Sicherheitsrecht (2021).

etwa die Sektoren Luftfahrt, Schienenverkehr, Schifffahrt und Straßenverkehr. Ihre Verletzbarkeit wird durch diese Möglichkeiten von Big Data und KI deutlich gesteigert. Deren Nutzung erleichtert es aber zugleich – wie erwähnt –, dass geeignete Vorkehrungen zum Schutz der Sicherheit der Infrastrukturen getroffen werden. Darüber hinaus müssen Möglichkeiten zur Schaffung von technischen Vorkehrungen zur Erhöhung der Sicherheit fortentwickelt und eingesetzt und ihre Einhaltung muss kontrolliert werden (Security by Design).

Die Gewährleistung der Cybersicherheit bei der Zusammenarbeit von Bund und Ländern zwecks Einrichtung und des Betriebs informationstechnischer Systeme nach Artikel 91c GG gehört zu den Aufgaben des IT-Planungsrats und der zu seiner Unterstützung eingesetzten Anstalt öffentlichen Rechts FITKO (Föderale IT-Kooperation)[94] (s. o § 7 B).

Wieweit die geschilderten von der EU und der Bundesrepublik Deutschland geschaffenen Vorkehrungen einschließlich der Befugnisse des Bundesamts für Sicherheit ausreichen, lässt sich gegenwärtig noch nicht übersehen. Hier erscheinen laufende Evaluationen und gegebenenfalls Nachbesserungen unverzichtbar.

F. Zur Notwendigkeit des Ausbaus transnationaler Kooperation und transnationalen Rechts

Schließlich sei erneut betont: Infolge der für algorithmische Systeme, dabei insbesondere für den Einsatz von Big Data und KI, typischen territorialen Entgrenzungen, reichen nationale Bemühungen unter Einschluss nationaler Rechtsregeln häufig nicht zur Problembewältigung. Dennoch sind solche Regeln nicht unwichtig, zumal sie die im nationalen Recht entwickelten Entscheidungskulturen und bewährten Institutionen nutzen können. Auch können sie als Experimentierfeld zum Austesten der Tauglichkeit regulatorischer Ansätze und als mögliches Modell für Regelungen auch in anderen Rechtsordnungen dienen.

EU-Regelungen haben zwar ein territorial begrenztes Wirkungsfeld, betreffen aber wegen der Größe und Leistungsfähigkeit des europäischen Wirtschafts- und Technologieraums ein attraktives Betätigungsfeld auch für nicht europäische Unternehmen. Dies sollte durch EU-Recht sowie ergänzendes nationales Recht – so durch Ausbau des Marktortprinzips – genutzt werden, um auch solchen Unternehmen die hier geltenden rechtlichen Standards aufzuerlegen, die in ihren „Heimatländern" geringeren oder im Typ anderen rechtlichen Anforderungen unterliegen – wie zum Teil insbesondere die den IT-Bereich

---

[94] S. dazu den auf der Grundlage des Art. 91c GG geschlossenen IT-Staatsvertrags (zu ihm s. o. § 7 B).

dominierenden US-amerikanischen Unternehmen und die zunehmend weltweit operierenden chinesischen IT-Unternehmen. Wenn nicht europäische Unternehmen sich auf EU-Vorgaben einlassen (müssen), kann dies im Übrigen im Interesse einer möglichst einheitlichen Geschäftspolitik ein Anstoß für nicht europäische Unternehmen sein, solche Regeln auch außerhalb des EU-Bereichs zu beachten.

Darüber hinaus sind transnationale und global wirksame Regelungen wichtig. Sie sollten möglichst – jedenfalls soweit sie Rechtsform erlangen sollen – auf entsprechende trans- und internationale Übereinkommen gestützt werden. Erforderlich sind insofern Konzepte, Vereinbarungen und Einrichtungen einer transnationalen Governance, die auf Kooperation hoheitlicher Akteure mit den betroffenen Stakeholdern ausgerichtet sein sollten,[95] so mit den Verbänden und Unternehmen der digitalen Wirtschaft, aber auch mit Nichtregierungsorganisationen (NGOs) und anderen Vertretern zivilgesellschaftlicher Interessen.[96]

---

[95] Ansätze dazu gibt es bisher nur in unverbindlicher Form. Ein Beispiel ist das – allerdings rechtlich unverbindliche – NETmundial-Multistakeholder-Statement vom 24.04.2014, das ein Regelwerk für „Internet Governance Principles" umschreibt sowie eine „Roadmap for the future evolution of the Internet Governance Ecosystem" enthält, abrufbar unter https://www.alainet.org/images/NETmundial-Multistakeholder-Document.pdf, abgerufen am 04.10.2021.

[96] Vgl. *Hoffmann-Riem*, Innovation (2016), S. 691–693 m.w.Hinw.

§ 21 Sektorspezifische Beispiele zur Gewährleistung des Schutzes von Interessen und Rechtsgütern beim Einsatz algorithmischer Systeme

In dem folgenden Abschnitt sollen anhand einzelner Rechtsgebiete unterschiedliche sektorspezifische Vorgehensweisen zum Umgang mit der digitalen Transformation vorgestellt werden. An ihnen kann nicht nur die Vielfalt der Problemstellungen und Lösungsansätze gezeigt werden. Erkennbar werden kann und soll auch, dass die auf die Digitalisierung ausgerichteten unterschiedlichen Rechtsnormen Teile einer umfassenderen Regulierung algorithmischer Systeme geworden sind oder jedenfalls werden können. Dabei tritt das Datenschutzrecht in seiner Bedeutung hinter andere Regelungsanliegen zurück oder wird mit ihnen verbunden. Die Vielfalt der Regulierungsprobleme und Lösungsansätze kann auch hier nur an einzelnen Beispielen verdeutlicht werden.

Ausgewählt wurde zum einen das Polizei- und Ordnungsrecht, das ein sektorspezifisches Recht zur Bekämpfung von Gefahren für die öffentliche Sicherheit und Ordnung ist, aber notwendig weiterhin in starkem Maße auch Datenschutzfragen behandelt (A).

Es folgen Ausführungen zu den insbesondere durch den Medienstaatsvertrag erfolgten Änderungen im Medienrecht (B)

Als sektorübergreifendes Recht ist als Beispiel das Haftungsrecht ausgewählt worden. Dieses ist vor allem deshalb wichtig, weil es nachhaltig auf die Steuerung der Entwicklung und den Einsatz digitaler Technologien einwirken kann (C).

Das Arbeitsrecht wurde herangezogen, um an einem die Lebensbereiche fast aller Menschen erfassenden Gebiet zu zeigen, dass der Einsatz der Digitalisierung weitgehend über tradierte rechtliche Regelungen erfolgt, die aber punktuell um rechtliche Vorgaben für den Umgang mit der Digitalisierung ergänzt wurden (D).

Schließlich wurden Veränderungen am Kapitalmarkt am Beispiel des Frequenzhandels zur Illustration dafür ausgewählt, wie die digitalen Techniken überkommene Verhaltensweisen verändern und insbesondere neue Manipulationstechniken ermöglichen, die rechtlich schwer unterbunden werden können. Erwähnt werden das sog „Spoofing" und die manipulative/spekulationsorientierte Bewirkung von Kursabstürzen („Flash Crashs"). Auch wird auf Risiken von Disparitäten und Machtungleichgewichten verwiesen, hier als Beispiel solche, die durch den Einsatz extrem teurer, auch extrem schneller, vor Ort verfügbarer digitaler „Co-Locations" am Kapitalmarkt entstehen können (E).

A. Recht der polizeilichen Gefahrenabwehr und Strafverfolgung

An dem Recht der Gefahrenvorsorge und Gefahrenabwehr lässt sich besonders gut studieren, dass und wie die Möglichkeiten zum Einsatz digitaler Techniken unter Nutzung einerseits überkommener Regelungen und andererseits von neu auf diese Techniken abgestimmten wahrgenommen werden. „Governance by Algorithms" wird im Polizeirecht zum Schutz von Sicherheit und Ordnung eingesetzt. Gleiches gilt grundsätzlich für die polizeiliche Strafverfolgung sowie die Erfüllung der Aufgaben des Bundeskriminalamts und der Verfassungsschutzämter.

Staatliche Stellen verfügen seit langem über informationelle Befugnisse, so zur Überwachung des Fernmeldeverkehrs[1] oder zur heimlichen oder offenen Herstellung von Bildaufnahmen. Auf die praktische Reichweite der Ermächtigungen wirkten auch technische Veränderungen ein – teilweise begrenzend, meist aber erweiternd. Die Ermächtigungen zu informationellen Eingriffen durch die Polizei zielten und zielen auf den Schutz der öffentlichen Sicherheit und Ordnung – bei strafprozessualen Ermächtigungen auf die Strafverfolgung. Die Nutzung dieser Ermächtigungen kann ihrerseits zur Beeinträchtigung von Rechtsgütern führen (etwa der informationellen Selbstbestimmung oder des durch Art. 10 GG geschützten Brief-, Post- und Fernmeldegeheimnisses).

Die digitalen Techniken haben die Möglichkeiten zum Schutz der öffentlichen Sicherheit und Ordnung erweitert, aber ebenso das Risiko der Verletzung der erwähnten und ggf. weiterer verfassungsrechtlicher Schutzgüter. Parallel hat die Digitalisierung die Möglichkeiten der Bürgerinnen und Bürger zur Gefährdung oder Verletzung der öffentlichen Sicherheit und Ordnung oder zur Begehung von Straftaten erweitert. Dies wiederum hat die gesellschaftlichen Erwartungen zu Gegenmaßnahmen durch die Ordnungsbehörden bestärkt und die Gesetzgeber waren bemüht, dem durch Ausdifferenzierung und Verschärfung der Maßnahmenkataloge nachzukommen, die aber ihrerseits Anlass für Kritik gegeben haben.

Mit der Digitalisierung gingen zugleich – wie *Margrit Seckelmann* formuliert[2] – Grenzverschiebungen einher. Sie „betreffen die Abgrenzung zwischen Gefahr und Risiko, zwischen privater und öffentlicher Sphäre und zwischen

---

[1] S. schon das Fernmeldegesetz von 1927.

[2] *Seckelmann*, Polizei (2019), S. 485. In diesem Aufsatz finden sich auch weiterführende Angaben zu den folgenden Ausführungen.

präventiver und repressiver polizeilicher Tätigkeit".[3] [4] Auch die Strukturen der Polizeiorganisation und die Prozesse der polizeilichen Vorgehensweisen blieben nicht unberührt.

Zu den neuen Möglichkeiten digitaler Kommunikation durch die Ordnungsbehörden gehören allgemein die Nutzung des Internets – vor allem als Medium mobiler und schneller Kommunikation – und bei seiner Nutzung der Zugriff unter anderem auf die Kommunikationsmöglichkeiten der Social Media. Dies ermöglicht den Ordnungsbehörden beispielsweise netzwerkbasierte Fahndungen (vgl. §§ 131–131c StPO),[5] auch – anlassbezogen oder gar ohne konkreten Anlass – so genannte virtuelle Streifenfahrten[6] oder den Einsatz von „virtuell verdeckten Ermittlern".[7] In Ergänzung und zum Teil als Ersatz der traditionell geübten Fernmeldeüberwachung kann Kommunikation nicht nur in ihrem Verlauf überwacht werden, sondern – wenn auch in engen Grenzen – in Gestalt der Online-Telekommunikationsüberwachung bzw. der Online-Durchsuchung – auch durch Eindringen in den Computer und das Ausforschen von Inhalten, die im Computer einer Person oder in der Cloud abgelegt sind.[8]

Die Digitalisierung schafft auch neue Möglichkeiten zum Einsatz von Bild- und Tonaufzeichnungen. Dazu gehören die Videobeobachtung insbesondere auf öffentlichen Plätzen und die Speicherung des Beobachteten (Videoaufzeichnung), verbunden mit Möglichkeiten des Abgleichs mit Informationen, die über Datenbanken zugänglich sind.[9] Vor allem die mit Hilfe von künstlicher Intelligenz fortentwickelten Mittel zur Erfassung biometrischer Charakteristika,[10] etwa unter Nutzung von Gesichtserkennungssoftware (so genannte intelligente Videoüberwachung),[11] erleichtern die Identifikation von Personen für präventive und repressive Zwecke. Ihrer besonderen Gefährlichkeit sollen Art. 6 ff i.V.m. Anhang III des E-KI-VO Rechnung tragen.

Ferner ist auf die Möglichkeiten des Predictive Policing zu verweisen.[12] Bei ihm geht es um die Auswertung von personenbezogenen Daten oder öffentlich verfügbaren Statistiken, Opferprofilen u.a. mit dem Ziel, die Wahrscheinlich-

---

[3] Dazu s.a. *Kugelmann*, Gefahrenbegriff (2003), S. 871 ff.; *Volkmann*, Risiko (2004), S. 696 ff.; *Ebert*, Gefahrenabwehr (2017), S. 10 ff.

[4] Dazu s.a. *Kugelmann*, Gefahrenbegriff (2003), S. 871 ff.; *Volkmann*, Risiko (2004), S. 696 ff.; *Ebert*, Gefahrenabwehr (2017), S. 10 ff.

[5] Dazu s. *Schiffbauer*, Steckbrief 2.0 (2014), S. 1052 ff.; *Schön*, Ermittlungsmaßnahmen (2013).

[6] *Schulz/Hoffmann*, Beobachtungen im Internet (2010), S. 131 ff.; *Oermann/Staben*, Online-Streifen (2013), S. 630, 648; *Eisenmenger*, Virtuelle Streifenfahrten (2017).

[7] Dazu *Rosengarten/Römer*, Virtuelle verdeckte Ermittler (2012), S. 1764 ff.

[8] Dazu s. BVerfGE 120, 274, 307 ff., 313 ff. Hier ging es um eine Ermächtigung an eine Verfassungsschutzbehörde s. auch BVerfGE 141, 220, 303 ff.

[9] Dazu s. *Seckelmann*, Polizei (2019), S. 498 ff.

[10] Zu Biometrie s. *Hornung*, Biometrie (2015), S. 8 ff.

[11] S. *Held*, Videoüberwachung (2014); *Bretthauer*, Videoüberwachung (2017).

[12] Dazu s.o. § 15 C.

keit von Straftaten an bestimmten Orten, bei bestimmten Gelegenheiten oder durch bestimmte Tätergruppen zu erkennen. Das Predictive Policing ist nur ein Beispielsfall für den Einsatz von Algorithmen in der Gefahrenabwehr und Strafverfolgung. Übergreifend auf den Einsatz digitaler Techniken – etwa Methoden der Gesichtserkennung oder (teil)automatisierten Gefährdungsbewertungen von Onlinediskursen, Überwachung von Räumen u.ä. – wird auch der Begriff des „Algorithmic Policing" verwendet

Über diese und weitere Möglichkeiten sowie die rechtlichen Grenzen der Gefahrenabwehr und Strafverfolgung ist in der Öffentlichkeit und in der Wissenschaft intensiv berichtet und gestritten worden. Im Kern geht es bei diesen Auseinandersetzungen um das richtige Verhältnis zwischen dem grundsätzlich anerkannten Ziel der Gewährleistung von öffentlicher Sicherheit und Ordnung und dem ebenfalls grundsätzlich anerkannten Anliegen, die bei der Verwirklichung solcher Ziele möglichen oder eintretenden Rechtsgutgefährdungen auf ein rechtsstaatlich vertretbares Maß zu reduzieren.

Insofern hat auch die Rechtsprechung, insbesondere die des BVerfG, eine Vielzahl und Vielfalt von Anforderungen materieller und prozeduraler Art formuliert. Die Grundlinie lässt sich vergröbernd so skizzieren: Auch die durch die Digitalisierung ermöglichten Vorkehrungen zur Abwehr von Gefahren und zur Minimierung von Schäden und gegebenenfalls zur Sanktionierung durch Strafverfolgung stehen den Behörden grundsätzlich zur Verfügung. Sowohl auf der Ebene der Ermöglichung von Eingriffen als auch bei der Festlegung der dabei zu beachtenden Schranken bedarf es aber differenzierender Abwägungen und strikter rechtsstaatlicher Einhegungen. Diese aber fallen angesichts der mit der Digitalisierung verbundenen Veränderungen (Entstofflichung, Entgrenzungen, Komplexität, Intransparenz u.a.) erheblich schwerer als in der „analogen Rechtswelt".

Verfassungsrechtlich gefordert sind weiterhin für Eingriffe gesetzliche Ermächtigungen, die den Grundrechten und dem Bestimmtheitsgebot Rechnung tragen.[13] Auch müssen sie auf Abwägungen beruhen, die an der Gewichtigkeit des gefährdeten Rechtsguts, an der Gewichtigkeit des durch den hoheitlichen Eingriff der Gefahrenbekämpfung beeinträchtigten Rechtsguts und an der Wahrscheinlichkeit des Eintritts solcher Rechtsgutverletzungen orientiert sind.[14]

Diese Rechtsprechung ist Auslöser des Umstandes, dass im Polizei- und Ordnungsrecht sowie im Recht der Strafverfolgung die Normierungen zu Maßnahmen unter Einsatz digitaler Techniken sehr viel umfangreicher und differenzierter sind als in mehreren anderen sektorspezifischen Regelungen zum Einsatz algorithmischer Systeme. Besonders anschaulich zeigt dies das hamburgische

---

[13] S. statt vieler BVerfGE 120, 274, 315f.

[14] Zu entsprechenden, noch weiter spezifizierten Vorgaben s. insbes. BVerfGE 120, 274 (LS 2), 314ff., 321ff.; 141, 220 (LS 1), 269ff., Rn. 105ff.

Landesrecht. Hier gibt es als allgemeines Polizeigesetz das Gesetz zum Schutze der öffentlichen Sicherheit und Ordnung (SOG). Es wird ergänzt durch das Gesetz über die Datenverarbeitung der Polizei (PolDVG), das die Maßnahmen zur Erfüllung polizeilicher Aufgaben durch Verarbeitung von personenbezogenen Daten erfasst (§ 1 Abs. 1 PolDVG). Dieses Ende 2019 gründlich novellierte Gesetz enthält jetzt mehr als doppelt so viele Paragraphen wie das SOG.[15] Der große Umfang erklärt sich aus dem Versuch des Gesetzgebers, die materiellen und verfahrensrechtlichen Anforderungen an die Abwägung der kollidierenden Interessen und Rechtsgüter differenziert zu formulieren und den Rechtsanwendern möglichst klare Vorgaben zu machen – dies allerdings verbunden mit dem Risiko übergroßer Detailliertheit und in der Folge einer Überforderung der Amtswalter bei der Prüfung aller Anforderungen aus Anlass von konkreten, schnelles Handeln erfordernden Entscheidungen.

Andere Beispiele für ausführliche Regelungen des Umgangs mit personenbezogenen Daten sind das „Gesetz über das Bundeskriminalamt und die Zusammenarbeit des Bundes und der Länder in kriminalpolizeilichen Angelegenheiten“ (BKAG) und das „Gesetz über die Zusammenarbeit des Bundes und der Länder in Angelegenheiten des Verfassungsschutzes und über das Bundesamt für Verfassungsschutz (BVerfSchG). Sie bestehen zu einem erheblichen – ja quantitativ und qualitativ überwiegenden – Teil aus Normen zur Regelung der Erhebung, Verarbeitung und Übermittlung von personenbezogenen Daten bei der Wahrnehmung kriminalpolizeilichen bzw. verfassungsschutzbezogener Angelegenheiten. Ähnliches gilt für die Regelungen der Verfassungsschutzgesetze der Bundesländer.

B. Digitalisierungsbezogene Veränderungen im Medienrecht

Die durch die digitale Transformation bedingten Veränderungen in der Kommunikation und Interaktion sowie bei der Erbringung neuer Dienste haben selbstverständlich nicht nur eine auf Märkte und deren Funktionsweise bezogene Bedeutung. Die Digitalisierung hat auch erhebliche Auswirkungen auf die Medienordnung. Zwar sind die traditionellen Medien wie Zeitungen und Zeitschriften sowie Hörfunk und Fernsehen weiterhin existent, haben sich aber ergänzend und zum Teil ersetzend auf Online-Kommunikation eingestellt. Auf dieses sehr weite Feld verweise ich nur, ohne dies näher auszuführen.

Ich möchte vielmehr im Anschluss an meine Ausführungen zu IT-Märkten und der Regulierung im Bereich der Plattformökonomie (§ 19) zunächst am

[15] Es handelt sich um 78 Paragraphen, während das SOG mit 36 Paragraphen auskommt. Der Seitenumfang zum Abdruck des PolDVG ist rund zweieinhalbmal so groß wie der des SOG.

Beispiel der Novellierung des im November 2020 in Kraft getretenen Medienstaatsvertrags (MStV)[16] Reaktionen auf Herausforderungen der Digitalisierung darstellen.

Der MStV bezieht sich auf eine Reihe neuer Dienste, etwa Streamingdienste oder Inhalte von sozialen Medien. Er löst den bisherigen Rundfunkstaatsvertrag ab, übernimmt aber für den traditionellen Rundfunk einen Teil seiner Regeln, wenn auch modifiziert.

Die Vielfalt der durch die Digitalisierung ermöglichten Kommunikationsformen lässt sich besonders gut an § 2 MStV ablesen. Die dort aufgeführten Begriffsbestimmungen verdeutlichen, dass selbst überkommene Begriffe wie der des Rundfunks einer veränderten Definition bedürfen, nicht nur, aber vor allem, um Abgrenzungen zu neuen Diensten und besondere auf diese abgestimmten Regelungen zu ermöglichen. Zu den neuen Begriffen gehören beispielsweise „rundfunkähnliche Telemedien" (§ 2 Nr. 13 MStV) – gemeint sind Audio- und audiovisuelle Mediendienste auf individuellem Abruf zu einem vom Nutzer gewählten Zeitpunkt. Ein anderer Begriff ist der der Medienplattform (Nr. 14), verstanden als ein Telemedium, soweit es Rundfunk und rundfunkähnliche Telemedien mit journalistisch-redaktionell gestalteten Angeboten zu einem vom Anbieter bestimmtem Gesamtangebot zusammenfasst. Ebenfalls definiert wird der Begriff des Medienintermediärs (Nr. 16), und zwar als Telemedium, das auch journalistisch-redaktionelle Angebote Dritter aggregiert, selektiert und allgemein zugänglich präsentiert, ohne diese zu einem Gesamtangebot zusammenzufassen. Schließlich erwähne ich aus der großen Zahl neuer Begriffe den des Video-Sharing-Dienstes (Nr. 22), verstanden als ein Telemedium, bei dem der Hauptzweck des Dienstes oder eines trennbaren Teils des Dienstes oder eine wesentliche Funktion des Dienstes darin besteht, Sendungen mit bewegten Bildern oder nutzergenerierte Videos, für die der Diensteanbieter keine redaktionelle Verantwortung trägt, der Allgemeinheit bereitzustellen, wobei der Diensteanbieter die Organisation der Sendungen oder der nutzergenerierten Videos, auch mit automatischen Mitteln oder Algorithmen, bestimmt.

Die Bundesländer als Träger des MStV haben hinsichtlich dieser und weiterer Begriffe Ausdifferenzierungen und Folgeregelungen unterschiedlicher Art vorgesehen, um den Besonderheiten gerecht zu werden.[17] Ob diese Ausdifferenzierungen und die Vielfältigkeit der Anforderungen sich in der Praxis bewähren werden, ist allerdings zweifelhaft. Immerhin ist die Bereitschaft der Vertragsparteien anzuerkennen, sich dem Gang der Digitalisierung und den durch sie erfolgten Veränderungen auch regulativ und differenzierend zu stellen.

---

[16] Zu seinem Inhalt s. statt vieler *Siara*, Medienstaatsvertrag (2020).

[17] Dazu gehört – um ein Beispiel zu nennen – auch die Begrenzung der Meinungsmacht der Medienintermediäre, so am Beispiel der Diskriminierungsverbote *Schneiders*, Keine Meinungsmacht den Medienintermediären? (2021).

Als Exkurs möchte ich wegen des Zusammenhangs mit der Medien- und Meinungsfreiheit erneut[18] das vor einigen Jahren in Kraft getretene, im Juni 2021 novellierte[19] Netzwerkdurchsetzungsgesetz (NetzDG) ansprechen.[20] Es soll der Verbesserung der Durchsetzung der Rechte in sozialen Netzwerken dienen. Insbesondere zielt es darauf, die vor allem in sozialen Netzwerken stark verbreiteten Formen der Hasskriminalität, strafbarer Falschnachrichten oder anderer strafbarer Inhalte möglichst wirksam zu bekämpfen. Dabei soll die gesellschaftliche Verantwortung der sozialen Medien[21] betont werden, beispielsweise im Hinblick auf so genannte Fake News, Hatespeech, Cybermobbing oder Shitstorms.[22] Solche Schlagworte kennzeichnen eine Auswahl von Kommunikationsinhalten, die in hohem Maße Rechtsgüter anderer verletzen und in erheblicher Weise diskriminierend und stigmatisierend wirken können.

Die Sorge um die Vermeidung solcher negativ bewerteten Wirkungen, aber auch die Sorge um den Schutz der Meinungsfreiheit sind heikle Aufgaben. Der Schutz nachteiliger Betroffener ist mit dem Schutz der Meinungsfreiheit abzuwägen und Regeln, insbesondere Verfahrensregeln, sind zu schaffen, die Schutz vor solchen Äußerungen gewähren und dabei Rechtssicherheit schaffen und die Freiheitsrechte respektieren. Der Gesetzgeber des NetzDG – ebenso wie die EU-Kommission bei dem Entwurf des Single Services Act[23] – hat sich dazu entschieden, die Aufgabe im Wesentlichen an die Unternehmen zu übertragen, also nicht selbst in Zensurverdacht zu geraten. In die Pflicht genommen werden Telemediendiensteanbieter, die mit Gewinnerzielungsabsicht Plattformen im Internet betreiben, die dazu bestimmt sind, dass der Nutzer beliebige Inhalte mit anderen Nutzern teilen oder der Öffentlichkeit zugänglich machen kann (dies ist die Definition für soziale Netzwerke), sofern sie im Inland mehr als zwei Millionen registrierte Nutzer haben. Das Gesetz sieht ein Beschwerdeverfahren vor. Beschwerden müssen von dem Unternehmen unverzüglich zur Kenntnis genommen und geprüft werden. Offensichtlich strafbare Inhalte sind innerhalb von 24 Stunden nach Eingang der Beschwerde zu löschen oder zu sperren, andere strafbare Inhalte ebenfalls, wenn auch innerhalb der Frist von sieben Tagen. Beschwerden können auch an eine anerkannte Einrichtung der Regulierten Selbstregulierung abgegeben werden, die über sie zu entscheiden

[18] S. schon o. § 12 D.

[19] Dazu s. *a. Kalbhenn/Hemmer-Halswick*, Änderung des NetzDG (2020).

[20] Zu dem Gesetz und den Kontroversen schon zu der alten Fassung s. statt vieler *Eifert et al.*, Netzwerkdurchsetzungsgesetz (2020); *Schiff*, NetzDG (2018. S. ferner *Kühling*, Verantwortung der Medienintermediäre (2021); *Grünwald/Nüßing*, Vom NetzDG zum DSA (2021).

[21] Kritik an der Art der Wahrnehmung dieser Verantwortung in dem Blog unter https://netzpolitik.org/2021/blackbox-wie-facebook-das-netzdg-aushoehlt/, abgerufen am 04.10.2021.

[22] Dazu statt vieler *Eifert,* Hate Speech in sozialen Netzwerken (2021).

[23] Zu dem dort ebenfalls unternommenen Versuch, Hass und Hetze im Netz zu unterbinden, s. *Eisenreich,* Digital Services Act (2021).

hat. Die sozialen Netzwerke müssen im Übrigen halbjährlich über den Umgang mit Beschwerden berichten. Diese Berichte werden veröffentlicht.[24]

C. Haftung

Haftungsfragen stellen sich in allen Bereichen des Einsatzes digitaler Techniken. Das betrifft auch Tätigkeiten staatlicher Organe bzw. Amtswalter – etwa im Bereich des E-Government. Hier können beispielsweise Fragen der Amtshaftung zu klären sein. Dieses Problemfeld klammere ich im Folgenden aus und konzentriere mich auf die vor allem im Bereich des Zivilrechts angesiedelten Haftungsfragen.

Die angemessene Verteilung von Haftung ist eng mit der Frage nach der Sicherheit des Einsatzes digitaler Technologien verbunden. Diese Abhängigkeit ist zentraler Gegenstand des instruktiven Berichts der EU-Kommission „Über die Auswirkungen künstlicher Intelligenz, des Internets der Dinge und der Robotik im Hinblick auf Sicherheit und Haftung".[25] Er analysiert insbesondere Folgen der mit künstlicher Intelligenz, dem Internet der Dinge und der Robotik verbundenen Besonderheiten, die er unter den Stichworten Konnektivität, Autonomie und Datenabhängigkeit thematisiert. Der Bericht verweist ferner mit besonderer Betonung auf die Bedeutung von KI und auf Probleme hoher Komplexität, die sich widerspiegeln „in der Vielfalt der an der Lieferkette beteiligten Wirtschaftsakteure [und] der Vielzahl von Komponenten, Teilen, Software, Systemen oder Dienstleistungen, die zusammen die neuen technologischen Ökosysteme bilden. Hinzu kommt die Offenheit für Aktualisierungen und Verbesserungen nach der Markteinführung dieser Technologien. Die enormen beteiligten Datenmengen, der Rückgriff auf Algorithmen und die Opazität der KI-Entscheidungsfindung erschweren die Vorhersage des Verhaltens eines KI-geschützten Produkts und das Verständnis der potentiellen Schadensursachen. Schließlich können Konnektivität und Offenheit KI-Produkte und IoT-Produkte anfällig für Cyberbedrohungen machen."[26]

Traditionell wurde vielfach angenommen, die Bedeutung des Haftungsrechts liege lediglich bzw. vor allem im Schadensausgleich.[27] In der modernen Risiko-

---

[24] Ausführlich zu diesem Transparenzbericht *Eifert et al.*, Netzwerkdurchsetzungsgesetz (2020), S. 92 ff. Zum Umgang mit diesen Pflichten s. von *Löber/Roßnagel*, Netzwerkdurchsetzungsgesetz (2019) sowie der Blog unter https://netzpolitik.org/2021/blackbox-wie-facebook-das-netzdg-aushoehlt/, abgerufen am 04.10.2021. Zu den Vor- und Nachteilen der gefundenen Lösung vgl. statt vieler *Tschorr*, Soziale Netzwerke (2021).

[25] Europäische Kommission, Sicherheit und Haftung (2020).

[26] Europäische Kommission, Sicherheit und Haftung (2020), S. 2. I

[27] *Wandt*, Gesetzliche Schuldverhältnisse (2020), § 9 Rn. 3; *Grüneberg*, in: Palandt *BGB* (2021), Vor § 249 Rn. 2; *Hager*, in: Staudinger *BGB* (2017), Vor §§ 823 ff. Rn. 9; kritisch *Wagner*, in: MüKo *BGB* (2020), Vor § 823 BGB Rn. 43 f.

gesellschaft rücken jedoch mehr und mehr die stärker politisch geprägten Funktionen der Risikosteuerung und Risikostreuung in den Vordergrund.[28] Insofern geht es vor allem darum, Anreize zur Risikovermeidung für diejenigen zu setzen, die sich nützlicher, aber auch potentiell riskanter Technologien bedienen.[29] Risikosteuerung ist dabei nicht nur mit einer möglichst weitgehenden Risikoreduktion gleichzusetzen: Vielmehr soll das optimale Risiko erreicht werden, bei dem der Nutzen einer Aktivität die damit verbundenen Schäden überwiegt.[30] Die Risikostreuung dient dann dazu, gesellschaftlich erwünschte Risiken in einem gewissen Maße zu vergemeinschaften.[31] Aus politischer Sicht sollen oftmals vor allem Haftungsrisiken beim Einsatz neuer Technologien gesenkt werden, um auf diese Weise den Einsatz einer Gefahren verursachenden Technologie zu „subventionieren".[32] Eine optimale Ausgestaltung des Haftungsrechts unter den Aspekten der Risikosteuerung und -streuung sollte jedoch nicht nur durch Anreizsetzung der Innovationsermöglichung dienen, sondern auch der Sicherung von Innovationsverantwortung.

I. Verschuldenshaftung

Typisch für das deutsche Recht ist die Verschuldenshaftung, vor allem nach § 823 Abs. 1 BGB.[33] Dieses Recht der unerlaubten Handlung ist dreistufig aufgebaut: Tatbestand, Rechtswidrigkeit und Schuld.[34]

Im Tatbestand des § 823 Abs. 1 BGB ist zu prüfen, ob eine Verletzungshandlung kausal zu der Beeinträchtigung eines geschützten Rechtsguts geführt hat.[35] Im Umgang mit digitalen Systemen kann vor allem der Aspekt der Zurechnung der Verletzungshandlung Schwierigkeiten bereiten.

Schädigt beispielsweise ein Roboter ein durch § 823 Abs. 1 BGB geschütztes Rechtsgut, kommen mehrere Verhaltensweisen als Verletzungshandlungen in Betracht: Neben der unmittelbar schädigenden Handlung des Roboters schaffen bereits seine Herstellung und das Inverkehrbringen das Risiko einer unbeherrschbaren Gefahrenquelle, welches sich schließlich bei der Nutzung des Systems realisiert.[36] Letztlich ist hier stets danach zu fragen, an welcher Stelle

---

[28] *Zech*, Verantwortung und Haftung (2020), S. 59.

[29] *Hoffmann-Riem*, Innovation (2016), S. 416 f.

[30] *Schäfer/Ott*, Ökonomische Analyse des Zivilrechts (2020), S. 173 ff.; ähnlich *Wagner*, Verantwortlichkeit (2020), S. 717, 722.

[31] *Zech*, Verantwortung und Haftung (2020), S. 59.

[32] Kritisch hierzu *Wagner*, Verantwortlichkeit (2020), S. 717, 718 f. und *Eidenmüller*, Autonomous Machines (2019), der Maschinen sogar strengeren Sorgfaltsanforderungen unterwerfen will als Menschen, um keinen Automatisierungsdruck zu erzeugen.

[33] Vgl. *Förster*, in: BeckOK *BGB* (2021), § 823 Rn. 5.

[34] Vgl. *Hager*, in: Staudinger *BGB* (2017), § 823 Rn. A 1 ff.; *Wagner*, in: MüKo *BGB* (2020), § 823 Rn. 1.

[35] Vgl. *Spindler*, in: BeckOGK *BGB* (2021), § 823 Rn. 71 ff.

[36] Vgl. *Zech*, Verantwortung und Haftung (2020), S. 37.

Verkehrspflichten verletzt wurden.[37] Verkehrspflichten fordern vom Pflichtigen, die notwendigen und zumutbaren Vorkehrungen zu treffen, um eine Schädigung anderer möglichst zu verhindern. Es müssen diejenigen Maßnahmen getroffen werden, die ein umsichtiger und verständiger, in vernünftigen Grenzen vorsichtiger Mensch für notwendig und ausreichend hält, um andere vor Schäden zu bewahren.[38] Zwar hat sich im Umgang mit digitalen Systemen noch kein fester Katalog von Verkehrspflichten herausgebildet. Dies wird in Anbetracht der vielfältigen Arten digitaler Systeme und der Offenheit der Entwicklung wohl auch niemals möglich sein. Es wird daher stets auf die Art und Verwendung des konkreten algorithmischen Systems ankommen: Beispielsweise zeichnet sich eine KI gerade durch ihre Fähigkeit aus, eigene Entscheidungen zu treffen, sodass es nicht per se eine Sorgfaltspflichtverletzung darstellen kann, eine KI in den Verkehr zu bringen, die nicht jederzeit voll kontrollierbar ist. Eine (Verkehrs-)Pflichtverletzung liegt jedoch etwa vor, wenn keine Sicherheitsvorkehrungen getroffen wurden, die der Lernfähigkeit der KI Grenzen setzen.[39]

Eine Schutzlücke besteht in der geltenden Verschuldenshaftung, wenn ein lernfähiges System eine völlig unvorhersehbare Gefahr schafft: Denn gegen solche Gefahren können und müssen daher auch keine Schutzvorrichtungen getroffen werden.[40] Mangels einer Sorgfaltspflichtverletzung haftet niemand nach § 823 Abs. 1 BGB (s. aber Abs. 2).

Gewisse Erleichterungen zugunsten der Geschädigten ergeben sich nach den von der Rechtsprechung entwickelten Grundsätzen zur Produzentenhaftung.[41] Hiernach muss der Hersteller beim Vorliegen eines Produktfehlers beweisen, dass der Fehler nicht auf einer Verkehrspflichtverletzung beruht und dass er den Fehler nicht zu vertreten hat.[42] Allerdings obliegt weiterhin dem Geschädigten der Beweis der Fehlerhaftigkeit des Produkts. Dies stellt bei algorithmischen Systemen, soweit deren Funktionsweise nicht oder nur schwer nachvollziehbar ist, ein kaum zu bewältigendes Problem dar.[43]

---

[37] *Zech*, Verantwortung und Haftung (2020), S. 37 f. Verkehrspflichtverletzungen können etwa bei der Herstellung des Roboters, bei KI-gesteuerten Robotern beim Training oder auch beim Einsatz durch den Nutzer begangen werden.

[38] BGHZ 195, 30 m.w.Nachw. zur Rspr.; *Spindler*, in: BeckOGK *BGB* (2021), § 823 Rn. 401.

[39] Vgl. *Zech*, Verantwortung und Haftung (2020), S. 38; *Wagner*, Verantwortlichkeit (2020), S. 717, 727.

[40] *Denga*, Deliktische Haftung (2018), S. 69, 73 f.; *Hoffmann-Riem*, Innovation (2016), S. 418 f.

[41] Grundlegend BGHZ 51, 91 – Hühnerpest. Die Grundsätze der Produzentenhaftung sind auch auf „embedded systems" (Kombinationsprodukte aus Hard- und Software) und Softwareprodukte anwendbar, s. *Wagner*, Produkthaftung (2017), S. 707, 714 ff.

[42] *Spindler*, in: BeckOGK *BGB* (2021), § 823 Rn. 723; *Spindler*, Haftungskategorien (2015), S. 766, 771 f.

[43] *Wagner*, Verantwortlichkeit (2020), S. 717, 726; zur Idee der „Explainable AI" *Doshi-*

II. Gefährdungshaftung

Das Vorstehende ergibt, dass die bestehende Verschuldenshaftung einen wesentlichen Teil der Probleme abdecken kann, jedoch nicht vollständig. Eine Ergänzung wäre die Gefährdungshaftung.

Gefährdungshaftungen existieren im deutschen Recht nur in den gesetzlich ausdrücklich geregelten Fällen (Enumerationsprinzip); eine Analogiebildung ist unzulässig.[44] Daher müsste sich eine Haftung für die Handlungen eingesetzter Roboter oder KI unter eine der bestehenden Arten der Gefährdungshaftung subsumieren lassen.

Ein bereits heute wichtiges Anwendungsbeispiel ist die Gefährdungshaftung nach § 7 StVG für Halter von Kraftfahrzeugen. Diese greift grundsätzlich auch bei selbstfahrenden Autos.[45] Der Vorteil für den Geschädigten bei der Halterhaftung nach § 7 StVG liegt darin, dass die Haftung keine Pflichtverletzung des Fahrers voraussetzt. Maßgebliche Haftungsvoraussetzung ist lediglich die Verursachung einer Verletzung beim Betrieb eines Kraftfahrzeugs.[46] Der Geschädigte muss somit nicht nachweisen, dass dem autonomen System ein Fehler unterlaufen ist. Der Halter des Fahrzeugs kann sich auch nicht durch die Berufung auf höhere Gewalt nach § 7 II StVG entlasten: Das Versagen technischer Einrichtungen wird grundsätzlich nicht als höhere Gewalt angesehen.[47] Die Haftung des Halters nach § 7 StVG ist daher auch beim zunehmenden Einsatz von vollautonom agierenden Fahrzeugen ein im Grundsatz geeigneter – allerdings rechtspolitisch umstrittener[48] – Ansatz, um Geschädigte zu kompensieren.[49]

Velez/Kortz, Explanation (2017) unter https://dash.harvard.edu/bitstream/handle/1/34372584/2017-11_aiexplainability-1.pdf, abgerufen am 07.10.2021. S. auch *Sommer*, Haftung für autonome Systeme (2020).

[44] *Hager*, in: Staudinger *BGB* (2017), Vor §§ 823 ff. Rn. 28 f. mit Aufzählung verschiedener Gefährdungshaftungen; *Wagner*, in: MüKo BGB (2020), vor § 823 BGB Rn. 25 f.

[45] *Borges*, Haftung für selbstfahrende Autos (2016), S. 272, 274; *Wagner*, Produkthaftung (2017), S. 707, 758; *Walter*, in: BeckOGK *StVG* (2019), § 7 Rn. 14, 92.2; *Zech*, Verantwortung und Haftung (2020), S. 42; kritisch *Schirmer*, Halterhaftung (2018), S. 453, 467 ff., da der Schutzzweck des § 7 StVG (Schutz vor dem Risikofaktor Mensch) bei vollständig autonomen Fahrzeugen nicht erfüllt sei.

[46] *Borges*, Haftung für selbstfahrende Autos (2016), S. 272, 274; *Schrader*, Automatisierung von Kraftfahrzeugen (2015), S. 3537 f.

[47] *Borges*, Haftung für selbstfahrende Autos (2016), S. 272, 274; *Schrader*, Automatisierung von Kraftfahrzeugen (2015), S. 3537 f. jeweils unter Verweis auf die Gesetzesbegründung BT-Drs. 13/10435, S. 20.

[48] Für eine Beibehaltung der Halterhaftung *Zech*, Verantwortung und Haftung (2020), S. 44 m. w. Nachw.; für eine Verschiebung der Haftung hin zum Hersteller hingegen wohl die Ethik-Kommission, Automatisiertes Fahren (2017), S. 11.

[49] Dagegen wird die Haftung des Fahrers aus vermutetem Verschulden nach § 18 StVG an Bedeutung verlieren, da seine Sorgfaltspflichten durch die wachsende Automatisierung abnehmen bzw. bei autonomen Fahrzeugen komplett entfallen, vgl. *Schrader*, Automatisierung von Kraftfahrzeugen (2015), S. 3537, 3541 f.; *Borges*, Haftung für selbstfahrende Autos (2016), S. 272 f.; *Wagner*, Produkthaftung (2017), S. 707, 709; *Zech*, Verantwortung und Haftung (2020), S. 43 f.

Auch setzt sie Anreize für Autofahrer, sich bei der Entscheidung für ein automatisiertes Kraftfahrzeug um ein sehr sicheres System zu bemühen und mittelbar auf den Hersteller Druck zur Erhöhung der Sicherheit auszuüben.

Ein Ausbau der Gefährdungshaftung[50] wird von manchen – unter Rückgriff insbesondere auf rechtsökonomische Überlegungen – nicht zuletzt deshalb favorisiert, weil durch sie gesichert werden könne, dass die soziale Nützlichkeit des Einsatzes digitaler Systeme fortlaufend durch den einzelnen Nutzer überprüft und gewährleistet werde: Kommt der Nutzer im Rahmen einer Kosten-Nutzen-Analyse zu dem Ergebnis, dass die Schadenskosten seinen Nutzen durch den Einsatz der Künstlichen Intelligenz oder von Robotern übersteigen, hat er einen Anreiz, das Programm entweder so zu verbessern oder verbessern zu lassen, dass Schäden vermieden werden, oder seinen Einsatz zu unterlassen.[51] Gegenüber einer Verschuldenshaftung weist die Gefährdungshaftung außerdem den Vorteil auf, dass durch sie ein Anreiz geschaffen wird, Risikowissen zu generieren, während bei einer Verschuldenshaftung eher das Gegenteil der Fall ist.[52]

III. Produkthaftung[53]

Grundsätzlich haftet der Hersteller für seine Produkte. Neben die vom BGH entwickelte und in § 823 I BGB angesiedelte Produzentenhaftung tritt die Produkthaftung nach dem Produkthaftungsgesetz (ProdHaftG). Bei der Produkthaftung handelt es sich zumindest nach der Intention des Gesetzgebers um eine primär verschuldensunabhängige Haftung,[54] wobei sich der Hersteller durch den Beweis entlasten kann, dass ein Produktfehler im Zeitpunkt des Inverkehrbringens nach dem Stand der Technik nicht erkannt werden konnte (vgl. § 1 Abs. 2 Nr. 5 ProdHaftG).[55]

Zunächst stellt sich jedoch die Frage, ob das ProdHaftG überhaupt anwendbar ist: Produkte im Sinne des § 2 ProdHaftG sind klassischerweise nur bewegliche Sachen.[56] Ist das schadensverursachende Computerprogramm in einen

---

50 Für eine Gefährdungshaftung des Herstellers *Zech*, Verantwortung und Haftung (2020), S. 66 ff. und *Eidenmüller*, Rise of Robots (2017), S. 765, 771 ff.; für eine Gefährdungshaftung des Nutzers *Spindler*, Haftungskategorien (2015), S. 766, 775 f. *Riehm*, Rechtspersönlichkeit (2020), S. 42, 48 und mit Einschränkungen *Lohmann*, Europäisches Roboterrecht (2017), S. 168, 169 f.

51 Vgl. *Schäfer/Ott*, Ökonomische Analyse des Zivilrechts (2020), S. 255 ff.; *Horner/Kaulartz*, Haftung 4.0 (2016), S. 7, 13.

52 Vgl. *Hoffmann-Riem*, Innovation (2016), S. 419 f.

53 Auf das im Jahre 2021 geschaffene Produktsicherheitsgesetz wird hier nicht eingegangen.

54 BT-Drs. 11/2447, S. 11; so auch *Seehafer/Kohler*, Künstliche Intelligenz (2020), S. 213 f.

55 Daher lässt sich das ProdHaftG wohl keinem eindeutigen Haftungstyp zuordnen, s. ausführlich *Oechsler*, in: Staudinger *BGB* (2018), Einleitung zum ProdHaftG, Rn. 27 ff.

56 Die Definition der Sache iSd § 2 ProdHaftG entspricht der des § 90 BGB, s. *Sprau*, in: Palandt *BGB* (2021), § 2 ProdHaftG Rn. 1.

Roboter oder ein selbstfahrendes Auto integriert, ist das ProdHaftG anwendbar, da Roboter und Auto Sachen im Sinne des ProdHaftG sind und es nicht darauf ankommen kann, ob der Fehler gerade eine Sachkomponente betrifft.[57] Dagegen fällt „reine" Software, die in keiner Weise verkörpert ist, jedenfalls nach überwiegender Ansicht nicht unter das ProdHaftG.[58]

Schwierig kann die Feststellung eines Produktfehlers nach § 3 ProdHaftG sein: Die nach § 3 Abs. 1 ProdHaftG maßgeblichen Sicherheitserwartungen beurteilen sich grundsätzlich nach denselben Maßstäben wie die Verkehrspflichten des Herstellers im Rahmen des § 823 Abs. 1 BGB.[59] Fehlerfreiheit bedeutet somit grundsätzlich auch hier keine absolute Sicherheit, sondern nur Sicherheit im Rahmen des Zumutbaren. Der Hersteller hat die Maßnahmen zu treffen, die nach den Gegebenheiten des konkreten Falls zur Vermeidung einer Gefahr objektiv erforderlich und zumutbar sind, wobei Art und Umfang der nötigen Sicherungsmaßnahmen von der Größe der drohenden Gefahren abhängen.[60] Speziell im Zusammenhang mit lernfähigen digitalen Systemen wird hieraus etwa eine Verpflichtung des Herstellers abgeleitet, unsichere Lernmöglichkeiten zu unterbinden und die Sicherheit gegenüber Hackerangriffen zu gewährleisten.[61] Die Umsetzung und Kontrolle dieser Verpflichtung dürfte allerdings höchst schwierig sein. Im Übrigen sind weiterhin Fälle denkbar, in denen ein Geschädigter keinen Anspruch gegen den Hersteller hat, weil das System einen nicht zu verhindernden Fehler begangen hat.

Wie gezeigt, kann insbesondere durch Verkehrspflichten und Beweislastregeln ein gewisser Schutz Geschädigter bewirkt werden.[62] Trotzdem gibt es Anlass für die Klärung, wie Haftungslücken de lege ferenda geschlossen werden können, die auftreten, wenn ein nicht zu verhindernder technischer Fehler auftritt und keine Gefährdungshaftung eingreift. Auch der unter I erwähnte Bericht der EU-Kommission zielt u. a. auf eine Änderung der Produkthaftungs-RL.[63]

---

[57] *Wagner*, Produkthaftung (2017), S. 707, 715; *Sprau*, in: Palandt *BGB* (2021), § 2 ProdHaftG, Rn. 1.

[58] So etwa *Oechsler*, in: Staudinger *BGB* (2018), § 2 ProdHaftG Rn. 65 f. m. w. Nachw. zum Meinungsstand, a. A. hingegen *Wagner*, Produkthaftung (2017), S. 707, 717 (analoge Anwendung von § 2 ProdHaftG).

[59] S. nur BGH, NJW 2009, 1669 – Kirschtaler.

[60] BGH, NJW 2009, 1669 – Kirschtaler; *Wagner*, Produkthaftung (2017), S. 707, 728; *Zech*, Verantwortung und Haftung (2020), S. 47; aus rechtsökonomischer Perspektive *Schäfer/Ott*, Ökonomische Analyse des Zivilrechts (2020), S. 414.

[61] *Zech*, Verantwortung und Haftung (2020), S. 48 f.; *Wagner*, Produkthaftung (2017), S. 707, 727.

[62] So *Zech*, Verantwortung und Haftung (2020), S. 56; vgl. auch *Wagner*, Produkthaftung (2017), S. 707, 758: „Von Rechtsunsicherheit kann […] überhaupt keine Rede sein." *Denga*, Deliktische Haftung (2018), S. 69, 71: „Zivilrechtliche Dogmatik ist […] hinreichend flexibel."

[63] S. Europäische Kommission, Bericht über die Richtlinie 85/274/EWG, COM (2018) 246 final und Europäische Kommission, Sicherheit und Haftung, COM (2020) 64 final.

IV. Zurechnung von Haftung durch Behandlung digitaler Systeme als Akteure im Rechtsverkehr

Ein neuartiger Ansatz zur Erleichterung der Zurechnung von Sicherheitspflichten und Haftung bei Pflichtverletzungen besteht in dem Vorschlag zur Schaffung einer Rechtpersönlichkeit für Roboter oder lernende algorithmische Systeme, soweit diese eigenständig am Rechtsverkehr teilnehmen und Akte mit Rechtsverbindlichkeit vornehmen oder Rechtspflichten verletzen. Vorgeschlagen wird, dass ihr Handeln Haftung auslöst oder dass die Akteure sogar strafrechtlich verantwortlich sein können.[64] Eine vorgeschaltete Grundsatzfrage geht dahin, woran sich Rechtssubjektivität misst, insbesondere wieweit sie eines personalen Substrats bedarf, also immer auf Menschen bezogen sein muss.[65]

Bei automatisierten, also deterministisch programmierten Robotern mag es für die Anerkennung einer eigenen Rechtspersönlichkeit kein Bedürfnis geben, da ihr Handeln dem Verwender dieses Roboters (bei einer Willenserklärung etwa analog § 164 Abs. 1 BGB) zugerechnet werden kann. Schwieriger ist die Beurteilung beim Handeln selbstlernender, also insoweit auch autonom handelnder Softwareagenten.[66]

Eine in der Literatur weitgehend vertretene Position geht davon aus, dass Rechtssubjektivität in der Rechtsordnung nicht a priori vorgegeben ist, aber durch die Rechtsordnung gewährt werden kann.[67] Die Zuweisung von Rechtsubjektivität liege umso näher, je mehr Entitäten über die Fähigkeit verfügten, „autonom" zu handeln.[68] Allerdings wird die Einräumung von Rechtssubjektivität von den meisten Autoren verworfen,[69] auch unter Verweis auf die Garantie der Menschenwürde (Art. 1 Abs. 1 GG), da Rechtssubjektivität nur insoweit anerkannt werden könne, als diese Entität Ausdruck des Handelns von natürlichen Personen ist.[70] Stattdessen wird meist vorgeschlagen, die hinter dem algorithmischen System stehenden Personen für die Rechtsfolgen verantwortlich zu halten.[71]

---

[64] S. Europäisches Parlament, Entschließung zu zivilrechtlichen Regelungen im Bereich Robotik, 2015/2103(INL), Punkt 59 f); *Specht./Herold,* Roboter als Vertragspartner? (2018), Zur Anwendung des Strafrechts auf KI *Gaede*, Künstliche Intelligenz (2019), S. 57 ff.

[65] Dazu s. etwa BVerfGE 75, 192, 196.

[66] Hierzu s. die differenzierenden Erwägungen von *Effer-Uhe*, Erklärungen autonomer Softwareagenten (2021), S. 169 ff. m. w. Hinw.

[67] Zu der damit verbundenen Relativität von Rechtssubjektivität s. *Kersten*, Relative Rechtssubjektivität (2017), S. 9 ff.

[68] *Kersten,* Relative Rechtssubjektivität (2017), S. 12 ff.

[69] So *Spindler*, Haftungskategorien (2015), S. 766, 774 f.; *Borges*, Autonome Systeme (2018), S. 977, 979; *Schirmer*, Halterhaftung (2018), S. 453, 473; *Leeb*, Legal Technology (2019), S. 305 ff.; *Riehm,* Rechtspersönlichkeit (2020), S. 42, 46 m. w. Nachw. und auch die Datenethikkommission, Gutachten (2019), S. 219.

[70] So *Müller-Hengstenberg/Kirn*, (Software-)Agenten (2014), S. 307 ff.

[71] Es gibt auch Vorschläge zur Differenzierung: So schlägt *Teubner*, Digitale Rechtssubjekte (2018), S. 155 ff. drei neue Formen eines digitalen Rechtsstatus für autonome Software-

Gegen die Einführung einer „E-Person" insbesondere als Haftungssubjekt hat sich beispielsweise *Herbert Zech* in seinem für den 73. Deutschen Juristentag 2020 vorgelegten Gutachten ausgesprochen.[72] Dort hat er eine Vielfalt von Konstruktionen entwickelt, um einerseits durch Verkehrspflichten und Beweislastregeln auf die neuen Herausforderungen zu reagieren und andererseits das Haftungsregime stärker zu differenzieren. Zu letzterem gehört u. a. die Einführung der schon oben (II) erwähnten Gefährdungshaftung für das Handeln solcher lernender Systeme, die sich durch Robotik und Vernetzung auszeichnen.

Es ist anzunehmen, dass die Diskussion um ein den Besonderheiten der Digitalisierung, insbesondere des Einsatzes lernender Systeme, gerecht werdendes Haftungssystem einzurichten, fortgehen wird, ohne dass sich eine zufriedenstellende Lösung schon abzeichnet. Zu treffen ist daher eine originär politische Entscheidung. Es bietet sich insofern an, für die Haftung bei denjenigen anzuknüpfen, die die beste Kontrollmöglichkeit haben und daher das Risiko am effizientesten minimieren können:[73] Dies wird meist der Hersteller sein. Daneben treten bei lernenden Systemen die Personen, die das System trainieren. Dies können auch professionelle Betreiber sein.[74] Dies kann die Klärung erschweren, welche dieser Personen den Fehler zu vertreten hat.

Vor allem, um die Liquidität des Schadensverursachers abzusichern, wird auch eine haftungsersetzende gesetzliche Unfallversicherung als Pflichtversicherung vorgeschlagen.[75]

Die genauen Details (Haftungsumfang, -ausschlüsse, -höchstgrenzen usw.) sollten einerseits so ausgestaltet werden, dass keine Haftungslücken entstehen. [76] Das kann die Technikakzeptanz erhöhen. Auch kann sie die Entwicklung neuer nützlicher Technologien ermöglichen, da Risiken verteilt werden.[77] Pauschale Lösungen sollten ausscheiden. Vielmehr sollten sektorspezifische Regelungen je nach der Art des autonomen Systems und seiner Gefährlichkeit entwickelt werden.

---

agenten vor: Akteure mit beschränkter Rechtssubjektivität, Mitglieder eines Mensch-Maschinen-Verbunds und die Einordnung als Teilelement eines Risikopools. Zu Differenzierungen s. auch *Effer-Uhe*, Erklärungen autonomer Softwareagenten (2021), S. 171 ff.

[72] *Zech*, Verantwortung und Haftung (2020), S. 65 f.

[73] *Zech*, Verantwortung und Haftung (2020), S. 59; *Eidenmüller*, Rise of Robots (2017), S. 765, 772; s. zum Konzept des „cheapest cost avoider" auch *Schäfer/Ott*, Ökonomische Analyse des Zivilrechts (2020), S. 279 f.

[74] *Zech*, Verantwortung und Haftung (2020), S. 68.

[75] *Zech*, Verantwortung und Haftung (2020), S. 59; *Eidenmüller*, Rise of Robots (2017), S. 765, 772; *Horner/Kaulartz*, Haftung 4.0 (2016), S. 7, 14.

[76] *Lohmann*, Europäisches Roboterrecht (2017), S. 168, 170; *Horner/Kaulartz*, Haftung 4.0 (2016), S. 7, 14; *Zech*, Verantwortung und Haftung (2020), S. 67.

[77] Vgl. zu konkreten Ausgestaltungmöglichkeiten *Zech*, Verantwortung und Haftung (2020), S. 66 ff.

D. Gestaltung von Arbeitsverhältnissen

Die Auswirkungen der Digitalisierung auf die Arbeitsverhältnisse sowie auf bestehendes Arbeitsrecht und mögliche Änderungsbedarfe sind Thema des folgenden Abschnitts.

I. Veränderungen der Arbeitsorganisation und der Anforderungen insbesondere an die Arbeitnehmer

Die Digitalisierung hat Einfluss auf die Art wirtschaftlichen Handelns, dies insbesondere auch unter den Bedingungen des globalen Wirtschaftens. Dabei ändern sich die Bedingungen zum Teil sehr schnell. Die Betriebe sehen sich verstärkt Volatilitäten, Unsicherheiten, Komplexitäten und Ambiguitäten ausgesetzt.[78] Dies wirkt sich auch auf die Arbeitsbedingungen aus und schafft neue Möglichkeiten der Arbeitsorganisation sowie der Arten der Wahrnehmung von Arbeitsaufgaben.

Zu den Veränderungen sei zunächst auf den Bericht der Enquetekommission des Bundestages zu Künstlicher Intelligenz verwiesen.[79] Der folgende Auszug[80] befasst sich insbesondere mit den Möglichkeiten der Arbeitsverdichtung:

„In Bezug auf die Spezifika von KI-Systemen sind diesbezüglich folgende Faktoren als mögliche Treiber erhöhter Arbeitsintensität hervorzuheben:

- erhöhte Komplexität von Prozessen und höhere Anforderungen an deren Geschwindigkeit und Flexibilität. Diese sind zwar nicht KI-getrieben und ergeben sich aus den allgemeinen Umweltbedingungen der Unternehmen. KI-basierte Technologien bieten jedoch neue Möglichkeiten, diesen Erfordernissen nachzukommen (Stichworte: „Losgröße 1", „On-demand-Economy"), die somit auch die Arbeitswelt zunehmend prägen;
- Arbeitsverdichtung infolge einer allgemeinen Beschleunigung und Rationalisierung von Prozessen;
- Substitution von Routinetätigkeiten und eine Verschiebung des Tätigkeitsspektrums hin zu geistig anspruchsvolleren Tätigkeiten (auch: Multitasking, bereichsübergreifende Zusammenarbeit). Sollte hier kein Ausgleich entstehen, steigt die Arbeitsbelastung. Eine Ausprägung dieses Phänomens ist die Verbreitung projektförmiger Arbeit, deren Ausprägung zwischen „digitalem Fließband" und selbstbestimmter agiler Arbeit variiert;

---

[78] Es wird insofern oft von der sog. „VUCA-Welt" gesprochen, einer Welt, in der „Volatility", „Uncertainty", „Complexity" und „Ambiguity" bewältigt werden müssen; siehe dazu etwa *Aulinger*, Die drei Säulen agiler Organisationen (2017).

[79] Enquete-Kommission, Künstliche Intelligenz (2020), insbesondere S. 315 ff. zur Entwicklung am Arbeitsmarkt.

[80] Enquete-Kommission, Künstliche Intelligenz (2020), S. 322 f.

– eine rigidere Kontrolle der Arbeitsleistung durch Techniken des algorithmischen Managements: Beispiele hierfür betreffen die algorithmische Steuerung des Arbeitseinsatzes in manchen Unternehmen der Handelslogistik sowie KI-basierte Anwendungen des Customer-Relations-Managements zur Optimierung und Standardisierung von Verkaufsprozessen."

Diese Beschreibung kann durch den Hinweis auf weitere Veränderungen ergänzt werden. So werden Kontinuitäten durchbrochen, die bisher für das (analoge) Arbeitsleben kennzeichnend waren: Die Arbeitsleistung muss infolge der digitalen Transformation vielfach nicht mehr wie herkömmlich von kontinuierlich arbeitenden Einzelpersonen erbracht werden; ergänzend oder ersetzend kommen andere, insbesondere auftragsbezogene Arbeitsmodelle hinzu. Auch ist zunehmend eine zentrale Betriebsstätte nicht mehr erforderlich. Vielmehr erfolgt das Arbeiten vielfach dezentral und räumlich (z. T. global) verteilt.[81] Ein eindrucksvolles Beispiel für diese neuen Veränderungen ist etwa das sog. „Crowdworking". Bei dieser Arbeitsform werden – vereinfacht gesagt – Einzelaufträge auf dazu bestimmten Plattformen ausgeschrieben.[82] Wahrnehmen kann diese Aufgaben grundsätzlich, wer immer dazu fähig ist, (meist) unabhängig davon, in welchem Land er oder sie sich befindet und in welche Arbeitsorganisation er oder sie selbst eingebunden ist. Die Ausschreibung kann auf Aufgaben praktisch jeden Komplexitätsgrades gerichtet sein: von der simplen Bearbeitung von Worddokumenten mit einfachen Formatierungstools über das Design von einem Produktlogo bis hin zur Testung einer Software auf ihre Sicherheit gegen Hacker-Angriffe.[83] Wo die Ausschreibung eines Auftrags früher ökonomisch bzw. zeitlich ineffizient war, kann dies auf Crowdworking-Plattformen für Unternehmen und ggf. sogar für Privatpersonen zu einer veritablen Option werden. Ökonomisch betrachtet reduzieren die technischen Möglichkeiten die Transaktionskosten stark.[84] Zugleich aber diffundieren Verantwortlichkeiten.

Die Entwicklung und Verbreitung dieser und ähnlicher neuartiger Arbeitsformen wird übergreifend insbesondere unter den Begriffen „Arbeiten 4.0" und

---

[81] Siehe zu diesen Entwicklungen etwa *Loritz*, Betriebsverfassung (2020), S. 425 ff., 427; *Schirmer/Isenmann*, Digitale Arbeitswelten (2019), S. 69 ff., 70; oder auch *Hanau*, Digitale Arbeitswelt (2016), S. 2613 ff., 2613 f., der von einem „unternehmerischen Trend wieder weg von der Hierarchie zurück zum Markt" und einer „Entbetrieblichung" spricht; *Visser*, Mobile Arbeit (2021).

[82] Zu manchen damit verbundenen Problemen s. die Eckpunkte des Bundesministeriums für Arbeit und Soziales, Plattformökonomie (2021) unter https://www.denkfabrik-bmas.de/fileadmin/Downloads/eckpunkte-faire-plattformarbeit_1_.pdf, abgerufen am 04.10.2021. Dabei geht es u. a. um die Klärung des arbeitsrechtlichen Status und faire Arbeitsbedingungen der Plattformarbeiter. Angestrebt wird eine EU-weite Regelung.

[83] Siehe zum Crowdworking etwa *Däubler*, Digitalisierung und Arbeitsrecht (2020), S. 463 ff.

[84] Dies betonend etwa *Hanau*, Digitale Arbeitswelt (2016), S. 2613 ff., 2614.

„New Work" gefasst. Der erste Begriff soll die Parallelität zum Begriff der Industrie 4.0 und der darin enthaltenen Anspielung auf eine – antizipierte – vierte industrielle Revolution verdeutlichen. Der Begriff „New Work" – eine Wortschöpfung des US-amerikanischen Philosophen *Frithjof Bergmann* –[85] soll vor allem neue Autonomiechancen für einen Teil der Arbeitenden im digitalen Zeitalter betonen.

Mit der zunehmenden Durchbrechung der für die analoge Arbeitswelt typischen Kontinuitäten geht neben einer großen Erweiterung der Arbeitsteilungsmöglichkeiten auch einher, dass klassische (Top-Down-) Betriebsorganisationsmodelle zunehmend an ihre Grenzen gelangen bzw. nicht konkurrenzfähig bleiben. Diesen fehlt es oft an der nötigen Agilität und Vernetztheit – und dadurch an Effizienz, Anpassungsfähigkeit und Innovationskraft sowie an Attraktivität für moderne Arbeitnehmer. Die alten Betriebsorganisationen stehen in Konkurrenz zu neuen Arbeitsorganisationsmodellen, die vor allem auf Effizienzsteigerungen, aber vielfach auch auf Autonomie- und Motivationsgewinne auf Seiten der Arbeitnehmer abzielen.

Dies gilt insbesondere für sog. agile, insbesondere digitale Technologien nutzende Arbeitsmethoden.[86] Hier wird nicht auf die traditionellen Unternehmenshierarchien vertraut, sondern auf Netzwerke und flexibel zusammengesetzte Teams mit hoher Eigenverantwortung und möglichst unter Verzicht auf Weisungen. Ein anschauliches Beispiel für eine agile Arbeitsmethodik – wohl das derzeit bekannteste – ist das Prozess-Framework „Scrum".[87] Dabei handelt es sich um eine Management-Methode, die nicht mehr darauf setzt, ein Produkt vorzudefinieren und dann auf dem Markt anzubieten, wie dies bei klassischen Management-Ansätzen oft der Fall ist. Vielmehr erfolgt die Produkterstellung im Rahmen eines iterativen Prozesses unter der Beteiligung oft verschiedener, nicht zueinander in Hierarchie stehender Teams. Die Produktabnehmer werden aktiv in den Herstellungsprozess eingebunden und gewinnen eigene Bestimmungsmacht über zunächst relativ unbestimmte Aufträge, ohne auf ein vom Anbieter fertig geliefertes Produkt angewiesen zu sein.[88]

Aber auch im Rahmen überkommener Arbeitsorganisationsmodelle eröffnet die Digitalisierung neue Möglichkeiten, insbesondere im Bereich der Kommunikation: So ist es für Arbeitgeber grundsätzlich möglich, ihr Weisungsrecht

---

85 *Bergmann,* Neue Arbeit (2004).

86 S. zu ihnen im Überblick *Aulinger,* Die drei Säulen agiler Organisationen (2017); *Günther/Böglmüller,* Agile Arbeitsmethoden (2019).

87 Dies ist ein aus dem Rugby stammender Begriff und bezeichnet dort das Gedränge der Spieler um den Ball. Softwareentwickler arbeiten bei dem so benannten Vorgehen als Team, die Zwischenziele in Zwischenschritten („Sprints") zu erreichen und danach die nächsten Zwischenziele festlegen und schnell und flexibel durchzusetzen versuchen. Zu Scrum s. *Däubler,* Digitalisierung und Arbeitsrecht (2020), S. 72 f.

88 Siehe dazu etwa *Loritz,* Betriebsverfassung (2020), S. 425 ff., 429 f.; *Schirmer/Isenmann,* Digitale Arbeitswelten (2019), S. 69 ff., 70.

(§ 106 GewO, § 611a I 2 BGB) nicht mehr analog durch persönliche Mitteilung, sondern mit Hilfe algorithmisch arbeitender Systeme wahrzunehmen.[89] Erleichtert wird dies insbesondere dann, wenn die Tätigkeits- und Fähigkeitsparameter des jeweiligen individuellen Arbeitnehmers laufend automatisiert erfasst werden. In der Folge kann das weisungsgebende System die erteilten Anweisungen konkret auf die Möglichkeiten des Arbeitnehmers und die aktuellen betrieblichen Erfordernisse zurechtschneiden.[90]

Nicht nur die innerbetriebliche Kommunikation kann durch Automatisierung effizienter gestaltet werden, auch lassen sich digitale Technologien dazu nutzen, in komplexen Konzernstrukturen, Lieferketten und gar ganzen Wirtschaftszweigen Aufträge und Informationen auszutauschen. Solche Möglichkeiten lassen sich mit dem Begriff des (Arbeits-)Netzwerks beschreiben.[91]

Die Digitalisierung führt dazu, dass es in Wirtschaftszweigen, die sich solche Möglichkeiten besonders gut zunutze machen können, zu Effizienzgewinnen und Produktionssteigerungen kommen kann.[92] Vorteile für die Arbeitnehmer können etwa darin bestehen, dass sie vereinfachten Zugang zu einer Tätigkeit bzw. zu Aufträgen auf entsprechenden Plattformen kommen. Auch können sich für einige Arbeitnehmer, insbesondere hochqualifizierte, im Rahmen moderner Arbeitsstrukturen Autonomiegewinne ergeben, die zu verbesserten Selbstverwirklichungsmöglichkeiten am Arbeitsplatz führen können.

Diesen und weiteren Vorteilen stehen aber auch Risiken gegenüber, darunter auch solchen auf Arbeitnehmerseite. *Roland Schwarze* unterscheidet mit Blick auf den Einsatz von KI und Robotik in Betrieben zwischen vier Arten von Risikobereichen bzw. Risikoquellen: (1) Substitutionsrisiken, also den Risiken des Arbeitnehmers, (teils) durch automatisierte Systeme ersetzt und damit entbehrlich zu werden; (2) Herrschaftsrisiken, die dadurch entstehen, dass automatisierte Systeme über Zusammenhänge am Arbeitsplatz entscheiden, die sich auf den Betrieb, aber gerade auch auf die Arbeitnehmer und Selbstverwirklichungsmöglichkeiten, und auf Bewerber auswirken können; (3) Interaktionsrisiken, die sich dann realisieren, wenn die Interaktion von Mensch und automatisiertem System an der Differenz zwischen der menschlich-emotionalen und der automatisiert-maschinellen Problemlösungsherangehensweise scheitert und (4) Datenrisiken, die durch die viel dichter mögliche Datenerhebung und -verwertung am digitalen Arbeitsplatz entstehen.[93]

---

[89] Siehe zu alledem näher *Schwarze*, Arbeitsrechtliche Probleme (2020), S. 280 ff.; *Günther/Böglmüller*, Arbeitswelt (2017), S. 55 f.

[90] Siehe dazu etwa *Wildhaber*, Arbeitsrecht (2016), S. 315, 330 f.

[91] So *Hanau*, Arbeitswelt (2016), S. 2613 ff., 2614 ff.; *Klebe*, Betriebsrat 4.0 (2017), S. 83 f.

[92] Eine Prognose geht dahin, dass sich die allgemeine Arbeitsproduktivität durch künstliche Intelligenz, Vernetzung und Robotik in den 2020er Jahren gegenüber 2015 im Mittel etwa um 30 % erhöhen wird *Göpfert/Brune*, Moderne Führungsinstrumente (2018), S. 88.

[93] Zu alledem: *Schwarze*, Arbeitsrechtliche Probleme (2020), S. 272 f., Rn. 6–10.

II. Herausforderungen für das Recht

Für die Nutzung der Vorteile, aber auch die Abwehr von Risiken enthält das geltende Arbeitsrecht Ansatzpunkte, aber im Wesentlichen nur für einzelne Folgen der Digitalisierung. Das Arbeitsrecht ist überwiegend mit Blick auf „klassische“ Betriebe und entsprechende Organisationsstrukturen konzipiert worden[94] und ist es einstweilen geblieben. Moderne Arbeitsstrukturen entfernen sich aber, wie oben gezeigt, mehr und mehr vom klassischen Betriebsmodell und entwickeln sich jedenfalls teilweise hin zu neuen, etwa globalen, dezentralen oder kooperativen Arbeitsteilungsformen. Zentrale Begriffe, wie der des Betriebs, passen in diesem Umfeld immer weniger. Auch hier wirkt sich aus, dass das Arbeitsrecht noch nicht intensiv auf die fortschreitende Digitalisierung eingestellt worden ist.

Im Folgenden werden beispielhaft[95] einzelne Herausforderungen durch die Digitalisierung[96] benannt, die durch das geltende Recht nur begrenzt bewältigt werden können. Auch Neuregelungen durch das im Jahre 2021 in Kraft getretene Betriebsrätemodernisierungsgesetz gehen nur sehr begrenzt auf die neuen Herausforderungen ein.[97]

– Überwachung/Datenschutz

Besondere Probleme im Arbeitsleben sind mit den erweiterten Möglichkeiten zur Überwachung am digitalen Arbeitsplatz verbunden. Die technische Entwicklung führt dazu, dass an verschiedenen Stellen in Betrieben automatisierte Systeme eingesetzt werden – in der Produktion, in der Verwaltung, in der Kommunikation des Unternehmens nach außen, sowie in der internen Koordination. Das bringt mit sich, dass viele, in manchen Betrieben nahezu alle digitalen Arbeitsvorgänge grundsätzlich geeignet sind, Daten über das Verhalten von Mitarbeitern zu erheben und zu verarbeiten und dadurch nicht zuletzt Datenschutzprobleme zu produzieren.[98] Konflikte um den Arbeitnehmerdatenschutz, dabei auch um die Zulässigkeit der Anfertigung von Persönlichkeitsprofilen,[99] haben daher auch mehrfach das Bundesarbeitsgericht beschäftigt, ohne schon eine systematisch befriedigende Lösung gefunden zu haben.[100]

– Arbeitszeit/Urlaubsrecht

---

[94] Dazu s. statt vieler *Loritz*, Betriebsverfassung (2020), S. 430f.

[95] Zu weiteren Themenfeldern s. *Däubler*, Digitalisierung (2020), S. 280ff.; *Schwarze*, Arbeitsrechtliche Probleme (2020)

[96] S. auch *Loritz*, Betriebsverfassung (2020), S. 425f.

[97] Zu dem Betriebsrätemodernisierungsgesetz s. *Eicke*, Betriebsrätemodernisierungsgesetz (2021); *Winzer/Baeck/Hilgers*, Betriebsrätemodernisierungsgesetz (2021).

[98] *Haußmann/Thieme*, IT-Mitbestimmung (2019), S. 1612ff.

[99] Dazu *Däubler*, Digitalisierung (2020), S. 280ff.

[100] Beispiele bei *Däubler*, Digitalisierung (2020), S. 14ff.; BAGE 159, 49ff.; 159, 278ff.; 159, 389ff.

Ein anderes Feld ist das Arbeitszeitrecht: Insbesondere im Kontext der zunehmenden Möglichkeiten des Crowd- und Networking ist immer weniger kontrollierbar, wie viel Arbeitszeit wirklich auf den Einzelnen entfällt. Das ohnehin schon bestehende Vollzugsdefizit im Arbeitszeitrecht wird dadurch vertieft.[101] Ähnliches gilt für das Urlaubsrecht, das aufgrund der ständigen Erreichbarkeit von Arbeitnehmern durch den Arbeitgeber oder durch Vertragspartner des Arbeitgebers relativiert werden kann.[102]

– Betriebsverfassungsrecht

Insbesondere das Betriebsverfassungsrecht ist im digitalen Kontext immer wieder Gegenstand reger Diskussion über seine Reichweite, aber auch über einen Reformbedarf. [103] Grundsätzlich setzt das Betriebsverfassungsrecht darauf, möglicherweise negativen Auswirkungen unternehmerischer Entscheidungen für die Arbeitnehmer durch Beteiligungsrechte des Betriebsrats vorzubeugen.[104] Umstritten sind aber Beteiligungsrechte dort, wo sie sich – jedenfalls aus Arbeitgebersicht – als hinderlich für das jeweilige Unternehmen auswirken können.[105] [106]

Beteiligungsrechte des Betriebsrats sind u. a. in § 87 I BetrVG normiert. Nach Nr. 6 dieser Norm ist der Betriebsrat bei der Einführung und Anwendung von technischen Einrichtungen, die dazu bestimmt sind, das Verhalten oder die Leistung der Arbeitnehmer zu überwachen, zur Mitbestimmung berechtigt. Dies ist überfällig, da digitale Techniken die Überwachung erleichtern. Nach Nr. 2 kann der Betriebsrat über die Festlegung der Arbeitszeiten im Betrieb daher mitbestimmen.

Gegenwärtig sind – nicht nur infolge der Coronapandemie – Fragen der Arbeit im Homeoffice sowie des mobilen Arbeitens besonders aktuell.[107] § 87a Nr. 14 BetrVG sieht dank des Betriebsrätemodernisierungsgesetzes nunmehr vor, dass der Betriebsrat zu beteiligen ist bei der „Ausgestaltung von mobiler Arbeit, die mittels Informations- und Kommunikationstechnik erbracht wird." Ebenfalls ist er bei der Aufstellung von Betriebsrichtlinien über den Einsatz künstlicher Intelligenz einzuschalten (§§ 90 Abs. 1 Nr. 2; 95 Abs. 2 BetrVG).

---

[101] Siehe etwa *Krause*, Arbeitswelt (2016), S. 1005.

[102] *Krause*, Arbeitswelt (2016), S. 1005 f.

[103] S. statt vieler *Loritz*, Betriebsverfassung (2020), S. 425 ff.

[104] Zur Bedeutung des Einsatzes neuer Technologien für die Gestaltung von Betriebsvereinbarungen s. *Holthausen*, Gestaltung von Betriebsvereinbarungen (2021).

[105] In der Praxis allerdings kommt es häufig zu einer Einigung zwischen Unternehmensleitung und Betriebsrat. S. dazu *Loritz*, Betriebsverfassung (2020), S. 432 ff.

[106] Eine von Arbeitgeberseite kritisierte Norm ist beispielsweise § 93 BetrVG, wonach auf Verlangen des Betriebsrats neue Stellen erst intern ausgeschrieben werden müssen. Dies könne es erschweren oder doch verzögern, innovative Mitarbeiter zu gewinnen, die beispielsweise neue Software-Lösungen entwickeln sollen, im Betrieb bisher aber nicht verfügbar sind.

[107] Dazu s. statt vieler *Däubler*, Digitalisierung (2020), § 15.

Offenbar traut der Gesetzgeber den Betriebsräten allerdings nicht zu, allein dafür verantwortlich zu sein, wie sie dieses Recht verantwortungsvoll nutzen wollen. Es wird nämlich vorgesehen, dass der Betriebsrat einen Sachverständigen hinzuziehen muss, wenn die Einführung oder Anwendung von künstlicher Intelligenz zu beurteilen ist (§ 80 Abs. 3 BetrVG).

– Weisungsrechte

Die digitale Ausübung des Weisungsrechts des Arbeitgebers mag diesem die Aufsicht erleichtern, kann sich aber zulasten der Autonomie und Motivation der Arbeitnehmer auswirken. Zwar setzt § 22 Abs. 2 lit. a DSGVO Grenzen für automatisierte Weisungen. Von dieser allgemeinen Regelung erfasst sind auch solche Weisungen, die den beruflichen Status des Arbeitnehmers betreffen oder sich erheblich auf sein Privatleben auswirken. Diese Grenzen entfallen aber nach Abs. 2, wenn die Weisungen für die Erfüllung eines Vertrages erforderlich sind; davon ist auch der Arbeitsvertrag erfasst. Immerhin normiert Art. 22 Abs. 3 DSGVO, dass es für den von einer automatisierten Entscheidung Betroffenen Möglichkeiten zur Remonstration gegen die Weisung geben muss, einschließlich des Rechts „auf Erwirkung des Eingreifens einer Person seitens des Verantwortlichen".[108] Von Bedeutung ist auch Art. 22 Abs. 1 und 4 Nr. 4 DSGVO, wonach automatisierte Entscheidungen nicht auf Daten gestützt werden dürfen, die im Wege des Profiling gewonnen wurden.[109]

Für neue Arbeitsmodelle, wie das agile Arbeiten, die gerade nicht auf die Ausübung von Weisungsrechten setzen, wurden bisher keine neuen Regelungen geschaffen. Hier wird offenbar an die Beteiligten appelliert, selbst Lösungen zu finden. So kann der Arbeitgeber auf die Ausübung seines Direktionsrechts (teilweise) verzichten; etwa, um Teams im Rahmen eines Scrum-Projekts[110] mehr Autonomie zu verleihen.

– Haftung

Die Digitalisierung kann das System der Haftung von Arbeitnehmern und Arbeitgeber verändern.

Beispielsweise müssen Lösungen zur Beurteilung der Haftung für Fehler beim Umgang mit neuen Techniken gefunden werden. So ist zu klären, ob und wieweit eine Fehlbedienung digitaler Systeme durch einen – gegebenenfalls nicht ausreichend fortgebildeten – Arbeitnehmer im Rahmen des innerbetrieblichen Schadensausgleichs dessen Haftung begründen kann. Diese Frage stellte sich zwar auch in vordigitalen Zeiten; jetzt aber werden die Risiken und Konfliktpotentiale größer – auch wegen der Schwierigkeit der Erfassung der kon-

---

108 Zu dieser Problematik s. *Schwarze*, Arbeitsrechtliche Probleme (2020), S. 283, Rn. 34 f.; *Däubler*, Digitalisierung (2020), S. 280 ff.

109 Siehe dazu näher *Schwarze*, Arbeitsrechtliche Probleme (2020), S. 283, Rn. 36 f.

110 Zu ihm s. *Pries/Quigley*, Scrum Project Management (2010).

kreten Schadensquelle. Manche Rechtsfragen müssen neu gestellt und beantwortet werden, so beispielsweise: Welche Fahrlässigkeitsstufe – leichte, mittlere oder grobe Fahrlässigkeit – ist in welchem Fall anzunehmen? Welche Fortbildungsobliegenheiten bestehen? Welche Haftungsquoten sind in welchen Fällen angemessen? Das Feld möglicher Haftung für Schäden, die mit der Digitalisierung verbunden sein können, reicht allerdings erheblich weiter als es diese Andeutungen verdeutlichen.

E. Veränderungen am Kapitalmarkt – am Beispiel des Hochfrequenzhandels

Der Kapitalmarkt dient dazu, Unternehmen, dem Staat sowie privaten Haushalten zu ermöglichen, Eigen- oder Fremdkapital in Form von Finanzinstrumenten aufzunehmen und dafür Kapitalnehmer und Kapitalgeber zusammenzuführen.[111] Die schnelle Verfügbarkeit von Informationen ist dafür essentiell. Im Zuge der Digitalisierung sind die Schnelligkeit des Zugangs zu Informationen und ihrer Weiterverwertung immens angestiegen. Auch sind neue digital gesteuerte Handlungsformen entstanden.[112] Beispiele sind der Hochfrequenzhandel sowie neue Finanzdienstleistungen, so die Automatisierung der Anlageberatung („Robo-Advice“)[113] [114].

Das Feld ist derart komplex und umfangreich, dass ich mich hier vorrangig auf die mit dem Einsatz digitaler Techniken verbundenen Missbrauchsmöglichkeiten beschränke. Bei dem jetzt behandelten Hochfrequenzhandel (sehr kompliziert definiert in § 4 Abs. 1, Nr. 4 MFDI II[115] bzw. § 2 Abs. 44 WpHG[116]) wird

[111] Zu seinen Erscheinungsformen und insbesondere den durch die Digitalisierung geprägten neune Problemen s. statt vieler *Kurth*, KI und Kapitalmarktrecht (2020). S. auch *Krönke*, Digitalwirtschaftsrecht (2020).

[112] Siehe dazu *Krönke*, Digitalwirtschaftsrecht (2020), S. 567 ff.

[113] Zum Robo-Advice s. *Denga*, Finanzdienstleistungen (2020); *Krönke*, Digitalwirtschaftsrecht (2020), S. 569 ff.

[114] Die Terminologie „Anlageberatung“ wird in diesem Zusammenhang unterschiedlich gehandhabt, s. dazu *Denga*, KI bei Finanzdienstleistungen (2020), S. 521 ff., Rn. 54–65.

[115] EU- Richtlinie 2014/65/EU.

[116] § 2 Abs. 44 WpHG definiert ihn wie folgt: „Hochfrequente algorithmische Handelstechnik im Sinne dieses Gesetzes ist ein algorithmischer Handel im Sinne des § 80 Absatz 2 Satz 1, der gekennzeichnet ist durch 1. eine Infrastruktur zur Minimierung von Netzwerklatenzen und anderen Verzögerungen bei der Orderübertragung (Latenzen), die mindestens eine der folgenden Vorrichtungen für die Eingabe algorithmischer Aufträge aufweist: Kollokation, Proximity Hosting oder einen direkten elektronischen Hochgeschwindigkeitszugang, 2. die Fähigkeit des Systems, einen Auftrag ohne menschliche Intervention im Sinne des Artikels 18 der Delegierten Verordnung (EU) 2017/565 einzuleiten, zu erzeugen, weiterzuleiten oder auszuführen und 3. ein hohes untertägiges Mitteilungsaufkommen im Sinne des Artikels 19 der Delegierten Verordnung (EU) 2017/565 in Form von Aufträgen, Kursangaben oder Stornierungen.“

es durch den Einsatz digitaler Techniken möglich, die Geschwindigkeit und die Frequenz der für moderne Handelsvorgänge erforderlichen Datenübermittlung zu optimieren.[117] So können mittels algorithmischer Hochfrequenzsysteme Kauf- und Verkaufssignale in Sekundenbruchteilen generiert und abgegeben werden. Dadurch wird es möglich, Finanzinstrumente für extrem kurze Zeiträume – mit gegebenenfalls spekulativen Absichten – zu halten.[118]

Diese Technik lässt sich für verschiedene Strategien einsetzen. Nur beispielhaft: So wird etwa beim sog. „Pinging" eine große Zahl an Orders automatisiert abgegeben, die in Sekundenbruchteilen sofort wieder zurückgezogen werden. Im Anschluss an diesen Vorgang können entsprechend programmierte Hochfrequenzsysteme u.a. aus den Reaktionen anderer Marktteilnehmer Rückschlüsse auf deren Handelsstrategien ziehen. Beim „Spoofing" geht es um den Einsatz informationstechnischer Täuschungsmethoden, hier u.a. durch ein falsches oder irreführendes Signal hinsichtlich des Angebots eines Finanzinstruments oder der Nachfrage danach oder seines Preises, insbesondere durch das Einstellen von Kauf- oder Verkaufsaufträgen zur Auslösung oder Verstärkung eines Trends und zur Verschleierung der eigenen Identität. Ziel kann es insbesondere sein, anderen Marktteilnehmern ein falsches Vorstellungsbild über die tatsächliche Auftragslage zu vermitteln und sie so in die Irre zu führen.[119]

Gerade letztere Strategie ist ein typisches Beispiel für neue mit der Digitalisierung verbundenen Möglichkeiten auch des Marktmissbrauchs. Hier können neue Regulierungen angezeigt sein. Im Falle des Spoofing als einer Methode der Marktmanipulation ist ein gewisser Schutz vor Manipulation durch Einführung des Art. 12 II lit. c) der „Market Abuse Regulation" (MAR)[120] erfolgt.

Allerdings bestehen Schwierigkeiten, entsprechende Vorkehrungen gegen Missbrauch flächendeckend vorzusehen und wirksam durchzusetzen. *Uwe Gresser* schreibt in einem seiner Werke zum Hochfrequenzhandel: „Gezielte Manipulationstechniken sind heute wesentliche Bestandteile der meisten Strategien des Hochfrequenzhandels. Aufgrund der Komplexität der verwendeten Techniken ist eine eindeutige Identifikation und damit ein wirkungsvolles Verbot in der Praxis kaum möglich."[121] [122]

---

117 *Gresser*, Hochfrequenzhandel (2018), S. 5.

118 S. auch die entsprechende Charakterisierung durch den Gesetzgeber in der BT-Drs. 17/11631 v. 26.11.2012.

119 S. zu diesen und weiteren Strategien *Kumpan*, in: Schwark/Zimmer (Hrsg.), § 26d BörsG Rn. 11 ff.; *Werner*, Hochfrequenzhandel, S. 25 ff.

120 Verordnung (EU) Nr. 596/2014 des Europäischen Parlaments und des Rates vom 16.04.2014.

121 *Gresser*, Hochfrequenzhandel (2018), S. 13.

122 S. auch das Gesetz zur Vermeidung von Gefahren und Missbräuchen im Hochfrequenzhandel (Hochfrequenzhandelsgesetz) von 2013. Ferner *Kumpan* in: Schwark/Zimmer (Hrsg.), § 26d BörsG Rn. 6 ff.; *Jaskulla*, Hochfrequenzhandelsgesetz (2013), S. 221 ff.; *Kurth*, KI und Kapitalmarktrecht (2020), S. 480 ff.; *Werner*, Hochfrequenzhandel (2020), S. 25 ff.

Zu Problemen gehören auch so genannte „Flash Crashs". Gemeint sind starke Kursabstürze, auf die in kürzester Zeit wieder starke Kurssteigungen folgen. Solche z.T. manipulierten Kursabstürze und -steigerungen erfolgen häufig ohne Bezug zu realwirtschaftlichen Entwicklungen.[123]

Eine Besonderheit des Hochfrequenzhandels sind auch spezielle Infrastrukturen, nämlich die so genannten „Co-Locations". Dabei handelt es sich um extrem leistungsstarke Rechensysteme, die sich in unmittelbarer physischer Nähe zu den Rechenzentren der großen internationalen Börsen befinden. Erst durch diese physische Nähe können die Vorteile des Hochfrequenzhandels vom jeweiligen Anleger genutzt werden, denn jeder noch so geringe zeitliche Vorteil (von wenigen Sekunden bzw. -bruchteilen) kann hier den entscheidenden Unterschied machen. Entsprechend hoch ist die Nachfrage um einen Zugang zu diesen Co-Locations bzw. den dort operierenden Systemen. Schätzungen zufolge kostet z.B. ein Zugang zu den Co-Locations der großen amerikanischen Börsen etwa 2 Millionen US-Dollar pro Jahr.[124] In der Folge liegt der Hochfrequenzhandel in den Händen einiger weniger zahlungskräftiger institutionalisierter Anleger, denen dadurch nicht nur ein Vorteil im Handel selbst, sondern auch eine erhebliche marktgestaltende Macht zukommt. Ein Privatanleger kann allenfalls mittelbar von diesen neuen Strukturen profitieren, nicht aber an ihnen direkt teilhaben. Es ist deshalb nicht überraschend, wenn im Hinblick auf den Hochfrequenzhandel vom Risiko einer „Zweiklassengesellschaft eines digitalen Kapitalismus an den Börsen" gesprochen wird.[125]

Auch wenn sich noch nicht im Einzelnen absehen lässt, wie sich der Hochfrequenzhandel infolge der Digitalisierung auf die Kapitalmärkte auswirken wird, besteht das Risiko, dass sich – wie in vielen anderen durch die Digitalisierung veränderten Bereichen – neue Disparitäten, Ungleichgewichte und Missbrauchspotentiale entwickeln.

Der Gesetzgeber hat bisher nur begrenzt reagiert. So fallen manche Strategien, wie das erwähnte Spoofing und das Quote Stuffing,[126] unter den Tatbestand der Marktmanipulation nach Art. 12 MAR. Bei anderen Strategien, wie etwa dem Pinging, ist das weniger eindeutig. Immerhin hat der europäische Gesetzgeber „Ping-Aufträge" als Indikator für manipulatives Handeln genommen.[127] Ferner ist der Hochfrequenzhandel auf der Grundlage von zwei Finanzmarktrichtlinien (MiFID und MiFID II) der Aufsicht der Finanzaufsichtsbehörden unterworfen worden. Wertpapierdienstleistungsunternehmen sind in der Folge

---

[123] *Jaskulla*, Hochfrequenzhandelsgesetz (2013), S. 221 ff., 222.

[124] S. zu alledem *Gresser*, Hochfrequenzhandel (2018), S. 4 ff.

[125] *Gresser*, Hochfrequenzhandel (2018), S. 1.

[126] Gemeint ist mit Quote Stuffing die Praxis der schnellen Eingabe und des anschließenden Zurückziehens von großen Aufträgen in dem Versuch, den Markt mit Quotes zu überschwemmen, wodurch die Wettbewerber Zeit bei der Bearbeitung verlieren.

[127] Siehe Anhang II Abschnitt 1 Nr. 1 lit. c der Delegierten VO (EU) 2016/522 der Kommission.

verpflichtet, algorithmisch generierte Aufträge besonders zu kennzeichnen, algorithmischen Handel zu dokumentieren, ein bestimmtes Verhältnis zwischen Auftragseingaben, Auftragsänderungen, Auftragslöschungen und tatsächlich ausgeführten Transaktionen zu wahren. Auch werden bestimmte Risikovermeidungsinstrumente bereitgehalten, die im Falle von Marktstörungen und sonstigen Krisensituationen zur Abwendung von größeren Schäden eingesetzt werden können.[128]

[128] Siehe zu alledem *Werner*, Hochfrequenzhandel (2020), S. 25 ff., 27 ff.; *Krönke*, Digitalwirtschaftsrecht (2020), S. 574 ff.

§ 22 Legal Technology/Computational Law – Nutzung digitaler Techniken bei der Rechtsanwendung

A. Begriff, Anwendungsfelder, Vorteile und Risiken

Dass die Setzung von Recht und seine Anwendung durch die Digitalisierung in spezifischer Weise betroffen und verändert wird, ist durchgehendes Thema dieser Abhandlung. Die folgenden Ausführungen konzentrieren sich auf Vorgehensweisen, die in den Diskussionen meist unter dem Oberbegriff der Legal Technology behandelt werden. Hier zeigt sich die digitale Transformation dcs Rechts besonders intensiv.

Der Begriff Legal Technology ist allerdings nirgendwo eindeutig festgelegt. Grob gefasst bezeichnet er den Einsatz digitaler Informationstechniken in juristischen Handlungsfeldern, so beim Zugang zum Recht sowie in der Rechtsberatung, in der Rechtsanwendung, aber auch in der Rechtsetzung sowie der Rechtswissenschaft.

Neben dem oder statt des Begriffs Legal Technology/"Legal Tech" wird von manchen der Begriff „Computational Law" vorgezogen[1] oder beide Begriffe werden in dem Sinne kombiniert, dass Legal Technology auf der Anwendung von Computational Law beruhe.[2] Damit ist Recht gemeint, das geeignet ist, durch digitale Techniken nachhaltig unterstützt zu werden oder mit dessen Hilfe Entscheidungen teil- oder vollautomatisiert vorgenommen werden können.

Legal Technology dient insbesondere der Unterstützung der Arbeit von Juristen,[3] etwa als Rechtsberater und Rechtsanwender; es kann zur Rechtsgestaltung (etwa bei der Formulierung von Verträgen) eingesetzt werden, ebenso zum Erlass automatisierter Entscheidungen (wie etwa Verwaltungsakten), aber auch zur Rechtsdurchsetzung (etwa unter Nutzung von so genannten

---

[1] Dieser Begriff prägt beispielsweise das von *Hildebrandt* initiierte, von der EU geförderte Forschungsprojekt „Accounting as a human being in the era of computational law" (COHUBICOL), https://www.cohubicol.com/contact, abgerufen am 04.10.2021.

[2] S. dazu *Genesereth*, Essay (2015). In der Summary heißt es u. a.: „Legal technology based on Computational Law has the potential to dramatically change the legal profession, improving the quality and efficiency of legal services and possibly disrupting the way law firms do business."

[3] Näher – vor allem im Hinblick auf den Umgang mit standardisierbarem Wissen – *Breidenbach/Glatz*, Digitalisierung (2020).

Smart Contracts)[4] sowie zur Konfliktbewältigung (insbesondere "Online Dispute Resolution).[5] Einsetzbar zur Erfassung von Konfliktmustern und Argumentationsmustern ist insbesondere die Mustererkennung mittels KI, die es u.a. erleichtern kann, die Gleichartigkeit von Konflikten oder deren Besonderheit zu erfassen und dadurch erhebliche Analysearbeit einzusparen.

Zum Bereich von Legal Technology gehören u.a. neue Formen zum Auffinden rechtserheblicher Informationen (sog. Information Retrieval[6]/Data Extraction), zur rechtlichen Recherche (E-Discovery), zur Dokumentenanalyse, zur digitalen Nutzung von Expertenwissen, etwa durch Zugriff auf Online-Datenbanken, ferner durch den Einsatz von Instrumenten zur Vorhersage künftiger Entscheidungen von Gerichten (Legal Prediction), aber auch als onlinebasierte Unterstützung rechtserheblicher Tätigkeiten für Konfliktlösungen über das Internet und vieles andere.[7] Bestimmte Entscheidungen, die früher von Menschen getroffen wurden, werden zunehmend automatisiert durchgeführt. Auch gibt es Möglichkeiten eines rechtsgestaltenden Legal Tech, etwa in Form automatisierter Vertragsprüfung oder durch Einsatz sog. Legal Robots zwecks Vornahme einer rechtlichen Beurteilung oder des Vorschlags einer alternativen Lösung. Hinzu kommen Möglichkeiten der Rechtsgestaltung, etwa unter Nutzung von digitalen Textbausteinen oder durch Einsatz von Rechtsgeneratoren zur Schaffung von Dokumenten. Die Transaktionstechnik Blockchain (s.o. § 4 I) ermöglicht neue Vorgehensweisen, etwa die (möglichst) vertrauenswürdige Speicherung rechtlich erheblicher Daten, den Einsatz von Smart Contracts, die Einrichtung digitaler Register wie etwa Grundbücher und anderes mehr.

Besonders intensiv wird Legal Tech von der Rechtsanwaltschaft genutzt – nicht von ungefähr ist die Literatur zur Anwendung zur Legal Tech meist von Rechtsanwälten und inhaltlich mit starkem Bezug auf die Arbeit von Rechtsanwälten verfasst worden.[8] Die Rechtsanwaltschaft dürfte infolge der Digitalisierung vor erheblichen Umbrüchen stehen.[9] Dabei wird zum Teil sogar for-

---

[4] Zu ihnen s. *Kaulartz*, Smart Contracts (2016); *Kuhlmann*, Legal Tech (2016), S. 1045 f.; *Müller*, Bitcoin (2017); *Heckelmann*, Smart Contracts (2018); *Eschenbruch*, Smart Contracts (2018).

[5] Dazu s.o. § 20 C VIII a.E.

[6] Dazu *Leeb*, Legal Technology (2019), S. 191 ff.

[7] Einen guten aktuellen Überblick zu Einsatzbereichen gibt *Wagner*, Legal Tech (2021), S. 19–54. Zu dem in Deutschland entstehenden Legal-Tech Markt s. *The Boston Consulting Group/Bucerius Law School*, Legal Technology (2016); *Tobschall/Kempe*, Legal-Tech-Markt (2018); Schulz/Schunder-Hartung (Hrsg.), Recht 2030 (2019). Aus der reichhaltigen Literatur s. etwa Klafki/Würkert/Winter (Hrsg.), Digitalisierung und Recht (2017); Hartung/Bues/Halbleib (Hrsg.), Legal Tech (2018); *Leeb*, Legal Technology (2019); Remmertz (Hrsg.), Legal-Tech-Strategien für Rechtsanwälte (2020); Breidenbach/Glatz (Hrsg.), Legal Tech (2021).

[8] Speziell auf den Einsatz von Legal Tech in der Anwaltschaft bezogen: *Leeb*, Legal Technology (2019).

[9] S. *v. Busekist/Glock/Mohr*, The Big Four (2018), S. 119 ff.

muliert, Legal Tech werde die Rechtsanwaltsbranche revolutionieren.[10] Erwartet wird insbesondere, dass die Großkanzleien eher Zuwächse an Aufgaben und erhöhte Ertragschancen haben werden. Kleinere Anwaltskanzleien würden veranlasst sein, ihre Orientierungen zu verändern und sich insbesondere auf „kleinere Fälle" zu spezialisieren.

Die Nutzung digitaler Techniken mit Bezug auf Recht ist nicht auf Juristen und ihr professionelles Handeln begrenzt. Auch das Handeln juristischer Laien ist vielfach durch Recht geprägt und viele bedienen sich bei rechtserheblichen Tätigkeiten auch digitaler Hilfsmittel, so der im Internet verfügbarer Informationen, auch etwa Vertragsvorschlägen, und anderer digital gestützter Dienste, die den Einsatz von professionellen Juristen ersetzen (Schlagwort: „Ablösung von Anwälten durch Apps")

Gepriesen werden viele Vorteile von Legal Technology, so – wie generell beim Einsatz digitaler Technologien – Gewinne an Effizienz und Effektivität. Dies betrifft insbesondere das Auffinden von und den Umgang mit – insbesondere standardisierbarem – Wissen.[11] Die Digitalisierung ermöglicht Erleichterungen der Recherche und der Auswertung von Rechtsquellen unter Einschluss von gerichtlichen Präjudizien, etwa als Grundlage der Rechtsberatung oder strategischer Prozessführung. Erwartet werden erhebliche Einsparungen an Transaktionskosten, ebenso die Steigerung der Schnelligkeit der Analyse der Ausgangsmaterialien sowie der Vorbereitung und des Treffens von Entscheidungen und ihres Vollzugs. Legal Technology ermöglicht auch den Abbau bestimmter Hürden beim Rechtszugang.

Daneben werden beim Einsatz von Legal Tech selbstverständlich auch Risiken gesehen.[12] Gefragt wird, ob die Digitalisierung dazu führen kann, die Komplexität und Vielgestaltigkeit von rechtlich zu lösenden Konflikten richtig zu erfassen oder zu verfehlen. Führt Legal Technology zur Reduktion der Vielfalt der für die Entscheidungsbildung maßgebenden Faktoren oder erlaubt die Technik deren Steigerung? Bestehen Risiken der Verschleierung der Zurechenbarkeit von Entscheidungen und der Verantwortlichkeit sowie des Abbaus von Kontrollmöglichkeiten?[13] Generell: Wird sich die Funktion von Recht ändern[14] und wie verändern sich die Rollen und Arbeitsmöglichkeiten von Juristen?[15] Bestehen

[10] *v. Busekist/Glock/Mohr,* The Big Four (2018), S. 119 ff.

[11] Näher *Breidenbach/Glatz*, Digitalisierung (2020), S. 19.

[12] Zu solchen Fragen vgl. die Veröffentlichungen in dem Journal of Cross-Disciplinary Research in Computational Law (CRCL), etwa *Hildebrandt*, Text-Driven Law (2021). S. auch *Buchholtz*, Legal Tech (2017), S. 955 ff.; *Hoffmann-Riem*, Verhaltenssteuerung durch Algorithmen (2017), S. 32 f.

[13] Dazu differenziert *Wischmeyer,* Regulierung (2018), S. 1, 18 ff., 42 ff.

[14] Hierzu grundlegend *Ashley*, Artificial Intelligence (2017).

[15] Hierzu s. *Susskind*, End of Lawyers (2010); *Susskind*, Tomorrow´s Lawyers (2017).

hinreichende Möglichkeiten zur Sicherung rechtsstaatlicher Grundsätze[16] und demokratischer Legitimation?[17]

Die Vielfalt und Breite der Anwendungsfelder von Legal Tech schließt es aus, die Darstellung in einer auf alle durch die digitale Transformation betroffenen Felder zu erstrecken.[18] Im Folgenden werde ich auf einen kleinen Ausschnitt des Anwendungsfeldes von Legal Tech näher eingehen.[19]

B. Einsatz digitaler Plattformen in relativ einfach gelagerten Rechtsfällen

Ein wichtiger Vorteil von Legal Technology wird darin gesehen, dass Möglichkeiten erleichterten Zugangs zum Recht geschaffen werden, darunter auch für juristische Laien. Hier geht es insbesondere um den Zugang zu Normwissen, gegebenenfalls ergänzt um den zu Entscheidungswissen und Verfahrens- und Organisationswissen.[20]

Insbesondere hat sich in jüngerer Zeit ein besonderer Markt insbesondere für die Bewältigung von relativ einfach gelagerten, massenhaft auftauchenden Problemlagen entwickelt. Gesprochen wird insofern sogar von der Möglichkeit der Industrialisierung von Rechtsdienstleistungen.[21] Digitale Software soll es in der Folge juristischen Laien ermöglichen, ihr Recht leichter durchzusetzen.

Ein Beispiel solcher Möglichkeiten sind Fluggastrechteportale, wie etwa „Flightright.de“. Bei ihnen können sich Fluggäste melden, deren Flüge verspätet waren, um die Aussicht auf eine Entschädigung anhand von Prüfrastern, die u.a. auf der Auswertung maßgebender Rechtsnormen und früherer Entscheidungen aufbauen, digital prüfen zu lassen. Wird sie bejaht, kümmert die Firma sich um die Durchsetzung, und zwar weitgehend auf digitalem Wege, hilfsweise auch durch Einschaltung von Rechtsanwalt und Gericht. Andere Firmen generieren eigeninitiativ beispielsweise aus Passagierlisten und digital verfügbaren Verspätungsinformationen Daten über betroffene Passagiere und bieten ihnen nach digitaler Prüfung die Durchsetzung der Entschädigung an.

Ein anderes Beispiel ist die Plattform „wenigermiete.de“, auf der Mieter kostenlos prüfen lassen können, ob die von ihnen gezahlte Miete – gemessen am

[16] Dazu s. statt vieler *Buchholtz*, Legal Tech (2020), S. 175 ff.

[17] Dazu s. weiter unten § 24 C.

[18] Zu weiteren, hier nicht behandelten, Fragebereichen s. insbes. *Wagner*, Legal Tech (2020).

[19] Der o. § 17 behandelte Entwurf der KI-VO der EU – darauf sei hier nur hingewiesen – betrifft auch Legal Tech Anwendungen. Näher dazu *Sengelmann/Brunotte/Lütkens*, KI-Verordnung (2021)

[20] Zu diesen Wissensarten s. o. § 6 A.

[21] So etwa Breidenbach/Glatz (Hrsg.), Legal Tech (2021), Vorwort, S. V; s. auch *Wagner*, Legal Tech (2020), S. 9.

Mietenspiegel – zu hoch ist. Falls ja, können sie die Ansprüche aus dem Mietverhältnis an einen Inkassodienstleister – wie Lexfox – abtreten, der sich ohne Kostenrisiko für den Mieter beim Vermieter um eine einverständliche oder hilfsweise um eine gerichtlich durchgesetzte Korrektur der Miethöhe kümmert.[22] Eine andere – von Rechtsanwälten betriebene – Plattform, nämlich „gegen.hartz.de", bietet die kostenlose Überprüfung von Hartz IV-Bescheiden und bei Aufdeckung möglicher Fehler die Einlegung von Rechtsbehelfen an.

Diese Beispiele erfassen im Wesentlichen Situationen, in denen Rechte wegen eines Missverhältnisses zwischen Aufwand und möglichem Ertrag – ein Beispiel ist die erwähnte Wahrnehmung von Flugastrechten – oder wegen fehlender Rechtskenntnisse und vor allem fehlender Finanzmittel – ein Beispiel dafür ist die Überprüfung und Korrektur von Hartz IV-Bescheiden – bisher weitgehend nicht durchgesetzt werden. Solche Plattformen sammeln und verarbeiten Wissen und können auf dieser Grundlage zur Durchsetzung von Rechtschutz, insbesondere Verbraucherschutz[23], beitragen und das bisher erhebliche Vollzugsdefizit reduzieren. Zugleich können sie als ein Korrektiv gegenüber Machtasymmetrien in Rechtsbeziehungen wirken.

Auch für bisher durch den Einsatz von Rechtsanwälten getätigte rechtliche Alltagsgeschäfte werden digitale Rechtsprodukte angeboten. Digital verfügbar sind beispielsweise Vorschläge zur Gestaltung von Verträgen, die digital ohne professionelle Hilfe – etwa unter Nutzung sogenannter Online-Masken – mit Bezug auf den jeweiligen Einzelfall ausgefüllt werden können. Auch gibt es sog. Rechtsdokumentengeneratoren, die auf der Grundlage eines Frage-Antwort-Systems aus einer Sammlung von Textbausteinen EDV-basiert individuelle Rechtsdokumente generieren, ohne dass ein Mensch für eine rechtliche Prüfung des Einzelfalls eingeschaltet wird.[24]

Derartige Dienstleistungen sind eine Herausforderung für das in Deutschland noch bestehende (relative) Rechtsanwaltsmonopol, das auch als Monopol für den „gewerblichen" Umgang mit rechtsrelevantem Wissen gedeutet werden kann. Allerdings dürfen schon seit längerem gewisse Rechtsdienstleistungen auch von anderen Personen erbracht werden, so wenn sie als Hilfstätigkeit im Rahmen einer Inkassodienstleistung nach § 2 Abs. 2 Rechtsdienstleistungsgesetz (RDG) erfolgen.[25] Das am 20.10.2021 in Kraft tretendende „Gesetz zur Förderung verbrauchergerechter Angebote im Rechtsdienstleistungsmarkt" hat hierzu begrenzt Erweiterungen gebracht und – neben anderem – das Verbot des

---

[22] Zur Rechtmäßigkeit der Tätigkeit von Lexfox s. BGH, Urteil vom 27.11.2019, NJW 2020, 208 ff.

[23] Zu dem auch sonst viel diskutierten Problem des Verbraucherschutzes in Zeiten der Digitalisierung s. statt vieler *Di Fabio*, Verbraucherschutz (2019), S. 3 ff.

[24] Daher hat OLG Köln (Urteil vom 19.06.2020, GRUR-RS 2020, 13088, Rn. 15) die Einordnung als erlaubnispflichtige Rechtsdienstleistung nach § 2 Abs. 1 RDG verneint.

[25] So jedenfalls BGH, Urteil vom 27.11.2019, NJW 2020, 208.

Erfolgshonorars für Rechtsanwälte teilweise liberalisiert. Für den Bereich der außergerichtlichen Forderungseinziehung werden Rechtsanwälte den Inkassodienstleistern gleichgestellt. Die Anforderungen an die Registrierung von Legal-Tech-Inkassodienstleistern sind verschärft worden.

C. Nutzung digitaler Techniken zur Rechtsdurchsetzung in komplexen Entscheidungssituationen

Digitale Instrumente lassen sich besonders gut für das Auffinden und die Auswertung von rechtserheblichen Informationen/Wissen nutzen. Dies sei an Beispielen illustriert.

Für Rechtsanwendung ist – wie schon mehrfach betont – typisch, dass neben der Identifikation eines Problems hinreichende Informationen tatsächlicher Art erforderlich sind, so auch um klären zu können, welche Normen den Beurteilungsmaßstab bilden. Das Auffinden der Norm selbst ist für juristische Profis meist nicht besonders schwierig. Schwieriger ist die Ermittlung des Regelungsgehalts, insbesondere wenn die Normen – wie häufig – durch Vagheit oder Mehrdeutigkeit der Begriffe geprägt sind oder wenn die Normen sich im Wesentlichen auf Rahmen- oder Zielvorgaben beschränken und Optionen für unterschiedliche Entscheidungen ermöglichen. Gleiches gilt, wenn Normen in multidimensionale oder multistrukturelle Normverbünde bzw. in Mehrebenensysteme – insbesondere die des EU-Rechts – eingebunden sind. Neuland ist vielfach auch insoweit zu betreten, als hoheitlich gesetzte und privat verantwortete Regeln aufeinander zu beziehen sind – eine im IT-Bereich häufige Situation.[26]

Zur Erfassung der bisher schon – etwa durch Gerichte – erfolgten Konkretisierungen maßgebender Normen sind weiterhin traditionelle Kommentare oder bewährte Online-Datenbanken wie Juris, beck-online oder Jurion nutzbar. Letztere gehören schon in den Bereich von Legal Tech, sind aber jetzt nur noch Vorgängerversionen zu den immer weiter fortentwickelten und noch in der Entwicklung befindlichen Wissensmanagementsystemen. Darunter fallen auch Meta-Suchsystemen (wie Solcara von Thomson Reuters), die eine Suche in verschiedenen Informationsquellen und die Verknüpfung der internen Datenbestände mit externen ermöglichen.

Digitale Suchprogramme zum Auffinden von rechtserheblichen Texten, Dokumenten und bisher genutzten Argumentationen – also der Einsatz zum sog. Legal Information Retrieval[27] – können in vielen Situationen der Rechtsarbeit

[26] Als ein Beispiel privater Normierung sei auf die Normsetzungsfunktion von Plattformen verwiesen, dazu s. *Schweitzer*, Private Gesetzgeber (2019), S. 1 ff. S. ferner *Wielsch*, Ordnungen der Netzwerke (2018), S. 61 ff.

[27] Dazu s. statt vieler *Ashley*, Artificial Intelligence (2017), S. 11 ff.

wertvolle Hilfen leisten.[28] Suchsysteme werden insbesondere entwickelt, um erleichtert Zugang zu erheblich mehr und möglichst auch vielfältigeren Informationen zu erhalten als es die häufig auf Zufälligkeiten aufbauende personengebundene Suche nach Dokumenten und weiteren Materialien leisten kann.[29]

Besonders nützlich ist das Auffinden vorangegangener Entscheidungen zu vergleichbaren Problemlagen. Darum ist seit langem insbesondere die amerikanische Wissenschaft und Praxis bemüht – angesichts der starken Bedeutung von Präjudizien im amerikanischen Recht ein naheliegendes Vorgehen.[30] Derartige Auswertungen sind im Wesentlichen textorientiert und sie bedienen sich bisher weitgehend quantitativer Techniken. Bei der Analyse von Gerichtsentscheidungen müssen sie sich auf die in der Begründung erfolgte Darstellung des Ergebnisses und deren Rechtfertigung begrenzen und sich insofern mit der Analyse eines textgebundenen Ausschnitts rechtsanwendungserheblicher Faktoren begnügen.[31] Erklärungen zum Prozess der Herstellung einer Entscheidung gehören nicht zur Gerichtspraxis. Bei der Analyse von Verwaltungsentscheidungen gibt es nicht einmal stets Begründungen (s. z.B. § 39 VwVfG). Da Auswertungen früherer Entscheidungen auf Vergangenes bezogen sind, besteht das Risiko der Vernachlässigung von aktuellem Kontextwissen und von spezifisch herstellungsorientiertem Entscheidungswissen.

Software kann auch Parameter für die Ermittlung der Vergleichbarkeit von Entscheidungen bereitstellen. Es können die Unterschiede in den verwendeten Argumentationen herausgearbeitet und Muster erfolgreicher Argumentation entdeckt werden.[32] Auch kann es gelingen, hinter bestimmten Argumentationen liegende Konzepte zu entschlüsseln. Vorangegangene Entscheidungen, ergänzt um die Auswertung von Kommentierungen und gegebenenfalls auch von kritischen Reflexionen in der Wissenschaft, können ein Anstoß für neue Ideen

---

[28] Zu computergestützten Textanalysen s. etwa *Vogel/Christensen/Pötters*, Richterrecht (2015); *Vogel/Hamann/Gauer*, Computer assisted legal linguistics (2017); s. auch das Forschungsprojekt von *Ruppert et al.*, Law Stats (2018).

[29] Für die Qualität der Suchsysteme sind neben den Suchalgorithmen die für die Suche eingesetzten Indexierungen wichtig.

[30] Beispielsweise hat eine Gruppe von Wissenschaftlern mit Hilfe einer digitalen Netzwerkanalyse alle Entscheidungen des U.S. Supreme Court aus den Jahren 1791–2005 ausgewertet, um besonders intensiv zitierte und daher als besonders wichtig eingeschätzte Präjudizien herauszufiltern, s. dazu *Fowler et al.*, Network Analysis (2007), S. 324–346.

[31] Die vor allem in den USA beliebte Erklärung von Gerichtsentscheidungen unter Rückgriff auf Charakteristika der beteiligten Richter – dies ist insbesondere mit Bezug auf den U.S. Supreme Court geschehen, dessen Entscheidungen häufig erkennbar machen, welche Richter in welche Richtung entschieden haben –, erlauben keineswegs den Zugriff auf alles für die Analyse der Herstellung der Entscheidung Wissenswerte. In Frankreich ist Derartiges sogar gesetzlich verboten.

[32] Die dafür genutzte Mustererkennung ist eine besonders wichtige Technik. Dass Mustererkennung generell für modernen Gesellschaften überragende Bedeutung hat, ist die zentrale These von *Nassehi*, Theorie der Gesellschaft (2019).

dafür sein, wie eine Norm am besten ausgelegt wird, um eine aus der Sicht der Suchenden optimale Lösung zu erreichen.

Manches lässt sich hier ausschließlich automatisiert erledigen. Vielfach aber ist eine Überprüfung und Verarbeitung der Ergebnisse durch Menschen unverzichtbar. Dies ist insbesondere der Fall, wenn komplexe Wertungen erforderlich sind, wenn ungewohnte Umstände des konkreten Falls zu erfassen oder neue außerrechtliche, für das Verständnis der Normen wichtige Prämissen zu berücksichtigen sind. Ferner kann die Wirkkraft der Kontexte der Normanwendung, insbesondere die Beachtung der Bedeutung informeller Verfahrensweisen, menschengebundene Einschätzungen erfordern. Dabei kann die Bedeutung des Unterschieds zwischen dem – zum Teil formell, vielfach auch informell geprägten und gelegentlich netzwerkartig verknoteten – Prozess der Herstellung der Entscheidung und dem der Darstellung der Rechtmäßigkeit der Entscheidung in den ausformulierten Gründen[33] (für die vielfach auf standardisierte Argumentationsbausteine zurückgegriffen wird) verkannt werden. Weitgehend ausgeblendet bei der Analyse werden Wirkungen von den schon häufiger erwähnten rechtlich legitimierten Steuerungsfaktoren aus den Bereichen Organisation, Verfahren, Personal und Ressourcen, da bzw. soweit sie digital nicht voll abbildbar oder abgebildet sind.

Auf digitalem Weg zugängliche Hilfen haben auch andere Begrenzungen. Dies gilt etwa für eine Deutung von Normen oder für das Auffinden von neuen Wegen und Argumenten zur Lösung alter oder neuer Rechtsprobleme. Selbst soweit dies KI-gestützt möglich ist, muss gesichert sein, dass die von intelligenten Systemen erzeugten Alternativen rechtlich hinreichend legitimiert sind. Auch die Verarbeitung ungewöhnlicher faktischer oder normativer Informationen oder der Umgang mit veränderten Situationen erfordern regelmäßig menschliches Handeln oder jedenfalls eine Kollaboration zwischen IT-System und Mensch.

Vor allem, aber nicht nur, in den USA wird intensiv an Softwareprogrammen gearbeitet, die den Sinn rechtlicher Texte differenziert erfassen sollen, dabei auch Kontexte einbeziehen, darauf aufbauend rechtliche Argumentationslinien erarbeiten und Gründe für das Treffen bestimmter Entscheidungen formulieren können. Ich verweise für Näheres auf die Analysen und Vorschläge von *Kevin Ashley*,[34] deren Bewährung in der Praxis und gegenüber kritischen wissenschaftlichen Analysen aber noch weitgehend aussteht.

Die Auswertung vorhandener Dokumente kann auch darauf angelegt sein, Vorhersagen über die zu erwartende Entscheidung, etwa eines Gerichts oder

---

[33] Zu dem insbesondere von *Luhmann*, Recht und Automation (1966), S. 50ff. herausgearbeiteten Unterschied zwischen der Darstellung und der Herstellung einer Entscheidung s. statt vieler *Hoffmann-Riem*, Innovation (2016), S. 98ff. m.w.Hinw.

[34] *Ashley*, Artificial Intelligence (2017).

einer Verwaltungsbehörde, zu treffen. Der Einsatz von Predictive Analytics[35] für Legal Prediction ist eine vor allem in den USA seit der Blütezeit des Legal Realism in den 1920er-Jahren geübte Vorgehensweise und wird nunmehr durch die Digitalisierung neu aufgelegt, insbesondere als Grundlage für Rechtsberatung oder strategische Prozessführung.[36] *Daniel Martin Katz* hat in einem schon 2013 erschienenen Artikel über „Quantitative Legal Prediction" Möglichkeiten dafür herausgearbeitet und das Werk im Untertitel mit den optimistischen Worten versehen: „How I learned to stop worrying and start preparing for the data-driven future of legal services."[37] In der Nutzung der über Textanalysen zu analysierenden Vergangenheit als Basis zur Vorhersage der Zukunft sieht er eine große, aber leistbare Herausforderung.[38]

Die dafür befürwortete Technik der Vorhersage beansprucht zwar, auch der Komplexität rechtlicher Systeme und der Vielfalt der entscheidungsrelevanten Faktoren gerecht zu werden.[39] Da sie aber nur durch Algorithmen abbildbare Komplexitätsfaktoren berücksichtigen kann, bleibt ein Teil der für Rechtsanwendung wichtigen, nicht oder nur unzureichend digitalisierbaren Faktoren – etwa die nicht per se illegitimen, durch Entscheidungskulturen, Juristensozialisation, informelle Handlungsstrategien und spezifische Entscheidungskontexte geprägten – außer Acht. Da die gewählte Methode im Übrigen aufgrund der technischen Besonderheit digitaler Vorgehensweisen auf quantitative Methoden vertraut (und bisher fast nur solche einsetzen kann), könnte der Verzicht auf komplexe qualitativ orientierte Vorgehensweisen sich als Defizit erweisen, etwa bei der Erfassung der Bedeutung von Entscheidungskulturen und Handlungskontexten und der Vorgehensweise bei Abwägungen[40] oder Aushandlungen und der Verfolgung des Ziels der Einzelfallgerechtigkeit. Im Übrigen muss berücksichtigt werden, dass auch bei quantitativen Methoden eine Vielzahl von Wertungen maßgebend wird, bei denen gesichert sein muss, dass sie nicht im Widerspruch zu rechtlichen Wertungsvorgaben stehen.[41]

---

[35] Dazu s. *Hoch*, Big Data (2020), S. 295 ff.; *Geberding/Wagner*, Qualitätssicherung (2019), S. 116.

[36] Ein Beispiel: *Katz/Bommarito/Blackman*, Predicting the Behavior (2017). Die Untersuchung erfolgte retrospektiv für Entscheidungen von 1816–2015. Eine auf deutsches Recht bezogene Untersuchung: *Waltl et al.*, Predicting the Outcome (2017). S.a. *Risse/Morawietz*, Prozessrisikoanalyse (2017). Zur Prognose von EGMR-Entscheidungen s. *Aletras et al.*, Predicting judicial decisions (2016).

[37] *Katz*, Quantitative Legal Prediction (2013), S. 935.

[38] *Katz*, Quantitative Legal Prediction (2013), S. 962.

[39] *Katz*, Quantitative Legal Prediction (2013), S. 962 ff. m. w. Hinw. zu Literatur zum Umgang mit Komplexität dort in Fn. 231.

[40] Zur Vielfalt der bei Abwägungen zu berücksichtigenden Faktoren und insbesondere der Prozeduralisierung des Umgangs mit ihnen s. *Reimer*, Methodenlehre (2020), Rn. 484 ff., 489.)

[41] Hervorgehoben wird das Wertungsproblem zu Recht in der auf quantitative Rechtswissenschaft ausgerichteten Untersuchung von *Coupette/Fleckner*, Quantitative Rechtswissenschaft (2018), S. 379 ff., insbes. S. 383 ff.

Zu verweisen ist im Übrigen darauf, dass eine Methode wie die von *Katz* genutzte, nicht modelliert und auch nicht fingiert, was Menschen tatsächlich tun. Sie orientiert sich unter Auswertung großer Datenmengen mit Hilfe von KI an den Ergebnissen früheren, in Texten abgebildeten Handelns und ermittelt in probabilistischer Vorgehensweise Wahrscheinlichkeiten über das erwartbare Verhalten in vergleichbaren Situationen.[42] Dabei kann sie mögliche Besonderheiten des für die neue Entscheidung maßgeblichen Sachverhalts nicht oder nur schwer einbeziehen. Auch können sich normativ relevante Faktoren – darunter auch die des Realbereichs der Normen[43] – im Laufe der Zeit geändert haben, ohne dass dies schon in die verfügbare Software integriert worden ist. Hier, aber auch sonst, ist in vielen Situationen eine ergänzende menschliche Prüfung sinnvoll bzw. erforderlich. Dies gilt erst recht, wenn Rechtsanwender eine Änderung der bisherigen Rechtspraxis oder eine veränderte Auslegung von Normen im Zuge der Rechtsfortbildung anstreben und deshalb neue Argumentationen – insofern auch neues Wissen – erarbeiten wollen.

D. Insbesondere: Zum Einsatz digitaler Algorithmen in der deutschen öffentlichen Verwaltung

Da die Digitalisierung praktisch alle Rechtsgebiete erfasst, wäre für die verschiedenen Rechtsgebiete jeweils gesondert herauszuarbeiten, ob, wie und wieweit Legal Tech in ihnen eingesetzt wird oder werden kann.

So spielt Legal Tech für das E-Government zunehmend eine wichtige Rolle.[44] Gegenwärtig stellen sich viele staatliche Behörden auf die Digitalisierung ein. Die Möglichkeiten und Probleme des E-Government oder generell der Entwicklung und des Einsatzes digitaler Techniken in der Verwaltung kann ich hier allerdings nicht umfassend behandeln. Ich beschränke mich nach kurzen Vorbemerkungen (I) vielmehr auf die Möglichkeiten automatisierter Verwaltungsentscheidungen (II). Ergänzend verweise ich auf Besonderheiten des Einsatzes digitaler Technologien in komplexen Entscheidungssituationen (C).

---

[42] Vgl. *Katz*, Quantitative Legal Prediction (2013), S. 918. Kritik an einer solchen Vorgehensweise (im Hinblick auf richterliche Entscheidungen) bei *Huber/Giesecke*, KI im Zivilprozess (2020), Rn. 40; *Nink*, Justiz und Algorithmen (2021), S. 168 ff., 170 ff.

[43] Zu ihm s. oben § 6 A (unter dem Stichwort Realbereichswissen).

[44] Zu dem Bemühen um das E-Government s. etwa Bundesregierung, Digitale Verwaltung (2014); Senat der Freien und Hansestadt Hamburg, Digital First (2016); *Eifert*, Electronic Government (2006); Hill/Kugelmann/Martini (Hrsg.), Digitalisierung (2018); Seckelmann (Hrsg.), Digitalisierte Verwaltung (2019); *Guckelberger/Kube*, E-Government (2019); *Kube*, E-Goverment (2019); *Britz/Eifert*, Digitale Verwaltung (2022).

I. Vorbemerkung

Digitale Techniken werden seit langem in der öffentlichen Verwaltung genutzt. Ich zitiere aus einem Buch[45] zur digitalen Verwaltung in Deutschland:

> „Alle Verwaltungsvorgänge, von der Polizei, über die Justiz, die Steuer sowie die gesamte Palette der kommunalen Leistungen erfolgen heute durch Informationstechnik. Die Meldedaten liegen in elektronischen Registern, die Personenstandsdaten in elektronischen Registern [...]. Mittlerweile können und werden ganze Prozessketten digital organisiert und funktionieren nahezu automatisiert. Das gilt zum Beispiel für die Halterfeststellung bei Geschwindigkeitsüberschreitungen oder für die Übermittlungen von Auszahlungen an die Banken. Die Höhe von Geldleistungen der Eingriffs- und Leistungsverwaltung bestimmt nicht die Sachbearbeiterin, sondern ein Algorithmus – vom Bußgeld über die Sozialleistungen, Gehaltszahlungen bis hin zur Steuererhebung und Steuerfestsetzung."

Detailreiche Ausführungen zum Entwicklungsprozess, zur Vielfalt der Erscheinungsformen und zu Zukunftsperspektiven finden sich in dem Beitrag von *Gabriele Britz* und *Martin Eifert* zur digitalen Verwaltung in dem Band „Grundlagen des Verwaltungsrechts".[46]

Digitale Techniken werden in der Verwaltung unter anderem zur Recherche nach oder Systematisierung von vorangegangenen Verwaltungsentscheidungen und gerichtlichen Präjudizien genutzt. Auch werden bestimmte Verwaltungsentscheidungen seit langem elektronisch erstellt und ohne Einzelkontrolle durch Sachbearbeiter versandt, etwa Rentenbescheide oder Gehalts- und Beihilfeabrechnungen. [47] Das – auf Empfehlungen des IT-Planungsrats[48] aufbauende – Gesetz zur Verbesserung des Onlinezugangs zu Verwaltungsleistungen (Onlinezugangsgesetz – OZG) strebt eine flächendeckende Digitalisierung der Verwaltung Deutschlands bis 2022 an.[49] Eingerichtet wird auch ein Portalverbund.[50] Bis 2022 sollen Bund, Länder und Kommunen alle Verwaltungsleistungen in Deutschland über Verwaltungsportale auch digital anbieten und diese Portale zu einem Verbund verknüpfen.[51] Die entsprechenden Verwaltungsleistungen – gegenwärtig sind 575 ausgewählt worden – sind in einem „OZG-Umsetzungskatalog" erfasst worden.[52] Zu verweisen ist auch auf das

---

[45] *Bizer*, Digitale Souveränität (2019), S. 27.

[46] *Britz/Eifert,* Digitale Verwaltung (2022). Rn. 24–144; Hoffmann-Riem/Bäcker, Handlungsformen (2022), Rn. 65 ff.

[47] Beispielhaft dazu *Bull*, Verwaltungsakt (2017), S. 409 ff.; mit weiterführenden Überlegungen zu der Frage, wann eine Verwaltungsentscheidung als vollständig automatisiert angesehen werden sollte, S. 410 f.

[48] Zu ihm s. schon oben § 7 B.

[49] Zum OZG s. statt vieler *Abromeit,* Digitalisierte Verwaltungsrechtsverhältnisse (2020).

[50] S. dazu die EU-Verordnung 2018/1724 zur Errichtung eines einheitlichen digitalen Zugangstors zu Informationen, Verfahren, Hilfs- und Problemlösungsdiensten, Verordnung (EU) 2018/1724 vom. 2.10.2018.

[51] S.a. Art. 91c GG sowie den IT-Staatsvertrag, s. o. § 7 B.

[52] S. unter https://www.it-planungsrat.de/DE/ITPlanungsrat/OZG-Umsetzung/Digitali

2013 vom Bund erlassene Gesetz zur Förderung der elektronischen Verwaltung (E-Government-Gesetz – EGovG)[53] und auf entsprechende Landesgesetze. Zur Eröffnung des Zugangs zu elektronischer Kommunikation verpflichten auch § 3a VwVfG und Art. 2 Abs. 1 des E-Government-Gesetzes. Generell gilt: Die Digitalisierung wirkt sich in vielerlei Hinsicht auf das Verwaltungsrecht aus.[54]

II. Insbesondere: Rechtliche Anforderungen an automatisierte Verwaltungsentscheidungen

Das Vorhaben der verstärkten Nutzung digitaler Techniken findet seinen Niederschlag in einer Reihe von Bundes- und Landesgesetzen sowie Verordnungen. Ich beschränke mich jetzt auf Möglichkeiten zum Erlass (voll- oder teil-) automatisierter Verwaltungsentscheidungen.

Beginnend schon Anfang dieses Jahrtausends wurden mehrere neue gesetzliche Regeln über die elektronische Kommunikation zwischen Verwaltung und Bürgern in das Verwaltungsverfahrensrecht eingefügt (insbesondere §§ 3a, 37 Abs. 2, 3, 4; 41 Abs. 2 S. 2 VwVfG). Hinzu traten mit Wirkung vom 1. Januar 2017 weitere diesen Gegenstand betreffende Normen (insbesondere §§ 24 Abs. 1, 35a, 41 Abs. 2a VwVfG); ähnliche Regeln wurden, wenn auch modifiziert, in die Abgabenordnung (§ 155 Abs. 4, s. auch § 88 Abs. 5 Satz 3 Nr. 3) und das Sozialgesetzbuch X (§ 31a) aufgenommen.

Diese Neuregelungen verdeutlichen, dass der Gesetzgeber im Verwaltungsverfahren für den Erlass von Verwaltungsakten weiterhin vorrangig auf menschliche Entscheidungen vertraut und automatisierte Entscheidungen dort nicht zulässt, wo er den menschlichen Faktor für die Ausfüllung von Optionenräumen als unverzichtbar zur Legitimationssicherung ansieht.[55] Dies mag sich zukünftig ändern, ist aber gegenwärtig maßgebend.

Die zentrale im Verwaltungsverfahrensrecht enthaltene Ermächtigung zu vollständig durch automatische Einrichtungen erlassenen Verwaltungsakten findet sich in § 35a VwVfG.[56] Diese Ermächtigung ist dahingehend begrenzt,

---

sierungsprogramm/06_ DigPro_OZG_Katalog/DigPro_OZG_Katalog_node.html, abgerufen am 04.10.2021. Ein Leitfaden dazu findet sich unter leitfaden.ozg-umsetzung.de. Die Umsetzungsplattform ist unter https://informationsplattform.ozg-umsetzung.de/iNG/app/intro, abgerufen am 04.10.2021, zu erreichen.

[53] Zu den Rechtsgrundlagen s. *Denkhaus/Richter/Bostelmann*, E-Government-Gesetz (2019); *Roßnagel*, E-Government-Gesetz (2013); Seckelmann (Hrsg.), Digitalisierte Verwaltung (2019).

[54] S. statt vieler den Überblick von *Siegel,* Elektronisches Verwaltungshandeln (2020). S. ferner Lühr/Jabkowski/Smentek (Hrsg.), Handbuch digitale Verwaltung (2019).

[55] So auch *Prell*, in: BeckOK *VwVfG* (2020), § 35a Rn. 14. Zu der verfassungsrechtlichen Reichweite eines „Rechts auf menschliche Entscheidung“ s. *Mund*, Freiheit (2020), S. 177 ff.

[56] Aus der Literatur s. *Braun Binder*, Erlass (2016); *Siegel,* Automatisierung (2017), S. 24 ff.; *Berger*, Verwaltungsakt (2018); *Roth-Isigkeit*, Begründung des vollständig automatisierten Verwaltungsakts (2020).

dass – erstens – diese Möglichkeit durch eine zusätzliche Rechtsvorschrift zugelassen sein muss[57] und – zweitens – weder ein einzelfallbezogenes Ermessen noch ein Beurteilungsspielraum bestehen darf. Dieses Vorgehen beruht insbesondere auf der Einschätzung, dass die verfügbaren technischen Einrichtungen weder ein Ermessen im Rechtssinne ausüben noch rechtlich erhebliche Interessen angemessen beurteilen oder gegeneinander abwägen können. Betroffen von dem Ausschluss der Automatisierung sind insbesondere Entscheidungen, die eine komplexe Bewertung eines Sachverhalts erfordern bzw. eine auf die Besonderheiten des Einzelfalls zugeschnittene Ermessensausübung vorsehen. Daher kommt eine automatisierte Entscheidung bisher nur für vollständig determinierte Entscheidungen in Betracht. Hierbei dürfte es sich praktisch nur um standardisierbare (unechte) Massenverfahren handeln.[58]

Die automatisierte Entscheidung muss – wie erwähnt – durch Rechtsvorschrift zugelassen sein. Daher muss der Normgeber selbst entscheiden, ob es angesichts der Art der Unbestimmtheit der Normierung oder des eingeräumten Ermessens zu verantworten ist, eine automatisierte Entscheidung zu treffen. Keine Klärung sieht § 35a VwVfG dafür vor, welche Anforderungen an die genutzte Software zu stellen sind und welche Arten von Algorithmen benutzbar sind.[59] Hier setzt sich das generell beobachtbare Defizit fort, dass es für die Softwareentwicklung (auch für Updates) als solche und für die Weiterentwicklung im Zuge der Anwendung keine spezifisch darauf bezogenen rechtlichen Vorgaben gibt.[60] Daher ist auch nicht geklärt – aber wohl aus Erwägungen zur Sicherung von Legalität und Legitimation automatisierter Entscheidungen eher grundsätzlich zu verneinen –, ob die Software sogar lernende Algorithmen integrieren darf.

Für administrative Entscheidungen gelten die allgemeinen für die Legitimation administrativen Handelns wichtigen rechtstaatlichen Anforderungen des Verwaltungsverfahrensrechts. Für automatisierte Entscheidungen hat das VwVfG allerdings Modalitäten gegenüber den sonst geltenden Regeln vorgesehen.

Hinsichtlich der der Entscheidung zugrunde zu legenden Tatsachen belässt der Gesetzgeber es grundsätzlich bei dem für Verwaltungsverfahren allgemein maßgebenden Untersuchungsgrundsatz (§ 24 Abs. 1 S. 1 VwVfG): Der Sachverhalt ist durch die Behörde „von Amts wegen“ zu ermitteln. Satz 3 von Absatz 1 dieser Norm sieht vor, dass dabei auch die durch eine automatische Einrichtung zum Erlass von Verwaltungsakten ermittelten Tatsachen als Entscheidungs-

[57] Gefordert ist insofern ein formelles Gesetz, eine Rechtsverordnung und evtl. eine Satzung (je nach der Rechtssetzungskompetenz der jeweiligen Selbstverwaltungskörperschaft); eine Verwaltungsvorschrift reicht nicht.

[58] Vgl. *Siegel*, Automatisierung (2017), S. 24, 26; *Martini/Nink*, Funktionsautomaten (2018), S. 1128.

[59] Zu unterschiedlichen Arten von Algorithmen und der je spezifischen Qualitätsanforderungen s. *Koshiyana et al.*, Algorithm Auditing (2021), S. 5 und passim.

[60] S.o. § 7 sowie *Koshiyana et al.*, Algorithm Auditing (2021), S. 5 ff.

grundlage genommen werden dürfen. Es wird aber ergänzt, dass dies nicht ausreicht, wenn die Beteiligten für den Einzelfall bedeutsame tatsächliche Angaben gemacht haben, die im automatischen Verfahren nicht ermittelt wurden. Diese sind eigenständig zu berücksichtigen, also nach menschlicher Bewertung. Insofern kommt es zu einer (begrenzten) Überprüfung durch eine natürliche Person. Dabei kann in der Praxis nicht ausgeschlossen werden, dass sich eine eher unausgesprochene, faktisch vorhandene Vermutung für die Richtigkeit der automatisch generierten Entscheidungsgrundlage etablieren wird, eine rechtsstaatlich allerdings problematische Folge.[61]

III. Zum Problem des gerichtlichen Rechtsschutzes gegen automatisierte Verwaltungsentscheidungen

In einem Rechtsstaat ist die Möglichkeit gerichtlicher Kontrolle der Ausübung staatlicher Gewalt besonders wichtig (Art. 19 Abs. 4 GG). Um effektiven Rechtsschutz zu ermöglichen, besteht im Verwaltungsverfahren grundsätzlich die Pflicht zur Rechtfertigung und damit regelmäßig zur Begründung nicht nur von schriftlichen Verwaltungsakten, sondern auch von elektronischen oder elektronisch bestätigten Verwaltungsakten (§ 39 Abs. 1 VwVfG). Eine Begründung soll allerdings bei automatisierten Entscheidungen entbehrlich sein, wenn sie „nach den Umständen des Einzelfalls nicht geboten ist" (§ 39 Abs. 2 Nr. 3 VwVfG). Diese Ausnahme dürfte am ehesten bei massenhaft durchgeführten Verfahren mit gleichartigen Problemlagen in Betracht kommen.

Mit Hilfe einer Begründung sollen üblicherweise verschiedene Funktionen erfüllt werden.[62] So dient die Begründung der Sicherung der faktischen Legitimation hoheitlichen Handelns (Akzeptanzsicherung, Befriedung u. a.), vor allem aber der Sicherung der Gesetzmäßigkeit der Entscheidung und der Ermöglichung arbeitsteiliger Kontrolle (Eigenkontrolle der Verwaltung, Fremdkontrolle durch Betroffene, durch Gerichte und gegebenenfalls durch die Öffentlichkeit unter Einschluss der Wissenschaft). Die Pflicht zur Begründung betrifft insbesondere die Tatsachengrundlagen, die Würdigung der Beweismittel, Ausführungen zur Sicherung der Nachvollziehbarkeit der rechtlichen Argumentation, gegebenenfalls auch zur Darlegung der erwarteten Wirkungen der Entscheidung. Solche Angaben sind auch bei automatisierten Entscheidungen grundsätzlich möglich. Allerdings dürfte hier ein hohes Risiko bestehen, dass mit vorgefertigten Textbausteinen gearbeitet und damit den Besonderheiten des Einzelfalls – insbesondere seiner spezifischen Kontextgebundenheit – nicht hinreichend Rechnung getragen wird.

---

[61] S.a. *Demaj*, Smart Government (2018), S. 123, 136 f.

[62] Dazu s. statt vieler *Wischmeyer*, Regulierung (2018), S. 54 ff.; *ders.*, Regierungs- und Verwaltungshandeln (2020), S. 629 ff. m. w. Hinw.; *Nink*, Justiz und Algorithmen (2021), S. 122 ff.

Auch für automatisierte Entscheidungen der öffentlichen Gewalt gilt die Garantie gerichtlichen Rechtsschutzes nach Art. 19 Abs. 4 Grundgesetz. Für effektiven Rechtsschutz genügt es nicht, die für die Ausgangsentscheidung genutzten Algorithmen nunmehr ebenso für die ggf. nachfolgende gerichtliche Überprüfung einzusetzen. So ist die automatisierte Gerichtsentscheidung in Deutschland bisher nicht zugelassen (s. u. K). Die Nutzung der für die Ausgangsentscheidung eingesetzten Algorithmen würde einer gerichtlichen Kontrolle allerdings auch nicht gerecht, weil Gerichte nur in begrenzter Hinsicht eine Überprüfung eines Verwaltungsaktes vornehmen dürfen; insbesondere ist das gerichtliche Prüfverfahren nicht wie ein Verfahren zum Neuerlass des Verwaltungsaktes gestaltet. Allerdings kann es bei der gerichtlichen Überprüfung der Nachvollziehbarkeit der Gründe unverzichtbar sein, sich mit dem von der Verwaltung zugrunde gelegten automatisierten Entscheidungsprogramm auseinanderzusetzen. Dies würde erleichtert, wenn die eingesetzte Software selbst Auskunft über die die Entscheidung tragenden Gründe in einer für Menschen verständlichen Sprache geben könnte. Hilfreich dafür könnte eine – in der Entwicklung befindliche, aber noch nicht voll einsatzbereite – sogenannte Explainable Artificial Intelligence sein. [63]

Eine wirksame gerichtliche Kontrolle der Entscheidung wird vielfach auch dadurch erschwert, dass die eingesetzten Algorithmen den Gerichten gegenüber nicht offengelegt werden,[64] aber selbst wenn dies erfolgte, den Richtern – die üblicherweise keine Algorithmenexperten sind – möglicherweise nicht hinreichend verständlich und nachvollziehbar sind. Gegenwärtig fehlen rechtliche Vorkehrungen dazu, ob und wieweit die Algorithmen dem Gericht gegenüber bei Bedarf offen zu legen sind. Auch ist bisher nicht gesetzlich geklärt, ob jedenfalls die den Algorithmen zugrunde gelegten Kriterien und Maximen sowie – sofern die Verwaltung lernende Algorithmen einsetzen durfte und eingesetzt hat – auch das dabei genutzte Trainingsprogramm, die Trainingsdaten sowie bei Bedarf auch Trainingsergebnisse dem Gericht zugänglich gemacht werden müssen. Auch wird zu klären sein, wieweit allein anhand der Algorithmen hinreichende Informationen zu erhalten sind. Wird beispielsweise nur der Quellcode – das Programm, das die Algorithmen in funktionsfähige Software übersetzt – offengelegt, so ist diesem nicht zu entnehmen, wie die digitale Entscheidungsbildung abgelaufen ist.

Im Übrigen ist daran zu erinnern, dass die Programmierung und Programmanwendung kontextabhängig sind und unter je spezifischen soziotechnischen Rahmenbedingungen erfolgen (s. o. § 5), die Einfluss auf die Art und Wirkungs-

---

[63] Dazu und zu weiteren technischen Ansätzen zur Ermöglichung der Nachvollziehbarkeit s. *Wischmeyer*, Regulierung (2018), S. 61 ff. m. w. Nachw. in dortiger Fn. 247; *Kroll et al.*, Accountable Algorithms (2017), S. 633 ff.; *Molnar*, Machine Learning (2018); *Pojciech et al.*, Explainable AI (2019). S. auch *Wischmeyer*, Transparency (2020), S. 87 ff.

[64] Dazu *Hoeren/Niehoff*, KI und Datenschutz (2018), S. 57 ff.

weise des algorithmischen Entscheidungssystems haben können, ohne dass dies leicht rekonstruierbar wäre. Dies kann zu erheblichen Legitimationsdefiziten führen, dies auch deshalb, weil an der Programmierung regelmäßig und vorrangig Informatikexperten beteiligt sind, die nicht notwendig über juristische Professionalität verfügen und deshalb Schwierigkeiten haben könnten, die für die zu treffende Entscheidung maßgeblichen rechtlichen Faktoren in rechtlich angemessener Weise in die Software einzufügen.

Besonders schwierig ist die Verwirklichung von Rechtsschutz durch Maßnahmen des Adressaten eines teil- oder vollautomatisierten Verwaltungsaktes. Die Algorithmen sind mangels einer Verpflichtung zu ihrer Offenlegung ihm gegenüber regelmäßig nicht bekannt. Unbekannt sind sie insbesondere in Fällen der Anerkennung des Schutzes der Algorithmen als Amts- oder Geschäftsgeheimnisse. In der Folge können die Betroffenen ein Rechtsmittel nur ausnahmsweise mit Softwarefehlern und Fehlern bei der Eingabe des Inputs untermauern.[65]

Bei dem Einsatz lernender Systeme wären die Schwierigkeiten besonders groß. Bei ihnen ist meist sogar Spezialisten, selbst den Programmierern, nicht bekannt und nicht voll nachvollziehbarbar, wie die aktuell eingesetzte – seit der Erstprogrammierung gegebenenfalls durch Lernen veränderte – Software im Einzelnen gearbeitet und wie sich das ausgewirkt hat.[66]

IV. Ergänzende Sicherungen der Richtigkeit automatisierter Verwaltungsentscheidungen

Effektiver Rechtsschutz ist daher gegenüber automatisierten Entscheidungen nur begrenzt durch die Initiierung gerichtlicher Einzelfallkontrolle erreichbar. Umso wichtiger ist es, dass Garanten der Richtigkeit automatisierter Entscheidungen auf der Systemebene, und zwar auch präventiv, getroffen werden (Legitimation by Design). Solche Garanten müssten als Kompensatoren für das Fehlen solcher Richtigkeitsgaranten wirken, die bei nichtautomatisierten Entscheidungen zur Sicherung der Verantwortlichkeit, Kontrollierbarkeit und Fehlerkorrektur verfügbar sind.

Dies ist bisher nicht gesichert und vermutlich auch nur begrenzt sicherbar. Zur Vermeidung von Fehlern kommen beispielsweise Vorkehrungen dafür in Betracht, dass die Systeme ihre eigenen Prozesse kontrollieren können, gegebenenfalls im Zusammenwirken mit Menschen. Sinnvoll wären auch Vorkehrungen für ein Auditing von Algorithmen. Gleiches gilt für die Einführung einer

[65] So verbietet beispielsweise im Steuerrecht § 88 Abs. 5 S. 4 der Abgabenordnung die Veröffentlichung von Risikomanagementsystemen, „soweit dies die Gleichmäßigkeit und Gesetzmäßigkeit der Besteuerung gefährden könnte", vgl. dazu auch *Martini/Nink*, Persönlichkeitsschutz (2017), S. 10.

[66] S. hierzu das schon erwähnte Zitat von *Tutt*, An FDA for Algorithms (2017), S. 85.

institutionell verankerten Folgenabschätzung der Programme für automatisierte administrative Entscheidungen, gegebenenfalls gekoppelt mit Vorkehrungen zum gleitenden retrospektiven Monitoring. Eine Folgenabschätzung der vorgesehenen Arbeitsvorgänge ist beispielsweise in Art. 35 Abs. 3a DSGVO für die systematische und umfassende Bewertung persönlicher Aspekte, etwa beim Profiling, vorgesehen, ist aber auf den Schutz bei der Verarbeitung personenbezogener Daten begrenzt. Das Institut gilt nicht allgemein oder gar speziell für administrative Entscheidungen. Hierfür müsste es als ein verfahrensrechtlich verankertes Institut der prospektiven Folgenabschätzung neu geschaffen werden (s. o. § 20 C IV). Dessen Umsetzung führt bei lernenden Systemen allerdings zu besonderen Problemen, insbesondere wenn es nicht auch Pflichten für kontinuierliche Folgenabschätzungen im Zeitablauf gibt, gekoppelt mit Überprüfungen.

Weitere Möglichkeiten beständen in Pflichten zur Zertifizierung und Auditierung der von der Verwaltung für automatisierte Entscheidungen eingesetzten Hard- und Software informationstechnischer Systeme durch eine sachverständige – möglichst unabhängige – Stelle. Bei lernenden Systemen würde eine ex-ante-Kontrolle allerdings nicht reichen, weil die Arbeitsweise des algorithmischen Systems durch Lernprogramme ja laufend verändert werden kann. Wichtig werden hier zumindest Pflichten zur Protokollierung und Beweissicherung der konkreten Programmabläufe. Auch ist daran zu denken, unabhängigen Experten systematische Möglichkeiten einzuräumen, die konkret eingesetzten Algorithmen im Zeitpunkt ihrer Erstprogrammierung, aber auch später im Hinblick auf das Vorgehen bzw. die Ergebnisse/Vorgänge der Eigenprogrammierung zu testen,[67] etwa daraufhin, ob sie verdeckte Diskriminierungen enthalten, sachfremde Kriterien zugrunde legen oder wichtige Entscheidungsparameter ausblenden.

Das bisherige Fehlen solcher systemisch ausgerichteter Vorkehrungen zeigt, dass die deutsche Rechtsordnung – gleiches gilt für viele andere Rechtsordnungen – auf die Besonderheiten des Rechtsgüterschutzes beim Einsatz automatisierter Entscheidungen noch nicht hinreichend vorbereitet ist. Das aber lässt sich ändern. Um Erfahrungen zu sammeln, wäre es vermutlich auch sinnvoll, das Instrument experimenteller Normsetzung zu nutzen.

---

[67] S. dazu etwa *Martini/Nink*, Persönlichkeitsschutz (2017), S. 682.

E. Zum Einsatz digitaler Technologien in der deutschen Gerichtsbarkeit

Ebenfalls hat die Digitalisierung Einzug in die Justiz gefunden (E-Justice).[68] Zu nennen ist beispielsweise[69] die Führung von Registern (Handelsregister, Genossenschafts- und Partnerschaftsregister), die Einführung des elektronischen Anwaltspostfachs,[70] die (bis 2026 laufende) Umstellung auf die elektronische Akte,[71] der elektronische Verwaltungsdienst für die Bürger. § 55a VwGO regelt die elektronische Datenübermittlung in Gerichtsverfahren, § 55b VwGO die elektronische Aktenführung. Ermöglicht wird die förmliche Zustellung elektronischer Dokumente (§ 56 Abs. 2 VwGO i. V. m. § 174 Abs. 3, 4 ZPO).[72] Gleiche Regeln gelten auch für andere Verfahrensordnungen als die der VwGO mit Ausnahme der Strafprozessordnung.[73]

Die Digitalisierung hat auch zunehmend Eingang bei der Vorbereitung und der Art der Durchführung gerichtlicher Verfahren gefunden.[74] Auch wird an Vorschlägen zur Ausweitung dieser Möglichkeiten gearbeitet.[75] Es ist beispielsweise schon seit langem möglich, gerichtliche Verhandlungen unter Nutzung von Bild- und Tonübertragungen durchzuführen, insbes. als Videoverhandlung oder zur Vernehmung von Zeugen und Sachverständigen (§ 128a ZPO). Aus Anlass der Coronapandemie wurde dies vermehrt genutzt.

---

[68] Dazu s. etwa *Britz*, Elektronische Verwaltung (2007), S. 993 ff.; *Vogelgesang/Krüger*, Legal Tech (Teil 1) (2019), S. 398 ff.; (Teil 2) (2020), S. 90 ff.; *Jost/Krempe*, E-Justice (2017), S. 2703 ff.; *Bernhardt*, Digitalisierung (2018), S. 310 ff.; *Enders*, Einsatz (2018), S. 721 ff.; *Nolte*, Elektronische Kommunikation (2019), S. 359 ff.; *Denkhaus*, Digitalisierung (2019), S. 51, Rn. 25 ff.; *Junker*, Justiz (2020), S. 437 ff.; *Wagner*, Legal Tech (2020), S. 30 ff.; *Huber/Gieseke*, KI im Zivilprozess (2020); *Nink*, Justiz und Algorithmen (2021), S. 139 ff.; *Heil*, IT-Anwendungen (2020). Zur Praxis s. auch Abschlussbericht der Länderarbeitsgruppe, Legal-Tech: Herausforderung für die Justiz (2019), S. 6–7.

[69] Die Justizministerkonferenz vom 16.06.2021 hat im Hinblick auf den „Pakt für den Rechtsstaat 2.0“ u. a. beschlossen: „Insbesondere die Einführung der elektronischen Akte, die Entwicklung des Gemeinsamen Fachverfahrens, die Einführung des Datenbankgrundbuchs und elektronischer Register, die Weiterentwicklung der IT-Sicherheit in der Justiz, die Digitalisierung in der Ausbildung, der verstärkte Einsatz von KI, die Kommunikationsschnittstelle zwischen Justiz und Polizei sowie das Datenmanagement digitaler Asservate und der Ausbau des mobilen Arbeitens sowie der Online-Verhandlungen werden einen erheblichen zusätzlichen personellen wie finanziellen Ressourceneinsatz durch die Landesjustizverwaltungen erfordern“, https://www.justiz.nrw.de/JM/jumiko/beschluesse/2021/Fruehjahrskonferenz_2021/TOP-I_-1-u-I_-20---Pakt-fuer-den-Rechtsstaat.pdf, abgerufen am 04.10.2021.

[70] Dazu s. *Leeb*, Legal Technology (2019), S. 151 ff.

[71] Zu Erfahrungen mit ihr s. *Klasen/Schreiner/Spaniol*, E-Akte in der gerichtlichen Praxis (2021), S. 90 ff.

[72] Näher *Nolte*, Elektronische Kommunikation (2019), S. 359 ff.

[73] Dazu s. *Nolte*, Elektronische Kommunikation (2019), S. 360 ff.

[74] S. *Müller/Gamm*, Die Digitalisierung der Justiz (2021), Teil I, S. 222, Teil 2, S. 266 ff.

[75] So im Diskussionspapier der Arbeitsgruppe „Modernisierung des Zivilprozesses“ v. Feb. 2021, https://beck-link.de/nd35k, abgerufen am 04.10.2021. Zu solchen Vorschlägen s. *Brand/Skowronek*, Digitalisierung (2021), S. 178 ff.

Bei einer Ausweitung des Einsatzes digitaler Techniken werden allerdings noch viele Fragen zu klären sein, etwa zur Zulässigkeit der Nutzung des Internets als Informationsquelle oder zum Beweiswert digitaler Dokumente.[76]

Besondere Probleme sind mit der Nutzung digitaler Techniken für die richterliche Entscheidungsfindung verbunden, soweit sie mehr als bloße Assistenzfunktionen – etwa durch Nutzung von Datenbanken – erfüllen.[77] Ein Mahnbescheid kann allerdings schon seit langem automatisiert ergehen (§ 689 Abs. 1 S. 2 ZPO). Das gilt als unproblematisch, u. a., weil ihm der Charakter als Vollstreckungstitel fehlt.

Automatisierte Entscheidungen durch staatliche Gerichte würden in verstärktem Masse den Problemen ausgesetzt sein, die oben (C) im Hinblick auf die Automatisierung komplexer Entscheidungen angesprochen wurden. Automatisierte hoheitliche Rechtsprechung ist bisher aus gut nachvollziehbaren Gründen im deutschen Recht nicht vorgesehen.

Kritiker einer Automatisierung sehen in ihr unter anderem eine (Teil-)Umgehung der Garantie der Unabhängigkeit der Richter (Art. 97 GG),[78] ferner das Risiko der Außerachtlassung der Anforderungen demokratischer Legitimation, insbesondere auf der Ebene der Softwareentwicklung. Eine Hürde wird auch darin gesehen, dass die Garantie des „gesetzlichen Richters" (Art. 101 Abs. 1 S. 2 GG) so zu verstehen sei, dass „Richter" eine natürliche Person sein müsse.[79] Kritisiert wird auch, dass die Automatisierung das Risiko in sich berge, das Ziel der Einzelfallgerechtigkeit zu verfehlen.[80] Eine Codierung der Software müsste im Übrigen maßgebend unter Bezugnahme auf früher entschiedene Gerichtsentscheidungen erfolgen;[81] dies perpetuiere den Status quo, wenn nicht fortlaufend Programmanpassungen erfolgten. Ferner: Die Grenzen der Nachvollziehbarkeit und Erkennbarkeit der in einer KI-Blackbox gefällten Entscheidungen widersprächen rechtsstaatlichen Anforderungen, insbesondere solcher an die Funktion der Begründung gerichtlicher Entscheidungen und sie verkürzten damit auch die Rechtsschutzmöglichkeiten der von einer Entscheidung nachteilig Betroffenen.

Nicht unproblematisch sei es auch, wenn zwar ein menschlicher Richter die Entscheidung treffe, sich dabei aber stark an einem mit Hilfe von KI erarbeite-

---

[76] Näher *Brand/Skowronek*, Digitalisierung (2021), S. 185 f.

[77] S. etwa *Enders*, Einsatz (2018), S. 721 ff.; *Huber/Giesecke*, KI im Zivilprozess (2020). Zu Möglichkeiten der Unterstützung der richterlichen Arbeit s. *Nink*, Justiz und Algorithmen (2021), S. 139 ff. sowie Überlegungen zum Ausbau: S. 370 ff.

[78] So etwa *Enders*, Einsatz (2018), S. 721; *Huber/Gieseke*, KI im Zivilprozess (2020), Rn. 18, 39 ff.

[79] So *Enders,* Einsatz (2018), S. 723; *Nink,* Justiz und Algorithmen (2021), S. 265 ff., 287.

[80] *Huber/Gieseke*, KI im Zivilprozess (2020), Rn. 34, *Nink,* Justiz und Algorithmen (2021), S. 196 ff.

[81] Zu Kritik daran s. schon die Hinw. o. § 22 C in der Auseinandersetzung mit *Katz*.

ten Entscheidungsentwurf orientiere.[82] Hier sei nicht auszuschließen, dass eine große Versuchung bestehe, dem Entscheidungsvorschlag zu folgen, wenn er im Ergebnis plausibel erscheine, auch wenn die Einzelschritte der automatisierten Entwicklung des Entwurfs nicht oder nur begrenzt nachprüfbar seien. Ein ähnliches Risiko besteht im Übrigen auch, wenn – wie es schon häufig geschieht – Richter unter Nutzung der Datenbank Juris schon entschiedene Fälle daraufhin durchsehen, wie weit sie und ihre Begründung auch als Muster für ihre eigene Entscheidung nutzbar sind und sie als Bausteine in diese integrieren. Dies ist in entlastend, aber es muss dem Risiko vorgebeugt werden, mögliche Unterschiede in den Kontexten der früheren und der jetzt zu treffenden Entscheidungen nicht hinreichend zu berücksichtigen.

Im Übrigen ist die Grundsatzfrage zu beantworten, ob und wieweit in verantwortungsvoller Weise KI-gestützte gerichtliche Entscheidungen auch insoweit getroffen werden dürfen, als sie auf Voraussetzungen angewiesen sind, die außer in Fällen rechtlich vollständig determinierter Entscheidungen nicht geschaffen werden könnten. Insofern verweise ich auf einen Beitrag von *Stephan Dreyer* und *Johannes Schmees*[83] sowie die Analyse von *David Nink.*[84] Hingewiesen wird unter anderem auf das Problem, dass die für die Programmierung lernender Systeme erforderlichen Trainingsdaten regelmäßig nicht in genügender Zahl, Vielfalt und Kontinuität verfügbar sein dürften.[85] In Deutschland werden zurzeit weniger als 1 % der Gerichtsentscheidungen veröffentlicht; von den begründeten Entscheidungen des BGH sollen es etwa 6 % sein.[86] Ein besonderes Problem wird auch darin gesehen, dass die Entwicklung lernender Software regelmäßig nur unter Auswertung der Texte früherer gerichtlicher Entscheidungen erfolgt. Da sich die bei der Herstellung der Entscheidung maßgebenden Faktoren vielfach nicht allein aus dem Text der Begründung (der Darstellung ihrer Rechtfertigung) ergeben, bestehe das Risiko, dass der Einfluss entscheidungserhebliche Faktoren, insbesondere von Kontextfaktoren, nicht hinreichend berücksichtigt werde. Von Bedeutung ist auch der Umstand, dass die jeweiligen Normen in größere Normenverbünde eingebettet sein können, verstärkt auch in EU-rechtliche Vorgaben, die bei jeweils unterschiedlichen Fallkonstellationen ggf. unterschiedliche Beachtung finden müssten.

Angesichts der in Deutschland nicht anerkannten Bindungswirkung von Präjudizien und der damit erleichterten Möglichkeit richterlicher Rechtsfortbildung ist die deutsche Rechtsordnung durch eine relativ hohe Flexibilität ausge-

---

82 *Huber/Gieseke,* KI im Zivilprozess (2020), Rn. 46ff. Auch der Einsatz von Urteilsprognosen trifft auf Einwände; s. etwa *Hoch,* Predictive Analytics im Gerichtsprozess (2020)

83 *Dreyer/Schmees*, Künstliche Intelligenz (2019), S. 758ff.

84 *Nink,* Justiz und Algorithmen (2021), S. 179ff., 242ff. und passim.

85 So werden bisher in Deutschland nur wenige Gerichtsentscheidungen veröffentlicht (zu Zahlen s. *Leeb,* Legal Technology (2019), S. 341 m.w.Hinw.). Es wird aber auch gefordert, diese Praxis zu ändern.

86 *Hamann,* Digitale Verfügbarkeit (2021), S. 675f. mit Fn. 25.

zeichnet. Der Gehalt einer Norm kann insbesondere auf Wandel ihrer empirischen und normativen Prämissen reagieren. Dies aber kann in einer auf den Text früherer Entscheidungen abgestimmten Software nicht berücksichtigt werden. Angesichts der Wandelbarkeit der Auslegung und Anwendung von Recht müsste im Übrigen für eine laufende Erfassung neuer Trainingsdaten und für ein ggf. fortlaufendes Training der Software gesorgt werden.

Auch ist erneut auf Grenzen der Fähigkeit von Algorithmen zum Umgang mit Wertungen und Abwägungen zu verweisen. Ferner gibt es noch klärungsbedürftige Fragen der Sicherung demokratischer Legitimation,[87] darunter die des Umgangs mit dem Risiko einer Verlagerung von richterlicher Entscheidungsmacht auf die bei der Programmierung und dem Training der Software eingesetzten (vielfach wohl justizexternen) Akteure[88] – dies dürften regelmäßig nicht, erst recht nicht ausschließlich, Richter sein.

Dies sind selbstverständlich diskussionsbedürftige Punkte und zum Teil überwindbare Probleme. Sie machen aber deutlich, dass erhebliche Hürden zu bewältigen sein werden, wenn auch nur teilweise automatisierte Gerichtsentscheidungen zugelassen werden sollen. Dabei wird auch das schon unter D III angesprochene Problem in verändertem Gewande auftauchen, auf welche Weise eine automatisierte Entscheidung eines unteren Gerichts oder eines Berufungsgerichts durch die jeweils höhere Instanz überprüft werden kann und welche Informationen dafür bereitgestellt werden müssen.

Ich schließe nicht aus, dass das Bemühen um eine erhöhte Effizienz der Erledigung der vielen richterlichen Aufgaben angesichts der Überlastung vieler Teile der Justiz eine starke Schubkraft entfalten wird, die Möglichkeiten für zumindest partielle Automatisierungen – insbesondere bei standardisierbaren Fallkonstellationen – auszubauen. Gegenwärtig aber besteht noch erheblicher Klärungsbedarf, wie hier Lösungen gefunden werden können, die auch Anforderungen rechtsstaatlicher Richtigkeit und demokratischer Legitimation genügen. Dies erfordert insbesondere Differenzierungen je nach der Komplexität der zu lösenden Probleme und verfügbaren Verfahren.

F. Ergänzende Vorkehrungen der EU-DSGVO

Die EU-Rechtsordnung enthält begrenzt Sonderregelungen für automatisierte Entscheidungen, die nicht nur, aber auch für die öffentliche Verwaltung maßgebend sind (Art. 22 Abs. 1, 3; 13 Abs. 2 f.; 14 Abs. 2 lit. g; 15 Abs. 1 Hs. 2 lit. h

[87] Differenzierend dazu *Nink*, Justiz und Algorithmen (2021), S. 321 ff.

[88] Zur Softwareentwicklung s. o. § 7 A. Auch die Justiz ist in starkem Maße auf extern erstellte Software angewiesen und dürfte zumindest auf absehbare Zeit Probleme haben, hinreichend für die Softwareentwicklung und das Trainieren lernender Systeme ausgebildetes Justizpersonal, insbesondere richterliches, einsetzen zu können.

DSGVO) Diese Vorschriften wären, wenn auch ausschließlich automatisierte Gerichtsentscheidungen zulässig werden sollten und ergingen, dort ebenso zu berücksichtigen.[89]

Diese Regeln ermächtigen nicht eigenständig zu automatisierten Entscheidungen, sondern setzen ihnen Grenzen, soweit sie grundsätzlich zulässig sind. Die Zentralnorm des Art. 22 Abs. 1 DSGVO räumt Personen das Recht ein, nicht einer ausschließlich auf einer automatisierten Verarbeitung – einschließlich Profiling – beruhenden Entscheidung unterworfen zu werden, die ihnen gegenüber rechtliche Wirkung entfalten oder sie in ähnlicher Weise erheblich beeinträchtigen. Diese Einschränkung ist nicht davon abhängig, dass der Betroffene sich ausdrücklich gegen die automatisierte Verarbeitung wehrt. Nach dem Zweck der Regelung, eine betroffene Person nicht zum bloßen Objekt einer automatisierten Entscheidung zu machen, muss die Regelung als ein Verbot verstanden werden, das nicht von der Geltendmachung eines Unterlassungsanspruchs abhängt.[90] Das Verbot ist allerdings inhaltlich schwach ausgestaltet, so dadurch, dass es die „ausschließliche", also auf jegliche menschliche Mitwirkung verzichtende, Automatisierung der Verarbeitung voraussetzt und ferner nur Fälle erfasst, in denen die Person der Entscheidung „unterworfen", ihr also ohne ihren Willen ausgesetzt wird. Darüber hinaus kennt Abs. 2 eine Reihe von Ausnahmen, darunter die der ausdrücklichen Einwilligung der betroffenen Person. Als Mittel zum nachhaltigen Datenschutz bei automatisierten Eingriffen dürften Art. 22 DSGVO und die weiteren oben zitierten Normen der DSGVO sich aufgrund der Einschränkungen in der Praxis als „stumpfes Schwert" erweisen.[91]

Art. 13 Abs. 2 lit. f DSGVO sieht immerhin vor, dass die von einer automatisierten Entscheidungsfindung betroffene Person „aussagekräftige Informationen über die involvierte Logik sowie die Tragweite und die angestrebten Auswirkungen einer derartigen Verarbeitung" zur Verfügung gestellt bekommt bzw. verlangen kann. In dem Erwägungsgrund 63 der DSGVO ist allerdings als Einschränkung vorgesehen, dass der Schutz von Geschäftsgeheimnissen, des geistigen Eigentums und der Urheberschaft von Software durch die Auskünfte nicht beeinträchtigt werden darf.

Der DSGVO geht es nur um Vorkehrungen für automatisierte Entscheidungen, soweit personenbezogene Daten und bestimmte Arten der Datenverarbeitung betroffen sind. Die DSGVO regelt nicht etwa allgemein – also über den personenbezogenen Datenschutz hinausreichend – Anforderungen an automatisierte Entscheidungen. Sie erfasst auch nur belastende Entscheidungen. Ferner

---

[89] Näher zu diesen Vorschriften s. die Kommentierungen in Kühling/Buchner (Hrsg.), Datenschutz-Grundverordnung (2020); Simitis et al. (Hrsg.), Datenschutzrecht (2019).

[90] So *Scholz*, in: Simitis et al. (Hrsg.), Datenschutzrecht (2019), Rn. 16 zu Art. 22 m. w. Hinw. in Fn. 39.

[91] So *Hoeren/Niehoff*, KI und Datenschutz (2018), S. 54.

ist zu berücksichtigen, dass die DSGVO den für Legal Technology wichtigen Einsatz lernender algorithmischer Systeme nicht gesondert erfasst hat. Es ist zweifelhaft, ob es gelingen kann, die mit ihnen verbundenen Sonderprobleme allein durch Auslegung der DSGVO angemessen zu bewältigen.

G. Anforderungen an einen automatisierten Entscheidungsvollzug

Algorithmen können auch dafür eingesetzt werden, die Befolgung der rechtlichen Anforderungen schon getroffener Entscheidungen durch ihre Adressaten automatisch zu sichern oder die Nichtbefolgung automatisch zu sanktionieren. Insofern bestehen wesentliche Unterschiede zu den bisher üblichen Wegen zur Sicherung der Rechtsbefolgung.

Soweit es in der Rechtsordnung und/oder in den auf sie gestützten Entscheidungen um die Befolgung von Vorgaben durch die Normbetroffenen geht, wird bisher regelmäßig davon ausgegangen, dass die Betroffenen von den rechtlichen Bindungen ihres Verhaltens erfahren (können) und insofern eigenbestimmte Entscheidungen über die Regelbefolgung treffen (können). Wird eine vertragliche oder gesetzlich geschaffene Regel verletzt, kann dies sozial sanktioniert werden und/oder auch rechtlich, etwa durch eine Verpflichtung zum Schadensersatz, durch eine Maßnahme der Zwangsvollstreckung bzw. des Verwaltungsvollzugs oder durch die Festsetzung einer Geldbuße oder strafrechtlichen Sanktion.

Das Bevorstehen einer Vollzugsmaßnahme ist den Betroffenen allerdings regelmäßig nur bekannt, wenn sie ihnen vorher angedroht wurde. Die Kenntnis von einer bevorstehenden Sanktion ist eines der Mittel zur Wahrung der Autonomie der Betroffenen: Sie sollen als denkende und auch zu ethischem Handeln befähigte Wesen selbst entscheiden können, ob sie den rechtlichen Vorgaben folgen oder es Gründe gibt, dies nicht zu tun und gegebenenfalls eine Sanktion zu riskieren. Die Möglichkeit zur Verweigerung der Regelbefolgung kann in Ausnahmefällen sogar erwünscht sein, so wenn regelkonformes Verhalten dem Sinn einer Regel näherkommt als ihre „blinde“ Befolgung.[92] Dies kann in den schon erwähnten Dilemma Situationen der Fall sein. Ein relativ harmloses Beispiel ist es, wenn im Straßenverkehr eine Regel der Straßenverkehrsordnung missachtet wird, um einen sonst drohenden Unfall zu vermeiden. Der Soziologe *Niklas Luhmann* hat für solche Sondersituationen den Begriff der „brauchbaren Illegalität“ geprägt.[93]

Die Möglichkeit einer autonomen Entscheidung entfällt insoweit, als ein algorithmenbasiertes Entscheidungssystem so konzipiert ist, dass die Sanktion

[92] S. auch *Rademacher*, Technologien (2019).
[93] *Luhmann*, Funktion (1972), S. 304ff.

einer Regelverletzung automatisch und ohne vorherige Kenntnis durch die Betroffenen erfolgt. Es gibt nämlich Möglichkeiten, das Können einer Person schon durch die Technik selbst zu beschränken. Ein willentlicher Akt zur Entscheidung über die Befolgung oder Nichtbefolgung normativer Vorgaben oder ein interaktiver Prozess zur Überprüfung der Anforderungen an die Befolgung ist dann nicht mehr vorausgesetzt. Beispiele sind die Verwendung von Filtertechnologien zur Verhinderung von Rechtsverletzungen, verbunden mit der Blockade des Verhaltens – so etwa der Verbreitung von unerwünschten, etwa hassgeprägten oder rassistischen Inhalten im Internet („Content Curation") oder der Unterbindung der unerlaubten Nutzung urheberrechtlich geschützter Werke.[94]

Andere Beispiele der Technoregulierung durch Design ergeben sich bei den begriffsnotwendig digital gefassten, neben dem eigentlichen Vertragsinhalt auch den automatischen Vollzug von Pflichten erfassenden Smart Contracts.[95] In ihnen kann etwa vorgesehen sein, dass eine Mietwohnung bei Mietzahlungsverzug automatisch verschlossen wird, sie für den Mieter also nicht mehr nutzbar ist. Ein PKW-Leasingvertrag kann zum Einbau einer Technik (geeignete Sensorik und Konnektivität vorausgesetzt) berechtigen, die bewirkt, dass der geleaste PKW bei Nichtzahlung einer fälligen Rate nicht mehr gestartet werden kann.

Wird auf solche Weise das Können einer Person schon durch die Technik selbst beschränkt, bedarf es für den Steuerungserfolg nicht einmal der Kenntnisnahme der in Algorithmen eingebetteten Regeln durch die Betroffenen. In solchen Fällen erfolgt die Verhaltenssteuerung nicht mit Hilfe der für die Wirkung rechtlicher Normen typischen Vorgaben in den Kategorien des Dürfens/Nichtdürfens oder Sollens, sondern unmittelbar durch Beschränkung des (faktischen) Könnens. Vertraut wird auf die Zwangswirkung technischer Systeme. Derartige technische Regeln sind „self-executing". Ihre Anwendung ist – anders als bei der Ahndung von Rechtsverletzungen nach den Regeln des Zivil- oder Verwaltungsprozesses – Ausdruck einer Machtasymmetrie: Die Sanktionierten haben keine Chance, vor der Sanktion Einwände vorzubringen oder Einreden zu erheben – weder gegen die angeblich verletzte Regel noch gegen deren Anwendung im Einzelfall.

Solche Verträge beschränken die Verhaltensautonomie und werfen in der Folge auch Fragen im Hinblick auf die Legitimation solcher rechtlichen Vorgehensweisen auf. Das sei hier nur als Merkposten erwähnt.

---

[94] Dazu *Dankert*, Normative Technologie (2015), S. 56 f.; *Tene/Polonetsky*, Taming the Golem (2017), S. 154 ff.

[95] Zu ihnen s. die Nachw. in Fn. 4.

§ 23 Zur Rezeption der digitalen Transformation auch des Rechts in der Praxis, der Wissenschaft und Lehre vom Recht und seiner Anwendung

Soll die Bewältigung der Herausforderungen der Digitalisierung nicht allein in punktuellen Reaktionen bestehen, sondern konzeptionell und kreativ angeleitet sowie durch kritische Reflexion sowie produktive Phantasie bereichert werden, sind Praxis und Wissenschaft gleichermaßen gefordert.

A. Beobachtungen zur Reaktion auf das Recht der Digitalisierung und auf die Digitalisierung des Rechts

Die Rechtsordnung ist seit einigen Jahrzehnten mit der Notwendigkeit konfrontiert, sich auf neu entstehende, zunächst noch sehr überschaubare digitale oder digital geprägte Handlungsformen einzustellen.[1] Die digitale Disruption und die dadurch angestoßene digitale Transformation haben nunmehr einen Schub für vielfältige neue Aktivitäten und Sichtweisen auch im Bereich des Rechts und seiner Anwendung verursacht.

Die Digitalisierung hat einerseits neue Instrumente für den Einsatz bei der Rechtssetzung und -anwendung, aber auch neue Methoden und Denkweisen, aber auch theoretische Neukonzeptionen in der Rechtswissenschaft ermöglicht. Die Instrumente und Einsatzmöglichkeiten digitaler Techniken und Infrastrukturen werden vermehrt genutzt, um die Rechtsetzung, die Rechtsanwendung sowie auch die rechtswissenschaftliche Analyse und Theorienbildung zu unterstützen. Dabei sind zwei Dimensionen zu unterscheiden. Zum einen geht es um digitale Techniken als Gegenstand oder Modus rechtlicher Regelung. Hier lässt sich vom „Recht der Digitalisierung"[2] sprechen – eine sich einbürgernde Formulierung. Zum anderen werden digitale Techniken zur Arbeitserleichterung eingesetzt (Nutzung von Computern, Vernetzung, Kollabo-

---

[1] S. etwa die aus dem Jahre 1964 stammende Untersuchung von *Bull*, Verwaltung durch Maschinen. oder als Rückblick und Vergleich mit gegenwärtigen Sichtweisen *Pohle*, Schnittstelle von Recht und Informatik (2021).

[2] So etwa *Martini/Möslein/Rostalski*, Recht der Digitalisierung (i. E.).

ration u.ä.). Hier geht es um die Digitalisierung im Prozess der Setzung und Anwendung von Recht, oder kurz: um die Digitalisierung des Rechts.

Themen von Debatten und Tagungen zur Digitalisierung und Publikationen (systematische Darstellungen, Handbücher, Sammelbände, Monographien, Aufsätze) können beide Dimensionen betreffen, beziehen sich aber insbesondere auf Möglichkeiten bzw. Anpassungen der Art und der Instrumente des Einsatzes von Recht bei Problemlösungen. Dabei geht es beispielsweise um die Berücksichtigung der durch die Digitalisierung ausgelösten Wirkungen und die Erarbeitung der Einbettung der rechtlichen Entscheidung in die größeren Zusammenhänge der Entwicklung der digitalen Transformation. Thema ist dabei auch die Steigerung der Leistungskraft von Recht.

Bisher hat es schon eine größere Reihe auf die Digitalisierung abgestimmter Änderungen oder jedenfalls Ergänzungen der inhaltlichen Vorgaben des Rechts gegeben,[3] Auch der noch weitgehend und vermutlich noch längere Zeit auf analoge Gestaltungen ausgerichtete Teil des Rechts ist für den Einsatz digitaler Techniken vielfach nutzbar, etwa zur Erleichterung der Aufgabenerfüllung bei der Vorbereitung von Entscheidungen (Assistenzfunktionen), durch Nutzung von Datenbanken und darüber hinaus auch für automatisierte Prognosen, Realanalysen, aber vermehrt auch für automatisierte Entscheidungen.

Die Veränderungen werden in einem Teil der Praxis zwar (noch?) mit zurückhaltender Skepsis, aber vielfach mit der Bereitschaft aufgenommen, Anstöße konstruktiv aufzugreifen, die bisherigen und die neu angebotenen Sichtweisen zu überprüfen und zu fragen, wieweit Veränderungen in den Methoden sowie Ergebnissen angezeigt sind und praktisch umgesetzt werden können. Dabei wirkt sich auch der in weiten Teilen der Praxis – so insbesondere der Rechtsanwaltschaft, der Wirtschaftsunternehmen aber auch der Verwaltung und der Gerichte – immer mehr verbreitete Einsatz digitaler Arbeitsmethoden und das Vertrautsein mit elektronischen Dokumenten, darunter dem Umgang mit der elektronischen Akte, auch auf die Einstellungen zu den neuen Möglichkeiten aus – mit abnehmendem Widerstand. Es kommt gewissermaßen zur Veralltäglichung der Arbeit mit digitalen Mitteln und damit zu Ansätzen einer eher laufenden Veränderung der Arbeitsweisen, verbunden mit dem Potential, zukünftig auch verstärkt transformative Vorgehensweisen im Hinblick auf die Inhalte, Methoden und Ergebnisse im Umgang mit Recht zu nutzen.

Jedenfalls zeichnen sich nach meinem Eindruck in vielen Bereichen auch Veränderungen der inhaltlichen Rahmungen von Diskussionen und der Denkweisen von Akteuren ab. Bei den mit der Digitalisierung Aufgewachsenen, den „Digital Natives", dürfte die Fähigkeit und Bereitschaft, sich aktiv auf weitere Schritte der Digitalisierung einzulassen, am ehesten zu erwarten sein. Hier stellt sich eher die Frage, ob sich ein hinreichendes Bewusstsein auch für prob-

[3] Anschauungsmaterial dazu findet sich insbes. o. §§ 11–22.

lematische Aspekte der Digitalisierung herausbildet und folgenreiche Reflexionen über den Umgang mit Chancen und Risiken ermöglicht, nicht nur zur Nutzung aktueller Vorteile, sondern auch im Hinblick auf die Sicherung intertemporalen Freiheitsschutzes (zu ihm s. § 11 C).

Auch bei vielen Personen, die noch in vorrangig analog geprägten Umfeldern aufgewachsen sind, gibt es erhebliche Bereitschaften, sich auf die technogische Entwicklung, die Nutzung der Potentiale und die Minderung von Risiken zumindest im Grundsatz einzulassen. Es ist nicht unwahrscheinlich, dass solche Vorgänge wie die zunehmend erfolgende Umstellung von Arbeit auf elektronische Handlungsformen, die Erleichterungen durch Wissenstransfer und die Nutzung von Vernetzungen durch elektronisch aufbereitetes Wissen, der Einsatz von elektronisch abrufbaren Bausteinen für Analysen und Argumentationen, die online-basierte, produktiv zu gestaltende Zusammenführung kollaborativer Arbeitsformen, die Möglichkeiten kollektiven Lernens oder die Nutzung sozialer Medien u.a. die Bereitschaft zur Mitwirkung an weiteren Möglichkeiten zum Einsatz digitaler Techniken auch dort gefördert hat und fördern wird, wo zunächst Skepsis gegenüber Neuerungen vorherrschte. Der erreichte Stand lässt sich durchaus in den Kontext sozialer Innovationen einordnen, die allerdings noch weiter in der Entwicklung befindlich sind.

Eine grundlegende Neukonzeption von Recht ist bisher allerdings nicht erfolgt. Es besteht auch kein Bedarf, das Recht in seinen inhaltlichen Vorgaben oder in seinen Instrumenten insgesamt auf Digitalisierung umzustellen. Wahrscheinlich ist aber, dass speziell der Einsatz digitaler Techniken und die Verwendung digital formulierten Rechts und davon angestoßene Änderungen bei der weiteren Ausgestaltung der Rechtsordnung und im Umgang mit ihr stark zunehmen werden. In mehreren Bereichen wird es gleichwohl weiterhin ein Nebeneinander, auch ein Verwobensein, der Anwendung von analog gestaltetem Recht als Grundlage von menschlichem – also sozialem – Handeln einerseits und dem Einsatz von algorithmischen Regeln in Gestalt sozio-technischer Konstrukte andererseits geben.

B. Insbesondere: Zu Reaktionen im Wissenschaftssystem

Das Thema der Digitalisierung beschäftigt verstärkt auch die Rechtswissenschaft. Es gibt schon eine große Zahl neuer wissenschaftlicher Analysen, Monografien, Dissertationen, Habilitationsschriften und Handbücher zu dem Thema. Eine Auswahl davon habe ich in diesem Buch herangezogen. Das muss ich jetzt nicht wiederholen. In den von mir zitierten Werken befinden sich im Übrigen viele Verweise auf weitere Literatur.

Besonders erwähnen möchte ich, dass mehrere juristische Zeitschriften speziell im Hinblick auf Fragen der Digitalisierung neu gegründet worden sind.[4] In ihnen – sowie in den schon länger etablierten Zeitschriften – werden neben Aufsätzen und Anmerkungen. auch viele Gerichtsentscheidungen publiziert, die verdeutlichen, dass Folgeprobleme der Digitalisierung und der auf sie bezogenen Rechtsnormen schon relativ intensiv – naturgemäß aber nur punktuell – von der Judikative bearbeitet und von der Wissenschaft analysiert werden.

Laufend finden Tagungen zu den vielfältigen Themen der Digitalisierung statt.[5] Verlage wie Mohr Siebeck und Nomos haben einschlägige Schriftenreihen begonnen. Auffällig ist allerdings bei einem Blick auf die von Verlagen mit juristischen Schwerpunkten in letzter Zeit insgesamt veröffentlichen Schriften, dass vergleichsweise wenige sich ausschließlich oder schwergewichtig mit dem Thema der Digitalisierung des Rechts und der Rechtswissenschaft befassen.

C. Insbesondere: Das Thema der Digitalisierung in der rechtswissenschaftlichen Lehre und in den Prüfungen

In der täglichen universitären Lehre werden Fragen der Digitalisierung zum Teil in die Inhalte der üblichen Lehrveranstaltungen integriert, aber auch spezielle Scherpunktveranstaltungen, Seminare und Wahlveranstaltungen angeboten. Es gibt auch erste Gründungen von wissenschaftlichen Instituten/Einrichtungen zum Thema an Hochschulen.[6] Auch bestehen spezielle Lehrangebote für aus- und inländische Studierende und Interessierte aus der Rechtspraxis[7]

Eine in der Zeitschrift JURA veröffentlichte Übersicht zeigt allerdings, dass das Angebot mit besonderem Bezug zur Digitalisierung insgesamt noch schwach ausgestattet ist. Es ist sehr abhängig vom Engagement einzelner Professorinnen und Professoren und Lehrbeauftragter aus der Praxis sowie von studentischen Initiativen.[8] Es kann daher nicht überraschen, dass eine empirische Erhebung bei Studierenden – ebenso bei Referendaren/Referendarinnen –

---

[4] So „Recht Digital – RDi" (2020), „Beck.digitax" (2020), „Zeitschrift für Digitalisierung und Recht – ZfDR" (2021), „Zeitschrift für das Recht der digitalen Wirtschaft – ZdiW" (2021). Die Zeitschrift MultiMedia und Recht (MMR) nennt sich jetzt im Ergänzungstitel: „Zeitschrift für IT-Recht und Recht der Digitalisierung".

[5] Als Beispiele unter mehreren nenne ich die von DISRI veranstalteten Tagungen, dokumentiert in Taeger (Hrsg.), Recht 4.0 (2017) sowie ders. (Hrsg.), Rechtsfragen digitaler Transformationen (2018).

[6] Darunter seit 2016 in Mannheim das „Institut für das Recht der Digitalisierung", seit 2019 in Trier das „Institut für Recht und Digitalisierung" und in Hamburg das „Zentrum für Recht in der digitalen Transformation und seit 2020 in Passau das „Institut für das Recht der digitalen Gesellschaft."

[7] So die Summer School on Legal Technology der Bucerius Law School, Hamburg.

[8] S. *Möslein/Gröber/Heß/Rebmann*, Digitalisierung der rechtswissenschaftlichen Ausbildung (2021), S. 654–659. In diesem Aufsatz finden sich auch mehrere der vorhergehend im

im Jahre 2019 bei den Befragten erhebliche Unzufriedenheit mit dem Angebot und deutliche Wünsche nach dessen Ausbau ergeben hat.[9]

Als eine der Ursachen für die relativ geringe Verfügbarkeit digitalbezogener Ausbildungsangebote werden die Vorgaben der Juristenausbildungsordnungen über die Inhalte der rechtswissenschaftlichen Lehre und vor allen die der Staatsprüfungen angesehen.[10]

Immerhin gibt es erste Ansätze, zumindest in den rechtlichen Vorgaben umzusteuern. So bezeichnen die Juristenausbildungsordnungen in Baden-Württemberg (§ 3 Abs. 5, S. 1) und im Saarland (§ 1 Abs. 2 Satz 2) digitale Kompetenzen bzw. den Umgang mit modernen Informationstechnologien als Schlüsselqualifikationen.[11] Dabei wäre es verkürzt, den technologischen Teilaspekt in den Vordergrund zu rücken und die weiteren Dimensionen der Digitalisierung – etwa hinsichtlich sozialer Innovationen einschließlich von Innovationen im Recht – zu vernachlässigen.

Die digitale Transformation sollte durchgängig als Anlass und Chance für die Ausbildung moderner, den technischen, ökonomischen und sozialen Wandel konstruktiv verarbeitender Juristen genommen werden. Darauf werde ich in meinen Ausführungen zur Notwendigkeit transformativer Digitalkompetenzen zurückkommen (s. § 24 I). Wieder einmal gehört eine Reform bestimmter Aspekte der Juristenausbildung und -prüfung auf die Agenda.

D. Der Einstieg in einen Computational Turn des Rechts

Ein Teil der Änderungen in der Nutzung digitaler Techniken, auch ihre Integration in den Umgang mit traditionell formulierten Rechtsnormen, lässt sich zumindest in den Kontext der wissenschaftstheoretischen Diskussion um einen Computational Turn ordnen. Dieses Schlagwort beschäftigt insbesondere die sog. „Digital Humanities."[12] Der Begriff des „Turns" verweist nicht auf einen

---

Text vermittelten Informationen. S. auch *Eisentraut*, Digitalisierung von Forschung und Lehre (2020).

[9] *Spektor/Yuan*, Juristenausbildung (2020).

[10] S. dazu etwa *Breidenbach*, Neue Juristenausbildung (2020); *Omlor/Meister*, (Digital-) Reform der juristischen Ausbildung (2021).

[11] S. ferner Satz 2 von § 3 Abs. 2 der baden-württembergischen Verordnung über die Ausbildung und Prüfung der Juristinnen und Juristen (JAPrO): „Die Inhalte des Studiums berücksichtigen die praktische Bedeutung und Anwendung des Rechts einschließlich der Rechtsgestaltung und Rechtsberatung. Sie erfassen auch die zunehmende Bedeutung der Digitalisierung."

[12] Dazu s. statt vieler *Berry*, Computational Turn (2011). Der Überprüfung der Tauglichkeit dieses Konzepts auch für den Bereich der rechtlichen Digitalisierung gilt die Habilitationsschrift von *Peuker*, Verfassungswandel durch Digitalisierung (2020). Zu möglichen Risiken ungerechter Entscheidungen durch Computational Law s. *van den Hoven*, Computational turn in law (2021) mit Kommentar von *Green*, Hermeneutical injustice (2021).

Paradigmawechsel, wohl aber auf mehr oder minder kleinteilige „methodische Veränderungen und Neufokussierungen, die neue Erkenntnisse dank neuer Erkenntnismittel versprechen".[13] Gemeint ist ein allmählicher Umschlag der Vorgehensweisen, angeregt durch neue Forschungsfelder und damit verbundene neue Analysekategorien, Konzepte, Erkenntnismittel und Ergebnisse. Bezogen auf Digitalisierung sind die „Turns" Zeichen von Medienabhängigkeit. Dies gilt auch für die Verwendung dieses Begriffs im Bereich des Rechts, nämlich durch Anerkennung der Medienabhängigkeit von Recht und damit verkoppelt auch der Rechtswissenschaft: Die Digitalisierung hat in diesem Sinne einen partiellen Medienwechsel bewirkt, der Folgen für die Setzung von und den Umgang mit Recht hat oder jedenfalls haben kann.

[13] *Peuker*, Verfassungswandel durch Digitalisierung (2020), S. 38 ff.

§ 24 Anforderungen an den weiteren Umgang mit der digitalen Transformation im Bereich des Rechts (Auswahl)

Die Bedeutung der digitalen Transformation für das Recht geht allerdings über einen solchen medialen Turn hinaus. Die Digitalisierung ist eine Herausforderung für Recht und Rechtswissenschaften in vielen Dimensionen.

Die erfolgte und weiter erfolgende Transformation der Gesellschaften weltweit betrifft je unterschiedliche Teilbereiche mit je unterschiedlichen Anforderungen und Rahmenbedingungen und fordert auch in rechtlicher Hinsicht gegebenenfalls bereichsspezifische Konstruktionen – beispielsweise je gesondert in den Bereichen industrieller Produktion, medialer Kommunikation, des Bildungswesens oder der Schaffung von Infrastrukturen. So muss ihre Behandlung in den betroffenen Bereichen des Rechts die jeweiligen Eigenheiten beachten.

Wichtig ist auch die Rücksichtnahme auf die nationalen und trans- sowie internationalen Regelungen des Bereichs.

Aus deutscher Sicht ist die Berücksichtigung verfassungsrechtlicher Vorgaben zur Sicherung von Individual- und Gemeinwohl und zur Einlösung entsprechender Gewährleistungsaufträge unverzichtbar. Nicht zuletzt angesichts des durch die Digitalisierung bedingten Medienwechsels sind auch kompetenzielle und verfahrensmäßige Vorgaben von besonderer Bedeutung.

Zu beachten sind daher erhebliche Anforderungen, wenn die digitale Transformation auch in normativer Hinsicht gelingen soll. Bevor ich darauf näher eingehe (s. u. C- L), soll betont werden, dass mit der Transformation erhebliche Chancen verbunden sind (A). Bei deren Nutzung darf aber nicht verkannt werden, dass und warum die rechtliche Erfassung der digitalen Transformation besonders schwierig ist. Stichworte dazu sind unter B aufgeführt.

A. Grundsatz: Die digitale Transformation als Herausforderung, insbesondere als Chance

Zu Beginn (§ 1 B) habe ich erwähnt, dass die von der Digitalisierung ausgehenden Anstöße vielfach dem Befund einer Disruption zugeordnet werden. Ich hatte hinzugefügt: Der Begriff der digitalen Disruption verweise auf die durch die Digitalisierung angestoßenen radikalen Veränderungen von Technologien, Märkten, Geschäftsmodellen, Produkten, Verhaltensweisen, Analysen und

Analysemethoden, gesellschaftlichen Strukturen, Therapien u.a. Dass damit neue Chancen und Risiken verbunden sind, sei offensichtlich. Aus rechtswissenschaftlicher Sicht seien nicht der Befund einer Disruption und ihr Anlass als solche wichtig, wohl aber die Frage, ob es aus rechtlicher Sicht Möglichkeiten und Notwendigkeiten gibt, die Disruption zu nutzen und gestaltend auf die Entwicklung oder einzelne Folgen einzuwirken, und zu klären, wie sich die Digitalisierung auf das Recht selbst auswirkt.

Die digitale Transformation lässt sich als eine Chance verstehen und nutzen, die allgemeinen Lebensbedingungen zu verbessern – dies potentiell auch weltweit. Die Aufgabe, die Veränderungen auch rechtlich mitzugestalten und dabei zu versuchen, die positiven Potentiale zu mehren und mögliche Risiken zu minimieren, ist eine Herausforderung für alle, die über, mit und an digitalen Technologien arbeiten, darunter auch die Träger hoheitlicher und privater Regelungsverantwortung.

Soweit die Ausgestaltung der weiteren Entwicklung das Recht nutzt oder gar auf Recht angewiesen ist, müssen dessen Anforderungen aber auch die Erwartungen der Bürgerinnen und Bürger an einen verantwortungsvollen Umgang mit Recht und seinen Folgen eingelöst werden. Dabei gibt es auch Möglichkeiten, von je unterschiedlichen nationalen oder transnationalen Erfahrungen anderer im Umgang mit der Digitalisierung zu lernen oder die eigenen Konzepte zum Vorreiter bzw. Vorbild auch für andere Akteure werden zu lassen. Aber auch die Erfahrungen anderer sind noch lückenhaft und zum Teil an Spezifika der jeweiligen Gesellschaftsordnung und kulturellen Traditionen gebunden. Bloße Übernahmen aus anderen Rechtsordnungen reichen meistens nicht.

Die aktuelle Transformation ist nicht nur durch den hier behandelten digitalisierungsbedingten technologischen, wirtschaftlichen und sozialen Wandel geprägt. Sie wird auch durch andere, z.T. noch nicht vorhergesehene Wandlungsprozesse beeinflusst werden. Insbesondere wird sie auch durch ungelöste „Großproblemzonen" eigenständig angestoßen, darunter der Klimawandel, die ansteigenden Migrationswellen, die wachsende Kluft in der Verteilung von Vermögen und Entfaltungschancen, ferner Sonderprobleme einzelner Gesellschaften, so in Deutschland (aber nicht nur dort) die problematische Altersstruktur der Bevölkerung. Die digitale Transformation erlaubt bzw. erfordert auch für solche Problemfelder neue oder doch variierte Lösungswege – die verstärkte Nutzung digitaler Techniken beim Umgang mit der Coronapandemie (s.o. § 1 E) ist ein Beispiel für die Möglichkeiten, aber auch Schwierigkeiten. Das Vertrauen auf neue digitale Technologien wird allerdings nicht reichen, um für die Zukunft gewappnet zu sein, auch wenn sie für viele Felder neue Impulse geben kann – schon jetzt zur Erfassung der Ursachen und Folgen des Klimawandels und zur Entwicklung von Gegenmaßnahmen, nicht zuletzt unter Nutzung von neuartigen Techniken der Diagnose und Prognose. Vorausgesetzt sind die Bereitschaft und Fähigkeit, die Neuerungen produktiv zu nutzen.

B. Schwierigkeiten der rechtlichen Gestaltung angesichts der Vielfalt, Vielschichtigkeit und Ungleichzeitigkeit der durch die digitale Transformation geprägten Strukturen, Ereignisse und Wirkungen

Die digitale Transformation geht in ihrem Änderungspotential über die üblichen Anlässe rechtlichen Wandels hinaus, insbesondere dadurch, dass Änderungen nicht nur in fast allen Lebensbereichen anstehen, sondern dass sie dabei in besonders starkem Masse auf verschiedenen, miteinander korrespondierenden Ebenen und im Kontext unterschiedlicher, vielfach gegenläufiger Interessen und der Maßgeblichkeit auch transnationaler Entwicklungen erfolgen. Zugleich ist das Änderungstempo der digitalen Transformation gigantisch – etwa im Vergleich zu der Dauer des Übergangs zur Industrialisierung.

Zur Illustration der Vielschichtigkeit des Problemfeldes greife ich in der folgenden Aufzählung in loser Reihenfolge Stichworte auf, die schon in früheren Teilen dieser Untersuchung z. T. explizit[1] oder jedenfalls der Sache nach genutzt wurden, um auf Besonderheiten bzw. Tendenzen der Digitalisierung und damit verknüpfte Probleme – insbesondere (aber nicht nur) bei rechtlicher Regelung – hinzuweisen. Dabei benenne ich in verallgemeinernder Weise sich zum Teil überschneidende Eigenschaften, Rahmenbedingungen, Strukturmerkmale u. a. der digitalen Transformation, ohne sie bestimmten Anwendungsfeldern digitaler Technologien näher zuzuordnen oder konkret zuordnen zu können:

- Entstofflichung von Daten und Algorithmen, auch Dematerialisierung durch Ersetzung bisheriger analoger Handlungsweisen durch digitale Techniken;
- Begrenzte Sichtbarkeit der digitalisierten Strukturen und der in die Software und z. T. auch die Hardware eingeschriebener Vorgaben betr. Interessen und Werte;
- Verbindungen und Überlagerungen der physischen und der virtuellen „Welt";
- Wachsende Ubiquität des Einsatzes algorithmischer Systeme bzw. digitaler Technologien, insbesondere als Anlass für veränderte Arbeitsweisen, als Assistenzsysteme, zunehmend aber auch als Entscheidungssysteme;
- Entgrenzungen, Interdependenzen, Vernetzungen und Konvergenzen;
- Globalisierung, Trans- und Internationalität;
- Vielfalt und Unterschiedlichkeit der Akteure als Multistakeholder;
- Betroffenheit aller Staaten und Gesellschaften von der Digitalisierung, wenn auch nicht alle im gleichen Entwicklungsstand;
- Verstärkte Kommodifizierung von Daten und starke Kommerzialisierung des Einsatzes von algorithmischen Systemen;
- Verkoppelung technologischer und sozialer Innovationen; Schnelligkeit und Wechselbezüglichkeit des technischen und sozialen Wandels;

---

[1] S. insbes. § 9.

- Vermehrte und veränderte Technosteuerung von Menschen, Infrastrukturen, Produktionen u. a.;
- Neue Möglichkeiten des Zugangs zu Wissen, aber zugleich Spürbarkeit der Grenzen des Wissens bzw. Wachsen des Unwissens („Neues Wissen bringt neues Unwissen hervor“);
- Steigerung prognostischer Möglichkeiten, aber häufig Fortbestand der Unvorhersehbarkeit von zukünftigen Entwicklungen;
- Partielle und gegebenenfalls wachsende Autonomie algorithmischer Systeme durch Einsatz lernender Algorithmen (Machine Learning, Deep Learning);
- Möglichkeiten einerseits zum Ausbau von Transparenz, zugleich aber auch der Befund der vermehrten Schaffung von intransparenten Strukturen und opaken Vorgehensweisen:
- Verbunden damit die Diffusität von Zurechnung und Verantwortlichkeit mit der Folge von Grenzen der Kontrollierbarkeit;
- Begrenzungen der Revidierbarkeit problematischer Entwicklungen und Zustände;
- Sicherheitsprobleme: Erscheinungen der Cyberkriminalität, Schwierigkeiten wirksamer Vorkehrungen für Cybersicherheit;
- Risiken nicht oder nur schwer abzuwehrender Cyberangriffe (etwa Cyberhacking) mit ggf. weit reichenden Folgen, z. B. für die Funktionsfähigkeit von Versorgungsinfrastrukturen;
- Vielzahl und Vielfalt von Akteuren mit je unterschiedlichen Interessen und je unterschiedlichen Chancen (Digitalisierungsgewinner und -verlierer);
- Neue Machtasymmetrien, insbesondere zwischen privaten Akteuren (etwa IT-Intermediären, Industriekonzernen) und Hoheitsträgern, erst recht im Verhältnis der Unternehmen zu Nutzerinnen und Nutzern von Technologien, Diensten und neuen Produkten;
- In bestimmten Bereichen Vorrang privater/privatwirtschaftlicher Regelsetzung vor hoheitlich verantworteter Normsetzung – mit dem Ergebnis einer Entstaatlichung der Regulierungsverantwortung insbesondere in transnationalen rechtlichen Ökosystemen (“Governance without Government“);
- Verstärkte Fragmentierung der Gesellschaft, gefördert auch durch die sozialen Medien – verbunden mit wachsenden Heterogenisierungen von Erfahrungs- und Wertewelten –, aber verstärkt auch durch Erscheinungen wie der Migration und der zunehmende Kluft zwischen armen und reichen Menschen.

Nur wenige dieser Stichworte kennzeichnen Erscheinungen, die es nicht in irgendeiner Art und Form auch schon in früheren Zeiten gegeben hätte. Neu ist aber das zeitliche und inhaltliche Zusammenfallen und Verwobensein einer so großen Zahl je unterschiedlicher, ggf. gravierender, durch die digitalen Technologien miteinander verbundener und z. T. aufeinander angewiesener Erscheinungen.

Angesichts der Multidimensionalität maßgebender Faktoren ist es besonders schwer, rechtliche Regelungen so zu schaffen und anzuwenden, dass sie hinreichend komplex und noch praktikabel in der Anwendung sind. Dies ist für die Rechtsordnung angesichts der soeben beschriebenen Besonderheiten eine weitgehend neuartige Herausforderung.

C. Zu Schwierigkeiten der Sicherung rechtlicher Legitimation

Zu betonen ist, dass der Umgang mit der weiteren Entwicklung der Digitalisierung u.a. fordert, dass der Wandlungsprozess unter Wahrung der Prinzipien einer demokratischen, auf rechtsstaatliche Gerechtigkeit ausgerichteten und sozial verantwortungsvollen Gesellschaft abläuft[2].

Unverzichtbar dafür ist die Sicherung demokratischer und rechtsstaatlicher Legitimation, die auch den Anforderungen multidimensionaler Legitimationsnetzwerke gerecht wird.[3] Dies schließt nicht aus, die gegenwärtige Entwicklung als Anstoß auch für Veränderungen bisheriger Legitimationskonzepte zu nutzen.

I. Legitimationsketten und -netzwerke

Lange Zeit wurde in der deutschen Rechtsprechung und Literatur zur Kennzeichnung des Erfordernisses hinreichender demokratischer und rechtsstaatlicher Legitimation die Metapher der „Legitimationskette" genutzt, die vermittelt über den Gesetzestext zwischen Gesetzgeber und Rechtsanwender bestehen müsse.[4] Dieses Bild kann das Vorliegen von Legitimation durch Legalität zwar für Situationen treffend beschreiben, in denen es eindeutige gesetzliche Vorgaben sowie lineare Zusammenhänge zwischen den verschiedenen Entscheidungselementen und Möglichkeiten zu deterministischen Verknüpfungen gibt.

Das ist aber – wie beschrieben – nur begrenzt der Fall (s.o. §§ 5, 6). Recht arbeitet vielfach nicht nur mit kontingenten Entscheidungsregeln und kennt eine Vielzahl von Legitimationsbausteinen, die miteinander und häufig auf verschiedenen rechtlichen Ebenen (etwa im EU-Recht und im nationalen Recht) verknüpft sind. Daher sind komplexere Legitimationskonzepte als die der Legitimationskette gefragt. So wird seit langem gefordert, es müsse bei der Rechtsanwendung im Ergebnis ein „angemessenes Legitimationsniveau" erreicht werden,[5] das auf dem Einsatz unterschiedlicher Legitimationsbausteine beruht. Für das Zusammenwirken solcher Legitimationsbausteine scheint mir das

[2] S. dazu statt vieler *Broemel*, Die *digitale Gesellschaft* (2020).
[3] Als gegenläufige und abschreckende Vision s. *Danaher*, The Threat of Algocracy (2016).
[4] Zu dieser Metapher s. BVerfGE 47, 253, 275; 123, 39, 69.
[5] S. etwa BVerfGE 83, 60, 72; 107, 59, 87.

Bild eines Legitimationsnetzwerks treffend zu sein, das insbesondere auch den Prozess der Herstellung der Entscheidung einbezieht. Dieses Bild verweist von vornherein auf die gewachsene Vielfalt der Legitimationsdimensionen und -faktoren hin und zugleich lenkt es den Blick auf vielfach unterschiedliche und unterschiedlich relevante, hierarchisch oder heterarchisch geordnete Knoten und Verknüpfungen von legitimationsermöglichenden Faktoren bei der Entscheidungsbildung. Angesichts der Globalisierung ist das Legitimationsnetzwerk nicht allein durch nationale Legitimationsfaktoren gekennzeichnet. Von besonderer Bedeutung sind auch Legitimationsbausteine aus dem EU-Handlungsfeld und gegebenenfalls ergänzende Normierungen aus dem trans- und internationalen Recht.

Zu den maßgebenden Legitimationsbausteinen gehört selbstverständlich die Beachtung von anerkannten – gegebenenfalls im Laufe der Zeit zu modifizierenden – Methoden der Rechtsauslegung und -anwendung, darunter auch die der systematischen Einbindung einer Norm in die übrige, gegebenenfalls transformativ beeinflusste Rechtsordnung. Wichtig ist bei der Ausfüllung von Auslegungs- und Anwendungsspielräumen insbesondere die Nutzung der Wirkungsweisen der schon mehrfach erwähnten kompetenziellen, prozeduralen und personalen legitimationsfördernden Faktoren, die von je spezifischen Kontextbedingungen, darunter auch deren transformativen Veränderungen, beeinflusst werden.

Soweit Gesetzgeber Spielräume in den rechtlichen Vorgaben vorgesehen bzw. belassen haben (s. o. §§ 5, 6), also nicht allein auf eine deterministische Entscheidungsbildung vertrauen, haben sie zumindest implizit selbst geregelt, dass eine rein deterministische Normanwendung nicht ihrem Willen entspricht. Vielmehr benötigt die Rechtsanwendung dann eine weitere Feinsteuerung unter Nutzung insbesondere der weiteren im vorigen Absatz erwähnten Steuerungsfaktoren. In der Folge ist Rechtsanwendung vielfach ein „performativer Akt“ der Rechtserzeugung.[6] Dieser erfordert vor allem in komplexen, multidimensionalen, zukunftsoffenen und netzwerkartig geprägten Handlungsfeldern – dazu gehören viele der durch die gegenwärtigen Änderungsprozesse geprägten Bereiche der Rechtsanwendung – die Einbeziehung vielfältiger Steuerungsfaktoren, auch soweit sie nicht in linearen Beziehungen zum Text einer Norm stehen. Hier bedarf es noch erheblicher Anstrengungen, um dem Netzwerkcharakter des Zusammenspiels unterschiedlicher text- und kontextgebundener (auch transnational verankerter) Faktoren der Legitimationsbildung gerecht zu werden.

Gefordert ist eine diese Komplexität und Mehrdimensionalität berücksichtigende Governance. Soweit dabei Algorithmen steuernd wirken, kommt auch die „Governance by Algorithms“ oder besser: die „Governance by Algorithmic Systems“ ins Spiel.

---

[6] Dazu s. *Kuntz*, Rechtsfortbildung (2015).

II. Vermeidung eines digitalen Neopositivismus[7]

Mit Blick auf die Anforderungen der Rechtsstaatlichkeit und der Demokratie bei der Digitalisierung offener, konkretisierungsbedürftiger Normen wäre es verfehlt, im Interesse leichterer Programmierbarkeit von Rechtsanwendungssoftware der Versuchung zu erliegen, nicht eindeutige Normvorgaben gleichwohl wie eindeutige zu behandeln oder sie zu Standards umzuwandeln. Das aber geschieht gegenwärtig bei manchen Vorhaben, Rechtsanwendung digital zu programmieren.[8] Dann entsteht das Risiko, dass eine rechentechnische „Computergerechtigkeit" des Transfers der Norm in den Bereich digitaler Software Vorrang vor dem Ziel erhält, die auf dem Zusammenspiel unterschiedlicher den Entscheidungsprozess steuernder Faktoren aufbauende Sachrichtigkeit bzw. Gerechtigkeit der Entscheidung rechtlich zu ermöglichen.[9]

Es ist nicht zulässig, die Kontingenz von Recht und die Notwendigkeit der kontextbezogenen Konkretisierung von Recht zur Sicherung der Legitimation im Zuge der digitalen Programmierung und Anwendung hinweg zu fingieren. Dies würde einen positivistischen Rückfall der juristischen Methodik oder – anders formuliert – die Hinwendung zu einem die Komplexität der Rechtsanwendung negierenden digitalen Neopositivismus bedeuten. Die Überwindung des überkommenen (strikt gehandhabten) Positivismus und der auf ihn zentrierten sog. juristischen Methode gilt als eine Errungenschaft der Moderne.[10] Die Flexibilitätspotentiale modernen Rechts sind gerade in Zeiten des schnellen nichtrechtlichen Wandels und speziell der digitalen Transformation wichtig, um den Änderungsprozess rechtlich angemessen zu begleiten und den Umgang mit Normen in eine rechtlich legitimierte Richtung zu lenken.

Dabei können auch Wirkungen auf den Ebenen Impact und Outcome (s. o. § 8 D sowie u. D) rechtlich maßgebend werden. Allerdings ist in der Rechtswissenschaft über die Möglichkeiten und Grenzen der Folgenberücksichtigung bei der Anwendung geltenden Rechts viel gestritten worden.[11] Dabei wurde die Folgenberücksichtigung nicht als solche infrage gestellt, wohl aber deren zulässige Reichweite bei der Anwendung von Recht in konkreten Fällen. Die digitale Transformation gibt in den betroffenen gesellschaftlichen Bereichen neue Anstöße für diese Diskussionen. Soweit – wie vielfach – die rechtliche Regelung auf den Einsatz digitaler Instrumente bezogen ist, gilt sie üblicherweise nicht dem

---

[7] Diesen Begriff habe ich erstmalig in meinem unveröffentlichten Referat auf dem Symposion der Bucerius Law School „Zwischen Positivismus und Postmoderne" am 27.10.2016 verwendet.

[8] Weiterführend zu dem Problem *van den Hoven*, Computational turn in law (2021) sowie die Erwiderung von *Green*, Hermeneutical injustice (2021).

[9] S. dazu auch *Guckelberger/Kube*, E-Government (2019), S. 309.

[10] S. dazu statt vieler *Voßkuhle,* Neue Verwaltungsrechtswissenschaft (2022), insbesondere Teil B. m. w. Hinw.

[11] S. dazu *Hoffmann-Riem*, Innovation (2016), S. 91, Fn. 41.

Instrument als solchem, sondern dem Kontext ihres Einsatzes und insbesondere den dadurch möglichen Folgen (Beispiele dafür s.o. § 8 D). Denn weder Algorithmen als solche noch die Verfügbarkeit von Instrumenten der KI oder anderer technologischer Möglichkeiten rechtfertigen Verbote oder Beschränkungen von bestimmten Verhaltensweisen. Diese können aber mit dem Blick auf verursachte Folgen gerechtfertigt sein. Impact und gegebenenfalls Outcome können insofern als Kontextfaktoren der Rechtskonkretisierung zu berücksichtigen sein.

Dies bedeutet auch, dass eine Automatisierung von rechtlichen Entscheidungen in einem demokratischen Rechtsstaat ausscheiden sollte, soweit es mit digitalen Techniken nicht gelingt, die Vielfalt der Entscheidungsfaktoren und ihres Kontextbezugs zu berücksichtigen. Ob KI oder andere neue Technologien dies in der Zukunft hinreichend ermöglichen werden, ist nicht absehbar. Zurzeit muss gelten: Soweit die Richtigkeit der Normanwendung von nicht textgebundenen und nicht quantifizierbaren Kontextfaktoren, darunter auch solchen auf der Wirkungsebene, abhängt und soweit sie deshalb nicht angemessen digital programmierbar sind, rechtfertigt die durch Automatisierung erreichbare Effizienzsteigerung den Verzicht auf die Berücksichtigung der vollen Komplexität nicht.

III. Abbau rechtsstaatlicher Defizite bei der Softwareentwicklung

Mögliche Risiken für Defizite bei der Umsetzung insbesondere rechtsstaatlicher und demokratischer Prinzipien bestehen insbesondere bei der Entwicklung von digitaler Software für die Rechtsanwendung. Insoweit verweise ich zunächst auf meine Ausführungen zu den Unterschieden zwischen der Steuerung durch analog gestaltete Rechtsnormen und durch algorithmische Systeme (§ 4) sowie zur Softwareentwicklung (§ 5). Betroffen ist die „Governance of Algorithms“.

In § 5 habe ich das weitreichende Fehlen rechtlicher, insbesondere rechtsstaatlich und demokratisch legitimierter Vorgaben für die „Governance of Software“, insbesondere für den Prozess der Entwicklung von Software mit dem Ziel des Transfers und der Transformation analog formulierten Rechts in digitale Regeln, behandelt. In dem Abschnitt habe ich u.a. ausgeführt, dass die Entwicklung von Software üblicherweise nicht oder nicht allein durch die sie später anwendenden Unternehmen bzw. staatlichen Institutionen erfolgt, sondern regelmäßig durch spezialisierte externe Entwickler. Ebenso habe ich erwähnt, dass privatwirtschaftliche Unternehmen häufig fertig produzierte Software – als Standardsoftware oder branchenspezifische Software – zum Erwerb anbieten und verkaufen. Auch werden sie eingeschaltet, um vorgefertigte Software an spezifische Bedürfnisse der Anwender anzupassen. Die genutzte Software ist im Übrigen häufig in komplexe (vielfach in Clouds gespeicherte und bearbeitete) Verbundsysteme/Netzstrukturen eingebunden, deren Vorgaben weitgehend opak bleiben.

Die Softwareentwicklung ist zwar äußerlich ein rein technischer Akt, der Sache nach aber ein Vorgang sozialer Gestaltung. Der Programmierungsvorgang – also das Verfahren – ist regelmäßig nicht eigenständig rechtlich geregelt und damit nicht näher in die für demokratische und rechtsstaatliche Legitimation vorgesehenen Entscheidungsprozesse eingebunden. Zwar sind bei der Softwareentwicklung selbstverständlich die rechtlichen Vorgaben zu beachten, die im Hinblick auf die mit Hilfe der Algorithmen zu lösenden Probleme allgemein bestehen, etwa datenschutz- oder urheberrechtsbezogene Vorgaben oder solche des konkret genutzten sektorspezifischen Rechts. Die Anwendung von Recht ist aber, wie schon mehrfach erwähnt, jedenfalls in Bereichen mit Entscheidungsspielräumen (auch) auf die Wirkkraft von Steuerungsfaktoren angewiesen, die nicht in Texten abgebildet und auch nicht quantifizierbar sind. Daher ist es von hoher Bedeutung, ob es bei der Softwareentwicklung Möglichkeiten gibt, funktionale Äquivalente für die Leistungskraft dieser Steuerungsfaktoren zu schaffen. Dies ist schwierig und auch deshalb kaum durchgängig zu erreichen, weil Algorithmen – wie auch schon mehrfach erwähnt – bestimmte für menschliches Handeln wichtige Entscheidungskriterien jedenfalls bisher nicht erfassen können, wie implizites Wissen, Kreativität u.ä.

Für die Softwareentwicklung gibt es zwar eine Reihe von praktisch genutzten Regeln, insbesondere auch praktizierte Standards. Sie sind aber – soweit ich es übersehen kann – nur ausnahmsweise rechtlicher Art oder doch nicht in differenzierter Weise auf Spezifika rechtlicher Programmierung abgestimmt.

Je weiter die Digitalisierung fortschreitet und neue Anwendungsfelder „erobert" und in der Folge weiteren Transfer von Vorgaben aus der Rechtsordnung in digitale Software erfordert, desto folgenreicher kann das rechtsstaatliche und demokratische Defizit sein, das sich im Hinblick auf die Softwareentwicklung feststellen lässt. Es darf unterstellt werden, dass sowohl die Softwareentwickler als auch die Anwender der Software bemüht sein werden, Fehler zu erkennen und gegebenenfalls korrigierend zu intervenieren. Aber auch für diese Vorgehensweisen gibt es bisher keine spezifischen rechtlichen Vorgaben.

Die Vermeidung von Fehlern könnte beispielweise durch eine Pflicht zur Konformitätsbewertung und ggf. zur Zertifizierung von besonders folgenreicher Software und zum begleitenden Monitoring bei ihrer Anwendung und zwecks möglicher Revision vorgesehen werden. Auch das oben (§ 20) aufgeführte Arsenal möglicher Typen zur Ausgestaltung rechtserheblicher digitaler Systeme könnte als Pool für weitere Anknüpfungspunkte genutzt werden.

IV. Sicherung wirksamen gerichtlichen Rechtsschutzes

Das Rechtsstaatsprinzip fordert, auch beim Einsatz digitaler Techniken wirksamen Rechtsschutz zu gewährleisten. Diese Gewährleistung ist ein wichtiger Beitrag auch zur rechtlichen Legitimation.

Im Abschnitt zur Legal Technology wurde hierauf am Beispiel automatisierter Verwaltungsentscheidungen hingewiesen und es wurden Schwierigkeiten bei der Verwirklichung dieses Grundsatzes angesprochen (§ 22 E). So ist bisher nicht hinreichend geklärt, ob und wieweit die bei einem vor Gericht angegriffenen Rechtsakt verwendeten Algorithmen dem Gericht und den am Verfahren Beteiligten offengelegt werden müssen. Hinzu kommt die Frage, wieweit sie bei Gericht überprüfbar sind und wieweit die Richterinnen und Richter in der Lage sind, die Softwareentwicklung und -anwendung fachlich näher zu beurteilen. Da ein gerichtliches Prüfverfahren nicht mit dem vorangegangenen Entscheidungsverfahren identisch ist, bedarf auch der Klärung, ob und wieweit nicht von den eingesetzten Algorithmen erfasste Kriterien für die gerichtliche Prüfung erheblich sein können. In der Zukunft wird vermutlich weiter geklärt werden müssen, ob und wieweit gerichtlicher Rechtsschutz in Form automatisierter Entscheidungen gewährt werden darf.

Zu sichern ist, dass auch die gerichtliche Nutzung digitaler Techniken in ihrer Assistenzfunktion – sei es durch Übernahme von Bausteinen aus digitalen, etwa über Datenbanken verfügbaren vorangegangenen Entscheidungen, sei es von digital aufbereiteten Vorschlägen über den möglichen Inhalt einer Entscheidung – nicht dazu verleitet, eine eigenständige menschliche Prüfung nur verkürzt vorzunehmen.

Hinzuweisen ist auch darauf, dass die Möglichkeit kollegialen Austauschs unter Richterinnen und Richtern – sei es als informeller Austausch von Gedanken und Erfahrungen, sei es in Beratungen von Kollegialgerichten – infolge digitalisierter Kommunikation faktisch verringert werden könnte. Solcher Austausch ist bisher durchaus als Mittel zur Förderung der Entscheidungsqualität genutzt worden. Die Elektronifizierung richterlicher Arbeit und die damit verbundene Möglichkeit verstärkten Wirkens im Homeoffice können aber dazu führen, dass dieses Potential der Teilhabe am Wissen und an den Erfahrungen anderer zunehmend ungenutzt bleibt.

Erfolgen Entscheidungen in Kollegialgerichten allein im elektronischen Umlaufverfahren, besteht auch das Risiko, dass die Vorlage schon bei Plausibilität ohne intensivere Prüfung durch die anderen Richter des Kollegiums akzeptiert wird und die wechselseitige Kontrollfunktion innerhalb eines Kollegialorgans verkümmert. Jedenfalls empfiehlt es sich, bei der Evaluation der Digitalisierungsfolgen auch auf solche Veränderungen in der Kommunikation und deren Auswirkungen auf die Gewährung gerichtlichen Rechtsschutzes – also auf dessen spezifische Qualität – zu achten.

D. Berücksichtigung der Vielfalt möglicher Folgen der digitalen Transformation

In § 8 D habe ich dargelegt, dass die Digitalisierung Folgen auf verschiedenen Ebenen haben kann und ich habe insbesondere auch auf die Bedeutung von Makrofolgen hingewiesen. Ich habe hinzugefügt, dass es weiterer Klärungen bedarf, welche dieser Folgen bei der rechtlichen Ausgestaltung erheblich sind bzw. sein sollen.

Das Recht der Digitalisierung wird häufig als risikoadaptiertes Technikrecht gekennzeichnet (s. o. § 20 B). So ist das Datenschutzrecht als Schutz vor Gefährdungen des Grundrechts der informationellen Selbstbestimmung und damit der Autonomie konzipiert. Auch im E-KI-VO der EU- Kommission steht der Schutz vor Risiken im Vordergrund (s. o. § 17 A), und zwar insbesondere vor Risiken, die durch das Inverkehrbringen, die Inbetriebnahme und die Verwendung bestimmter, näher bezeichneter KI-Systems entstehen können (s. insbes. Art. 5, 6, 52 E-KI-VO). Die Spannbreite erfasster Risiken ist hier erheblich größer als im Datenschutzrecht, aber die vorgesehene KI-Regulierung ist gleichwohl vorrangig als risikoorientiertes Technikrecht konzipiert, auch wenn sie nicht ausschließlich darauf begrenzt ist. Beispielsweise wird als Ziel auch die Erleichterung eines Binnenmarkts für rechtskonforme, sichere und vertrauenswürdige KI-Anwendungen benannt (s. o. § 17 A II).

Eine nicht vorrangig auf die Abwehr technikbedingter Risiken gerichtete Zielsetzung verfolgen die Entwürfe der EU-Kommission für Verordnungen für digitale Märkte und Dienste (s. o. § 19 C II – III). Hier geht es insbesondere um die Funktionsfähigkeit von Märkten, so um die Beschränkung im Gebrauch wirtschaftlicher Macht sowie um die Verhinderung unlauterer Geschäftspraktiken, und andererseits u. a. um den Schutz der Rechte der Nutzer des Internets und des freien Informationsflusses, aber auch um die Entfernung illegaler Waren, Dienstleistungen und Inhalte aus dem Internet. Zu verweisen ist auch auf die EU-Verordnung zur Förderung von Fairness und Transparenz für gewerbliche Nutzer von Online-Vermittlungsdiensten (s. o. § 19 C III). Hier stehen insbes. Aspekte des Verbraucherschutzes im Vordergrund.

Diese (begrenzte) Abkehr von einer vorrangig technikbezogenen Risikoabwehr ist eine begrüßenswerte Reaktion auf die größere Spannbreite der mit dem Fortschreiten der digitalen Transformation verbundenen Probleme und der Möglichkeiten zur Problembewältigung. Solche Weiterungen prägen auch sektorspezifische Recht, soweit es speziell auf die Digitalisierung eingeht, etwa das oben (§ 21) behandelte Polizeirecht, Arbeitsrecht oder Kapitalmarktrecht. Mit der digitalen Transformation sind aber auch Folgen in weiteren Handlungsfeldern verknüpft, welche die Prüfung nahelegen, wieweit neue rechtliche Ausgestaltungen sinnvoll bzw. gefordert sind, nicht nur zur Abwehr von Risiken, sondern auch zur Erfüllung von Gewährleistungsaufträgen. Es sollte vermehrt in der Rechtsordnung berücksichtigt werden, dass die digitale Transformation in fast alle Lebensbereiche hineinwirkt. Insofern ist es geboten, ihren Anforderungen in den die verschiedenen Lebensbereiche betreffenden bzw. sie näher ausgestaltenden Rechtsnormen und dabei auch bei der Schaffung jeweils aufgabenbezogenen Rechts vermehrt Aufmerksamkeit zu widmen.

Die Wichtigkeit des jeweiligen Schutzguts ist allerdings auch mit dem Seitenblick auf die Bedeutung von Autonomie etwa für die Persönlichkeitsentwicklung oder die öffentliche Meinungsbildung und damit mittelbar für die Funktionsweise demokratischer Willensbildung und Einflussnahme zu berücksichtigen. So wirft die Engführung des traditionellen Datenschutzrechts als Risikoabwehrrecht Fragen danach auf, ob sein Konzept noch in jeder Hinsicht zeitgemäß ist. Die gleiche Frage begleitet den von der EU-Kommission vorgelegten Entwurf der KI-Verordnung, dessen weitgehend auf Risikovermeidung gerichtete Vorkehrungen an schon seit längerem in der Rechtsordnung eingesetzten Konzepten, etwa zu stark an dem des Produkthaftungsrechts, orientiert sind und die Bandbreite der gesellschaftlich relevanten Risiken nicht voll erfassen können, die durch den Einsatz von KI entstehen können.

Angesichts der Komplexität und Vielfältigkeit der Folgen der digitalen Transformation ist es m.E. angezeigt, die früher häufig erfolgte Engführung der Bewältigung von Problemen verstärkt in Frage zu stellen. Die durch die digitale Transformation stimulierte Mehrdimensionalität von Problemfeldern ist gezielt in den Blick zu nehmen. Bei der Rechtsetzung, aber auch bei der Anwendung von Normen mit Optionenräumen ist insbesondere zu klären, ob Folgen in den Dimensionen Impact und Outcome rechtlich erheblich sind und deshalb Anlass sein dürfen oder gar müssen, sie bei der Schaffung digitalisierter rechtlicher Instrumente und/oder deren Einsatz zu berücksichtigen.

Die digitale Transformation legt daher angesichts der Komplexität und Vielschichtigkeit ihrer Folgen vermehrt eine ganzheitliche Steuerungsperspektive in der Rechtsetzung und -anwendung nahe.

E. Abbau von Rechtsschutzdefiziten, die durch private Regelsetzung der IT-Wirtschaft bedingt sind

Es wurde schon mehrfach erwähnt, dass die mit der digitalen Transformation verbundene Globalisierung und Transnationalität von Märkten und Infrastrukturen die bisher vorrangig national gestalteten Rechtsordnungen zwar nicht obsolet gemacht, das maßgebliche Recht aber um transnationale oder globale Regeln erweitert – darunter auch Soft Law – und die Bedeutung nationalen Rechts dadurch verringert haben. Die globalen/transnationalen Regelungen sind allerdings nur zum Teil in demokratischen Verfahren geschaffen worden und ihre Durchsetzung obliegt nur teilweise staatlichen oder hoheitlich verantwortlichen Instanzen (etwa Gerichten). Dies gilt insbesondere (aber nicht nur) für den globalen IT-Wirtschaftsraum, für den ich oben von einer „Entstaatlichung der Regelungsverantwortung" gesprochen habe (§ 13 vor A). Hier bestehen Risiken der Ausnutzung von Macht, insbes. von Machtasymmetrien, zulasten des Rechtsgüterschutzes anderer, insbesondere der Nutzerinnen und Nutzer.[12]. Der vom BVerfG betonte Schutz- und Gewährleistungsauftrag (s. o. § 11) muss sogar intensiviert zur Geltung gebracht werden, wenn „private Unternehmen in eine staatsähnlich dominante Position rücken oder etwa die Bereitstellung von Rahmenbedingungen öffentlicher Kommunikation selbst übernehmen".[13] Erfolgt die Ausübung dieser „staatsähnlich dominanten Position" im Bereich öffentlicher Meinungsbildung, ist auf die Bedeutung zu verweisen, die das BVerfG öffentlicher Meinungsbildung für eine funktionsfähige Demokratie zuweist.[14]

Im Hinblick auf die Rundfunkfreiheit hat das Gericht Art. 5 Abs. 1 Satz 2 GG als Auftrag zur Gewährleistung einer Ordnung verstanden, die sicherstellt, dass die Vielfalt der bestehenden Meinungen in größtmöglicher Breite und Vollständigkeit Ausdruck findet. Es hat ferner betont, dass der publizistische und der ökonomische Wettbewerb nicht automatisch dazu führen, dass in Rundfunkprogrammen die Vielfalt der in einer Gesellschaft verfügbaren Informationen, Erfahrungen, Werthaltungen und Verhaltensmuster abgebildet wird.[15] Die soeben erfolgte Wiedergabe dieser Ausführungen soll kein Plädoyer dafür sein, für den Bereich der öffentlichen Meinungsbildung durch soziale Medien die für den Rundfunk entwickelten Anforderungen als maßgeblich anzunehmen. Die verschiedenen Medien haben unterschiedliche Funktionen, auf die Rücksicht zu nehmen ist.[16] Allerdings ist der vom BVerfG formulierte Gewährleistungsauftrag nicht auf traditionellen privaten oder öffentlichen Rundfunk begrenzt. Er zielt auch auf die Sicherung der für die Demokratie wichtigen Meinungsvielfalt. Je stärker soziale Medien auf diese Einfluss ausüben, desto intensiver ist nach medienspezifischen Vorkehrungen zur Sicherung freier öffentlicher Meinungsbildung zu suchen. Insofern ist es konsequent – wenn auch keineswegs ausreichend –, dass der deutsche Medienstaatsvertrag auch Regeln zur Sicherung von Meinungsvielfalt außerhalb des traditionellen Rundfunks vorsieht, so für den Zugang zu Medienplattformen (§ 82 MStV) und für Medienintermediäre (§§ 93 f. MStV). Besondere Aufmerksamkeit verdient das Verhalten der großen IT-Intermediäre.

---

[12] Darauf ist insbes. im Kontext der Behandlung der Einwilligung in Eingriffe hingewiesen worden (s. o. § 18 D)

[13] BVerfGE 152, 152, Rn. 88.

[14] Dazu s. BVerfGE 57, 295, 319 f.; 73, 118, 152 f., 114, 371, 387 ff.; 136, 9, 28.

[15] BVerfG, Urteil v. 20.07.2021, NVwZ 2021, 1283, Rn. 78.

[16] Zu dem durch die Digitalisierung bedingten Strukturwandel der Öffentlichkeit unter Verarbeitung früherer Thesen von *Jürgen Habermas* s. die Beiträge in dem Sonderheft (2021) der Zeitschrift Leviathan: „Ein neuer Strukturwandel der Öffentlichkeit?"

Immerhin zeichnen sich gegenwärtig neue Aktivitäten der EU, aber auch des deutschen Gesetzgebers, als Gegenbewegung ab (s.o. § 19). Sie sind wichtige, m.E. aber nur erste Ansätze, um in dem so wichtigen Feld der IT-Kommunikation nicht nur privatwirtschaftliche Kalküle bestimmend sein zu lassen. Es geht darum, im Zuge der Regulierung der bisher dominanten Selbstregelung/-regulierung der Unternehmen und ihrer Verbände vorhandene Machtasymmetrien zugunsten der bisher eher machtlosen Akteure und einer angemessenen Machtbalancierung abzumindern.

F. Intertemporaler Rechtsgüterschutz

Die digitale Transformation wird – wie erwähnt – aller Voraussicht nach gesellschaftliche, wirtschaftliche und individuelle Auswirkungen haben, die zwar nicht dem Typ, aber der Intensität nach denen der Industrialisierung nahekommen oder sie sogar übersteigen. Es ist einzukalkulieren, dass durch sie Strukturen in Staat und Gesellschaft nachhaltig verändert werden, darunter auch solche, die stark mit anderen verzahnt sind. Solche Änderungen aber werden sich bei Fehlentwicklungen nicht leicht revidieren lassen. Digital bedingte Veränderungen können nicht nur die von der Digitalisierung direkt betroffenen oder durch sie gestalteten Strukturen erfassen, sondern auch sonstige wichtige Rahmenbedingungen eines demokratischen sowie rechts- und sozialstaatlichen Gemeinwesens und der Sicherung der Lebensqualität der Bürgerinnen und Bürger.

Ich illustriere dies am Beispiel des ins besondere transnational bedeutsamen Energieverbrauchs. Viele der digitalen Technologien bzw. Anwendungen sind sehr energieintensiv.[17] Der Energieverbrauch wird durch den stark vorangetriebenen Ausbau der Vernetzung und der Benutzung besonders leistungsfähiger – insbesondere schneller, möglichst Übertragungen in Echtzeit sichernder – Netze und durch die verstärkte Nutzung besonders leistungsfähiger Clouds mit Sicherheit zunehmen. Zwar wird es auch möglich sein, mit Hilfe der Digitalisie-

---

[17] So verweist *Pfeiffer*, Distributivkraft (2021), S. 277 f. jeweils unter Aufführung der von ihr zitierten Studien, darauf, dass der Anteil des CO2-Fußabdrucks der gesamten Informations- und Kommunikationstechnologien (Hard- und Software eingeschlossen) sich seit 2007 bis 2018 verdreifacht und nach einer 2018 vorgelegten Prognose im Jahre 2040 bei 14 Prozent liegen wird. Für den Bereich der Nutzung der Blockchain-Technologie betont *Pfeiffer*, dass eine einzige Bitcoin-Transaktion so viel Strom wie ein durchschnittlicher Haushalt in den Niederlanden in einem Monat verbrauche. Hochrechnungen würden ergeben, dass die Bitcoin-Nutzung der Zukunft genügend CO2-Emissionen erzeugen werde, um die Erderwärmung in weniger als drei Jahrzehnten allein deshalb über 2 °C zu treiben. Auch verweist *Pfeiffer* (S. 282 f) darauf, dass die CO2-Emissionen des Trainings eines einzigen auf künstlicher Intelligenz/Machine Learning basierenden Algorithmus den Emissionen von 300 Hin- und Rückflügen zwischen San Francisco und New York glichen. Es sollte noch hinzugefügt werden, dass es neben Bitcoin noch viele weitere Kryptowährungen mit ebenfalls hohem Energieverbrauch gibt.

rung die Energieeffizienz zu verbessern. Ob es aber gelingen wird, dass der erwartete Anstieg des Energieverbrauchs dadurch auch nur annäherungsweise kompensiert wird, erscheint nach heutiger Lage unwahrscheinlich.

Bei der rechtlichen Bewertung des Befundes ist zu berücksichtigen, dass das Bundesverfassungsgericht im Zusammenhang der Reaktion auf die Klimakrise die Notwendigkeit intertemporalen Freiheitsschutzes betont hat, und zwar als gegenwärtiger Schutz auch zugunsten der Möglichkeit der Freiheitsentfaltung zukünftiger Generationen (s. o. § 11 C). Dies ist ein wichtiger, wenn auch auf das nationale Recht begrenzter Ansatz. Es ist zu hoffen, dass er auch in anderen Rechtsordnungen, auch im EU-Recht, aufgegriffen wird.

Die gegenwärtig in vielen Staaten laufenden Versuche, durch ehrgeizige Klimaziele den Energieverbrauch zu senken, reichen mit hoher Wahrscheinlichkeit schon nicht, um allgemein die Verschlechterung des Klimas aufzuhalten. Eine deutliche Steigerung des Energieverbrauchs durch den Ausbau der Digitalisierung wird das Problem vergrößern. Es liegt daher im Interesse eines intertemporalen Rechtsgüterschutzes, beim Ausbau der Digitalisierung auch die Auswirkungen auf den Energieverbrauch einzukalkulieren. Diese Dimension des Verbunds von digitaler Transformation und Klimaentwicklung sollte daher stärker in das öffentliche Bewusstsein eingehen und die Wissenschaft, die Unternehmen und die Hoheitsträger veranlassen, Lösungen zu entwickeln und dies möglichst weltweit.

Die hier am Beispiel der Entwicklung des Energieverbrauchs betonte Notwendigkeit intertemporaler Gewährleistungen kann auch andere mit der Digitalisierung verbundene Probleme betreffen. Ein anderes Problemfeld sind die schon mehrfach erwähnten Machtverlagerungen und immer noch ansteigenden Asymmetrien in der Machtverteilung, die durch die Digitalisierung vorangetrieben werden. Auch sie gefährden intertemporalen Freiheitschutz.

Zum intertemporalen Freiheitsschutz gehört auch die Sorge dafür, dass möglicherweise durch die Digitalisierung bedingte Fehlentwicklungen – etwa bei dem weiteren Ausbau der KI – revidierbar sind. Wenn die verbreitete These richtig ist, dass die digitale Transformation erhebliche Auswirkungen auf die Lebensverhältnisse und gesellschaftlichen Strukturen haben wird, muss möglichst gesichert werden, dass die Änderungen insgesamt vorteilhaft sind, Die Digitalisierung hat Instrumente zur Erfassung von Änderungen der Realbereiche, zur Prognose weiterer Entwicklungen und zu innovativen neuen Ansätzen in großer Vielfalt geschaffen. Solche leistungsfähigen Instrumente der Beobachtung, Reflexion und gegebenenfalls der Umsteuerung hat es im Zeitalter der industriellen Revolution nicht gegeben. Die durch die Digitalisierung geschaffenen Möglichkeiten der systematischen Selbstbeobachtung, der Prognose und der Reaktionen können sich als eine positive Begleiterscheinung der Digitalisierung erweisen. Sie sollten in Gegenwart und Zukunft auch im Interesse intertemporalen Freiheitschutzes genutzt werden.

G. Verstärkte Berücksichtigung der Trans- und Internationalität

Durch die digitale Transformation bedingte Herausforderungen für die Gestaltung der Rechtsordnung bestehen angesichts der globalen Dimensionen der Digitalisierung weltweit. Antworten müssen – soweit sie nicht durch transnationale oder gar globale Rechtsakte, etwa internationale Vereinbarungen, gegeben werden – in den jeweiligen nationalen Rechtsordnungen gesucht und gefunden werden, bei deren Anwendung aber transnationale Einwirkungen erheblich werden können. Im Bereich der Europäischen Union sind insbesondere deren Verordnungen und Richtlinien zu beachten. Dabei können auch Unterschiede in den Methoden und Modellannahmen im nationalen Recht und im EU-Bereich bedeutsam werden und Anregungen für veränderte Gestaltungen des Rechts geben.

Weltweit sind die Unterschiede in den faktischen Ausgangsbedingungen sowie den rechtlich geprägten Vorgehensweisen der verschiedenen Staaten erheblich größer als innerhalb der EU. Besonders groß dürfte der Unterschied zu den Vorgehensweisen in China sein (s. o. § 3 D). Auch die für das Verhalten der US-amerikanischen globalen Quasi-Monopolisten – so insbesondere für Google, Amazon, Facebook, Apple, Microsoft – wichtige US-amerikanische Rechtsordnung unterscheidet sich in vielem von der der EU und ihrer Mitgliedstaaten.[18] Gleichwohl sind Prozesse der Anpassung zu beobachten, gefordert zum Teil auch durch die erwähnten global tätigen Unternehmen selbst, soweit sie im Interesse der Erleichterung ihrer Aktivitäten auf einen in den verschiedenen Teilmärkten möglichst einheitlichen Rechtsrahmen hinwirken,

Von Bedeutung für die kulturelle und rechtliche Entwicklung ist allerdings auch, ob bzw. dass einzelne Staaten sich bei der Ausgestaltung des Digitalbereichs zumindest teilweise an ausländischen Vorbildern orientieren. Beispiele dafür finden sich insbesondere im Datenschutzrecht. So greift der in Kalifornien geltende California Consumer Privacy Act 2018 (CCPA) teilweise auf Vorbilder der EU-Datenschutzgrundverordnung zurück, ebenso der Virginia Consumer Data Protection Act 2021 (VCDPA),[19] Auch das brasilianische „Lei Geral de Proteção de Dados Pessoais“ (LGPD)[20] verarbeitet europäische Vor-

---

[18] Dazu s. statt vieler *Wischmeyer*, Regulierung (2018). Speziell zum amerikanischen Verwaltungsrecht s. *Schmidt-Aßmann*, Verwaltungsrecht der Vereinigten Staaten (2021).

[19] Das Gesetz soll am 01.01.2023 in Kraft treten. Sein Anwendungsbereich ist eingeschränkt. Für staatliche Behörden, Gremien, Kommissionen oder politische Unterabteilungen des Staates Virginia, gemeinnützige Organisationen und höhere Bildungseinrichtungen findet das VCDPA keine Anwendung. Ebenfalls ausgeschlossen vom Anwendungsbereich sind die Verarbeitungen von Daten, die durch andere Gesetzesvorschriften reguliert werden. Darunter sind Daten zu verstehen, die beispielweise unter den Driver Privacy Protection Act (DPPA), Federal Educational Rights and Privacy Act (FERPA), Farm Credit Act und den Children's Online Privacy Protection Act (COPPA) fallen.

[20] 13.079/2018. Zur Rechtslage im Bereich des brasilianischen Datenschutzes s. *Schreiber*, Right (2020), S. 45 ff.

bilder, darunter auch solche aus dem deutschen Recht und vor allem aus der EU-Datenschutzgrundverordnung.

Die trans-/internationalen wirtschaftlichen, kulturellen und politischen Verflechtungen im Bereich digitaler Dienste und Geschäftsmodelle und die Möglichkeiten zum wechselseitigen Lernen führen dazu, dass auch wissenschaftliche Untersuchungen durch nationenübergreifende Themen und Fragesellungen geprägt sein können.

H. Ergänzung rechtlicher Vorkehrungen durch außerrechtliche, insbesondere ethische Standards

Zu einer gelingenden gesellschaftlichen Entwicklung gehört der Ausbau auch von Qualitätskriterien in Bereichen von Moral, Sitte und Ethik, die z. T. mit Recht verbunden sind, aber auch eigenständige Kraft entfalten. Ich konzentriere mich hier auf die Ebene der Ethik.

In jüngerer Zeit haben sich viele internationale und nationale Institutionen mit Fragen der Ethik im Kontext der Digitalisierung, besonders intensiv mit dem Blick auf KI, beschäftigt[21] und mehrere arbeiten noch daran. Nur beispielhaft: So hat die deutsche Bundesregierung Eckpunkte für eine Strategie künstlicher Intelligenz beschlossen.[22] Auch hat sie eine Datenethikkommission eingesetzt und ihr bestimmte Leitfragen vorgegeben.[23] Das bemerkenswerte Gutachten liegt seit Ende 2019 vor.[24] Zu erwähnen ist auch der Bericht der vom deutschen Bundestag eingesetzten Enquete-Kommission zur künstlichen Intelligenz, der ethische Fragen mit umfasst.[25] Auch gibt es in der Öffentlichkeit, darunter auch in der Wissenschaft,[26] intensive Diskussionen über die Rolle der Ethik und ihr Verhältnis zu rechtlichen Regeln.[27] Bedeutsam kann es ferner

---

[21] Entsprechende Initiativen und Ergebnisse referiert *Ebers*, Regulierung (2020), Rn. 147–174. S. auch *Nemitz*, Constitutional Democracy (2018), S. 7 m. w. Hinw. in Fn. 18, 19.

[22] Bundesregierung, Eckpunkte (2018); Projekt „Ethik der Digitalisierung" des Bundespräsidenten, unter https://www.bundespraesident.de/SharedDocs/Berichte/DE/Frank-Walter-Steinmeier/2020/08/200817-Ethik-der-Digitalisierung.html, abgerufen am 04.10.2021.

[23] Bundesministerium des Innern, für Bau und Heimat, Bundesministerium der Justiz und für Verbraucherschutz, Leitfragen (2018) unter https://www.bmjv.de/SharedDocs/Downloads/DE/Ministerium/ForschungUndWissenschaft/DEK_Leitfragen.pdf;jsessionid=6CA29F251088B5AA5ABF4C31528A0239.1_cid324?__blob=publicationFile&v=1, abgerufen am 04.10.2021.

[24] Datenethikkommission, Gutachten (2019).

[25] Enquete-Kommission, Künstliche Intelligenz (2020).

[26] Himma/Tavani (Hrsg.), Handbook (2008); van den Hoven/Vermaas/van de Poel (Hrsg.), Handbook of Ethics (2015); *Rath/Krotz/Karmasin*, Maschinenethik (2018).

[27] Statt vieler *Leonelli*, Locating Ethics (2016); *Winfield/Jirotka*, Ethical Governance (2018), unter https://doi.org/10.1098/rsta.2018.0085; *Cath*, Governing Artificial Intelligence (2018) unter https://royalsocietypublishing.org/doi/10.1098/rsta.2018.0080, abgerufen am 07.10.2021; Ott/Gräf (Hrsg.), 3TH1CS (2018).

sein, wenn einzelne Unternehmen zu Teilproblemen Leitlinien oder Grundsätze zur Ethik aufgestellt haben. Sie greifen in der Praxis allerdings nur begrenzt. Um dies zu verändern, hat das „Institute of Electoral and Electronics Engineers (IEEE)" – der einflussreiche Weltdachverband der Elektroingenieure – einen Standard als Anweisung für verantwortungsvolles Vorgehen zur Beachtung bei der Entwicklung neuer digitaler Technologien, wie insbes. der KI, entwickelt.[28]

Bei solchen Diskussionen besteht angesichts der grundsätzlichen Schwierigkeiten rechtlicher Regulierung und ihrer Implementierung – auch der besonderen Schwierigkeiten, sich auf einen transnationalen rechtlichen Rahmen zu verständigen – das Risiko, dass es letztlich (wenn überhaupt) weitgehend bei unverbindlichen und vielfach nur vage formulierten ethischen Prinzipien bleibt. Gesehen wird das Risiko bloßen „Ethics Washing".[29] So ist davon auszugehen, dass die meisten, insbesondere die marktdominanten IT-Unternehmen, ethische Grundsätze gegenüber einer Rechtsbindung favorisieren und weiter versuchen werden, unter Hinweis auf solche Grundsätze eine Verrechtlichung und Sanktionierbarkeit möglichst zu verhindern, auch mit dem Ziel, damit Freiräume zur Sicherung ihrer eigenen Interessen zu bewahren.[30] Die verbale Anerkennung der Bedeutung ethischer Prinzipien darf jedenfalls nicht als Alibi für den Verzicht auf Verbindlichkeit genutzt werden.

Dennoch hat es Sinn, sich ungeachtet des Bemühens um rechtliche Vorgaben Anregungen zu und Verständigungen über zu Grunde zu legende bzw. ergänzende nichtrechtliche Prinzipien und Maßstäbe auf möglichst breiter Basis – auch unter Einschluss zivilgesellschaftlichen Sachverstands – zu entwickeln.

Es würde aber der Vielfalt möglicher Aspekte und Wertorientierungen nicht entsprechen, allein auf ethische Prinzipien zu vertrauen. Hoheitlich gesetztes oder jedenfalls hoheitlich mitverantwortetes und mit Möglichkeiten positiver bzw. negativer Sanktionen versehenes Recht ist angesichts der mit der Digitalisierung allgemein und der Nutzung von KI insbesondere verbundenen Chancen und Risiken unverzichtbar. Das darauf bezogene Recht sollte gleichwohl so angelegt werden, dass die Wirkkraft auch ethischer Maßstäbe rechtlich möglichst verstärkt wird. Dies kann z.B. dadurch geschehen, dass ethische Prinzipien bei der Auslegung und Anwendung unbestimmter, insbesondere wertungsbedürftiger, Begriffe und Handlungsermächtigungen, herangezogen werden.

---

[28] S. den Bericht in der Süddeutschen Zeitung vom 16.09.2021: „Wild West ist nun vorbei".
[29] S. etwa *Ebers*, Regulierung (2020), Rn. 180 m. w. Hinw.
[30] Vgl. *Nemitz*, Constitutional Democracy (2018), S. 3ff.

I. Förderung von transformativen Digitalkompetenzen i. w. S.

Die häufig erhobene Forderung nach einem Ausbau von Digitalkompetenzen – auch Data Literacy genannt[31] – verweist auf die Notwendigkeit, die personen- und organisationsbezogenen Kompetenzen zum Umgang mit digitalen Technologien und ihres im jeweiligen Kontext sinnvollen Einsatzes zu fördern. Dieses Ziel sollte allerdings nicht nur auf die technische Fähigkeit zum Einsatz digitaler Technologien beschränkt werden. Da diese erhebliche gesellschaftliche Bedeutung und insbesondere Einfluss auf soziale Innovationen und deren Auswirkung auf den Rechtsgüter-, insbesondere den Freiheitsschutz sowie auf die Funktionsfähigkeit gesellschaftlicher und staatlicher Institutionen haben, sollte die Förderung von Kompetenzen möglichst auch auf den Umgang mit den komplexen Folgen der digitalen Transformation bezogen sein.

In diesem Sinne spreche ich von der Notwendigkeit der Förderung von transformativen Digitalkompetenzen. Betroffen sind neben Fähigkeiten zur Nutzung algorithmischer Systeme zur Bewältigung konkreter Aufgaben – etwa der Erfassung des Realbereichs von Normen und des Treffens von rechtserheblichen Entscheidungen –, ebenso solche zur Reflexion von Vor- und Nachteilen sowie zur Interpretation und Evaluation von Ergebnissen ihres Einsatzes. Derartige Fähigkeiten sind Schlüsselkompetenzen im 21. Jahrhundert. Sie sollten auch zur Verknüpfung der Wertschöpfung über Daten als „Rohstoff“ mit der Wertschöpfung durch Wissen über weitere Folgen der Digitalisierung dienen.[32]

Je mehr die digitale Transformation auch das Rechtssystem selbst beeinflusst, desto wichtiger ist es, dass die an der Entwicklung der digitalen Transformation Beteiligten über entsprechende Qualifikationen verfügen, also auch die Juristen.[33] Für sie wird es zukünftig nicht mehr reichen, Recht in der Weise zu lernen und zu praktizieren, wie es in der analogen Welt typisch war.[34] Sie werden sich insbesondere auch informationstechnische Grundkenntnisse aneignen müssen und z. B. lernen, Online-Produkte (etwa Verträge) einschließlich einer intelligenten Benutzerführung zu entwickeln und digitale Techniken zur Einschätzung von Wahrscheinlichkeiten oder zur Reduktion der Komplexität sonst schwer durchschaubarer Sachverhalte einzusetzen. Auch sind – etwa bei der Konzeption von Rechtsnormen, aber auch in der Rechtsanwendung – Einsich-

---

[31] Dazu s. *Heidrich/Bauer/Krupka.*, Data Literacy (2018); *Ludwig/Thiemann*, Data Literacy (2020); *Rolf*, Digital Literacy (2021).

[32] Zum Problemfeld s. *Ludwig/Thiemann*, Data Literacy (2020); *Wissenschaftsrat*, Datenintensive Forschung (2020); *Rolf*, Data Literacy (2021). Zu früheren und aktuellen Bemühungen um die Arbeit an der Schnittstelle von Recht und Informatik s. *Pohle*, Schnittstelle von Recht und Informatik (2021), S. 263 ff. mit ausführlichen Literaturhinweisen S. 289 ff.

[33] Vgl. *Susskind*, Tomorrow´s Lawyers (2017).

[34] Dazu s. statt vieler *Kilian*, Zukunft der Juristen (2017); *Breidenbach*, Neue Juristenausbildung (2020); *Möslein et al.*, Digitalisierung in der rechtswissenschaftlichen Ausbildung (2021). S. auch *Omlor/Meister*, (Digital-)Reform der Juristenausbildung (2021).

ten in die Potentiale und Schwächen digitaler Technologien und in erwartbare oder mögliche Auswirkungen nicht technologischer Art wichtig.

Auf notwendige Folgerungen für die Gegenstände, Arbeitsformen und Prüfungsgegenstände der Juristenausbildung bin ich schon oben (§ 23 C) eingegangen.

In umgekehrter Richtung ist es unverzichtbar, dass Personen wie Informationstechniker, die Software für die Anwendung im Bereich des Rechts entwickeln und bei ihrem Einsatz mitwirken, sich bemühen, die Besonderheiten von Recht zu verstehen und bei ihrer Arbeit umzusetzen.

Es geht – wie erwähnt – nicht nur um fachspezifische Fertigkeiten, sondern auch um die Reflexion dessen, was die Digitalisierung bewirkt. Werden beispielsweise Verträge automatisiert geschlossen oder wird ihre Verletzung automatisch sanktioniert, so ist dies nicht folgenlos für die Art des Einsatzes von Recht und damit des Schutzes von Interessen. Gleiches gilt, wenn der Erlass von Verwaltungsakten einer nicht transparenten, nicht näher bekannten Software überlassen wird. Auch macht es einen Unterschied, ob die Überprüfung der Rechtmäßigkeit durch selbst lernende Algorithmen erfolgt und nicht mehr in rechtsstaatlich gegliederten Verfahren. Reflexionsbedarf besteht insbesondere im Hinblick auf die Verarbeitung der in §§ 5, 6 angesprochenen Unterschiede zwischen der Anwendung von Recht durch Menschen und der durch algorithmische Systeme und deren Einfluss auf die Qualität von Recht.

Es verändern sich nicht nur einzelne Entscheidungsprozesse und -ergebnisse. Die Änderungen können sich auch auf die gesellschaftliche Akzeptanz von Recht, auf seine Befriedungsfunktion und letztlich auf die Legitimation der Rechtsordnung und damit auf ihre Anerkennung als gerecht auswirken. Die Folgen des Paradigmenwechsels müssen fortlaufend analysiert und bewertet werden. Ferner muss für Möglichkeiten der Korrektur von Fehlentwicklungen gesorgt werden.

J. Ausweitung von Trans- und Interdisziplinarität

Die Forderung nach einer stärkeren Trans- und Interdisziplinarität rechtswissenschaftlicher Arbeit ist alt und sie wird auch in vielen Teilen der Rechtsordnung akzeptiert und von vielen Wissenschaftlern und Praktikern aufgegriffen. Die Digitalisierung unterstreicht die Notwendigkeit, neugierig auf die Erkenntnisse und Vorgehensweisen anderer Wissenschaften zu sein und von ihnen Anregungen aufzugreifen, wenn sie dem Verständnis oder der Lösung spezifischer Probleme dienen.

Denn mit Fragen der digitalen Transformation unter Einschluss der Auswirkungen auf das Recht kann man sich – wie schon mehrfach betont – nicht sinnvoll befassen, ohne auch die technologischen, wirtschaftlichen und sozialen

Triebkräfte und Folgen der Transformationsprozesse jedenfalls ansatzweise zu verstehen. Wer die Entwicklung mitgestalten will, muss auch versuchen, die Schaltstellen zu finden, an denen gewünschte Einwirkungen möglich sind.

Die Notwendigkeit zu einer solchen Ausweitung des Blicks dürften auch die bisherigen Ausführungen, etwa die zur Legal Technology, gezeigt haben (§ 22). Der unübersehbare Trend zur Ausweitung des Einsatzes digitaler Techniken in der Anwaltschaft, in der Verwaltung und bei Gerichten sowie in der Rechtswissenschaft bestärken die Notwendigkeit, sich um die Erlangung trans- und interdisziplinären Wissens und Könnens zu bemühen. Wissen muss nicht stets eigenständig erarbeitet werden, sondern kann unter Rückgriff auf vorhandene Expertise bzw. in Interaktion mit Experten einschlägiger Disziplinen erworben und ausgewertet sowie ggf. arbeitsteilig umgesetzt werden.

Dies ist allerdings angesichts der meist unterschiedlichen Erkenntnis- und Verwertungsinteressen der Vertreter unterschiedlicher Disziplinen ein voraussetzungsvolles Vorhaben.[35] Dabei ist auch zu berücksichtigen, dass auf der „nichtrechtlichen“ Seite einer solchen Interaktion/Kooperation vor allem Informatiker bzw. Technikwissenschaftler gefragt sind, deren Denkstile[36] sich bisher vielfach von denen der Juristen und Rechtswissenschaftler unterscheiden.

K. Nutzung und Stärkung zivilgesellschaftlicher Teilhabe

Digitale Kommunikationsmedien sind wichtig für zivilgesellschaftliches Engagement, wie umgekehrt zivilgesellschaftliche Akteure auf vielfältige Weise auf die gesellschaftliche Entwicklung einwirken. Sie geben Impulse für Neuerungen, sie beobachten und kritisieren mögliche Fehlentwicklungen und erarbeiten Anregungen zum Korrigieren von eingeschlagenen Wegen.

Vor allem das Plattform-Ökosystem ist zu einem erheblichen Teil durch zivilgesellschaftlich orientierte Aktivitäten geprägt.[37] Die Lebhaftigkeit der Veröffentlichung von Beiträgen und darauf gegründet die Aufmerksamkeit für Beiträge auf Plattformen sowie die darüber vermittelte Akzeptanz des Mediums bei vielen Nutzern kommt den Plattformen grundsätzlich zugute, ungeachtet dessen, ob und wieweit die Nutzer sich Äußerungen auf den Plattformen aneignen, sie nutzen oder kritisieren und bekämpfen. Die Plattformen stehen unter

---

[35] Zu den Möglichkeiten und Schwierigkeiten inter- und transdisziplinärer Wissensverarbeitung s. statt vieler *Hoffmann-Riem*, Außerjuridisches Wissen (2016); *ders.*, Innovation (2016), S. 68ff.

[36] Zur Bedeutung von Denkstilen s. o. § 2 B.

[37] Zur Auswertung der Vielfalt zivilgesellschaftlichen Engagements siehe die Aktivitäten von „Better Place Lab“ (https://www.betterplace-lab.org), auch unter Bezug auf Engagementbereiche, in denen (soziale) Plattformen aktiv sind.

intensiver Beobachtung der aufmerksamer gewordenen medialen und politischen Öffentlichkeiten, darunter auch der durch investigative Journalisten.[38]

Die Plattformunternehmen sehen sich nicht immer, aber doch gelegentlich veranlasst, auf Kritik zu reagieren oder sogar zivilgesellschaftliche Akteure einzubinden – so geschehen bei der Einrichtung des Oversight Board bei Facebook, dessen Konstruktion aber auch erheblicher Kritik ausgesetzt ist.[39]

Der Effekt zivilgesellschaftlichen Engagements ist angesichts der seit langem grundsätzlich bekannten – wenn auch durch die Möglichkeiten der Kommunikation über Plattformen teilweise verringerten – Schwierigkeiten der gebündelten Wahrnehmung gemeinschaftlicher Interessen noch relativ gering.[40] Vor allem in einer pluralistischen Demokratie ist es gleichwohl sinnvoll, zivilgesellschaftliches Engagement auszubauen und auch in seiner Unterschiedlichkeit zu unterstützen. Dies kann durch Berücksichtigung engagierter, unterschiedliche Sichtweisen repräsentierender Personen bei der Zusammensetzung von Kommissionen, bei der Vergabe von Aufträgen oder durch Mitwirkung an der Erfüllung von gemeinwohlwichtigen Aufgaben geschehen – unter Einschluss von Einrichtungen zum Auditing und Monitoring.

Dabei ist darauf zu achten, dass dem zivilgesellschaftlichen Engagement auch in seiner Unterschiedlichkeit genügend Einfluss eingeräumt wird, damit die Beteiligung entsprechender Vertreter nicht Alibicharakter gewinnt. Letzteres sollte auch dann vermieden werden, wenn die Mitwirkung solcher Akteure für andere gelegentlich sehr anstrengend ist. Ohne die Bereitschaft, auch Konflikte auszuhalten und zugleich nach Lösungen zu suchen, entfällt ein wichtiges Innovationspotential. Dies gilt auch für die Ausgestaltung der digitalen Transformation.

L. Aufgreifen neuer Forschungsperspektiven

Der durch die digitale Transformation ausgelöste evolutionäre oder teilweise sogar als revolutionär bezeichnete Wandel kann auch neue Forschungsperspektiven erforderlich machen,[41] und zwar nicht nur für Rechtswissenschaftler.

---

38 S. hierzu *Dolata*, Plattform-Regulierung (2019), S. 200 f.

39 Aus der Literatur s. zu diesem Board *Gorwa*, Platform Governance (2019), S. 864; *Brosch*, Facebook Oversight Board (2021); *Koloßa*, Facebook (2021). Eine differenzierte Analyse von Social Media Councils wie dem von Facebook geben *Kettemann/Fertmann*, Demokratie plattformfest machen (2021).

40 Zur Nutzung von Plattformen und den darüber möglichen Einfluss auf konkrete Vorhaben oder die öffentliche Meinung, s. *Schmidt*, Social Media (2018), S. 61 ff.; *Liesem*, Computational Propaganda (2019); *Benert/Pfetsch*, Digitalisierung und Politisierung (2020).

41 Besonders wichtig scheint mir der Bereich der Neuroscience. S. statt vieler D'Aloia/Errigo (Hrsg.), Neuroscience and law. (2021).

Insofern erwähne ich als ein Beispiel einer transdisziplinären Herausforderung die maschinelle Verhaltensforschung, die sich auf den Umgang mit KI im Bereich selbstlernender algorithmischer Systeme bezieht. In solchen Systemen wird die digitale Automatisierung von Entscheidungen um das Element der technologischen – also nicht menschlichen – Autonomie ergänzt.[42] Lernende Systeme sind ja nicht allein auf Eingaben der Programmierer angewiesen, sondern verarbeiten ergänzend eigene Wahrnehmungen und sind zur Verarbeitung solcher Erfahrungen auch zur Änderung ihres eigenen Steuerungsalgorithmus befähigt. Die Möglichkeit zu autonomem Handeln wurde traditionell bei Menschen verortet. Jetzt muss verarbeitet werden, dass lernende algorithmische Systeme über Autonomie beim Lösen von Aufgaben verfügen.

Die Handhabung von Autonomie durch Maschinen ist für Menschen nicht oder doch nur sehr schwer aufklärbar und rechtlich kontrollierbar[43] Um die Spezifika autonomen Handelns algorithmischer Systeme erfassen zu können, hat eine Gruppe US-amerikanischer Wissenschaftler die Bildung einer neuen wissenschaftlichen Disziplin gefordert: Die maschinelle Verhaltensforschung (Forschung über „machine behaviour"[44]). Sie verweisen insbesondere darauf, dass komplexe (lernende) KI-Agenten nicht länger allein aus ihrem internen Bauplan heraus verstanden werden können, sondern nur im Zusammenspiel von Maschine und Umwelt.[45] Hier hat Wissenschaft einen Aufklärungsauftrag. Maschinelle Verhaltensforschung, deren Ergebnisse auch für die Rechtswissenschaft und -praxis verwendbar sein sollen, erfordert in methodischer und personeller Hinsicht eine Erweiterung trans- und interdisziplinären Vorgehens.

Es gibt viele weitere Forschungsbedarfe. Besonders wichtig erscheint mir die Begleitung der Entwicklung des von Facebook/Meta und anderen IT-Unternehmen voran getriebenen sog. Metaverse (s. o. § 8 A). Hier bedarf insbesondere der Klärung, welche sozialen und psychischen Auswirkungen die intensive Verbindung des kollektiven virtuellen Raums mit dem physischen Raum im Internet insbesondere auf die besonders angezielte Gruppe junger Menschen hat und ob hier Bedarf für die Regulierung dieser Selbstregulierung besteht.

---

[42] *Fateh-Moghadam* Digitalisierung des Strafrechts (2019), S. 866.

[43] Dazu s. etwa *Wischmeyer*, Regulierung (2018), S. 1, 18ff., 42ff.; *ders.*, Transparency (2020); *ders.*, Regierungs- und Verwaltungshandeln (2020), Rn. 51ff. Zu Zweifeln an der Berechtigung der hohen Bedeutung von Transparenz zur Sicherung von Zurechenbarkeit und Verantwortung s. *Kroll et al.*, Accountable Algorithms (2017), S. 633

[44] *Rahwan et al.*, Machine behaviour (2019), S. 477, 480.

[45] So die Umschreibung von *Fateh-Moghadam*, Innovationsverantwortung (2019), S. 869.

§ 25 Rückblick und Ausblick

A. Zum Ablauf dieser Untersuchung und zu den behandelten Themenfeldern

Anstelle einer reinen Ergebniszusammenfassung skizziere ich im Folgenden den Ablauf dieser Untersuchung sowie die dabei verfolgten Fragestellungen und mögliche Antworten.

Diese Abhandlung gilt einer Beschreibung und Analyse von ausgewählten Problemen der bei weitem noch nicht abgeschlossenen, mit hoher Wahrscheinlichkeit schnell voranschreitenden, in ihrer konkreten Entwicklung allerdings nicht sicher vorhersehbaren technologischen und gesellschaftlichen Transformation und damit verbundenen Änderungen auch in der Rechtsordnung.

Deshalb wurde das Wechselverhältnis zwischen technologischem sowie sozialem Wandel und dem Recht untersucht, aber auch der durch die Digitalisierung bedingte Wandel des Rechts selbst. Dies geschieht am Beispiel der europäischen und deutschen Entwicklung und führt insbesondere zu den Fragen, wie die Rechtsordnung auf die Digitalisierung reagiert hat und ob und wieweit hier Defizite bestanden haben und weiter bestehen.

Am Beginn (§ 1) werden die digitale Disruption und Transformation als Ereignisse von epochaler Bedeutung bezeichnet und es werden Beispiele für den Einsatz digitaler Technologien sowie digitaler Geschäftsmodelle und für wichtige Akteure benannt. Die digitale Transformation wird als soziotechnische Transformation gedeutet. Ferner wird das Geschehen unter innovationswissenschaftlichen Aspekten charakterisiert.

Nach einer Skizzierung der methodischen Vorgehensweise, insbesondere des von mir gewählten konstruktivistischen Ansatzes, und der Hervorhebung der Bedeutung der Wirkungsperspektive von Recht (§ 2), erfolgt ein „Blick über den juristischen Tellerrand“ (§ 3). Es wird zunächst auf Beispiele früherer Disruptionen und Transformationen verwiesen. Anschließend werden ausgewählte wirtschafts- und sozialwissenschaftliche Konzepte zur Deutung des aktuellen Geschehens referiert, so zur Wirtschaftsform des Überwachungskapitalismus (*Shoshana Zuboff*), zur Bedeutung der neben die Produktionsfaktoren tretenden Distributivkräfte (*Heike Schweitzer*) und zu den Potentialen der Mustererkennung für die Auswertung digitaler Daten und Vorgänge (*Armin Nassehi*). Als Beispiel eines für Demokratien nicht akzeptablen Umgangs mit der Digitalisierung wird auf China verwiesen, insbesondere mit dem Blick auf das Social Scoring. Dabei wird auch angesprochen, dass die Digitalisierung neue Akzente im Kampf um die Weltvorherrschaft zwischen den USA und China setzt – insbesondere in wirtschaftlicher und politischer Hinsicht.

Um für Leserinnen und Leser unterschiedlicher Disziplinen eine gemeinsame Verständnisbasis zu schaffen, werden in § 4 wichtige Grundbegriffe – oder besser: Bausteine – der Digitalisierung erläutert (Daten, algorithmische Systeme, Big Data, künstliche Intelligenz, Plattformen, cyberphysische Systeme u. a.).

Besonderheiten des Einsatzes von Recht in Zeiten der Digitalisierung werden am Unterschied zwischen analogem und digitalisiertem Recht verdeutlicht (§ 5): Rechtliche Regeln werden als konkretisierungsbedürftige soziale Konstrukte, digitalisierte Regeln und deren Anwendung als soziotechnische Konstrukte charakterisiert. Letztere erfordern Standardisierungen und den Einsatz deterministischer Vorgehensweisen und verfügen damit nicht über das gleiche Flexibilitätspotential wie traditionelles Recht. Sie eröffnen aber neue Möglichkeiten zur Steigerung der Effektivität und Effizienz des Handelns, beispielsweise in Gestalt automatisierter Entscheidungen. Dass die Rechtsordnung aber aus Gründen der Rechtsstaatlichkeit und der demokratischen Legitimation Grenzen der Standardisierbarkeit wahren muss, wird am Beispiel des Einsatzes unterschiedlicher Arten von Wissen im Recht illustriert (§ 6). Ebenfalls wird auf Risiken der Sicherung von Rechtsstaatlichkeit und demokratischer Legitimation beim Transfer rechtlicher Regeln in digitalisierte im Zuge der Entwicklung von Software verwiesen (§ 7).

Mehrere Abschnitte erläutern Charakteristika der Digitalisierung, die den Einsatz von Recht erschweren oder ein verändertes Recht benötigen. Ein Beispiel ist die wachsende Verbindung der physischen und der virtuellen Welt (§ 8). Anhand ausgewählter Stichworte werden in § 9 allgemeine Erschwernisse der rechtlichen Ausgestaltung des Einsatzes algorithmischer Systeme beschrieben. Dazu gehören unter anderen die Entstofflichung und Dematerialisierung von Daten, die gewachsene Komplexität insbesondere beim Einsatz lernender algorithmischer Systeme, vielfältige Entgrenzungen, die Zukunftsoffenheit der Entwicklung, Intransparenzen, aber auch das Vertrauen auf Korrelationen, nicht etwa auf Kausalitäten, das digitale Analysen kennzeichnet.

Ein Kennzeichen der digitalen Transformation ist die Vermachtung insbesondere des Bereichs der IT-Wirtschaft (§ 10). Um die Entwicklung nachvollziehen zu können, erfolgt zunächst eine Darstellung wichtiger Besonderheiten der IT-Ökonomie. Eine ihrer Folgen ist die starke Asymmetrie der Beziehungen zwischen IT-Unternehmen und der Mehrzahl der Nutzerinnen und Nutzer von Diensten. Der traditionell insbesondere über Preise vermittelte Marktmechanismus versagt vielfach. Der dadurch ermöglichte Aufbau von immenser Wirtschaftsmacht insbesondere bei den großen, global agierenden IT-Unternehmen ist eine Basis auch ihrer gesellschaftlichen und politischen Macht.

Umso wichtiger ist die Frage, wieweit Hoheitsträger berechtigt oder verpflichtet und insbesondere in der Lage sind, gleichwohl den Schutz von individuellen Rechten und Interessen sowie kollektiv bedeutsamen Gütern zu gewährleisten (§ 11). Es folgt eine Darstellung der Grundlagen eines solchen Gewährleistungsauftrags, der insbesondere in den Freiheits- und Menschenrechten angelegt ist. Diese Rechte werden üblicherweise im Wesentlichen als Rechte zur Abwehr von Eingriffen des Staates in Freiheitsbereiche verstanden, können sich im Zuge der sogenannten Drittwirkung aber auch auf Bindungen Privater im Verhältnis zu anderen Privaten erstrecken. Die digital bedingte Veränderung der Machtverhältnisse provoziert nunmehr die Frage, wieweit Unternehmen, die funktional in mancherlei Hinsicht dem Staat vergleichbare Machtträger sind, nicht zuletzt unter Berufung auf den Gleichheitssatz stärker als bisher an Freiheitsrechte gebunden sein können. Dies ist eine vom Bundesverfassungsgericht jüngst neu artikulierte, allerdings noch nicht definitiv beantwortete Frage. Sie verdeutlicht aber, dass die Digitalisierung auch Grundlagen traditioneller Prinzipien der Rechtsordnung in Frage stellen kann.

In regulativer Hinsicht geht es um das Verhältnis der bisher im IT-Bereich dominanten Selbstregulierung Privater zu der hoheitlich-regulativen Eingrenzung ihres Handelns (§ 12). Hier werden zunächst begriffliche Differenzierungen vorgenommen und es wird als zentrales Stichwort das der hoheitlich regulierten Selbstregulierung herausgearbeitet. Die Wichtigkeit dieses Problemfeldes wird anhand einer Betrachtung insbesondere der Vorgehensweisen der großen IT-Plattformen dargestellt (§ 13). Global tätige große IT-Plattformen schaffen sich bisher das für sie geltende Regelwerk weitgehend selbst (durch Allgemeine Geschäftsbedingungen, Codes of Conduct, Standardisierungen, Schiedsverfahren u. a.). Sie regulieren Märkte, übernehmen weitreichende Ordnungsfunktionen im Internet, kuratieren soziale Verhältnisse und soziales Verhalten usw. Sie sind funktional „private Gesetzgeber“ geworden, ohne bei ihrem Handeln demokratisch legitimiert zu sein.

Die Abhandlung kann infolge der großen Breite der durch die Digitalisierung betroffenen Problemfelder vielfach nur exemplarisch vorgehen. In den weiteren Abschnitten werden einzelne, mir besonders bedeutsam erscheinende Aspekte herausgegriffen – ohne Anspruch auf Vollständigkeit.

Wichtig ist die Regulierung von Ausschließlichkeitsrechten an Daten und deren Gegenteil: der Zugangsrechte zu Daten, algorithmischen Systemen und Infrastrukturen, darunter auch die Schaffung von Open Access und Open Content (§ 14).

Zur Illustration von Einsatzmöglichkeiten digitaler Technologien wird die Verhaltenssteuerung näher behandelt – ein gesellschaftlich wichtiges und schwieriges Thema. Die Beeinflussung etwa des Verhaltens bei Konsumentscheidungen und bei politischen Wahlen sind bekannte Beispiele (§ 15).

Anschließend gehe ich darauf ein, dass in der bisherigen Entwicklung das auf den Schutz personenbezogener Daten begrenzte Datenschutzrecht hervorragende Bedeutung in der Praxis und Wissenschaft hatte und auch weiterhin hat. Es ist aber wichtig, dass die rechtswissenschaftliche Aufmerksamkeit nicht darauf begrenzt wird, sondern dass die rechtliche Ausgestaltung algorithmischer Systeme in ihrer Vielfalt und Unterschiedlichkeit besondere Aufmerksamkeit findet (§ 16). Da fast die gesamte Rechtsordnung von der Digitalisierung betroffen ist, geraten Rechtsgüter höchst unterschiedlicher Art in den Blick. Dies kann beispielsweise dazu führen, dass in der Abwägung mit ihnen und dem Datenschutz Neujustierungen erforderlich werden.

Die Vielfalt der Arten digitaler Vorgehensweisen hat zugenommen. Besondere Bedeutung hat die künstliche Intelligenz. Ihr wird daher ein eigener Abschnitt gewidmet (§ 17). Dieser verweist als Anschauungsfeld der Regelungsbedürftigkeit einerseits auf die mit künstlicher Intelligenz verbundenen Chancen, aber auch auf die Risiken. Die Darstellung greift dabei die aktuelle Diskussion um die geplante rechtliche Ausgestaltung künstlicher Intelligenz durch das Recht der Europäischen Union auf. Dargestellt wird der von der EU-Kommission unterbreitete Vorschlag eines Rechtsrahmens für künstliche Intelligenz, der mit weiteren Vorschlägen für eine Verordnung zur Harmonisierung der Vorschriften über künstliche Intelligenz in der EU verknüpft ist. Diese sind ein gutes Anschauungsfeld für die Vielfalt der Regelungsprobleme. Die EU verfolgt nicht nur, aber vor allem einen risikobezogenen Regelungsansatz. Sie unterscheidet mehrere Risikostufen, die rechtlich unterschiedlich ausgestaltet werden sollen. Während bestimmte sehr risikoreiche Tätigkeiten – darunter z. B. das Social Scoring – verboten werden, gibt es differenzierte Vorgaben für sog. Hochrisikosysteme (etwa besondere Arten des Einsatzes biometrischer Techniken), aber auch für KI-Systeme, für die geringere Risiken angenommen und die deshalb weniger intensiv geregelt werden. Schließlich gibt es Gebiete, in denen die Risiken so gering eingeschätzt werden, dass auf hoheitliche Regulierung verzichtet werden soll. Der Entwurf der EU ist noch umstritten

Ein anderes Feld eingehender Regulierung ist weiterhin das Datenschutzrecht, auf das ich in § 18 näher eingehe, dort u. a. in Auseinandersetzung mit den Problemen der Einwilligung als Voraussetzung der Datenverarbeitung, dies auch in Feldern, in denen die Nutzer von IT-Diensten praktisch auf bestimmte Dienstleister angewiesen sind. Hier bestehen Zweifel an der Freiwilligkeit einer erteilten Einwilligung. Neben vielen weiteren Fragen wird auch die aufgegriffen, wieweit datenschutzrechtliche Vorgaben für den Einsatz von Big Data, künstlicher Intelligenz und smarter Informationstechniken anwendbar sind bzw. sein sollten.

Zu den in Europa zurzeit wieder intensiv behandelten Fragen gehört die Sicherung der Funktionsfähigkeit von Märkten angesichts der vielen Vermachtungen (§ 19). In diesem Abschnitt geht es insbesondere um die (begrenzte)

Reichweite von Kartellrecht sowie um Vorhaben, dessen Möglichkeiten auszubauen. Dazu gehören der Ausbau der Fusionskontrolle und die Modernisierung der Missbrauchsaufsicht sowie sonstige Möglichkeiten der Begrenzung der Macht der bisher zu machtvollen Akteure. Hier gibt es neue deutsche Regelungen, aber vor allem Vorhaben der EU zur Eingrenzung der Macht der Online-Plattformen. Vorgeschlagen werden – noch umstrittene – Verordnungen für digitale Märkte und digitale Dienste. Sie verdeutlichen auch das Bestreben, die digitale Souveränität der EU dadurch zu sichern, dass sämtliche Unternehmen, die in der EU geschäftlich tätig werden, auch an EU-Recht gebunden sind – eine bisher nur begrenzt gegebene Situation.

Es schließt sich ein Überblick über mögliche rechtliche und nichtrechtliche Instrumente im Umgang mit den Herausforderungen der digitalen Transformation an (§ 20). Allgemein aufgeworfen werden Fragen dahingehend, wieweit bestehendes Recht fortgelten kann oder der Änderung bedarf und wie gesichert werden kann, dass innovative Chancen wahrgenommen, Risiken aber vermieden werden. Anschließend folgen Beispiele für Vorgehensweisen, so zum Systemschutz, zur Einflussnahme auf die Technikgestaltung, zur Möglichkeit von Standardisierungen und technischen Normen, für Folgenabschätzungen, zur Verbesserung der Transparenz, zum Monitoring, zur Qualitätssicherung und zur Förderung der Cybersicherheit.

In § 21 wird an Beispielen aus sektorspezifischen Teilrechtsordnungen illustriert, wie dort auf die Digitalisierung reagiert wird, so am Polizei- und Ordnungsrecht, am Medienrecht, am Arbeitsrecht sowie am Kapitalmarktrecht.

Besondere Bedeutung hat der Ausbau der sog. Legal Technology (Legal Tech), also des Einsatzes digitaler Informationstechniken in juristischen Handlungsfeldern, so beim Zugang zum Recht sowie in der Rechtsberatung, in der Rechtsanwendung, aber auch in der Rechtsetzung sowie in der Rechtswissenschaft (§ 22). Zur Legal Technology gehören beispielsweise digitale Plattformen, die einerseits in einfach gelagerten Rechtsfällen, zum Teil aber auch in komplexen Entscheidungssituationen hilfreich sein und zur Lösung von rechtlichen Konflikten führen können. Digitale Techniken werden auch von der staatlichen Verwaltung in großem Maße eingesetzt (so im Electronic Government), auch taugen sie – in Grenzen – für automatisierte Verwaltungsentscheidungen. Das aber führt unter anderem zu dem noch nicht gut gelösten Problem der Sicherung von gerichtlichem Rechtsschutz.

Auch die Justiz nutzt digitale Techniken seit längerem. Sehr umstritten ist allerdings, wieweit auch gerichtliche Entscheidungen automatisiert erfolgen dürfen oder ob richterliches Handeln notwendig menschliches Handeln sein muss, etwa um den spezifischen Besonderheiten von Rechtskonflikten gerecht werden oder komplexe Wertungen vornehmen zu können.

In § 23 wird resümierend nach den Möglichkeiten der Digitalisierung des Rechts und der Digitalisierung durch Recht gefragt. Auch wird die Reaktion der Rechtswissenschaft sowie der Rechtslehre auf die Digitalisierung zum Thema. Zu beobachten ist jedenfalls ein durch den Wechsel von analogen zu digitalen Instrumenten bedingter „Computational Turn", also der Befund von – meist nur partiellen – Veränderungen, nicht aber (schon?) von durchgreifenden Änderungen der gesamten Rechtsordnung.

Es bedarf noch weiterer Abklärungen, wie weit die transformativen Veränderungen im Recht und in der Rechtswissenschaft zukünftig gehen sollen und – angesichts der Schwierigkeiten rechtlicher Gestaltung in Zeiten der Digitalisierung – gehen können (§ 24). Zu den noch zu lösenden Problemen gehören beispielsweise neue Wege zur Sicherung demokratischer Legitimation. Die für den erleichterten Einsatz der Digitalisierung geforderte stärkere Standardisierung von rechtlichen Regeln ist problematisch, soweit sie Möglichkeiten zur Nutzung der Kontextabhängigkeit von Recht und zur Wahrung teilweise unverzichtbarer Flexibilität gefährdet. Dies muss weiter beobachtet werden. Auch muss davor gewarnt werden, dass nach der in den letzten Jahrzehnten weitgehend erfolgten Überwindung des strikten rechtlichen Positivismus nun ein „digitaler Neopositivismus" entsteht. Aufgeworfen werden ferner bisher ungelöste Fragen effektiven Rechtsschutzes, darunter auch die, wie die von der IT-Wirtschaft immer noch bevorzugte private Regelbildung regulativ so umhegt werden kann, dass auch zurzeit bestehende Rechtsschutzdefizite abgebaut werden.

B. Ausblick

Die gegenwärtige digitale Transformation von Technik und Gesellschaft bringt weiterhin disruptive Potentiale mit sich, die Risiken, aber ebenfalls Chancen auch für die weitere Entwicklung der Rechtsordnung bedingen. Rechtsnormativ besteht die Chance, dass der Fortgang der Entwicklung für Fortschritte im Interessen- und Rechtsgüterschutz genutzt wird und in ihm Anforderungen erfüllt werden, wie sie beispielhaft – keineswegs abschließend – in § 24 formuliert wurden. Diese Aussage zielt auch auf den Ausbau von Kompetenzen hinsichtlich der Verarbeitung transnationaler Entwicklungen und des Einsatzes von Fähigkeiten zu transdisziplinärer Analyse und Folgerung. Ohne sie wird es kaum gelingen, den Besonderheiten gerecht zu werden, die eine mit der digitalen Transformation abgestimmte inhaltliche Transformation auch wichtiger Teile der Rechtsordnung und der Rechtswissenschaft beachten muss.

Es lohnt sich jedenfalls, den Änderungsprozess fortzuführen und das Recht dabei in seinen Fähigkeiten auch als Innovationsermöglichungsrecht zu nutzen und zugleich für Innovationsverantwortung beim Handeln der Akteure und bei der Schaffung von Strukturen zu sorgen. Das ist eine Herausforderung für die Rechtspolitik, die Rechtsetzung, die Rechtsanwendung und damit zusammenhängend, aber auch eigenständig, die Rechtswissenschaft sowie die Rechtslehre. Herausgefordert sind aber auch die Bürgerinnen und Bürger sowie die Unternehmen und deren Verbände, ohne deren auch kritische Mitwirkung an der weiteren Entwicklung und ohne eine im Ergebnis möglichst weitgehende Akzeptanz der Vorgehensweisen und Ergebnisse nachhaltige Erfolge nicht zu erwarten sind.

Der Bedarf zur Fortentwicklung der verschiedenen Facetten der digitalen Transformation wird anhalten. Damit bleibt das Recht der Herausforderung ausgesetzt, den allgemeinen Transformationsprozess zu begleiten. Hinzu kommt der Erwartungssog, dies als Chance zu einer auch auf die Probleme der Digitalisierung abgestimmten rechtsnormativ geprägten sowie an sozialen (auch ethischen) Werten orientierten Gestaltung zu begreifen und als solche zu nutzen.

Literaturverzeichnis

Abbate, J., Inventing the Internet (1999).

Abel, R., Umsetzung der Selbstregulierung im Datenschutz – Probleme und Lösungen, in: Recht der Datenverarbeitung 2003, S. 11 ff.

Abromeit, W., Digitalisierte Verwaltungsrechtsverhältnisse, in: 60. Assistententagung Öffentliches Recht. Der Digitalisierte Staat – Chancen und Herausforderungen für den modernen Staat (2020), S. 333 ff.

Aletras, N./Tsarapatsanis, D./Preotiuc-Pietro, D./Lampos, V., Predicting judicial decisions of the European Court of Human Rights: A Natural Language Processing perspective (2016).

Algorithm Watch/BertelsmannStiftung, Automating Society. Taking Stock of Automated Decision-Making in the EU, A Report (2020).

Alpaydin, E., Machine Learning (2016).

Ammann, T., Die Machtprobe, Wie Soziale Medien unsere Demokratie verändern (2021).

Amstutz, M., Dateneigentum, in: Archiv für die civilistische Praxis 2018, S. 438 ff.

Andersson, L./Alaja, A./Buhr, D./Fink, P./Stöber, N., Policies for Innovation in Times of Digitalization. A comparative report on innovation policies in Finland, Sweden and Germany (2017).

Angwin, J./Larson, J./Mattu, S./Kirchner, L., Machine Bias – There's software used across the country to predict future criminals. And it´s biased against black (2016).

Arasser, K., Körper 2.0. Über die technische Erweiterbarkeit des Menschen (2013).

Arbeitsgruppe „Digitaler Neustart" der Konferenz der Justizministerinnen und Justizminister der Länder, Bericht vom 15. Mai 2017 (2017).

Armhold, K., Digital Divide. Zugangs- oder Wissenskluft? (2003).

Arnetsbichler, E., Rechtliche Fragestellungen beim Einsatz von „Smart-Home"-Technologie, in: Zeitschrift für Innovation und Technikrecht 2020, S. 169 ff.

Ashley, K., Artificial Intelligence and Legal Analytics, in: New Tools for Law Practice in the Digital Age, 6th printing (2019), S. 11 ff.

Aßmus, U./Keppeler, L./Amann, A., Rechtliche Implikationen der Einbettung von (Open Source-) Software in technischen Normen und Dokumenten, in: Zeitschrift zum Innovations- und Technikrecht 2017, S. 79 ff.

Augsberg, S./von Ulmenstein, U., Modifizierte Einwilligungserfordernisse: Kann das Datenschutzrecht vom Gesundheitsrecht lernen?, Gesundheitsrecht 2018, S. 1 ff.

Aulinger, A., Die drei Säulen agiler Organisationen (2017).

Axtmann, J./Staudigel, A., Richtlinienvorschlag zur Verbandsklage – kurzer Überblick, in: Zeitschrift für Rechtspolitik 2020, S. 80 ff.

Bäcker, M., Kriminalpräventionsrecht: Eine rechtsetzungsorientierte Studie zum Polizeirecht, zum Strafrecht und zum Strafverfahrensrecht (2015).

Balaž, Z./Predavec, D., The Captology of intelligent systems, 40th International Convention on Information and Communication Technology, Electronics and Microelectronics (2017), S. 1211 ff.

Barczak, T., Zu Staatsgeheimnissen im Digitalzeitalter und normativen Fundamenten einer Digitalordnung, in: Die öffentliche Verwaltung 2020, S. 997 ff.
Bartsch, M./Hummelmeier, H./Obergfell, E., Verhandlungen des 71. Deutschen Juristentages, Bd. II/1 Sitzungsberichte – Referate und Beschlüsse (2016).
Baumgarten, U./Gausling, T., Datenschutz durch Technikgestaltung und datenschutzfreundliche Voreinstellungen, in: Zeitschrift für Datenschutz 2017, S. 308 ff.
Baumgärtel, G./Laumen H.-W./Prütting, H., Handbuch der Beweislast (2019).
Beck, K., Kommunikationswissenschaft (2017).
BeckOGK BGB, Stand: 01.02.2021, zitiert als: [*Bearbeiter*], in: BeckOGK *BGB* (2021).
BeckOGK StVG, Stand: 01.09.2019, zitiert als: [*Bearbeiter*], in: BeckOGK *StVG* (2019).
BeckOK BGB, 57. Aufl. (2021), zitiert als: [*Bearbeiter*], in: BeckOK *BGB* (2021).
BeckOK Datenschutzrecht, 28. Aufl. (2018), zitiert als: [*Bearbeiter*], in: BeckOK *Datenschutzrecht* (2018).
BeckOK VwVfG, 46. Aufl. (2020), zitiert als: [*Bearbeiter*], in: BeckOK *VwVfG* (2020).
Beck, U., Weltrisikogesellschaft (2020).
Benert, V./Pfetsch, B., Europäische Öffentlichkeit unter dem Einfluss von Digitalisierung und Politisierung, in: Borucki I./Kleinen-von Königslöw K./Marschall S./Zerback T. (Hrsg.), Handbuch Politische Kommunikation (2020).
Benz, A./Dose, N. (Hrsg.), Governance – Regierung in komplexen Regelsystemen, 2. Aufl. (2010).
Benz, C., Konsequenzen aus dem BND-Urteil – das Ende der Kooperation?, in: Junge Wissenschaft im Öffentlichen Recht Blog Nr. 77/2020 v. 29.05.2020.
Berberich, M., Blockchain, Distributed Ledger und Smart Contracts, in: Ebers, M./Heinze, C. A./Krügel, T./Steinrötter, B. (Hrsg.), Künstliche Intelligenz und Robotik – Rechtshandbuch (2020), S. 831 ff.
Berberich, M./Seip, F., Der Entwurf des Digital Services Act, in: Gewerblicher Rechtsschutz und Urheberrecht – Praxis im Immaterialgüter- und Wettbewerbsrecht 2021, S. 4 ff.
Berger, A., Der automatisierte Verwaltungsakt. Zu den Anforderungen an eine automatisierte Verwaltungsentscheidung am Beispiel des § 35a VwVfG, in: Neue Zeitschrift für Verwaltungsrecht 2018, S. 1260 ff.
Berger, P. L./Luckmann, T., Die gesellschaftliche Konstruktion der Wirklichkeit (1969).
Berghoff, S./Horstmann, N./Hüsch, M./Müller K., Studium und Lehre in Zeiten der Corona-Pandemie. Die Sicht von Studierenden und Lehrenden (2021).
Bergmann, F., Neue Arbeit, Neue Kultur (2004).
Bergmann, J., Studies of Work (2006).
Bernhardt, W., Quo vadis Digitalisierung der Justiz?, in: juris 2018, S. 310 ff.
Bertelsmann Stiftung, Musterkatalog für Kommunen. Welche offenen Daten werden von Kommunen Nordrhein-Westfalens veröffentlicht (2020).
Berry, D., The computational turn: thinking about the digital humanities, in: Sussex Research Online 12/2011, S. 1 ff.
Beucher, K./Utzerath, J., Cybersicherheit – Nationale und internationale Regulierungsinitiativen – Folgen für die IT-Compliance und die Haftungsmaßstäbe, in: MultiMedia und Recht 2013, S. 362 ff.
Binns, R., Analogies and disanalogies between machine-driven and human-driven legal judgement, in: Journal of Cross-Disciplinary Research in Computational Law 2020, S. 1 ff.
Bizer, J., Selbstregulierung des Datenschutzes, in: Datenschutz und Datensicherheit 2001, S. 168 ff.

Bizer, J., Digitale Souveränität – wer steuert, organisiert und kontrolliert die digitale Verwaltung?, in: Lühr, H./Jablowski, R./Smentek, S. (Hrsg.), Handbuch digitale Verwaltung (2019), S. 23 ff.

Bizer, J./Führ, M./Hüttig, C. (Hrsg.), Responsive Regulierung: Beiträge zur interdisziplinären Institutionenanalyse und Gesetzesfolgenabschätzung (2002).

Blättel-Mink, B./Schulz-Schaeffer, I./Windeler, A., (Hrsg.), Handbuch Innovationsforschung. Sozialwissenschaftliche Perspektiven (2021).

Bloom, N./Liang, J./Roberts, J./Ying, Z.J., Does Working from Home Work? Evidence from a Chinese Experiment, in: The Quaterly Journal of Economics 2015, S. 165 ff.

BMWi/BMAS/BMJV, Digitalpolitik für Wirtschaft, Arbeit und Verbraucher. Trends – Chancen – Herausforderungen (2017).

Boehme-Neßler, V., Unscharfes Recht. Überlegungen zur Relativierung des Rechts in der digitalisierten Welt (2008).

Boehme-Neßler, V., Zwei Welten? Big Data und Datenschutz. Entwicklungslinien des Datenschutzes in der digitalen Gesellschaft, in: Archiv für Urheber- und Medienrecht 2015, S. 19 ff.

Boehme-Neßler, V., Das Ende der Anonymität. Wie Big Data das Datenschutzrecht verändert, in: Datenschutz und Datensicherheit 2016, S. 419 ff.

Böhret, C./Konzendorf, G., Handbuch Gesetzesfolgenabschätzung (GFA): Gesetze, Verordnungen, Verwaltungsvorschriften (2001).

Bogner, A./Kastenhofer, K./Torgersen, H., Inter- und Transdisziplinarität im Wandel? Neue Perspektiven auf problemorientierte Forschung und Politikberatung (2010).

Bonfadelli, H./Friemel, T., Medienwirkungsforschung (2017).

Borges, G., Haftung für selbstfahrende Autos – Warum eine Kausalhaftung für selbstfahrende Autos gesetzlich geregelt werden sollte, in: Computer und Recht 2016, S. 272 ff.

Borges, G., Rechtliche Rahmenbedingungen für autonome Systeme, in: Neue Juristische Wochenschrift 2018, S. 977 ff.

Borucki, I./Michels, D./Marschall, S., Die digitalisierte Demokratie. Ein Überblick, in: Zeitschrift für Politikwissenschaft 2020, S. 163 ff.

Bosch, M., Alles neu macht das ... Facebook Oversight Board? Kritische Untersuchung der geplanten Rechtsschutzmöglichkeiten für Plattformnutzer gegen Moderationsentscheidungen, in: MultiMedia und Recht 2021, S. 26 ff.

Bostrom, N., Superintelligence, paths, dangers, strategies (2013).

Bostrom, N., Superintelligenz, Szenarien einer kommenden Revolution (2016).

Bounfour, A., Digital Futures, Digital Transformation (2016).

Braegelmann, T./Kaulartz, M., Rechtshandbuch Smart Contracts (2019).

Bräuninger, D., Digitalsteuer: Skepsis angebracht (2019).

Brand, T./Skowronek, Y., Die Herausforderungen der Digitalisierung für das zivilprozessuale Beweisverfahren, in: Recht Digital 2021, S. 178 ff.

Braun Binder, N., Vollständig automatisierter Erlass eines Verwaltungsaktes und Bekanntgabe über Behördenportale, in: Die Öffentliche Verwaltung 2016, S. 891 ff.

Braun Binder, N., Algorithmic Regulation – der Einsatz algorithmischer Verfahren im staatlichen Steuerungskontext, in: Hill, H./Wieland, J. (Hrsg.), Zukunft der Parlamente – Speyer-Konvent (2018), S. 107 ff.

Breidenbach, S., Eine neue Juristenausbildung, in: Neue Juristische Wochenschrift 2020, S. 2862 ff.

Breidenbach, S./Glatz, F., Digitalisierung des Rechts, in: beck.digitax 2020, S. 18 ff.

Breidenbach, S./Glatz, F., Rechtshandbuch Legal Tech, 2. Aufl. (2021).

Brenner T., Regulierung mithilfe des Kartellrechts? – Verpflichtungszusagen der Europäischen Kommission, in: Zeitschrift Europarecht 2014, S. 671 ff.
Bretthauer, S., Intelligente Videoüberwachung – eine datenschutzrechtliche Analyse unter Berücksichtigung technischer Schutzmaßnahmen (2017).
Britz, G./Eifert, M., Digitale Verwaltung, in: Voßkuhle, A./Eifert, M./Möllers, C. (Hrsg.), Grundlagen des Verwaltungsrechts, Bd. I, § 26,, 3. Aufl. (2022).
Britz, G., Von der elektronischen Verwaltung zur elektronischen Verwaltungsjustiz, in: Deutsches Verwaltungsblatt 2007, S. 993 ff.
Broemel, R., Wissensgenerierung im Regulierungsverfahren, in: Münkler, L. (Hrsg.), Dimensionen des Wissens im Recht (2019), S. 139 ff.
Broemel, R., Die digitale Gesellschaft als Herausforderung für das Recht in der Demokratie (2020).
Brohm, W., Die Dogmatik des Verwaltungsrechts vor den Gegenwartsaufgaben der Verwaltung, in: Veröffentlichungen der Vereinigung der Deutschen Staatsrechtslehrer 30 (1972), S. 194 ff.
Brosch, M., Alles neu macht das ... Facebook Oversight Board? Kritische Untersuchung der geplanten Rechtsschutzmöglichkeiten für Plattformnutzer gegen Moderationsentscheidungen, in: MultiMedia und Recht 2021, S. 26 ff.
Brownsword, R./Yeung, K. (Hrsg.), Regulating Technologies (2008).
Brunsson, N./Jacobsson, B., The Contemporary Expansion of Standardization, in: dies. (Hrsg.), A World of Standards (2000), S. 5 ff.
Bryde, B., Richterrecht und Gesetzesbindung, in: Soziales Recht. Wissenschaftliche Zeitschrift für Arbeits- und Sozialrecht 2015, S. 128 ff.
Buchholtz, G., Legal Tech, in: Juristische Schulung 2017, S. 955 ff.
Buchholtz, G., Artificial Intelligence and Legal Tech: Challenges to the Rule of Law, in: Rademacher, T./Wischmeyer, T. (Hrsg.), Regulating Artificial Intelligence (2020), S. 175 ff.
Büchi, M./Just, N./Latzer, M., Modeling the second-level digital divide: A five-country study of social differences in Internet use, in: New Media & Society (2015), S. 2703 ff.
Bues, M.-M., Auswirkungen und Erfolgsfaktoren der Digitalisierung von Kanzleien, in: Hartung, M./Bues, M.-M./Halbleib, G. (Hrsg.), Legal Tech (2018), S. 19 ff.
Bull, H. P., Netzpolitik: Freiheit und Rechtsschutz im Internet (2013).
Bull, H. P., Der vollständig automatisiert erlassene Verwaltungsakt – zur Begriffsbildung und rechtlichen Einhegung von „E-Government" (2017).
von Busekist, K./Glock, P./Mohr, T., The Big Four und die digitale Revolution, in: Hartung, M./Bues, M.-M./Halbleib, G. (Hrsg.), Legal Tech (2018), S. 119 ff.
Bumke, C. (Hrsg.), Richterrecht zwischen Gesetzesrecht und Rechtsgestaltung (2012).
Bumke, C., Rechtsdogmatik: Überlegungen zur Entwicklung und zu den Formen einer Denk- und Arbeitsweise der deutschen Rechtswissenschaft, in: JuristenZeitung 2014, S. 641 ff.
Bumke, C., Rechtsdogmatik: Eine Disziplin und ihre Arbeitsweise. Zugleich eine Studie über das rechtsdogmatische Arbeiten Friedrich Carl von Savignys (2017).
Bundesministerium des Innern (Hrsg.), Moderner Staat – Moderne Verwaltung. Leitfaden zur Gesetzesfolgenabschätzung (2000).
Bundesministerium des Innern, für Bau und für Heimat/Bundesministerium für Justiz und Verbraucherschutz, Leitfragen der Bundesregierung an die Datenethikkommission (05.06.2018).
Bundesministerium für Arbeit und Soziales, Weißbuch Arbeiten 4.0 (2016).

Bundesministerium für Arbeit und Soziales, Faire Arbeit in der Plattformökonomie (2020).
Bundesministerium für Verkehr und digitale Infrastruktur, Ethik-Kommission (2017).
Bundesministerium für Wirtschaft und Energie, Industrie 4.0 und Digitale Wirtschaft. Impulse für Wachstum, Beschäftigung und Innovation (2015).
Bundesregierung, Digitale Verwaltung 2020. Regierungsprogramm 18. Legislaturperiode, BT-Drucksache 18/3074 (2014).
Bundesregierung, Eckpunkte der Bundesregierung für eine Strategie künstlicher Intelligenz (18.07.2018).
Bundesregierung, Nationale Strategie für Künstliche Intelligenz der Bundesregierung (2018), www.ki-strategie-deutschland.de.
Bunz, M., Die stille Revolution. Wie Algorithmen Wissen, Arbeit, Öffentlichkeit und Politik verändern, ohne dabei viel Lärm zu machen (2012).
Burri, T., Künstliche Intelligenz und internationales Recht. Mögliche Entwicklungen und Hindernisse, Datenschutz und Datensicherheit 42 (2018), S. 603 ff.
Cath, C., Governing Artificial Intelligence: Ethical, Legal and Technical Opportunities and Challenges, Philosophical Transactions of the Royal Society (2018).
Cennamo, C./Santaló, J., Platform Competition: Strategic Trade-offs in Platform Markets, in: Strategic Management Journal 2013, S. 1031 ff.
Chen, Y./Cheung, A., The Transparent Self Under Big Data Profiling: Privacy and Chinese Legislation on the Social Credit System, in: The Journal of Comparative Law 2017, S. 356 ff.
Chesbrough, H./Vanhaverbeke, W./West, J., Open Innovation (2011).
Christensen, C.M., The Innovator's Dilemma: When New Technologies Cause Great Firms to Fail (1997).
Christensen, C.M./Raynor, M./McDonald, R., What Is Disruptive Innovation?, in: Harvard Business Review 12/2015, S. 44 ff.
Christl, W./Spiekermann, S., Networks of Control: A Report on Corporate Surveillance, Digital Tracking, Big Data & Privacy (2016).
Clement, R./Schreiber, D./Bossauer, P./Parkusch, C., Internet-Ökonomie – Grundlagen und Fallbeispiele der digitalen und vernetzten Wirtschaft, 4. Aufl. (2019).
Cole, T., Digitale Transformation (2017).
Collin, P./Bender, G./Ruppert, S./Seckelmann, M./Stolleis, M. (Hrsg.), Regulierte Selbstregulierung in der westlichen Welt des späten 19. und frühen 20. Jahrhunderts (2014).
Conrad, A./Schubert, T., How to Do Things with Code – Zur Erklärung urheberrechtlicher Einwilligungen durch robots, in: Gewerblicher Rechtsschutz und Urheberrecht 2018, S. 350 ff.
Cornils, M., Entterritorialisierung des Kommunikationsrechts, in: Veröffentlichungen der Vereinigung der Deutschen Staatsrechtslehrer 76 (2017), S. 391 ff.
Cornils, M., Designing Platform Governance: A normative perspective on needs, strategies, and tools to regulate intermediaries, Algorithm Watch et al., 26.05.2020 (Teil des Forschungsprojekts "Governing Platforms").
Council of Europe, Draft: Guidelines on the Protection of Individuals with regard to the Processing of Personal Data in a World of Big Data, T-PD-BUR, 12 Rev 4 (07.11.2016).
Coupette, C./Fleckner, A.M., Quantitative Rechtswissenschaft. Sammlung, Analyse und Kommunikation juristischer Daten, in: JuristenZeitung 2018, S. 379 ff.
Cranshaw, F., Informationsfreiheitsgesetze, Datenschutz, Abwehr zivilrechtlicher Ansprüche durch öffentliche Organisationen – und der EuGH, in: Deutsche Zeitschrift für Wirtschafts- und Insolvenzrecht 2021, S. 361 ff.

Crawford, K./Schultz, J., Big Data and Due Process: Toward a Framework to Redress Predictive Privacy Harms, in: Boston College Law Review 2014, S. 93 ff.
Creemers, R., China's Social Credit System: An Evolving Practice of Control, Social Science Research Network (2018).
Däubler, W., Digitalisierung und Arbeitsrecht, 7. Aufl. (2020).
Dahinden, U., Framing. Eine integrative Theorie der Massenkommunikation (2018).
Dai, X., Toward a Reputation State: The Social Credit System Project of China, Social Science Research Network (2018).
D'Aloia, A./Errigo, M.C. (Hrsg.), Neuroscience and law. Complicated crossings and new perspectives (2021).
Daly, A., Dominating Search: Google Before the Law, in: Rasch, M./Kanig, R. (Hrsg.), Society of the Query: Reflections on Web Search (2014), S. 86 ff.
Dammann, U., Erfolge und Defizite der EU-Datenschutzgrundverordnung. Erwarteter Fortschritt, Schwächen und überraschende Innovationen, in: Zeitschrift für Datenschutz 2016, S. 307 ff.
Danaher, J., The Threat of Algocracy: Reality, Resistance and Accommodation, in: Philosophy and Technology2016, S. 245 ff.
Dankert, K., Normative Technologie in sozialen Netzwerkdiensten – Neue Machtstrukturen als Anreiz für einen Paradigmenwechsel der Kommunikationsregulierung?, in: Kritische Vierteljahresschrift für Gesetzgebung und Rechtswissenschaft 2015, S. 49 ff.
Dankert, K., Verfälschung von Datenbeständen durch Social Bots, in: Hoffmann-Riem, W. (Hrsg.), Big Data – Regulative Herausforderungen (2018), S. 157 ff.
Dankert, K./Dreyer, S., Social Bots – Grenzenloser Einfluss auf den Meinungsbildungsprozess?, in: Kommunikation & Recht 2017, S. 73 ff.
Datenethikkommission, Gutachten der Datenethikkommission (2019).
Degen, T.A./Emmert, U., Elektronischer Rechtsverkehr (2021).
Demaj, L., Smart Government: Die Verwaltung und den Staat der Zukunft denken, Informatikspektrum 41 (2018), S. 123 ff.
Denga, M., Deliktische Haftung für künstliche Intelligenz – Warum die Verschuldenshaftung des BGB auch künftig die bessere Schadensausgleichsordnung bedeutet in: Computer und Recht 2018, S. 69 ff.
Denga, M., Gemengelage privaten Datenrechts, in: Neue Juristische Wochenschrift 2018, S. 1371 ff.
Denga, M., KI bei Finanzdienstleistungen – Robo-Advice, in: Ebers, M./Heinze, C.A./Krügel, T./Steinrötter, B. (Hrsg.), Künstliche Intelligenz und Robotik – Rechtshandbuch (2020), S. 512 ff.
Denkhaus, W., Vom E-Government zur Digitalisierung, in: Seckelmann, M. (Hrsg.), Digitalisierte Verwaltung (2019).
Denkhaus, W./Richter, E./Bostelmann, L., E-Government-Gesetz, Onlinezugangsgesetz. Mit E-Government-Gesetzen der Länder und den Bezügen zum Verwaltungsverfahrensrecht. Kommentar, (2019).
Deutscher Ethikrat, Big Data und Gesundheit – Datensouveränität als informationelle Freiheitsgestaltung (2017).
Determann, L., Gegen Eigentumsrechte an Daten, in: Zeitschrift für Datenschutz 2018, S. 503 ff.
Di Fabio, U., Grundrechtsgeltung in digitalen Systemen (2016).
Di Fabio, U., Vom autonomen Verbraucher zum vernetzten Nutzer: Wie verändert die digitale Gesellschaft den Verbraucherschutz?, in: Blättel-Mink, B./Kenning, P. (Hrsg.),

Paradoxien des Verbraucherverhaltens. Dokumentation der Jahreskonferenz 2017 des Netzwerks Verbraucherforschung (2019), S. 3 ff.

Diem Association, White Paper 2.0 (2020).

Dilling, O., Persönlichkeitsschutz durch Selbstregulierung in der Wikipedia, in: Zeitschrift für Urheber- und Medienrecht 2013, S. 380 ff.

Dix, A., Daten als Bezahlung – Zum Verhältnis zwischen Zivilrecht und Datenschutzrecht, in: Zeitschrift für Europäisches Privatrecht 2017, S. 1 ff.

Dix, A., Konzepte des Systemdatenschutzes, in: Roßnagel, A. (Hrsg.), Handbuch Datenschutzrecht. Die neuen Grundlagen für Wirtschaft und Verwaltung (2003), S. 363 ff.

Djeffal, C., Deutschland braucht nicht ein Digitalministerium, sondern viele!, in: Süddeutsche Zeitung vom 18.09.2017.

Dolata, U., Plattform-Regulierung. Koordination von Märkten und Kuratierung von Sozialität im Internet, in: Berliner Journal für Soziologie 2019, S. 179 ff.

Dommering, E., Regulating Technology: Code Is Not Law, in: Dommering, E./Asscher, L. (Hrsg.), Coding regulation: Essays on the Normative Role of Information Technology (2006), S. 2 ff.

Dommering, E./Asscher, L. (Hrsg.), Coding Regulation: Essays on the Normative Role of Information Technology (2006).

Doshi-Velez, F./Kortz, M., Accountability of AI Under the Law: The Role of Explanation. Berkman Klein Center for Internet & Society working paper, 2017.

Drexl, J., Regulierung der Cyberwelt – aus dem Blickwinkel des internationalen Wirtschaftsrechts, in: Dethloff, N./Nolte, G./Reinisch, A. (Hrsg.), Freiheit und Regulierung in der Cyberwelt (2016), S. 95 ff.

Dreyer, S., Predictive Analytics aus der Perspektive von Menschenwürde und Autonomie, in: Hoffmann-Riem, W. (Hrsg.), Big Data – Regulative Herausforderungen (2018), S. 135 ff.

Dreyer, S./Schmees, J., Künstliche Intelligenz als Richter?, in: Computer und Recht 2019, S. 758 ff.

Drösser, C., Total berechenbar? Wenn Algorithmen für uns entscheiden (2016).

Ducki, A., Digitale Transformationen – von gesundheits- und schädigenden Effekten zur gesundheitsförderlichen Gestaltung, in: Badura, B./Ducki, A./Schröder, H./Klose, J./Meyer, M. (Hrsg.), Fehlzeiten-Report 2019. Digitalisierung – gesundes Arbeiten ermöglichen (2019).

Duwe/Roque, Effects of Automating Recidivism Risk Assessment on Reliability, Predictive Validity, and Return on Investment (ROI) (2017).

Ebers, M., Regulierung von KI und Robotik, in: Ebers, M./Heinze, C. A./Krügel, T./Steinrötter, B. (Hrsg.), Künstliche Intelligenz und Robotik – Rechtshandbuch (2020), S. 82 ff.

Ebers, M./Heinze, C. A./Krügel, T./Steinrötter, B. (Hrsg.), Künstliche Intelligenz und Robotik – Rechtshandbuch (2020).

Ebers, M./Steinrötter, B. (Hrsg.), Künstliche Intelligenz und smarte Robotik im IT-Sicherheitsrecht (2021).

Ebert, F., Entwicklungen und Tendenzen im Recht der Gefahrenabwehr, in: Landes- und Kommunalverwaltung 2017, S. 10 ff.

Effer-Uhe, D., Erklärungen autonomer Softwareagenten in der Rechtsgeschäftslehre, in: Recht Digital 2021, S. 169 ff.

Eicke, A., Die wichtigsten Neuerung durch das Betriebsrätemodernisierungsgesetz, in: Arbeitsrecht Aktuell 2021, S. 313 ff.

Eidenmüller, H., The Rise of Robots and the Law of Humans, in: Zeitschrift für Europäisches Privatrecht 2017, S. 765 ff.

Eidenmüller, H., Machine Performance and Human Failure: How Shall We Regulate *Autonomous Machines*?, in: Journal of Business & Technology Law 2019, S. 109 ff.

Eifert, M., Grundversorgung mit Telekommunikationsleistungen im Gewährleistungsstaat (1998).

Eifert, M., Electronic Government – Das Recht der elektronischen Verwaltung (2006).

Eifert, M., Regulierungsstrategien, in: Voßkuhle, A./Eifert, M./Möllers, C. (Hrsg.), Grundlagen des Verwaltungsrechts, Bd. 1, 3. Aufl. (2022), § 19.

Eifert, M. (Hrsg.), Digitale Disruption und Recht (2020).

Eifert, M., Hate Speech in sozialen Netzwerken (2021).

Eifert, M., Regulierung von Dynamik und dynamische Regulierung als netzwerkgerechtes Recht. Eine Skizze am Beispiel von Hate Speech in sozialen Netzwerken, in: Hermstrüwer, Y./Lüdemann, J. (Hrsg.), Der Schutz der Meinungsbildung im digitalen Zeitalter (2021), S. 189 ff.

Eifert, M./von Landenberg-Roberg, M./Theß, S./Wienfort, N., Netzwerkdurchsetzungsgesetz in der Bewährung. Juristische Evaluation und Optimierungspotential (2020).

Eisenberger, I., Innovation im Recht (2016).

Eisenmenger, F., Die Grundrechtsrelevanz „virtueller Streifenfahrten“ – dargestellt am Beispiel ausgewählter Kommunikationsdienste des Internets (2017).

Eisenreich, G., Digital Services Act – ein wirksames Instrument gegen Hass und Hetze im Netz?, in: Recht Digital 2021, S. 289 ff.

Eisentraut, N., Die Digitalisierung von Forschung und Lehre – auf dem Weg in eine „öffentliche Rechtswissenschaft“?, in: 60. Assistententagung Öffentliches Recht, Der digitalisierte Staat – Chancen und Herausforderungen für den modernen Staat 2020, S. 63 ff.

Elfering, S., Unlocking the Right to Data Portability (2019).

Emmerich, V./Lange, K., Kartellrecht, 15. Aufl. (2021).

Enders, P., Einsatz künstlicher Intelligenz bei juristischer Entscheidungsfindung, in: Juristische Arbeitsblätter 2018, S. 721 ff.

Engel, M., "Subsumtionsautomat 2.0" reloaded? – Zur Unmöglichkeit der Rechtsprüfung durch Laien, in: JuristenZeitung 2014, S. 1096 ff.

Engel T./Fürchtenkötter, M./Ibrahim, W., Digitale Prekarisierung, in: Zeitschrift für kritische Sozialwissenschaft 2018, S. 193 ff.

Engert, A., Regelungen als Netzgüter: Eine Theorie der Rechtsvereinheitlichung im Vertragsrecht, in: Archiv für die civilistische Praxis 2013, S. 321 ff.

ENISA (European Union Agency for Network and Information Security), Privacy by design in big data. An overview of privacy enhancing technologies in the era of big data analytics (2015).

Enquete-Kommission, Künstliche Intelligenz – Gesellschaftliche Verantwortung und wirtschaftliche, soziale und ökologische Potentiale, Deutscher Bundestag, DRS 19/23700 v. 28.10.2020.

Ertel, W. Grundkurs künstliche Intelligenz, 4. Aufl. (2016).

Eschenbruch, K., Smart Contracts. Planungs-, Bau- und Immobilienverträge als Programm?, in: Neue Zeitschrift für Baurecht und Vergaberecht 2018, S. 3 ff.

Ethik-Kommission, Automatisiertes und vernetztes Fahren, Bericht, 2017.

Europäische Kommission, Bericht über die Anwendung der Richtlinie des Rates zur Angleichung der Rechts- und Verwaltungsvorschriften der Mitgliedstaaten über die Haftung für fehlerhafte Produkte (85/374/EWG), COM (2018) 246 final.

Europäische Kommission, Bericht über die Auswirkungen künstlicher Intelligenz, des Internets der Dinge und der Robotik in Hinblick auf Sicherheit und Haftung, COM (2020) 64 final.

Europäische Kommission, Weißbuch zur Künstlichen Intelligenz, COM (2020) 65 final.

Europäischer Datenschutzbeauftragter (Hrsg.), Bewältigung der Herausforderungen in Verbindung mit Big Data. Ein Ruf nach Transparenz, Benutzerkontrolle, eingebautem Datenschutz und Rechenschaftspflicht (2015).

Europäisches Parlament, Entschließung des Europäischen Parlaments vom 16. Februar 2017 mit Empfehlungen an die Kommission zu zivilrechtlichen Regelungen im Bereich Robotik, 2015/2103(INL).

Europäisches Parlament, Entschließung zur Stärkung der Verbraucherrechte im digitalen Binnenmarkt vom 24.11.2014, B8-0286/2014.

European Group on Ethics in Science and New Technologies, Statement on Artificial Intelligence, Robotics and 'Autonomous' Systems (2018), https://ec.europa.eu/research/ege/pdf/ege_ai_statement_2018.pdf.

Executive Office of the President, Big Data: Seizing Opportunities, Preserving Values (2014).

Executive Office of the President, Big Data: A Report on Algorithmic Systems, Opportunity and Civil Rights (2016).

Fateh-Moghadam, B., Innovationsverantwortung im Strafrecht: Zwischen strict liability, Fahrlässigkeit und erlaubtem Risiko. Zugleich ein Beitrag zur Digitalisierung des Strafrechts, in: Zeitschrift für die gesamte Strafrechtswissenschaft 2019, S. 863 ff.

Faust, F., Digitale Wirtschaft – analoges Recht: Braucht das BGB ein Update?, in: Verhandlungen des 71. Deutschen Juristentages, Bd. I, Gutachten Teil A (2016).

Federrath, H. (Hrsg.), Designing Privacy Enhancing Technologies. Design Issues In Anonymity and Unobservability (2001).

Ferguson, A.G., Policing Predictive Policing, in: Washington University Law Review 2017, S. 1115 ff.

Fezer, K.H., Ein originäres Immaterialgüterrecht sui generis an verhaltensgenerierten Informationsdaten der Bürger, in: Zeitschrift für Datenschutz 2017, S. 99 ff.

Finck, M., Blockchain Regulation and Governance in Europe (2018).

Fischer-Lescano, A., Der Kampf um die Internetverfassung. Rechtsfragen des Schutzes globaler Kommunikationsstrukturen vor Überwachungsmaßnahmen, in: Juristen-Zeitung 2014, S. 965 ff.

Flaxmann, S./Goel, S./Rao, J.M., Filter Bubbles, echo chambers, and online news consumption, in: Public Opinion Quarterly 2016, S. 298 ff.

Fleck, L., Entstehung und Entwicklung einer wissenschaftlichen Tatsache. Einführung in die Lehre vom Denkstil und Denkkollektiv (1935).

Flöter, M./Steinhorst, T., Privacy Enhancing Technologies – ein Überblick (2006).

Floridi, L., The 4th Revolution (2015).

Floridi, L., Soft Ethics, the Governance of the Digital and the General Data Protection Regulation, in: Philosophical Transactions of the Royal Society 2018, S. 1 ff..

von Foerster, H./von Glasersfeld, E./Hejl, P. M./Schmidt, S.J./Watzlawick, P., Einführung in den Konstruktivismus (1992).

Fowler/Johnson/Spriggs II/Jeon/Wahlbeck, Network Analysis and the Law: Measuring the Legal Importance of Precedence at the U.S. Supreme Court; in: Political Analysis 2007, S. 324 ff.
Franzius, C., Gewährleistung im Recht: Grundlagen eines europäischen Regelungsmodells öffentlicher Dienstleistungen (2009).
Franzius, C., Modalitäten und Wirkungsfaktoren der Steuerung durch Recht, in: Voßkuhle, A./Eifert, M./Möllers, C. (Hrsg.), Grundlagen des Verwaltungsrechts, Bd. 1, 3. Aufl. (2022), § 4.
Friedrich Ebert Stiftung, Wer regiert das Internet? (2019).
Fries, M./Paal, B. (Hrsg.), Smart Contracts (2019).
Fries, M./Scheufen, M., Märkte für Maschinendaten, in: MultiMedia und Recht 2019, S. 721 ff.
Gaede, K., Künstliche Intelligenz – Rechte und Strafen für Roboter? Plädoyer für eine Regulierung künstlicher Intelligenz jenseits ihrer reinen Anwendung (2019).
Gasson, M./Koops, B., Attacking Human Implants: A New Generation of Cybercrime, in: Law, Innovation and Technology 2013, S. 248 ff.
Geberding, J./Wagner, G.G., Qualitätssicherung für „Predictive Analytics" durch digitale Algorithmen, in: Zeitschrift für Rechtspolitik 2019, S. 116.
Geminn, C., Die Regulierung künstlicher Intelligenz, in: Zeitschrift für Datenschutz 2021, S. 354 ff.
Genesereth, M., Essay Computational Law. The Cop in the Backseat, in: Codex X: The Center for Legal Information, Stanford University (2015).
Gigerenzer, G., Heuristics, in: Engel, C./Gigerenzer, G. (Hrsg.), Heuristics and the Law (2006).
Glas, P., Die rechtsstaatliche Bearbeitung von Personendaten in der Schweiz: Regelungs- und Begründungsstrategien des Datenschutzrechts mit Hinweisen zu den Bereichen Polizei, Staatsschutz, Sozialhilfe und elektronische Informationsverarbeitung (2017).
Gluba, A., Predictive Policing – eine Bestandsaufnahme (2014).
Gola, P. (Hrsg.), Datenschutz-Grundverordnung. VO (EU) 2016/679, 2. Aufl. (2018), zitiert als: *[Bearbeiter]*, in: Gola DS-GVO (2018).
Göpfert, G./Brune, J.-P., Moderne Führungsinstrumente auf dem arbeitsrechtlichen Prüfstand, in: Neue Zeitschrift für Arbeitsrecht – Beilage 2018, S. 87 ff.
Goodfellow, I./Bengio, Y./Courville, A., Deep Learning (2016).
Gorwa, R., What is platform governance?, in: Information, Communication & Society 2019, S. 854 ff.
von Grafenstein, M., Innovationsoffener Datenschutz durch Folgenabschätzung und Technikgestaltung, in: Datenschutz und Datensicherheit 2020, S. 172 ff.
von Grafenstein, M., The Principle of Purpose Limitation in Data Protection Laws (2018).
Green, B., A reply: Hermeneutical injustice in sociotechnical systems, in: Journal of Cross-Disciplinary Research in Computational Law 2021, S. 14 ff.
Gresser, U., Hochfrequenzhandel: kompakt, verständlich, aktuell (Essentials) (2018).
Grieshaber-Heib, R., 25 Jahre Schengener Informationssystem – aktuelle und zukünftige Rolle in der strafrechtlichen Zusammenarbeit in Europa, in: Journal für Strafrecht 2020, S 238 ff.
Grimm, P./Keber, T./Zöllner, O. (Hrsg.), Digitale Ethik. Leben in vernetzten Welten (2019).
Grosche, N., Fehlbarkeit von Wissen – Wissen über (Nicht-)Wissen und staatliche Entscheidungen, in: Münkler, L. (Hrsg.), Dimensionen des Wissens im Recht (2019), S. 27 ff.

Groß, J./Herz, B./Schiller, J., Bitcoin, Libra und digitale Zentralbankwährungen – ein Geldsystem der Zukunft?, in: Wirtschaftsdienst 2020, S. 712 ff.

Grünwald, A., „Big Tech"-Regulierung zwischen GWB-Novelle und Digital Markets Act, in: MultiMedia und Recht 2020, S. 822 ff.

Grünwald, A./Müßing, C., Vom NetzDG zum DSA: Wachablösung beim Kampf gegen Hatespeech?, in: MultiMedia und Recht 2021, S. 283 ff.

Grunau, P./Ruf, K./Steffes, S./Wolter, S., Homeoffice bietet Vorteile, hat aber auch Tücken, Mobile Arbeitsformen aus Sicht von Betrieben und Beschäftigten, ZEW-Kurzexpertise, Nr. 19-03 (2019).

Guckelberger, A./Kube, H., E-Government: Ein Paradigmenwechsel in Verwaltung und Verwaltungsrecht?, in: Veröffentlichungen der Vereinigung der Deutschen Staatsrechtslehrer 78 (2019), S. 299 ff.

Günther, J./Böglmüller, M., Einführung agiler Arbeitsmethoden – was ist arbeitsrechtlich zu beachten? in: Neue Zeitschrift für Arbeitsrecht 2019, S. 273 ff.

Günther, J./Böglmüller, M., Künstliche Intelligenz und Roboter in der Arbeitswelt, in: Betriebs Berater 2017, S. 53 ff.

Guggenberger, N., Das Netzwerkdurchsetzungsgesetz in der Anwendung, in: Neue Juristische Wochenschrift 2017, S. 2577 ff.

Hacker, P., Europäische und nationale Regulierung von Künstlicher Intelligenz, in: Neue Juristische Wochenschrift 2020, S. 2143 ff.

Hacker, P./Petkova, B., Reining in the Big Promise of Big Data: Transparency, Inequality and New Regulatory Frontiers, in: Northwestern Journal of Technology and Intellectual Property 2017, S. 1 ff.

Hafner, K./Lyon, M., ARPA KADABRA oder Die Geschichte des Internet (2000).

Halfmann, J., Wissenschaft, Methode und Technik – Die Geltungsüberprüfung von wissenschaftlichem Wissen durch Technik, in: Engel, C./Halfmann, J./Schulte, M. (Hrsg.), Wissen, Nichtwissen, unsicheres Wissen. Disziplinäre und interdisziplinäre Annäherungen (2002), S. 227 ff.

Halfmeier, A., Die neue Datenschutzverbandsklage, in: Neue Juristische Schulung 2016, S. 1126 ff.

Haller, C.J., Digitale Inhalte als Herausforderung für das BGB (2019).

Hamann, H., Der blinde Fleck der deutschen Rechtswissenschaft – zur digitalen Verfügbarkeit instanzgerichtlicher Rechtsprechung, in: JuristenZeitung 2021, S. 656 ff.

Hamilton, C./Ohlberg, M., Die lautlose Eroberung. Wie China westliche Demokratien unterwandert und die Welt neu ordnet (2020).

Hanau, H., Schöne digitale Arbeitswelt?, in: Neue Juristische Wochenschrift 2016, S. 2613 ff.

Harari, Y., Homo Deus. Eine Geschichte von morgen (2017).

Hartmann, B./Jansen, F., Open Content – Open Access (2008).

Hartung, M./Bues, M.M./Halbleib, G. (Hrsg.), Legal Tech. Die Digitalisierung des Rechtsmarkts (2018).

Hauser, M., Das IT- Grundrecht. Schnittfelder und Auswirkung (2015).

Haußmann, K./Thieme, L. M., Reformbedarf und Handlungsoptionen in der IT-Mitbestimmung, in: Neue Zeitschrift für Arbeitsrecht 2019, S. 1612 ff.

Heckelmann, M., Zulässigkeit und Handhabung von Smart Contracts, in: Neue Juristische Wochenschrift 2018, S. 504 ff.

Heidrich, J./Bauer, P./Krupka, D., Future Skills: Ansätze zur Vermittlung von Data Literacy in der Hochschulbildung (2018).

Heil, B., IT-Anwendungen im Zivilprozess. Untersuchungen zur Anwendung künstlicher Intelligenz im Recht und zum strukturierten elektronischen Verfahren (2020).

Heinze, C./Wendorf, J., KI und Urheberrecht, in: Ebers, M./Heinze, C. A./Krügel, T./Steinrötter, B. (Hrsg.), Künstliche Intelligenz und Robotik – Rechtshandbuch (2020), S. 308 ff.

Heißl, W., Grundrechtskollisionen am Beispiel von Persönlichkeitseingriffen sowie Überwachungen und Ermittlungen im Internet (2017).

Held, C., Intelligente Videoüberwachung, Verfassungsrechtliche Vorgaben für den polizeilichen Einsatz (2014).

Hellgardt, A., Wer hat Angst vor der unmittelbaren Drittwirkung, in: JuristenZeitung 2018, S. 901 ff.

Heller, C., Post-privacy: Prima leben ohne Privatsphäre (2011).

Hensel, S./Bizer, S./Führ, K./Lange, M. (Hrsg.), Gesetzesfolgenabschätzung in der Anwendung, Perspektiven und Entwicklungstendenzen (2010).

Hermstrüwer, Y., Die Regulierung der prädiktiven Analytik: Eine juristisch-verhaltenswissenschaftliche Skizze, in: Hoffmann-Riem, W. (Hrsg.), Big Data – Regulative Herausforderungen (2018), S. 99 ff.

Hesse, K., Grundzüge des Verfassungsrechts der Bundesrepublik Deutschland, 20 Aufl. (1995/1999), S. 24 ff;

Hildebrandt, M., Smart Technologies and the End(s) of Law (2016).

Hildebrandt, M., Saved by Design? The Case of Legal Protection by Design, in: Nanoethics 2017, pp 307 ff.

Hildebrandt, M., The Adaptive Nature of Text-Driven Law, in: Cross-Disciplinary Research in Computational Law 2021, S. 1 ff.

Hill, H./Hof, H. (Hrsg.), Wirkungsforschung zum Recht II (2000).

Hill, H./Kugelmann, D./Martini, M. (Hrsg.), Digitalisierung in Recht, Politik und Verwaltung (2018).

Hill, H./Schliesky, U. (Hrsg.), Die Neubestimmung der Privatheit (2014).

Hill, H/Schliesky, U. (Hrsg.). Management von Unsicherheit und Nichtwissen (2019).

Himma, K./Tavani, H. (Hrsg.), The Handbook of Information and Computer Ethics (2008).

Hirsch-Kreinsen, H., Industrie 4.0. in: Blättel-Mink, B./Schulz-Schaeffer, I./Windeler, A. (Hrsg.), Handbuch Innovationsforschung (2021), S. 811 ff.

Hoch, V.R.S., Big Data and Predictive Analytics im Gerichtsprozess. Chancen und Grenzen der Urteilsprognose, in: MultiMedia und Recht 2020, S. 295 ff.

Hochrangige Expertengruppe für künstliche Intelligenz (eingesetzt von der Europäischen Union im Juni 2018), Ethik-Leitlinien für eine vertrauenswürdige KI (2018).

Höppner, T., Das Verhältnis von Suchmaschinen zu Inhalteanbietern an der Schnittstelle von Urheber- und Kartellrecht, in: Wettbewerb in Recht und Praxis 2012, S. 625 ff.

Höppner, T., Medienkartellrecht – die aktuelle Fallpraxis, in: Kommunikation & Recht 2016, S. 59 ff.

Hoeren, T., Dateneigentum – Versuch einer Anwendung von § 303a StGB im Zivilrecht in: MultiMedia und Recht 2013, S. 486 ff.

Hoeren, T., Big Data und Zivilrecht, in: Hoffmann-Riem, W. (Hrsg.), Big Data – Regulative Herausforderungen (2018), S. 187 ff.

Hoeren, T., Datenbesitz statt Dateneigentum, in: MultiMedia und Recht 2019, S. 5 ff.

Hoeren, T. (Hrsg.), Phänomene des Big-Data-Zeitalters (2019).

Hoeren, T./Sieber, U./Holznagel, B. (Hrsg.), Handbuch Multimedia-Recht, Losebl., 53. Ergänzungslieferung (08/2020).

Hoffmann, H., Predictive Policing: Methodologie, Systematisierung und rechtliche Würdigung der algorithmusbasierten Kriminalitätsprognose durch die Polizeibehörden (2020).

Hoffmann-Riem, W., Gesetz und Gesetzesvorbehalt im Umbruch: Zur Qualitäts-Gewährleistung durch Normen, in: Archiv des öffentlichen Rechts 2005, S. 5ff.

Hoffmann-Riem, W., Innovationsoffenheit und Innovationsverantwortung durch Recht, in: Archiv des öffentlichen Rechts 2006, S. 255ff.

Hoffmann-Riem, W., Wissen als Risiko – Unwissen als Chance, in: Augsberg, I. (Hrsg.), Ungewissheit als Chance (2009).

Hoffmann-Riem, W., Die Governance-Perspektive in der rechtswissenschaftlichen Innovationsforschung (2011).

Hoffmann-Riem, W., Freiheitsschutz in den globalen Kommunikationsinfrastrukturen, in: JuristenZeitung 2014, S. 53ff.

Hoffmann-Riem, W., Legal Protection Against Surveillance by Intelligence Agencies. On the Need of For its Reform, in: Bucerius Law Journal 2015, S. 44ff.

Hoffmann-Riem, W., „Außerjuridisches" Wissen, Alltagstheorien und Heuristiken im Verwaltungsrecht, in: Die Verwaltung 2016, S. 1ff.

Hoffmann-Riem, W., Innovation und Recht – Recht und Innovation (2016).

Hoffmann-Riem, W., Verhaltenssteuerung durch Algorithmen – eine Herausforderung für das Recht, in: Archiv des öffentlichen Rechts 2017, 1ff.

Hoffmann-Riem, W. (Hrsg.), Big Data – Regulative Herausforderungen (2018).

Hoffmann-Riem, W., Die digitale Transformation als Herausforderung für die Legitimation rechtlicher Entscheidungen, in: Ungern-Sternberg, A./Unger S. (Hrsg.), Demokratie und künstliche Intelligenz (2019), S. 129ff.

Hoffmann-Riem, W./Bäcker, M., Rechtsformen, Handlungsformen, Folgenformen, in: Voßkuhle, A./Eifert, M./Möllers, C. (Hrsg.), Grundlagen des Verwaltungsrechts, Bd. II, § 32, 3. Aufl. (2022),.

Hofmann, H., Predictive Policing. Methodolgie, Systematisierung und rechtliche Würdigung der algorithmusbasierten Kriminalitätsprognosen durch die Polizeibehörden (2020).

Hofstetter, Y., Das Ende der Demokratie. Wie die künstliche Intelligenz die Politik übernimmt und uns entmündigt (2016).

Hofstetter, Y., Sie wissen alles: Wie Big Data in unser Leben eindringt und warum wir um unsere Freiheit kämpfen müssen (2016).

Hohlfeld, R./Harnischmacher, M./Heinke, E./Lehner, L./Senger, M. (Hrsg.), Fake News und Desinformation. Herausforderungen für die vernetzte Gesellschaft und die empirische Forschung (2020).

Holthausen, J., Big Data, People Analytics, KI und Gestaltung von Betriebsvereinbarungen – Grund-, arbeits- und datenschutzrechtliche An- und Herausforderung, in: Recht der Arbeit 2021, S. 19ff.

Homeister, M., Quantum Computing verstehen: Grundlagen, Anwendung, Perspektiven, 5. Aufl. (2018).

Hopf, A., Der Missbrauch einer marktbeherrschenden Stellung von Internetsuchmaschinen, dargestellt am Beispiel von Google (2014).

Horner, S./Kaulartz, M., Haftung 4.0 – Verschiebung des Sorgfaltsmaßstabs bei Herstellung und Nutzung autonomer Systeme, in: Computer und Recht (2016), S. 7ff.

Hornung, G., Chancen und Risiken der Biometrie aus rechtlicher Sicht, Grundlagen und aktuelle Herausforderungen, in: Zeitschrift für Wett- und Glücksspielrecht 2015, Sonderbeilage, S. 8ff.

Hornung, G., Grundrechtsinnovationen (2015).

Hornung, G., Erosion traditioneller Prinzipien des Datenschutzrechts durch Big Data, in: Hoffmann-Riem, W., Big Data – Regulative Herausforderungen (2018), S. 81 ff.

Hornung, G., Ökonomische Verwertung und informationelle Selbstbestimmung, in: Roßnagel, A./Hornung, G. (Hrsg.), Grundrechtsschutz im Smart Car (2019), S. 112 ff.

Hornung, G./Hartl, K., Datenschutz durch Marktanreize – auch in Europa? Stand der Diskussion zu Datenschutzzertifizierung und Datenschutz, in: Zeitschrift für Datenschutz 2014, S. 219 ff.

Hornung, G./Herfurth, C., Datenschutz bei Big Data. Rechtliche und politische Implikationen, in: König, C./Schröder, J./Wiegand, E. (Hrsg.), Big Data – Chancen, Risiken, Entwicklungstendenzen (2017), S. 149 ff.

Hornung, G./Hofmann, K., Industrie 4.0. und das Recht: Drei zentrale Herausforderungen, (2017).

Hornung, G./Goeble T., „Data Ownership“ im vernetzten Automobil, in: Computer und Recht 2015, S. 265 ff.

Hornung, G./Schallbruch, M. (Hrsg.), IT-Sicherheitsrecht. Praxishandbuch (2021).

van den Hoven, E., Hermeneutical injustice and the computational turn in law, in: Journal of Cross-Disciplinary Research in Computational Law 2021, S. 1 ff.

van den Hoven, M. J./Vermaas, P. E./van de Poel, I. (Hrsg.), Handbook of Ethics, Values, and Technological Design (2015).

Howaldt, J./Schwarz, M., Soziale Innovation, in: Blättel-Mink, B./Schulz-Schaeffer, I./ Windeler, A. (Hrsg.), Handbuch Innovationsforschung (2021), S. 247 ff.

Howard, P./Kollany, B., Bots, #strongerin and #brexit: Computational Propaganda During the UK-EU-Referendum. Project On Computational Propaganda. Working Paper (2016), S. 6 ff.

Huber, E., Cybercrime. Eine Einführung (2019).

Huber, S./Giesecke, T., KI im Zivilprozess, in: Ebers, M./Heinze, C. A./Krügel, T./ Steinrötter, B. (Hrsg.), Künstliche Intelligenz und Robotik – Rechtshandbuch (2020), S. 591 ff.

Huber, S./Günther, P./Schneider, N./Helm, C./Schwander, M./Schneider, J./Pruitt, J., COVID-19 und aktuelle Herausforderungen in Schule und Bildung. Erste Befunde des Schul-Barometers in Deutschland, Österreich und der Schweiz (2020).

Hunzinger, S., Datenschutz und Software – welche Folgen haben Datenschutzgrundsätze für die Anforderungen an die Softwareerstellung. in: Taeger, J. (Hrsg.), Smart World – Smart Law?, Deutsche Stiftung für Recht und Informatik Tagungsband Herbstakademie (2016), S. 953 ff.

Hurtz, S., Maschine Meinungsmacher, in: Süddeutsche Zeitung v. 24.10.2016, S. 5 ff.

Iben, A., Staatlicher Schutz des Meinungsbildungsprozesses in sozialen Netzwerken gegen potentielle Beeinträchtigungen durch Meinungsroboter, in: 60. Assistententagung Öffentliches Recht. Der digitalisierte Staat – Chancen und Herausforderungen für den modernen Staat (2020), S. 155 ff.

Ingold, A., Meinungsmacht des Netzes, in: MultiMedia und Recht 2020, S. 82 ff.

Jaeckel, M., Die Macht der digitalen Plattformen (2020).

Jaeger, T./Metzger, A., Open Source Software: Rechtliche Rahmenbedingungen der freien Software, 5. Aufl. (2020).

Jänich, V./Schrader, P./Reck, V., Rechtsprobleme des autonomen Fahrens (2015).

Jahrbuch des öffentlichen Rechts der Gegenwart. Neue Folge, hrsg. v. Lepsius, O./Nußberger, A./Schönberger, C./Waldhoff, C./Walter, C., Debatte: Die Corona-Pandemie und das Recht, Bd. 69 (2021), S. 439 ff.

Jakobs, J., Vernetzte Gesellschaft. Vernetzte Bedrohungen. Wie uns die künstliche Intelligenz herausfordert (2016).

Janal, R., Haftung und Verantwortung im Entwurf des Digital Services Acts, in: Zeitschrift für Europäisches Privatrecht 2021, S. 227ff.

Janiesch, C./Zschech, P./Heinrich, K., Machiene Learning learning and deep learning (2021).

Jarass, H.D., Die Bedeutung der Unionsgrundrechte und der Privaten, in: Zeitschrift für Europäisches Privatrecht 2017, S. 310ff.

Jaskulla, E. M., Das deutsche Hochfrequenzhandelsgesetz – eine Herausforderung für Handelsteilnehmer, Börsen und Multilaterale Handelssysteme (MTF), in: Zeitschrift für Bank- und Kapitalmarktrecht 2013, S. 221 ff.

Jecker, C., Entmans Framing-Ansatz*:* Theoretische Grundlegung und empirische Umsetzung (2014).

Jobst, S., Konsequenzen einer unmittelbaren Grundrechtsbindung Privater, in: Neue Juristische Wochenschrift 2020, S. 11 ff.

Jöns, J., Daten als Handelsware (2016).

Joerden, J., Big Data und Kriminalität, in: Hoffmann-Riem, W. (Hrsg.), Big Data – Regulative Herausforderungen (2018), S. 173ff.

Joh, E., Policing by Numbers: Big Data and the Fourth Amendment, in: Washington Law Review 2014, S. 35ff.

Johnson, D./Mitchell, M., Innovation im analytischen Ökosystem (2021).

Jost, D./Krempe, J., E-Justice in Deutschland, in: Neue Juristische Wochenschrift 2017, S. 2705ff.

Jürgens, P./Stark, B./Magin, M., Gefangen in der Filter Bubble? in: Stark, B./Dörr, D./ Aufenanger, S. (Hrsg.). Die Googleisierung der Informationssuche. Suchmaschinen zwischen Nutzung und Regulierung (2014), S. 98ff.

Jungherr, A./Rivero, G./Gayo-Avello, D., Retooling Politics: How Digital Media Are Shaping Democracy (2020).

Junker, H., Moderne Informationstechnik und Justiz, in: juris 2020, S. 437ff.

Juristische Fakultät der Universität Heidelberg (Hrsg.), Richterliche Rechtsfortbildung (1986).

Just, N./Latzer, M., Governance by Algorithms: Reality Construction by Algorithmic Selection on the Internet, in: Media, Culture & Society 2016, S. 1 ff.

Kahnemann, D., Schnelles Denken, langsames Denken (2014).

Kalbhenn, J. C./Hemmert-Halswick, M., Der Regierungsentwurf zur Änderung des NetzDG, in: MultiMedia und Recht 2020, S. 518ff.

Kar, R. M./Thapa, B.E.P./Hunt, S. S./Parrycek, P., Recht Digital: Maschinenverständlich und automatisierbar. Impuls zur digitalen Vollzugstauglichkeit von Gesetzen (2019).

Kartheuser, I., Big Data – Anwendbarkeit europäischer Datenschutzregeln nach der Google-Entscheidung des EuGH. in: Taeger, J. (Hrsg.), Big Data & Co. Neue Herausforderungen für das Informationsrecht (2014), S. 119ff.

Kastl, G., Algorithmen – Fluch oder Segen? Eine Analyse der Auto-Complete-Funktion der Google-Suchmaschine, in: Taeger, J. (Hrsg.), Big Data & Co. Neue Herausforderungen für das Informationsrecht, Deutsche Stiftung für Recht und Informatik Tagungsband Herbstakademie (2014), S. 203ff.

Katz, D.M., Quantitative Legal Prediction, in: Emory Law Journal 2013, S. 909ff.

Katz, D. M./Bommarito, M. J./Blackman, J., A General Approach for Predicting the Behavior of the Supreme Court for the United States, in: PLoS ONE 2017 12(4).
Kaulartz, M., Rechtliche Grenzen bei der Gestaltung von Smart Contracts, in: Taeger, J. (Hrsg.), Smart World –Smart Law?, Deutsche Stiftung für Recht und Informatik Tagungsband Herbstakademie (2016), S. 1028 ff.
Kaulartz, M./Braegelmann, T. (Hrsg.), Rechtshandbuch Artificial Intelligence und Machine Learning (2020).
Keese, C., Silicon Germany: Wie wir die digitale Transformation schaffen (2017).
Kerber, W., A New (Intellectual) Property Right for Non-Personal Data? An Economic Analysis, in: Gewerblicher Rechtsschutz und Urheberrecht International 2016, S. 989 ff.
Kersten, J., Menschen und Maschinen – rechtliche Konturen instrumenteller, symbiotischer und autonomer Konstellationen, in: JuristenZeitung 2015, S. 1 ff.
Kersten, J., Relative Rechtssubjektivität. Über autonome Automaten und emergente Schwärme, in: Zeitschrift für Rechtssoziologie 2017, S. 8 ff.
Kesan, J./Shah, R., Deconstructing Code, in: Yale Journal of Law & Technology 2003/2004, S. 277 ff.
Kettemann, C./Fertmann, M., Die Demokratie plattformfest machen. Social Media Councils als Werkzeug zur gesellschaftlichen Rückbindung der privaten Ordnungen digitaler Plattformen (2021).
Kettemann, M., The Normative Order of the Internet. A Theory of Rule and Regulation Online. (2020).
Kilian, M., Die Zukunft der Juristen, in: Neue Juristische Wochenschrift 2017, S. 3043 ff.
Kilian, M., Musterfeststellungsklage – Meinungsbild der Anwaltschaft, in: Zeitschrift für Rechtspolitik 2018, S. 72 ff.
Klaas, A., BKA setzt umstrittene Spyware ein, in: Legal Tribune Online vom 14.09.2021.
Klafki, A./Würkert, F./Winter, T. (Hrsg.), Digitalisierung und Recht (2017).
Klar, M., Privatsphäre und Datenschutz in Zeiten technischen und legislativen Umbruchs, in: Die öffentliche Verwaltung 2013, S. 103 ff.
Klasen, B./Schreiner, N./Spaniol, B., Erfahrungen und Ideen mit der Einführung der E-Akte in der gerichtlichen Praxis – zugleich ein Tagungsbericht, in: juris 2021, S. 90 ff.
Klebe, T., Betriebsrat 4.0 – Digital und global?, in: Neue Zeitschrift für Arbeitsrecht – Beilage 2017, S. 77 ff.
Kleiner, M.S., Streamland: Wie Netflix, Amazon Prime & Co. unsere Demokratie bedrohen (2020).
Kleinwächter, W., PINGO:NETmundial Adopts Principles on Internet Governance, CircleID (2014).
Klever, A., Behavioural Targeting. An Online Analysis for Efficient Media Planning? (2009).
Kingreen, T./Kühling, J., Gesundheitsdatenschutzrecht (2015).
Kipker, D., Informationelle Freiheit und staatliche Sicherheit (2016).
Kokott, J.,Herausforderungen einer Digitalsteuer, in: Internationales Steuerrecht 2019, S. 123 ff.
Kolany-Raiser, B./Heil, R./Orwat, C./Hoeren, T. (Hrsg.), Big Data und Gesellschaft: Eine multidisziplinäre Annäherung (2018).
Kolany-Raiser, B./Radtke T., Ich sammele, also bin ich (Social Credit) – das Szenario eines allumfassenden Bonitätssystems am Beispiel Chinas, in: Hoeren, T. (Hrsg.), Phänomene des Big-Data-Zeitalters (2019), S. 121 ff.

Koloßa, S., Facebook and the Rule of Law, in: Zeitschrift für ausländisches öffentliches Recht und Völkerrecht 2020, S. 509 ff.

König, C., KI und Wettbewerbsrecht, in: Ebers, M./Heinze, C. A./Krügel, T./Steinrötter, B. (Hrsg.), Künstliche Intelligenz und Robotik – Rechtshandbuch (2020), S. 544 ff.

Koops, B.-J., Criteria for Normative Technology, in: Brownsword, R./Scotford, E./ Yeung K. (Hrsg.), Regulating Technologies (2008), S. 157 ff.

Koops, B.-J./Lips, M./Nouwt, S./Prins, J.E.J./Schellekens, M., Should Self-Regulation be the Starting Point? in: Koops, B.-J. (Hrsg.), Starting points for ICT regulation: Deconstructing prevalent policy one-liners (2006), Kapitel 5.

Koshiyana, A./Kazin, E./Trelevan, P., Towards Algorithm Auditing. A Survey On Managing Legal, Ethical, Technological Risks of AI, ML and Associated Algorithms, SSRN-id37789998.pdf (2021).

Krause, R., Digitalisierung der Arbeitswelt – Herausforderungen und Regelungsbedarf, in: Verhandlungen des 71. Deutschen Juristentages, Bd. I, Gutachten, Teil B (2016).

Kreye, A., Wenn Facebooks Schöpfer vor Facebook warnen, in: Sueddeutsche Zeitung v. 16.12.2017.

Krönke, C., Öffentliches Digitalwirtschaftsrecht. Grundlagen – Herausforderungen und Konzepte – Perspektiven (2020).

Kroll, J. A./Huey, J./Barocas, S./Felten, E. W./Reidenberg, J. R./Robinson, D.G./Yu, H., Accountable Algorithms, in: University of Pennsylvania Law Review 2017, S. 633 ff.

Kube, H., E-Government: Ein Paradigmenwechsel in Verwaltung und Verwaltungsrecht?, in: Veröffentlichungen der Vereinigung der Deutschen Staatsrechtslehrer 2019, S. 299 ff.

Kubicek, H., Informationsfreiheitsgesetze vor einem weiteren Paradigmenwechsel, in: Klumpp D./Kubicek H./Roßnagel A./Schulz W. (Hrsg.) Medien, Ordnung und Innovation (2006), S. 331 ff.

Kühling, J., „Fake News" und „Hatespeech" – die Verantwortung der Medienintermediäre zwischen neuen NetzDG, MStV und Digital Services Act, in: Zeitschrift für Urheber- und Medienrecht 2021, S. 461 ff.

Kühling, J./Buchner, B. (Hrsg.), Datenschutz-Grundverordnung. Kommentar, 3. Aufl. (2020), zitiert als: [*Bearbeiter*], in: Kühling/Buchner (Hrsg.), Datenschutz-Grundverordnung (2020).

Kühling, J./Martini, M., Die Datenschutz-Grundverordnung: Revolution oder Evolution im europäischen und deutschen Datenschutzrecht?, in: Europäische Zeitschrift für Wirtschaftsrecht 2016, S. 448 ff.

Kugelmann, D., Der polizeirechtliche Gefahrenbegriff in Gefahr?, in: Die Öffentliche Verwaltung 2003, S. 781 ff.

Kuhlmann, N., Legal Tech in einer smarten Welt – Ermöglichung und Beschränkungspotentiale, in: Taeger, J. (Hrsg.) Smart World – Smart Law?, Deutsche Stiftung für Recht und Informatik Tagungsband Herbstakademie (2016) S. 1039 ff.

Kuhlmann, S./Trute, H.-H., Predictive Policing als Form polizeilicher Wissensgenerierung, in: Zeitschrift für das gesamte Sicherheitsrecht 2021, S. 103 ff.

Kuhn, T.S., Die Struktur wissenschaftlicher Revolutionen (1989/Org. 1962).

Kuntz, T., Die Grenze zwischen Auslegung und Rechtsfortbildung aus sprachphilosophischer Perspektive, in: Archiv für die civilistische Praxis 2015, S. 387 ff.

Kuntz, T., Auf der Suche nach einem Proprium der Rechtswissenschaft, in: Archiv für die civilistische Praxis 2019, S. 254 ff.

Kuntz, T., Konsens statt Recht, in: Archiv für die civilistische Praxis 2020, S. 51 ff.

Kurth, M.-O., KI und Kapitalmarktrecht, in: Ebers, M./Heinze, C. A./Krügel, T./Steinrötter, B. (Hrsg.), Künstliche Intelligenz und Robotik – Rechtshandbuch (2020), S. 484 ff.

Kuschel, L., Digitalisierung – Umbruch oder Fortentwicklung des Rechts am geistigen Eigentum, in: Eifert, M. (Hrsg.), Digitale Disruption und Recht (2020).

Ladeur, K.-H., Die COVID-19-Pandemie – experimentelles Handeln unter Ungewissheitsbedingungen, in: Recht und Politik 2021, S. 144 ff.

Landrock, H./Gadatsch, A,, Big Data im Gesundheitswesen kompakt (2018).

Langer, C., Digitale Spaltung. Eine kritische Analyse (2012).

Langley, P./Leyshon, A., Platform capitalism: the intermediation and capitalization of digital economic circulation (2016).

Latour, B., Science in Action, 11. Aufl. (2003).

Latzer, M./Hollnbuchner, K./Just, N./Saurwein, F., The economics of algorithmic selection on the Internet, in: Bauer, J.M./Latzer, M. (Hrsg.), Handbook on the Economics of the Internet (2016), S. 395 ff.

Latzer, M./Just, N./Saurwein, F./Slominski, P., Selbst- und Ko-Regulierung im Mediamatiksektor: Alternative Regulierungsformen zwischen Staat und Markt (2002).

Laude, L., Automatisierte Meinungsbildung. Der Schutz des Kommunikationsprozesses in sozialen Online-Netzwerken (2021) (i. E.).

Lee, K.I., Die Struktur der juristischen Entscheidung aus konstruktivistischer Sicht (2010).

Leeb, C.-M., Digitalisierung, Legal Technology und Innovation: der maßgebliche Rechtsrahmen für und die Anforderungen an den Rechtsanwalt in der Informationstechnologiegesellschaft (2019).

Leenes, R.E., Framing Techno-Regulation. An exploration of State and Non-state Regulation by Technology. in: Wintgens, L. (Hrsg.), Legisprudence (2012), S. 145 ff.

Legnaro/Kretschmann, Das Polizieren der Zukunft (2015)

Leisterer, H., Internetsicherheit in Europa (2018).

Lenk, T., Preistheorie, in: Neubäumer, R./Hewel B./Lenk T. (Hrsg), Volkswirtschaftslehre – Grundlagen der Volkswirtschaftstheorie und Volkswirtschaftspolitik (2017).

Lenzen, M., Künstliche Intelligenz – Was sie kann und was uns erwartet (2018).

Leonelli, S., Locating Ethics in Data Science: Responsibility and Accountability in Global and Distributed Knowledge Production Systems, in: Philosophical Transactions of the Royal Society 2016, S. 2083 ff.

Leopoldina Nationale Akademie der Wissenschaften/acatech/Union der deutschen Akademien der Wissenschaften (Hrsg.), Stellungnahme: Privatheit in Zeiten der Digitalisierung (2018).

Leopoldina Nationale Akademie der Wissenschaften /acatech/Union der Deutschen Akademien der Wissenschaften (Hrsg.), Stellungnahme: Digitalisierung und Demokratie (2021).

Lessig, L., Code and Other Laws of Cyberspace (1999/2001).

Lessig, L., Code Version 2.0 (2006).

Lettl, T., Kartellrecht, 5. Aufl. (2021).

Leuering, D., Die Neuordnung der gesetzlichen Prospekthaftung, in: Neue Juristische Wochenschrift 2012, S. 1905 ff.

Liesem, K., Computational Propaganda: Einsatz von Algorithmen zur Beeinflussung der öffentlichen Meinung, in: Litschka M./Krainer L. (Hrsg.), Der Mensch im digitalen Zeitalter. Ethik in mediatisierten Welten (2019).

Litsche, S./Sauer, S./Wohlrabe, K., Konjunkturumfragen im Fokus: Coronakrise trifft deutsche Wirtschaft mit voller Wucht, ifo-Schnelldienst 5/2020 (13.5.2020).

Löber, L./Roßnagel, A., Das Netzwerkdurchsetzungsgesetz in der Umsetzung, in: MultiMedia und Recht 2019, S. 71 ff.

Lohmann, M.F., Ein europäisches Roboterrecht – überfällig oder überflüssig?, in: Zeitschrift für Rechtspolitik 2017, 168 ff.

Loritz, K.-G., Neuartige Betriebs- und Unternehmensstrukturen in der digitalen Welt – Gedanken zum Veränderungsbedarf bei der Betriebsverfassung, in: Gräfl, E./Lunk, S./ Oetker, H./Trebinger, Y. (Hrsg.), 100 Jahre Betriebsverfassungsrecht (2020), S. 425 ff.

Ludwig, T./Thiemann, H. Datenkompetenz – Data Literacy, Informatik Spektrum 43 (2020), S. 436 ff.

Lüdemann, J., Warum und wie reguliert man digitale Informationsintermediäre? Grundfragen der medienrechtlichen Instrumentendiskussion am Beispiel des Suchmaschinensektors, in: Hermstrüwer, Y./Lüdemann, J. (Hrsg.), Der Schutz der Meinungsbildung im digitalen Zeitalter (2021), S. 1 ff.

Lühr, H./Jabkowski, R./Smentek, S. (Hrsg.), Handbuch digitale Verwaltung (2019).

Lühr, H.H., IT-Planungsrat, in: Klenk T./Nullmeier F./Wewer G. (Hrsg.), Handbuch Digitalisierung in Staat und Verwaltung (2020).

Luhmann, N., Recht und Automation in der öffentlichen Verwaltung. Eine verwaltungswissenschaftliche Untersuchung (1966).

Luhmann, N., Funktion und Folgen formaler Organisation, 2. Aufl. (1972).

Lukas, J.F., Haftungsfragen autonomer Produktionsnetzwerke in der Industrie 4.0, in: Zeitschrift für das Recht der digitalen Wirtschaft 2021, S. 123 ff.

Lund, C., Gesetzesfolgenabschätzung auf europäischer Ebene und in Deutschland, in: Verwaltungsrundschau. Zeitschrift für Verwaltung in Praxis und Wissenschaft 2011, S. 87 ff.

Lutz, L.S., Autonome Fahrzeuge als rechtliche Herausforderung, in: Neue Juristische Wochenschrift 2015, S. 119 ff.

Marauhn, T., Sicherung grund- und menschenrechtlicher Standards gegenüber neuen Gefährdungen durch private und ausländische Akteure. in: Veröffentlichungen der Vereinigung der Deutschen Staatsrechtslehrer 74 (2015), S. 373 ff.

Marquardt, M., Ertragsbesteuerung digitaler Geschäftstätigkeiten, Teil 1, in: Internationales Steuerrecht 2020, S. 292 ff.; Teil II, S. 332 ff.

Marsch, N., Das europäische Datenschutzgrundrecht. Grundlagen – Dimensionen – Verflechtungen (2018).

Martini, M., Big Data als Herausforderung für den Persönlichkeitsschutz und das Datenschutzrecht, in: Deutsches Verwaltungsblatt 2014, S. 1481 ff.

Martini, M., Do it yourself im Datenschutzrecht – Der „GeoBusiness Code of Conduct" als Erprobungsfeld regulierter Selbstregulierung, in: Neue Zeitschrift für Verwaltungsrecht 2016, S. 535 ff.

Martini, M., Blackbox Algorithmus – Grundfragen einer Regulierung Künstlicher Intelligenz (2019).

Martini, M./Nink, D., Wenn Maschinen entscheiden ... Persönlichkeitsschutz in vollautomatisierten Verwaltungsverfahren, in: Neue Zeitschrift für Verwaltungsrecht 2017, S. 681 ff.

Martini, M./Nink, D., Funktionsautomaten ante portas? – zu den Grenzen der Automatisierung in verwaltungsrechtlichen (Rechtsbehelfs-)Verfahren, in: Deutsches Verwaltungsblatt 2018, S. 1128 ff.

Martinsen, R., Spurensuche: Konstruktivistische Theorien der Politik (2014).

Marx, K., Das Kapital, Kritik der politischen Ökonomie, in: *K. Marx/F. Engels*, Marx-Engels-Werke 23–25, (1973).

Matthes, J., Framing (2014).

Mayer-Schönberger, V./Ramge, T., Das Digital. Markt, Wertschöpfung und Gerechtigkeit im Datenkapitalismus (2017).

Mayer-Schönberger, V./Cukier, K., Big Data: A Revolution That Will Transform How We Live, Work and Think (2013).

Meinecke, D., Big Data und Data Mining: Automatisierte Strafverfolgung als neue Wunderwaffe der Verbrechensbekämpfung? in: Taeger, J. (Hrsg.), Big Data & Co. Neue Herausforderungen für das Informationsrecht (2014), S. 183 ff.

Mekat, M./Nordholtz, C., Musterfeststellungsklage (2019).

Mengden, M., Zugangsfreiheit und Aufmerksamkeitsregulierung. Zur Reichweite des Gebots der Gewährleistung freier Meinungsbildung am Beispiel algorithmengestützter Zugangsdienste im Internet (2018).

Merten, R./Storer, N., The Sociology of Science: Theoretical and Empirical Investigations, in: University of Chicago Press 1973, S. 267 ff.

Meyer, J.-U., Digitale Disruption (2017).

Meyer, S.T., DRM-Schutz von Datenbanken. in: Conrad, I./Grützmacher, M. (Hrsg.). Recht der Daten und Datenbanken in Unternehmen (2014), S. 254 ff.

Miebach, B.: Digitale Transformation von Wirtschaft und Gesellschaft: wie KI, Social Media und Big Data unsere Lebenswelt verändern. (2020).

Möslein, F./Gröber, C./Heß, C./Rebmann, C., Das Recht der Digitalisierung in der rechtswissenschaftlichen Ausbildung, in: Juristische Ausbildung 2021, S. 651 ff.

Molnar, C., Interpretable Machine Learning. A Guide for Making Black Box Models Explainable (2018), https://christophm.github.io/interpretable-ml-book/.

Monopolkommission, Hauptgutachten XX (2014), S. 66 ff.

Monopolkommission, Wettbewerbspolitik: Herausforderung digitale Märkte, Sondergutachten 68 (2015).

Müller, A./Guido, S., Einführung in Machine Learning mit Python: Praxiswissen Data Science (2017).

Müller, D./Gamm, J., Die Digitalisierung der Justiz am Beispiel des Zivilprozesses – von Thesen zur Umsetzung, Teil I, in: juris 2021, S. 222 ff.; Teil II, juris 2021, S. 266 ff.

Müller, F./Christensen, R., Juristische Methodik. Band I, 11. Aufl. (2013).

Müller, M., Bitcoin, Blockchain und Smart Contracts, in: Zeitschrift für Immobilienrecht 2017, S. 600 ff.

Müller-Hengstenberg, C./Kirn, S., Intelligente (Software-)Agenten: Eine neue Herausforderung unseres Rechtssystems?, in: Hoeren T./Sieber, U./Holznagel, B. (Hrsg.), MultiMedia und Recht 2014, S. 307 ff.

Müller-Hengstenberg, C./Kirn, S., Intelligente (Software-)Agenten: Von der Automatisierung zur Autonomie? Verselbständigung technischer Systeme, in: MultiMedia und Recht 2014, S. 225 ff.

Münchener Kommentar zum Bürgerlichen Gesetzbuch, Band 7, 8. Aufl. (2020), zitiert als: [*Bearbeiter*], in: MüKo *BGB* (2020).

Münkler, L. (Hrsg.), Dimensionen des Wissens im Recht (2019).

Mund, D., Das Recht auf menschliche Entscheidung – Freiheit in Zeiten der Digitalisierung und einer automatisierten Rechtsanwendung, in: 60. Assistententagung Öffentliches Recht, Der digitalisierte Staat – Chancen und Herausforderungen für den modernen Staat (2020), S. 177 ff.

Musiani, F., Governance by algorithms (2013).

Nägele, P./Petrlic, R./Schemme, F., Die Datenschutz-Folgenabschätzung in der Praxis, in: Datenschutz und Datensicherheit (2020), S. 719 ff.

Nassehi, A., Muster. Theorie der digitalen Gesellschaft, 3. Aufl. (2019).

Nemitz, P., Constitutional Democracy and Technology in the Age of Artificial Intelligence, in: Philosophical Transactions of the Royal Society 2018, S. 2 ff.

Nemitz, P./Pfeffer, M., Prinzip Mensch, Macht, Freiheit und Demokratie im Zeitalter der künstlichen Intelligenz (2020).

Neubert, C.-W., Grundrechtliche Schutzpflicht des Staates gegen grundrechtsbeeinträchtigende Maßnahmen fremder Staaten am Beispiel der Überwachung durch ausländische Geheimdienste, in: Archiv des öffentlichen Rechts 2015, S. 267 ff.

Neuner, J., Das BVerfG im Labyrinth der Drittwirkung, in: Neue Juristische Wochenschrift 2020, S. 1851 ff.

Nink, D., Justiz und Algorithmen. Über die Schwächen menschlicher Entscheidungsfindung und die Möglichkeiten neuer Technologien in der Rechtsprechung (2021).

Nissen, R.M., Der monetäre Wert von Daten im Privatrecht (2021).

Noelle-Neumann, E., Die Schweigespirale. Öffentliche Meinung – unsere soziale Haut (1980).

Nolte, J., Elektronische Kommunikation mit den Verwaltungsgerichten, in: Seckelmann, M. (Hrsg.), Digitalisierte Verwaltung (2019), S. 359 ff.

Nonet, P./Selznick, P., Law and Society in Transition: Toward Responsive Law (1978).

Notbohm, R.,Wirkungen und Grenzen von Institutionen exekutiver Folgenabschätzungskontrolle – Nationaler Normenkontrollrat und Ausschuss für Regulierungskontrolle im Vergleich (2019).

Nullmeier, F., Input, Output, Outcome, Effektivität und Effizienz, in: Blanke, B./Nullmeier, F./Reichard, C./Wewer, G. (Hrsg.), Handbuch zur Verwaltungsreform, 4. Aufl. (2010), S. 357 ff.

Ochs, C./Richter, P./Uhlmann, M., Technikgestaltung demokratisieren – partizipatives Privacy by Design, in: Zeitschrift für Datenschutz-aktuell 2016, 05424.

Oermann, M./Staben, J., Mittelbare Grundrechtseingriffe durch Abschreckung? Zur grundrechtlichen Bewertung polizeilicher „Online-Streifen" und „Online-Ermittlungen" in sozialen Netzwerken, in: Der Staat 2013, S. 630 ff.

Oermann, M./Ziebarth, L., Interpreting code – Adapting the methodology to analyze the normative contents of law for the analysis of technology, in: Computer Law & Security Review 2015, S. 257 ff.

Omlor, S./Meister, E., (Digital-)Reform der juristischen Ausbildung, in: Zeitschrift für Rechtspolitik 2021, S. 59 ff.

Oswald, M., Strategisches Framing (2019).

Ott, P./Gräf, E. (Hrsg.), 3TH1CS: Die Ethik der digitalen Zeit (2018).

Overmann, P., Wettlauf um das digitale Ich, Süddeutsche Zeitung v. 6./7. März 2021, S. 22.

Paal, B./Kumkar, L., 10. GWB-Novelle – Ordnungsrahmen zur Digitalisierung der Wirtschaft (2021).

Paal, B.P./Pauly, D.A. (Hrsg.), Datenschutzgrundverordnung. Bundesdatenschutzgesetz, 3. Aufl. (2021), zitiert als: [*Bearbeiter*], in: Paal/Pauly (Hrsg.), Datenschutzgrundverordnung (2021).

Palandt, Bürgerliches Gesetzbuch, 80. Aufl. (2021), zitiert als: [*Bearbeiter*], in: Palandt *BGB* (2021).

Pariser, E., Filter Bubble. What the Internet Is Hiding from You (2011).

Pelegrini, T./Blumauer, A. (Hrsg.). Semantic Web (2006).

Peters, R., Internet-Ökonomie (2010).
Petersohn, H., Data Mining: Verfahren, Prozesse, Anwendungsarchitektur (2005).
Peuker, E., Verfassungswandel durch Digitalisierung. Digitale Souveränität als verfassungsrechtliches Leitbild (2020).
Pfeifer, T./Schmitt, R., Masing Handbuch Qualitätsmanagement, 6. Aufl. (2014).
Pfeiffer, S., Digitalisierung als Distributivkraft. Über das Neue am digitalen Kapitalismus (2021).
Pfliegl, R./Seibt, C., Die digitale Transformation findet statt!, in: Elektrotechnik und Informationstechnik 2017, S. 333 ff.
Pieper, Die Vernetzung autonomer Systeme im Kontext von Vertrag und Haftung, in: Zeitschrift zum Innovations- und Technikrecht 2016, S. 188 ff.
Pille, J.-U., Meinungsmacht sozialer Netzwerke (2016).
Pils, M.J./Rektorschek, J.P., Industrie, in: Ebers, M./Heinze, C.A./Krügel, T./Steinrötter, B. (Hrsg.), Künstliche Intelligenz und Robotik – Rechtshandbuch (2020), § 24.
Podszun, R., Empfielt sich eine stärkere Regulierung von Online-Plattformen und anderen Digitalunternehmen?, in: Verhandlungen des 73. Deutschen Juristentages Bd. 1, Gutachten F (2020).
Pörksen, B., Schlüsselwerke des Konstruktivismus (2014).
Pohle, J., „Eine juristische Disziplin der Zukunft" – an der Schnittstelle von Recht und Informatik, in: Pohle, J./Lenk, K. (Hrsg.), Der Weg zur Digitalisierung der Wirtschaft (2021), S. 263 ff.
Polanyi, K., The Great Transformation. The Political and Economic Origins of Our Time (2001/Org. 1944)
Precht, R.D., Jäger, Hirten, Kritiker: Eine Utopie für die digitale Gesellschaft (2018).
Pries, K./Quigley, J., Scrum Project Management (2010).
Queck, S./Oppelt, J., Microtargeting – Definition, Einsatz und Beispiele (2018).
Rademacher, T., Predictive Policing im deutschen Polizeirecht, in: Archiv des öffentlichen Rechts 2017, S. 366 ff.
Rademacher, T., Wenn neue Technologien altes Recht durchsetzen: Dürfen wir es unmöglich machen, rechtswidrig zu handeln? in: JuristenZeitung 2019, S. 702 ff.
Radlanski, P., Das Konzept der Einwilligung in der datenschutzrechtlichen Realität (2016).
Rahwan, I./Cebrian, M./Obradovich, N./Bongard, J., Machine behaviour, in: nature 2019, S. 477 ff.
Rath, M./Krotz, F./Karmasin, M., Maschinenethik: Normative Grenzen autonomer Systeme (2018).
Raue, B., Die Rechte des Sacheigentümers bei der Erhebung von Daten, in: Neue Juristische Wochenschrift 2019, S. 2425 ff.
Reese, S.D., The framing project: A bridging model for media research revisited, in: Journal of Communication 2007, S. 148 ff.
Reetz, F., Blockchain & das Klima, Warum die nationale Blockchain- Strategie Innovations- und Klimapolitik zusammenbringen sollte (2019).
Reichwald, J./Pfisterer, D., Autonomie und Intelligenz im Internet der Dinge, in: Computer und Recht 2016, S. 208 ff.
Reidenberg, J.R., Lex informatica: The Formulation of Intermation Policy Rules through Technology, in: Texas Law Review 1998, S. 553 ff.
Reimer, F., Das Parlamentsgesetz als Steuerungsmittel und Kontrollmaßstab, in: Hoffmann-Riem, W./Schmidt-Aßmann, E./Voßkuhle, A. (Hrsg.), Grundlagen des Verwaltungsrechts, Bd. I, 2. Aufl. (2012), § 9, S. 585 ff.

Reimer, F., Juristische Methodenlehre aus dem Geist der Praxis (2016).
Reinert, H./Reinert, E., *Creative Destruction* in Economics: Nietzsche, Sombart, Schumpeter (2015).
Reiss, M./Günther, A., Mehrseitige Märkte: Paradigmenwechsel vom Markt- zum Netzwerk-Ansatz, in: Wirtschaftswissenschaftliches Studium 2010, S. 176ff.
Remmertz, F. (Hrsg.), Legal-Tech-Strategien für Rechtsanwälte (2020).
Richardson, R./Schultz, J.M./Crawford, K., Dirty Data, Bad Predictions: How Civil Rights Violations Impact Police Data, Predictive Policing Systems, and Justice, in: New York University Law Review 2019, S. 192ff.
Richter, H./Hilty, R., Die Hydra des Dateneigentums – eine methodische Betrachtung, in: Stiftung Datenschutz (Hrsg.), Dateneigentum und Datenhandel (2018), S. 241ff.
Richter, H./Slowinski, P.R., The Data Sharing Economy: On the Emergence of New Intermediaries, in: International Review of Intellectual Property and Competition Law 2019, S. 4ff.
Riegerer, E., Partizipation und Transparenz: Die internationale Dimension der Demokratie (2018).
Riehm, T., Rechte an Daten – Die Perspektive des Haftungsrechts, in: Versicherungsrecht 2019, S. 714ff.
Riehm, T., Nein zur ePerson! – Gegen die Anerkennung einer digitalen Rechtspersönlichkeit, in: Recht Digital 2020, 42ff.
Risse, J., Der Homo iuridicus – ein gefährliches Trugbild. Wie Heuristiken richterliche Entscheidungen beeinflussen, in: Neue Juristische Wochenschrift 2018, S. 2048ff.
Risse, J./Morawietz, M., Prozessrisikoanalyse: Erfolgsaussichten vor Gericht bestimmen (2017).
Ritter, N., Predicting Recidivism Risk: New Tool in Philadelphia Shows Great Promise (2013).
Rössler, P., Agenda Setting (1997).
Rolf, A., Weltmacht Vereinigte Daten. Die Digitalisierung und Big Data verstehen (2018).
Rolf, A., Wer hat die digitale Deutungshoheit? Shoshana Zuboff oder Armin Nassehi – welches Narrativ der digitalen Transformation wird sich durchsetzen?, in: Magazin des Forums Informatik für Frieden und Gesellschaft 4/2020, S. 6ff.
Rolf, A., Digital Literacy in/für die Informatik(lehre), in: Informatik Spektrum (2021).
Rolf, A./Sagawe, A., Des Googles Kern und andere Spinnennetze. Die Architektur der digitalen Gesellschaft (2015).
Rosengarten, C./Römer, S., *Der* „virtuelle verdeckte Ermittler" in sozialen Netzwerken und Internet-Boards, in: Neue Juristische Wochenschrift 2012, S. 1764ff.
Roßnagel, A., Auf dem Weg zur elektronischen Verwaltung – das E-Government-Gesetz, in: Neue Juristische Wochenschrift 2013, S. 2710ff.
Roßnagel, A., Big Data – Small Privacy. Konzeptionelle Herausforderungen für das Datenschutzrecht, in: Zeitschrift für Datenschutz 2013, S. 562ff.
Roßnagel, A., Datenschutz: Eine Zukunft ohne Selbstbestimmung?, in: Spektrum der Wissenschaft kompakt online v. 4.10.2016, S. 41ff.
Roßnagel, A., Gesetzgebung im Rahmen der Datenschutz-Grundverordnung, in: Datenschutz und Datensicherheit 2017, S. 277ff.
Roßnagel, A., Technik, Recht und Macht. Aufgabe des Freiheitsschutzes in Rechtsetzung und -anwendung im Technikrecht, in: MultiMedia und Recht 2020, S. 222ff.
Roßnagel, A./Nebel, M., (Verlorene) Selbstbestimmung im Datenmeer – Privatheit im Zeitalter von Big Data, Datenschutz und Datensicherheit, in: Datenschutz und Datensicherheit 2015, S. 455ff.

Roth-Isigkeit, D., Die Begründung des vollständig automatisierten Verwaltungsakts, in: Die Öffentliche Verwaltung 2020, S. 1018 ff.

Ruge, R., Die Gewährleistungsverantwortung des Staates und der Regulatory State (2004).

Ruppert, E./Hartung, D./Sittig, P./Gschwander, T., Law Stats – Large-Scale German Court Decision Evaluation using Web Service Classifiers, in: Holzinger, A./Kieseberg, P./Tjoa, A.M./Weippl, E. (Hrsg.), Machine Learning and Knowledge Extraction (2018), S. 212 ff.

Russell, S./Norvig, P., Künstliche Intelligenz (2012).

Rux, J., Open Access im rechtswissenschaftlichen Verlag, in: Rechtswissenschaft 2019, Sonderheft, S. 70 ff.

Sachverständigenrat für Verbraucherfragen, Verbraucherrecht 2.0. Verbraucher in der digitalen Welt (2016).

Samsel, H., Risiken der Informationstechnologie, in: Pünder, H./Klafki, A. (Hrsg.), Risiko und Katastrophe als Herausforderung für die Verwaltung (2017), S. 121 ff.

Sánchez-Monedero, J./Dencik, L., Automated (partially) evaluated *decision systems*, Working Paper des Data Justice Lab der Cardiff University vom 06.12.2018.

Sattler, A., Schutz von maschinengenerierten Daten, in: Sassenberg, T./Faber, T. (Hrsg.), Rechtshandbuch Industrie 4.0 und Internet of Things (2017), S. 27 ff.

Saurwein, F./Just, N./Latzer, M., Governance of Algorithms: Options and Limitations (2015).

Schaar, P., Das Ende der Privatsphäre (2007).

Schäfer, H.-B./Ott, C., Lehrbuch der ökonomischen Analyse des Zivilrechts, 6. Aufl. (2020).

Scherer, M., Regulating Artificial Intelligence Systems: Risks, Challenges, Competencies, and Strategies, in: Harvard Journal of Law & Technology 2016, S. 354 ff.

van Schewick, B., Internet architecture and innovation in applications, in: Bauer, J.M./Latzer, M. (Hrsg.), Handbook on the Economics of the Internet (2016) S. 288 ff.

Schiff, A., Meinungsfreiheit in mediatisierten digitalen Räumen. Das NetzDG auf dem Prüfstand des Verfassungsrechts, in: MultiMedia und Recht 2018, S. 366 ff.

Schiff, A., Informationsintermediäre. Verantwortung und Haftung (2021).

Schiffbauer, B., Steckbrief 2.0 – Fahndungen über das Internet als rechtliche Herausforderung, Neue Juristische Wochenschrift 2014, S. 1052 ff.

Schirmer, J.-E., Robotik und Verkehr – Was bleibt von der Halterhaftung?, in: Rechtswissenschaft 2018, S. 453 ff.

Schirmer, B./Isenmann, W.: Digitale Arbeitswelten: Wohin geht die Reise?, in: Neue Zeitschrift für Arbeitsrecht-Beilage 2019, S. 69 ff.

Schliesky, U./Hoffmann, C./Luch, A./Schulz, S./Borchers, K.C., Schutzpflichten und Drittwirkung im Internet (2014).

Schmed, T./Braam, L./Mischke, J., Gegen Meinungsmacht – Reformbedürfnisse aus Sicht eines Regulierers, in: MultiMedia und Recht 2020, S. 19 ff.

Schmidt, J.H., Soziale Medien (2018).

Schmidt, J. H, Soziale Medien als Innovation, in: Blättel-Mink, B./Schulz-Schaeffer, I./Windeler, A., (Hrsg.), Handbuch Innovationsforschung (2021).

Schmidt-Aßmann, E., Verwaltungsrechtliche Dogmatik (2013).

Schmidt-Aßmann, E., Das Verwaltungsrecht der Vereinigten Staaten von Amerika (2021).

Schneider, I., Das Europäische Patentsystem (2010).

Schneider, I., Bringing the state back in. Big Data-based capitalism, disruption and novel regulatory approaches in Europe, in: Saetnan, R./Schneider, I./Green, N. (Hrsg.), The politics of Big Data – Big Data – Big Brother? (2018), S. 129ff.
Schneider, J.-P., Innovationsoffene Regulierung datenbasierter Dienste in der Informationsgesellschaft. Datenschutz, Regulierung, Wettbewerb, in: Körber, E./Kühling, J. (Hrsg.), Regulierung – Wettbewerb – Innovation (2017), S. 113ff.
Schön, S., Ermittlungsmaßnahmen über das Internet. Analyse der Möglichkeiten und Grenzen in rechtlicher und tatsächlicher Hinsicht (2013).
Schrader, P.T., Haftungsrechtlicher Begriff des Fahrzeugführers bei zunehmender Automatisierung von Kraftfahrzeugen, in: Neue Juristische Wochenschrift 2015, S. 3537ff.
Schrape, J.-F., The Promise of Technological Decent Realisation. A Brief Reconstruction, in: Society 2019, S. 31ff.
Schröder, M., Selbstregulierung im Datenschutzrecht, in: Zeitschrift für Datenschutz 2012, S. 418ff.
Schubert, T., Wetttbewerbsrechtliche Mißbrauchsaufsicht in der Digitalwirtschaft – Bestandsaufnahme nach dem GWB-Digitalisierungsgesetz, in: Zeitschrift für das Recht der digitalen Wirtschaft 2021, S. 167ff.
Schulz, G./Hoffmann, C., Grundrechtsrelevanz staatlicher Beobachtungen im Internet. Internetstreifen der Ermittlungsbehörden und das „Autorisierungskonzept des BVerfG“, in: Computer und Recht 2010, S. 131ff.
Schulz, M.R./Schunder-Hartung, A. (Hrsg.), Recht 2030. Legal Management in der digitalen Transformation (2019).
Schulz, W./Dankert, K., ‘Governance By Things’ as a Challenge to Regulation by Law, in: Internet Policy Review 2016, http://policyreview.info.
Schulz, W./Dankert, K., Die Macht der Informationsintermediäre. – Erscheinungsformen, Strukturen, Regulierungsoptionen. (2016).
Schulz, W./Held, T., Regulierte Selbstregulierung als Form modernen Regierens. Zu Fragen von Regulierung und Coregulierung (2002).
Schulz, W./Held, T., Suchmaschinen als Gatekeeper in der öffentlichen Kommunikation (2005).
Schulze-Fielitz, H., Grundmodi der Aufgabenwahrnehmung, in: Hoffmann-Riem, W./Schmidt-Aßmann, E./Voßkuhle, A. (Hrsg.), Grundlagen des Verwaltungsrechts, Bd. I, 2. Aufl. (2012), § 12, S. 823 ff
Schulz-Schaeffer, I., Innovation als soziale Konstruktion von Technik und Techniknutzung, in. Blättel-Mink, B./Schulz-Schaeffer, I,/Windeler, A (Hrsg.), Handbuch Innovationsforschung (2021), S. 145ff.
Schulz-Schaeffer, I., Disruption und Innovationsforschung in Eifert, Martin (Hrsg.), Digitale Disruption und Recht (2020), S. 127ff.
Schulze-Melling, J., Notwendigkeit einer intelligenten Regulation der KI, in: Zeitschrift für Datenschutz 2021, S. 289ff.
Schumpeter, J.A., Socialism and Democracy (1942), S. 83.
Schumpeter, J.A., Theorie der wirtschaftlichen Entwicklung, (1989/Org. 1962).
Schuppert, G.F., The Ensuring State, in: Giddens, A. (Hrsg.), The Progressive Manifesto: New Ideas for the Centre-left (2003), S. 54ff.
Schuppert, G.F., Der Gewährleistungsstaat. Ein Leitbild auf dem Prüfstand (2005).
Schuppert, G.F., Governance-Forschung, 2. Auflage (2005).
Schuppert, G.F./Voßkuhle, A. (Hrsg.), Governance von und durch Wissen (2008).
Schuppert, G.F., Alles Governance oder was? (2011).

Schuppert, G.F., Governance und Rechtsetzung (2011).

Schuppert, G.F., Verantwortung und Governancestrukturen, in: Heidbrink L./Langbehn C./Loh J. (Hrsg.) Handbuch Verantwortung. (2017), S. 789 ff..

Schuppert. G.F., Verwaltungsorganisation und Verwaltungsorganisationsrecht als Steuerungsfaktoren, in: Voßkuhle, A./Eifert, M./Möllers, C. (Hrsg.), Grundlagen des Verwaltungsrechts, Bd. 1, 3. Aufl. (2022), § 16.

Schuppert, G.F., The World of Rules (2016).

Schur, N.B., Die Lizensierung von Daten. Einordnung, Grenzen und Möglichkeiten von vertraglichen Zugangs- und Datennutzungsrechten in der digitalen Ökonomie (2020).

Schwab, K., Die vierte industrielle Revolution (2016).

Schwark, E./Zimmer, D. (Hrsg.), Kapitalmarktrechts-Kommentar, 5. Aufl. (2020). zitiert als: *[Bearbeiter]* in: Schwark/Zimmer (Hrsg.).

Schwarze, R., Arbeitsrechtliche Probleme von KI und Robotik, in: Ebers, M./Heinze, C. A./Krügel, T./Steinrötter, B. (Hrsg.), Künstliche Intelligenz und Robotik – Rechtshandbuch (2020), S. 270 ff.

Schweitzer, H., Datenzugang in der Datenökonomie: Eckpfeiler einer neuen Informationsordnung, in: Gewerblicher Rechtsschutz und Urheberrecht 2019, S. 569 ff.

Schweitzer, H., Digitale Plattformen als private Gesetzgeber: ein Perspektivwechsel für die europäische „Plattform-Regulierung", in: Zeitschrift für Europäisches Privatrecht 2019, S. 1 ff.

Schweitzer, H./Fetzer, T./Peitz, M., Digitale Plattformen: Bausteine für einen künftigen Ordnungsrahmen, in: ZEW Discussion Paper 2016.

Schweitzer, H./Haucap, J./Kerber, W./Welker, R., Modernisierung der Missbrauchsaufsicht für marktmächtige Unternehmen. Endbericht im Auftrag des Bundesministeriums für Wirtschaft und Energie, Projekt Nr. 66/17 v. 29.08.2018.

Schweitzer, H./Peitz, M., Ein neuer europäischer Ordnungsrahmen für Datenmärkte?, in: Neue Juristische Wochenschrift 2018, S. 275 ff.

Schwichtenberg, S., Die „kleine Schwester" der DSGVO: Die Richtlinie zur Datenverarbeitung bei Polizei und Justiz, in: Datenschutz und Datensicherheit 2016, S. 605 ff.

Seckelmann, M., Algorithmenkompatibles Verwaltungsrecht? Juristische und sprachwissenschaftliche Überlegungen zu einer „Standardisierung von Rechtsbegriffen", in: Die Verwaltung 2021, S. 251 ff.

Seckelmann, M. (Hrsg.), Digitalisierte Verwaltung. Vernetztes E-Government, 2. Aufl. 2019.

Seckelmann, M., Einsatz bei der Polizei: Twitternutzung, Online-Streifen, Trojaner, Facebook-Fahndung, Biometrie-Software, (Intelligente) Videoüberwachung, Predictive Policing, Body-Cams und Fotodrohnen, in: Seckelmann, M. (Hrsg.), Digitalisierte Verwaltung. Vernetztes E-Government, 2. Aufl. (2019), S. 485 ff.

Seckelmann, M., Leichte Sprache und Algorithmisierung als Anforderungen an die Gesetzessprache, in: Fisch, R. (Hrsg.), Verständliche Verwaltungskommunikation in Zeiten der Digitalisierung (2020), S. 157 ff.

Seehafer, A./Kohler, J., Künstliche Intelligenz: Updates für das Produkthaftungsrecht. Mögliche Anpassungen der europäischen Produkthaftungsrichtlinie für neue Technologien, in: Europäische Zeitschrift für Wirtschaftsrecht 2020, S. 213 ff.

Šehić, N./Regers, K./Hense, P., Internet of Things – Predictive Consumer Intention im E-Commerce, in: Taeger, J. (Hrsg.), Smart World – Smart Law?, Deutsche Stiftung für Recht und Informatik Tagungsband Herbstakademie (2015), S. 393 ff.

Seibert, S., Privacy Protection and Democratic Values, in: German Law Journal 1922, S. 2021 ff.

Deutscher Jursitentag (Hrsg.), Verhandlungen des 71. Deutschen Juristentages, Bd. II/1 Sitzungsberichte – Referate und Beschlüsse (2016).
Seip, F./Berberich, M., Der Entwurf des Digital Markets Act (2021), S. 44 ff.
Senat der Freien und Hansestadt Hamburg, Beschluss zu Digital First (Drucksache Nr. 2016/3060) in der Senatssitzung vom 18.10.2016.
Sendler, U. (Hrsg.), Industrie 4.0 (2013).
Sengelmann, C./Brunotte, N./Lütkens, H., Regulierung von Legal Tech durch KI-Verordnung, in: Recht Digital 2021, S. 317 ff.
Sesing, A., Verbreitung digitaler Inhalte. Verbreitungsrecht, Erschöpfungsgrundsatz und Interessenausgleich im Urheberrecht (2021).
Seyderhelm, M., Verpflichtung zum vorübergehenden Entsperren des Accounts eines sozialen Netzwerks, in: Neue Zeitschrift für Verwaltungsrecht 2019, S. 962 ff.
Siara, C., Der Medienstaatsvertrag und die „neuen" Medien. Rundfunk und rundfunkähnliche Telemedien im Internet, in: MultiMedia und Recht 2020, S. 370 ff.
Sicko, C., Gesetzesfolgenabschätzung und -evaluation: Ein Beitrag zum besseren Umgang mit dem Risikofaktor Recht, in: Scharrer, J./Dalibor, M./Rodi, K./Fröhlich, K./Schächterle, P. (Hrsg.), Risiko im Recht – Recht im Risiko (2011), S. 199 ff.
Siegel, T., Automatisierung des Verwaltungsverfahrens – zugleich eine Anm. zu §§ 35a, 24 Abs. 1 S. 3, 41 Abs. 2a VwVfG, in: Deutsches Verwaltungsblatt 2017, S. 24 ff.
Siegel, T., Elektronisches Verwaltungshandeln – zu den Auswirkungen der Digitalisierung auf das Verwaltungsrecht, in: Juristische Ausbildung 2020, S. 931 ff.
Simitis, S./Hornung, G./Spiecker genannt Döhmann, I. (Hrsg.), Datenschutzrecht (2019), zitiert als: [*Bearbeiter*], in: Simitis et al. (Hrsg.), Datenschutzrecht (2019).
Singelnstein, T., Big Data und Strafverfolgung, in: Hoffmann-Riem, W. (Hrsg.), Big Data – Regulative Herausforderungen (2018), S. 179 ff.
Singelnstein, T., Predictive Policing, Algorithmenbasierte Straftatprognosen zur vorausschauenden Kriminalintervention, in: Neue Zeitschrift für Strafrecht 2018, S. 1 ff.
Skistems, H., Smart Homes. Rechtsprobleme intelligenter Haussysteme unter besonderer Beachtung des Grundrechts auf Gewährleistung der Vertraulichkeit und Integrität informationstechnischer Systeme (2016).
Snower, D., Interview, in: Die Zeit v. 12.11.2020, Nr. 47, S. 24.
Söbbing, T., Der Datenskandal bei Facebook und die rechtliche Zulässigkeit von künstlicher Intelligenz zur Beeinflussung der politischen Willensbildung (sog. Microtargeting), in: Innovations- und Technikrecht 2018, S. 182 ff.
Sommer, M., Haftung für autonome Systeme. Verteilung der Risiken selbstlernender und vernetzter Algorithmen im Vertrags- und Deliktsrecht (2020).
Sommerer, L.M., Personenbezogenes Predictive Policing: kriminalwissenschaftliche Untersuchung über die Automatisierung der Kriminalprognose (2020).
Specht, L., Ausschließlichkeitsrechte an Daten – Notwendigkeit, Schutzumfang, Alternativen, in: Computer und Recht 2016, S. 289 ff.
Specht, L./Herold, S., Roboter als Vertragspartner? in: MultiMedia und Recht 2018, S. 40 ff.
Spektor, S./Yuan, T., Digitalisierung in der Juristenausbildung, in: Neue Juristische Wochenschrift 2020, S. 1043 ff.
Spiecker gen. Döhmann, I./Magen, S., Kontexte der Demokratie. Parteien, Medien und Sozialstrukturen, in: Veröffentlichungen der Vereinigung der Deutschen Staatsrechtslehrer 77 (2018), S. 9 ff.
Spiecker gen. Döhmann, I., Zur Zukunft systemischer Digitalisierung – Erste Gedanken zur Haftungs- und Verantwortungszuschreibung bei informationstechnischen Systemen, in: Computer und Recht 2016, S. 698 ff.

Spiegel, H., Blockchain-basiertes virtuelles Geld (2020).
Spindler, G., Roboter, Automation, künstliche Intelligenz, selbst-steuernde Kfz – Braucht das Recht neue Haftungskategorien? Eine kritische Analyse möglicher Haftungsgrundlagen für autonome Steuerungen, in: Computer und Recht 2015, S. 766 ff.
Spindler, G., Verbandsklagen und Datenschutz – das neue Verbandsklagerecht, in: Zeitschrift für Datenschutz 2016, S. 114 ff.
Spindler, G., Umsetzung der Richtlinie über digitale Inhalte in das BGB, in: MultiMedia und Recht 2021, S. 451 ff.
Spindler, G., Der Vorschlag der EU-Kommisssion für eine Verordnung zur Regulierung der künstlichen Intelligenz (KI-VO-E), Computer und Recht 2021, S. 361 ff.
Spitz, M., Daten. Das Öl des 21. Jahrhunderts? in: Gadatsch, A./Ihne, H./Monhemius, J./Schreiber, D. (Hrsg.) Nachhaltigkeit im digitalen Zeitalter (2017), S. 9 ff.
Spyra, G./Buchanan, W.J., Protecting documents with sticky policies and identity-based encryption, in: Proceedings of
Future Technologies Conference, 6–7 December 2016, San Francisco (2016), S. 953 ff..
Srnicek, N., Platform Capitalism (2016).
Staab, P., Digitaler Kapitalismus – Markt und Herrschaft in der Ökonomie der Unknappheit (2019).
Stahn, C., Öffnung im Umgang mit dem eigenen judikativen Erbe? 150 Bände BVerfGE, das Phänomen der Pfadabhängigkeit und Vergessen 2 als Chance, in: Europäische Grundrechtezeitschrift 2020, S. 524 ff.
Stalder, F., Kultur der Digitalität (4. Aufl 2019).
Stark, B./Stegmann, D., Are Algorithms a Threat to Democracy? The Rise of Intermediaries: A Challenge for Public Discourse, Algorithm Watch, 26.05.2020 (Teil des Forschungsprojekts "Governing Platforms").
Statista, Auswirkungen des Coronavirus (COVID-19) auf digitale Medien (2020).
Staudenmayer, D., Auf dem Weg zum digitalen Privatrecht – Verträge über digitale Inhalte, in: Neue Juristische Wochenschrift 2019, S. 2497 ff.
Staudinger BGB, § 823 A-D (Unerlaubte Handlungen 1 – Rechtsgüter und Rechte, Persönlichkeitsrecht, Gewerbebetrieb), Neubearbeitung 2017, zitiert als: [*Bearbeiter*], in: Staudinger *BGB* (2017).
Staudinger BGB, §§ 826–829, §§ 1–19 ProdHaftG (Unerlaubte Handlungen 2, Produkthaftung), Neubearbeitung 2018, zitiert als: [*Bearbeiter*], in: Staudinger *BGB* (2018).
Steege, H., Algorithmenbasierte Diskriminierung durch Einsatz von künstlicher Intelligenz. Rechtsvergleichende Überlegungen und relevante Einsatzgebiete, in: MultiMedia und Recht 2019, S. 715 ff.
Steinberg, M./Schmid, Y., Digitalisierung in der Krise: COVID-19 und das Bildungswesen, in: Soziologiemagazin, Blogreihe #8: Soziologische Impulse während Corona (22.05.2020).
Stellpflug, T., KI und smarte Roboter im Kriegseinsatz, in: Ebers, M./Heinze, C. A./ Krügel, T./Steinrötter, B. (Hrsg.), Künstliche Intelligenz und Robotik – Rechtshandbuch (2020), S. 989 ff.
Stengel, O./van Looy, A./Wallaschkowski S. (Hrsg.), Digitalzeitalter – Digitalgesellschaft: Das Ende des Industriezeitalters und der Beginn einer neuen Epoche (2017).
Stiemerling, O., "Künstliche Intelligenz" – Automatisierung geistiger Arbeit, Big Data und das Internet der Dinge. Eine technische Perspektive, in: Computer und Recht 2015, S. 762 ff.
Stiftung Datenschutz (Hrsg.), Big Data und E-Health (2017).

Stiftung Datenschutz (Hrsg.), Praktische Umsetzung des Rechts auf Datenübertragbarkeit (2017).
Stroscher, J., IT-Sicherheitserecht 2.0 – Was gibt's Neues?, in: ZD-aktuell 2021, Heft 4, 05098.
Stürner, R. (Hrsg.), Die Bedeutung der Rechtsdogmatik für die Rechtsentwicklung (2010).
Suhr, D., Entfaltung des Menschen durch die Menschen. Zur Grundrechtsdogmatik der Persönlichkeitsentfaltung, der Ausübungsgemeinschaften und des Eigentums (1976).
Surden, H., Machine Learning and Law, in: Washington Law Review 2014, S. 87ff.
Susskind, R., The End of Lawyers? Rethinking the Nature of Legal (2010).
Susskind, R., Tomorrow's Lawyers: An Introduction To Your Future (2017).
Taeger, J. (Hrsg.), Big Data & Co. Neue Herausforderungen für das Informationsrecht (2014).
Taeger, J. (Hrsg.), Internet der Dinge (2015).
Taeger, J. (Hrsg.), Recht 4.0 – Innovationen aus den rechtswissenschaftlichen Laboren (2017).
Taeger, J. (Hrsg.), Rechtsfragen digitaler Transformationen – Gestaltung digitaler Veränderungsprozesse durch Recht (2018).Taeger, J. (Hrsg.), Smart World – Smart Law? (2016).
Taeger, J., Scoring in Deutschland nach der EU-Datenschutzgrundlagenverordnung, in: Zeitschrift für Rechtspolitik 2016, S. 72ff.
Taraz, D., Das Grundrecht auf Gewährleistung der Vertraulichkeit und Integrität informationstechnischer Systeme und die Gewährleistung digitaler Privatheit im grundrechtlichen Kontext: Wegbereitung für eine digitale Privatsphäre? (2016).
Tegmark, M., Life 3.0. Being Human in the Age of Artificial Intelligence (2017).
Tene, O./Polonetsky, J., Taming the Golem: Challenges of Ethical Algorithmic Decision Making, in: North Carolina Journal of Law and Technology (2017), S. 154ff.
Teubner, G., Digitale Rechtssubjekte? – Zum privatrechtlichen Status autonomer Softwareagenten, in: Archiv für die civilistische Praxis 2018, S. 155ff.
Thaler, R.H./Sunstein, C., Nudge. Wie man kluge Entscheidungen anstößt, 12. Aufl. (2017).
The Boston Consulting Group/Bucerius Law School, How Legal Technology Will Change the Business Of Law (2016).
Tischbein, V., 98 Daten, die Facebook über dich weiß und nutzt, um Werbung auf dich zuzuschneiden, netzpolitik org (zuletzt aktualisiert 18/3/2017).
Tischbirek, A., Artificial Intelligence and Discrimination: Discriminating Against Discriminatory Systems, in: Rademacher, T./Wischmeyer, T. (Hrsg.), Regulating Artificial Intelligence (2020), S. 103ff.
Tobschall, D./Kempe, J., Der Deutsche Legal-Tech-Markt, in: Breidenbach, S./Glatz, F. (Hrsg.), Rechtshandbuch Legal Tech (2021), S. 27ff.
Trute, H.-H./Kühlers, D./Pilniok, A., Governance als verwaltungsrechtswissenschaftliches Analysekonzept, in: Schuppert, G.F./Zürn, M. (Hrsg.), Governance in einer sich wandelnden Welt (2008), S. 173ff.
Trülzsch-Wijnen, Ch. W./Brandhofer, G. (Hrsg.), Bildung und Digitalisierung. Auf der Suche nach Kompetenzen und Performanzen (2020).
Tschider, C.A., Medical Device Artificial Intelligence: The New Tort Frontier, in: Boston University Law Review 2021, S. 1551ff.
Tschorr, S., Soziale Netzwerke als Akteure für ein „besseres" Internet? Verfassungsrechtliche Überlegungen zur Praxis, in: MultiMedia und Recht 2021, S. 204ff.

Tutt, A., An FDA for Algorithms, in: Administrative Law Review 2017, S. 83 ff.

Uffmann, K., Digitalisierung der Arbeitswelt. Wie gestalten wir die notwendigen Veränderungen?, in: Neue Zeitschrift für Arbeitsrecht 2016, S. 977 ff.

Umweltbundesamt Österreich, Klimaschutzbericht (2021).

Unabhängige Expertengruppe für künstliche Intelligenz, Ethik-Leitlinien für eine vertrauenswürdige KI (2019).

Unger, S./von Ungern-Sternberg, A. (Hrsg.), Demokratie und künstliche Intelligenz (2020).

Veale, M./Zuiderveen Borgesius, F., Demystifying the Draft EU Artificial Intelligence Act, 22 (4), in: Computer Law Review International 2021, S. 97 ff.

Veil, W., Die Datenschutz-Grundverordnung: Des Kaisers neue Kleider, in: Neue Zeitschrift für Verwaltungsrecht 2018, S. 686 ff.

Vesting, T., Die Bedeutung von Information und Kommunikation für die verwaltungsrechtliche Systembildung, in: Voßkuhle, A./Eifert, M./Möllers, C. (Hrsg.), Grundlagen des Verwaltungsrechts, Bd. 1, 3. Aufl. (2022), § 20.

Vesting, T., Digitale Entgrenzung, in: Lomfeld, B. (Hrsg.), Die Fälle der Gesellschaft. Eine neue Praxis soziologischer Jurisprudenz (2017), S. 81 ff.

Vesting, T., Staatstheorie (2018).

Vesting, T., Gentleman, Manager, Homo Digitalis. Der Wandel der Rechtssubjektivität in der Moderne (2021).

Vesting, T./Korioth, S./Augsberg, I. (Hrsg.), Grundrechte als Phänomene kollektiver Ordnung. Zur Wiedergewinnung des Gesellschaftlichen in der Grundrechtstheorie und Grundrechtsdogmatik (2014).

Vicente, M./de Vasconcelos, D. (Hrsg.), Data Protection (2020).

Visser, L., Mobile Arbeit für alle. Ein Projekt zwischen Koalitionsvertrag und Europarecht, in: Zeitschrift für Rechtspolitik 2021, S. 112 ff.

Vogel, F./Christensen, R./Pötters, S., Richterrecht der Arbeit – empirisch untersucht. Möglichkeiten und Grenzen computergestützter Textanalyse am Beispiel des Arbeitnehmerbegriffs (2015).

Vogelgesang, S./Krüger J., Legal Tech und die Justiz – ein Zukunftsmodell? Teil 1, in: juris 2019, S. 398 ff.; Teil 2 in: juris 2020, S. 90 ff.

Vogel, F./Hamann, H./Gauer, I., Computer assisted legal linguistics (2017).

Volkmann, U., Sicherheit und Risiko als Probleme des Rechtsstaats, in: JuristenZeitung 2004, S. 696 ff.

Volkmann, U., Gelingensvoraussetzungen von Rechtsfortbildung, in: Hoffmann-Riem (Hrsg.), Innovationen im Recht (2016), S. 63 ff.

Volmar, M., Digitale Marktmacht (2019).

Voßkuhle, A./Eifert, M./Möllers, C. (Hrsg.), Grundlagen des Verwaltungsrechts, Bd. I, II, 3. Aufl. (2022).

Voßkuhle, A., Neue Verwaltungsrechtswissenschaft, in: Voßkuhle, A./Eifert, M./Möllers, C. (Hrsg.), Grundlagen des Verwaltungsrechts, Bd. I, 3. Aufl. (2022), § 1.

Voßkuhle, A., Regulierte Selbstregulierung – Zur Karriere eines Schlüsselbegriffs, in: Die Verwaltung (2001), S. 197 ff.

Vowe, G., Buchbesprechung von A. Nassehi, in: Medien & Kommunikationswissenschaft 2020, S. 321 ff.

Wadephul, C., Big Data in der Wissenschaft, in: Kolany-Raiser, B./Heil, R./Orwat, C./Hoeren, T. (Hrsg.), Big Data (2018), S. 17 ff.

Wagner, G., Produkthaftung für autonome Systeme, in: Archiv für die civilistische Praxis 2017, S. 707 ff.

Wagner, G., Verantwortlichkeit im Zeichen digitaler Techniken, in: Versicherungsrecht 2020, S. 717 ff.

Wagner, J., Legal Tech und Legal Robots, 2. Aufl. (2020).

von Wallenberg, G., 10. GWB-Novelle – Ordnungsrahmen zur Digitalisierung der Wirtschaft, in: Zeitschrift für Rechtspolitik 2020, S. 238 ff.

Waltl, B./Bonczek, G./Scepankova, E./Landthaler, J./Matthes, F., Predicting the Outcome of Appeal Decisions in Germany's Tax Law, in: Parycek P. et al. (Hrsg.), Electronic Participation (2017), S. 89 ff..

Wanderwitz, M., Persuasive Technology – die geheime Macht der digitalen Welt, in: MultiMedia und Recht 2019, S. 705 ff.

Wanderwitz, M., Die Regulierung digitaler Überzeugungstechnologien. Persuasive Technology, der Entwurf des „Social Media Addiction Reduction Technology Act" und die Einschlägigkeit des deutschen Lauterkeitsrechts, in: Wertpapierrecht 2020, S. 425 ff

Wandt, M., Gesetzliche Schuldverhältnisse, 10. Aufl. (2020).

Watzlawick, P., Erfundene Wirklichkeit – Wie wissen wir, was wir zu wissen glauben? Beiträge zum Konstruktivismus (1981).

Weber, P., Dilemmasituationen beim autonomen Fahren, in: Neue Zeitschrift für Verkehrsrecht 2016, S. 29 ff.

Wehage, J.-C., Das Grundrecht auf Gewährleistung der Vertraulichkeit und Integrität informationstechnischer Systeme und seine Auswirkungen auf das bürgerliche Recht (2013).

Wehling, E., Politisches Framing: Wie eine Nation sich das Denken einredet – und daraus Politik macht (2016).

Wehling, W., Die Vielfalt und Ambivalenz des Nicht-Gewussten: Fragestellungen und theoretische Konturen der Soziologie des Nichtwissens, in: Peter/Funcke (Hrsg.), Wissen an der Grenze (2013), S. 43 ff.

Weinberger, D., Too Big To Know (2013).

Weinzierl, Q., Dark Patterns als Herausforderung für das Recht. Rechtlicher Schutz vor der Ausnutzung von Verhaltensanomalien, in: Neue Zeitschrift für Verwaltungsrecht-extra 15/2020, S. 1 ff.

Wendehorst, C./Graf von Westphalen, F., Das Verhältnis zwischen Datenschutz-Grundverordnung und AGB-Recht, in: Neue Juristische Wochenschrift 2016, S. 3745 ff.

Wendt, A., Social Theory of International Politics (1999).

Werner, J., Hochfrequenzhandel de lege lata und möglicher Anpassungsbedarf de lege ferenda, in: Bucerius Law Journal 2020, S. 25 ff.

Wiebe, A., Protection of industrial data – a new property right for the digital economy (2016).

Wiebe, A., Schutz von Maschinendaten durch das sui-generis-Schutzrecht für Datenbanken, in: Gewerblicher Rechtsschutz und Urheberrecht 2017, S. 338 ff.

Wiebe, A./Schur, N., Das Recht an industriellen Daten im verfassungsrechtlichen Spannungsverhältnis zwischen Eigentumsschutz, Wettbewerbs- und Informationsfreiheit, in: Zeitschrift für Urheber- und Medienrecht 2007, S. 461 ff.

Wiegerling, K., Big Data im Gesundheitswesen, in: Kolany-Raiser, B./Heil, R./Orwat, C./Hoeren, T. (Hrsg.), Big Data und Gesellschaft: Eine multidisziplinäre Annäherung (2018), S. 1 ff.

Wielsch, D., Die Ordnungen der Netzwerke. AGB– Code– Community Standards, in: Eifert, M./Gostomzyk, T. (Hrsg.), Netzwerkrecht (2018), S. 61 ff.

Wierzchoń, S./Kłopotek, M., Modern Algorithms of Cluster Analysis (2018).

Wildhaber, I., Die Roboter kommen – Konsequenzen für das Arbeitsrecht, in: Zeitschrift für schweizerisches Recht 2016, S. 315 ff.

Winfield, A. F. T./Jirotka, M., Ethical Governance Is Essential to Building Trust in Robotics and Artificial Intelligence Systems, in: Philosophical Transactions of the Royal Society 2018.

Winterhalter, J./Niekler, A., Die Dokumentation datenbasierter Geschäftsmodelle und ihr Trilemma, in: beck.digitax 2020, S. 277 ff.

Winterheiter, J./Niekler, A., Das Dilemma datenbasierter Besteuerungsansätze und seine Lösung durch digitale Dokumentation mit Hilfe von Process-Mining – und Blockchain-Verfahren, in: beck.digitax 2020, S. 49 ff.

Winzer, T./Baeck, U./Hilgers, E., Das Betriebsrätemodernisierungsgesetz – der Regierungsentwurf als Update für das BetrVG?, in: Neue Zeitschrift für Arbeitsrecht 2021, S. 620 ff.

Wischmeyer, T., Informationssicherheitsrecht. IT-Sicherheitsgesetz und NIS-Richtlinie als Elemente eines Ordnungsrechts für die Informationsgesellschaft, in: Die Verwaltung 2017, S. 155 ff.

Wischmeyer, T., Regulierung intelligenter Systeme, in: Archiv des öffentlichen Rechts 2018, S. 1 ff.

Wischmeyer, T., Predictive Policing. Nebenfolgen der Automatisierung des Sicherheitsrechts, in: A. Kulick/M. Goldhammer (Hrsg.), Der Terrorist als Feind? Personalisierung in Polizei- und Völkerrecht (2020), S. 189 ff.

Wischmeyer, T., Regierungs- und Verwaltungshandeln durch KI, in: Ebers, M./Heinze, C. A./Krügel, T./Steinrötter, B. (Hrsg.), Künstliche Intelligenz und Robotik – Rechtshandbuch (2020), S. 614 ff.

Wischmeyer, T., Artificial Intelligence and Transparency: Opening the Black Box, in: Wischmeyer, T./Rademacher, T. (Hrsg.), Regulating Artificial Intelligence (2020), 75 ff.

Wischmeyer, T./Rademacher, T. (Hrsg.), Regulating Artificial Intelligence (2020).

Wissenschaftsrat, Zum Wandeln in den Wissenschaften durch datenintensive Forschung, Positionspapier Oktober 2020 (DRS. 8667-20).

Wolff, A./Brink, S. (Hrsg.), Datenschutzrecht (2018).

Wolf, W., Richterliche Entscheidungsroutinen als Gegenstand und Leitfaden der juristischen Methodenlehre: zivilrechtliche Perspektiven, in: Reimer, F., Juristische Methodenlehre aus dem Geist der Praxis (2016), S. 75 ff.

Wrase, M., Rechtswirkungsforschung Revisited. Stand und Perspektiven der rechtssoziologischen Wirkungsforschung, in: Boulanger, C./Rosenstock, J./Singelnstein, T. (Hrsg.), Interdisziplinäre Rechtsforschung (2019), 127 ff.

Wu, S./Goodman, M., Neural Implants and their Legal Implications, in: GPSolo Magazine 2013, S. 68 ff.

Würkert, F./Klafki, A./Winter, T., Digitalisierung und öffentliches Recht. in: Klafki, A./Würkert, F./Winter, T. (Hrsg.), Digitalisierung und Recht (2017), S. 1 ff.

Yeung, K., Towards an understanding of regulation by Design. in: Brownsword, R./Yeung, K. (Hrsg.), Regulating Technologies (2008) S. 79 ff.

Yeung, K., Can We Employ Design-based Regulation While Avoiding Brave New World? in: Law, Innovation and Technology 2011, S. 1 ff.

Yeung, K., Algorithmic Regulation: A Critical Interrogation. Regulation and Governance, Algorithmic Regulation: A Critical Interrogation, Regulation & Governance (2017).

Zapf W., Über soziale Innovationen, in: Soziale Welten (1989), 170 ff.

Zech, H., Entscheidungen digitaler autonomer Systeme: Empfehlen sich Regelungen zur Verantwortung und Haftung?, in: Verhandlungen des 73. Deutschen Juristentages, Bd. I, Gutachten Teil A(2020).

Zech, H.. Risiken Digitaler Systeme: Robotik, Lernfähigkeit und Vernetzung als aktuelle Herausforderungen für das Recht. (Weizenbaum Series, 2) (2020), https://doi.org/10.34669/wi.ws/2

Ziewitz, M., Governing algorithms: Myth, Mess, and Methods. in: Science, Technology & Human Values 2016, S. 3 ff.

Zuboff, S., Das Zeitalter des *Ü*berwachungskapitalismus (2018).

Zweig, K., Ein Algorithmus hat kein Taktgefühl. Wo künstliche Intelligenz sich irrt, warum uns das betrifft und was wir dagegen tun können (2019).

Zweig, K.A., Algorithmische Entscheidungen: Transparenz und Kontrolle, in: Konrad-Adenauer-Stiftung, Analysen & Argumente 2019, S. 1 ff.

Personenregister

Ashley, Kevin 251
Borgesius, Frederik Zuiderveen 157
Britz, Gabriele 254
Christensen, Clayton 21
Dolata, Ulrich 125, 128, 138
Dreyer, Stephan 263
Ebers, Martin 150, 195
Ebert, Hubert 157
Eifert, Martin 254
Fleck, Ludwik 15
Floridi, Luciano 73
Gasson, Mark 42
Gresser, Uwe 241
Haugen, Frances 193
Hildebrandt, Mireille 69
Katz, Daniel Martin 252 f.
Kettemann, Matthias 116
Koops, Bert-Jaap 42
Krönke, Christoph 194
Kuhn, Thomas 15
Lessig, Lawrence 70
Luhmann, Niklas 266
Martini, Mario 194
Marx, Karl 21, 26
Nassehi, Armin 27, 30
Nink, David 263
Noelle-Neumann, Elisabeth 141
Orwell, George 145
Pariser, Eli 140
Pfeiffer, Sabine 26
Polanyi, Karl 21
Reidenberg, Joel 70
Schmees, Johannes 263
Schrems, Maximilian 207
Schultze-Melling, Jyn 156
Schumpeter, Josef 21
Schwarze, Roland 236
Schweitzer, Heike 126-128
Seckelmann, Margrit 48, 219
Spiecker genannt Döhmann, Indra 157
Tutt, Andrew 41
Veale, Michael 157
Zech, Herbert 232
Zuboff, Shoshana 23–25, 27 f., 80, 180

Sachregister

AGB
– Kontrolle 172–174
– Zustimmung zu 166
AirBnB 2, 75, 126, 188
Akkreditierte Stellen 204
Alexa 169
Algorithmen
– Begriff 35–37
– Offenlegung vor Gericht 258
Algorithmen-Verbandsklage 208
Algorithmic Policing 221
Algorithmische Systeme 35 f., 39–42, 62, 117, 151
– betroffene Interessen und Rechtsgüter 147 f.
– Kontextbezogenheit 36
– lernende 39–42, 62, 151, 202, 231 f., 258–260, 264–266, 277, 296
– verwendete Sprache 52 f.
– Vorgehensweise bei der Ausgestaltung von 195–217
Alibaba-Gruppe 30
Alipay 30
Alkoholzündschlosssperren 144
Allgemeine Geschäftsbedingungen
– *siehe* AGB
Altersstruktur der Bevölkerung 275
Amazon 2, 11, 75
Angriff 4.0 158
Anonymisierung 33, 164
Anreize 18, 175, 196, 206, 210, 226, 224
Arbeiten 4.0 234
Arbeitsorganisation
– Veränderungen der 233
Arbeitsorganisationsmodelle
– neue 235
Arbeitsverdichtung 233
Arbeitsverhältnisse
– Arbeitszeit/Urlaubsrecht 236
– Gestaltung von 233–240
– Haftung in 239
– Überwachung/Datenschutz 236
– Weisungsrechte 239
Artificial Intelligence Development Act
– Vorschlag 210
Assistenzfunktion
– von algorithmischen Systemen 269, 283
Asymmetrien der Machtverteilung 95 f., 262, 288
Asymmetrische Tauschbeziehungen 91–94
Auditierung/Auditing 64, 200, 206, 259, 295
Auffangverantwortung 98 f.
Aufklärungspflichten 94
Ausdruckanalyse 68
Ausforschungskapitalismus 22–25
Auslegung und Anwendbarkeit von Recht
– Wandelbarkeit der 264
Ausschließlichkeitsrechte an Daten 129–131
Ausspähung 106, 158
Auto-Complete-Funktion 138
Automated Decision Making (ADM) 39, 54 f.
Automatisierte Entscheidungen
– Vorkehrungen der EU-DSGVO 264–266
Automatisierte Entscheidungssysteme 54 f.
Automatisierte Gerichtsentscheidungen
– Diskussion um 262–264
Automatisierte Prognosen 269
Automatisierte Verwaltungsentscheidungen
– Anforderungen an 255–257

– gerichtlicher Rechtsschutz gegen 257–259
Automatisierter Entscheidungsvollzug 266f.
Autonomes Fahren 142
Autonomie 102, 163, 284f.
Autonomieschutz durch Datenschutz 146f.

BCI-Enhancement 70
Begründung
– von Entscheidungen 52
– von Verwaltungsakten 257
Behavioral Surplus 23–25
Beihilfeabrechnung 254
Benchmarking 206
Benutzerprofile 138f.
Berufsfreiheit 98, 108
Best Practices 206
Betriebsverfassungsrecht 236
Bewegungsdeutung 68
Bewertungssysteme 126
Bezahlsysteme 126
Big Algo 38
Big Brother 145
Big Data 37–39, 175
– Anwendungsbeispiele 38
Big Data Analytik 38f., 171
– prädiktive 38
– präskriptive 39
Big-Data-Anwendungen
– Transparenzerfordernisse 203
Bildungsbereich
– Nutzung digitaler Techniken 10, 76
Binärcode 52
Binnenmarkt
– Förderung des 185, 188, 284
Biometrische Identifizierung 153
Black Box Charakter 200
Blockchain 45f., 245
– Energieverbrauch 46, 87f.
Booking.com 188
Brain Computer Interface Technology (BCI) 70
Brain Transplants 42
Buchdruck
– Erfindung des 20
Bundesamt für Sicherheit in der Informationstechnik 120, 215
Bundesdatenschutzgesetz (neu) 112
Bundeskartellamt 169f., 209, 178
Bundeskriminalamt 211
Bundesnachrichtendienst 211
Bundesverfassungsgericht (BVerfG) 105–108, 109f., 212

California Consumer Privacy Act 2018 289
Camebridge Analytica 170
Chancen und Risiken der Digitalisierung (allgemein) 3f.
Chancen- und risikoadaptierte Vorgehensweise 194
Chancenermöglichung 194
Chancengerechtigkeit 17
China 29–31, 289
– Datenschutzgesetz 30
Clouds 71, 106
Clusterbildung 139, 171
Co-Locations 242
Code als Entscheidungsarchitektur 70
Codes of Conduct 114, 118
– Risiko der Einseitigkeit 205
Computational Law
– Begriff 244
Computational Turn des Rechts 272f.
Content Curation 267
– *siehe auch* Kuratierung
Cookies 167
Copyleft-Klausel 117
Coronapandemie 8–12, 275
Crowdworking 234
Cyberangriffe 3, 42, 214
Cyberkriminalität 3, 42
Cybermobbing 224
Cyberphysische Systeme 44, 193
Cybersicherheit 154, 194
– Verbesserung der 213–216

Dark Patterns Design 80, 89
Data Clustering
– *siehe* Klusterbildung
Data Governance Verordnung, Entwurf 185
Data, KI und smarte Informationen
– Durchsetzung datenschutzrechtlicher Prinzipien 175f.
Data Literacy 292

Data Mining 38
Data-Port 66
Daten
– aggregierte 33
– als Handelsware 93
– Anonymisierung 164
– Begriff und Arten 32–35
– für Zwecke medizinischer Forschung 165
– industrielle 33
– Kombination personenbezogener und nicht personenbezogener 34
– nicht personenbezogene 33, 147
– offene 34, 134
– personenbezogene 32, 145f.
– synthetische 33
– Verarbeitung personenbezogener Daten 162–176
Datenbank 269
Datenbank Juris 263
Datenderivate 33
Datenethikkommission 55, 191, 290
Datenminimierung 175
Datennutzungsgesetz 134
Datenportabilität 186
Datenschutz 146f., 161–176
– Folgenabschätzung 199
Datenschutzbeauftragte, Aufsicht durch 209
Datenschutzprüfzeichen 122
Datenschutzrecht 160, 145f.
– als Querschnittsrecht und als sektorspezifischem Recht 160–162
Datenschutzsiegel 122
Datenübertragbarkeit 174
Datenzugang 186
De facto Standards 198
Deanonymisierung 33, 164
Deep Learning 40, 152
Defaults 138, 197
Dematerialisierung 79f.
Demokratie
– Gefährdung der Funktionsfähigkeit der 111, 247
Demokratische Legitimation
– Sicherung der 247, 264,
Denkstile 15, 294
Deregulierung 97
Deterministische Normanwendung 279
Deterministische Verknüpfungen 52, 231, 278
Digital Divide 75
Digital Natives 269
Digital Rights Management 144
Digital-Agentur
– Vorschlag einer 209
Digitale Disruption 4–6, 274
Digitale Kluften 140
Digitale Souveränität 197f.
Digitale Systeme als Akteure im Rechtsverkehr 231f.
Digitale Technologien
– Begriff 1–4
– in der deutschen Gerichtsbarkeit 261–264
– in der deutschen öffentlichen Verwaltung 253
Digitale Technologien zur Rechtsdurchsetzung
– für einfach gelagerte Fälle 247
– in komplexen Entscheidungssituationen 249–253
Digitale Transformation
– Begriff 1f.
– als Herausforderung, insbesondere als Chance 274f.
– Anforderungen im Bereich des Rechts 275–296
– Diskussion um die Fortgeltung und Anpassung vorhandenen Rechts 191–271
– prägende Kraft V
– Regelungstypen 191
– Risiken 3
– Schwierigkeiten der rechtlichen Gestaltung 276–278
– Vielfalt möglicher Folgen 284f.
– Zielwerte bei der Gestaltung der 16f.
Digitaler Neopositivismus 280f.
Digitalisierung
– als Krisenhilfe 7
– Bausteine 32
– Begriff 1
– Betroffenheit der gesamten Rechtsordnung 149
Digitalisierung des Rechts VI, 268–270
Digitalkompetenzen
– transformative 292f.

Dilemmasituation 49, 143, 266
– Programmierung des Verhaltens in 143f.
Diskriminierung
– Schutz vor 17, 36, 55, 65, 141, 184
Dispute Resolution
– digitale 18, 208
Disruption
– digitale 4, 25, 27, 190
Disruption und Transformation
– historische Beispiele 20–22
Distributionskräfte
– Bedeutung von 26
Dokumentationspflichten 59, 154,176, 200, 205
Dual use
– von Big-Data 214
Dynamic Pricing 139

E-Commerce 74, 89, 139
– *siehe auch* Onlinehandel
E-Commerce-Richtlinie 187
E-Discovery 245
E-Government 64, 253f.
E-Government-Gesetz 134, 255
E-Health 44
E-Justice 3, 261
E-Privacy-Richtlinie 112
E-Privacy-Verordnung
– Entwurf der 139, 174, 208
Ebay 126
Echokammern 140
Effektivität 3
Effizienz 3
Eigentumsfreiheit 98, 108
Einwilligung
– Freiwilligkeit 166f.
– in die Datenerhebung und -verarbeitung 92, 166–170
– Opt-in Variante 167
– Opt-out-Variante 167
– Preisgabe von personenbezogenen Daten an Dritte 169
Elektronik in der Justiz
– Elektronische Akte 261
– Elektronische Aktenführung 261
– Elektronische Verwaltungsdienste für Bürger 261
– Zustellung Elektronischer Dokumente 261
Energieeffizienz 288
Energieverbrauch
– durch digitaler Technologien 287f.
Enquete-Kommission künstliche Intelligenz 191
Entflechtung
– zwischen Suchmaschinen und anderen kommerziellen Dienstleistungen 208
Entgrenzungen 81f., 207, 211, 276
Entscheidungen
– algorithmenbasierte, -getriebene und -determinierte 55
Entscheidungsarchitekturen 70
Entscheidungsfaktoren
– *siehe auch* Steuerungsfaktoren
– Personal, Organisation, Verfahren, Ressourcen 52
Entstaatlichung der Regelungsverantwortung 286
Entstofflichung 79f.
Ethics by Design 197
Ethics Washing 291
EU-Datenschutzgrundverordnung 32f, 112, 121, 127, 146
EU-Grundrechtecharta 100, 105
EU-Initiativen zu neuen Regeln für digitale Märkte und Dienste 184–189
E-KI-VO (Entwurf einer Verordnung zur Festlegung harmonisierter Vorschriften für künstliche Intelligenz) 75, 150–158
EU-Verordnung zur Förderung von Fairness und Transparent für gewerbliche Nutzer von Online-Vermittlungsdiensten 188f.
Europäische Menschenrechtskonvention 100, 105
Europäischer Ausschuss für künstliche Intelligenz 155, 210
Experimentalspielräume 150, 196
Explainable Artificial Intelligence 258

Facebook (Meta) 2, 104, 169, 179f., 183, 193
– Oversight Board 295
Facebook Analytics 180
Facebook-Freunde 170

Fahndungen
– netzwerkbasierte 220
Fake News, Falschnachrichten 122, 141, 224
Federal Trade Commission
– Vorgehen gegen Facebook 182
Filter Bubble 140
Filtertechnologien
– zur Verhinderung von Rechtsverletzungen 267
Flash Crash 242
Flexibilitätspotentiale modernen Rechts 48–51, 280
Flightright.de 247
Föderale IT-Kooperation 65, 216
Folgenabschätzung
– bei Programmen für automatisierte administrative Entscheidungen 259 f.
– pro- und retroperspektive 154, 199 f.
Folgenverantwortung 17
Forschung
– riskante 155
Forschungsdaten
– Zugang zu 134
Forschungsperspektiven
– neue 295 f.
Fragmentierung der Gesellschaft 111
Framingansatz 15
Freie Entfaltung der Persönlichkeit
– Garantie der 105
Freiheitsrechte 99–131
Freiheitssicherungen
– intertemporale 5, 109–110, 297 f.
Freiwillige Selbstkontrolle 118
Funktionsfähigkeit digitaler Märkte 185
Funktionsfähigkeit von informationstechnischen Systemen 106
Fusionen 178
Fusionskontrolle 178, 187

Gefährdungshaftung 228 f.
Gefahrenvorsorge und -abwehr 211
gegen.hartz.de 248
Gehaltsabrechnung, digitale 254
Gerichtlicher Schutz
– Ausbau 204, 207 f., 282 f.
Geschäfts- und Amtsgeheimnisse
– Schutz und Grenzen 203 f., 265
Geschäftsmodelle im Internetbereich
– Gestaltung von 116
Gesetz über das Bundesamt für Sicherheit in der Informationstechnik 215
Gesetz über die Datenverarbeitung der Polizei (Hamburg) 222
Gesetz zur Verbesserung des Onlinezugangs zu Verwaltungsleistungen 254
Gesichtserkennung 40, 68
Gesundheitswesen
– Verbesserung des 194
Gewährleistungsaufträge
– intertemporale 109–111
Gewährleistungsstaat 98
Gewährleistungsverantwortung
– staatliche 95
Good Governance 73
Governance 17, 72, 279
– Begriff 72
Governance by Algorithms 8, 72, 279
Governance of Algorithms 36, 62, 72, 281
Governance without Government 128
Governanceforschung 72
Governancemodi 7, 51, 72
Grundrecht auf informationelle Selbstbestimmung 105, 145
Grundrechtbindung
– Privater 101–103
– Privater insbesondere angesichts der digitalen Transformation 103–105
Grundrechte 99–131
– als Schutzaufträge 101
– Dritt- oder Horizontalwirkung/mittelbare Drittwirkung 101–103
Grundrechtsschutz 109
– dynamischer 100, 108, 110
– mittelbarer 101–103
Gütesiegel 206
GWB-Digitalisierungsgesetz 128, 180–184
GWB-Novelle 2017 178–180

Hacking 158
Haftungsfragen 225–232
Handel
– Veränderungen im 11
Hash 45
Hasskriminalität 224
Hassrede 122

Herrschaftsrisiken 236
Heuristiken 52
High Level Expert Group on AI 151
Hochfrequenzhandel 240–243
Hochrisiko-KI-Systeme 153f.
Hoheitliche Aufsicht 209
Hoheitliche Eingriffe 14
– nationaler Hoheitsträger außerhalb des nationalen Bereichs 212
– Schutz gegenüber 211f.
Homeoffice 10
Homeschooling 10

Illegalität
– brauchbare 266
Impact 74, 148, 280f., 284
Implizites Wissen 52, 282
In-Camera Verfahren 207
Industrialisierung 20
Industrie 4.0 2, 44
Industrielle Revolution 5, 288
Information Retrieval 245
Informationelle Freiheitsgestaltung 148
Informationen
– Begriff 56
Informationsfilterung 140
Informationsfreiheit 136
Informationsfreiheitsgesetz 34, 135
Informationsintermediäre 25, 42f.
– Verhaltenssteuerung durch 137–141
Informationspflichten 94
Innovation 6–8
– grundrechtliche 105
– soziale 6, 86
Innovation Forcing 176
Innovationsermöglichungsrecht 6, 298
Innovationsförderung 86, 155
Innovationsoffenheit 86f., 150
Innovationsverantwortung 86f. 150
Instagram 180, 183
Instant-Messaging 2
Institute of Electoral and Electronics Engineers 291
Interaktionsrisiken 236
Internet
– Begriff 37
– historische Entwicklung 115f.
– Kommerzialisierung der Infrastrukturen und Dienste des 115
Internet der Dinge 44f., 68
Internet of Everything 68
Interoperabilität 136, 182, 174, 198
Interpretationsbedürftigkeit
– von Recht 49–52
Intertemporaler Rechtsgüterschutz
– *siehe* Freiheitssicherungen, intertemporale
Intransparenzen 80, 84, 175, 221
IT-Grundschutzkataloge 121
IT-Intermediäre 124, 181
– *siehe auch* Informationsintermediäre
– überragende marktübergreifende Bedeutung für den Wettbewerb 181
IT-Ökonomie 89–91
IT-Planungsrat 216
IT-Plattformen 88
– als „private Gesetzgeber" 124–127
– als digitale Torwächter 185
IT-Sicherheitsgesetz 119
IT-Sicherheitslücken 107f.
IT-Sicherheitsstandards 118
IT-Staatsvertrag 65
IT-Unternehmen V, 2

Jahrzehnt für das digitale Europa 187
Je-desto-Feststellungen 49
Judiz 52, 54
Juris (Datenbank) 63
Juristenausbildung 293
Juristenausbildungsordnung 272

Kapern informationstechnischer Systeme 158f.
Kapitalmarkt
– Veränderungen am 240–243
Kartellrecht 127, 177
– begrenzte Reichweite 177–180
Kausalzusammenhänge
– Erkennen von 85
KI-Reallabor 155
KI
– *siehe* Künstliche Intelligenz
Klimawandel 275
Kollektiver Rechtsgüterschutz 148
Kommunikationsfreiheit 99, 109
Kommunikativer Komfort 140
Kommunistische Partei 30
Komplexität

– des Umgangs mit Algorithmen 80f.
Konformitätsbewertung 154, 199, 282
Konglomerateffekte 89
Konkretisierung
– von Normen 47–52
KONSENS-Gesetz 64
Konstitutionalismus 15
Konstruktivistisches Vorgehen 15f.
Kontextabhängigkeit von Recht 50, 251
Kontingenz von Recht 280
Konvergenzen 83, 84f.
Koordinierungsstelle für IT-Standards 66
Korrelationen 38, 84f., 139
Kreativität
– Nutzung von 86, 120, 206, 282
Kritische Infrastrukturen 153f., 214
Kryptowährung 46
Künstliche Intelligenz 39–42, 150–157, 175, 191
– Definition von 151
– Praktiken 152
– Risiken 41f., 152–155
Kuratierung sozialer Verhältnisse 125, 138

Legal Information Retrieval 249
Legal Prediction 245
– quantitative 252
Legal Robots 245
Legal Technology (Legal Tech) 3, 154, 244–267
– Anwendungsbereich 244
– Begriff 244
– in der Rechtsanwaltschaft 245
– Nutzung durch juristische Laien 246
– Risiken 246
– Vorhersage über die zu erwartende Entscheidung 251f.
– Vorteile von 246
Legitimation by Design 259
Legitimationsbausteine 279
Legitimationsdefizite 258f.
Legitimationsketten und -netzwerke 278f.
Lei Geral de Proteção de Dados Pessoais 289
Leopoldina 191
Lernende Algorithmen
– *siehe* Algorithmische Systeme, lernende
Lock-In-Effekte 182
Lokalbindung
– der Datenspeicherung, -auswertung und -verwendung 197
Lügendetektor 154

Machine Learning 27, 40, 153
Machtasymmetrien V, 14, 25, 104, 115f., 127, 267, 277, 286
– Abbau und Verhinderung von 95f., 147, 177, 248
Mahnbescheid 262
Manipulation
– am Kapitalmarkt 241
– Schutz vor 17
– von Einstellungen und Verhaltensweisen 140
Market Abuse Regulation 241
Märkte
– Sicherung der Funktionsfähigkeit 148f., 177–189, 284
– integrierte 91
– Mehrseitigkeit der 90, 181
Maschinelles Lernen
– *siehe* Machine Learning
Medienabhängigkeit von Recht 273
Medienintermediär
– Begriff 223
Medienplattform
– Begriff 223
Medienrecht
– digitalisierungsbezogene Veränderungen im Medienrecht 222–225
Medienstaatsvertrag 127, 223
Mehrdimensionalität von Problemfeldern 285
Meinungsfreiheit 122, 224
Mensch-Maschine-Schnittstelle 154
Menschenwürde
– Schutz der 16, 146, 231
Meta 2, 296
Meta-Suchsystem 249
Metaverse/Metaversum 296
Microsoft 2, 62, 88, 125, 289
Microtargeting 75
Migrationswellen 275
Missbrauchsaufsicht

– Modernisierung der 181 f.
Monitoring 192, 200, 204, 284
Monopolkommission
– Sondergutachten Digitale Märkte 191
Multiagentensysteme 53
Mustererkennung 27–29, 68, 139, 171
Musterfeststellungsklage 208

Nachhaltigkeit 17
Naming and Shaming 118, 120
Nationalsozialismus 31
Netiquette 118
NETmundial-Multistakeholder-Statement 120
Netzwerkdurchsuchungsgesetz 123, 224
Netzwerkeffekte 89, 182
Netzwerkmärkte 181
Netzwerkökonomie 24
Neue Seidenstraße 29
Neue Verwaltungsrechtswissenschaft 17
Neural Devices 42
Neuronale Netze 40
New Work 235
Newsfeed
– Steuerung des 138
Nichtregierungsorganisationen 217
Normative Technologie 137
Normsetzung
– experimentelle 260
Nudges 139
NSO-Group 159

Offenlegungspflichten 200, 204
Onlife 69, 108
Online Dispute-Resolution
– *siehe* Dispute Resolution
Online-Datenbanken 249
Online-Durchsuchung 220
Online-Händler 2
Online-Masken 248
Onlinehandel 11
– *siehe auch* E-Commerce
Opazität 41
Open Access 133 f.
Open Content 117
Open Data 34, 133 f.
Open Innovation 117
Open Source 117, 134 f.
Open-Source Initiative 134
Opt-in-Konstruktion 167, 172, 203
Opt-out-Konstruktion 167
Ordnungs-und Regulierungsfunktion
– von IT-Intermediäre 125
Outcome 74, 148, 280 f., 285
Output 74
OZG-Umsetzungskatalog 254

P2B-Plattformen 189
Paradigmen 15, 293
Patentschutz 132
Pay As You Drive –Modelle 35
PayPal 2
Pegasus 158
Personenbezogene Daten
– *siehe* Daten, personenbezogene
Persönlichkeitsschutz 17, 32, 165
Pinging 241 f.
Plattformbetreiber
– als Gatekeeper 184
– als regel- und akzentsetzende Akteure 125
– von ihnen kuratierte Dienste 184
Plattformen
– digitale, Begriff 42 f.
– Erbringung illegaler Dienstleistungen 187
– Haftung für Inhalte Dritter 187
– Sicherheit der Nutzer 187
– urheberrechtliche Verantwortlichkeit 132
– Verbreitung illegaler Inhalte 187
– Verkauf illegaler Waren 187
– Vorteile für den Verbraucher und die Innovation 187
Plattformmärkte 25, 95, 110, 181
Plattformökonomie 25, 88, 124
Plattformregulierung 113, 180–182, 185–188
Politisches Wahlverhalten
– Beeinflussung 141 f.
polizeiliche Gefahrenabwehr und Strafverfolgung 219–222
Portalverbund 254
Prämissen
– empirische und normative 18, 51, 251
Prämissenänderung
– rechtliche Reaktion auf 100, 106, 192, 264

Predictive Consumer Interest 39
Predictive Policing 39, 142, 154, 220f. 211
Preisbildung
– Schwierigkeiten 92f.
Preise
– Funktionen von 93
Preisgestaltung
– dynamische 74
Prekarisierung 111
Pressekodex 118
Privacy by Design 143
Private Gesetzgeber 125–127, 297
Produktempfehlungen 18
Produkthaftung 229f.
Produzentenhaftung 226
Profiling 138f., 163, 171, 202, 260
Prognosen 40, 49, 84f.
Prospekthaftung 205
Protection by Default 197
Protection by Design 197
Protokollierung
– der Verwendung von Daten 204
– von Transaktionen 46
Prozess-Framework „Scrum“ 235
Prüfzeichen 206

Qualitätsmanagementsysteme 154, 206
Quantitative Methoden 250, 252
Quantitative Schwellenwerte 86
Quellcode 135
Quellen-TKÜ 107

Ranking-Algorithmen 138
Reaktionen im System der Rechtswissenschaft
– Reaktion auf die digitale Transformation 270f.
Realbereich der Norm 16f., 57f., 253, 292
Reallabore 155, 196
Recht
– Konkretisierung von 47–52
Recht als Steuerungsmedium 7
Recht auf Vergessen(werden) 122
Recht der Digitalisierung 268–270
– als risikoadaptiertes Technikrecht 284
Rechtsanwaltsmonopol 248
Rechtsanwendung
– als Produkt sozialer Interaktion 51
Rechtsbegriffe
– unbestimmte 49
Rechtsdienstleistungsgesetz 248
Rechtsdogmatik 50
Rechtsdokumentengenerator 248
Rechtsfortbildung 50
Rechtsordnung
– Gestaltung und Umgestaltung 149
Rechtsschutz
– beim Einsatz lernender algorithmischer Systeme 259f.
Rechtssprache
– Besonderheit von 48
Rechtswissenschaftliche Lehre und Prüfungen
– Digitalisierung in 271f.
Reflexionsbedarf 293
Regeln
– rechtliche 48
– technische 52
Regelungsstrukturen 18, 51, 71
Regelwerke
– soziotechnische 125
Register
– Führung von 261
Regulatory Sandboxes 196
Regulierte Selbstregulierung
– *siehe* Selbstregulierung
Regulierung
– Begriff 114
– hoheitliche 121–123, 195–216
– hybride 119
Regulierungsrecht
– Verbundsysteme im 212f.
Rekontextualisierung 53
Rentenbescheide 254
Rezeption der digitalen Transformation auch des Rechts 268–273
Risiken und Chancen der Digitalisierung (allgemein) 3f.
Risikomanagementsystem 154
Risikoregulierung 194
Risikosteuerung und Risikostreuung
– durch Haftungsrecht 226
Risikostufen
– für den Einsatz künstlicher Intelligenz 152–155
Robo-Advice 240
Roboter 43, 70

Robotik 75
- Technik der 43
Robots-Exclusion-Standardprotokoll 119
Rohöl und Rohdaten
- Vergleich 77–79
Rückfallrisiko 50
Rundfunk 223, 286
- veränderte Definition 223
Rundfunkähnliche Telemedien
- Begriff 223

Sachverständigenrat für Verbraucherfragen 191
Sammelklagen 208
Schadsoftware 158
Schengener Informationssystem 211
Schrankenvorbehalte
- Geltung auch im Bereich digitaler Tätigkeiten 100
Schriftenreihen
- zu Fragen der Digitalisierung 271
Schutz vor unlauterem Wettbewerb 177, 185
Schwellenwert, quantitative 186
Scoring 171
- Beschränkung der Prüfkriterien 202
Security by Design 197, 216
Selbstgestaltung 114
- private 114, 116–118
Selbstregelung 114, 116–118
- hybride 119f.
Selbstregulierung 205
- gesellschaftliche 97, 114, 118f.
- hybride 119f.
- private 116–118
- regulierte 115, 121–123, 205
Selbstverpflichtungen zur Vermeidung hoheitlicher Sanktionen 120f.
Sicherheit
- *siehe* Cybersicherheit
Sicherheitslücken 214
Sicherheitsvorgaben
- für die Betreiber „wesentlicher Dienste“ 215
Sicherung freier öffentlicher Meinungsbildung 286
Sicherung rechtsstaatlicher und demokratischer Legitimation 278–283
Single Markets Act 185–187
Single Services Act 123, 187f.
Sinndeutung
- kontextbezogene 52
Sinnüberschuss 27
Smart Contracts 46, 267
Smart Grids 44
Smart Home 2, 193
Social Bots 141, 155
Social Engineering 29
Social Media
- *siehe* soziale Medien
Social Scoring 29–31, 153
Social-Scoring Punkte 31
Software
- fertig produzierte 62
- freie 135
Softwareagenten 53
Softwareanbieter 62
Softwareentwicklung 62–77, 256, 262, 281f.
Soziale Innovation 195, 270
Soziale Medien 9, 38, 42f., 74, 220, 223, 286
Sozialer Rechtsstaat 10, 110f., 287
Soziotechnische Konstrukte 52f.
Soziotechnische Systeme 36
Spoofing 241
Spyware 158
Standardisierbarkeit
- Grenzen der 56–60
Standardisierung von Rechtsbegriffen 47f.
Standards 29, 189
- außerrechtliche, insbesondere ethische 290f.
- bei der Softwareentwicklung 62, 66
- technische 29, 117
Standardsoftware 66
Start-ups 2, 91, 196
Steueroasen 82
Steuerungsfaktoren 79, 251, 279, 282
Steuerungsperspektive 17
- ganzheitliche 285
Stiftung Datentest
- Vorschlag 209
Straftäter 50
Streaming 2, 46, 223
Streitschlichtungsstellen 126

Substitutionsrisiken 236
Subventionen 18
Suchmaschinen 2, 69, 74, 91, 119, 138, 186, 189
– nicht kommerzielle 209
– Sicherung der Unabhängigkeit 208f.
Suchtverhalten bei den Nutzern
– Förderung durch IT-Unternehmen 193
Superintelligenz 41
Surveillance Capitalism 23
System der künstlichen Intelligenz 151f.
Systemischer Schutz 196
Systemschutz 196

Targeting 163
Technische Normen 198
Technoregulierung durch Design 143f., 267
Technosteuerung von Verhalten 137–144
Telemedizin 9
Tencent Holding 30
Theorie der Gesellschaft 27
TikTok 2
Totalitäre Regierungsformen
– Stabilisierung von 29
Tracking 162f.
Trans- und Interdisziplinarität 18, 293f.
Trans- und Internationalität 83, 216, 289f.
Transdisziplinäre Offenheit 18
Transformation
– Ausgestaltung der digitalen 7
– *siehe auch* Digitale Transformation
– der Rechtswissenschaft 298
– soziotechnische 5f., 109
Transnationale Kooperation
– Ausbau 216f.
Transnationale Offenheit 19
Transnationales Recht
– Ausbau 216f., 289f.
Transparenz 192, 200–204
Transparenzpflichten 154
Transparenzregeln in der DSGVO 201
Trolle 141

Uber 2, 126
Überregulierung, Vermeidung von 194
Überwachung 3
– am Arbeitsplatz 239
– digitaler Dienstleistungen 209f.
– hoheitliche 211f.
– von Telekommunikation 106, 219f.
Überzeugung 50
Umgebungsintelligenz 68
Unterlassungsklagengesetz 208
Unterricht
– hybrider 10
Untersuchungsgrundsatz 256
Urheberrechtliche Verantwortung von Plattformen 132
Urheberrechtsschutz 127, 131f.
– durch Technosteuerung 144
– von Computerprogrammen 132

Veralltäglichung der Arbeit mit digitalen Mitteln 269
Verbandsklage 208
Verbindung der physischen und der virtuellen Welt 67
Verbot mit Erlaubnisvorbehalt 163
Verbraucherschutz 93, 185, 248, 298
Verfassungsschutzamt 211
Vergaberecht 64
Verhaltensforschung
– maschinelle 295f.
Verhaltenskodizes
– *siehe* Codes of Conduct
Verhaltensregeln 114, 118, 121f.
Verhaltenssteuerung 137–141
Verhaltensüberschuss
– proprietärer 23–25
Verhältnismäßigkeitsgrundsatz 49, 176
Vermachtung 88–96, 124, 148
– *siehe auch* Machtasymmetrien
Vernetzung
– Reduzierung der globalen 197
Verordnung über digitale Märkte
– Entwurf 185–187
Verordnung für digitale Dienste
– Entwurf 187f.
Verschuldenshaftung 226
Vertragsbedingungen
– ausweglose 168
Vertraulichkeit und Integrität informationstechnischer Systeme
– Grundrecht auf 106
Video-Sharing-Dienste
– Begriff 223

Videobeobachtung 220
Videokonferenzen 10
Videoüberwachung 68, 220
– intelligente 220
Videoverhandlung
– vor Gericht 261
Vielfalt der bestehenden Meinungen
– im Rundfunk 286
Virginia Consumer Data Protection Act 2021 289
Virtuell verdeckte Ermittler 220
Virtuelle Streitverfahren 220
Volkszählung 1983 145
Vollzugsdefizit
– im Arbeitszeitrecht 238
– im Verbraucherschutzrecht 248
Voreinstellungen (Defaults) 138, 157, 197

Waffensysteme
– automatische 193
Währung
– digitale 46
Wandel
– technologischer und sozialer V, 7
Webinare 10
Weißbuch zur künstlichen Intelligenz 191
Weisungsrecht 235
Wenigermiete.de 247
Wertschöpfung von Wissen 292
Wertschöpfungsketten 46
Wesentliche Dienste 215 f.
Wettbewerb 9, 88, 123
– Funktionsfähigkeit von 93, 123, 136
– unlauterer 127
– Unterbindung von 90
WhatsApp 180, 183
Whistleblower 193
Wirkichkeit
– Konstruktion von 16
Wissen 56–60
– Begründungswissen 59
– Entscheidungswissen 58
– Folgenwissen/Prognosewissen 58
– Implementierungswissen 59
– implizites 52
– Kontextwissen 58
– Kooperationswissen 58
– Lernwissen 59
– normbezogenes Meta-Wissen 57
– Organisationswissen 58
– Realbereichwissen 57
– regulierungstechnisches Wissen/ Steuerungswissen 59
– Ressourcenwissen 58
– Sachverhaltswissen 58
– textbezogenes Normenwissen 57
Wissenskulturen 59
Wohlstand 17

YouTube 2

Zeitschriften, juristische 271
Zertifizierung 18, 121, 173 f., 192, 204, 206, 282
Zielwerte bei der Gestaltung der digitalen Transformation 16 f.
Zivilgesellschaft
– Mitwirkung 205
Zivilgesellschaftliche Teilhabe
– Nutzung und Stärkung 294 f.
Zugangsrechte
– zu Daten 135 f.
Zukunftsoffenheit 83
Zustellung elektronischer Dokumente 261
Zweckbindung von Daten 65, 175 f.

Schriften zum Recht der Digitalisierung

Herausgegeben von
Florian Möslein, Sebastian Omlor und Martin Will

Der rapide voranschreitende Prozess der Digitalisierung macht auch vor dem Recht nicht Halt und stellt dieses vor grundlegende Herausforderungen. Vor diesem Hintergrund bietet die Schriftenreihe *Schriften zum Recht der Digitalisierung* (SRDi) ein Forum für grundlegende wissenschaftliche Arbeiten zu Rechtsfragen der Digitalisierung aus allen Rechtsgebieten. Die einschlägigen Phänomene der Digitalisierung wie etwa künstliche Intelligenz, Blockchaintechnologie oder Plattformökonomie lassen sich häufig nur bei angemessener Berücksichtigung der Bezüge zu anderen Wissenschaften wie etwa der Informatik, den Wirtschaftswissenschaften, der Philosophie oder der Politikwissenschaft verstehen. Der Fokus der Schriftenreihe liegt indes auf den juristischen Implikationen der Digitalisierung, die immer stärker zentrale Bereiche vor allem des Öffentlichen Rechts und des Privatrechts betreffen. Die Schriftenreihe steht gleichermaßen für Habilitationsschriften und herausragende Dissertationen sowie für Monographien offen.

ISSN: 2700-1288
Zitiervorschlag: SRDi

Alle lieferbaren Bände finden Sie unter *www.mohrsiebeck.com/srdi*

Mohr Siebeck
www.mohrsiebeck.com

Schriften zum Recht der Digitalisierung